John Buridan, *Quaestiones super octo libros Physicorum Aristotelis (secundum ultimam lecturam)*

Medieval and Early Modern Philosophy and Science

Editor

C.H. Lüthy (*Radboud University*)

Editorial Consultants

Joël Biard (*University of Tours*)
Jürgen Renn (*Max-Planck-Institute of Geoanthropology*)
Theo Verbeek (*University of Utrecht*)

VOLUME 40

The titles published in this series are listed at *brill.com/memps*

John Buridan
Quaestiones super octo libros Physicorum Aristotelis (secundum ultimam lecturam)

Libri V–VIII

Edited by

Michiel Streijger
Paul J.J.M. Bakker

Guide to the Text by

Paul J.J.M. Bakker

BRILL

LEIDEN | BOSTON

Front cover illustration: manuscript Kraków, Biblioteka Jagiellońska, cod. 1771, f. 125va (detail)
Back cover illustration: manuscript Kraków, Biblioteka Jagiellońska, cod. 1771, f. 142vb (detail)

The Library of Congress Cataloging-in-Publication Data is available online at https://catalog.loc.gov
LC record available at https://lccn.loc.gov/2024033713

Typeface for the Latin, Greek, and Cyrillic scripts: "Brill". See and download: brill.com/brill-typeface.

ISSN 2468-6808
ISBN 978-90-04-26342-0 (hardback)
ISBN 978-90-04-70202-8 (e-book)
DOI 10.1163/9789004702028

Copyright 2024 by Paul J.J.M. Bakker and Michiel Streijger. Published by Koninklijke Brill BV, Leiden, The Netherlands.
Koninklijke Brill BV incorporates the imprints Brill, Brill Nijhoff, Brill Schöningh, Brill Fink, Brill mentis, Brill Wageningen Academic, Vandenhoeck & Ruprecht, Böhlau and V&R unipress.
Koninklijke Brill BV reserves the right to protect this publication against unauthorized use. Requests for re-use and/or translations must be addressed to Koninklijke Brill BV via brill.com or copyright.com.

This book is printed on acid-free paper and produced in a sustainable manner.

To the memory of Edith D. Sylla (1941–2023)

Contents

Acknowledgements XI

Introduction XIII
    Michiel Streijger and Paul J.J.M. Bakker
    Appendix 1 XXIX
    Appendix 2 XXXIV

Guide to the Text LII
    Paul J.J.M. Bakker
1   Introduction LII
2   The *Expositio* on Books V–VIII of Aristotle's *Physics* LXXV
    2.1 The *Expositio on Book V* LXXV
    2.2 The *Expositio on Book VI* CV
    2.3 The *Expositio on Book VII* CXXIV
    2.4 The *Expositio on Book VIII* CLI

Bibliography CCV

Iohannis Buridani *Quaestiones super octo libros Physicorum Aristotelis* (*secundum ultimam lecturam*) Libri V–VIII

Conspectus siglorum et compendiorum 2

Liber V

Tabula quaestionum quinti libri *Physicorum* 4

V. 1. Utrum generatio sit motus 6

V. 2. Utrum in ad aliquid sit per se motus 15

V. 3. Utrum omnis motus debeat esse de contrario in contrarium 24

V. 4. Utrum motus ex eo debeant dici contrarii, quia sunt de contrariis terminis ad contrarios terminos 32

V. 5. Utrum motus contrarietur quieti vel etiam quies quieti   46

V. 6. Utrum sit dare generationes et corruptiones, diminutiones, augmentationes et alterationes naturales et violentas, sicut est dare motus locales naturales et violentos   56

V. 7. Utrum secundum substantiam sit motus   64

V. 8. Utrum motus sit motus vel etiam generationis generatio   69

V. 9. Utrum generatio generetur   75

V. 10. Utrum ad unitatem motus requiratur quod mobile sit idem, quod forma vel dispositio secundum quam est motus sit eadem et quod sit tempus idem, et utrum etiam haec sufficiant ad hoc quod sit motus unus   85

Liber VI

Tabula quaestionum sexti libri *Physicorum*   94

VI. 1. Utrum puncta sint sibi invicem proxima in linea   96

VI. 2. Utrum linea componatur ex punctis   102

VI. 3. Utrum in eodem corpore longitudo sit res distincta a latitudine et profunditate   109

VI. 4. Utrum puncta sint res indivisibiles in linea   116

VI. 5. Utrum sit aliqua transmutatio instantanea   134

VI. 6. Utrum instans transmutationis debeat attribui posteriori passioni   140

VI. 7. Utrum omne quod mutatur sit divisibile   146

VI. 8. Utrum ante omne mutari sit mutatum esse et ante omne mutatum esse sit mutari   152

VI. 9. Utrum in tempore finito possit transiri magnitudo infinita et in infinito finita   160

VI. 10. Utrum possibile sit aliquid moveri   169

Liber VII

Tabula quaestionum septimi libri *Physicorum*   177

VII. 1. Utrum omne quod movetur moveatur ab alio   179

VII. 2. Utrum demonstratio Aristotelis sit bona in qua nititur in principio huius septimi demonstrare quod omne quod movetur movetur ab alio   185

VII. 3. Utrum possit esse processus in infinitum in moventibus et motis   191

VII. 4. Utrum necesse sit in omni motu movens esse simul cum moto   197

VII. 5. Utrum secundum qualitates de prima specie qualitatis vel de quarta sit per se motus   202

VII. 6. Utrum ad hoc quod aliqua sint comparabilia requiratur et sufficiat quod ipsa sint specialissime univoca   208

VII. 7. Utrum primae duae regulae quas Aristoteles ponit in ultimo capitulo septimi *Physicorum* sint verae   215

VII. 8. Utrum regulae Aristotelis quas ipse ponit in ultimo capitulo septimi *Physicorum* sint universaliter verae   222

Liber VIII

Tabula quaestionum octavi et ultimi libri *Physicorum*   228

VIII. 1. Utrum ad scientiam naturalem pertineat considerare de primo motore   230

VIII. 2. Utrum Deus sic potuisset facere motum de novo quod ante non fuisset motus neque mutatio   237

VIII. 3. Utrum sit aliquis motus aeternus   245

VIII. 4. Utrum animal moveatur ex se et non grave inanimatum   258

VIII. 5. Utrum actu grave existens sursum moveatur per se post remotionem prohibentis et a quo moveatur   267

VIII. 6. Utrum primus motor sit immobilis   277

VIII. 7. Utrum motus localis sit primus motuum   283

VIII. 8. Utrum necesse sit in omni motu reflexo mobile quiescere in termino reflexionis   291

VIII. 9. Utrum movens finitum possit movere per infinitum tempus   297

VIII. 10. Utrum virtus infinita possit esse in magnitudine finita   307

VIII. 11. Utrum primus motor, scilicet Deus, sit infiniti vigoris   314

VIII. 12. Utrum proiectum post exitum a manu proicientis moveatur ab aere vel a quo moveatur   324

VIII. 13. Utrum primus motor sit indivisibilis et nullam habens magnitudinem   334

Index locorum   339
Index codicum manu scriptorum   343
Index nominum   345

Acknowledgements

It has been a great pleasure for us to work on the edition of John Buridan's *Quaestiones Physicorum*. In particular, our collaboration with Edith D. Sylla has been a privilege for both of us. We deeply regret that we have not been able to complete the project as we started it: as a joint enterprise with Edith. We sincerely hope the present volume, not only the edition but also the Introduction and in particular the Guide to the Text, meet her high standards of scholarship and rigor. We dedicate this volume to her memory.

Paul Bakker
Michiel Streijger

Introduction

Michiel Streijger and Paul J.J.M. Bakker

This third volume completes our edition of the *ultima lectura* of John Buridan's *Quaestiones super octo libros Physicorum Aristotelis* (henceforth: *Quaestiones Physicorum*).[1] It contains the critical edition of Books V–VIII of the commentary, which survives (completely or incompletely) in the following 34 manuscripts:

1. Augsburg, Staats- und Stadtbibliothek, cod. 2° 342a (Au)
2. Berlin, Staatsbibliothek zu Berlin—Preußischer Kulturbesitz, cod. lat. fol. 852 (Be)
3. Bratislava, Archív mesta Bratislavy, cod. E.L.5 (Br)[2]
4. Buenos Aires, Biblioteca Nacional, cod. 342R (J)
5. Carpentras, Bibliothèque Inguimbertine, cod. 293 (L. 289) (A)
6. Erfurt, Universitätsbibliothek, Dep. Erf., CA F. 300 (Er)
7. Frankfurt am Main, Stadt- und Universitätsbibliothek, cod. Praed. 52 (B)
8. København, Kongelige Bibliotek, cod. Ny kgl. Samling 1801 fol. (C)
9. Kraków, Biblioteka Jagiellońska, cod. 659 (D)
10. Kraków, Biblioteka Jagiellońska, cod. 660 (E)
11. Kraków, Biblioteka Jagiellońska, cod. 661 (F)
12. Kraków, Biblioteka Jagiellońska, cod. 1771 (G)
13. Kremsmünster, Bibliothek des Benediktinerstiftes, cod. CC 169 (H)
14. Lambach, Bibliothek des Benediktinerstiftes, cod. Ccl. 175 (La)
15. Liège, Bibliothèque de l'Université, cod. 114 C (I)

---

1 The first two volumes appeared in 2015 and 2016 respectively: John Buridan, *Quaestiones super octo libros Physicorum Aristotelis* (*secundum ultimam lecturam*), *Libri I–II*, ed. M. Streijger & P.J.J.M. Bakker, Leiden, Boston 2015 (Medieval and early modern philosophy and science, 25); John Buridan, *Quaestiones super octo libros Physicorum Aristotelis* (*secundum ultimam lecturam*), *Libri III–IV*, ed. M. Streijger & P.J.J.M. Bakker, Leiden, Boston 2016 (Medieval and early modern philosophy and science, 27).

2 The description of Br in volume 1 (J.M.M.H. Thijssen, 'Introduction', in: John Buridan, *Quaestiones super octo libros Physicorum Aristotelis* [*secundum ultimam lecturam*]. *Libri I–II*, ed. M. Streijger & P.J.J.M. Bakker, Leiden, Boston, 2015 [Medieval and early modern philosophy and science, 25], XIII–XLII, at XXI) contains an error concerning the geographical origin of the scribe Georgius Tielesch de Posonio. The toponym 'de Posonio' does not refer to Poznań (Posen), but to Bratislava (Pressburg), then in Hungary, now in Slovakia, close to Vienna. Georgius Tielesch was therefore not a Polish student in Vienna. We are grateful to Harald Berger for drawing our attention to this mistake.

16. Oxford, Balliol College Library, cod. 97 (Ox)
17. Paderborn, Erzbischöfliche Akademische Bibliothek, cod. VVa 12 (Pb)
18. Paris, Bibliothèque Nationale de France, cod. lat. 14723 (L)
19. Private collection, U.S.A. (Ha)
20. Salzburg, Stiftsbibliothek St. Peter (Erzabtei), cod. b.IX.24 (M)
21. Salzburg, Universitätsbibliothek, cod. M.II.311 (N)
22. Stralsund, Stadtarchiv der Hansestadt Stralsund, cod. 1050 (K)
23. Torino, Biblioteca Nazionale Universitaria, cod. G.IV.10 (O)
24. Vaticano (Città del), Biblioteca Apostolica Vaticana, cod. Vat. lat. 2163 (P)
25. Vaticano (Città del), Biblioteca Apostolica Vaticana, cod. Vat. lat. 2164 (Q)
26. Wien, Bibliothek des Dominikanerkonvents, cod. 107/73 (R)
27. Wien, Österreichische Nationalbibliothek, cod. 5112 (S)
28. Wien, Österreichische Nationalbibliothek, cod. 5332 (T)
29. Wien, Österreichische Nationalbibliothek, cod. 5338 (U)
30. Wien, Österreichische Nationalbibliothek, cod. 5367 (V)
31. Wien, Österreichische Nationalbibliothek, cod. 5424 (W)
32. Wien, Österreichische Nationalbibliothek, cod. 5458 (X)
33. Wien, Österreichische Nationalbibliothek, cod. 5481 (Y)
34. Zaragoza, Biblioteca Capitular de la Seo, cod. 15–61 (Z)[3]

A printed edition of the commentary by John Dullaert was published in 1509:

Iohannes Buridanus, *Subtilissimae Quaestiones super octo Physicorum libros Aristotelis*. Paris: Petrus le Dru impensis Dionysii Roce, 1509 (p)

Volumes 1 and 2 of our edition mentioned only 32 manuscripts. The two additional witnesses are a recently discovered manuscript in a private collection in the U.S.A. (Ha) and manuscript Augsburg, Staats- und Stadtbibliothek, cod. 2° 342a (Au), which in volume 1 was mistakenly counted among the manuscripts containing the third redaction of Buridan's *Quaestiones Physicorum*.[4] Appendix

---

3 In contrast to previous statements (Thijssen, 'Introduction', XXXIII), questions I.1 to II.8 (1ʳ–62ᵛ) of Z do not present the third redaction of Buridan's questions on the *Physics*, but a hitherto unknown version of the *ultima lectura*. From question II.9 onwards (62ᵛ–201ᵛ), the manuscript contains the 'normal' version of the *ultima lectura*. See P.J.J.M. Bakker and M. Streijger, 'John Buridan's *Physics* Commentaries Revisited. Manuscripts and Redactions', *Bulletin de Philosophie Médiévale*, 64 (2022), 67–166, 80–94.

4 See Thijssen, 'Introduction', XIII. For the content of Ha, see Bakker and Streijger, 'John Buridan's *Physics* Commentaries', at 73–75, and n. 8 below. Au contains all 113 questions of the *ultima lectura*, but q. I.22 and q. I.23 occur in reverse order. For this manuscript, see W. Gehrt, *Die Handschriften der Staats- und Stadtbibliothek Augsburg: 2° Cod. 251–400e*, Wiesbaden

INTRODUCTION   XV

A gives the readings of Ha and Au for the passages in Books I–IV where we consulted all 32 other manuscripts. An overview indicating the precise location of the 113 questions of all eight books of Buridan's *Quaestiones Physicorum* (*secundum ultimam lecturam*) in the manuscripts and in the 1509 edition can be found in Appendix B.

Except for Be (containing only questions I.2–8) and N (Books I–IV), all manuscripts mentioned above contain the questions edited in the present volume.[5] However, in the following six manuscripts, bigger or smaller portions of the text are missing:

1. In J question V.9 is incomplete and question V.10 is missing.[6]
2. Pb omits the second half of Book VI and most of Book VII.[7]
3. Ha contains questions V.1–10, questions VI.1–8 (question VI.8 incomplete), and questions VIII.3–VIII.13 (question VIII.3 incomplete).[8]

1989, 148–149 (URL = http://bilder.manuscripta-mediaevalia.de/hs/kataloge/HSK0206.htm). Descriptions of the 32 manuscripts mentioned in the first two volumes can be found in Thijssen, 'Introduction', XXI–XXXIII.

5   Contrary to what was stated in volume 1 (Thijssen, 'Introduction', XXVI), Ox contains all eight books of the commentary.

6   On f. iiii^{xx}xi^{rb} (= 91rb) question V.9 breaks off in the fourth *conclusio*: 'Et hoc est verum, quia ipsa non est actus totalis qui ista generatione generatur, sed est actus partialis qui erit pars illius qui generatur' (77$^{17-19}$ of our edition). The verso of the folio is blank. Folia iiii^{xx}xii–iiii^{xx}xiv (= 92–94) are missing. Book VI starts on f. iiii^{xx}xv^{ra} (= 95ra).

7   F. 71vb ends with question VI.4: '... et iterum indigeret habere terminum, et sic in infinitum terminus haberet terminum' (cf. 117$^{14-15}$). On f. 72ra the text begins at the end of VII.7: 'moventis ad ipsum sit dupla proportioni in qua prius se habebat movens ad totum mobile, tunc movens movebit illud mobile per duplex spatium in aequali tempore et per aequale spatium in dimidio tempore' (220$^{20-22}$).

8   The questions of Book V are complete and are preceded by the *tabula quaestionum* for Book V (f. 15va). Question V.10 ends as follows (f. 27vb): 'Dicat igitur de predictis quilibet quid voluerit, quia nichil determino etc'. (cf. 93$^{2-3}$). In the bottom margin we read: 'Expliciunt questiones quinti libri *Phisicorum*'. Question VI.1 is preceded by the *tabula quaestionum* for Book VI (f. 28ra). Question VI.8 breaks off abruptly in the middle of the fourth argument *quod non* (f. 35vb): 'igitur ante omne mutari est mutari. Sed tunc ego probo falsitatem' (cf. 152^{23}). Question VIII.3 starts in the middle of the eighth argument *quod non* (f. 36ra): 'anno fierent (?) dies multi et transierunt infiniti anni, si tempus sit perpetuum et eciam motus' (cf. 246$^{15-16}$). Question VIII.13 ends as follows (f. 46vb): 'Et est credendum quod dicta Dei simplicitas et impartibilitas non derogat trinitati personarum. Simul enim est Deus simpliciter sine composicione aliqua et trinus et unus, qui est benedictus in secula seculorum. Amen. Et sic est finis questionis et per consequens omnium questionum tocius libri *Phisicorum* per manus fratris Yvonis Courtoys filii conventus sancti Pauli in Leonia. Pro eo orate cum diligencia. Explicit iste liber, hac pena est scriptor liber. Iste questiones *Phisicorum* sunt de tercio opere

4. The text of O breaks off abruptly in question VIII.1.[9]
5. In Y questions VIII.7 and VIII.8 are incomplete.[10]
6. The text of K breaks off in question VIII.10.[11]

In this volume we follow the same method as before. We do not aim to reconstruct the original text authored by Buridan, but to provide the critically assessed and (wherever necessary) corrected text of C, which was selected as the base manuscript on the basis of a survey of the manuscript tradition carried out by Hans Thijssen and Dirk-Jan Dekker.[12] Following the text of C as closely as possible, even in cases where other manuscripts offer more elegant or more natural readings, the edition occasionally includes phrases that may not have been part of the original text, but additions by the scribe of C, for example the following remark written above the line in question VII.6 (213^{14-15}): 'De motu solis conceditur quod est velocior tua ambulatione, **quando tu vadis ad iuvenculas**'. Another example is a passage in question VIII.1 (230^{14-15}), where C is the only witness to provide the following explanation of the words 'prioris ambarum' in a passage cited from Aristotle (*Metaphysics*, VI, 1, 1026a10–13): 'Per "prioris ambarum" intelligit metaphysicam'.[13] Given that our edition does not claim to be a reconstruction of Buridan's original text, but the corrected text of one particular historical witness of it, readers are invited to consult the critical apparatus for alternative readings to the ones adopted in the text, and to follow readings in other manuscripts.

Buridani et fuerunt scripte Parisius anno domini mille° ccc° nonagesimo quinto'. See Bakker and Streijger, 'John Buridan's *Physics* Commentaries', 73–75.

9   The text ends as follows on f. 121vb: 'Et sic physicus non habet scire utrum istae opiniones sint verae aut falsae, sicut non potest scire utrum inter formas inherentes quas ipse potest invenire aliqua earum (*an* eorum?) sit prima vel non. Deinde etiam si actus' (cf. 234^{21-24}).

10 On f. 91rb question VIII.7 breaks off at 288^{22} of our edition: 'Deinde ex hoc vult Aristoteles inferre'. F. 91va is blank. On f. 91vb the text resumes at 294^{4}: 'Aristoteles videtur respondere quod in praedicto casu …'

11 On f. 156va the text breaks off at 309^{21-22} of our edition: 'non tempore, licet esset virtus infinita sine magnitudine infinita'.

12 See J.M.M.H. Thijssen, *John Buridan's Tractatus de infinito*, Nijmegen 1991 (Artistarium Supplementa, 6), xxii–xxxv, and D.-J. Dekker, *De tijdfilosofie van Johannes Buridanus (†ca. 1360). Een historisch-wijsgerige studie met editie van Buridanus' Quaestiones super octo libros Physicorum Aristotelis (secundum ultimam lecturam), IV, 12–16*, PhD dissertation, Radboud University, Nijmegen 2003, 107–111. See also Thijssen, 'Introduction', XXXVI–XL.

13 See passage 7 below.

INTRODUCTION   XVII

When the text of C does not make sense or contains a grammatical error, we correct it with GPp and mention the reading of C in the critical apparatus. When none of the four witnesses CGPp provides a meaningful text, or when only the reading of p seems to be correct, we consulted ABHLMTU (14 times in Book V, 9 in Book VI, 3 in Book VII, and 15 in Book VIII). For the following passages we checked all manuscripts:

Passage 1: Question V.1 (8^{22}–9^5).

> Et cum in generatione non oporteat praeesse terminum a quo, qui abiciatur, utimur isto termino 'generatio' aut 'generari' tamquam medio inter terminos; et utimur oratione negativa quod res ista quae generatur vel quae est generatio prius non erat tamquam termino a quo, et ista oratione 'posterius erit' tamquam termino ad quem. Et ideo sumendo istos terminos 'generatio' vel 'generari' significative non esset proprie verum dicere quod generatio sit de negato in affirmatum nec quod generatio sit inter terminos **contradictorios**, sed hoc dicit Aristoteles ad istum sensum solummodo quod de omni eo quod generatur diceretur vere prius quod ipsum non est et posterius quod ipsum est.

In this passage, we selected the reading 'contradictorios', which is found only in O. 'Contradictionis' appears in Z. All other manuscripts and p have 'contrarios'.

Passage 2: Question V.1 (10^{19-28}).

> Sed iste terminus 'generari' non attribuitur subiecto generationis, sed attribuitur illi rei vel formae quae prius non erat et postea est; unde in generatione aquae non dicimus materiam generari vel fieri, sed aquam vel formam aquae, et si homo calefit, dicimus caliditatem generari, non hominem. Et ita similiter iste terminus 'corrumpi' non attribuitur subiecto corruptionis, sed illi rei vel formae quae prius erat et posterius non est. Verum est tamen quod, quando praedictos terminos, scilicet 'generari' et 'corrumpi', accipimus non simpliciter, sed secundum quid, id est **cum additione**, tunc bene attribuuntur subiecto mutationis, ut hominem dicimus generari album, id est fieri album aut fieri coloratum aut fieri in tali loco.

After 'cum additione' most manuscripts add 'tertii praedicati', Ha adds 'secundi praedicati', and p adds 'certi praedicati'. We have chosen to omit 'tertii praedicati', 'secundi praedicati' or 'certi praedicati', as do DJLaO. Also elsewhere in the

Quaestiones Physicorum Buridan uses the simple expression 'cum additione' or 'cum addito' to distinguish accidental generation from substantial generation.[14]

Passage 3: Question V.2 (18[1–15]).

> Sed tamen sciendum est quod secundum alium sensum distinguit Aristoteles motus, cum dicit alium esse secundum quantitatem, alium secundum qualitatem, alium secundum ubi etc., videlicet quod motus non dicitur secundum quantitatem vel in quantitate vel ad quantitatem, et sic de qualitate, ex eo quia qualitas vel quantitas acquiritur vel deperditur, sed ex eo dicitur motus vel mutatio secundum substantiam, quia secundum exigentiam illius mutationis debet mutari responsio ad quaestionem quaerentem quid est hoc, demonstrata substantia per se subsistente, ut quia modo hoc est aer et post hoc est aqua, vel per nomen relativum, **ut hoc modo est aliquid et postea ipsum non est aliquid.** Et dicitur motus vel mutatio secundum qualitatem, si secundum exigentiam mutationis debeat mutari responsio ad quaestionem quaerentem quale est hoc, demonstrata aliqua substantia per se subsistente, ut quia prius erat album et post nigrum. Et sic dicitur mutatio secundum quantitatem, si debet mutari responsio ad quantum est hoc, et ad ubi, si debeat mutari responsio ad ubi est hoc, et sic de aliis.

In this passage, BDEFJPbXY have a larger omission by homeoteleuton and omit 'modo hoc est aer ... ut quia'. In the remaining manuscripts, there is some confusion about the phrase in bold:

> AAuBrGHHaILaOxQTVZp: ut hoc modo est aliquid et postea ipsum non est aliquid.
> ErKLMORS: ut hoc modo est ad aliquid et postea ipsum non est ad aliquid.
> PUW: ut hoc modo est ad (*sup. lin.*) aliquid et postea ipsum non est ad (*sup. lin.*) aliquid.
> C: ut hoc modo est ad (*in marg.*) aliquid et postea ipsum non est aliquid.

---

14   Cf. in the same question (10[7–9]): 'et hoc est generatio secundum quid, quia illud simpliciter non dicitur fieri, sed **cum additione** dicitur fieri album aut bicubitum aut in tali loco et sic de aliis'. For examples in our edition of Books I–II, see 148[6]: 'illud dicitur fieri non simpliciter, sed **cum additione**, quia dicitur fieri tale vel tantum vel taliter se habens', and 199[24–25]: 'ideo etiam non dicitur simpliciter generari vel fieri, sed **cum addito**, sicut si homo calefiat, non dicitur fieri, sed fieri calidus'.

Here, Buridan states that, in Aristotle's view, 'motion according to substance implies that, when you point at a substance, the answer to the question what the thing is changes, as when you say that this is first water and later this is air, or by a relative name ("vel per nomen relativum") ...' A paragraph in Buridan's *Summulae* gives us a clue what may be meant here by 'or by a relative name'. In paragraph 4.4 of *De suppositionibus*, Buridan uses the term 'relativum' in a grammatical sense (as opposed to a categorical sense) for terms that refer to something previously mentioned. As examples he refers to certain pronouns ('illud', 'se', 'ipsum', 'suum') and nouns ('aliud', 'idem', 'tantum', 'tale').[15] Against the background of this paragraph, we see two possible interpretations of passage 3. (1) According to one interpretation, the phrase 'or by a relative name, as ⟨by saying that⟩ this ('hoc') first is something ('est aliquid') and later it ('ipsum') is not something ('non est aliquid')', found in ABrGHILaOxQVTZp, includes the term 'it' ('ipsum'), which Buridanus considers to be a 'relativum'. However, against this interpretation, one may object that in passage 3 Buridan speaks of 'nomina relativa' whereas in the *Summulae* 'ipsum' is given as an example of 'pronomina relativa' (which are explicitly distinguished from 'nomina relativa'). (2) Therefore, an alternative interpretation is that in passage 3 the second 'aliquid' has to be corrected to 'idem', which is a 'nomen relativum' according to Buridan's *De suppositionibus*. Following this alternative interpretation of the concluding sentence of passage 3, Buridan states that substantial change implies that this first is something ('est aliquid') and later it is not the same ('non est idem'). Since the reading of ABrGHILaOxQVTZp in one way or another seems to agree with Buridan's explanation in the *Summulae*, we retained it in the edition and indicated the possible correction of 'aliquid' to 'idem' in the apparatus. The variant reading 'ad aliquid' found in ErKLMORS and CPUW (after correction) seems to be an inadequate attempt to fix the reading 'aliquid' in a way that understands the notion of a 'relativum' in a categorical sense.

---

15 See John Buridan, *Summulae. De suppositionibus* 4.4.1, ed. R. van der Lecq, Nijmegen 1998 (Artistarium, 10/4), 69[5–10]: 'Hoc quartum capitulum huius tractatus est in speciali de suppositionibus terminorum relativorum. Et non accipitur hic "terminus relativus" pro illis terminis quos dicimus esse de praedicamento ad aliquid, ut "pater", "filius", "dominus", "servus", sed prout grammatici dicunt quod relativum est rei prius latae seu dictae recordativum, sicut sunt ista pronomina "illud", "se", "ipsum", "suum", et ista nomina "aliud", "idem", "tantum", "tale" etc'. We are grateful to Joël Biard for drawing our attention to this passage.

Passage 4: Question V.3 (30⁶⁻¹⁰).

> Et similiter si vellemus vocare terminos **frigefactionis** gradum frigiditatis primo corruptum et gradum postremo corruptum, illi non essent contrarii, quia simul stabant ante initium motus; sed etiam iste modus capiendi 'terminos' non pertineret ad motum proprie dictum, sed ad corruptionem frigiditatis.

Here most manuscripts and p have the reading 'frigefactionis', GKR have 'defrigefactionis'. Although 'calefactionis' is obviously the reading required by sense, we followed the reading 'frigefactionis' and suggested the reading 'calefactionis' in the critical apparatus. We have not followed the reading 'defrigefactionis', because we have found no occurrence of the noun 'defrigefactio', while the verb 'defrigere' (or 'defrigescere') in most cases means cooling down instead of warming up, which is the meaning in this passage.[16]

Passage 5: Question VI.3 (112¹⁶⁻²¹).

> Sexta conclusio est quod in nullo corpore inanimato differunt praedicta nisi respective, ut si una pars lapidis dicatur sursum et alia deorsum; vertatur lapis: tunc, quae erat sursum, erit deorsum et e converso. Sed forte possent excipi **aliqua pauca quorum** diversa latera sunt diversarum et dissimilium naturarum, quas a diversis lateribus caeli receperant, ut patet in magnete, cuius unum latus manifeste correspondet uni polo et alterum alteri.

The reading 'aliqua pauca quorum', that we have adopted in the edition, is found in most manuscripts and p. Other possible readings are 'pauca quorum' (DHLaT) and 'aliqua quorum' (Br). The reading 'aliqui lapides vel plantae quorum' (C) and the reading 'aliqua planta cuius' (GIQ) do not seem to make

---

[16] For 'defrigere' (or 'defrigescere') in the sense of cooling down, see, e.g., O. Weijers, *Lexicon latinitatis nederlandicae medii aevi*, Leiden 1986, 3: 1309; F. Arnaldi and P. Smiraglia, *Latinitatis italicae medii aevi lexicon*, Firenze 2001 (Millennio medievale, 29), 130 ('defrigidatio', 'actus frigescendi'). C. Du Cange, *Glossarium mediae et infimae latinitatis*, ed. nova, Paris 1886, refers to an occurrence of the verb 'defrigere' meaning 'incalescere' (or in French 's'échauffer' or 'chasser le froid') in the following passage from Pelagius Diaconus (URL = http://ducange.enc.sorbonne.fr/DEFRIGERE): 'Qui consurgens stetit in cauma quinque diebus, et defrigens seipsum in sole, dicebat quasi animus eius ad seipsum: Non possum ferre tormenta'.

INTRODUCTION   XXI

sense, given that the conclusion speaks about inanimate bodies ('in nullo corpore inanimato'). Although two witnesses we always use for our edition (Pp) have the selected reading, we checked the remaining manuscripts to verify whether other manuscripts share the reading 'lapides' with C, which is not the case.

Passage 6: Question VI.10 (169^{3-7}).

> Quaeritur decimo et ultimo circa istum sextum librum de opinione et rationibus Zenonis utrum possibile est aliquid moveri. Arguitur primo quod non de motu locali recto quia: numquam mobile in loco praecise sibi aequali movetur; et tamen semper et continue est in loco praecise sibi aequali; **igitur numquam movetur.**

The argument in this passage runs as follows: (1) nowhere a mobile thing moves in a place that is exactly equal to it; (2) but a mobile thing always and continually is in a place exactly equal to it; (3) therefore it never moves. In the edition we follow AuOQSZ (Au and S after correction). In all the other manuscripts (except Pb, in which the passage is missing) and p the conclusion (3) is written before the minor premise (2).

Passage 7: Question VIII.1 (230^{10-15}).

> Item sexto *Metaphysicae* Aristoteles ponens differentiam inter metaphysicam, mathematicam et physicam dicit: 'si vero est immobile aliquid et separabile et sempiternum, palam quia est theoricae illud noscere, non tamen physicae (nam de mobilibus quibusdam est physica), nec mathematicae, sed prioris ambarum'. Haec Aristoteles. **Per 'prioris ambarum' intelligit metaphysicam.**

The phrase printed in bold is only found in C, except that it has 'priorum' instead of 'prioris'. Although the entire sentence may be a clarification added by the scribe of C, we retained it in the edition and corrected 'priorum' to 'prioris'.

Passage 8: Question VIII.1 (231^{1-7}).

> Item Commentator tertio *Metaphysicae* dicit quod non est physici, sed metaphysici, considerare primam causam formalem nec primam causam finalem; et tamen primus motor est prima causa finalis et prima causa formalis, quia est primus actus; igitur non est physici considerare ipsum. Et

ob hoc etiam dicit Aristoteles in fine primi *Physicorum* quod de principio secundum speciem, **scilicet primo**, opus est primae philosophiae determinare; ideo concludit quod in illud tempus apponatur.

Here we followed the reading 'scilicet primo', which is found only in AuZ (above the line in Au). Most manuscripts and p have 'scilicet', while other manuscripts have 'si', 'etc. si' or omit the words.

Passage 9: Question VIII.1 (233^{26}–234^4).

Quidam enim posuerunt materias priores et simpliciores credentes quod omnis substantia per se subsistens praeter Deum sit composita substantialiter ex actu et potentia illi actui subiecta, quem actum dicebant esse causam illius potentiae, sicut forma dicitur causa materiae. Et ista etiam potentia dicebatur esse causa illius actus, sicut materia dicitur causa formae, quamvis in perpetuis ista potentia non esset innata suscipere alium actum, quia ille actus non erat **corruptibilis.**

In this passage we followed BrKQRUVWZ, which have the reading 'corruptibilis'. All other manuscripts (except O, which omits the word) and p have 'corporalis', which does not seem to make sense. The scribe of S corrected the error.

Passage 10: Question VIII.1 (234^{13-23}).

Similiter est de formis. Primo enim, si loquamur de inhaerentibus subiectis suis, physicus non potest arguere nisi formas quae sunt termini transmutationum substantialium et accidentalium. Et iam dictum est quod aliqui posuerunt formas priores, scilicet istos actus caeli et intelligentiarum, vel etiam respectu essentiae. Et iterum etiam plures posuerunt in eodem subiecto plures formas substantiales ordinatas secundum ordinem praedicatorum quidditativorum, et formas generaliores, ut corporeitatis vel substantiae, non generabiles aut corruptibiles, **et sic non esse terminos transmutationum.** Et physicus non habet scire utrum istae opiniones sint verae vel falsae, et sic non potest scire utrum inter formas inhaerentes quas ipse potest invenire aliqua earum sit prima vel non.

According to this passage, a natural philosopher does not prove the existence of the first form inhering in a subject nor is he able to understand which form is the first form that inheres in a subject. The argument runs as follows: a natural philosopher can only prove the existence of forms that are the beginning and end points of substantial or accidental change; but according to some there exist prior forms, such as the forms of the heaven and the intelligent movers. Also, many posit in the same subject a series of substantial forms that are ordered according to the quidditative predicates, and ⟨they posit⟩ more general forms, like the forms of corporeity and substance, that cannot be generated or corrupted, **and which as a result ('sic') are not termini of change**. The words in bold indicate our understanding of the expression 'et sic non esse terminos transmutationum', but there seems to be a problem with the syntax. The reading 'et sic' is found in AAuCGHILOOxPQSTZp. The variant reading 'et ut sic' appearing in ErKMR might also work: 'and which **as such** are not termini of change', but it has the same syntactical problem. The variant 'aut sic non esse' found in the other manuscripts does not make sense.

Passage 11: Question VIII.5 (269$^{5-8}$)

> Item de his quae sunt per accidens non intromittit se aliqua scientia, ut habetur sexto *Metaphysicae*. Et ita etiam dicit Aristoteles in quinto *huius*: 'secundum quidem accidens mutatio dimittatur; in omnibus enim est et semper **et omnium**' etc.

Here we selected the reading 'et omnium' found in AuEHaIp, and possibly in ErR. This is also the reading that appears in the passage from Aristotle's *Physics* which is cited here (V, 1, 224b26: 'Secundum quidem igitur accidens mutatio dimittatur: in omnibus enim est, et semper, et omnium'). Most other manuscripts omit the words or have 'et omni'. The passage is missing in O.

Passage 12: Question VIII.8 (292$^{8-11}$)

> Item experientiae sunt manifestae quod **navi** tarde mota ad septentrionem et homine in ea continue ambulante ad meridiem, ita quod homo velocius moveatur respectu navis quam navis respectu fluvii, constat quod homo continue movebitur in appropinquando meridiem.

Here the edition follows J, which has the only grammatically correct sentence. Most other manuscripts and p add 'si' before 'navi', LS have 'si navis' (corrected to 'si navi' in L), BrV have 'si in navi', and M has 'tarde navis mota'. The passage is missing in O and Y.

Passage 13: Question VIII.8 (293^{11-17})

> Sed forte potest poni conclusio cum Aristotele quod, si *a* moveatur naturaliter ad aliquem terminum ex intentione essendi in illo termino et non impediatur et postea etiam reflectatur naturaliter ab illo termino, necesse est *a* in illo termino quiescere, quia frustra natura produceret *a* ad illum terminum ex intentione essendi in eo, si nullo tempore maneret in ipso; et tamen natura in opere suo numquam frustratur ab intento nisi ab impedimento concurrente; igitur etc.

Here we selected the reading 'a', which appears in AuZ and is supplied above the line in La. All other manuscripts (except O and Y, which do not have this passage) and p omit 'a' (Br adds 'motum' above the line). We printed the reading 'a', since elsewhere in the *Quaestiones Physicorum* the verb 'producere' always occurs with an object.

Passage 14: Question VIII.8 (295^{1-20})

> Si enim dicas corpora tangere se, quia non est spatium intermedium, manifestum est quod in omni tempore erat spatium intermedium inter *a* et lapidem. Sit enim tempus in quo praecise *a* movetur ad lapidem de *b* una hora, et per totam sequentem horam revertitur. Constat quod in hora tota illa et in qualibet parte ipsius fuit spatium medium inter *a* et lapidem, quoniam quamcumque parvam partem illius horae tu signaveris, verbi gratia ultimam centesimam, tamen in illa centesima fuit spatium intermedium, quia in prima medietate illius centesimae fuit spatium intermedium, immo in infinitum magna parte illius centesimae fuit spatium intermedium. Igitur numquam fuisset ista propositio vera 'inter *a* et lapidem non est spatium intermedium'. Ideo secundum istam expositionem *a* numquam tangebat lapidem et numquam erat haec propositio vera 'a tangit lapidem'. Sed tamen ego dico quod nullum spatium fuit intermedium in ista tota hora **inter *a* et *b***, scilicet in qualibet parte illius horae, quia quantumcumque parvum spatium signetur tangens lapidem, fuit dare aliquam partem horae in qua illud spatium non erat medium, immo non erat medium nisi sola centesima vel millesima pars illius spatii. Ideo si sic exponas 'tangere', ego dicam quod in omni ultima parte illius horae *a* tangebat lapidem, licet in nulla tota parte.

With the exception of OQ, which do not have this passage, all manuscripts and p have the reading 'inter *a* et *b*'. Although it is evident from the context that

INTRODUCTION   XXV

'inter *a* et lapidem' is what is required, we retained the reading 'inter *a* et *b*' and indicated our conjecture in the critical apparatus.

Passage 15: Question VIII.9 (300^{13-26})

> Sed Commentator etiam dicit aliam solutionem sufficientem dicens quod illum processum ponit Aristoteles finaliter ad concludendum quod primus motor sit indivisibilis et non extensus extensione magnitudinis. Igitur Aristoteles non supponit simpliciter quod movens sit **divisibile**, sed supponit quod esset **divisibile**, si esset in magnitudine **extensus**, sicut poneret adversarius; esset enim **divisibilis** sic quod haberet partem extra partem. Ideo non concluditur hic nisi quod impossibile est virtutem finitam extensam in magnitudine movere per tempus infinitum. Et hoc sufficit ad concludendum intentum sic: si primus motor esset in magnitudine extensus, sicut ponit adversarius, vel ipse esset finitus, et tunc non moveret per tempus infinitum, sicut probat ista ratio, vel esset infinitus, et tunc vel esset in magnitudine finita vel infinita. Non infinita, quia non est dare eam, nec finita, sicut dicetur post. Igitur non esset in magnitudine; quod finaliter volumus probare.

Here we selected the readings 'extensus' and 'divisibilis', which are found in most manuscripts and p. Although the reason for the shift from neuter forms ('divisibile') to masculine forms ('extensus', 'divisibilis') is unclear, the same problem occurs with the other readings found in the manuscripts: 'extensus' and 'divisibile' (LR), 'extensum' and 'divisibilis' (BFPb) or 'extensa' and 'divisibilis' (Br). The passage is missing in OQZ.

Passage 16: Question VIII.9 (306^{8-14})

> Et per haec dicta omnes rationes quae in principio quaestionis fiebant apparent solutae. Aristoteles in primo *huius* loquebatur de finitate vel infinitate extensionis. Sic enim non est substantia vel qualitas infinita, **nisi sit magnitudo vel in magnitudine extensa. Et est concedendum quod virtus cursiva Socratis esset sic infinita**, si praedictae condiciones sibi convenirent; sed non sibi conveniunt.

These words are only found in AuBZ (in the margin of Au). All other manuscripts (except O, which does not have this passage) and p omit them by homoeoteleuton.

Passage 17: Question VIII.11 (322[16])

Tertia ratio procedit **via sua** secundum praedicta.

Here we followed the singular 'via sua' of Z and p, which seems preferable to 'viis suis' (DFHaMPbSUWX). The readings 'vias suas' (AAuBrCEErGHIJLLaOxPQRTVY) and 'viam suam' (B) seem incorrect, since elsewhere in the commentary uses the expression 'rationes procedunt viis suis'.[17] It is possible that 'vias suas' is an error based on hearing ('via sua secundum' sounds almost the same as 'vias suas secundum').

In the edited text, we used classical orthography. Punctuation and paragraph divisions are our own. We put a colon after the word 'quia' whenever it does not have the meaning 'because', but rather serves the function of a colon (for example in 'probatur quia' or 'arguitur quia'). All abbreviations have been expanded, except for 'etc'. in 'igitur etc'.[18]

The *apparatus criticus* records the variant readings of the manuscripts and our suggestions to correct the text. It notes all variant readings in GPp, except for minor variants (such as 'ergo'/'igitur' and 'ille'/'iste'), spelling variations (such as 'sphera'/'spera'), insignificant writing errors or nonsensical words (e.g., 'frigidatem' instead of 'frigiditatem'). Normally we only mention the witnesses that have a reading disagreeing with the one printed in the text. Only when we consulted other manuscripts besides CGPp, we indicate for every reading (including the one printed in the text) the witnesses that have it. When a witness does not have the section containing the lemma, this is indicated by 'deest' or 'desunt'. Also included in the critical apparatus are C's corrections and 'variant readings' supplied in the margin and between the lines. Corrections in GPp are only recorded when the reading before correction also appears in (one of) the other witnesses.[19]

---

17   Cf. q. I.10: "apparet manifeste quomodo sit dicendum ad rationes omnes quae fiebant et quomodo procedunt viis suis" (111[16–17]); q. I.11: "apparat quomodo omnes rationes prius factae procedunt viis suis" (117[3–4]); q. I.16: "omnes aliae rationes procedunt viis suis" (168[18–19]); q. III.17: "solvantur rationes hinc inde adductae, quia procedunt viis suis" (165[9–10]).

18   In this volume we have expanded the abbreviation 'lo9' (with the sign '9' written on the line) as 'locum', whereas in our edition of Books I–II (256[19] and 293[1]) and III–IV (37[14, 22], 76[25], 79[2], 81[9], 84[21], 90[5], 91[23], 132[6], 204[22], 213[12], 223[23], 254[17, 24], 274[9], 302[21] and 305[1]) we have always solved this abbreviation as 'locus', even when the sense required 'locum' (in which case we corrected the text of C). Given that the sign '9' can be read as 'con' or 'cum', the reading of 'lo9' as 'locum' seems justified. The abbreviation 'lo⁹' (with '9' superscript) has always been solved as 'locus'.

19   We do not mention corrections of obvious writing errors (e.g., 'transiri' corrected from 'transiiri'), or when the reading before correction is unclear.

INTRODUCTION   XXVII

The *apparatus fontium* records the sources that Buridan explicitly mentions by name. References to anonymous 'aliqui' or 'quidam' have not been identified. References to Aristotle's writings consist of the title, book, chapter, and the Bekker numbering. References to the *Auctoritates Aristotelis* are indicated by the abbreviation '*AA*', followed by the number of the Aristotelian work and the number of the *auctoritas* in Jacqueline Hamesse's edition (e.g., '*AA*, 2: 154' refers to *auctoritas* 154 on the *Physics*). References to Averroes are according to the Giunta edition of 1562–1574, unless a modern critical edition is available. We also indicate references to other commentaries of Buridan and cross-references in a *quaestio* to other *quaestiones* within the *Quaestiones Physicorum*, but not to sections within the same *quaestio*.

The edition refers to the following sources:

Aegidius Romanus, *Commentaria in octo libros Physicorum*, Venezia 1502 (repr. Frankfurt am Main 1968).

Albertus Magnus, *Physica*. Libri V–VIII, ed P. Hossfeld, Münster 1993 (Opera omnia, 4/2).

Aristoteles, *Physica—Translatio Vetus*, ed. F. Bossier, J. Brams, Leiden, New York 1990 (Aristoteles Latinus 7/1).

Averroes, *Aristotelis opera cum Averrois commentariis*, ed. Iuntina, Venezia 1562–1574 (repr. Frankfurt am Main 1962).

Averroes, *Commentarium magnum in Aristotelis De anima libros*, ed. F.S. Crawford, Cambridge (MA) 1953 (Corpus commentariorum Averrois in Aristotelem. Versionum latinarum 6/1).

Averroes, *Commentum magnum super libro De celo et mundo Aristotelis*, ed. F.J. Carmody & R. Arnzen, 2 vols, Leuven 2003 (Recherches de Théologie et Philosophie médiévales. Bibliotheca, 4).

Avicenna, *Liber de philosophia prima sive scientia divina*, ed. S. Van Riet, 2 vols, Leuven, Leiden 1977–1980 (Avicenna Latinus 1)

Euclides, *Elementa*, ed. H.L.L. Busard, *The First Latin Translation of Euclid's Elements Commonly Ascribed to Adelard of Bath*, Toronto 1983 (Studies and Texts, 64)

Hamesse, J., *Les Auctoritates Aristotelis. Un florilège médiéval*, Leuven, Paris 1974 (Philosophes médiévaux, 17).

Iohannes Buridanus, *In Metaphysicen Aristotelis quaestiones argutissimae*, Paris 1518 (repr. Frankfurt am Main 1964).

Iohannes Buridanus, *Quaestiones super decem libros Aristotelis ad Nicomachum*, Paris 1489 (repr. Frankfurt am Main 1968).

Iohannes Buridanus, *Quaestiones super libros Analyticorum priorum*, München, Bayerische Staatsbibliothek, Clm 6962, URL = https://daten.digitale-sammlungen.de/~db/0011/bsb00114994/images/.

Iohannes Buridanus, *Quaestiones super libros De caelo et mundo*, ed. E.A. Moody, Cambridge (MA) 1942.

Iohannes Buridanus, *Quaestiones super libros De generatione et corruptione Aristotelis*, ed. M. Streijger, P.J.J.M. Bakker & J.M.M.H. Thijssen, Leiden, Boston 2010 (Medieval and early modern philosophy and science, 14).

Iohannes Buridanus, *Quaestiones super octo libros Physicorum Aristotelis* (*secundum ultimam lecturam*), *Libri I–II*, ed. M. Streijger & P.J.J.M. Bakker, Leiden, Boston 2015 (Medieval and early modern philosophy and science, 25).

Iohannes Buridanus, *Quaestiones super octo libros Physicorum Aristotelis* (*secundum ultimam lecturam*), *Libri III–IV*, ed. M. Streijger & P.J.J.M. Bakker, Leiden, Boston 2016 (Medieval and early modern philosophy and science, 27).

Robertus Grosseteste, *Commentarius in Posteriorum Analyticorum libros*, ed. P. Rossi, Firenze 1981 (Corpus philosophorum medii aevi. Testi e studi, 2).

Thomas de Aquino, *De ente et essentia*, ed. Leonina, Roma 1976 (Opera omnia, 43).

Thomas de Aquino, *In octo libros Physicorum Aristotelis expositio*, ed. M. Maggiòlo, Torino 1954.

Thomas de Aquino, *Summa contra gentiles*, Libri I–II, ed. Leonina, Roma 1918 (Opera omnia, 13).

Thomas de Aquino, *Summa Theologiae*, I, qq. 1–49, ed. Leonina, Roma 1888 (Opera omnia, 4).

Appendix 1

This appendix gives the previously unrecorded readings of manuscripts Ha and Au for all passages in Books I–IV of Buridan's *Quaestiones Physicorum* (*secundum ultimam lecturam*) where we consulted all extant manuscripts.

Passages in Books I–II[20]
Question I.12 (131^{9-15})

> Vel arguitur sic: sit virtus levativa *a* et grave aequalis resistentiae virtuti *a* sit *b*. Tunc *a* non movebit *b*, sed omne minus posset levare, quia omne minus excederet; et non potest dari minus secundum indivisibile, cum continuum non sit compositum ex indivisibilibus; igitur quocumque minori dato potest dari aliquid aliud intermedium quod est maius illo **et minus quam *a*** (one would expect: 'et minus quam *b*'); et sic quocumque dato quod *a* potest levare, adhuc est maius quod ipsum potest levare.

Here Au omits by homoeoteleuton the words 'potest dari aliquid aliud intermedium quod est maius illo et minus quam a; et sic quocumque dato'. The passage is missing in Ha.

Question II.13 (345^{9-20})

> Dico igitur quod ex sanitate producenda in Socrate nullo modo dependet operatio praevia Platonis medici sui, quia nullus diceret quod operatio medici dependeret ex illa sanitate nisi quia medicus intendit illam sanitatem facere et quod haec intentio dependet ab illa sanitate (unde si ita operaretur non intendens illam sanitatem, sicut operatur intendens, quod est possibile, nullus diceret quod ab illa sanitate dependeret eius operatio); sed certum debet esse quod intentio medici non dependet ab illa sanitate producenda; igitur etc. Declaro igitur quod intentio et voluntas medici volentis sanare Socratem non dependet ex sanitate Socratis producenda. Primo, quia illa nihil est. Secundo, quia forte impossibile est Socratem sanari. Sed quomodo ex eo quod nec est nec esse potest dependeret intentio et voluntas **Socratis**? (one would expect: 'Platonis')

This passage is missing in Ha. Au has the reading 'Socratis'.

---

20 See Thijssen, 'Introduction', XXXIX.

Passages in Books III–IV[21]

Question III.6 (66^{16-20})

> Et secundum istum usum verum est quod omne quod movetur movebatur prius, omne quod movetur movebitur posterius et omne quod est fuit prius et erit posterius, si nihil est per solum instans indivisibile ('**si**' **pro 'quia'**, cum nihil sit instans indivisibile).

Here Au has 'si pro quia'. The passage is missing in Ha.

Question III.9 (92^{4-5})

> Item diversas et contrarias **habent** (one would expect: 'haberet') operationes, ut forte quia terminus motus, scilicet deorsum, est frigefaciens et motus naturaliter calefacit.

Au has the abbreviation 'h̄3' for 'habet' or 'haberet', which is the reading required by sense. The passage is missing in Ha.

Question III.11 (107^{13-19})

> De argumento autem Aristotelis secundo *Posteriorum* dicendum est quod, cuius est demonstratio tamquam conclusionis scitae per demonstrationem, eius non est definitio. Conclusio ista enim, ut quod triangulus habet tres etc., non definitur, licet hoc nomen '**conclusio**' (one would expect: 'triangulus') definiatur. Quando autem dicit Aristoteles quod accidentis est demonstratio, sensus debet esse quod conclusionis in qua accidens, id est passio, praedicatur de subiecto est demonstratio; et iam dictum est quod eius non est definitio.

Here Au has 'conclusio'. The passage is missing in Ha.

Question III.17 (154^{23}–155^{10})

> Item si 'numerum' capiamus pro rebus numeratis vel numerabilibus, hoc potest esse dupliciter. Uno modo quod solum loquimur de rebus ab in-

---

21 See P.J.J.M. Bakker and M. Streijger, 'Introduction', in: John Buridan, *Quaestiones super octo libros Physicorum Aristotelis (secundum ultimam lecturam). Libri III–IV*, ed. M. Streijger & P.J.J.M. Bakker, Leiden, Boston 2016 (Medieval and early modern philosophy and science, 27), XI–XIX, at XIV–XVII.

APPENDIX 1   XXXI

> vicem separatim existentibus, ita quod nec una sit pars alterius nec plures sint partes eiusdem totius, ita quod nihil loqueremur de partibus continui. Et tunc statim esset dicendum quod aliquis est numerus rerum quo nullus est maior secundum multitudinem. Non enim est infinita multitudo rerum separatarum a magnitudine. De rebus autem magnitudinem habentibus inter eas quae separatim existunt de facto est aliqua minima, scilicet qua nulla alia sit minor separatim existens; aliter continuum esset divisum in infinitum. Minima autem concessa non est possibile esse infinitatem secundum multitudinem **rerum quarum** quaelibet esset tanta vel maior, nisi ex eis poneremus resultare magnitudinem actu infinitam, quam non ponimus.

Both Au and Ha omit 'rerum', the reading found only in Ox, which we printed in the text.

Question III.18 (176^{3-8})

> Quarta conclusio de infinito secundum multitudinem, scilicet quod haec est falsa 'infinitae secundum multitudinem sunt partes in continuo', quia si in continuo sunt duae partes, tamen **non** ('non' should perhaps be omitted) sunt in eo plures partes quam illae duae, quoniam illae duae sunt et centum et mille, sicut ante dictum est. Et ita etiam concluditur secundum dicta quod haec est falsa 'infinitus est numerus secundum multitudinem'.

Like all other manuscripts, Au and Ha have 'non' here.

Question III.18 (185^{10-16})

> Ad aliam dictum fuit prius quod non sunt plures partes in lineis a et b quam in linea b, immo nec quam in una centesima lineae b. Unde in continuo bene sequitur 'tantundem et amplius, igitur maius', quia illud amplius reddet maiorem extensionem. Sed non sequitur 'tot et adhuc alia, igitur plura', quia ista non reddunt plurem **multitudinem** quam essent illa tot, immo nec quam esset unum istorum, quia quodlibet est infinitum secundum multitudinem.

Instead of 'multitudinem' found in p and W, which we printed in the text, Au has 'magnitudinem' and Ha has 'extensionem'.

Question III.19 (197^{26}–198^{12})

> Non enim sequitur, si verum est quod hoc album potest esse nigrum, quod haec est possibilis 'hoc album est nigrum' vel 'album est nigrum', sed sufficit quod ponatur in esse per pronomen demonstrativum demonstrato eo pro quo subiectum supponebat aliis quae in subiecto implicabantur circumscriptis. Et ita credo de praedicato esse, quoniam sicut propositioni de possibili verae debet correspondere propositio **de inesse possibilis, ita propositioni de futuro verae debet correspondere propositio** de praesenti quae erit vera, ut si haec est vera 'ego curram', sequitur quod haec erit vera 'ego curro', si tunc proponatur; et tamen non oportet quod illi de futuro correspondeat illa de praesenti salvata tota forma praedicati, quoniam haec est vera 'ego bibam cras', et tamen haec numquam erit vera 'ego bibo cras'; ita igitur de possibili. Nam demonstrato puero qui de ventre matris nascitur, haec est vera 'iste puer potest currere in tempore futuro'.

Au and Ha omit by homoeoteleuton the words 'de inesse possibilis, ita propositioni de futuro verae debet correspondere propositio', found only in B.

Question IV.2 (221^{6-11})

> Ad quartam dicendum est eodem modo quod non sunt differentiae specificae locorum secundum suas essentias sursum et deorsum, quia idem locus cum locato suo posset ascendere sursum, cum prius esset deorsum. Sed sunt differentiae locorum, quantum ad sursum et deorsum, per distantiam vel propinquitatem ad caelum et sunt diversae naturales potentiae **communicantes**, quia aliter caelum influit propinque et remote.

Here Au and Ha have 'communicantes'.

Question IV.7 (259^{1-8})

> Tunc igitur arguitur sic: cum ille ignis genitus occupet multo maiorem locum quam facerent stramina, igitur oportet corpora circumstantia cedere, nisi fiat penetratio corporum. Et illis cedentibus oportet alia iterum cedere. Et sic tandem oportet caelum cedere, nisi sint in corporibus aliquae vacuitates in quas corpora sic cedentia recipiantur, vel nisi dicatur quod necesse est **quod**, quantumcumque generatur hic de denso rarum

APPENDIX 1   XXXIII

>et ex straminibus ignis, tantundem alibi oportet generari ex raro densum et simul horum utrumque fieri, ut semper remaneat totum aequale.

Au omits 'quod' of O and Ox, which we printed in the text. The passage is missing in Ha.

Question IV.10 (295$^{9-12}$)

>Et tunc est septima conclusio quod adhuc ille lapis non moveretur naturaliter per suam gravitatem, quia non esset **supra gravius nec supra levius** nec recedendo ab aere haberet aliquod corpus superius vel inferius sibi proximum grave vel leve, gravius vel levius.

Here Au reads 'supra gravius nec supra levius'. The passage is missing in Ha.

Question IV.11 (302$^{21-28}$)

>Et forte quod in violentis incurvationibus lignorum habent locum huiusmodi condensatio et rarefactio. Nam cum arcus quasi **est** rectificatus et habens superficiem concavam quasi aequalem secundum longitudinem superficiei convexae, tamen quando multum incurvatur, oportet superficiem concavam fieri multo breviorem et superficiem convexam longiorem. Quod forte est per violentam condensationem partium interiorum et violentam rarefactionem exteriorum; ideo remoto incurvante revertitur velocissime et impetuosissime ad naturalem rectitudinem.

Like most manuscripts, Au omits the word 'est'. The passage is missing in Ha.

Appendix 2

This appendix shows the location of the questions of Buridan's *Quaestiones Physicorum* (*secundum ultimam lecturam*) in the manuscripts.[22] If a folio is counted, but not numbered, the number is printed between square brackets. In order that scholars can find the place they need, errors in foliation have not been corrected. E.g., if a manuscript contains an unnumbered leaf between the leaves numbered 62 and 63, we did not correct the number of the leaf numbered 63 to 64. Only when the 1509 printed edition contains errors in numbering, have we printed the correct number in brackets immediately after the erroneous number. In case a manuscript has more than one system of numbering, we refer to the numbers according to the most accurate foliation. Whenever the sequence of questions in a manuscript deviates from the 'standard' order, the numbers of the folia are printed in bold face. For the questions in manuscript Z containing a version that differs from the 'standard' version of the *ultima lectura*, the numbers are placed between curly brackets.[23]

Quaestiones libri primi

I.1 *Utrum scientia naturalis sit scientia de omnibus rebus*
A 1vb, Au 2ra, B 1va, Be—, Br [3va], C 1va, D 1rb (mutilated), E 1ra, Er 166rb, F 1va, G 1ra, H 3va, Ha—, I 2rb, J i^{rb}, K 1va, L 1rb, La 1rb, M [1]^{va}, N 2va, O 2ra, Ox 1ra, P 1rb, Pb 1rb, Q 1ra, R 2va, S 1va, T 73ra, U 1va, V 1vb, W 1va, X 1va, Y 1rb, {Z 1^{r}}, p 2rb

I.2 *Utrum totalis scientiae naturalis debeat assignari subiectum unum proprium*
A 2vb, Au 2va, B 2rb, Be—(beginning of q. I.2 is missing: text of this question starts at 136ra [ed. Streijger–Bakker, 205]), Br [4va], C 2va, D 1vb (mutilated), E 1va, Er 166vb, F 2ra, G 1va, H 4rb, Ha—, I 2vb, J i^{vb}, K 2ra, L 2vb, La 2ra, M [2]^{rb}, N 3rb, O 2va, Ox 1va, P 2ra, Pb 1vb, Q 1vb, R 3rb, S 2rb, T 73vb, U 2va, V 2rb, W 2rb, X 2ra, Y 1va, {Z 1^{v}}, p 3ra

I.3 *Utrum ens mobile sit subiectum proprium totalis scientiae naturalis vel quid aliud*
A 3vb, Au 3rb, B 3ra, Be 136ra, Br 5vb, C 3vb, D 2rb (mutilated), E 2va, Er 167rb, F 2vb, G 2rb, H 5rb, Ha—, I 3va, J ii^{va}, K 3ra, L 3va, La 2vb, M 3rb, N 4ra, O 3rb, Ox 2rb, P 3ra, Pb 2rb, Q 2va, R 4va, S 3rb, T 74va, U 3vb, V 2vb, W 3va, X 3ra, Y 2rb, {Z 3^{r}}, p 3vb

---

22   The content of this appendix was published before in Bakker and Streijger, 'John Buridan's *Physics* Commentaries', 107–125. Some small corrections have been made.
23   See above, n. 3.

APPENDIX 2   XXXV

I.4 *Utrum in omni scientia ex cognitione principiorum, causarum et elementorum contingat alia scire et intelligere, scilicet principiata, causata et elementata*
A 5rb, Au 4ra, B 4rb, Be 137ra, Br [7ra], C 4vb, D 2vb (mutilated), E 3rb, Er 168ra, F 3vb, G 3rb, H 6va, Ha—, I 4rb, J iii^{rb}, K 4ra, L 4rb, La 3vb, M 4rb, N 5ra, O 4ra, Ox 3ra, P 4ra, Pb 3ra, Q 3rb, R 5vb, S 4va, T 75va, U 5rb, V 3va, W 4vb, X 4ra, Y 2vb, {Z 4^{r}}, p 4va

I.5 *Utrum ad perfecte sciendum aliquem effectum oporteat scire omnes causas eius*
A 8va, Au 6rb, B 6vb, Be 139va, Br [9vb], C 7va, D 4rb, E 5va, Er 169vb, F 5vb, G 5va, H 9ra, Ha—, I 5vb, J v^{ra}, K 6rb, L 6vb, La 5vb, M 7rb, N 7va, O 6rb, Ox 4vb, P 6rb, Pb 4va, Q 5ra, R 8va, S 7rb, T 77vb, U 9ra, V 5va, W 7va, X 6va, Y 3va, {Z 5^{v}}, p 6va

I.6 *Utrum sint eadem notiora nobis et naturae*
A 10ra, Au 7ra, B 7vb, Be 140va, Br [11ra], C 8va, D 5ra, E 6rb, Er 170va, F 6vb, G 6rb, H 10ra, Ha—, I 6va, J v^{va}, K 7rb, L 7va, La 6va, M 8va, N 8rb, O 7ra, Ox 5va, P 7rb, Pb 5rb, Q 5vb, R 9vb, S 8va, T 78vb, U 10va, V 5va, W 8va, X 7va, Y 4rb, {Z 7^{r}}, p 7va

I.7 *Utrum universalia sint nobis notiora singularibus*
A 10vb, Au 7rb, B 8rb, Be 140vb, Br [11va], C 9ra, D 5rb, E 6vb, Er 171ra, F 7rb, G 6vb, H 10va, Ha—, I 6vb, J v^{vb}, K 7vb, L 8ra, La 7ra, M 9ra, N 8vb, O 7va, Ox 5vb, P 7vb, Pb 5va, Q 6rb, R 10va, S 9ra, T 79rb, U 11rb, V 5vb, W 9rb, X 8ra, Y 4va, {Z 8^{r}}, p 7vb

I.8 *Utrum omnis res extensive et situaliter habens partem extra partem sit magnitudo*
A 14vb, Au 9va, B 11rb, Be 143rb (q. I.8 is incomplete: text breaks off at 143vb [ed. Streijger–Bakker, 84^{14}]), Br [14vb], C 12va, D 6vb, E 9rb, Er 173rb, F 9va, G 9va, H 15ra, Ha—, I 9ra, J vii^{va}, K 10va, L 10rb, La 9rb, M 13ra, N 11vb, O 9vb, Ox 8ra, P 10vb, Pb 7rb, Q 8rb, R 13vb, S 12rb, T 81vb, U 15vb, V 7va, W 12va, X 10vb, Y—, {Z 10^{r}}, p 10ra

I.9 *Utrum totum sit suae partes*
A 17va, Au 11ra, B 13vb, Be—, Br [17ra], C 15ra, D 8ra, E 11ra, Er 175ra, F 11va, G 11va, H 16vb, Ha—, I 10va, J viii^{vb}, K 12va, L 12ra, La 11ra, M 15vb, N—, O 11va, Ox 9vb, P 12vb, Pb 8va, Q 10ra, R 16rb, S 13vb, T 83va, U [18vb], V 8vb, W 14vb, X 12ra, Y—, {Z 12^{v}}, p 11vb

I.10 *Utrum Socrates sit hodie idem quod ipse fuit heri, posito quod hodie additum est sibi aliquid ex nutrimento et conversum in eius substantiam, vel posito quod hodie est aliqua pars ab eo remota, ut si sibi amputata est manus*
A 20rb, Au 12va, B 15va, Be—, Br [19rb], C 17va, D 9rb, E 13ra, Er 176va, F 13rb, G 13va, H 18vb, Ha—, I 12va, J x^{ra}, K 14vb, L 14ra, La 12vb, M 18va, N—, O 13rb,

Ox 11rb, P 15ra, Pb 10ra, Q 11vb, R 18vb, S 16ra, T 85rb, U 21ra, V 10ra, W 17rb, X 14ra, Y—, {Z 17^{v}}, p 13va

I.11 *Utrum infinitum secundum quod infinitum sit ignotum*
A 21ra, Au 13ra, B 16rb, Be—, Br 20ra, C 18rb, D 9vb, E 13va, Er 177ra, F 13vb, G 14ra, H 19rb, Ha—, I 13ra, J x^{va}, K 15rb, L 14rb, La 13va, M 19ra, N—, O 13vb, Ox 11vb, P 15va, Pb 10rb, Q 12va, R 19va, S 16va, T 85vb, U 22ra, V 10rb, W 18ra, X 14va, Y 9ra, {Z 19^{r}}, p 13vb

I.12 *Utrum omnia entia naturalia sint determinata ad maximum*
A 21vb, Au 13va, B 16vb, Be—, Br 20vb, C 19rb, D 10ra, E 14ra, Er 177va, F 14rb, G 14vb, H 20ra, Ha—, I 13va, J x^{vb}, K 16ra, L 14vb, La 14ra, M 20ra, N—, O 14va, Ox 12rb, P 16rb, Pb 10vb, Q 13ra, R 20va, S 17rb, T 86va, U 23ra, V 10vb, W 18vb, X 15ra, Y 9rb, {Z 20^{v}}, p 14va

I.13 *Utrum entia naturalia determinata sint ad minimum*
A 25rb, Au 16rb, B 19rb, Be—, Br [24ra], C 22vb, D 11vb, E 16va, Er 180va, F 16vb, G 17va, H 23rb, Ha—, I 16rb, J xii^{vb}, K 19rb, L 17ra, La 16va, M 23vb, N—, O 17rb, Ox 14va, P 19va, Pb 12va, Q 15va, R 24ra, S 21ra, T 89ra, U 27va, V 12va, W 22ra, X 17va, Y 11va, {Z 25^{r}}, p 16vb

I.14 *Utrum cuiuslibet transmutationis naturalis principia intrinseca sint contraria*
A 26ra, Au 17ra, B 19vb, Be—, Br 25ra, C 23vb, D 12rb, E 17rb, Er 181rb, F 17va, G 18va, H 24rb, Ha—, I 17ra, J xiii^{rb}, K 20ra, L 17vb, La 17rb, M 25ra, N—, O 18ra, Ox 15ra, P 20rb, Pb 13rb, Q 16ra, R 25ra, S 22ra, T 89va, U 28vb, V 13ra, W 23ra, X 18rb, Y 12ra, {Z 26^{v}}, p 17rb

I.15 *Utrum necesse sit omne quod fit fieri ex subiecto praesupposito*
A 27rb, Au 18rb, B 21ra, Be—, Br [26va], C 25rb, D 13rb, E 18rb, Er 182va, F 18va, G 19vb, H 25va, Ha—, I 17vb, J xiiii^{rb}, K 21rb, L 18vb, La 18rb, M 26rb, N—, O 19rb, Ox 15vb, P 21vb, Pb 14ra, Q 17ra, R 26vb, S 23va, T 90va, U 30vb, V 13vb, W 24rb, X 19rb, Y 12vb, {Z 27^{v}}, p 18rb

I.16 *Utrum sint tria principia rerum naturalium, non plura nec pauciora*
A 29ra, Au 19vb, B 22rb, Be—, Br [28vb], C 27ra, D 14ra, E 19vb, Er 184ra, F 19vb, G 21rb, H 27rb, Ha—, I 19ra, J xv^{vb}, K 22vb, L 20ra, La 19vb, M 28va, N 13va, O 20va, Ox 17ra, P 23rb, Pb 15ra, Q 18rb, R 28va, S 25va, T 92ra, U 33ra, V 14vb, W 26rb, X 20vb, Y 13vb, {Z 29^{r}}, p 19va

I.17 *Utrum generatio substantialis sit forma substantialis vel materia vel compositum vel aliquod accidens eis additum*
A 30rb, Au 20vb, B 23rb, Be—, Br 30rb, C 28rb, D 14vb, E 20vb, Er 185ra, F 20vb, G 22rb, H 28vb, Ha—, I 20ra, J xvi^{vb}, K 23vb, L 21ra, La 20vb, M 30ra, N 14va, O 21va, Ox 18ra, P 24va, Pb 15vb, Q 19rb, R 29va, S 27ra, T 92vb, U [34vb], V 15va, W 27rb, X 21va, Y 14rb, {Z 32^{r}}, p 20rb

APPENDIX 2   XXXVII

I.18   *Utrum generare sit generans vel generatio vel quid aliud*
       A 31ra, Au 21va, B 23vb, Be—, Br [31rb], C 29ra, D 15rb, E 21va, Er 185vb, F 21rb,
       G 23ra, H 29va, Ha—, I 20va, J xvii^{va}, K 24va, L 21va, La 21va, M 30vb, N 15rb,
       O 22rb, Ox 18rb, P 25rb, Pb 16ra, Q 19vb, R 30rb, S 28ra, T 93va, U 35ra, V 15vb,
       W 28ra, X 22rb, Y 14va, {Z 33^{v}}, p 20vb

I.19   *Utrum illud quod in generatione substantiali generatur sit materia vel forma vel compositum*
       A 34va, Au 24vb, B 26vb, Be—, Br [36ra], C 33ra, D 17rb, E 24va, Er 189ra, F 24ra,
       G 26va, H 33rb, Ha—, I 23ra, J xx^{vb}, K 28ra, L 23rb, La 24va, M 35ra, N 18rb,
       O 25va, Ox 20vb, P 28va, Pb 18rb, Q 22va, R 34ra, S 32rb, T 96rb, U 39vb, V 18ra,
       W 31va, X 25va, Y 16va, {Z 39^{v}}, p 23va

I.20   *Utrum materia prima sit ens*
       A 35rb, Au 25rb, B 27vb, Be—, Br [37ra], C 33vb, D 17vb, E 25ra, Er 189va, F 24vb,
       G 27ra, H 34ra, Ha—, I 23va, J xxi^{va}, K 28vb, L 23vb, La 25ra, M 35vb, N 19ra,
       O 26ra, Ox 21ra, P 29ra, Pb 18vb, Q 23ra, R 34vb, S 33ra, T 96vb, U 40vb, V 18rb,
       W 32rb, X 26rb, Y 17ra, {Z 41^{r}}, p 24ra

I.21   *Utrum forma, antequam generetur, habeat aliquod esse substantiale in materia distinctum ab ipsa materia*
       A 36va, Au 26vb, B 28rb, Be—, Br [38vb], C 35rb, D 18va, E 26rb, Er 190vb,
       F 25vb, G 28va, H 35rb, Ha—, I 24vb, J xxiii^{ra}, K 30ra, L 24vb, La 26rb, M 37va,
       N 20rb, O 27rb, Ox 22ra, P 30va, Pb 19va, Q 24vb, R 36rb, S 34vb, T 98ra, U 42va,
       V 19rb, W 33vb, X 27rb, Y 17vb, {Z 42^{v}}, p 25ra

I.22   *Utrum materia sit potentia ad formam generandam*
       A 37va, Au 28va, B 29ra, Be—, Br 40ra, C 36va, D 19ra, E 27ra, Er 191vb, F 26va,
       G 29va, H 36rb, Ha—, I 25va, J xxiiii^{ra}, K 31ra, L 25va, La 27rb, M 38rb, N 21ra,
       O 28rb, Ox 22vb, P 31rb, Pb 20ra, Q 25ra, R 37rb, S 35vb, T 98vb, U 44ra, V 19vb,
       W 34vb, X 28vb, Y 18rb, {Z 44^{v}}, p 25vb

I.23   *Utrum privatio sit materia privata*
       A 38vb, Au 27vb, B 30ra, Be—, Br [41va], C 37vb, D 19vb, E 28ra, Er 192vb, F 27rb,
       G 30va, H 37va, Ha—, I 26rb, J xxv^{ra}, K 32rb, L 26rb, La 28ra, M 39rb, N 22ra,
       O 29rb, Ox 23va, P 32va, Pb 20va, Q 25vb, R 38va, S 37ra, T 99va, U 45va, V 20rb,
       W 35vb, X 30ra, Y 19ra, {Z 46^{r}}, p 26vb

I.24   *Utrum materia appetat formam*
       A 39vb, Au 29va, B 30vb, Be—, Br [43ra], C 39ra, D 20rb, E 29ra, Er 193vb,
       F 28rb, G 31va, H 38va, Ha—, I 27ra, J xxv^{vb}, K 33rb, L 27ra, La 29ra, M 40rb,
       N 23ra, O 30rb, Ox 24rb, P 33rb, Pb 21rb, Q 26va, R 39va, S 38rb, T 100rb, U 47ra,
       V 21ra, W 37ra, X 31ra, Y 19va, {Z 47^{r}}, p 27va

Quaestiones libri secundi

II.1 *Utrum res artificiales sint distinctae a rebus naturalibus*
A 41vb, Au 31va, B 32rb, Be—, Br 45va, C 41va, D 21va, E 30vb, Er 195va, F 29vb, G 33va, H 40vb, Ha—, I 28vb, J xxvii^{va}, K 35ra, L 28va, La 30vb, M 41rb, N 24vb, O 31vb, Ox 25va, P 35rb, Pb 22va, Q 28ra, R 41vb, S 40vb, T 102rb, U 49va, V 23ra, W 39rb, X 34ra, Y 20vb, {Z 50^{v}}, p 29ra

II.2 *Utrum ista differentia quam assignat Aristoteles inter naturalia et artificialia sit conveniens, scilicet quod naturalia inquantum naturalia habent in se ipsis principium sui motus et status, artificialia autem inquantum artificialia nullum habent impetum suae mutationis innatum*
A 42va, Au 32rb, B 33ra, Be—, Br [46va], C 42va, D 22ra, E 31va, Er 196rb, F 30va, G 34va, H 41vb, Ha—, I 29rb, J xxviii^{ra}, K 36ra, L 29ra, La 31va, M 42ra, N 25vb, O 32va, Ox 26ra, P 36ra, Pb 23rb, Q 28vb, R 42va, S 41vb, T 103ra, U 50vb, V 23va, W 40rb, X 35ra, Y 21rb, {Z 51^{v}}, p 29va

II.3 *Utrum figura sit res distincta a re figurata*
A 43va, Au 33rb, B 34ra, Be—, Br [48ra], C 43vb, D 22va, E 32va, Er 197rb, F 31va, G 35va, H 42vb, Ha—, I 30rb, J xxviiii^{ra}, K 36vb, L 29vb, La 32va, M 42vb (+ **145ra**), N 26va, O 33rb, Ox 26vb, P 37ra, Pb 23vb, Q 29va, R 43va, S 43ra, T 103vb, U 52rb, V 24rb, W 41rb, X 35vb, Y 21vb, {Z 53^{r}}, p 30va

II.4 *Utrum definitio naturae sit bona qua dicitur 'natura est principium et causa movendi et quiescendi eius in quo est primum per se et non secundum accidens'*
A 44va, Au 34va, B 35ra, Be—, Br [49va], C 45rb, D 23va, E 33vb, Er 198rb, F 32va, G 36vb, H 44ra, Ha—, I 31rb, J xxviiii^{vb}, K 38ra, L 30vb, La 33va, M **145va**, N 27vb, O 34va, Ox 27va, P 38rb, Pb 24vb, Q 30va, R 44vb, S 44rb, T 104vb, U 54ra, V 25va, W 42vb, X 37ra, Y 22va, {Z 54^{v}}, p 31rb

II.5 *Utrum in istis substantiis materialibus formae substantiales sint principaliter activae suorum motuum et suarum operationum vel magis qualitativae dispositiones illarum substantiarum*
A 45rb, Au 35rb, B 35vb, Be—, Br 50vb, C 46va, D 24ra, E 34va, Er 199ra, F 33rb, G 37va, H 45ra, Ha—, I 32ra, J xxx^{va}, K 39ra, L 31va, La 34rb, M **146va**, N—, O 35rb, Ox 28ra, P 39ra, Pb 25rb, Q 31rb, R 45vb, S 45va, T 105va, U 55va, V 25va, W 43vb, X 37vb, Y 22vb, Z 62^{v}, p 32ra

II.6 *Utrum naturalis differat a mathematico per hoc quod naturalis definit per motum et mathematicus sine motu*
A 47ra, Au 37va, B 37ra, Be—, Br [53vb], C 48vb, D 25rb, E 36va, Er 200vb, F 35rb, G 39vb, H 47ra, Ha—, I 33vb, J xxxii^{rb}, K 41rb, L 33rb, La 36rb, M **148rb**, N 28va, O 37rb, Ox 29rb, P 41rb, Pb 27rb, Q 33ra, R 48rb, S 48ra, T 107rb, U 59ra, V 26vb, W 46rb, X 40ra, Y 24ra, {Z 56^{r}}, p 33vb

APPENDIX 2   XXXIX

II.7   *Utrum finis sit causa*
         A 48rb, Au 38vb, B 38rb, Be—, Br 55va, C 50rb, D 26ra, E 37vb, Er 202rb, F 36va,
         G 41rb, H 48va, Ha—, I 35ra, J xxxiii^{rb}, K 42vb, L 34rb, La 37vb, M 43va, N 30ra,
         O 38va, Ox 30rb, P 42va, Pb 28ra, Q 34ra, R 50ra, S 50ra, T 108va, U 61rb, V 27vb,
         W 48ra, X 41rb, Y 24va, {Z 57^{v}}, p 35ra

II.8   *Utrum pater sit causa filii*
         A 49rb, Au 39vb, B 39ra, Be—, Br [57ra], C 51va, D 26vb, E 38vb, Er 203rb,
         F 37va, G 42va, H 49va, Ha—, I 36ra, J xxxiiii^{rb}, K 44ra, L 35rb, La 38vb, M 44rb,
         N 31ra, O 39vb, Ox 31ra, P 43vb, Pb 29ra, Q 35ra, R 51rb, S 51rb, T 109va, U 63ra,
         V 28va, W 49rb, X 42va, Y 25rb, {Z 59^{r}}, p 35vb

II.9   *Utrum definitio fortunae sit bona in qua dicitur: 'fortuna est causa per*
         accidens secundum propositum extra semper et frequenter eorum quae
         propter hoc sunt'
         A 50ra, Au 40vb, B 39vb, Be—, Br [58rb], C 52va, D 27rb, E 39rb, Er 203va,
         F 38rb, G 43va, H 50va, Ha—, I 36vb, J xxxiiii^{vb}, K 44vb, L 36ra, La 39va, M 44vb,
         N 31vb, O 40va, Ox 31va, P 45ra, Pb 29va, Q 35va, R 52ra, S 52ra, T 110vb, U 64va,
         V 29ra, W [50rb], X 43rb, Y 25va, {Z 60^{v}}, p 36va

II.10   *Utrum casus et fortuna sint causae agentes*
         A 51ra, Au 41vb, B 40vb, Be—, Br [59vb], C 53vb, D 28ra, E 40va, Er 205ra,
         F 39rb, G 44vb, H 51vb, Ha—, I 37vb, J xxxv^{vb}, K 46ra, L 37ra, La 40vb, M 45vb,
         N 33ra, O 41va, Ox 32rb, P 45vb, Pb 30va, Q 36va, R 53rb, S 53vb, T 111rb, U 66rb,
         V 30ra, W 50va, X 44va, Y 26va, Z 65^{v}, p 36rb (bis)

II.11   *Utrum casus et fortuna reperiantur in contingentibus ad utrumlibet vel*
         solum in contingentibus raro vel ut in paucioribus
         A 52ra, Au 42va, B 41va, Be—, Br [61ra], C 54vb, D 28va, E 41rb, Er 205vb, F 40ra,
         G 45va, H 52va, Ha—, I 38va, J xxxvi^{va}, K 47ra, L 37vb, La 41va, M 46va, N 33vb,
         O 42va, Ox 33ra, P 46va, Pb 31ra, Q 37rb, R 54rb, S 55ra, T 112ra, U 67vb, V 30va,
         W 51va, X 45va, Y 26vb, Z 67^{r}, p 37ra

II.12   *Utrum natura producens monstrum intendat monstrum*
         A 53ra, Au 43vb, B 42va, Be—, Br [62vb], C 56rb, D 29rb, E 42rb, Er 206vb,
         F 41ra, G 46vb, H 53vb, Ha—, I 39va, J xxxvii^{rb}, K 48rb, L 38vb, La 42vb, M 47va,
         N—, O 43va, Ox 33vb, P 47vb, Pb 32ra, Q 38vb, R 55va, S 56va, T 113rb, U 69vb,
         V 31va, W 52vb, X 46va, Y 27va, Z 68^{v}, p 38rb

II.13   *Utrum in operationibus naturalibus necessitas proveniat ex fine vel ex*
         materia
         A 54ra, Au 44vb, B 43rb, Be—, Br [64ra], C 57rb, D 30ra, E 43rb, Er 207vb,
         F 42ra, G 47vb, H 54vb, Ha—, I 40rb, J xxxviii^{rb}, K 49rb, L 39va, La 43vb,
         M 48va, N—, O 44va, Ox 34va, P 48vb, Pb 32vb, Q 39rb, R 56vb, S 57vb, T 114rb,
         U 71va, V 32ra, W 54ra, X 47va, Y 28ra, Z 70^{r}, p 39ra

Quaestiones libri tertii

III.1 *Utrum necesse sit ignorato motu ignorare naturam*
A 56vb, Au 47va, B 45vb, Be—, Br [67va], C 61ra, D 32ra, E 46ra, Er 210rb, F 44va, G 50vb, H 58rb, Ha—, I 41rb, J xxxx^{va}, K 52ra, L 42ra, La 47ra, M 51ra, N 34vb, O 47ra, Ox 36va, P 51vb, Pb—, Q 41vb, R 60rb, S 61va, T 117rb, U 76va, V 35ra, W 57va, X 50va, Y 30ra, Z 74^{r}, p 41rb

III.2 *Utrum ad alterationem requiratur fluxus distinctus ab alterabili et a qualitate secundum quam est alteratio*
A 57va, Au 48rb, B 46va, Be—, Br [68va], C 62ra, D 32va, E 47ra, Er 211ra, F 45rb, G 51va, H 59rb, Ha—, I 41vb, J xxxxi^{ra}, K 53ra, L 42va, La 48ra, M 51va, N 35va, O 48ra, Ox 37ra, P 52va, Pb—, Q **46va**, R 61va, S 62vb, T 118ra, U 77vb, V 35va, W 58va, X 51rb, Y 30rb, Z 75^{v}, p 42ra

III.3 *Utrum qualitates contrariae, ut albedo et nigredo, caliditas et frigiditas, possint se compati simul in eodem subiecto secundum aliquos gradus ipsarum*
A 58ra, Au 49ra, B 47rb, Be—, Br [69vb], C 63ra, D 33ra, E 47va, Er 211vb, F 46ra, G 52va, H 60ra, Ha—, I 43rb, J xxxxi^{vb}, K 53vb, L 43rb, La 49ra, M 52va, N 36rb, O 48vb, Ox 37va, P 53va, Pb—, Q **47rb**, R 62va, S 63vb, T 118vb, U 79ra, V 36ra, W 59rb, X 52ra, Y 31ra, Z 76^{v}, p 42vb

III.4 *Utrum qualitas secundum quam est alteratio per se et proprie dicta, continua et temporalis, acquiratur tota simul vel pars post partem*
A 60rb, Au 51rb, B 49rb, Be—, Br [72vb], C 66ra, D 34rb, E 49vb, Er 213vb, F 48ra, G 54va, H 62va, Ha—, I 44vb, J xxxxiii^{vb}, K 56rb, L 45ra, La 51rb, M 54rb, N 38vb, O 51ra, Ox 39rb, P 56ra, Pb—, Q **49rb**, R 65rb, S 66vb, T 121ra, U 82va, V 37vb, W 62ra, X 54va, Y 32va, Z 80^{r}, p 44vb

III.5 *Utrum in alteratione pars qualitatis quae prius acquiritur maneat cum parte quae posterius acquiritur*
A 61rb, Au 52rb, B 50rb, Be—, Br [74rb], C 67rb, D 35ra, E 50vb, Er 214vb, F 49ra, G 55va, H 63vb, Ha—, I 45va, J xxxxiv^{va}, K 57rb, L 46ra, La 52rb, M 55rb, N 40ra, O 52ra, Ox 40ra, P 57ra, Pb—, Q 42ra, R 66vb, S 68rb, T 122rb, U 84rb, V 38va, W 63rb, X 55va, Y 33rb, Z 82^{r}, p 45va

III.6 *Utrum motus localis sit vel utrum haec sit vera 'motus localis est'*
A 63va, Au 54rb, B 52rb, Be—, Br [77rb], C 70rb, D 36va, E 52vb, Er 216va, F 51ra, G 57vb, H 66ra, Ha—, I 47ra, J xxxxvi^{va}, K 59vb, L 47vb, La 54va, M 57ra, N 42rb, O 54va, Ox 41va, P 59vb, Pb—, Q 44ra, R 69va, S 71va, T 124va, U 88ra, V 40rb, W 66ra, X 57vb, Y 35ra, Z 85^{v}, p 48va

III.7 *Utrum motus localis sit res distincta a loco et ab eo quod localiter movetur*
A 65va, Au 56ra, B 54ra, Be—, Br 80ra, C 72va, D 37vb, E 54va, Er 218ra, F 52vb, G 59vb, H 68rb, Ha—, I 48rb, J xxxxviii^{rb}, K 62ra, L 49rb, La 56va, M 58vb,

N 44rb, O 56va, Ox 43ra, P 61vb, Pb—, Q 45vb, R 71va, S 73vb, T 126rb, U 91ra, V 41vb, W 68rb, X 59vb, Y 36rb, Z 88^{v}, p 50ra

III.8 *Utrum de necessitate motus localis sit habere terminos positivos praeter fluxum, scilicet terminum a quo et terminum ad quem*
A 66va, Au 57rb, B 55ra, Be—, Br [81vb], C 73vb, D 38va, E 55va, Er 219ra, F 54ra, G 60vb, H 69va, Ha—, I 49ra, J xxxxix^{rb}, K 63rb, L 51ra, La 57vb, M 59vb, N 45va, O 57vb, Ox 43vb, P 63rb, Pb—, Q 50vb, R 72vb, S 75rb, T 127rb, U 92va, V 42va, W 69va, X 61va, Y 37ra, Z 90^{r}, p 51ra

III.9 *Utrum motus sit de essentia termini ad quem est*
A 68ra, Au 59ra, B 56ra, Be—, Br [83vb], C 75va, D 39va, E 56vb, Er 220rb, F 55ra, G 62rb, H 71rb, Ha—, I 49vb, J l^{rb}, K 64vb, L 51vb, La 59va, M 61ra, N 47ra, O 59ra, Ox 44va, P 64vb, Pb—, Q 52ra, R 74rb, S 77ra, T 128vb, U 94vb, V 43va, W 71ra, X 62vb, Y 38ra, Z 92^{r}, p 52rb

III.10 *Utrum omnis motus sit actus entis in potentia*
A 69rb, Au 60rb, B 57ra, Be—, Br 85va, C 76vb, D 40rb, E 58ra, Er 221rb, F 56rb, G 63rb, H 72va, Ha—, I 50vb, J li^{rb}, K 66rb, L 52va, La 61ra, M 62ra, N 48va, O 60va, Ox 45va, P 66ra, Pb—, Q 53ra, R 75va, S 78vb, T 130ra, U 96vb, V 44va, W 72va, X 63vb, Y 38vb, Z 94^{r}, p 53rb

III.11 *Utrum definitio motus sit bona in qua dicitur quod motus est actus entis in potentia secundum quod in potentia*
A 71ra, Au 61ra, B 57vb, Be—, Br [86rb], C 77va, D 40vb, E 58vb, Er 221vb, F 56vb, G 64ra, H 73rb, Ha—, I **52rb**, J liv^{b}, K 67ra, L 53ra, La 61vb, M 62vb, N 49ra, O 61ra, Ox 46ra, P 66vb, Pb—, Q 53va, R 76ra, S 79va, T 130vb, U 97vb, V 45ra, W 73rb, X 64va, Y 39rb, Z 95^{r}, p 53vb

III.12 *Utrum omnis motus sit subiective in mobili vel movente vel in utroque*
A 71vb, Au 61va, B 58rb, Be—, Br [87va], C 78va, D 41rb, E 59va, Er 222va, F 57rb, G 64vb, H 74ra, Ha—, I **52vb**, J lii^{va}, K 67va, L 53va, La 62va, M 63va, N 49vb, O 62ra, Ox 46va, P 67va, Pb—, Q 54rb, R 76vb, S 80vb, T 131va, U 98vb, V 45va, W 74rb, X 65rb, Y 40ra, Z 96^{r}, p 54va

III.13 *Utrum omnis actio sit passio et econtra*
A 70va, Au 62rb, B 58vb, Be—, Br [88rb], C 79rb, D 41vb, E 60ra, Er 223ra, F 58ra, G 65rb, H 74vb, Ha—, I 51ra, J liii^{ra}, K 68va, L 53vb, La 63rb, M 64ra, N 50va, O 62va, Ox 47ra, P 68rb, Pb 34ra, Q 54vb, R 77va, S 81va, T 132ra, U 99vb, V 46ra, W 74vb, X 66ra, Y 40rb, Z 97^{r}, p 55ra

III.14 *Utrum sit aliquod corpus sensibile actu infinitum*
A 72va, Au 63rb, B 59vb, Be—, Br [89vb], C 80rb, D 42va, E 61ra, Er 223vb, F 58vb, G 66rb, H 76ra, Ha—, I 51vb, J liii^{vb}, K 69vb, L 54rb, La 64va, M 65ra, N 51va, O 63va, Ox 47vb, P 69va, Pb 35ra, Q 55vb, R 78va, S 83ra, T 133rb, U 101rb, V 46vb, W 76ra, X 67ra, Y—(beginning of q. III.14 is missing: text of this question starts at 41va [ed. Streijger–Bakker, 127^{1}]), Z 98^{v}, p 55vb

III.15 *Utrum sit aliqua magnitudo infinita*
A 74ra, Au 64vb, B 61rb, Be—, Br [91vb], C 82rb, D 43vb, E 62va, Er 225ra, F 60ra, G 67va, H 78rb, Ha—, I 54ra, J lvr^{a}, K 71vb, L 55rb, La 66va, M 66vb, N 53ra, O 65ra, Ox 48vb, P 71rb, Pb—, Q 57rb, R 80ra, S 85rb, T 134vb, U 103vb, V 48ra, W 77vb, X 68va, Y 42ra, Z 101^{r}, p 57rb

III.16 *Utrum linea aliqua gyrativa sit infinita*
A 75va, Au 66rb, B 62rb, Be—, Br [93vb], C 84ra, D 44vb, E 64ra, Er 226rb, F 61rb, G 68va, H 80ra, Ha—, I 55ra, J lvi^{va}, K 73rb, L 56ra, La 68rb, M 68ra, N 54va, O 66va, Ox 49vb, P 73ra, Pb—, Q 58va, R 81va, S 87rb, T 136ra, U 106ra, V 49ra, W 79va, X 70ra, Y 43ra, Z 103^{r}, p 58rb

III.17 *Utrum omni numero sit numerus maior*
A 77va, Au 67va, B 63vb, Be—, Br [95vb], C 85vb, D 45vb, E 65va, Er 227va, F 62vb, G 69vb, H 82ra, Ha 1va, I 56rb, J lviii^{ra}, K 75rb, L 57ra, La 70rb, M 69va, N 56rb, O 68ra, Ox 51ra, P 74vb, Pb—, Q 60ra, R 83rb, S 89va, T 137va, U 108va, V 50va, W 81va, X 71vb, Y 44ra, Z 105^{v}, p 59vb

III.18 *Utrum in quolibet continuo infinitae sint partes*
A 79va, Au 69vb, B 65rb, Be—, Br [98rb], C 87vb, D 47ra, E 67ra, Er 229rb, F 64rb, G 71rb, H 84ra, Ha 3ra, I 57va, J lix^{va}, K 77va, L 58ra, La 72va, M 71rb, N 58ra, O 70ra, Ox 52ra, P 76vb, Pb—, Q 61vb, R 85ra, S 92rb, T 139rb, U 111rb, V 51vb, W 83rb, X 73va, Y 45rb, Z 108^{r}, p 61rb

III.19 *Utrum possibile sit infinitam esse magnitudinem et in infinitas partes lineam esse divisam*
A 82vb, Au 72vb, B 68ra, Be—, Br [102rb], C 91ra, D 49ra, E 69vb, Er 231va, F 66va, G 73vb, H 87va, Ha 5va, I 59vb, J lxii^{rb}, K 80vb, L 59va, La 76ra, M 74ra, N 60vb, O 73ra, Ox 54rb, P 80ra, Pb—, Q 64rb, R 88va, S 96ra, T 142rb, U 115va, V 54ra, W 86va, X 77ra, Y 47rb, Z 112^{r}, p 63vb

Quaestiones libri quarti

IV.1 *Utrum omnis locus sit aequalis locato suo*
A 85va, Au 75ra, B 70ra, Be—, Br 105rb, C 94rb, D 50va, E 72ra, Er 233va, F 68va, G 77ra, H 90vb, Ha 7vb, I 61va, J lxv^{rb}, K 83vb, L 61ra, La 79ra, M 76va, N 63va, O 75ra, Ox 56rb, P 82vb, Pb—, Q 66vb, R 91vb, S 99rb, T 145ra, U 119rb, V 56ra, W 89va, X 79rb, Y 48vb, Z 115^{r}, p 66vb

IV.2 *Utrum locus sit terminus corporis continentis*
A 86rb, Au 76ra, B 71ra, Be—, Br [106rb], C 95rb, D 51rb, E 73ra, Er 234rb, F 69rb, G 77rb, H 92ra, Ha 8vb, I 62rb, J lxvi^{ra}, K 84vb, L 61rb, La 80ra, M 77rb, N 64rb, O 76ra, Ox 56vb, P 83vb, Pb 36va, Q 67va, R 92va, S 100va, T 146ra, U 120va, V 56va, W 90va, X 80rb, Y 49va, Z 116^{r}, p 67va

IV.3 *Utrum locus sit immobilis*
A 88rb, Au 77va, B 72va, Be—, Br [108va], C 97rb, D 52rb, E 74rb, Er 235va, F 70vb, G 78rb, H 94ra, Ha 10rb, I 63ra, J lxvii^{rb}, K 86vb, L 62rb, La 82ra, M 78vb,

APPENDIX 2   XLIII

N 66ra, O 77va, Ox 58ra, P 85rb, Pb 38ra, Q 69ra, R 94vb, S 102va, T 147vb, U 123ra, V 57vb, W 92rb, X 82ra, Y 50rb, Z 118^{v}, p 68vb

IV.4   *Utrum definitio loci quam assignat Aristoteles sit bona, qua dicitur 'locus est terminus corporis continentis immobilis primum'*
A 90ra, Au 79ra, B 74ra, Be—, Br 110vb, C 99rb, D 53vb, E 75vb, Er 236vb, F 72ra, G 79rb, H 96rb, Ha 11vb, I 64rb, J lxviii^{vb}, K 88va, L 63rb, La 84rb, M 80va, N 67vb, O 79va, Ox 59rb, P 87rb, Pb 39va, Q 70va, R 97rb, S 104va, T 149va, U 125rb, V 59ra, W 94rb, X 83vb, Y 51rb, Z 121^{r}, p 70ra

IV.5   *Utrum terra sit in aqua sive in superficie aquae tamquam in loco suo proprio et naturali*
A 90vb, Au 79vb, B 74va, Be—, Br [111va], C 99vb, D 54ra, E 76rb, Er 237rb, F 72va, G 79va, H 97ra, Ha—, I 64va, J lxix^{rb}, K 89rb, L 63vb, La 85ra, M 81rb, N 68rb, O 80ra, Ox 59va (q. IV.5 stops at 60vb, 61ra follows after 84va; 60vb followed by q. VII.7, 97ra), P 88ra, Pb 40ra, Q 71ra, R 98ra, S 105rb, T 150ra, U 126ra, V 59va, W 94vb, X 84va, Y 51va, Z 121^{v}, p 70va

IV.6   *Utrum ultima sphaera, scilicet suprema, sit in loco*
A 93va, Au 82rb, B 76vb, Be—, Br [114va], C 102va, D 55vb, E 78rb, Er 239ra, F 74va, G 81rb, H 100ra, Ha—, I 66ra, J lxxi^{vb}, K 92ra, L 65rb, La 87vb, M 83va, N 70va, O 82rb, Ox 61ra, P 90rb, Pb 42ra, Q 73ra, R 101ra, S 108rb, T 152va, U 129rb, V 61va, W 97va, X 87ra, Y 52vb, Z 125^{r}, p 72rb

IV.7   *Utrum possibile sit vacuum esse*
A 94ra, Au 82vb, B 77rb, Be—, Br 115rb, C 103rb, D 56rb, E 78vb, Er 239va, F 75ra, G 81va, H 100vb, Ha—, I 66va, J lxxii^{va}, K 92va, L 65va, La 88va, M 84rb, N 71rb, O 82vb, Ox 61va, P 91ra, Pb 42vb, Q 73vb, R 101vb, S 109ra, T 153ra, U 130rb, V 61vb, W 98ra, X 87vb, Y 53ra, Z 126^{r}, p 72vb

IV.8   *Utrum possibile sit esse vacuum per aliquam potentiam*
A 95va, Au 84ra, B 78vb, Be—, Br [116vb], C 104va, D 57ra, E 79vb, Er 240va (q. IV.8 is incomplete: text breaks off at 240vb [ed. Streijger–Bakker, 270^{9}]), F 76ra, G 82va, H 102va, Ha—, I 67rb, J lxxiii^{vb}, K 94ra, L 66rb, La 90ra, M 85rb, N 72rb, O 84ra, Ox 62rb, P 92va, Pb 43vb, Q 74vb, R 103va, S 110va, T 154va, U 132ra, V 62vb, W 99va, X 89rb, Y 54ra, Z 127^{v}, p 73vb

IV.9   *Utrum in motibus gravium et levium ad sua loca naturalia tota successio proveniat ex resistentia medii*
A 96rb, Au 84va, B 79rb, Be—, Br [117va], C 105rb, D 57rb, E 80rb, Er— (beginning of q. IV.9 is missing: text of this question starts at 241ra [ed. Streijger–Bakker, 278^{12}]), F 76rb, G 83ra, H 103rb, Ha—, I 67vb, J lxxiv^{rb}, K 94va, L 66va, La 90vb, M 86ra, N 72vb, O 84va, Ox 62vb, P 93ra, Pb 44ra, Q 75rb, R 104rb, S 111rb, T 155ra, U 132vb, V 63ra, W 100rb, X 89vb, Y 54rb, Z 128^{v}, p 74rb

IV.10 *Utrum, si vacuum esset, grave moveretur in eo*
A 100rb, Au 87vb, B 82vb, Be—, Br [122ra], C 109va, D 59vb, E 83rb, Er 242vb, F 79ra, G 86va, H 107rb, Ha—, I 69vb, J lxxvii^{va}, K 98va, L 68vb, La 94rb, M 89rb, N 76rb, O 87vb, Ox 65ra, P 96va, Pb 47rb, Q 78rb, R 109ra, S 115va, T 158va, U 137va, V 65va, W 104ra, X 93va, Y 56va, Z 133^{r}, p 76vb

IV.11 *Utrum rarefactio et condensatio sint possibiles vel utrum possibile sit aliquid rarefieri vel condensari*
A 101rb, Au 88va, B 83vb, Be—, Br [123ra], C 110va, D 60rb, E 84rb, Er 243va, F 79vb, G 87va, H 108va, Ha—, I 70va, J lxxix^{ra}, K 99va, L 69va, La 95va, M 89vb, N 77rb, O 88va, Ox 65vb, P 97va, Pb 48rb, Q 79ra, R 110rb, S 116vb, T 159rb, U 138vb, V 66rb, W 105ra, X 94vb, Y 57ra, Z 134^{r}, p 77va

IV.12 *Utrum tempus sit motus*
A 102va, Au 89vb, B 84vb, Be—, Br [124rb], C 111va, D 61ra, E 85rb, Er 244rb (q. IV.12 is incomplete: text breaks off at 244vb [ed. Streijger–Bakker, 311^{10}]), F 80vb, G 88va, H 109vb, Ha—, I 71rb, J lxxix^{vb}, K 100va, L 70va, La 96vb, M 90va, N 78rb, O 89va, Ox 66va, P 98vb, Pb 49ra, Q 80ra, R 111vb, S 118ra, T 160va, U 140rb, V 67ra, W 106va, X 95vb, Y 57vb, Z 135^{v}, p 78va

IV.13 *Utrum definitio temporis in qua dicitur 'tempus est numerus motus secundum prius et posterius' sit bona*
A 103vb, Au 90va, B 85va, Be—, Br 125va, C 112va, D 61vb, E 86ra, Er—, F 81va, G 89va, H 111ra, Ha—, I 72ra, J iiii^{xxva} (= 80va), K 101va, L 71rb, La 97vb, M 91rb, N 79rb, O 90rb, Ox 67rb, P 99rb, Pb 50rb, Q 80vb, R 113ra, S 119ra, T 161va, U 141va, V 67vb, W 107rb, X 97ra, Y 58rb, Z 137^{r}, p 79ra

IV.14 *Utrum cuiuslibet motus tempus sit mensura*
A 104vb, Au 91va, B 86va, Be—, Br [126va], C 113rb, D 62rb, E 87ra, Er— (beginning of q. IV.14 is missing: text of this question starts at 275ra [ed. Streijger–Bakker, 321^{10}]), F 82rb, G 90va, H 112ra, Ha—, I 72vb, J iiii^{xx}i^{rb} (= 81rb), K 102va, L 71vb, La 98vb, M 92rb, N 80ra, O 91rb, Ox 68ra, P 100vb, Pb 51rb, Q 81vb, R 114va, S 120rb, T 162rb, U 142va, V 68rb, W 108ra, X 97vb, Y 58vb, Z 138^{r}, p 79vb

IV.15 *Utrum quies mensuretur tempore*
A 107vb, Au 93va, B 88vb, Be—, Br [129va], C 116ra, D 63vb, E 89va, Er 246vb, F 84ra, G 93ra, H 115ra, Ha 14ra, I 74va, J iiii^{xx}iii^{ra} (= 83ra), K 105ra, L 73vb, La 101vb, M 94vb, N—, O 93rb, Ox 70ra, P 103rb, Pb 53vb, Q 83vb, R 118ra, S 122vb, T 165ra, U 146ra, V 70ra, W 111ra, X 100va, Y 60va, Z 141^{v}, p 81vb

IV.16 *Utrum tempus esset, quamvis non esset aliqua anima intellectiva*
A 108vb, Au 94rb, B 89va, Be—, Br 130va, C 116vb, D 64rb, E 90rb, Er 247va, F 84vb, G 93vb, H 116ra, Ha 14vb, I 75rb, J iiii^{xx}iii^{va} (= 83va), K 106ra, L 74va, La 102vb, M 95va, N—, O 93vb, Ox 70vb, P 104rb, Pb 54va, Q 84va, R 119rb, S 123va, T 165vb, U 147ra, V 70va, W 111vb, X 101va, Y 60vb, Z 142^{v}, p 82va

Quaestiones libri quinti

V.1 *Utrum generatio sit motus*
A 110ra, Au 95rb, B 90vb, Be—, Br [131vb], C 118rb, D 65ra, E 91ra, Er 248rb, F 85va, G 95rb, H 117rb, Ha 16ra, I 75vb, J iiii^{xx}iiii^{rb} (= 84rb), K 107rb, L 75rb, La 104ra, M 97ra, N—, O 94va, Ox 71va, P 105va, Pb 55vb, Q 85vb, R 122rb, S 124va, T 167rb, U 148va, V 71rb, W 113vb, X 102va, Y 61vb, Z 143^{v}, p 83rb

V.2 *Utrum in ad aliquid sit per se motus*
A 111vb, Au 96va, B 92ra, Be—, Br [133va], C 119vb, D 66ra, E 92ra, Er 249va, F 86vb, G 96rb, H 118vb, Ha 17rb, I 76vb, J iiii^{xx}v^{rb} (= 85rb), K 108vb, L 76rb, La 105vb, M 98va, N—, O 95vb, Ox 72va (72vb followed by 133 [blank]; continuation of q. V.2, on 73ra, follows after 96vb), P 107ra, Pb 57rb, Q 87rb, R 124ra, S 125vb, T 168vb, U 150rb, V 72rb, W 114va, X 104ra, Y 62vb, Z 145^{v}, p 84va

V.3 *Utrum omnis motus debeat esse de contrario in contrarium*
A 113ra, Au 97va, B 93rb, Be—, Br 135ra, C 121ra, D 66vb, E 92vb, Er 250va, F 87vb, G 97va, H 120rb, Ha 18va, I 77vb, J iiii^{xx}vi^{ra} (= 86ra), K 110rb, L 77ra, La 107ra, M 100rb, N—, O 96va, Ox 73va, P 108rb, Pb 58rb, Q 88rb, R 125va, S 127ra, T 170rb, U 152ra, V 73ra, W 115vb, X 105rb, Y 63va, Z 147^{r}, p 85va

V.4 *Utrum motus ex eo debeant dici contrarii, quia sunt de contrariis terminis ad contrarios terminos*
A 114rb, Au 98va, B 94rb, Be—, Br [136va], C 122rb, D 67vb, E 93va, Er 251va, F 88vb, G 98va, H 121va, Ha 19va, I 78va, J iiii^{xx}vi^{vb} (= 86vb), K 111va, L 77va, La 108rb, M 101va, N—, O 97va, Ox 74va, P 109va, Pb 59va, Q 89vb, R 126va, S 127vb, T 171va, U 153rb, V 74ra, W 117ra, X 106rb, Y 64rb, Z 148^{v}, p 86rb

V.5 *Utrum motus contrarietur quieti vel etiam quies quieti*
A 116va, Au 100va, B 96va, Be—, Br [139ra], C 124rb, D 69ra, E 94vb, Er 253ra, F 90va, G 100rb, H 124ra, Ha 21va, I 80va, J iiii^{xx}viii^{ra} (= 88ra), K 113vb, L 78vb, La 110va, M 103rb, N—, O 99ra, Ox 76ra, P 111vb, Pb 61va, Q 91ra, R 129rb, S 130ra, T 174ra, U 156ra, V 75va, W 119rb, X 108ra, Y 65vb, Z 151^{r}, p 88ra

V.6 *Utrum sit dare generationes et corruptiones, diminutiones, augmentationes et alterationes naturales et violentas, sicut est dare motus locales naturales et violentos*
A 118rb, Au 102ra, B 98ra, Be—, Br 140vb, C 125vb, D 70rb, E 95va, Er 254rb, F 91vb, G 101va, H 125vb, Ha 22vb, I 81ra, J iiii^{xx}ix^{ra} (= 89ra), K 115rb, L 79va, La 112ra, M 105ra, N—, O 100rb, Ox 77rb, P 113rb, Pb 62vb, Q 91va, R 131ra, S 131va, T 175va, U 158ra, V 76vb, W 120vb, X 109ra, Y 66va, Z 152^{v}, p 89ra

V.7 *Utrum secundum substantiam sit motus*
A 119va, Au 103ra, B 99rb, Be—, Br [142ra], C 127ra, D 71ra, E 96rb, Er 255ra, F 92vb, G 102va, H 126vb, Ha 23vb, I 81vb, J iiii^{xx}ix^{vb} (= 89vb), K 116va, L 80rb, La 113rb, M 106ra, N—, O 101ra, Ox 78rb, P 114rb, Pb 63vb, Q 92va, R 132rb, S 132va, T 176vb, U 159va, V 77vb, W 122ra, X 110rb, Y 67rb, Z 154^{r}, p 90ra

V.8 *Utrum motus sit motus vel etiam generationis generatio*
A 120va, Au 103vb, B 100ra, Be—, Br [143ra], C 127vb, D 71rb, E 96va, Er 255va, F 93rb, G 103ra, H 127va, Ha 24va, I 82rb, J iiii^{xx}x^{rb} (= 90rb), K 117rb, L 80va, La 114ra, M 107ra, N—, O 101vb, Ox 78vb, P 115ra, Pb 64va, Q 93ra, R 133rb, S 133rb, T 177va, U 160va, V 78rb, W 122vb, X 111ra, Y 67vb, Z 154^{v}, p 90va

V.9 *Utrum generatio generetur*
A 121va, Au 104va, B 100vb, Be—, Br [144ra], C 128va, D 71vb, E 97ra, Er 256rb, F 94ra, G 103vb, H 128va, Ha 25rb, I 82vb, J iiii^{xx}xi^{ra} (= 91ra), K 118rb, L 81ra, La 115ra, M 108ra, N—, O 102va, Ox 79rb, P 116ra, Pb 65va, Q 93vb, R 134rb, S 134ra, T 178va, U 161va, V 78vb, W 123va, X 111vb, Y 68rb, Z 155^{v}, p 91rb

V.10 *Utrum ad unitatem motus requiratur quod mobile sit idem, quod forma vel dispositio secundum quam est motus sit eadem et quod sit tempus idem, et utrum etiam haec sufficiant ad hoc quod sit motus unus*
A 123rb, Au 106ra, B 102va, Be—, Br [146ra], C 130rb, D 72vb, E 98ra, Er 257va, F 95rb, G 105rb, H 130rb, Ha 26vb, I 84ra, J—, K 119vb, L 82ra, La 116va, M 109vb, N—, O 103vb, Ox 80va, P 117vb, Pb 67ra, Q 95ra, R 136rb, S 135rb, T 180rb, U 163va, V 80ra, W 125rb, X 113va, Y 69va, Z 157^{r}, p 92va

Quaestiones libri sexti

VI.1 *Utrum puncta sint sibi invicem proxima in linea*
A 125rb, Au 107va, B 104rb, Be—, Br [148ra], C 132ra, D 73vb, E 100ra, Er 258vb, F 96vb, G 107ra, H 132rb, Ha 28ra, I 85rb, J iiii^{xx}xv^{ra} (= 95ra), K 121va, L 82vb, La 118rb, M 111vb, N—, O 105ra, Ox 82ra, P 119rb, Pb 69ra, Q 96ra, R 138va, S 139rb, T 182ra, U 166ra, V 81rb, W 127ra, X 115ra, Y 70vb, Z 159^{r}, p 93vb

VI.2 *Utrum linea componatur ex punctis*
A 126va, Au 108rb, B 105rb, Be—, Br [149ra], C 132vb, D 74va, E 100va, Er 259va, F 97va, G 108ra, H 133rb, Ha 29ra, I 86ra, J iiii^{xx}xv^{vb} (= 95vb), K 122vb, L 83va, La 119va, M 112va, N—, O 105vb, Ox 82vb, P 120va, Pb 70ra, Q 96vb, R 139vb, S 140rb, T 183ra, U 167rb, V 82ra, W 128ra, X 116ra, Y 71va, Z 160^{r}, p 94va

VI.3 *Utrum in eodem corpore longitudo sit res distincta a latitudine et profunditate*
A 127vb, Au 109rb, B 106rb, Be—, Br 150va, C 134ra, D 75rb, E 101rb, Er 260rb, F 98va, G 109ra, H 134va, Ha 30ra, I 87ra, J iiii^{xx}xvi^{vb} (= 96vb), K 124ra, L 84rb, La 120va, M 113va, N—, O 106va, Ox 83va, P 121vb, Pb 71ra, Q 97va, R 141rb, S 141vb, T 184rb, U 168vb, V 82vb, W [129rb], X 117ra, Y 72rb, Z 162^{r}, p 95va

VI.4 *Utrum puncta sint res indivisibiles in linea*
A 129ra, Au 110rb, B 107rb, Be—, Br [151va], C 135ra, D 75vb, E 102rb, Er 261ra, F 99rb, G 109vb, H 135va, Ha 31ra, I 87va, J iiii^{xx}xvii^{va} (= 97va), K 125ra, L 85ra, La 121va, M 114va, N—, O 107va, Ox 84va (followed by 61ra, the continuation

of q. IV.5; the continuation of q. VI.4 at 85va follows after 132vb), P 122vb, Pb 71vb, Q 98rb, R 142va, S 142vb, T 185rb, U 169vb, V 83va, W 129rb, X 118ra, Y 72vb, Z 163^{r}, p 96rb

VI.5 *Utrum sit aliqua transmutatio instantanea*
A 132rb, Au 112va, B 110rb, Be—, Br 155rb, C 138ra, D 77va, E 104va, Er 263ra, F 101va, G 112va, H 138va, Ha 33va, I 89vb, J iiii^{xx}xix^{vb} (= 99vb), K 128ra, L 86va, La 124va, M 117rb, N—, O 110ra, Ox 86vb, P 125va, Pb—, Q 100ra, R 146rb, S 146va, T 188rb, U 173va, V 86ra, W 132vb, X 121ra, Y 75ra, Z 166^{r}, p 98va

VI.6 *Utrum instans transmutationis debeat attribui posteriori passioni*
A 133rb, Au 113rb, B 111ra, Be—, Br [156rb], C 138vb, D 78ra, E 105rb, Er 263vb, F 102rb, G 113rb, H 139va, Ha 34rb, I 90va, J [c^{va}], K 129ra, L 87ra, La 125va, M 118ra, N—, O 110vb, Ox 87va, P 126va, Pb—, Q 100va, R 147rb, S 147va, T 189rb, U 174va, V 86va, W 133ra, X 121vb, Y 75va, Z 167^{r}, p 99ra

VI.7 *Utrum omne quod mutatur sit divisibile*
A 134rb, Au 113vb, B 111va, Be—, Br [157rb], C 139va, D 78va, E 106ra, Er 264rb, F 103ra, G 114ra, H 140va, Ha 35ra, I 91rb, J ci^{ra}, K 130ra, L 87va, La 126va, M 118vb, N—, O 111va, Ox 88rb, P 127va, Pb—, Q 101rb, R 148rb, S 148va, T 190ra, U 175va, V 87ra, W 134ra, X 122vb, Y 76rb, Z 168^{r}, p 99vb

VI.8 *Utrum ante omne mutari sit mutatum esse et ante omne mutatum esse sit mutari*
A 135rb, Au 114va, B 112rb, Be—, Br [158va], C 140va, D 79ra, E 106vb, Er 265ra, F 103vb, G 114vb, H 141va, Ha 35vb, I 91vb, J ci^{vb}, K 130vb, L 88rb, La 127rb, M 119va, N—, O 112rb, Ox 89ra, P 128rb, Pb—, Q 101vb, R 149va, S 149vb, T 191ra, U 176va, V 87vb, W 134vb, X 123va, Y 76vb, Z 169^{r}, p 100rb

VI.9 *Utrum in tempore finito possit transiri magnitudo infinita et in infinito finita*
A 136vb, Au 115vb, B 113va, Be—, Br 160ra, C 141va, D 80ra, E 107vb, Er 265vb, F 104vb, G 115vb, H 142vb, Ha—, I 92vb, J cii^{vb}, K 132ra, L 89ra, La 128vb, M 120vb, N—, O 113rb, Ox 90ra, P 129vb, Pb—, Q 102vb, R 151ra, S 151rb, T 192rb, U 178ra, V 88vb, W 136ra, X 125va, Y 77vb, Z 170^{r}, p 101rb

VI.10 *Utrum possibile sit aliquid moveri*
A 138va, Au 117rb, B 114vb, Be—, Br [162rb], C 143ra, D 81rb, E 108vb, Er 267ra, F 106ra, G 117rb, H 144va, Ha—, I 94ra, J ciiii^{ra}, K 133va, L 89vb, La 130rb, M 122ra, N—, O 114va, Ox 91rb, P 131rb, Pb—, Q 103vb, R 153ra, S 153ra, T 193vb, U 180ra, V 89vb, W 137va, X 127ra, Y 78vb, Z 172^{r}, p 102rb

Quaestiones libri septimi

VII.1 *Utrum omne quod movetur moveatur ab alio*
A 140ra, Au 118rb, B 115vb, Be—, Br [164ra], C 144va, D 82rb, E 110ra, Er 268ra, F 107rb, G 118vb, H 146rb, Ha—, I 95ra, J cv^{ra}, K 135ra, L 90vb, La 131vb,

M 123va, N—, O 115va, Ox 92vb, P 132vb, Pb—, Q 105ra, R 154vb, S 155ra, T 195rb, U 182ra, V 91ra, W 139ra, X 128rb, Y [80ra], Z 173^{r}, p 103va

VII.2 *Utrum demonstratio Aristotelis sit bona in qua nititur in principio huius septimi demonstrare quod omne quod movetur movetur ab alio*
A 141ra, Au 119ra, B 116va, Be—, Br 165ra, C 145rb, D 83ra, E 110vb, Er 268va, F 107vb, G 119va, H 147rb, Ha—, I 95va, J cv^{vb}, K 136ra, L 91rb, La 132vb, M 124vb, N—, O 116ra, Ox 93va, P 133va, Pb—, Q 105vb, R 155vb, S 156ra, T 196ra, U 183ra, V 91vb, W 139vb, X 129ra, Y—(beginning of q. VII.2 is missing: text of this question starts at [80vb]), Z 174^{r}, p 93rb (= 104rb)

VII.3 *Utrum possit esse processus in infinitum in moventibus et motis*
A 142ra, Au 119vb, B 117va, Be—, Br [166rb], C 146rb, D 83vb, E 111va, Er 269rb, F 108va, G 120rb, H 148rb, Ha—, I 96rb, J cvi^{va}, K 137ra, L 91vb, La 133vb, M 126ra, N—, O 116vb, Ox 94ra, P 134va, Pb—, Q 106va, R 157ra, S 157ra, T 197ra, U 184ra, V 92rb, W 140vb, X 130ra, Y 80rb, Z 175^{r}, p 93vb (= 104vb)

VII.4 *Utrum necesse sit in omni motu movens esse simul cum moto*
A 143ra, Au 120va, B 118rb, Be—, Br [167va], C 147ra, D 84va, E 112rb, Er 269vb, F 109rb, G 121ra, H 149rb, Ha—, I 97ra, J cvii^{rb}, K 137vb, L 92rb, La 134vb, M 127ra, N—, O 117va, Ox 94vb, P 135rb, Pb—, Q 107ra, R 158ra, S 158rb, T 197vb, U 185rb, V 93ra, W 141va, X 130vb, Y 80vb, Z 176^{r}, p 95va (= 105va)

VII.5 *Utrum secundum qualitates de prima specie qualitatis vel de quarta sit per se motus*
A 143vb, Au 121rb, B 119ra, Be—, Br [168rb], C 147vb, D 85ra, E 113ra, Er 270va, F 110ra, G 121va, H 150rb, Ha—, I 97va, J cviii^{ra}, K 138vb, L 92vb, La 135va, M 127va, N—, O 118rb, Ox 95va, P 136ra, Pb—, Q 107vb, R 159ra, S 159ra, T 198va, U 186rb, V 93va, W 142rb, X 131va, Y 81va, Z 177^{r}, p 96ra (= 106ra)

VII.6 *Utrum ad hoc quod aliqua sint comparabilia requiratur et sufficiat quod ipsa sint specialissime univoca*
A 144vb, Au 122ra, B 119vb, Be—, Br [169va], C 148va, D 85vb, E 113va, Er 271ra, F 110vb, G 122va, H 151rb, Ha—, I 98ra, J cviii^{vb}, K 139va, L 93rb, La 136rb, M 128rb, N—, O 118vb, Ox 96ra, P 137ra, Pb—, Q 108rb, R 160ra, S 160ra, T 199rb, U 187va, V 94ra, W 143ra, X 132va, Y 82ra, Z 178^{r}, p 96va (= 106va)

VII.7 *Utrum primae duae regulae quas Aristoteles ponit in ultimo capitulo septimi Physicorum sint verae*
A 146ra, Au 122vb, B 120vb, Be—, Br 170vb, C 149va, D 86va, E 114va, Er 271va, F 111va, G 123va, H 152rb, Ha—, I 98vb, J cix^{va}, K 140vb, L 94ra, La 137va, M 129ra, N—, O 119va, Ox 97ra, P 138rb, Pb—, Q 109ra, R 161rb, S 161rb, T 200rb, U 188vb, V 94vb, W 144ra, X 133va, Y 83ra, Z 179^{v}, p 107rb

VII.8 *Utrum regulae Aristotelis quas ipse ponit in ultimo capitulo septimi Physicorum sint universaliter verae*
A 147rb, Au 123vb, B 121vb, Be—, Br [172rb], C 150va, D 87va, E 115va, Er 272vb, F 112rb, G 124va, H 153vb, Ha—, I 99vb, J cx^{vb}, K 141vb, L 94va, La 138vb, M 130ra, N—, O 120va, Ox 98ra, P 139rb, Pb 72ra, Q 109vb, R 162vb, S 162va, T 201va, U [189rb], V 95vb, W 145ra, X 134vb, Y 83vb, Z 180^{v}, p 108rb

Quaestiones libri octavi

VIII.1 *Utrum ad scientiam naturalem pertineat considerare de primo motore*
A 149ra, Au 124va, B 123rb, Be—, Br [173va], C 152ra, D 89rb, E 116va, Er 273va, F 113va, G 125vb, H 155rb, Ha—, I 100va, J cxiv^{b}, K 143rb, L 95va, La 140ra, M 131ra, N—, O 121rb, Ox 99ra, P 140vb, Pb 73va, Q 111ra, R 164va, S 164ra, T 202vb, U 191rb, V 96vb, W 146va, X 136ra, Y 85va, Z 181^{v}, p 109ra

VIII.2 *Utrum Deus sic potuisset facere motum de novo quod ante non fuisset motus neque mutatio*
A 150ra, Au 125rb, B 124rb, Be—, Br [174vb], C 152vb, D 89vb, E 117rb, Er 274va, F 114rb, G 126vb, H 156va, Ha—, I 101rb, J cxii^{vb}, K 144rb, L 96ra, La 141ra, M **133vb**, N—, O—, Ox 100ra, P 141va, Pb 74va, Q 111rb, R 165vb, S 165ra, T 203vb, U 192va, V 97va, W 147rb, X 137ra, Y 85va, Z 183^{r}, p 109vb

VIII.3 *Utrum sit aliquis motus aeternus*
A 151va, Au 126rb, B 125rb, Be—, Br [176ra], C 154ra, D 90va, E 118rb, Er 275rb, F 115va, G 127vb, H 157vb, Ha—, I 102ra, J cxiii^{vb}, K 145va, L 96vb, La 142rb, M **131vb**, N—, O—, Ox 100vb, P 142vb, Pb 75va, Q 112va, R 167rb, S 166rb, T 205ra, U 194rb, V 98rb, W 148va, X 138va, Y 86va, Z 184^{r}, p 110vb

VIII.4 *Utrum animal moveatur ex se et non grave inanimatum*
A 154ra, Au 127vb, B 127rb, Be—, Br [178vb], C 156ra, D 92va, E 120ra, Er 277ra, F 117rb, G 130ra, H 159vb, Ha 37rb, I 103va, J cxvi^{ra}, K 147vb, L 98va, La 144vb, M 134vb, N—, O—, Ox 102vb, P 144vb, Pb 77rb, Q 113vb, R 170rb, S 168va, T 207ra, U 197ra, V 100ra, W 150va, X 140vb, Y 88ra, Z 186^{v}, p 112va

VIII.5 *Utrum actu grave existens sursum moveatur per se post remotionem prohibentis et a quo moveatur*
A 155vb, Au 129ra, B 128vb, Be—, Br 180vb, C 157rb, D 93ra, E 121rb, Er 278rb, F 118va, G 131vb, H 161va, Ha 38va, I 104vb, J cxvii^{b}, K 149va, L 99vb, La 146va, M 136ra, N—, O—, Ox 104ra, P 146rb, Pb 78va, Q 114va, R 172ra, S 170ra, T 208va, U 199ra, V 101rb, W 152ra, X 142va, Y 89ra, Z 188^{v}, p 113va

VIII.6 *Utrum primus motor sit immobilis*
A 157va, Au 130rb, B 130rb, Be—, Br [182vb], C 158vb, D 94ra, E 122vb, Er 279va, F 120ra, G 133rb, H 163rb, Ha 39vb, I 105vb, J cxviii^{vb}, K 151ra, L 100vb, La 148rb, M 137rb, N—, O—, Ox 105va, P 148ra, Pb 79vb, Q 115va,

R 174ra, S 171va, T 210ra, U 201ra, V 102va, W 153vb, X 144rb, Y 90ra, Z 190^{r}, p 114vb

VIII.7   *Utrum motus localis sit primus motuum*
A 158va, Au 131ra, B 131ra, Be—, Br [183vb], C 159va, D 94va, E 123rb, Er 280ra, F 120vb, G 134rb, H 164ra, Ha 40rb, I 106rb, J cxix^{va}, K 152ra, L 101va, La 149ra, M 137vb, N—, O—, Ox 106rb, P 148vb, Pb 80va, Q 115vb, R 175ra, S 172va, T 210vb, U 202ra, V 103rb, W 154va, X 145ra, Y 90va, Z 191^{r}, p 115rb

VIII.8   *Utrum necesse sit in omni motu reflexo mobile quiescere in termino reflexionis*
A 159vb, Au 131vb, B 132ra, Be—, Br 185ra, C 160va, D 95rb, E 124rb, Er 280vb, F 121vb, G 135va, H 165rb, Ha 41ra, I 107ra, J vi^{xx}va (= 120va), K 153rb, L 102rb, La 150va, M 138vb, N—, O—, Ox 107rb, P 150ra, Pb 81va, Q 116rb, R 176va, S 173va, T 212ra, U 203rb, V 104rb, W 155vb, X 146rb, Y—(beginning of q. VIII.8 is missing: text of this question starts at 91vb), Z 192^{v}, p 116rb

VIII.9   *Utrum movens finitum possit movere per infinitum tempus*
A 160vb, Au 132va, B 132vb, Be—, Br [186ra], C 161rb, D 95vb, E 125ra, Er 281va, F 122va, G 136rb, H 166ra, Ha 41vb, I 107va, J vi^{xx}i^{rb} (= 121rb), K 154rb, L 102vb, La 151rb, M 139va, N—, O—, Ox 108ra, P 150vb, Pb 82rb, Q 116vb, R 177vb, S 174rb, T 212vb, U 204rb, V 105ra, W 156va, X 147rb, Y 92ra, Z 193^{v}, p 116vb

VIII.10   *Utrum virtus infinita possit esse in magnitudine finita*
A 162va, Au 133vb, B 134rb, Be—, Br [188ra], C 162vb, D 96vb, E 126rb, Er 282va, F 123vb, G 138ra, H 168rb, Ha 43ra, I 108vb, J vi^{xx}ii^{vb} (= 122vb), K 156rb, L 104ra, La 153rb, M 140vb, N—, O—, Ox 109rb, P 152va, Pb 83va, Q 117rb, R 179vb, S 176ra, T 213va, U 206rb, V 106rb, W 158rb, X 149ra, Y 93ra, Z 195^{r}, p 118ra

VIII.11   *Utrum primus motor, scilicet Deus, sit infiniti vigoris*
A 163vb, Au 134va, B 135rb, Be—, Br [189rb], C 163vb, D 97va, E 127rb, Er 283rb, F 124va, G 139ra, H 169va, Ha 43vb, I 109va, J vi^{xx}iii^{vb} (= 123vb), K—, L 104vb, La 154rb, M 141vb, N—, O—, Ox 110rb, P 153vb, Pb 84va, Q 118ra, R 181ra, S 177ra, T 214va, U 207va, V 107rb, W 159rb, X 150ra, Y 93vb, Z 196^{v}, p 119ra

VIII.12   *Utrum proiectum post exitum a manu proicientis moveatur ab aere vel a quo moveatur*
A 165va, Au 135va, B 136va, Be—, Br [191ra], C 165ra, D 98va, E 128rb, Er 284rb, F 125vb, G 140va, H 171vb, Ha 45ra, I 110va, J vi^{xx}v^{rb} (= 125rb), K—, L 106ra, La 156ra, M 143ra, N—, O—, Ox 111vb, P 155rb, Pb 86ra, Q 118vb, R 183ra, S 178rb, T 216ra, U 209ra, V 108va, W 161ra, X 151vb, Y 94vb, Z 198^{v}, p 120rb

VIII.13 *Utrum primus motor sit indivisibilis et nullam habens magnitudinem*
A 167rb, Au 136va, B 137vb, Be—, Br [193ra], C 166va, D 99vb, E 129va, Er 285rb, F 127ra, G 142ra, H 173vb, Ha 46rb, I 111va, J vi^{xx}vii^{ra} (= 127ra), K—, L 107rb, La 157vb, M 144rb, N—, O—, Ox 113rb (followed by Walter Burley's commentary on *De caelo*, 114va), P 156vb, Pb 87rb, Q 119va, R 185rb, S 179vb, T 217va, U 211ra, V 110ra, W 162va, X 153va, Y 96ra, Z 200^{v}, p 121rb

Guide to the Text

Paul J.J.M. Bakker

1   Introduction

In the opening paragraph of her Guide to the Text of Books I and II of John Buridan's *Quaestiones Physicorum* (*secundum ultimam lecturam*), Edith D. Sylla expresses her goal to contextualize the content of Buridan's questions for two different audiences:

> For those who wish to know in general the content of John Buridan's *Quaestiones super octo libros Physicorum Aristotelis* (*secundum ultimam lecturam*) (henceforth: *Quaestiones Physicorum*), Books I and II, without reading the Latin texts, the following guide highlights some of the main content of the questions in a way that is meant to put it into its historical context. In addition, for those who wish to use this edition as a primary resource for research, it gives some preliminary indications of how Buridan's methods of approach and conclusions are related to commentaries on the *Physics* or other works before and after Buridan's contributions.[1]

In order to serve both non-specialist and specialist readers, she follows a four-fold approach. In her own words:

> In the following survey of Buridan's questions, I include, first, (1) references, if relevant, to the text of Aristotle's *Physics* (giving Bekker numbers) and of Averroes' commentary on it (giving comment numbers). This is followed (2) by a list of previous, contemporary, and later question commentaries on the *Physics* in which the same or similar questions were asked. In most cases (3) Buridan's main conclusions are summarized or translated into English along with notable distinctions or other arguments. In a few cases, (4) reference to other commentaries is used to begin an inquiry into how Buridan's thought fits into its intellectual context or reference is made to the secondary literature concerning the issues involved.[2]

---

[1] E.D. Sylla, 'Guide to the Text', in: John Buridan, *Quaestiones super octo libros Physicorum Aristotelis* (*secundum ultimam lecturam*). *Libri I–II*, ed. M. Streijger & P.J.J.M. Bakker, Leiden, Boston 2015 (Medieval and early modern philosophy and science, 25), XLIII–CLXXV, at XLIII.

[2] Sylla, 'Guide to the Text', LXIX (numbers added). See also the following passage, where the first

Sylla's extensive corpus of previous, contemporary, and later question commentaries on the *Physics* is divided into three main groups. Group 1 consists of authors whose works are composed before Buridan's *Quaestiones Physicorum*. This group is further divided into 1a, commentaries written before the 1320s, and 1b, works written in the period just before Buridan. Group 2 is composed of works written by Buridan's approximate contemporaries in Paris: Nicole Oresme, Hugolinus of Orvieto, Albert of Saxony, and Marsilius of Inghen. Finally, group 3 contains commentaries written some decades or more after Buridan.[3]

---

two elements are mentioned (XLVIII): 'As a first step in this Guide, I have attempted to locate the passages in Aristotle's *Physics* and in Averroes' commentary on Aristotle's *Physics*, where relevant, which led to Buridan's question. I have next looked through a number of question commentaries (or more rarely *expositiones* on the *Physics*) and listed the titles of questions that appear to be similar. In a few but by no means all cases, I have looked over the contents of the questions and not only their statement'.

3   Sylla, 'Guide to the Text', XLVIII.—In the 'Guide' to books I–II, group 1a brings together works by (or attributed to) Roger Bacon, William of Chelveston (?), Radulphus Brito, and Thomas Wylton. Group 1b is composed of works by John of Jandun, William of Ockham (*Expositio in libros Physicorum Aristotelis, Quaestiones in libros Physicorum Aristotelis, Brevis summa libri Physicorum,* and *Summula philosophiae naturalis*), Walter Burley (*Expositio in libros octo De phisico auditu* and the *Expositio et quaestiones librorum Physicorum* contained in manuscript Cambridge, Gonville and Caius College Library, cod. 448 [409]), and Francesc Marbres (*alias* John the Canon). Group 3 consists of works by (or attributed to) Johannes Marsilii (?), Lawrence of Lindores, Benedictus Hesse, and the Collegium Conimbricense. See Sylla, 'Guide to the Text', LXX–LXXV.—In the 'Guide' to Books III–IV, group 1a is further subdivided into three parts: (A) five earlier (ca. 1250–1270) anonymous commentaries of English origin; (B) two anonymous Parisian questions on the *Physics* from the 1270–1300s; and (C) other late thirteenth-century commentaries on the *Physics*. The latter sub-group (C) consists of three anonymous commentaries and of works by William of Clifford, Geoffrey of Aspall, Boethius of Dacia, Giles of Rome, Radulphus Brito, and Thomas Wylton. In addition, group 1a contains Walter Burley's *Expositio et quaestiones librorum Physicorum* contained in manuscript Cambridge, Gonville and Caius College Library, cod. 448 (409), and Burley's *Quaestiones super libros Physicorum* contained in manuscript Basel, Universitätsbibliothek, cod. F.V.12, as well as Bartholomew of Bruges' *Quaestiones super libros Physicorum*. Group 1b is composed of works by John of Jandun, William of Ockham (*Quaestiones in librum secundum Sententiarum* [*Reportatio*], *Summa logicae, Expositio in libros Physicorum Aristotelis, Quaestiones in libros Physicorum Aristotelis, Tractatus de successivis, Brevis summa libri Physicorum,* and *Summula philosophiae naturalis*), Walter Burley (*Expositio in libros octo De phisico auditu* and *Tractatus secundus de intensione et remissione formarum*), Richard Kilvington, and Francesc Marbres (*alias* John the Canon). Finally group 3 contains works by (or attributed to) Johannes Marsilii (?), Lawrence of Lindores, Benedictus Hesse, John Mair (*Propositum de infinito*), John of Celaya, Domingo de Soto, and the Collegium Conimbricense. See E.D. Sylla, 'Guide to the Text', in: John Buridan, *Quaestiones super octo libros Physicorum Aristotelis* (*secundum ultimam lecturam*). *Libri III–IV*, ed. M. Streijger & P.J.J.M. Bakker, Leiden, Boston 2016 (Medieval and early modern philosophy and science, 27), XX–CCXVIII, at XXVI–XLI.

The present Guide to the Text of Books V–VIII of Buridan's *Quaestiones Physicorum* has a more limited ambition. Instead of addressing a double audience composed of non-specialist readers with a general interest in the history of (natural) philosophy, on the one hand, and specialist readers interested in the Latin text of Buridan's questions on Aristotle's *Physics*, on the other, this Guide is exclusively directed at the latter group: advanced students and scholars of medieval natural philosophy with a thorough knowledge of medieval philosophical Latin. Its unique aim is to be a research tool that provides previously unknown and hitherto unedited material to facilitate further research into Buridan's text and its background. To achieve this more limited ambition, the present Guide to Books V–VIII follows a different approach in comparison with the Guides to Books I–II and III–IV. It clarifies how Buridan himself read and understood the text of Aristotle's *Physics*, its content, and structure. To this effect, I shall present extensive fragments of Buridan's own literal commentary on Books V–VIII of the *Physics*, in particular the chapters that constitute, or seem to constitute, the background of the questions edited in the present volume. My aim is to shed light on the relation between Buridan's understanding of Aristotle's *Physics* and the philosophical questions he raised with respect to that text.

But let me first give a brief overview of our present understanding of the genres and redactions of Buridan's commentaries on Aristotle's *Physics*.[4] Just as for many other works by Aristotle, Buridan authored both literal commentaries (*expositiones*) and commentaries in questions format (*quaestiones*) on Aristotle's *Physics*.[5]

To begin with the questions commentaries, there exist two collections of questions on the *Physics* that can be attributed to Buridan with certainty. One collection survives in the following five manuscripts:[6]

---

4   This overview is based on P.J.J.M. Bakker and M. Streijger, 'John Buridan's *Physics* Commentaries Revisited. Manuscripts and Redactions', *Bulletin de Philosophie Médiévale*, 64 (2022), 67–166.
5   The standard overview of Buridan's writings (genres and redactions) is still volume 2 of B. Michael, *Johannes Buridan: Studien zu seinem Leben, seinen Werken und zur Rezeption seiner Theorien im Europa des späten Mittelalters*, 2 vols., Berlin 1985.
6   For this list of five manuscripts, see Bakker and Streijger, 'John Buridan's *Physics* Commentaries', 94–95. In addition to these five manuscripts, J.M.M.H. Thijssen, 'Introduction', in: John Buridan, *Quaestiones super octo libros Physicorum Aristotelis (secundum ultimam lecturam). Libri I–II*, ed. M. Streijger & P.J.J.M. Bakker, Leiden, Boston 2015 (Medieval and early modern philosophy and science, 25), XIII–XLII, at XIII–XIV, mentions manuscript Zaragoza, Biblioteca Capitular de la Seo, cod. 15–61, ff. 1ʳ–62ᵛ (questions I.1–II.8). As we have shown elsewhere

1. Augsburg, Staats- und Stadtbibliothek, cod. 2° 342c, ff. 1ra–74ra
2. Erfurt, Universitätsbibliothek, Dep. Erf., CA F. 298, ff. 1^v–45^r
3. Kraków, Biblioteka Jagiellońska, cod. 635, ff. 1^a–170^a (q. I.8 [incomplete]–q. VIII.14)
4. Toulouse, Archives départementales de la Haute-Garonne, cod. 6, ff. 35rb–141rb (q. II.5–q. VIII.15)
5. Vaticano (Città del), Biblioteca Apostolica Vaticana, cod. Chigi E.VI.199, ff. 1ra–99vb

In the colophons of two of these manuscripts, this collection is labelled the *tertium opus*.[7] The term *opus* in this context is generally understood to be equivalent to the term *lectura*, and hence to mean redaction. This collection of questions is therefore commonly known as the 'third redaction' of Buridan's questions on Aristotle's *Physics*.[8] In what follows, I shall avoid using the label *tertia lectura*, which is found in none of the abovementioned manuscripts, but either use the Latin *tertium opus* or (most often) the English 'third redaction'. This redaction contains a total number of 103 (or 104) questions and almost certainly constitutes a *reportatio*, i.e., a report of oral lectures written down by someone in the audience and brought into circulation without official approval by Buridan himself.[9] A different collection of questions on the *Physics* by Buridan sur-

---

(Bakker and Streijger, 'John Buridan's *Physics* Commentaries', 80–94), this manuscript does not contain the third redaction in questions I.1–II.8, but a hitherto unknown version of the *ultima lectura*. Moreover, Thijssen mentions manuscript Augsburg, Staats- und Stadtbibliothek, cod. 2° 342a instead of manuscript Augsburg, Staats- und Stadtbibliothek, cod. 2° 342c. In fact, the former contains the *ultima lectura* of Buridan's questions on the *Physics*, while the latter contains the third redaction.

7 This label is used in the Toulouse manuscript (f. 141rb: 'Expliciunt questiones brjdannj magistri **tercij operis** super 8° Libros phisicorum' and f. 142rb: 'Explicit tabula questionum super octo libros phizicorum et sunt **de tercio opere** brjdannj') and the Vatican manuscript (f. 99vb: 'Expliciunt questiones reuerendi Magistri bridanj **de 3° opere** super libros phisicorum').

8 The view that the labels *opus* and *lectura* are equivalent finds support in the fact that in the colophons of manuscripts containing the third and final redaction of Buridan's questions on Aristotle's *De anima*, these two terms are used interchangeably. See Michael, *Johannes Buridan*, 2: 694–704: Oxford, Bodleian Library, cod. Canon. lat., auct. class. 278 ('de tertio opere'); Segovia, Biblioteca de la Catedral, cod. 44 ('de ultima lectura'); Città del Vaticano, Biblioteca Apostolica Vaticana, cod. Vat. lat. 2164 ('secundum eius terciam lecturam'); cod. Vat. lat. 11.575 ('de tertio opere'); Wien, Österreichische Nationalbibliothek, cod. 5437 ('super tercia lectura', 'de tercia lectura').

9 For a detailed overview of the questions of the third redaction and their location in the manuscripts, see Bakker and Streijger, 'John Buridan's *Physics* Commentaries', 97–106 (Appendix A). For the third redaction being a *reportatio*, see A. Maier, *Zwei Grundprobleme der scholastischen Naturphilosophie* (Studien zur Naturphilosophie der Spätscholastik, 2), Roma 1968

vives (entirely or partially) in 34 manuscripts and a printed edition published in 1509 (a reprint of this edition was published in 1964). This far better-known and more widespread collection is commonly referred to as the *ultima lectura*, or final redaction, of Buridan's questions on the *Physics*, although instead of *ultima lectura* some colophons use the label *quaestiones longae*.[10] This final redaction contains a total number of 113 questions and probably constitutes an *ordinatio*, i.e., a text that was approved by Buridan himself.[11] With respect to dating, the third redaction is generally dated around 1350, the *ultima lectura* between 1352 and 1357.[12] The present volume contains the edition of Books V–VIII of Buridan's *ultima lectura* on the *Physics*.

(Storia e letteratura, 37), 367, and Michael, *Johannes Buridan*, 2: 595. Both Maier and Michael speak of a *reportatio* of 'mediocre' quality. The Erfurt manuscript, which uses a continuous numbering for the questions of all eight books, contains 103 questions. The Vatican manuscript contains one additional question (question VIII.15, *Utrum primus motor sit infiniti vigoris*), which is also found in the Toulouse manuscript. The latter manuscript (which contains the third redaction from question II.5 onwards) has one additional question that is found in none of the other manuscripts of the third redaction (question VI.2a, *Utrum omne quod movetur movebatur prius, et omne quod fit fiebat prius, et omne quod corrumpitur corrumpebatur prius*). A few questions from this redaction have been edited by B. Patar, *La* Physique *de Bruges de Buridan et le* Traité du ciel *d'Albert de Saxe*, vol. 2: *Édition critique de textes. Appendices*, Longueil 2001, 11–64 (qq. I.4, I.6, I.8, III.1, IV.14, and VII.5).

10 For the manuscripts and the 1509 edition of the *ultima lectura*, see Michael, *Johannes Buridan*, 2: 578–593, and Bakker and Streijger, 'John Buridan's *Physics* Commentaries'. The label *ultima lectura* appears in the following five manuscripts (for the sigla, see the Introduction above, XIII–XIV): A ('de ultima lectura'), C ('de ultima lectura'), I ('de ultima lectura'), L ('de ultima lectura'), and Q ('secundum ultimam lecturam'). Manuscript Y uses a similar label: 'questiones ... ultimo ab eo collecte'. The label *quaestiones longae* is used in manuscripts La and M. This label most likely serves to mark the difference with the *quaestiones accurtatae Physicorum* (a.k.a. *quaestiones breves Physicorum*), a compendium of Buridan's *ultima lectura* on the *Physics* composed by anonymous students for teaching purposes at universities in Central Europe (Prague and Vienna). For this anonymous compendium, see J.M.M.H. Thijssen, 'The Short Redaction of John Buridan's Questions on the *Physics* and their Relation to the Questions on the *Physics* Attributed to Marsilius of Inghen', *Archives d'histoire doctrinale et littéraire du Moyen Âge* 52 (1985), 237–266, and Maier, *Zwei Grundprobleme*, 203, n. 4.

11 For a detailed overview of the questions of the *ultima lectura* and their location in the surviving manuscripts, see Appendix B of the Introduction above. The total number of 113 questions is explicitly mentioned in manuscripts F and Z. For the *ultima lectura* being an *ordinatio*, see Maier, *Zwei Grundprobleme*, 367–368, and Michael, *Johannes Buridan*, 2: 595. The term *ordinata* is used in the title index of manuscripts L and P, in both cases referring to the *tabula quaestionum*: "⟨T⟩abula questionum primi libri phisicorum per magistrum iohannem buriden ordinata" (L), "⟨T⟩abula questionum primi libri physicorum ordinata a magistro Iohanne byridano" (P).

12 See Thijssen, 'Introduction', XVII–XVIII. The dating of the *ultima lectura* is partially based

In addition to these two collections of questions that can be attributed to Buridan with certainty, there exist two manuscripts that possibly contain an earlier redaction (either the same or two different ones) of Buridan's questions on the *Physics*:[13]

1. Cesena, Biblioteca Malatestiana, cod. S.VIII.5, ff. 1ra–73rb (questions I.1–VII.3)
2. Toulouse, Archives départementales de la Haute-Garonne, cod. 6, ff. 2ra–35rb (questions I.1–II.4).

While the authorship of both collections remains uncertain, Jean Celeyrette has recently argued that the Cesena manuscript might indeed contain a *reportatio* of an earlier redaction of Buridan's questions commentary.[14]

Besides these commentaries in questions format, there exist four manuscripts that contain a literal commentary (*expositio*) by Buridan on the text of Aristotle's *Physics*:[15]

---

on doctrinal grounds, in particular on the fact that in this redaction Buridan seems to respond to Albert of Saxony, whose questions commentary on the *Physics* is dated shortly after 1351. Albert most likely had access to Buridan's third redaction and to Nicole Oresme's questions on the *Physics*, written before 1347. On Albert's questions on the *Physics* as chronologically located between Buridan's third redaction and his *ultima lectura*, see J.M.M.H. Thijssen, 'The Buridan School Reassessed. John Buridan and Albert of Saxony', *Vivarium* 42 (2004), 18–42. On Albert's use of Buridan's third redaction and Oresme's questions on the *Physics*, see J. Sarnowsky, 'Nicole Oresme and Albert of Saxony's Commentary on the *Physics*: the Problem of Vacuum and Motion in a Void', in: S. Caroti and J. Celeyrette (eds.), Quia inter doctores est magna dissensio. Les débats de philosophie naturelle à Paris au XIVe siècle, Firenze 2004 (Biblioteca di Nuncius. Studi e testi, 52), 161–174, and J. Celeyrette, 'La réception parisienne des travaux anglais sur la vitesse d'un mouvement local au milieu du XIVe siècle', in *Lieu, espace, mouvement: physique, métaphysique et cosmologie (XIIIe–XVIe siècles)*, ed. T. Suarez-Nani, O. Ribordy and A. Petagine, Barcelona, Roma 2017, 165–180.

13 See Michael, *Johannes Buridan*, 2: 567–571 (Cesena) and 2: 572–573 (Toulouse). Michael suggests that the two manuscripts contain distinct redactions. From question VII.4 to the end of Book VIII, the Cesena manuscript contains the questions on the *Physics* by Albert of Saxony. See Thijssen, 'Introduction', XV (and n. 9). From question II.5 to question VIII.15, the Toulouse manuscript contains the third redaction of Buridan's *Physics* (see above). For an edition of some questions from these two manuscripts, see Patar, La Physique de Bruges, 219–264 (qq. I.3, I.6, I.8, III.1, IV.8).

14 See J. Celeyrette, 'Les Questions sur la *Physique* du ms Cesena Malatestiana S VIII 5', in: C. Grellard (ed.), *Miroir de l'amitié. Mélanges offerts à Joël Biard*, Paris 2017 (Études de philosophie médiévale, 106), 353–369, at 367–369.

15 In addition to these four manuscripts, manuscript Paris, Bibliothèque nationale de France, cod. lat. 16125, ff. 2^r–4^v, contains a *tabula* of chapters and *conclusiones* of an *expositio* on

1. Città del Vaticano, Biblioteca Apostolica Vaticana, cod. Urb. lat. 1489, ff. 1ra–69va (U)[16]
2. Città del Vaticano, Biblioteca Apostolica Vaticana, cod. Vat. lat. 2162, ff. 1ra–56rb (V)[17]
3. Erfurt, Universitätsbibliothek, Dep. Erf., CA F. 298, ff. 51r–87r (E)
4. Wien, Österreichische Nationalbibliothek, cod. 5186, ff. 1r–112v (W)

Bernd Michael does not cluster the *expositiones* contained in these four manuscripts and thus mentions four distinct redactions of Buridan's literal commentary on the *Physics*.[18] According to Charles Lohr, however, manuscripts U and V contain one and the same redaction of Buridan's literal commentary (redaction A), while manuscripts E and W contain a different one (redaction B).[19] Contrary to Lohr, Anneliese Maier argues that U and V do not contain one and the same redaction, but different ones. In her view, the *expositio* contained in U is linked to the third redaction of the questions (the *tertium opus*), while the *expositio* in V is linked to the final redaction of the questions (the *ultima lectura*). Maier's view is based on Buridan's discussion of projectile motion. In U, in the context of his *expositio* on Book VIII, Buridan twice refers to a question in Book VII for a further discussion of projectile motion. This reference matches with the third redaction of the questions commentary, where projectile motion is indeed treated in Book VII (question VII.5: *Utrum proiectum post exitum eius a manu proicientis moveatur a motore extrinseco vel a motore intrinseco et sibi*

---

the *Physics* by Buridan. See Michael, *Johannes Buridan*, 2: 566. The relation between this *tabula* and the four manuscripts containing an *expositio* by Buridan on the *Physics* remains to be examined.

16 A digital copy of this manuscript is available on the website of the Vatican Library: https://digi.vatlib.it/view/MSS_Urb.lat.1489.

17 A digital copy of this manuscript is available on the website of the Vatican Library: https://digi.vatlib.it/view/MSS_Vat.lat.2162.

18 See Michael, *Johannes Buridan*, 2: 560–565. Michael uses the following labels: redaction B (contained in U), redaction C (contained in V), redaction D' (contained in E), and redaction D'' (contained in W). It is unclear why Michael's labelling starts with B instead of A.

19 C.H. Lohr, 'Medieval Latin Aristotle Commentaries. Authors: Jacobus-Johannes Juff', *Traditio* 26 (1970), 135–216, at 167 (item 10); C.H. Lohr, *Latin Aristotle Commentaries*, I.1: *Medieval Authors*, A–L, Firenze 2013 (Corpus philosophorum medii aevi. Subsidia, 17), 252 (item 12). O. Weijers, *Le travail intellectuel à la Faculté des arts de Paris: textes et maîtres (ca. 1200–1500)*. IV: *Répertoire des noms commençant par H et J (jusqu'à Johannes C.)*, Turnhout 2001 (Studia Artistarum, 9), 142–143, clusters the manuscripts in the same way as Lohr. According to Weijers, manuscripts U and V contain 'the first version' ('première version') of the *Expositio*, while manuscripts E and W contain 'the second version' ('seconde version').

inherente). In the final redaction of the questions commentary, on the other hand, projectile motion is famously discussed in Book VIII (question VIII.12: *Utrum proiectum post exitum a manu proicientis moveatur vel ab aere vel a quo moveatur*).[20]

In the present Guide to the Text, I shall use the *expositiones* contained in manuscripts U and V, and leave the *expositio* (or *expositiones*) contained in manuscripts E and W aside. Let me give some details about the *expositiones* in U and V.

The *expositio* in U covers all eight Books of Aristotle's *Physics*. According to the scribe, an arts student at Bologna by the name of Antonius de Camareno, the *expositio* was 'read' (*lecta*) by Buridan in Paris, in 1350.[21] It seems likely that the copy in U dates from the same year. In any case, no later date is mentioned. The commentary is referred to by the label *de ultimo opere*. This does not exclude the possibility that Buridan authored another *expositio* on the *Physics* at a later date. All it implies is that, in 1350, the *expositio* in U was the final redaction of Buridan's literal commentary on Aristotle's *Physics*. The *expositio* in V also covers all eight Books of the *Physics* and is also explicitly attributed to Buridan. This copy of the text was written down after Buridan's death (*cuius anima requiescat in pace*), i.e., after ca. 1360, but the *expositio* itself was obviously authored earlier. However, we do not know how much earlier. The colophon in V does not mention the name of the scribe. The following table indicates, for each Book of Aristotle's *Physics*, the beginning and closing paragraphs in both manuscripts, U (left) and V (right). (Here and below all lemmata from Aristotle's *Physics* have been underlined.)

L. I [U 1ra] Quoniam quidem intelligere et scire contingit. Iste liber est pars librorum naturalium ...—... [U 9ra] ... sicut dicit Commentator, tamquam fundamenta in tota scientia naturali. Et ideo ratio (!) ordine (!) ille secundus

[V 1ra] Quoniam intelligere et scire contingit. Iste liber est primus librorum naturalium ...— ... [V 7ra] ... Ultimo dicit quod determinandum est de alio principio, scilicet de natura. Vel intendit quod in isto secundo libro

---

20   See Maier, *Zwei Grundprobleme*, 203. For the relevant passages in U and V, see below. With respect to the relation between the *expositiones* and the questions commentaries, Michael, *Johannes Buridan*, 2: 604, writes: 'Mit der Frage aber, welcher Redaktion der Quaestionen die verschiedenen erhaltenen Expositionen zuzuordnen sind, betritt man schwankenden Boden'.

21   Antonius de Camareno is mentioned in Bénédictins du Bouveret, *Colophons de manuscrits occidentaux des origines au XVIe siecle*, 1: Colophons signes A–D (Spicilegii Friburgensis Subsidia, 2), Fribourg 1965, 128 (the reference is to manuscript U).

	liber deberet precedere primum. Sed Aristoteles forte ita fecit quia antiqui ita consueverunt facere. Et sic sit dictum de expositione primi libri *Physicorum*.	declarabitur de aliis principiis, scilicet de principiis doctrine supponendis in tota scientia naturali, ut dicit Commentator etc. Explicit expositio primi libri *Phisicorum*.
L. II	[U 9ra] <u>Horum que sunt alia quidem sunt natura, alia vero propter et (!) alias causas</u>. Iste liber secundus est de principiis doctrine totius scientie naturalis …—… [U 16vb] … que quidem operationes vel generationes debent (!) compleri vel exerceri non possunt sine materia. Et sic est finis expositionum secundi libri *Physicorum*.	[V 7rb] <u>Eorum que sunt quedam sunt a natura</u>. Iste liber secundus est de principiis doctrine totius scientie naturalis …—… [V 13rb] … que quidem generationes vel operationes compleri vel exerceri non possunt sine materia; quare etc. Explicit expositio secundi libri *Phisicorum*.
L. III	[U 16vb] <u>Quoniam autem</u>. Iste tertius liber est de motu et de infinito, et habet duos tractatus …—… [U 23rb] … Concedendum est quod, licet sit ita determinatum de infinito, tamen restant multe dubitationes magne. Verbi gratia dubium est utrum in continuo sint infinite partes et utrum infinita sit linea girativa procedens per partes proportionales et utrum linea girativa sit infinita et utrum infinitus sit numerus et utrum numerus sit infinitus et sic de multis aliis. Et ille differentie (!) tractabuntur in questionibus. Et sic finitur iste tertius liber.	[V 13rb] <u>Quoniam autem natura etc</u>. Iste liber tertius est de motu et infinito, et sic habet duos tractatus …—… [V 18va] … omnes partes continui posset Deus separare et numerare et separatim conservare; sed non est possibile Deum omnes partes continui numerare et separare. Et in hoc finitur liber tertius. Explicit expositio tercii libri *Phisicorum* Aristotelis. Incipit quartus liber.
L. IV	[U 23rb] <u>Similiter aut necesse</u>. Iste est quartus liber, in quo determinatur de passionibus extrinsecis corporum naturalium, scilicet de loco, vacuo et tempore …—… [U 36va] … sed decem equorum et decem ovium non est idem	[V 18vb] <u>Similiter autem necesse et de loco etc</u>. Iste est liber quartus *Phisicorum*, in quo, ut communiter dicitur, determinatur de passionibus extrinsecis corporum naturalium, scilicet de loco, de vacuo et de tempore …—…

	denarius, quia decem equi sunt alii a decem ovibus. Et sic est finis quarti libri *Physicorum*.	[V 28ᵛᵇ] ... sed decem equorum et decem ovium non est idem denarius, quia decem equi sunt alii a decem ovibus etc. Explicit expositio quarti libri *Phisicorum*.
L. V	[U 36ᵛᵃ] <u>Transmutatur autem transmutans omne</u>. Iste est quintus liber, in quo determinatur de speciebus motus, scilicet de unitate et contrarietate motuum et mutationum ...—... [U 42ᵛᵇ] ... Deinde ponitur solutio omnino eadem sicut ante fuit posita. Et in fine recapitulat et patet in littera. Et sic est finis expositionis textus quinti libri *Phisicorum*. Sequitur expositio sexti libri etc.	[V 28ᵛᵇ] <u>Transmutatur autem transmutans omne</u>. Iste est liber quintus in quo determinatur de speciebus, de unitate et de contrarietate motuum et mutationum ...—... [V 33ᵛᵇ] ... Deinde ponitur solutio omnino eadem sicut ante posita fuit. Et in fine ipse recapitulat. Et sic est finis quinti libri *Phisicorum* Aristotelis. Orate pro eo. Explicit expositio quinti libri *Phisicorum*. Incipit sextus liber.
L. VI	[U 42ᵛᵇ] <u>Si autem est continuum quod tangitur</u>. Iste est sextus liber, qui tractat de divisione motus et quietis in partes quantitativas. Et continet tres tractatus ...—... [U 50ʳᵇ] ... Similiter possibile est infinitari motus rectos et alterationes, augmentationes, generationes et alias mutationes per successionem unius ad aliam, ita quod semper sint tales mutationes, sed non eedem semper. Et ista tractabuntur in octavo *huius* et in secundo *De generatione*. Et sic est finis sexti libri *Physicorum* etc.	[V 34ʳᵃ] <u>Si autem est continuum et quod tangere</u>. Iste est sextus liber, qui tractat de divisione motus et quietis in partes quantitativas. Et continet tres tractatus ...—... [V 40ʳᵃ] ... Similiter possibile est infinitari motus rectos et alterationes et generationes et alias mutationes per successionem unius ad aliam, ita quod semper sunt tales mutationes, sed non eedem semper. Et ita (!) tractabuntur in octavo *huius* et in secundo *De generatione*. Et sic finitur liber sextus. Explicit sextus liber *Phisicorum*.
L. VII	[U 50ᵛᵃ] <u>Omne quod movetur necesse est moveri ab aliquo</u>. Iste septimus liber est de comparatione motuum et moventium. Et habet duos tractatus ...—... [U 56ʳᵇ] ... Verum est tamen	[V 40ʳᵃ] <u>Omne autem quod movetur</u>. Iste liber septimus *Phisicorum* est de comparatione motuum et moventium. Et habet duos tractatus ...—... [V 44ᵛᵇ] ... Verum est quod de istis conclusionibus sunt

	quod de istis conclusionibus sunt plures dubitationes, quas oportebit tractare in questionibus. Et sic est finis septimi libri *Physicorum*.	plures dubitationes, quas oportet tractare in questionibus. Et sic finitur liber septimus. Explicit expositio septimi libri *Phisicorum*. Incipit ultimus liber *Phisicorum*.
L. VIII	[U 56va] <u>Utrum autem factus sit aliquando motus</u>. Iste est octavus liber, qui considerat de finitate et infinitate motuum ⟨et⟩ moventium sive de perpetuitate vel imperpetuitate eorum. Et continet quatuor tractatus …—… [U 69va] … Que ex precedentibus sic concluditur quia: si haberet magnitudinem, aut haberet finitam aut infinitam; non infinitam, quia nulla est talis, ut determinatum est in tertio libro; nec finitam, quia potentia infinita non potest esse in magnitudine finita, et primus motor est potentie infinite, cum moveat per tempus infinitum, prout hec ante determinata sunt. Igitur primus motor nullam habet magnitudinem, et per consequens est indivisibilis. Et finitur totus liber *Physicorum*, Deo gratias. Amen.—Explicit expositio libri *Physicorum* lecta Parisius in vico straminis a reverendo doctore et summo phylosopho magistro Johanne Bridans anno Domini 1350, de ultimo opere, per me Antonium de Camareno (?) artium scolarem Bononie studentem.	[V 45ra] <u>Utrum autem aliquando</u>. Iste est octavus et continet seu considerat de finitate et infinitate motuum et moventium seu de perpetuitate et non perpetuitate eorum. Et continet quatuor tractatus …—… [V 56rb] … Et ideo sub maiore recepta universaliter ad utramque infinitationem, potest sumi minor de infinitate secundum vigorem. Et sic dictum est de totius libri *Physicorum* expositione edita a magistro Iohanne Buridani (!), cuius anima requiescat in pace. Amen.—Qui scripsit scripta sua dextera sit benedicta. Amen.

From this table, one already gets the impression that U and V contain similar texts at the beginning and closing of each Book of the *Physics*, apart from the considerable differences in the closing sections of Books I, III, and VIII.

This impression is confirmed by a further reading of the texts in U and V. To illustrate the degree of similarity, I shall briefly present the passages in Books V–VIII in which Buridan refers his readers to a further discussion in his questions commentary, most often using plural *in quaestionibus*, sometimes singular *in questione*. The references in both manuscripts, and the passages in which these references occur, are for the most part quasi identical.

In Buridan's *Expositio* on Book V, one passage refers to a discussion in the questions. The reference concerns the question whether motion is found in the category of substance. In the final redaction of the questions commentary (the *ultima lectura*), this issue is discussed in question V.7 (*Utrum secundum substantiam sit motus*); in the third redaction (the *tertium opus*), no separate question is dedicated to this issue. In both manuscripts of the *Expositio*, U and V, the reference is in the future tense (*tractabuntur*).

[U 38ra] Primo probat quod secundum substantiam non est motus, et est prima conclusio capituli. Que probatur quia: omnis motus est de contrario in contrarium; substantie autem nichil est contrarium, ut habetur in *Predicamentis*; igitur secundum substantiam non est motus. Et ista ratio Aristotelis habet plurimas magnas dubitationes. Primo quia: celum movetur, et tamen hoc non est de contrario in contrarium, ymo de eodem ad idem. Item in *Predicamentis* ita bene dicitur quod quantitati nichil est contrarium sicut quod substantie nichil est contrarium, ymo tanta repugnantia vel maior reperitur inter formas substantiales sicut inter magnum et parvum, et tamen in quantitate conceditur esse motus. Et hec **tractabuntur in questionibus.**

[V 29vb] Primo igitur probat quod secundum substantiam non est motus, et est prima conclusio capituli. Que probatur quia: omnis motus est de contrario in contrarium; substantie autem nichil est contrarium, ut patet in *Predicamentis*; igitur secundum substantiam non est motus. Et ista ratio Aristotelis habet plurimas magnas difficultates. Primo: celum movetur, et non de contrario in contrarium, sed de eodem in idem. Item in *Predicamentis* ita bene dicitur quod quantitati nichil est contrarium sicut quia substantie nichil est contrarium, ymo tanta repugnantia vel maior reperitur inter formas substantiales sicut inter magnum et parvum, et tamen in quantitate conceditur esse motus. Sed iste difficultates **tractabuntur in questionibus.**

In the *Expositio* on Book VI, manuscript V contains one clear reference to a further discussion in the questions. This reference is related to Aristotle's proof of the thesis according to which everything that undergoes change has to be divisible (*omne quod mutatur est divisibile*). In the *ultima lectura*, this thesis is discussed in question VI.7 (*Utrum omne quod mutatur sit divisibile*); in the third redaction this is question VI.1 (*Utrum omne quod mutatur est divisibile*). Aristotle's thesis concerning the divisibility of what undergoes change poses a problem for the human intellect, which is commonly assumed to be indivisible yet is capable of undergoing change. The parallel passage in manuscript U reads *in sequentibus* instead of *in questionibus*. This may very well be a scribal error, although the possibility that we have to do with an internal reference to a later passage in the same *Expositio* cannot be excluded. In both manuscripts, the reference is again in the future tense (*tractabuntur*).

[U 45vb] Verum est quod contra illam rationem et contra conclusionem sunt multe difficillime dubitationes. Intellectus enim noster, qui est indivisibilis, mutatur bene de ignorantia vel de errore in scienciam. Sed huiusmodi dubitationes **tractabuntur** seorsum **in sequentibus** etc.

[V 36rb] Verum est quod contra istam rationem et conclusionem sunt plurime difficiles dubitationes. Intellectus enim noster, qui est indivisibilis, mutatur bene de ignorantia vel de errore in scienciam. Sed huiusmodi dubitationes **tractabuntur** seorsum **in questionibus**.

In the *Expositio* on Book VII four passages contain a reference to a discussion in the questions. (1) The first passage is related to Aristotle's thesis formulated at the beginning of Book VII according to which everything that moves is moved by something else (*omne quod movetur movetur ab alio*). Buridan considers Aristotle's proof here difficult to sustain and refers to a further discussion in the questions. In the *ultima lectura*, Aristotle's proof is further examined in question VII.1 (*Utrum omne quod movetur moveatur ab alio*) and especially in question VII.2 (*Utrum demonstratio Aristotelis sit bona in qua nititur in principio huius septimi demonstrare quod omne quod movetur movetur ab alio*). In the third redaction, question VII.3 (*Utrum demonstracio qua utitur Aristoteles in isto septimo ad demonstrandum quod omne quod movetur movetur ab alio sit bona*) is dedicated to this issue.

(2) The second passage is related to Aristotle's view that in all kinds of motion the mover and what is moved need to be contiguous or proximate (*simul*). The reference occurs in the passage about motion according to quality, i.e., alteration. This reference may correspond with question VII.4 of the *ultima lectura* (*Utrum necesse sit in omni motu movens esse simul cum moto*); in the third redaction, the same issue is examined in question VII.4 (*Utrum necesse est in omni motu movens esse simul cum moto*).

(3) The context of the third passage is Aristotle's proof of the view that alteration does not take place according to moral habits (i.e., virtues and vices), but only according to sensible qualities, i.e., qualities of the third kind (*de tertia specie qualitatis*). The reference to a fuller treatment in the questions specifically concerns Averroes' claim according to which the perfection of a thing is something indivisible, which cannot be the end term of motion (*perfectio rei consistit in indivisibili, et ad tale non est per se motus*). In the *ultima lectura* the relevant question is VII.5 (*Utrum secundum qualitates de prima specie qualitatis vel de quarta sit per se motus*). In the third redaction, the issue of whether motion can take place according to qualities of the first kind is discussed in question VII.6 (*Utrum secundum qualitates de prima specie qualitatis sit per se motus*).

(4) The final passage relates to Aristotle's discussion of the rules for the comparability of motions in terms of speed, time, and distance. In the *ultima lectura*, this issue constitutes the topic of questions VII.7 (*Utrum primae duae regulae quas Aristoteles ponit in ultimo capitulo septimi Physicorum sint verae*) and VII.8 (*Utrum regulae Aristotelis quas ipse ponit in ultimo capitulo septimi Physicorum sint universaliter verae*). In the third redaction, questions VII.8 (*Utrum illa regula sit necessaria et universaliter vera in qua dicitur 'si aliqua virtus movet aliquod mobile per aliquod spatium in aliquo tempore, eadem vel equalis virtus movebit medietatem illius mobilis per idem spacium in dimidio tempore'*) and VII.9 (*Utrum ille septem regule quas Aristoteles ponit in ultimo capitulo septimi Phisicorum de comparacionibus motuum localium sint necesse et universaliter vere*) contain a discussion of these rules.

In all four passages in Book VII that contain references to the questions Buridan either uses verbs in the future tense (*patebunt, tractabuntur, patebit, videbitur, oportebit tractare*) or present tense expressions with a future connotation (*oportet tractari, oportet tractare*).

[U 50ᵛᵃ] Manifestum igitur. Hic concludit conclusionem probatam repetendo medium sue probationis. Verum est quod valde difficile est substinere bene illam demonstrationem, sed **oportet** illas difficultates **tractari in questionibus**. Et sic est finis.
[U 52ʳᵇ] Quale enim. Hic prosequitur probationem dicte conclusionis. Et primo inducit in qualitatibus (qualibet U) secundum quas est alter-

[V 40ʳᵇ] Manifestum igitur. Hic concludit conclusionem probatam repetendo medium sue probationis. Verum est quod valde difficile est bene sustinere istam demonstrationem, sed **oportet** illas difficultates **tractari** seorsum **in questionibus** etc. Sequitur.
[V 41ᵛᵃ] Quale enim. Hic prosequitur probationem dicte conclusionis. Et primo inducit in qualitatibus secundum quas est alteratio, secundo

atio, secundo inducit in his que alterantur. Secunda ibi <u>Calefacta</u>. Est autem inductio, quia omnes qualitates secundum quas (quod U) est alteratio sunt sensibiles qualitates, scilicet de tertia specie qualitatis. Hoc supponitur hic et in alio capitulo probabitur. Modo secundum illas qualitates nullum corpus apparet alterare aliud corpus remotum nisi prius alteret corpus sibi propinquum. Et dico 'prius' aut tempore aut natura. Unde corpus lucidum non videmus illuminare dyafanum remotum, si propter oppacitatem vel impedimentum (impetum U) aliquod non possit illuminare corpus sibi propinquum. Verum est tamen quod contra istam determinationem ponuntur multe dubitationes, que **patebunt in questionibus**.

[U 53rb] <u>Neque itaque</u>. Hic ostendit quod secundum virtutes vel malitias morales non est per se alteratio, et est quarta conclusio capituli. Que probatur duabus rationibus. Secunda ibi <u>Sic quidem</u>. Prima ratio est: virtus est perfectio rei; et ad perfectionem rei non est per se motus. Maior patet, quia tunc unumquodque dicitur perfectum quando attingit proprie virtuti. Virtus enim est dispositio vel habitus potentie determinans ad optime operandum. Minor autem declaratur a Commentatore per hoc quod perfectio rei consistit in indivisibili, et ad tale non est per se motus. Tamen ista declaratio est dubia, sicut **patebit in questionibus**.

inducit in hiis que alterantur. Secunda ibi <u>Calefacta enim</u>. Est autem inductio, quia omnes qualitates secundum quas est alteratio sunt qualitates sensibiles, scilicet de tertia specie qualitatis. Hoc supponitur et in alio capitulo probabitur; modo secundum illas nullum corpus habet alterare aliud corpus remotum nisi prius alteret corpus propinquum sibi. Et dico 'prius' aut tempore aut natura. Unde corpus lucidum non videmus prius illuminare dyaphanum remotum, si propter opacitatem vel impedimentum aliquod non possit illuminare corpus sibi propinquum. Verum est tamen quod contra istam demonstrationem ponuntur multe instantie et dubitationes, que **tractabuntur** seorsum **in questionibus**. Quare etc.

[V 42ra] <u>Neque itaque</u>. Hic ostendit quod secundum virtutes et malitias morales non est per se alteratio, et est quarta conclusio capituli. Que probatur duabus rationibus. Secunda ibi <u>Si quidem</u>. Prima ratio talis est: virtus est perfectio rei; et ad perfectionem rei non est per se motus; ergo etc. Maior est manifesta, quia tunc unumquodque dicitur perfectum quando attingit proprie virtuti. Virtus enim [V 42rb] est dispositio vel habituatio potentie determinans ad optime operandum. Minor autem declaratur a Commentatore per hoc quod perfectio rei consistit in indivisibili, et ad tale non est per se motus. Tamen ista declaratio est dubia, ut **videbitur in questionibus**.

[U 56rb] Si ergo in alteratione. Hic comparat augmentationes et alterationes. Et dicit de eis esse ponendas omnino conclusiones proportionales illis que modo posite fuerunt de motibus localibus. Eadem enim virtus alterabit medium alterabile secundum eamdem qualitatem vel similem in dimidio tempore et alterabit illud medium alterabile secundum duplicem qualitatem sive duplicem gradum in eodem tempore, et sic de aliis conclusionibus. Verum est tamen quod de istis conclusionibus sunt plures dubitationes, quas **oportebit tractare in questionibus**. Et sic est finis septimi libri *Physicorum*.

[V 44vb] Si ergo in alteratione. Hic comparat mutationes et augmentationes. Et dicit de eis esse ponendas omnes conclusiones proportionales illis que modo posite fuerunt de motibus localibus. Eadem enim virtus alterabit medium alterabile secundum eandem qualitatem vel consimilem in dimidio tempore et alterabit illud medium alterabile secundum duplicem qualitatem sive secundum duplicem gradum in eodem tempore, et sic de aliis conclusionibus. Verum est quod de istis conclusionibus sunt plures dubitationes, quas **oportet tractare in questionibus**. Et sic finitur liber septimus.

The situation in Book VIII is more complex. Here, four references to questions are found in both U and V. In addition, V contains two references that are not found in U. Conversely, U contains two references that are missing in V.

The four passages shared by U and V are the following. (1) The first passage concerns Aristotle's treatment of reflex motion, in particular the claim that the mobile body is in act, and therefore at rest, at the turning point of the reflex motion. Buridan considers this claim 'highly questionable' (*multum dubitable*) and therefore announces a separate discussion of it in the questions. In the *ultima lectura*, this issue is debated in question VIII.8 (*Utrum necesse sit in omni motu reflexo mobile quiescere in termino reflexionis*); in the third redaction, the relevant question is VIII.12 (*Utrum necesse est in omni motu reflexo mobile quiescere in termino reflexionis*). Both U and V use present subjunctive *tractetur*, but while U has plural *in questionibus*, V has singular *in questione*.

(2) The second passage is found in the same context as the first one. Here the reference concerns the difference between two propositions, namely 'impossibile est infinita transire numerando actu quodlibet eorum', on the one hand, and 'infinita possibile est transire et numerare', on the other. This reference constitutes the only passage in the *Expositio* on Books V–VIII in both U and V where Buridan uses past tense instead of future tense (*ut dictum fuit in questionibus*). Two other passages that use past tense instead of future tense occur in U but not in V. These are the two passages in Book VIII noticed by Anneliese Maier concerning projectile motion (see above, LVIII–LIX, and below, LXXII–LXXIV).

(3) The third passage concerns Aristotle's proof for the claim that a finite mover cannot move during an infinite time (*impossibile est movens finitum movere per tempus infinitum*). In Buridan's view, this proof raises many difficult problems that need to be discussed in the questions. In the *ultima lectura*, this issue is discussed in question VIII.9 (*Utrum movens finitum possit movere per infinitum tempus*); in the third redaction, this is question VIII.13 (*Utrum possibile est movens finitum movere per tempus infinitum*). Both U and V again use future tense (*tractabitur, tractabuntur*).

(4) The fourth passage is found in Buridan's explanation of Aristotle's proof of the thesis that an infinite power cannot be contained in a finite magnitude. Again, Buridan states that the proof raises many difficulties and problems that require further examination in the questions. The references in U and V are again in the future tense (*tractabuntur*), but while U uses plural *in questionibus*, V uses singular *in questione*. In the *ultima lectura*, the issue at stake is debated in question VIII.10 (*Utrum virtus infinita possit esse in magnitudine finita*); in the third redaction, the relevant question is VIII.14 (*Utrum virtus infinita possit esse in magnitudine finita*).

[U 66rb] Unde stare. Hic concludit conclusionem, scilicet quod necesse est stare, id est quiescere in termino reflexionis. Deinde repetit quod mobile dum movetur non fuit in medio signo in actu. Deinde solvit cavillationem possibilem adduci contra dicta, ⟨qua⟩ diceretur quod mobile fuit in termino reflexionis, id est in nunc indivisibili. Dicebatur enim in sexto quod in nunc contingit primo motum esse. Respondet Aristoteles hic dicens quod hoc non valet, quia quod in solo nunc esset alicubi, si essent nunc indivisibilia, illud de facto nunquam esset ibi nisi in potentia; sed in termino reflexionis est in actu, ut dicebatur; igitur oportet quod ibi quiescat. Hoc tamen est multum dubitabile, et **oportet quod** seorsum **tractetur in questionibus**.

[V 53rb] Unde stare. Hic concludit conclusionem, scilicet quod necesse est stare, id est quiescere in termino reflexionis. Deinde repetit quod mobile dum movetur non fuit in medio signo in actu. Deinde solvit cavillationem possibilem adduci contra predicta, qua diceretur quod mobile fuit in termino reflexionis in nunc indivisibili. Dicebatur enim in sexto quod in minus contingit [V 53va] primo motum esse. Respondet Aristoteles quod hoc non valet, quia quod in solo nunc est alicubi, si essent nunc indivisibilia, illud de facto nunquam est ibi nisi in potentia; sed in termino reflexionis est in actu, ut dicebatur; ergo oportet quod ibi quiescat. Hoc tamen est multum dubitabile, et **oportet quod** seorsum **tractetur in questione**.

[U 66va] Sed verum. Hic ponit veram solutionem dicte rationis, que in hoc consistit quod non contingit transire vel numerare actu infinita, sed bene contingit transire et numerare infinita in potentia, que sunt actu finita; modo spatium vel tempus est actu finitum et unum, licet sit infinitum in potentia. Notandum est quod loquendo de actualitate forme vel presentie infinite partes sunt actu in continuo et pertranseuntur. Sed intentio Aristotelis est quod non (quoniam U) sunt in continuo infinite partes seorsum divise in actu, quoniam ille constituerent infinitam magnitudinem et intransibilem. Vel intentio Aristotelis est quod impossibile est infinita transire numerando actu quodlibet eorum; tamen infinita possibile est transire et numerare; differt enim composita et divisa, **ut dictum fuit in questionibus.**
[U 68rb] Quare omne. Hic ex dictis suppositionibus infert suam conclusionem dicens quod quelibet pars ipsius A equalis ipsi D moveret partem ipsius B equale⟨m⟩ ipsi E in tempore finito, et ille partes sunt finite; sequeretur quod totum tempus in quo totum A movet totum B erit finitum. Resultabit enim ex temporibus in quibus partes movebant partes, que quidem tempora erant finita et multitudine et magnitudine secundum predicta; et tale oportet esse finitum. Modo hoc est contra positum ab adversario. Igitur impossibile est movens finitum movere per tempus infinitum. Verum est quod

[V 53va] Et verum. Hic ponit solutionem dicte dubitationis, que in hoc consistit quod non contingit transire vel mutare actu infinita, sed bene contingit transire infinita in potentia, que sunt actu finita; modo spatium vel tempus est actu finitum et unum, licet infinita in potentia. Nota quod loquendo de actualitate forme vel potentie infinite partes sunt actu in continuo et pertranseuntur. Sed intentio Aristotelis est quod non sunt in continuo infinite partes seorsum divise in actu, quoniam iste constituerent infinitam magnitudinem. Vel intentio Aristotelis est quod impossibile est infinita transire numerando actu quodlibet eorum; tamen infinita possibile est transire et numerare; differt enim propositio divisa et proposita, **ut dictum fuit in questionibus.**
[V 55ra] Quare omne. Hic ex dictis suppositionibus infert conclusionem suam quod quelibet pars ipsius A equalis ipsi D movet partem ipsius B equalem ipsi E in termino finito, et ille partes sunt finite; sequitur quod totum tempus in quo totum A movet totum B erit finitum. Resultabit enim ex temporibus in quibus partes movebant partes, que quidem tempora essent finita et magnitudine et [V 55rb] multitudine secundum predicta; et tale oportet esse finitum. Modo hoc est contra positum ab adversario. Ergo impossibile est movens finitum movere per tempus infinitum. Verum est quod contra hanc rationem

contra istam rationem Aristotelis sunt multe dubitationes difficiles, de quibus **tractabitur in questionibus**. [U 68va] Si enim est. Hic ex dictis infert suam conclusionem. Et probat tali ratione: si in magnitudine finita esset potentia infinita, sequeretur quod potentia finita et potentia infinita equali tempore moverent idem mobile. Consequens est falsum sive contra secundam suppositionem. Consequentia probatur quia: si potentia infinita moveat aliquod mobile, movebit ipsum aliquo tempore, sicut dicebat tertia suppositio; et sit illud tempus A. Tunc capiatur virtus finita que moveat illud mobile: constat quod etiam movebit ipsum in aliquo tempore, licet in maiori quam sit tempus A, et illud tempus maius vocetur AB. Tunc erit determinata proportio temporis AB ad tempus A, quia finiti ad finitum est certa proportio, et gratia exempli sit proportio centupla. Tunc ultra sumatur virtus in centuplo maior in qua erat finita preaccepta, et illa adhuc erit finita; et tamen movebit in subcentuplo tempore, quia quanto potentia augetur, tanto tempus minoratur; et sic movebit in tempore A, in quo movebat finita (!); ergo finita et infinita equali tempore movebunt idem mobile, quod est impossibile. Circa istum processum sunt multe difficultates et dubitationes, que **tractabuntur in questionibus**.

Aristotelis sunt multe difficiles dubitationes, que seorsum **in questionibus tractabuntur**. [V 55rb] Si enim est. Hic ex dictis infert suam conclusionem tali ratione: si in magnitudine finita est potentia infinita, sequitur quod potentia finita et potentia infinita equali tempore moverent idem mobile, quod est contra secundam suppositionem. Consequentia probatur quia: si potentia infinita moveat aliquod mobile, movebit ipsum in aliquo tempore, sicut dicebat tertia suppositio; et sit illud tempus A. Tunc capiatur virtus finita que moveat illud mobile: constat quod etiam movebit ipsum in aliquo tempore, licet in maiori quam sit tempus A, et illud tempus maius vocetur AB. Et tunc erit determinata proportio temporis AB ad tempus A, quia finiti ad finitum est proportio, et gratia exempli si⟨t⟩ proportio centupla. Tunc ultra sumatur virtus in centuplo maior quam est finita preaccepta, et illa adhuc erit finita; et tamen movebit in subcentuplo tempore, quia quanto potentia augetur, tanto tempus (tempore V) minoratur; et sic movebit in tempore A, in quo movebit infinita; ergo finita et infinita equali tempore movebunt idem mobile, quod est impossibile. Contra istum processum sunt multe dubitationes sicut contra precedens capitulum, sed **in questione tractabuntur**.

GUIDE TO THE TEXT   LXXI

In addition to these four passages shared by U and V, there are two passages in Book VIII in which V contains a reference to the questions but not U. (1) The first passage deals with the disagreement between Avicenna and Averroes about whether the proof of the existence of the first principle (*primum principium*) belongs to the domain of metaphysics or natural philosophy. In the *ultima lectura*, this debate is addressed in question VIII.1 (*Utrum ad scientiam naturalem pertineat considerare de primo motore*); the parallel question in the third redaction is question VIII.1 (*Utrum ad scienciam naturalem pertinet determinare de primo motore*). The reference in V is in the future tense (*videbitur*) and Buridan refers to a question in singular (*in questione*). (2) The second passage is found in Buridan's explanation of Aristotle's view according to which motion has always existed because time has always existed. The reference concerns the various senses of the notions of 'prior' (*prius*) and 'posterior' (*posterius*), which are said will be further discussed in the questions ('de quo magis videbitur in questionibus'). In the *ultima lectura*, the relevant question is VIII.3 (*Utrum sit aliquis motus aeternus*); in the third redaction two separate questions are dedicated to the eternity (or rather: perpetuity) of motion and time: question VIII.3 (*Utrum motus sit perpetuus*) and question VIII.4 (*Utrum perpetuo fuit tempus*).

[U 56vb] <u>Considerandum est</u>. Hic concludit considerandum esse de predicta questione ut appareat de oppinionibus antiquorum que fuerunt vere vel false, et quia etiam ista questio multum valet ad sciendum veritatem de primo principio; et super hoc Commentator nititur loqui contra Avicennam. Dicebat enim Avicenna quod methaphisicus sine consideratione de motu perpetuo poterat demonstrare primum principium esse et substantias separatas esse. Commentator autem tenet contrarium. Tamen credo magis Avicenne etc.

[U 57va] <u>Adhuc autem</u>. Hic arguit Aristoteles ex parte temporis sic: si tempus est eternum, mundus est eternus, cum tempus sit motus

[V 45rb] <u>Considerandum</u>. Hic concludit considerandum esse de illa questione quid appareat de opinionibus antiquorum, que fuerunt vere vel false, et quia ista questio multum valet ad sciendum veritatem de primo principio; et super hoc Commentator nititur loqui contra Avicennam. Dicebat enim Avicenna quod methaphisicus sine consideratione de primo principio poterat demonstrare primum principium esse et substantias separatas esse. Commentator autem tenet contrarium. Et tamen credo magis Avicenne. Et **videbitur in questione de eis.** Sequitur capitulum secundum.

[V 45vb] <u>Adhuc autem prius</u>. Hic Aristoteles arguit ex parte temporis sic: si tempus est eternum, motus est eternus, cum tempus sit motus vel non sine

vel non sine motu, ut dicebat in quarto. Sed tempus est eternum. Hoc probatur tripliciter. Primo auctoritate omnium antiquorum preter Platonem. Solus enim Plato dixit tempus factum fuisse de novo cum ipso mundo. Secundo probatur idem quia: quicquid fit de novo necesse est ipsum esse aliquo posterius et aliquid esse prius ipso. Necesse est enim quod faciens precedat factum. Ergo si tempus fuit factum, oportuit quod factor sive creator temporis esset prius ipso tempore. Sed non est prius neque posterius sine tempore, ut ymaginatur Aristoteles. Igitur opportebat tempus esse antequam fieret, quod est impossibile. Sed dicendum quod non omne prius et posterius dicuntur secundum successionem. Unde quamvis non possit esse prius et posterius secundum successionem sine tempore vel mutatione, tamen possunt esse alii modi prioritatis et posterioritatis. Tertio probatur ...	motu, ut dicebatur in quarto. Sed tempus est eternum. Hoc probatur tripliciter. Primo auctoritate omnium antiquorum preter Platonem. Solus enim Plato dixit tempus fuisse factum de novo cum ipso mundo. Secundo probatur idem quia: quidquid fit de novo necesse est ipsum esse posterius et aliquid esse prius ipso. Necesse est enim quod faciens precedat factum. Igitur si tempus fuit factum, oportuit quod factor sive creator temporis esset prius ipso tempore. Sed non est prius neque posterius sine tempore, ut ymaginabatur Aristoteles. Igitur oportebat tempus esse antequam fieret, quod est impossibile. Sed dicendum est quod non omne prius et posterius dicuntur secundum successionem. Unde quamvis non posset prius et posterius esse secundum successionem sine tempore vel mutatione, tamen poterant esse alii modi prioritatis; de quo magis **videbitur in [V 46ra] questionibus**. Tertio adhuc probatur ...

Besides the two passages in Book VIII in which V contains a reference to the questions but not U, there are two further passages where U refers to the questions but not V. These are the two passages noticed by Anneliese Maier concerning projectile motion. In these two passages, Buridan refers to the question about projectile motion in Book VII. As Maier already concluded, this reference strongly suggests that the *Expositio* in U (at least this part of the text) is linked to the third redaction of Buridan's questions commentary on the *Physics*, in which projectile motion is discussed in Book VII (question VII.5: *Utrum proiectum post exitum eius a manu proicientis moveatur a motore extrinseco vel a motore intrinseco et sibi inherente*). In the *ultima lectura*, projectile motion is famously discussed at the end of Book VIII (question VIII.12: *Utrum proiectum post exitum a manu proicientis moveatur ab aere vel a quo moveatur*). It is noteworthy that the two references to Book VII of the questions are in the past tense (*dic-*

tum fuit, fiebat questio). This might give us some reason to hypothesize that the *Expositio* contained in U was produced after the completion of the third redaction of the questions commentary but before that of the *ultima lectura*: it seems to take for granted the existence of the former but not that of the latter.

[U 69ra] Necesse est. Hic Philosophus ponit solutionem quam reputat veram, scilicet quod prohiciens simul cum proiecto movet aerem propinquum, et non solum movet ipsum, ymo cum hoc imprimit sibi virtutem movendi proiectum et alium aerem, et ille aer motus a prohiciente simul cessat moveri quando proiciens cessat movere; sed adhuc aliquo tempore retinet vim motivam sibi impressam, et sic adhuc potest movere alterum aerem, et sic deinceps donec virtus motiva nulla imprimitur ulteriori aeri; tunc enim universaliter cessat et movere et moveri. Et sciendum est quod multum est difficile substinere istum modum et scire quid est illa virtus motiva que imprimitur illi aeri que non cessat movere licet aer sibi subiectus cesset moveri. Sed de his **dictum fuit in questionibus septimi libri**. Et potest etiam hic secundum Aristotelem signari una conclusio, scilicet quod prohiciens movendo aerem imprimit sibi virtutem motivam alterius aeris et proiecti. Et cum prohiciens cessat movere, ille aer simul cessat moveri, sed non simul cessat movere, quia adhuc duraret sibi virtus impressa. Hec enim conclusio concluditur, quia aliter videtur quod motus esset sine movente, quod reputatur impossibile.
[U 69rb] Impossibile. Hic Philosophus removet aliam solutionem falsam qua

[V 55vb] Necesse est. Hic ponit solutionem quam reputat veram, scilicet quod proiciens simul cum proiecto movet aerem propinquum, et non solum movet ipsum, ymo cum hoc imponit sibi virtutem movendi proiectum et alium aerem sequentem, et ille aer primus cessat moveri quando proiciens cessat movere; sed adhuc aliquo tempore retinet vim motivam sibi impressam, et sic potest movere alterum aerem, et sic deinceps donec ulteriori aeri nulla virtus motiva imprimitur; tunc enim universaliter cessat et movere et moveri. Et potest (patet V) hic secundum Aristotelem signari (signa V) una conclusio, scilicet quod proiciens movendo aerem dat sibi virtutem movendi alterum aerem et proiectum. Et cum proiciens cessat movere, ille aer cessat moveri, sed non simul cessat virtus motiva illi aeri impressa. Hec enim conclusio concluditur, quia videtur quod aliter motus esset sine movente.

[V 55vb] Impossibile. Hic removet aliam solutionem falsam qua

aliqui dicebant proiectum moveri per antiparistasim, et ille modus erat talis quod, quando proiectum exibat a loco suo velociter, necesse erat aerem sequi velociter ad replendum locum, cum non sit dare vacuum, et sequendo impellebat ultra proiectum, et ita donec cessabat. Dicit igitur Aristoteles quod ille modus non est conveniens, quia ubi ei alius adsequatur, sequeretur quod oporteret posteriora corpora ad omnem distantiam sequi proiectum, ne retro remaneret vacuum; et ita opporteret simul uno moto omnia retro moveri, et sic tandem celum exiret locum suum, quod est absurdum. Hec etiam via aliter posset improbari. Sed **de his fiebat questio in septimo libro**.	aliqui dicebant proiectum moveri per antiparistasim, et ille modus (motus V) esset talis quod, <quando> proiectum exiebat loco suo velociter, necesse erat aerem sequi velociter ad replendum locum, ne sit vacuum, et sequendo impellebat ultra proiectum, et sic ultra, donec cessabat. Dicit ergo Aristoteles quod iste modus non est conveniens, quia sequeretur quod oportet posteriora sequi ad omnem distantiam, quoniam sicut proiectum exivit a loco suo, ita aer sequens exiret a loco suo et sic deinceps; et sic oportet quod uno motu omnia posteriora moverentur, quod est inconveniens.

From this overview of passages in U and V one may gather that the texts contained in both manuscripts are similar to quite a large extent, at least for the sections covering Books V–VIII of the *Physics*. Most of the references to a fuller discussion in a questions commentary are found in both manuscripts and the passages in which these references occur are also largely parallel.

Against this background, I shall proceed as follows. In section 2 of this Guide, I offer transcriptions of extensive fragments of Buridan's *Expositio* on the *Physics* contained in manuscript V. The *Expositio* in V seems to be more closely connected to the final redaction of the questions commentary (the *ultima lectura*) than the *Expositio* in U, at least from a chronological point of view. However, since the texts in U and V are largely similar, I shall use the text in U to correct the text in V, where necessary. In such cases, the reading of V is mentioned in the critical apparatus. I shall not record all variant readings in U, but in case U either contains a passage that is not found in V or contains a text that differs significantly from the text in V, I shall quote the relevant passage from U in a footnote. In one instance, in which the text in V seems to make no sense, I shall give the text in U parallel to the text in V. I shall not give transcriptions of the complete text of the *Expositio* on Book V–VIII, but only of those sections that correspond, or seem to correspond, with the questions from

GUIDE TO THE TEXT   LXXV

the *ultima lectura* edited in the present volume. In addition, I shall present Buridan's divisions and subdivisions of Aristotle's text into treatises (*tractatus*) and chapters (*capitula*) in order to make clear which parts of Aristotle's text prompted Buridan to raise questions. The *conclusiones* formulated by Buridan to summarize and systematize Aristotle's text as well as Buridan's references to further discussions in a questions commentary will be printed in bold face. For the lemmata of Aristotle's text (underlined), Bekker numbers are given between brackets. It happens frequently that the lemmata do not seem to correspond entirely with the text of the Latin Aristotle. In those cases, I shall not correct the text of the manuscript but only mention the relevant Bekker number.[22]

2   The *Expositio* on Books V–VIII of Aristotle's *Physics*

2.1   *The* Expositio *on Book V*

In his *Expositio*, Buridan mentions three topics that are examined in Book V of Aristotle's *Physics*: (1) the various kinds, (2) the unity, and (3) the contrariety of motion (*motus*) and change (*mutatio*). Accordingly, Book V is composed of three treatises.

> [V 28ᵛᵇ] Transmutatur autem transmutans omne (224a22). Iste est liber quintus in quo determinatur de speciebus, de unitate et de contrarietate motuum et mutationum. Et continet tres tractatus. Primus est de distinctione specierum, secundus de unitate motus et tertius de contrarietate
> 5   motuum.

The first treatise (224a22–226b18), devoted to the various kinds (*species*) of motion and change, is composed of three chapters. Chapter 1 discusses the distinction between essential and accidental attributes of motion and change; chapter 2 is about the various kinds of change (*mutatio*); chapter 3 about the species of motion (*motus*).

> [V 28ᵛᵇ] Primus tractatus continet tria capitula. In primo distinguuntur attributa motui per se ab attributis motui per accidens. In secundo distin-

---

22   The abbreviations used in the apparatus in section 2 of the Guide are the same as the ones used in the *apparatus criticus* of the edition (see below, 3). Contrary to the *appara-*

guuntur species mutationum. In tertio distinguuntur species motuum. Secundum incipit ibi <u>Quoniam autem</u> (225a1), tertium ibi <u>Si igitur pre-</u>
5   <u>dicamenta</u> (225b5).

2 ab] U *om.* V

The second treatise (226b19–229a6) examines the unity (*unitas*) of motion. This treatise is composed of two chapters:

[V 30vb] <u>Dicamus post hec autem</u> (226b19). Iste est tractatus secundus, in quo agitur de unitate motuum. Et continet duo capitula. Primum est de expositione plurium dictionum quibus postea utetur. Secundum est directe de unitate motuum. Secundum incipit ibi <u>Unus autem</u>
5   <u>motus</u> (227b2). Primum capitulum dividitur in tres, quia primo proponit intentum, secundo prosequitur, tertio recapitulat. Secunda <u>Simul autem</u> (226b21), tertia <u>Quid quidem igitur</u> (227a32). Dicit igitur quod nunc est videndum quid est simul et quid tangere et quid consequenter etc.

5 primum capitulum] U item V

Finally, the third treatise (229a7–231a3), on the contrariety (*contrarietas*) between motions, on the one hand, and between motion and rest, on the other, consists of three chapters:

[V 32rb] <u>Amplius enim determinandum est</u> (229a7). Iste est tractatus tertius, qui est de contrarietate motuum et quietum. Et continet tria capitula. Primum est de contrarietate motuum ad invicem. Secundum est de contrarietate motuum ad quietes et quietum inter se. Tertium est de solutione
5   quorundam dubiorum circa contrarietatem motuum et quietum. Secundum incipit ibi <u>Quoniam autem motui</u> (229b23), tertium ibi <u>Dubitabit autem</u> (230a19).

The ten questions on Book V of Buridan's *ultima lectura* seem to fit as follows into this overall structure of treatises and chapters.

tus criticus of the edition, which is mostly negative, the apparatus in section 2 of the Guide is positive.

	Book V	
	Expositio	*Quaestiones* (*ultima lectura*)

Tractatus 1 (224a22–226b18)
- Cap. 1, <u>Transmutatur autem transmutans omne</u> (224a22)
- Cap. 2, <u>Quoniam autem</u> (225a1)   q. V.1
- Cap. 3, <u>Si igitur predicamenta</u> (225b5)   q. V.2, q. V.7, q. V.8, q. V.9

Tractatus 2 (226b19–229a6)
- Cap. 1, <u>Dicamus post hec autem</u> (226b19) q. V.3 (?)
- Cap. 2, <u>Unus autem motus</u> (227b2)   q. V.10

Tractatus 3 (229a7–231a3)
- Cap. 1, <u>Amplius enim determinandum est</u> (229a7) q. V.4
- Cap. 2, <u>Quoniam autem motui</u> (229b23)   q. V.5
- Cap. 3, <u>Dubitabit autem</u> (230a19)   q. V.6

Question V.1—Utrum generatio sit motus[23]

Question V.1 is linked to chapter 2 of the first treatise of Book V. This chapter discusses the various kinds of change (*species mutationum*).

[**V 29rb**] <u>Quoniam autem omnis</u> (225a1). Hoc est secundum capitulum, in quo distinguuntur species mutationum. Et primo premittit unam divisionem, secundo infert tres esse species mutationum, tertio declarat que illarum sit motus. Secunda ibi <u>Quare necesse</u> (225a7), tertia <u>Ex non subiecto</u> (225a12).

Primo premittit quod omnis mutatio est a quodam in quoddam, quia necesse est omne quod mutatur aliter et aliter se habere prius et posterius. Et hoc oportet supponere ex quid nominis. Iuxta dictam suppositionem apparet quod quadrupliciter ymaginari potest quod aliquid mutetur. Primo modo de subiecto in subiectum. Secundo modo de non subiecto in

---

[23] The list of questions for Book V continues: 'Quomodo debeat intelligi quod generatio sit de negato in affirmatum etc. Quod moveri attribuitur subiecto motus et non generari subiecto generationis nisi secundum quid. Quod nullum quod generatur est et omne quod movetur est. Quod non sequitur "quod generatur non movetur, igitur generatio non est motus"' (4$^{3-7}$).

subiectum. Tertio modo de subiecto in non subiectum. Et quarto modo de non subiecto in non subiectum.

Deinde exponit quid intelligit per 'subiectum', dicens 'dico autem "subiectum" ex affirmatione monstratum' (225a5–6), id est subiectum voco dispositionem positivam et non subiectum voco privationem alicuius dispositionis circa aliquod subiectum. Et ideo per 'subiectum' ibi non intendit mobile vel materiam recipientem formam, sed intendit formam vel dispositionem que illi mobili vel illi materie acquiritur vel ab ea abicitur.

Quare necesse (225a7). Hic infert quod omnis mutatio est in altera trium specierum, scilicet vel de subiecto in subiectum, vel de subiecto in non subiectum, vel de non subiecto in subiectum. Et est **prima conclusio** capituli. Que probatur per divisionem precedentem, apposito quod non est per se mutatio de non subiecto in non subiectum propter hoc quod omnis mutatio debet esse inter opposita, vel contrarie vel contradictorie, id est privative; modo due negationes vel privationes non habent ad invicem per se oppositionem, sed si aliquam habeant, hoc est ratione affirmationum vel habituum oppositorum.

Ex non subiecto (225a12). Hic ostendit que mutationes sunt generatio et corruptio. Secundo ostendit que mutationes sunt vel non sunt motus. Secunda ibi Si igitur (225a20). Primo dicit quod mutatio de non subiecto in subiectum vocatur generatio et mutatio de subiecto in non subiectum vocatur corruptio. Et utraque dicitur dupliciter vel dividitur, quia quedam simpliciter, scilicet si sit generatio vel corruptio substantialis, alia secundum quid, scilicet si sit solum accidentalis. Et hoc patet, quia secundo *Thopicorum* 'quod sine addito dico, simpliciter dico' (115b29–30); quando autem substantia generatur, dicimus sine addito 'hoc fit' vel 'hoc factum est', ut 'aqua fit' vel 'aqua facta est'; sed quando solum generatur accidens, non dicimus 'hoc fit', ut 'aqua' vel 'homo fit', sed dicimus cum additione 'hoc fit album' [V 29va] vel 'hoc fit calidum'.

Si igitur (225a20). Hic primo ostendit quod generatio non est motus, et est **secunda conclusio**. Secundo ostendit quod etiam corruptio non est motus, et est **tertia conclusio**. Tertio concludit omnem motum esse de subiecto in subiectum, sive de affirmato in affirmatum, et est **quarta conclusio**. Secunda ibi Neque iam (225a32), tertia ibi Quoniam autem (225a34).

Primum istorum probat sic: quod non est simpliciter in actu, non movetur; sed quod generatur simpliciter, non est simpliciter in actu; ergo quod generatur non movetur. Et per consequens nec generatio est motus. Primo declaratur minor illius rationis quia: generatio simpliciter est ad esse in actu; modo frustra mutaretur aliquid ad esse in actu si iam esset in actu. Unde sicut dicetur in sexto (234b11–16), impossibile est quod mutatur, dum mutatur, esse in eo quod mutatur. Apparet igitur quod illud quod generatur nondum est in actu. Sed maiorem declarat Aristoteles distinguendo hoc nomen infinitum 'non ens'. Nam uno modo significat idem quod 'falsum', ut patet sexto *Metaphisice* (1026a35), et tale non dicitur per se moveri; est enim idem quod aliqua propositio in mente. Secundo modo dicitur non ens, quia non est simpliciter in actu, sed est pura potentia, ut prima materia; et tale etiam non movetur, intelligendo hoc ad sensum qui exponetur post. Tertio modo dicitur non ens secundum quid, id est cum additione, ut non ens album aut non ens nigrum, et tale bene dicitur moveri per accidens, ut quia hominem qui movetur accidit esse non ens album. De non ente autem secundo modo, scilicet quod est ens in pura potentia, intelligimus ad presens. Illud enim est quod vere fit vel generatur subiective, licet non terminative. Cum ergo tale non ens generetur, vult Aristoteles ostendere quod ipsum non movetur. Et hoc probatur per communem locutionem quia: semper motum attribuimus alicui existenti simpliciter in actu. Unde capram vel hominem dicimus ambulare vel calefieri. Etiam quietem semper attribuimus alicui existenti in actu, et tamen eidem debemus successive attribuere motum et quietem, cum opponantur privative. Item etiam motum non solemus attribuere nisi ei quod per se habet locum, et tale est ens simpliciter in actu; ergo ens in pura potentia quod dicimus generari non dicimus moveri.

Nota quod iste rationes non sunt accepte nisi ex modo loquendi consueto, et ille sufficiunt ad declarandum quid nomine 'motus' significatur vel debeamus intelligere. Significationes enim nominum, cum sint ad placitum, non sciuntur nisi per usum loquendi.

Deinde nota quod hic accipitur 'motus' magis stricte quam in tertio libro, quoniam nomen 'motus' hic restringitur ad illam mutationem que secundum communem modum loquendi attribuitur enti in actu eidem sub utroque termino; et quia non est sic de generatione et corruptione simpliciter, ideo negatur esse motus. Sed in tertio libro nomen 'motus' sumebatur communiter ad omnem transmutationem temporalem et continuam; illic generatio et corruptio concedebantur esse motus.

Ultimo diligenter nota quod, licet calefactio secundum vulgarem locutionem attribuatur enti in actu composito ex materia et forma, quia ipsum est notius quam materia, tamen secundum rei veritatem materia magis est eius verum subiectum, quia aliquando caliditas manet eadem in generato et corrupto, et non maneret eadem nisi eius verum subiectum maneret, cum accidens non transit de subiecto in subiectum.

Neque iam (225a32). Hic probat quod corruptio non sit motus, et est **tertia conclusio** capituli. Que probatur quia: nulli motui contrariatur nisi motus aut quies; sed corruptioni contrariatur generatio, que non est [V 29vb] motus nec quies. Dictum enim fuit quod ipsa non est motus, et nullus dicit quod ipsa sit quies; igitur etc.

Quoniam autem (225a34). Hic ostendit **quartam conclusionem**, scilicet quod omnis motus est mutatio de subiecto in subiectum sive de affirmato in affirmatum, quia omnis motus est mutatio, et nullus motus est de non subiecto in subiectum et de subiecto in non subiectum, cum nullus motus sit generatio vel corruptio; igitur relinquitur quod sit de subiecto in subiectum.

Nota quod, licet simplex generatio caliditatis esset motus, prout de motu locutum est in tertio *huius*, tamen non est motus ut hic loquitur de motu. Ymo motus est compositus ex generatione caliditatis et corruptione frigiditatis.

Deinde in fine Aristoteles removet dubium. Crederet enim aliquis quod esset motus quandocumque esset mutatio de affirmato in affirmatum secundum vocem. Et respondet quod non, quia sic aliquando privatio significatur, ut si dicamus 'hoc est cecum vel nudum vel tenebrosum', et tamen non est motus de privatione in habitum, sed generatio; quare etc.

20 in] U *om.* V   33 quedam] VU scilicet *add.* V   63 album] U *om.* V   88 caliditas] U *om.* V   97 est] VU *rep.* V

Question V.2—*Utrum in ad aliquid sit per se motus*[24]
Question V.7—*Utrum secundum substantiam sit motus*[25]
Question V.8—*Utrum motus sit motus vel etiam generationis generatio*[26]
Question V.9—*Utrum generatio generetur*[27]

---

[24] The list of questions for Book V continues: 'Quod omnis res est ad aliquid, sed non omnis res est relatio vel respectus. Quod omnis motus et omnis dispositio secundum quam est motus est quantitas. Quomodo igitur distinguuntur genera motuum. Quid est esse per se vel per accidens motum in aliquo genere vel in aliqua specie. Quod non est per se motus secundum ubi vel secundum locum' (4^{8-13}).

[25] The list of questions for Book V continues: 'An substantiae est aliquid contrarium. An sequitur "nihil est contrarium ipsi *b*, igitur secundum *b* non est motus"' (5^{1-3}).

[26] The list of questions for Book V continues: 'Quomodo motus est ad motum vel transmutatio ad transmutationem tamquam ad terminum ad quem' (5^{4-6}).

[27] The list of questions for Book V continues: 'Quod nulla generatio caliditatis est illa caliditas cuius ipsa est generatio. Quod est dare generationem maximam caliditatis ipsius *b*, si de frigidissimo fiat calidissimum. Quod illa maxima generatio caliditatis non est ipsa calidi-

GUIDE TO THE TEXT   LXXXI

Questions V.2, V.7, V.8, and V.9 all seem to find their background in chapter 3 of the first treatise of Book V. This chapter discusses the different kinds of motion (*species motuum*) by examining the question which of the Aristotelian categories admits of motion. With respect to Aristotle's proof of the first *conclusio* (*secundum substantiam non est motus*), Buridan mentions two problems that arise from this proof, one concerning the motion of the heaven, the other concerning motion according to quantity (increase and decrease). He announces that these difficulties will be the object of further discussion 'in the questions' (*in questionibus*).

[V 29ᵛᵇ] Si igitur predicamenta (225b6). Hoc est tertium capitulum, quod est de distinctione specierum seu generum motus. Et huiusmodi distinctio declaratur ostendendo in quibus predicamentis invenitur per se motus. Primo igitur proponit in quibus predicamentis invenitur per se motus;
5   secundo declarat quod in aliis predicamentis non invenitur; tertio ostendit primum propositum. Secunda ibi Secundum substantiam (225b10), tertia Quoniam autem neque (226a24). Proponit ergo quod motus invenitur in qualitate, quantitate et ubi.

Sed secundum substantiam (225b10). Hic ostendit quod non invenitur
10 per se motus in aliis predicamentis. Et primo ostendit quod non invenitur in substantia, secundo quod nec in ad aliquid, tertio quod nec in actione nec in passione. Secunda ibi Neque est (225b11), tertia ibi Neque agentis (225b13).

Primo igitur probat quod secundum substantiam non est motus, et est
15 **prima conclusio** capituli. Que probatur quia: omnis motus est de contrario in contrarium; substantie autem nichil est contrarium, ut patet in *Predicamentis*; igitur secundum substantiam non est motus. Et ista ratio Aristotelis habet plurimas magnas difficultates. Primo: celum movetur, et non de contrario in contrarium, sed de eodem in idem. Item in *Predica-*
20 *mentis* ita bene dicitur quod quantitati nichil est contrarium sicut quia substantie nichil est contrarium, ymo tanta repugnantia vel maior reperitur inter formas substantiales sicut inter magnum et parvum, et tamen in quantitate conceditur esse motus. Sed iste difficultates tractabuntur **in questionibus**.
25 Neque est in ad aliquid (225b11). Hic probat quod non sit motus per se in ad aliquid, et est **secunda conclusio** capituli. Que probatur quia:

tas, sed erit summa caliditas. Quod in tempore praecise in quo est summa calefactio, illa summa calefactio non est (et proportionaliter de corruptione)' (5⁷⁻¹²).

si Sor est modo albus et Plato niger, constat quod Sor est dissimilis Platoni; modo ponamus quod Plato fiat albus; tunc Sor erit similis Platoni. Ex hoc potest probari quod Sor non per se movetur de dissimilitudine
30 ad similitudinem, quamvis prius esset dissimilis, postea autem similis. Primo hoc apparet, quia de facto ipse nichil movetur; ymo totus motus erat in Platone, qui albefiebat. Et hoc intendit Aristoteles quod secundum illos terminos non denominamus per se motum, quia successive possunt denominare aliquem non mutatum propter solam mutationem alterius.
35 Sed sic est de terminis ad aliquid, quia Sor prius erat dissimilis et postea est similis, et nichil est mutatus. Sed etiam arguo quod Plato qui movebatur de nigredine ad albedinem, et qui per hoc fiebat similis Sorti cum ante erat dissimilis, non movebatur per se de dissimilitudine ad similitudinem, id est ille motus quo movebatur non debet [V 30ra] per se denominari de
40 dissimilitudine ad similitudinem, quia eodem motu manifeste possibile est quod non fieret similis Sorti, scilicet si Sor corrumperetur aut si e contra alteraretur. Igitur omnino accidit tali motui quod terminus a quo et terminus ad quem nominentur per terminos de ad aliquid. Et hoc intendit Aristoteles, cum dicit non esse per se motum in ad aliquid. Tamen non
45 debetis negare, si ad albedinem fit motus, quin etiam ad similitudinem fit motus, si illa albedo fit similitudo.

Neque agentis (225b13). Hic vult ostendere quod non sit motus secundum actionem et passionem, et est **tertia conclusio**. Que probatur quia: secundum motum vel mutationem non est motus vel mutatio; ergo se-
50 cundum actionem vel passionem non est motus vel mutatio. Consequentia per hoc manifesta est, quia omnis actio vel passio est motus, et quia etiam ratio motus in ratione actionis vel passionis includitur. Nichil enim aliud est actio quantum ad quid nominis quam motus vel mutatio ab agente, et nichil aliud est passio quam motus vel mutatio in passo.
55 Sed antecedens probat postea Aristoteles. Unde hec pars dividitur, quia primo Aristoteles ponit dictam consequentiam, secundo probat antecedens. Secunda ibi Primum quidem (225b16).

Ponendo autem conclusionem dicit quod neque agentis neque patientis est motus, nec etiam moventis neque eius quod movetur (225b13–14).
60 Et est littera corrupta ex vitio forte scriptoris vel translatoris, quia capitur hic 'agens' pro actione et 'patiens' pro passione; et similiter capitur ibi 'movens' et 'quod movetur' pro actu moventis et moti, qui non est nisi actio et passio. Vult igitur dicere quod actionis et passionis, id est secundum actionem et passionem, non est motus vel mutatio. Et hoc est, ut
65 dicit Aristoteles, quia ipsius motus non est motus neque mutationis mutatio, id est motus non est per se ad motum tamquam ad terminum nec

mutatio ad mutationem tamquam ad terminum. Ymo sicut dicit Commentator: omnis motus si sit finitus est per se de quiete sub aliqua dispositione ad quietem sub alia dispositione; et si sit infinitus, tunc nec est de aliquo termino a quo nec ad aliquem terminum ad quem.

<u>Primum quidem</u> (225b16). Posita quadam consequentia, ipse probat antecedens illius consequentie, scilicet quod motus non est motus neque mutationis mutatio. Et primo distinguit modos quibus potest imaginari quod motus sit motus vel mutationis mutatio, secundo in utroque membro distinctionis probat intentum. Secunda <u>Simul igitur</u> (225b27). Dicit quod dupliciter potest imaginari motus esse motum vel mutationis mutationem. Uno modo quod scilicet motus sit subiectum motus et mutatio mutationis, alio modo quod motus fit ad motum sicut ad terminum et mutatio ad mutationem. Et Aristoteles proponit utrumque esse impossibile nisi per accidens.

Et hoc proponit in duabus conclusionibus. Quarum una est quod motus non est per se subiectum motus nec mutatio mutationis, et est **quarta conclusio** capituli. Que sic intelligitur quod hec propositio non est per se vera 'motus est subiectum motus vel mutatio mutationis', vel etiam quod hec non est per se vera 'motus movetur vel mutatio mutatur'. Cuius probationem innuit Aristoteles quia: sepe invenitur aliud subiectum, scilicet quod nec est motus nec mutatio, ut celum vel homo vel lapis. Nota tamen quod per accidens possibile est motum moveri, ut si calefactio ligni moveatur localiter ad motum ligni.

Alia conclusio est quod motus non est per se ad motum sicut [V 30rb] ad terminum nec mutatio ad mutationem, et est **quinta conclusio** capituli. Cuius Aristoteles innuit probationem per inductionem quia: generatio est de non esse rei in esse, et corruptio est e converso; et illud non esse vel illud esse non erat motus aut mutatio, sed erant in permanentia vel erant ante initium vel post finem mutationis. Similiter motus est de dispositione que ante non erat motus, sed in quiete ad aliam dispositionem, que etiam post motum erit in quiete, loquendo de motibus finitis. Verum est tamen quod per accidens motus potest dici ad motum, ut ambulatio ad calefactionem, si vadas ad ignem ad calefaciendum te.

<u>Simul ergo</u> (225b27). Hic amplius probat dictas conclusiones, et primo quintam, secundo quartam. Secunda ibi <u>Amplius eiusdem</u> (226a7). Item in prima parte ponit tres rationes. Secunda <u>Et amplius</u> (225b30), tertia <u>Amplius autem</u> (225b4). Prima ratio talis est: si est per se verum quod motus fit ad motum, tunc mobile semper movebitur. Verbi gratia, si sanatio sit ad egrotationem et egrotatio ad aliam mutationem, tunc quando cessabit sanatio, erit egrotatio, et quando cessabit egrotatio, erit alia

mutatio, et sic semper; ideo illud semper movebitur. Modo hoc apparet falsum. Nam manifestum est quod mobile contingit quiescere.

Et amplius (225b30). Hic ponitur secunda ratio ad idem. Que talis est: sequitur quod eadem mutatio esset simul ad terminos contrarios; quod est impossibile. Consequentia probatur quia: si sanatio sit per se ad alium motum, hoc non erit etiam indifferenter ad quemlibet, ymo ad contrarium, scilicet ad egrotationem, cum motus sit de contrario ad contrarium; modo si sanatio sit per se ad egrotationem, tunc ipsa erit finaliter ad terminum egrotationis, scilicet ad egritudinem, et tamen ipsa est ad sanitatem; igitur ipsa esset ad sanitatem et ad egritudinem, que sunt contrarie. Tamen in fine dicit Aristoteles quod per accidens possibile est motum esse ad motum, ut ante dicebatur.

Amplius autem (225b4). Hic ponitur tertia ratio. Que talis est: si esset per se motus ad motum vel mutatio ad mutationem, sequitur quod nulla esset mutatio. Consequens est falsum, quia implicat contradictionem. Consequentia probatur quia: sicut dicebatur in prima ratione, si esset per se mutatio ad mutationem, tunc semper in mutabili esset in infinitum mutatio altera post alteram, et ita in illo mutabili non esset dare primam mutationem neque ultimam, et tamen ille mutationes essent per se ordinate, ex quo una esset per se ad aliam; modo in per se ordinatis, si non esset dare primum, non erit dare aliquod aliorum.

Amplius eiusdem (226a7). Hic vult probare quartam conclusionem, et secundo declarat quomodo non sit inconveniens motum moveri. Secunda ibi Omnino autem (226a19). Primo ponit quinque rationes. Secunda ibi Amplius oportet (226a10), tertia ibi Et iterum (226a13), quarta Simul autem (226a15), quinta Amplius si (226a17).

Prima ratio est: si motus esset per se subiectum motus et mutatio mutationis, sequitur quod motus esset per se subiectum quietis et generatio corruptionis; sed ista sunt falsa; igitur etc. Falsitas primi consequentis apparet, quia nullus diceret quod ista sit per se vera 'motus quiescit'. Falsitas secundi consequentis patet, quia, si mutatio sit per se subiectum mutationis, hoc non erit indifferenter quelibet cuiuslibet, sed determinata determinate; quod non potest dici nisi contraria contrarie; et ita generatio esset subiectum corruptionis sibi contrarie, quod est impossibile, quia tunc simul idem generaretur et corrumperetur, quod est inconveniens in hiis que sunt nature permanentis. Sed consequentia principalis patet, quia motus et quies opponuntur privative, et privativa sunt nata fieri circa idem etc.

[V 30va] Amplius oportet (226a10). Secunda ratio talis est quia: cuiuslibet motus vel mutationis est aliquod subiectum; igitur si per se convenit motui habere motum pro subiecto, procederetur in infinitum in subiectis motuum, quod est inconveniens.

Et iterum (226a13). Tertia ratio est quia: videmus semper aliquid aliud a motu moveri de hoc in hoc, ut hominem vel lapidem, et hoc est subiectum motus; igitur non est per se quod motus sit subiectum motus.

Simul autem (226a15). Quarta ratio est quia: non apparet quod doctrina vel alia mutatio sit subiectum doctrine, ymo discipulus, et ita de aliis.

Amplius si (226a17). Quinta ratio est quia: inducendo in genera et species motuum et mutationum non apparet que cuius sit subiectum. Non enim est per se quod motus localis alteretur aut augmentetur, nec quod alteratio moveatur localiter. Similiter in speciebus non est per se quod albatio calefiat, et sic de aliis.

Omnino autem (226a19). Dicit quasi recolligendo quod, licet motus possit moveri per accidens, ut ante dicebatur, tamen per se non contingit motum moveri. Modo illud quod est per accidens removebatur ab hac consideratione in principio huius libri.

Quoniam autem neque (226a24). Ostendit Aristoteles in quibus predicamentis sit motus. Et primo ostendit quod solum est per se motus secundum qualitatem, quantitatem et ubi, et est **sexta conclusio**. Secundo ostendit quomodo secundum unumquodque dictorum predicamentorum motus nominatur. Tertio reducit motum de magis ad minus vel e converso ad motum de contrario in contrarium. Quarto determinat de immobilitate et quiete opposita motui. Secunda ibi Motus quidem (226a26), tertia Que autem est (226b1), quarta Immobile autem (226b10).

Quod autem in quolibet dictorum predicamentorum invenitur motus per se apparet, quia in quolibet eorum invenitur contrarietas sufficiens ad motum, scilicet termini distantes et repugnantes et attributi subiecto in actu et etiam tales quod de uno ad alterum potest esse processus continuus. Sed quod non sit motus in aliis predicamentis probatum est. Igitur solum in illis tribus invenitur per se motus.

Sed tu obicies quia: si contrarietas sit causa sufficiens quod sit motus in illis predicamentis, quare non erit motus in ad aliquid et in actione et passione, cum in eis talis contrarietas inveniatur? Dicendum est quod in eis non invenitur contrarietas nisi consequenter ad contrarietatem in aliis predicamentis; ideo non est in eis ponendus per se motus, licet motus qui est per se secundum quantitatem vel qualitatem vel ubi sit consequenter et per accidens in aliis predicamentis.

Item dubitatur quare non locutus est de situ, quando et habitu, utrum sit in eis motus, sicut locutus est in aliis predicamentis. Dicendum est quod situs se habet consequenter ad locum; ideo si sit motus secundum situm, hoc non dicitur nisi consequenter et per accidens ratione motus secundum locum. Sed quando est tempus, et tempus est motus, et dictum fuit quod motus non est motus neque mutationis mutatio. Similiter habitus prout est adiacentia eorum que circa corpus sunt, non acquiritur ipsi corpori nisi consequenter ad motum localem; ideo igitur non est ponendus per se motus in illis predicamentis.

Motus quidem (226a26). Hic ostendit quomodo illi motus nominantur dicens quod nomine communi omnis mutatio secundum qualitatem [V 30vb] vocatur alteratio. Licet enim illud nomen dictum sit ab aliter se habere, quod est commune omni motui, tamen ad placitum illud nomen fuit appropriatum motibus secundum qualitatem. Et removendo dubium dicit Aristoteles quod non est per se motus secundum qualitatem que est substantia vel differentia substantialis, sed secundum qualitates accidentales de tertia specie, sicut declarabitur in septimo libro. Deinde dicit quod motibus secundum quantitatem non est commune nomen impositum, sed duo nomina, scilicet augmentatio et diminutio. Deinde dicit quod motibus etiam localibus non est aliquod nomen commune impositum, sed ad placitum utimur hoc nomine 'latio' pro nomine communi, licet illa solum dicantur ferri proprie que ad motum aliorum moventur et deportantur. Unde celum non fertur proprie, sed homo in navi.

Que autem est (226b1). Hic reducit motum de magis ad minus vel e converso ad motum de contrario ad contrarium. Et vult probare quod alteratio, que est de minus ad magis vel e converso, est quodam modo de contrario ad contrarium, et est **septima conclusio**. Que probatur quia: minus tale dicitur in quo plus est de contrario et magis tale in quo minus est de contrario; ideo minus et magis quodam modo contrariantur. Dico autem 'quodam modo', et non 'simpliciter', quia contrarietas simpliciter non est nisi extremorum, ut habetur decimo *Metaphisice* (1055a5–10), et etiam maxime distantium.

Immobile autem (226b10). Hic determinat de immobilitate et quiete. Et distinguit tres modos immobilitatis. Primo modo dicitur immobile quod nullo modo potest moveri, sicut Deus. Secundo modo metaphorice dicitur immobile quia cum difficultate aut tarde movetur vel incipit moveri. Tertio modo dicitur immobile quod est aptum natum moveri et non movetur tunc, ubi et quomodo et quando est natum moveri. Et dicit Aristoteles quod illud solum proprie dicitur quiescere, et hec est **octava conclusio**. Que probatur quia: quies opponitur privative motui, et privatio proprie non est nisi circa subiectum aptum natum. Dicit igitur 'quod est natum moveri', quia Deus, si non movetur, tamen non quiescit. Et dicit 'quando', quia, si celum non movetur in instanti, non propter hoc dicitur quiescere, quia non est natum moveri in instanti. Et dicit 'ubi', quia, si celum non movetur in terra, non propter hoc dicitur quiescere. Et dicit 'quomodo', quia celum non quiescit, licet non moveatur recte, quia non est natum moveri recte. Igitur etc.

5 non] U *om.* V   30 similitudinem] U dissimilitudinem V   31 primo] U post V   36 mutatus] U mutus V   44 motum] VU *rep.* V   54 aliud] U *om.* V   65 dicit aristoteles] U dicis V   65–66 mutatio] U *om.* V   85 mutatur] U movetur V   86 quia] U quod V   93 corruptio est] U *om.* V   95 erant] U erunt V   98 ut] U vel V   102 rationes] U conclusiones V   105 tunc] U cum V   108 nam] U *om.* V   135 corruptionis] U generationis V   136–137 nullus ... quia] U *om. (hom.)* V   156 quod¹] U quia V   157 quod] U quia V   161 modo] U in V   168 de²] U *om.* V   174 actu] U habitum V   179 talis contrarietas] U causa contrarietatis V   190 circa corpus] U *inv.* V   231 recte] U *om.* V

Question V.3—Utrum omnis motus debeat esse de contrario in contrarium

Question V.3 seems to be linked to a short passage in chapter 1 of the second treatise. As mentioned above, this treatise discusses the unity of motion. But prior to the discussion of various aspects of the unity of motion, Aristotle—according to Buridan—makes a few statements (*dictiones*) that will be used further on. These statements constitute the topic of chapter 1 of the treatise.

[V 30vb] Dicamus post hec autem (226b19). Iste est tractatus secundus, in quo agitur de unitate motuum. Et continet duo capitula. Primum est de expositione plurium dictionum quibus postea utetur. Secundum est directe de unitate motuum. Secundum incipit ibi Unus autem motus (227b2). Primum capitulum dividitur in tres, quia primo proponit intentum, secundo prosequitur, tertio recapitulat. Secunda Simul autem (226b21), tertia Quid quidem igitur (227a32). Dicit igitur quod nunc est videndum quid est simul et quid tangere et quid consequenter etc.

Simul autem (226b21). Hic primo exponit illa nomina, secundo ostendit in quibus reperiantur et comparat ea ad invicem. Secunda ibi Quoniam autem omnis (227a7). Primo describit simul, secundo separatum, tertio tangere, quarto medium, quinto continue moveri, sexto contrarium secundum locum, septimo consequenter, octavo habitum. Secunda ibi Separatim (226b23), tertia Tan-[V 31ra]-gere (226b23), quarta Medium (226b24), quinta Continue autem (226b27), sexta Contrarium (226b32), septima Consequenter (226b34), octava Habitum (227a6).

Dicit igitur quod illa sunt simul secundum locum quecumque sunt in eodem loco primo, id est proprio seu equali, ut materia, forma, compositum, vel etiam subiectum et accidentia. Et sic plura corpora non sunt simul nisi esset penetratio.

Deinde ibi <u>Separatum</u> (226b23) dicit quod separatim esse dicuntur quecumque sunt in diversis locis ita quod locus unius non est locus alterius; et proprie dicuntur separatim existere, si propria eorum loca non communicent ad invicem in aliqua parte eorum.

<u>Tangere autem</u> (226b23). Dicit hic quod illa tangere dicuntur quorum ultima sunt simul. Et intellige 'simul' non proprie, scilicet quia in eodem loco, sed improprie, scilicet pro carentia medii per quod distent. Unde tangere proprie non est nisi magnitudinum extra invicem existentium inter quas non est alia magnitudo per quam ille distent.

Deinde ibi <u>Medium</u> (226b24) ipse describit medium non generaliter, sed medium in motu vel mutatione, dicens quod medium est in quod continue mutans natum est prius pertingere quam in ultimum terminum ad quem est mutatio. Et dicit 'continue mutans' ad innuendum quod in mutationibus indivisibilibus non est medium. Et dicit Aristoteles quod ad esse medium requiruntur tria ad minus, scilicet ipsum et duo extrema, et illa extrema dicit esse contraria.

Deinde ibi <u>Continue autem</u> (226b27) dicit quod illud dicitur continue moveri quod nichil aut paucissimum deficit tam rei quam temporis, id est nec sit interruptio temporis per quietem mediam nec sit interruptio vel discontinuatio mobilium. Et nota quod aliquando dicimus motum continuum si sit pauca interruptio vel quasi insensibilis. Ideo dixit 'aut nichil aut paucissimum'. Sed tamen talis locutio de continuitate motus est impropria.

Deinde ibi <u>Contrarium autem</u> (226b32) dicit contraria secundum locum esse que plurimum distant secundum rectitudinem. Et hoc non est intelligendum de distantia magnitudinis simpliciter, sed de distantia secundum motum naturalem rectum. Sic enim maxime distant loca naturalia gravium et levium, scilicet sursum et deorsum. Dicit autem 'secundum rectitudinem', quia mensura debet esse secundum lineam rectam. Illa enim inter res que distant est minima et determinata. Et hec sunt de ratione mensure.

<u>Consequenter autem</u> (226b34). Hic dicit illud esse consequenter alteri quod est post ipsum et inter ea nichil est medium sui generis; nichil prohibet tamen esse medium alterius generis, ut una civitas diceretur alteri civitati consequenter, quia non est civitas intermedia, quamvis sint multe alie ville et campi et nemora intermedia.

Deinde ibi <u>Habitum</u> (227a6) dicit illud esse habitum alteri quod est sibi consequenter et cum hoc tangit, ita quod habitum addit tangere supra consequenter.

<u>Quoniam autem omnis</u> (227a7). Hic primo ostendit in quibus medium invenitur, secundo in quibus continuum invenitur, tertio comparat ad invicem consequenter, continuum et tangens. Secunda <u>Continue quidem</u> (227a10), tertia <u>Manifestum autem</u> (227a18).

Dicit igitur quod omne medium mutationis invenitur in contrariis, id est inter contraria, et hec est **prima conclusio** capituli. Que probatur quia: medium mutationis est inter opposita extrema; vel igitur inter contradictoria vel inter contraria; sed non inter contradictoria, quia contradictionis non est [**V** 31rb] medium; igitur etc. Et capitur hic 'contrarietatem' large prout se extendit ad habitum et privationem. Est enim bene medium inter puram privationem et habitum perfectum, et tale medium est in simplici generatione vel corruptione.

<u>Continuum quidem</u> (227a10). Volens ostendere in quibus invenitur continuum premittit quod necesse est, si unum sit alteri continuum, quod unum sit alteri habitum et quod sit eorum idem ultimum. Unde quamdiu erunt eis duo ultima que non sunt unum, ipsa non erunt continua. Et ex hiis patet quod continuatio invenitur in illis que innata sunt tangere et tangendo uniri secundum eorum ultima. Et qualiter innata sunt uniri, scilicet aut naturaliter aut artificialiter aut proprie aut improprie, taliter innata sunt esse continua.

<u>Manifestum autem</u> (227a18). Hic primo comparat consequenter ad tangere, secundo tangere ad continuum, tertio infert correlarium. Secunda <u>Hec si quidem</u> (227a21), tertia <u>Quare si est</u> (227a27).

Primo probat quod consequenter est prius secundum rationem quam tangere, et est **secunda conclusio** capituli. Que primo probatur quia: a consequenter ad tangere non convertitur subsistendi consequentia. Quamvis enim sequitur 'tangunt, igitur consequenter se habent', tamen non sequitur e converso. Secundo probatur quod in prioribus secundum rationem invenitur consequenter quam tangere quia: invenitur in numeris, qui secundum rationem sunt priores magnitudine.

<u>Et si quidem</u> (227a21). Hic probat quod continuum sit posterius quam tangere et quod tangere sit prius, et est **tertia conclusio** capituli. Que probatur sicut precedens, scilicet quia: a tangere ad esse continuum non convertitur subsistendi consequentia, quoniam bene sequitur 'ultima sunt unum, igitur ultima sunt simul', et non sequeretur e converso.

<u>Quare si est</u> (227a27). Hic infert **correlarium** contra Platonem, scilicet quod si unitas et punctum sunt separata a sensibilibus, sicut dicebat

Plato, non est possibile idem esse unitatem et punctum, quia unitatibus non convenit tangere secundum puncta, aut fit contactus linearum, et quia punctorum etiam semper est linea media et non oportet esse medium unitatum.

Deinde in fine recapitulat et nichil novi dicit.

---

5 primum capitulum] U item V   22 separatim] U separatum V   47 intelligendum] VU est *add.* V   88 quod] U quia V

Question V.4—Utrum motus ex eo debeant dici contrarii, quia sunt de contrariis terminis ad contrarios terminos[28]

Question V.4 relates to the third treatise of Book V, on the contrariety between motions and between motion and rest. In Buridan's reading, this treatise consists of three chapters. Question V.4 is linked to chapter 1 (*de contrarietate motuum ad invicem*), in particular to the fourth *conclusio* and its double proof.

[V 32ʳᵇ] Amplius enim determinandum est (229a7). Iste est tractatus tertius, qui est de contrarietate motuum et quietum. Et continet tria capitula. Primum est de contrarietate motuum ad invicem. Secundum est de contrarietate motuum ad quietes et quietum inter se. Tertium est de solutione quorundam dubiorum circa contrarietatem motuum et quietum. Secundum incipit ibi Quoniam autem motui, (229b23) tertium ibi Dubitabit autem (230a19).

In primo capitulo premittit primo unam divisionem, secundo prosequitur membra divisionis. Secunda ibi Est autem (229a17). Divisio est quod, si motus sit contrarius motui, contrarietas non attenditur ex parte subiecti vel ex parte temporis. Ideo oportet quod attendatur ex parte terminorum. Necesse est igitur vel quod motus qui est ex aliquo termino sit contrarius motui qui est ad eundem terminum, vel quod motus sunt contrarii qui sunt ex contrariis terminis, vel illi qui sunt ad contrarios terminos, vel ille qui est de uno contrario ei qui est in alterum contrarium, vel quod illi sint contrarii qui sunt ex contrariis terminis et ad contrarios terminos. Hec est sufficiens divisio, quia non contingit aliter combinare.

Est autem quidem (229a17). Hic prosequitur membra dicte divisionis. Et primo agit de contrarietate motuum qui fiunt de extremo ad

---

28   The list of questions for Book V continues: 'An aliqui motus sunt ad invicem contrarii et quomodo. In speciali agitur de motibus localibus rectis et circularibus, de alterationibus et generationibus etc.'. (4¹⁷⁻¹⁹).

20   extremum, secundo de contrarietate mutationum, tertio de contrarietate motuum qui sunt de medio ad contrarium. Secunda Quibus autem (229b12), tertia Qui autem in medium (229b15). Prima dividitur in quinque partes secundum quinque conclusiones. Secunda Neque qui (229a2), tertia Sed magis (229a23) quarta Relinquitur (229a27), quinta Qui autem
25   (229a31).

   Prima conclusio est quod motus qui est de uno contrario non est contrarius ei qui est ad alterum contrarium. Probatur quia: est idem motus de uno contrario ad alterum contrarium, ut calefactio de frigido ad calidum. Tamen dicit Aristoteles quod differunt secundum rationem esse de uno
30   contrario et esse ad alterum contrarium in tantum quod per 'esse de aliquo contrario' non intelligitur nisi quod sit corruptio illius, et per 'esse ad aliquod contrarium' non intelligitur nisi quod sit generatio illius; sed per 'esse de uno contrario ad alterum contrarium' intelligitur quod sit abiectio unius et generatio alterius etc.

35   Neque qui (229a2). **Secunda conclusio** est quod motus qui sunt ex contrariis terminis, ut ex caliditate et frigiditate, non sunt contrarii. Et ista conclusio de proprietate sermonis est falsa. Sed ponitur ad istum intellectum quod contrarietas motuum non sufficienter attenditur ex eo quod sunt ex contrariis terminis. Et hoc apparebit per sequentem conclusio-
40   nem et per hoc quia, si essent mutationes solum ex contrariis terminis et non in contrarios terminos, ille non essent motus sed solum corruptiones.

   Sed magis (229a23). **Tertia conclusio** est quod contrarietas motuum magis debet attendi ex contrarietate terminorum ad quos quam ex con-
45   trarietate terminorum a quibus. Probatur dupliciter. Primo quia: ab eo quod principalius intenditur principalius debet fieri denominatio; principalius autem intenditur acceptio termini ad quem quam remotio termini a quo; igitur etc. Secundo quia: secundum usum loquendi magis denominamus motum a termino ad quem; unde calefactionem dicimus [V 32va]
50   quia est ad caliditatem, quamvis sit ex frigiditate.

   Relinquitur (229a27). Hic vult ponere quartam conclusionem. Sed primo ostendit de quibus membris relinquitur agendum, secundo ponit suam conclusionem. Secunda ibi Quoniam autem (229a31). Primo dicit quod secundum divisionem positam relinquitur quod motus illi sunt con-
55   trarii qui sunt ad contrarios terminos vel illi qui sunt ex contrariis et ad contrarios, vel supple ille qui est de aliquo termino ei qui est ad eundem terminum; sed tacuit illud membrum, quia proprium contrarietati generationis ad corruptionem, sicut post videbitur. Deinde repetit quod primo dixerat, scilicet quod eidem sunt motus qui sunt ex contrariis terminis

60 eis qui sunt ad contrarios terminos, licet secundum rationes differant et diversas locutiones, ut dicebatur.

Quoniam autem (229a31). Hic ponit **quartam conclusionem**, scilicet quod contrarietas motuum attenditur ex eo quod sunt ex contrariis terminis ad contrarios terminos. Hec probatur dupliciter. Primo per hoc quod 65 de ratione motus est quod sit de subiecto et ad subiectum, et non solum de subiecto nec solum ad subiectum, prout motum distinguimus contra generationem et corruptionem, sicut prius dictum fuit. Ideo igitur oportet quod ex utrorumque contrarietate motuum contrarietas accipiatur. Secundo probatur idem per inductionem. Et in illa inductione dicit quod 70 addiscere est contrarium ei quod est decipi, non per ipsum, sed per alium, notando, ut dicit Commentator, quod rarius decipimur per nos quam per alium, vel notando quod addiscere per nos contrariatur ei quod est decipi per nos, et addiscere per alium contrariatur ei quod est decipi per alium. Et non est curandum utrum addiscere sit motus vel mutatio que non est 75 motus, quia exemplorum non queritur verificatio, ut habetur primo *Priorum* (49b34–37, 50a1–2).[29]

Qui autem est (229b11). Hic ponit **quintam conclusionem**, scilicet quod contrarietas motuum non sufficienter attenditur ex eo quod sunt ad contrarios terminos, quia si essent mutationes solum ad contrarios ter- 80 minos, ita quod non essent ex contrariis, ille non essent motus, sed solum essent generationes, ut ante dicebatur.

Quibus autem (229b12). Hic agit de contrarietate mutationum. Et sciendum est quod, quia mutatio que non est motus habet solum terminum positivum, ideo non oportet quod sit in habentibus contrarium. 85 Ideo ponit Aristoteles istam **sextam conclusionem** quod mutationum que sunt secundum dispositiones non habentes contrarium mutatio que est ex una dispositione est contraria ei que est ad eandem dispositionem. Quod probatur quia: eiusdem generatio et corruptio solent dici contrarie mutationes; et ille dicto modo se habent. Et iterum cum non possit sumi 90 contrarietas ex tempore nec ex subiecto deferente mutationem, nec ex contrarietate dispositionum secundum quas est mutatio, cum possit non habere contrarium, oportet contrarietatem sumere ex contrariis modis se habendi subiectum ad aliquam formam, et illi modi contrarii se habendi sunt esse ad illam formam, acquirendo eam, et esse ab illa forma, relin- 95 quendo eam.

---

29 For the reference, see John Buridan, *Summulae. De suppositionibus*, 4.5.3., ed. R. van der Lecq, Nijmegen 1998 (Artistarium, 10/4), 87 (and n. 7).

100   Qui autem in medium (229b15). Hic agit de contrarietate motuum qui sunt de medio in contrarium vel e converso. Et ponit **septimam conclusionem**, scilicet quod motus de medio in contrarium est contrarius aliquo modo motui qui est de illo contrario in illud medium. Quod probatur quia: medio utitur [V 32^(vb)] motus tamquam contrario, sicut dicebatur in primo capitulo huius quinti libri, et ibi quasi repetuntur eadem que illic dicebantur. Unde fuscum ad album dicitur quasi nigrum ratione nigretudinis quam includit et simili ratione ad nigrum dicitur quasi album ratione albedinis quam includit. Et sic finitur capitulum.

21 contrarium] *scripsi* medium V extremum et de extremo ad medium U   55 sunt²] U *om.* V   62 quartam] U quintam V   72 notando] U numerando V   77 quintam] U sextam V   84 sit] U sint V   85 sextam] U septimam V ‖ mutationum] *scripsi* mutationes VU   94 acquirendo] U accipiendo V   97 septimam] U octavam V   103 nigrum] VU et *add.* V

Question V.5—Utrum motus contrarietur quieti vel etiam quies quieti[30]

The background of question V.5 is the second chapter of the third treatise of Book V. This chapter deals with the contrariety between motion and rest, and between states of rest:

    [V 32^(vb)] Quoniam autem nunc (229b23). Hoc est secundum capitulum, quod est de contrarietate motus ad quietem et quietum inter se. Et primo agit de contrarietate motus et quietis, secundo de contrarietate mutationis et immutationis. Secunda ibi Quibus autem (230a7). Item primo
5   ostendit quod motus est contrarius quieti, secundo ostendit qualis quali. Secunda ibi Qualis autem (229b27).
    Vult igitur probare quod motus est contrarius quieti, et est **prima conclusio** capituli. Que probatur per hoc quia: quies privative opponitur motui; privative autem opposita dicuntur contraria, large utendo
10   nomine contrarietatis; igitur etc. Deinde dicit Aristoteles quod simpliciter, id est proprie loquendo de contrarietate, scilicet prout distinguitur contra oppositionem privativam, motus non contrariatur quieti, sed motui.

30   The list of questions for Book V continues: 'Agitur tam de contrarietate reali quam terminorum significativorum. Quare motus magis dicitur contrarius termino a quo quam termino ad quem. Quod differenter dicendum est de motu et quiete, de moveri et quiescere' (4^(20–23)).

Qualis autem (229b27). Hic vult ostendere qualis motus quali quieti sit contrarius. Et primo movet questionem, secundo determinat. Secunda Manifestum igitur (229b29). Nota quod ante motum erat quies in termino a quo et post motum completum est quies in termino ad quem. Est igitur questio cui illarum quietum est motus contrarius.

Manifestum igitur (229b29). Hic solvit dictam questionem in duabus conclusionibus, quas primo ponit et secundo revertitur ad probandum primam earum. Secunda ibi Motui autem (230a2).

Prima istarum conclusionum est quod quies in termino a quo contrariatur motui, et est **secunda conclusio** capituli. Alia conclusio, que est **tertia conclusio** capituli: quod quies in termino a quo et quies in termino ad quem contrariantur ad invicem. Et est notandum quod oppositio contradictoria et oppositio privativa attendende sunt inter terminos qui de eodem non possunt simul verificari, sed successive bene, vel etiam possunt attendi inter propositiones que non possunt simul esse vere, sed non attenduntur inter res significatas per illos terminos, quia privatio nichil significat additum subiecto et subiectum non opponitur forme. Et ita videtur michi quod intentio sit Aristotelis non quod motus et quies privative opponantur, sed quod isti termini 'motus' et 'quies' privative opponuntur. Cum autem dicitur quod quies in termino a quo opponitur quieti in termino ad quem, credo quod hoc non sit verum secundum rationes simplices illorum terminorum 'quies' et 'quies', sed secundum rationes terminorum appositorum huic nomini 'quies'. Verbi gratia hec oratio 'quies sursum' habet contrarietatem ad hanc orationem 'quies deorsum' ratione istorum terminorum oppositorum 'sursum' et 'deorsum', qui sunt contrarii. Et similiter diceretur de quiete in albedine et de quiete in nigredine. Sic igitur intelligendo dictam tertiam conclusionem, Aristoteles probat eam quia dicit ipse: inconveniens est motus esse contrarios si quietes non sunt contrarie, id est, si termini ad quos motus tendunt et ad quos mobilia quiescunt non sunt contrarii, quia dictum fuit quod non attenditur contrarietas motuum nisi ex contrarietate terminorum; sed motus dicuntur contrarii; igitur quietes debent dici contrarie.

[V 33[ra]] Motui autem (230a2). Hic regreditur ad probandum secundam conclusionem capituli, scilicet quod quies in termino a quo sit contraria motui, quia: vel quies in termino a quo vel quies in termino ad quem est contraria motui; sed non quies in termino ad quem; igitur etc. Et probatur minor quia: unum contrarium non tendit in reliquum nec est generatio reliqui; et tamen motus tendit in quietem termini ad quem et est eius generatio; igitur etc.

Nota quod iste terminus 'quies', sive attribuatur termino a quo sive termino ad quem, opponitur privative huic termino 'motus'. Et ideo non loquitur hic Aristoteles de motu et quiete secundum simplices rationes eorum, sed loquitur de eis secundum rationes formarum secundum quas est motus aut quies, quasi si isti termini 'motus' et 'quies' supponerent pro illis formis.

Sed iterum nota quod iste terminus 'motus' nec supponit pro forma que abicitur nec pro forma que acquiritur, sed pro congregato ex parte unius et ex parte alterius. Unde semper motus est medium inter illos terminos (medium dico per participationem extremorum, ut dicetur magis in sexto). Et ideo secundum veritatem motus utrique termino partialiter contrariatur, et per consequens utrique quieti ratione illorum terminorum. Tamen quia movens intendit terminum ad quem, idcirco motus magis denominatur a termino ad quem et sepe accipitur ac si supponeret precise pro eo quod habet de termino ad quem. Et ut sic motus non contrariaretur termino ad quem, sed solum termino a quo. Et ita loquitur hic Aristoteles de motu. Et etiam tali modo loquitur Commentator, quando dicit quod motus est de genere vel etiam de specie perfectionis ad quam tendit, sed est perfectio diminuta. Sic etiam loquendo intendit hic quod quies est perfectio motus, id est illa forma que erat diminuta quamdiu erat motus, est perfecta quando est quies in termino ad quem.

Quibus autem (230a7). Hic primo premittit suppositiones, secundo movet questionem, tertio solvit. Secunda ibi Et si quid (230a11), tertia ibi Et si quies (230a14). Premittit igitur quod mutationes que non sunt de positivo in positivum, sed de non esse ad esse vel e converso, cuiusmodi sunt generatio et corruptio, non sunt motus; et ideo eis non contrariantur quietes sed mutationes.

Et si quidem (230a11). Hic movet dubitationem, dicens quod si generatio que est ad esse haberet terminum a quo positivum, tunc satis apparet quod immutatio in illo termino a quo esset sibi contraria, sicut erat de quiete et de motu; sed quia non habet terminum positivum, dubitatio est que immutatio sit sibi contraria.

Et si quies (230a14). Hic solvit dubitationem ponendo duas conclusiones. Prima est quod immutatio in termino a quo generationis non est quies, et hec est **quarta conclusio** capituli. Que probatur quia: omnis quies motui opponitur; illa autem non opponitur motui, sed mutationi. Secunda harum conclusionum est quod non mutatio, id est immutatio, que est in esse rei contraria est immutationi que est in non esse, sicut quietes contrariantur, et est contraria corruptioni sicut quies in termino a quo contrariatur motui, et est **ultima conclusio**. Que probatur quia: proportionaliter motus se habet ad quietes sicut mutatio ad immutationes; tamen differentia est quia utrobique quies [V 33ʳᵇ] habet sibi coniunctam dispositionem positivam; non sic autem est de immutationibus; quare etc.

Nota quod immutatio aliquando exponitur privative sic, id est non mutatio, aliquando exponitur sic, scilicet quasi intus mutatio. Hic autem accipitur privative, et in libro *De anima* accipitur secundo modo, sicut obiectum immutat suum sensum, id est intus mutat. Et sic finitur capitulum.[31]

> 26 contradictoria] V contraria U ‖ sunt] VU *rep.* V   27 de eodem] U *om.* V   30 opponitur] U apponitur V   35 et quies] U et motus *necnon del.* V   36 appositorum] U oppositorum V   40 sic] U sicut V   43 motus] VU termini *add.* V   70 etiam] VU de *add.* V   83 esse] U omne V

Question V.6—Utrum sit dare generationes et corruptiones, diminutiones, augmentationes et alterationes naturales et violentas, sicut est dare motus locales naturales et violentos[32]

Question V.6 deals with the distinction between natural and violent motion. This question has its background in chapter 3 of the third treatise of Book V. Chapter 3 consists of a discussion of three *dubitationes*.[33] Question V.6 is linked to the first *dubitatio*, which raises the question why the opposition between natural and violent (or: preternatural) motion is found in local motion only and not in other kinds of motion or change.

[V 33ʳᵇ] Dubitabit autem aliquis (230a19). Hoc est tertium capitulum, quod est de solutione dubiorum circa contrarietatem motuum et quietum. Et primo pertractat tres dubitationes, secundo inducit alias. Secunda

---

31   The final paragraph ('Nota ... capitulum') is missing in U.
32   The list of questions for Book V continues: 'Quae et quomodo dicantur naturales vel innaturales. Quare magis vocamus motus locales violentos quam alterationes. De contrarietate penes naturale et violentum' (4²⁶⁻²⁸).
33   These three *dubitationes* are followed by a second series of three *dubitationes* which are largely similar to the first three. The second series of three *dubitationes* relate to a part of Aristotle's text (231a5–17) that is not included in the *translatio vetus*, but only in the *translatio nova*. According to W.D. Ross, *Aristotle's Physics*, Oxford 1936, 638, this passage 'contains, in fact, nothing that we have not had already in 230b10–28'. Ross therefore rejects this passage 'as an alternative version of 230b10–28 which has been by mistake included in the text'.

ibi <u>Dubitabit autem utique</u> (231a5). Prima dividitur in tres secundum tres dubitationes. Secunda <u>Habet autem dubitationem</u> (230b21), tertia ibi <u>Habet autem dubitationem</u> (230b28). Primo movet primam dubitationem, secundo solvit. Secunda <u>Si autem</u> (230a29).

Prima dubitatio est, cum in motibus localibus inveniatur contrarietas penes hoc quod est secundum naturam et preter naturam (sic enim contrariantur motus terre deorsum et motus eius sursum), quare igitur in aliis generibus motuum et mutationum non invenitur huiusmodi contrarietas, ymo dicitur secundum naturam. Videmus enim quod aqua naturaliter frigefit a continente frigido et naturaliter calefit ab igne, et homo naturaliter augmentatur in iuventute et diminuitur naturaliter in senectute, et tandem moritur naturaliter sicut generabatur naturaliter.

<u>Aut si est</u> (230a29). Hic solvit dictam dubitationem. Et primo declarat quod in omni genere motuum et mutationum invenitur secundum naturam et preter naturam, et est **prima conclusio** capituli. Secundo ostendit in speciali qui motus et mutationes aut quietes contrariantur dicto modo ad invicem. Secunda ibi <u>Erunt igitur</u> (230b6).

Primam conclusionem declarat exemplari inductione: sunt enim corruptiones violente, ut si homo interficiatur, alie sunt corruptiones naturales, ut si propter senium homo moriatur, et non propter excessum cibi vel defectum aut per interficiens extrinsecum. Tunc ille corruptiones contrarie dicuntur ad invicem non simpliciter sed penes secundum naturam et preter naturam. Igitur generationes multe sunt naturales tanquam intente ab agentibus naturalibus et consumate vel convenientes nature rei, alie sunt quasi violente et disconvenientes nature rei, ut si propter inordinationem temporum generentur flores in hieme. Hee enim generationes possunt dici preter naturam, quia disconvenientes fini intento a natura, in quantum non est bene possibile quod perveniant ad fructum. Similiter augmenta sunt sepe naturalia et etiam decrementa, tamen quandoque sunt augmenta quasi violenta, quia nature rei disconvenientia, ut si frumenta nimis velociter augentur propter nimiam habundantiam humiditatis et pinguetudinis. Unde talia non possunt ad fructum debitum pervenire. Ita etiam decrementa sunt violenta et preter naturam, si fiant nimia et inordinata propter infirmitatem vel defectum nutrimenti. Alterationes sunt sepe etiam naturales et sepe preter naturam, ut sanatio in diebus creticis dicitur naturalis et in [V 33va] diebus non creticis non dicitur naturalis vel innaturalis, ymo posset convenienter dici quod calefactio est innaturalis aque et frigefactio naturalis, et ob hoc aqua calefacta revertitur se ipsa ad frigiditatem, sicut si terra ponitur sursum, descendit se ipsa.

Erunt ergo (230b6). Hic ostendit in speciali que mutationes vel motus vel quietes dicto modo contrariantur ad invicem, scilicet penes secundum naturam et preter naturam. Et primo ostendit hoc de mutationibus, secundo de motibus, tertio de quietibus. Secunda ibi Omnino quidem (230b11), tertia Et quietes (230b16).

Primo ostendit quod corruptiones sunt aliquando contrarie ad invicem dicto modo, et non solum generationi, et est **secunda conclusio** capituli. Que probatur quia: quod est secundum naturam contrariatur dicto modo ei quod est preter naturam, si hoc sit respectu eiusdem; sed eiusdem potest esse corruptio secundum naturam, quam Aristoteles vocat 'dulcem', et potest esse corruptio preter naturam, quam vocat 'tristem'; igitur etc. Et dicit Commentator quod huiusmodi corruptiones non sunt contrarie simpliciter, cum sint eiusdem speciei, sed dicuntur contrarie secundum dictos modos sibi attributos. Dicit etiam Commentator quod corruptionem naturalem vocat Aristoteles 'dulcem' non quia sit simpliciter dulcis, sed quia minus tristis. Et aliqui dicunt quod in morte naturali non esset tristitia et cetera etc.

Omnino quid (230b11). Hic ostendit quod eiusdem rei motus sursum et deorsum sunt contrarii penes secundum naturam et preter naturam, et est **tertia conclusio**. Que patet de gravibus et levibus. Grave enim secundum naturam movetur deorsum et preter naturam sursum; sed motus levis sursum et motus gravis deorsum, quamvis sint simpliciter contrarii, tamen non sunt contrarii penes secundum naturam et preter naturam, quia uterque est secundum naturam.

Et quietes (230b16). Hic ponuntur due conclusiones de quietibus, scilicet quarta et quinta. **Quarta** est quod eiusdem rei quies in termino a quo est contraria motui ab illa quiete penes secundum naturam et preter naturam. **Quinta conclusio** est quod eiusdem rei quietes in termino a quo et in termino ad quem sunt contrarie penes secundum naturam et preter naturam. Et totum patet de gravibus et levibus per inductionem. Grave enim quiescit naturaliter deorsum et preter naturam sursum, et etiam preter naturam movetur de quiete deorsum ad sursum, et sic potest induci in aliis.

Habet autem dubitationem (230b21). Hic movet secundam dubitationem, scilicet utrum omnis quietis que non semper est, sit generatio. Et videtur quod sic, quia nichil est quod ante non fuerat nisi fiat. Tunc solvit dubitationem ponendo **sextam conclusionem**, scilicet quod non omnis quietis que non semper est, est generatio (suppleatis: naturalis). Quod probatur quia: cum terra feratur sursum, possibile est quod quiescat sursum; sed huius quietis non est generatio naturalis. Et hoc probat Aristoteles obscure. Ad cuius evidentiam sciendum est quod per 'stare' intendit idem quod tendere et inclinari in quietem. Tunc arguitur sic: generari naturaliter quietem est stare, id est est inclinari in illam quietem; sed terra violenter lata sursum non stat, id est non inclinatur ad quietem sursum. Hoc probatur dupliciter. Primo quia: quod inclinatur ad aliquem terminum movetur continue velocius post quam ante; quod non est ita de motu terre sursum. Secundo quia: stare, id est inclinari ad quietem, non est nisi ad quietem in loco [V 33vb] naturali; et locus sursum non est naturalis terre. Et bene apparet nobis quod usus predictus huius verbi 'stare' non est consuetus apud nos, sed erat consuetus forte apud Grecos.

<u>Habet autem dubitationem</u> (230b28). Hic movet tertiam dubitationem, scilicet utrum motui sit contraria quies in termino a quo. Et arguit quod non quia: quamdiu aliquid movetur, tamdiu habet aliquid de termino a quo, et idem non potest simul habere contraria. Deinde solvit ponendo **septimam conclusionem**, scilicet quod motus magis contrariatur motui quam quies, quia magis contrariantur que neque totaliter neque partialiter possunt esse simul quam que partialiter possunt esse simul; sed impossibile est motus contrarios esse simul, et etiam impossibile est partes motuum contrariorum esse simul; quies autem in aliqua parte termini ad quem potest esse simul cum motu, quia, si de frigidissimo fiat motus ad calidissimum, constat quod per totam primam medietatem motus manet medietas illius frigiditatis, scilicet illa que in secunda medietate motus abicitur, et sic secundum illam frigiditatem manentem nundum est motus, nam adhuc mobile secundum illam quiescit.

<u>Dubitabit autem</u> (231a5). Hic movet tres alias dubitationes propinquas precedentibus. Secunda ibi <u>Quoniam autem</u> (231a10), tertia <u>Forte autem</u> (231a16). Prima dubitatio est: cum motui secundum naturam opponatur quies preter naturam, queritur utrum aliquando fiat illa quies preter naturam. Et arguitur quod non quia: fieri quietem est stare, id est inclinari ad illam quietem; et non est inclinatio ad illam, ut prius dicebatur. Oppositum arguitur quia: illa quies est cum ante non esset; igitur fiebat. Et ista dubitatio fuit prius soluta dicendo quod illa non fit naturaliter. Sed nunc solvitur quod ipsa fit per violentiam, scilicet per motum violentum, sicut ipsa est violenta.

<u>Quoniam autem</u> (231a10). Hic movet aliam dubitationem, scilicet quia dictum est quod motus sursum et motus deorsum sunt contrarii—modo ponamus quod terra movetur deorsum naturaliter, et duplex est motus sursum, scilicet ipsius terre, qui est preter naturam, et ipsius ignis, qui est secundum naturam—utrum igitur motui terre deorsum sit contrarius motus terre sursum vel motus ignis sursum. Et solutio stat in hoc quod

motui terre deorsum contrarius est motus sursum, sive sit terre sive ignis, sed diversimode, quia motus terre deorsum et motus ignis sursum contrariantur penes solam contrarietatem terminorum; sed motus terre sursum et motus terre deorsum contrariantur tam penes contrarietatem terminorum quam penes secundum naturam et preter naturam.

Forte autem (231a16). Hic movetur ultima dubitatio, que est omnino eadem cum illa que fuit tertia principalis huius capituli, que ponebatur in illa parte Habet autem dubitationem si contraria (230b28). Deinde ponitur solutio omnino eadem sicut ante posita fuit. Et in fine ipse recapitulat. Et sic est finis quinti libri *Phisicorum* Aristotelis. Orate pro eo.

3–4 secunda ibi] VU *rep.* V   22–23 naturales] U numerales V   23 cibi] U scilicet V   27 consumate] U consumante V   41 innaturalis] U naturalis V   59 morte] U mora V   75 ad] U et V   82 quiescat] U quies fit V   86 illam] VU et inclinari in illam *add.* V   104 primam] U *om.* V   110 cum] U quod V   127 tam] U ita V

Question V.10—Utrum ad unitatem motus requiratur quod mobile sit idem, quod forma vel dispositio secundum quam est motus sit eadem et quod sit tempus idem, et utrum etiam haec sufficiant ad hoc quod sit motus unus[34]

Question V.10 is linked to the topic of the second treatise of Book V: the unity of motion. As we saw above, question V.3 can be linked to some of the terminological clarifications given in chapter 1 of this treatise. Question V.10 is related to chapter 2 of the second treatise.

[V 31rb] Unus autem motus (227b2). Hoc est capitulum secundum, quod est directe de unitate motus. Et primo docet triplicem unitatem, secundo complet determinationem de unitate numerali. Secunda ibi Quoniam autem continuus (228a21). Item dividitur: primo determinat de unitate secundum genus, secundo de unitate secundum speciem, tertio de unitate secundum numerum. Secunda ibi Specie autem (227b7), tertia ibi Simpliciter autem (227b13).

Primo dicit illos motus esse eosdem secundum genus qui sunt secundum dispositiones eiusdem predicamenti. Verbi gratia omnes motus ad ubi dicuntur ad invicem unum secundum genus, et sic omnes motus secundum qualitatem dicuntur ad invicem unum secundum genus. Est igitur intentio Aristotelis quod ex generali unitate vel distinctione termi-

---

34 The list of questions for Book V continues: 'An motus contrarii sunt ad invicem continui. An albedo et nigredo sunt ad invicem continuae. Quomodo interruptio temporis impedit vel non impedit continuitatem motuum vel mutationum etc'. (5$^{15-17}$).

norum ad quos sunt motus capiunt illi motus unitatem vel distinctionem secundum genus, et illi termini ex eo dicuntur idem secundum genus, quia significantur per terminos eiusdem predicamenti.

Specie autem (227b7). Hic ostendit primo quis est motus unus secundum speciem specialissimam, secundo quis est unus secundum speciem subalternam, tertio movet unam dubitationem. Secunda Si autem (227b12), tertia Dubitabit (227b15).

Primo dicit quod illi motus dicuntur proprie unum secundum speciem quorum non solum est idem genus, sed etiam eadem species individua, id est specialissima, ita quod illi significantur per terminos eiusdem speciei specialissime, ut omnis albatio omni albationi dicitur eadem specie.

[V 31va] Si autem (227b12). Hic dicit illos motus qui sunt de eadem specie subalterna et non de eadem specialissima, dici quodam modo unum specie, sed tamen non simpliciter, id est non propriissime, nisi sint de eadem specialissima.

Dubitabit autem (227b15). Hic movet dubitationem utrum omnes motus qui sunt de eodem termino ad eundem terminum sint ad invicem eiusdem speciei. Et videtur quod sic, quia motus capiunt speciem et genus ex genere vel specie termini ad quem. Sed videtur quod non, quia ab eodem termino ad eundem terminum potest esse volutatio et ambulatio, qui tamen non sunt idem motus secundum speciem. Similiter de eodem termino ad eundem terminum potest esse motus circularis et motus rectus, qui non sunt eidem specie. Deinde solvit dicens quod ad unitatem specificam non solum oportet inspicere ad ultimatos terminos, sed etiam ad media per que fiunt motus, quoniam si illa sunt eadem specie, motus sunt eidem specie, et si non, non. Modo Aristoteles videtur dicere quod sit alterius speciei rectum et circulare. Ideo motus erunt diversi specie.

Simpliciter autem (227b13). Hic determinat de unitate motus secundum numerum. Et ostendit primo quid est motus unus, secundo movet quasdam dubitationes. Secunda ibi Socratem autem (228a3).

Primo dicit quod motus simpliciter unus, id est unus secundum numerum, est ille qui est unus secundum substantiam. Unde sciendum est quod illa que solum sunt unum secundum speciem vel genus non sunt simpliciter unum, ymo simpliciter plura et diversa, ut Sor et Plato vel homo et asinus.[35] Similiter talia non dicuntur unum secundum substantiam vel essentiam, quia est alia substantia huius et alia illius, sed dicuntur

---

35 Here U adds: 'sed dicuntur unum secundum quid, scilicet cum ista additione "secundum speciem vel secundum genus"' [U 40rb].

unum extrinseca denominatione, scilicet quia eorum est idem genus vel
eadem species. Que autem sunt unum in numero, illa simpliciter et secundum essentiam dicuntur unum.

Deinde dicit Aristoteles quod ad huiusmodi unitatem numeralem motus exigitur unitas temporis, scilicet quod tempus non sit interruptum per quietem intervenientem; secundo exigitur unitas dispositionis secundum quam est motus; tertio exigitur unitas mobilis.

Sed tunc dubitatur, si canis cadat continue de alto et in medio moriatur, utrum sit unus motus. Posset sustineri quod non, nec est motus continuus, ymo motus post mortem solum est additus illi qui est ante mortem et non ei continuus propter diversitatem subiecti. Posset tamen sustineri quod est unus motus, ponendo quod motus et alia accidentia, licet attribuantur toti composito secundum predicationem propter eius notitiam, tamen non de ipsa forma sed solum de potentia materie sunt educta. Ideo manent illa, materia manente, licet non maneat forma.

Socratem autem (228a3). Hic movet duas dubitationes. Secundam ibi Habet autem (228a7). Prima est: posito quod secundum eandem speciem Sor alteretur mane et sero, tamen interrupte, utrum sit unus motus mane et sero. Et ad hoc ipse respondet condicionaliter quod, si sit possibile corruptum reverti idem in numero, ille est unus motus, et si non, non. Et quia in secundo *De generatione* (338b16–17) dictum est quod non contingit corruptum reverti idem in numero, ideo simpliciter sequitur quod non sit idem motus. Sed ponitur casus quod aqua calefiat usque ad tepiditatem, deinde pauset in illa tepiditate, et post iterum calefiat donec sit bene calida. Constat quod primus motus non corrumpitur, quia non erat aliud ab illa tepiditate sive a caliditate que acquirebatur tunc, et illa non corrumpitur. Utrum igitur maneat [V 31ᵛᵇ] eadem calefactio ante et post? Et dicendum est quod, quamvis prior caliditas et posterior caliditas maneant simul et constituant simul unam totalem calefactionem, tamen non maneant simul illi motus. Unde prior caliditas, quamvis non corrumpitur nec desinat esse, tamen desinit esse motus. Et ideo illi motus nunquam possunt dici unus motus, licet aliquando sunt una qualitas.

Habet autem (228a7). Hic movet secundam dubitationem, secundo solvit. Secunda ibi Eadem enim (228a13). Dubitatio est utrum sit eadem sanitas vel albedo in te mane et sero. Et videtur quod non, quia continue corpora alterantur et sic mutatur dispositio et complexio. Et iterum, si est eadem sanitas mane et sero, pari ratione esset eadem alteratio, quod prius negatum est.

Eadem enim (228a13). Solvit dicens quod eadem est ratio de qualitate et de motu, quia si aliquid corruptum fuit, sive de qualitate sive de

motu, non est amplius idem numero. Tamen motus potest dici idem sicut
Secana secundum continuitatem successionis, licet continue aliquid corrumpitur et aliquid generetur. Addit tamen Aristoteles quod differentia est inter actum et habitum, id est inter qualitatem et motum, quia necesse est, si sit unus motus, quod sit una qualitas; et non est necesse e converso, quia non esset motus unus, sed interrumperetur quiete, ut dictum fuit.

₉₅   Quoniam autem continuus (228a21). Hic complet determinationem de unitate motus simpliciter sive secundum numerum. Et primo determinat de unitate motus ratione continuitatis, secundo ratione perfectionis, tertio ratione regularitatis. Secunda Amplius autem dicitur (228b11), tertia Amplius autem preter (228b15). Item primo ostendit quod motus aliquo modo dicitur unus simpliciter ex eo quod est continuus, et est **prima conclusio** capituli. Secundo ostendit quod ad unitatem motus requiritur unitas speciei vel dispositionis secundum quam est motus, et est **secunda conclusio**. Tertio ostendit quod ad continuitatem motus requiritur unitas mobilis, et est **tertia conclusio**. Quarto quod etiam requiritur unitas temporis, et est **quarta conclusio**. Secunda ibi Non enim omnis, (228a23), tertia Et ut lampas (228a29), quarta Unde necesse (228b1).

Prima conclusio probatur sic: omnis motus cum sit continuus, est divisibilis; ideo non potest esse unus ratione indivisibilitatis. Ideo videtur quod ad eius unitatem simpliciter sufficiat continuitas. Qui autem non sunt ad invicem continui, non sunt unus motus.

Non enim omnis (228a23). Hic probatur quod ad continuitatem motus exigitur unitas dispositionis secundum speciem secundum quam est motus, quia exigitur ad continuitatem aliquorum quod eorum ultima sint unum, et non possunt fieri unum simpliciter si sint diversarum rationum et specierum. Unde non esset possibile quod ultimum linee et ultimum ambulationis essent unum, vel ultimum albedinis et ultimum caliditatis, sicut non est possibile quod albedo et caliditas sunt simpliciter unum. Addit tamen Aristoteles quod tales motus qui sunt diversarum specierum vel generum sunt bene habiti ad invicem. Et intendit per motus esse habitos ad invicem quod illi sine tempore intermedio consequantur unus post alterum.

Et ut lampas (228a29). Hic probat quod ad continuitatem motus requiritur unitas mobilis, quia si fiat diffusio ignis de lampade in lampadem vel de candela in candelam per accensionem, non est motus continuus accensionis, licet sit tempus continuum et eadem species secundum quam est motus. Continuatio enim prohibet discontinuitatem mobilium. Impossibile enim est [V 32ra] accidentia aliquorum subiectorum esse continua si illa subiecta non sint continua.

Unde necesse (228b1). Hic probat quod ad continuitatem et unitatem motus exigitur unitas temporis ita quod per totum illud tempus sit motus, quia si intersit tempus in quo non movetur, tunc quiescit; sed illi motus qui intercipiuntur quiete non sunt ad invicem continui nec sunt unus motus; igitur etc. Et Aristoteles cum hoc repetit quod exigitur unitas secundum speciem dispositionis secundum quam est motus.

Amplius autem motus (228b11). Hic ostendit quod aliquo modo motus dicitur unus ex eo quod est perfectus, et est **quinta conclusio** capituli. Que probatur quia: sicut est in aliis, ita est de motu; sed in aliis dicitur aliquid esse unum si sit perfectum et totale, et non si sibi aliquid deficiat. Dicimus enim unam domum non si sibi deficiat tectum, sed si sit perfecta. Et iste modus loquendi est consuetus. Si enim non sit lectio perfecta, dicemus quod non est una lectio, sed quod est solum dimidia lectio. Igitur similiter ita potest dici de motu. Addit tamen Aristoteles quod aliquando imperfectum dicimus esse unum ratione continuitatis, licet dicamus ipsum non esse unum ratione perfectionis vel secundum perfectionem.

Amplius autem preter (228b15). Hic determinat de unitate motus ratione regularitatis. Et primo ostendit quod aliquo modo motus dicitur esse continuus ex eo quod est regularis, et est **sexta conclusio**. Secundo ostendit in quibus regularitas et irregularitas invenitur. Tertio declarat modos irregularitatis. Quarto infert correlaria. Secunda ibi Est autem (228b19), tertia Irregularitas (228b21), quarta Unde neque (228b29).

Probat igitur sextam conclusionem per hoc quod aliquando motum irregularem propter eius divisibilitatem, id est propter eius difformitatem, dicimus non esse unum, ymo valde diversum. Igitur per oppositum regularem propter eius regularitatem debemus dicere unum.

Est autem (228b19). Hic ostendit in quibus regularitas et irregularitas invenitur, dicens quod in omni genere motus.

Irregularitas (228b21). Hic declarat modos irregularitatis motuum. Et dicit unum modum esse ex irregularitate spatii, alium ex irregularitate mobilis, et tertium ex diversitate velocitatis vel tarditatis.

Unde neque (228b29). Hic infert correlaria. Et dividitur in quatuor partes secundum tria correlaria que concludit et unum dubium quod removet. Secunda ibi Quare neque (228b31), tertia ibi Unus quidem (229a1), quarta Si autem (229a3).

Primum correlarium est quod velocitas et tarditas non sunt species motus seu motuum, neque specifice differentie eorum, et est **septima conclusio**. Que probatur per hoc quod in eadem specie specialissima invenitur aliquando velocitas, aliquando tarditas.

GUIDE TO THE TEXT   CV

170 Deinde ibi Quare neque (228b31) ipse concludit aliud correlarium, scilicet quod velocitas et tarditas non sunt gravitas et levitas, et est **octava conclusio**. Que probatur quia: idem grave vel leve potest moveri velociter et tarde.

175 Deinde ibi Unus quidem (229a1) removet dubium quo crederet aliquis motum irregularem nullo modo esse unum. Dicit ergo quod ymo est bene unus secundum continuitatem, sed est minus unus et magis diversus quam regularis.

Deinde ibi Si autem omnem (229a3) infert tertium correlarium, scilicet quod motus diversi specie non sunt unus, et est **ultima conclusio**.
180 Que probatur quia: omnem motum unum possibile est esse regularem et irregularem; sed motum congregatum ex motibus diversarum specierum non contingit esse regularem; igitur etc. Sed Commentator dubitat quia: motum primum non contingit esse irregularem, nec motum in spatio irregulari [V 32rb] contingit esse regularem; igitur falsum capit Aristoteles. Commentator solvit dicens quod, licet alicui motui secundum quod
185 est talis motus aut talis mobilis aut in tali spatio repugnet regularitas vel irregularitas, tamen nulli motui secundum communem rationem motus repugnat regularitas vel irregularitas etc.

10 unum secundum] U *inv.* V   11 secundum²] VU unum *add.* V   13 illi motus] U *om.* V   35 eidem] U eadem V   43 unus¹] U unum V   58 additus] U habitus V   62 forma] U *om.* V   70 sequitur] VU idem *add.* V   77 calefactionem] U caliditatem V   96–97 simpliciter ... motus] U *om.* (*hom.*) V   99 motus] U unus V   108 ratione] U unitate V   124 in candelam] U *om.* V   127 est] U *om.* V

2.2   *The* Expositio *on Book VI*

According to Buridan, the overall topic of Book VI of Aristotle's *Physics* is the division of motion and rest into quantitative parts. The Book is said to be composed of three treatises. The first treatise discusses the composition of continua; the second deals with the divisibility of motion and rest; the third offers a refutation of three erroneous views concerning the existence and nature of motion.

[V 34ra] Si autem est continuum et quod tangere (231a21). Iste est sextus liber, qui tractat de divisione motus et quietis in partes quantitativas. Et continet tres tractatus. Primus ostendit quod nullum continuum est compositum ex indivisibilibus. Secundus ostendit quomodo motus et
5   quies dividuntur. Tertius destruit opiniones quorundam errantium circa motum. Secundus incipit ibi Necesse autem et ipsum (233b34), tertius Zeno autem (239b5).

The first treatise (231a21–233b33) deals with the composition of continua (magnitudes, motion, and time). Its aim is to prove that no continuum is composed of indivisible parts. The treatise consists of three chapters corresponding with three different lines of reasoning in support of this thesis.

> [V 34ra] Primus tractatus continet tria capitula. In primo ostendit quod nullum continuum est compositum ex indivisibilibus per rationes sumptas ex diffinitione continui, contigui et consequentis. In secundo idem ostenditur per rationes sumptas ex eo quod motus fit super magnitu-
> 5 dinem. In tertio idem ostenditur per rationes sumptas ex velocitate et tarditate motus. Secundum incipit ibi Eiusdem autem rationis (231b19), tertium ibi Quoniam autem omnis (232a23).

Given that no continuum is composed of indivisible parts, the second treatise (233b33–239b4) offers a detailed account of the way in which motion and rest are divisible. This treatise is composed of six chapters. As the text of the *Expositio* in manuscript V seems to be corrupt, I also quote the text of the parallel passage in manuscript U:

> [V 35va] Necesse autem et ipsum nunc (233b33). Iste est tractatus secundus, in quo manifestatur quomodo motus et quies dividuntur. Et continet sex capitula. Primum est de duobus preambulis ad ostendendum qualiter motus et quies sunt divisibiles. In secundo ostenditur qualiter motus sit divisibilis. In tertio tractatur de mutatione secundum se. In quarto tractatur de mutatione in comparatione ad magnitudinem et tempus. Sextum est de divisione quietis et status. Secundum incipit ibi Motus autem est divisibilis (234b22); tertium ibi Quoniam autem omne quod movetur (235b6);[36] quartum ibi

> [U 44vb] Necesse autem et ipsum (233b33). Iste est tractatus secundus sexti libri, in quo ymaginatur qualiter motus et quies dividuntur. Et continet sex capitula. Primum est de duobus preambulis ad ostendendum qualiter motus et quies sunt divisibiles. In secundo ostenditur qualiter motus sit divisibilis. In tertio tractatur de mutato esse secundum se. In quarto ostenditur de mutato esse in comparatione ad moveri. Quintum est de finitate vel infinitate motus per comparationem ad magnitudinem et tempus. Sextum est de divisione quietis et status. Secundum incipit ibi Motus autem est divisibilis (234b22); tertium ibi Quoniam autem omne quod mutatur (235b6); quartum ibi Quoniam autem omne quod mutatur (236b19); quintum

---

36   The third chapter begins as follows (V 36vb): 'Quoniam autem omne quod mutatur. In isto

Quoniam autem omne (236b19); quintum ibi Quoniam autem omne quod movetur (237b23); sextum ibi Quoniam autem omne quod movetur (238b23).

ibi Quoniam autem omne quod movetur (237b23); sextum ibi Quoniam autem omne quod movetur (238b23).

Finally, the third treatise of Book VI (239b5–241b20) offers a refutation of the views of Zeno, Democritus, and Heraclitus concerning motion. The treatise is composed of three chapters, one dedicated to each author:

> [V 39ra] Zeno autem (239b5) etc. Iste est tractatus tertius de destructione opinionum errantium circa motum, et continet tria capitula. Primum est de solutionibus rationum Zenonis destruentium motum. Secundum est de destructione opinionis Democriti dicentis indivisibilia moveri per se. Tertium est de reprobatione Eracliti dicentis omnia semper moveri. Secundum capitulum incipit ibi Ostensis autem (240b9), tertium ibi Mutatio autem non est (241a27).

The ten questions on Book VI of Buridan's *ultima lectura* seem to fit as follows into this structure of treatises and chapters.

	Book VI	
	Expositio	*Quaestiones* (*ultima lectura*)
Tractatus 1 (231a21–233b33)		
– Cap. 1, Si autem est continuum et quod tangere (231a21)		q. VI.1, q. VI.2, q. VI.3, q. VI.4, q. VI.5, q. VI.7 [q. VI.6]
– Cap. 2, Eiusdem autem rationis (231b19)		
– Cap. 3, Quoniam autem omnis (232a23)		
Tractatus 2 (233b33–239b4)		
– Cap. 1, Necesse autem et ipsum (233b33)		

tertio capitulo determinat Aristoteles de mutato esse secundum se sive de momento'. The lemma corresponds with the text in 235b6.

(cont.)

Book VI	
Expositio	*Quaestiones* (*ultima lectura*)

- Cap. 2, <u>Motus autem est divisibilis</u> (234b22)
- Cap. 3, <u>Quoniam autem omne quod mutatur</u> (235b6)
- Cap. 4, <u>Quoniam autem omne quod mutatur</u> (236b19) q. VI.8
- Cap. 5, <u>Quoniam autem omne quod movetur</u> (237b23) q. VI.9
- Cap. 6, <u>Quoniam autem omne quod movetur</u> (238b23)

Tractatus 3 (239b5–241b20)
- Cap. 1, <u>Zeno autem</u> (239b5) q. VI.10
- Cap. 2, <u>Ostensis autem</u> (240b9)
- Cap. 3, <u>Mutatio autem non est</u> (241a27)

Question VI.1—*Utrum puncta sint sibi invicem proxima in linea*[37]
Question VI.2—*Utrum linea componatur ex punctis*[38]
Question VI.3—*Utrum in eodem corpore longitudo sit res distincta a latitudine et profunditate*[39]
Question VI.4—*Utrum puncta sint res indivisibiles in linea*[40]

---

[37] The list of questions for Book VI continues: 'Quod, si puncta essent res indivisibiles, essent proxima et non proxima (et sic de instantibus)' (94^{3-5}).

[38] The list of questions for Book VI continues: 'Quod quantum ad hoc similiter se habent magnitudo, motus et tempus. Quod, si essent res indivisibiles, linea componeretur et non componeretur ex eis' (94^{6-8}).

[39] The list of questions for Book VI continues: 'Quomodo differunt in homine, in plantis, in caelo et in aliis sursum et deorsum, ante, retro, dextrum et sinistrum. Quare dicimus omne corpus habere vel esse tres dimensiones et quare una determinate dicitur longitudo, alia latitudo etc'. (94^{10-13}).

[40] The list of questions for Book VI continues: 'Quod sunt in linea puncta, sed non res indivisibiles. Quod punctum est res divisibilis, et sic de instanti. Quod omne punctum est linea et pars lineae. Quare igitur punctum dicitur indivisibile. Quod linea componitur ex punctis. Quod aliquo puncto est dare in infinitum minus punctum et forte etiam in infinitum maius. Quomodo partes continui copulantur ad terminum communem. An sphaera planum tangat. Quomodo exponuntur definitiones et circuli et sphaerae et multorum aliorum, in quibus ponuntur haec nomina "punctum", "instans" etc. De "incipit" et "desinit"' (94^{14-22}).

GUIDE TO THE TEXT   CIX

Question VI.5—Utrum sit aliqua transmutatio instantanea[41]
Question VI.7—Utrum omne quod mutatur sit divisibile

Questions VI.1–VI.5, and VI.7 all seem to be rather loosely related to chapters 1 and 2 of the first treatise of Book VI.

[V 34^(ra)] In primo capitulo ostenditur primo quod nullum continuum est compositum ex indivisibilibus, et est **prima conclusio** capituli. Secundo ostenditur quod omne continuum est divisibile in semper divisibilia. Secunda ibi <u>Manifestum autem</u> (231b16).

5   Primam conclusionem probat duplici ratione. Secunda ibi <u>Amplius necesse</u> (231a29). Propter primam rationem supponit diffinitiones continui, contigui et consequentis ex quinto libro. Erant enim continua quorum ultima sunt unum et contigua quorum ultima sunt simul et consequentes quorum non est medium sui generis. Tunc arguitur sic: si ex
10 punctis componeretur linea, oporteret illa esse invicem continua vel contigua; sed hoc est impossibile, quia punctorum ultima non possunt esse unum nec possunt esse simul, quoniam eorum nulla sunt ultima. Nos hic loquimur de hoc nomine 'punctum' prout significat idem quod hec oratio 'res indivisibilis in linea', sive aliquid sit tale sive non. Unde si nichil sit tale,
15 statim oportet concedere quod linea non est composita ex punctis. Et si aliquid esset tale, adhuc ratio probat quod continuum non esset compositum ex talibus. Et oportet in proposito uti ista significatione, quia aliter loqui de punctis non esset ad propositum, scilicet ad probandum quod continuum non sit compositum ex indivisibilibus.
20 <u>Amplius necesse</u> (231a29). Ratio formatur sicut precedens. Unde ista non est nisi fortificatio eius. Unde formatur sic: si linea componitur ex indivisibilibus punctis, vel illa puncta se habent ad invicem continue vel contigue; neutro modo; igitur etc. Primo igitur ponitur ista ratio, secundo removetur cavillatio. Secunda <u>Aut vero</u> (231b7). Primo probat quod illa
25 puncta non sunt ad invicem continua vel contigua sicut ante probavit. Et potest confirmari: que sunt ad invicem continua vel contigua, tangunt se, ut dicebatur in quinto libro; sed puncta indivisibilia non tangunt se in continuo. Quod sic probat quia: vel totum tangeret totum, vel pars partem, vel pars totum, sufficienti divisione; sed non posset dici duobus ulti-
30 mis modis, quia punctum non habet partem; nec potest dici primo modo,

---

41   The list of questions for Book VI continues: 'Quod non est possibile naturaliter lumen instantanee fieri vel visionem etc. Quomodo exponitur "fieri" et "creari" etc'. (94^(23–25)).

quia si totum punctum tangeret alterum totum, illa non essent situaliter extra invicem; ideo nullam facerent extensionem; ideo non componerent lineam.

Contra istam rationem arguitur quia: punctum non est totum nec habet partem; ideo non [V 34rb] sequitur, si tangeret, quod tangeret secundum totum vel secundum partem. Solutio: dico quod aliqua dispositio dupliciter attribuitur toti. Uno modo, quia cuilibet parti eius attribuitur; alio modo quia attribuitur sibi et nichil est ipsius cui non attribuitur, et isto modo omne quod attribuitur indivisibili oportet quod attribuitur sibi toti.

At vero (231b7). Hic movet cavillationem qua diceretur quod puncta in linea non se habent continue nec contigue sed consequenter. Contra hoc obicit Aristoteles quod, si puncta non tangunt se, tunc est medium inter ea; et illud medium non potest esse nisi punctum vel linea; si sit punctum, tunc non se habebant consequenter, quia habent medium sui generis; et si illud medium sit linea, adhuc illa linea est composita ex punctis, secundum adversarium; igitur adhuc habebant medium sui generis; igitur non erant consequentes.

Manifestum autem est (231b16). Hic probatur quod omne continuum est divisibile in semper divisibilia. Et hoc probatur per rationes precedentes quia: si non est divisibile in semper divisibilia, sequitur quod esset devenire ad indivisibilia, et per consequens esset compositum ex indivisibilibus; quod est contra primam conclusionem.

Verum est quod hic est dubitatio quia: Aristoteles in particula precedente dicit quod ex ista ultima conclusione sequeretur prima; modo per primam vult probare istam; et sic est inconveniens circulatio. Respondet Commentator quod ista ultima probatur per primam, et Aristoteles in particula precedente ex ista non concludebat primam ut probaret eam, sed ut innueret quod iste conclusiones convertibiliter consequuntur ad invicem.

Nota quod in isto capitulo preter primam conclusionem potestis signare alias tres, ita scilicet quod **secunda** erit quod in continuo non sunt puncta ad invicem continua vel contigua; **tertia** erit quod in continuo etiam puncta non se habent consequenter; et intelliguntur iste conclusiones universaliter, dicendo 'in nullo continuo'. **Ultima conclusio** est quod omne continuum est divisibile in semper divisibilia etc.

Eiusdem autem rationis (231b19). Hoc est secundum capitulum, in quo ostenditur quod nullum continuum est compositum ex indivisibilibus per rationes sumptas ex eo quod motus fit super magnitudinem. Et primo

GUIDE TO THE TEXT   CXI

70   proponit quod quantum ad hoc est idem iudicium de magnitudine et
     motu et tempore, secundo probat intentum. Secunda ibi Manifestum est
     (231b21). Prima pars est clara.
        Manifestum est (231b21). Hic prosequitur intentum. Et dividitur in
     quinque partes secundum quod probat quinque conclusiones. Secunda
75   ibi Si ergo necesse (231b29), tertia Si vero (232a6), quarta Si quidem
     (232a16), quinta Similiter (232a18).
        Prima conclusio est quod, si magnitudo est composita ex indivisibili-
     bus, oportet motum esse compositum ex indivisibilibus. Quod probatur
     quia: si super totam magnitudinem ABC compositam ex tribus indivisibi-
80   libus fiat motus, necesse est cuilibet parti adesse aliquam partem motus
     (aliter nichil de motu fieret super eam) et e converso oportet quamlibet
     partem motus fieri super quamlibet partem magnitudinis; et sic cuili-
     bet parti magnitudinis correspondet aliqua pars motus et e contra; et
     ideo necesse est tot et non plures esse partes magnitudinis sicut motus
85   et econtra; ideo motus ille erit compositus ex tribus indivisibilibus, que
     Aristoteles vocat DEZ, et ipse vocat mobile O.
        Si ergo (231b29). **Secunda conclusio** [V 34va] quod super indivisibile
     nichil movetur. Probatur ponendo quod A sit indivisibile et O sit mobile.
     Tunc arguitur sic: si aliquid movetur, oportet quod de aliquo termino ad
90   aliquem terminum movetur, et oportet quod prius moveatur quam sit
     perfecte in illo termino ad quem movetur; si igitur O movetur in ipsum
     B ab ipso A, cum est totaliter in A, nundum movetur, et cum est tota-
     liter in B, amplius non movetur, sed perfecte motum est; igitur quando
     movetur, est partim in B et partim in A; igitur tam B quam A est partibile;
95   etc.
        Si vero (232a6). Hic probatur **tertia conclusio**, que talis est: si magni-
     tudo esset composita ex indivisibilibus, nullus motus fieret super eam.
     Et ad probandum supponit primo quod secundum adversarium magni-
     tudo composita ex tribus indivisibilibus sit ABC, et motus factus super
100 eam sit DEZ. Secundo supponit ex conclusione precedente quod super
     partem A indivisibilem non sit motus, et supplendum est quod neque
     super partem B nec C, pari ratione. Deinde ex dictis probat conclusionem,
     ducendo ad tria inconvenientia. Primum est quod DEZ erit compositus
     non ex motibus sed ex momentis, quia super A non est motus sed momen-
105 tum, et ita super B et C. Sed forte quod adversarius non reputaret hoc
     inconveniens. Secundum inconveniens est quod aliquid esset transitum
     quod nunquam transiebatur et aliquid motum quod nunquam moveba-
     tur. Probatur quia: transitum esset A, quod nunquam transiebatur, cum
     nichil movebatur super A; et ita de B et C. Tertium inconveniens: quod

110 aliquid dum continue quiescit, continue movetur. Probatio quia: supponamus quod movetur super totam magnitudinem ABC, et tamen super quamlibet partem quiescit, vel saltem non movetur, ita quod hic capimus 'quiescere' pro non moveri; sed quod super quamlibet partem quiescit, super totum quiescit; igitur super totam magnitudinem et movetur et
115 quiescit.

Et si quidem (232a16). Hic probatur **quarta conclusio**, scilicet quod motus non componitur ex indivisibilibus. Et sit exemplum de motu facto super ABC, qui vocatur DEZ, quia vel ille partes indivisibiles essent motus vel non; sed utrumque est impossibile. Probatio quia:
120 quelibet illarum partium est super indivisibile, et super tale non est motus; igitur ille partes non sunt motus. Sed inconveniens etiam est quod non sit motus, quia tunc motus esset compositus ex non mobilibus, quod est inconveniens, quod forte adversarius non reputaret inconveniens.

125 Similiter quidem necesse (232a18). Hic probatur **quinta conclusio**, scilicet quod eiusdem rationis est magnitudinem et motum et tempus esse composita vel non esse composita ex indivisibilibus, id est, si aliquod illorum est compositum ex indivisibilibus, ita oportet esse de aliis, et si aliquod illorum est indivisibile, ita oportet esse de aliis. Probatur quia: si
130 magnitudo super quam fit motus est divisibilis, oportet quod in minori tempore pars eius transeatur quam totum, et quod sit minor motus super partem quam super totum; ideo oportet tempus et motum esse divisibilia. Similiter e converso, si tempus in quo movetur est divisibile, et in parte illius temporis transitur minor magnitudo quam in toto, sequitur quod
135 magnitudo est divisibilis.

Nota quod ex tertia conclusione, apponendo quod super magnitudinem fit motus (quod per se notum est), sequitur magnitudinem non esse compositam ex indivisibilibus; et consequenter sequitur idem de motu et de tempore, per quintam conclusionem.

140 Ex quibus finaliter infertur quod nullum continuum est compositum ex indivisibilibus. Quod erat a principio probandum. Et sic finiatur secundum capitulum sexti libri. Sequitur tertium capitulum.

---

13 punctum] U continuum V   **36** secundum[1]] VU punctum *add.* V   **50** in] U et V
86 dez] U def V   **90** terminum] U aut non V   **139** tempore] VU et *add.* V

GUIDE TO THE TEXT   CXIII

Question VI.6—Utrum instans transmutationis debeat attribui posteriori passioni[42]

As Buridan himself indicates at the beginning of question VI.6, this question does not belong in the context of Book VI of Aristotle's *Physics* but rather in that of Book VIII:

> In octavo libro dicit Aristoteles quod instans transmutationis debet attribui posteriori passioni; et hoc videtur esse intelligendum de transmutatione instantanea. Quamvis igitur de hoc quaerere pertinet ad octavum librum, tamen, quia loqui incepimus de instantibus et mutationibus
> 5 instantaneis, ideo continuando sermonem nostrum quaeremus modo de hoc et erit sexta quaestio utrum instans transmutationis debeat attribui posteriori passioni, id est termino ad quem, verbi gratia sic quod in instanti generationis ipsius *b* sit verum quod *b* est et in instanti corruptionis eius sit verum quod *b* non est.[43]

The relevant passage (VIII.8, 263b9–15) is found in chapter 3 of the third treatise of Book VIII. This chapter is quoted below in the context of question VIII.8 of the *ultima lectura* (*Utrum necesse sit in omni motu reflexo mobile quiescere in termino reflexionis*).[44]

Question VI.8—Utrum ante omne mutari sit mutatum esse et ante omne mutatum esse sit mutari[45]

Question VI.8 seems to be linked to the second treatise of Book VI, in particular to chapter 4. This chapter discusses being changed or being moved (*mutatum esse, motum esse*) in relation to being in change or being in motion (*mutari, moveri*). The chapter is divided into six parts and summarized by means of six *conclusiones* (one *conclusio* for each part).

> [V 37ᵛᵃ] Quoniam autem omne quod mutatur (236b19). Hoc est quartum capitulum, quod est de mutato esse in comparatione ad moveri. Et dividitur in sex partes secundum sex conclusiones. Secunda ibi Ostenso autem

---

42   The list of questions for Book VI continues: 'Quod loquendo proprie non est verum me esse nunc vel caelum nunc moveri' (94²⁷⁻²⁸).
43   See below, 140⁴⁻¹².
44   See below, CLXXXIV–CXCIV.
45   The list of questions for Book VI continues: 'Quomodo in omni continuo est vel non est dare primum' (95³⁻⁴).

(236b33), tertia <u>Non solum</u> (237a18), quarta <u>Manifestum igitur</u> (237b10), quinta <u>Similiter autem</u> (237b14), sexta <u>Quare in quacumque</u> (237b21).

Propter primam conclusionem premittit unam distinctionem talem: cum ante dictum fuit quod omne quod mutatur mutatur in tempore, hoc potest intelligi dupliciter: uno modo in tempore primo, alio modo in tempore non primo. Et intendit per 'primum' idem quod precisum, scilicet cui precise motus coexistit, et per 'non primum' intendit tempus maius vel tempus minus. Verbi gratia, si ista lectio duret precise per unam horam, tunc ista lectio est in illa hora tanquam in tempore primo et cum hoc eadem lectio est in ista die vel in isto anno tanquam in tempore non primo. Hoc supposito, vult probare istam **primam conclusionem** quod omne quod mutatur in aliquo tempore primo mutatur in qualibet parte illius temporis. Et iam ista conclusio patet ex quid nominis. Primum enim hic vocatur quod nec est secundum accidens nec solum ratione partis sed secundum se ipsum totum. Confirmat etiam idem supponendo quod omne tempus est divisibile et quod mobile moveatur primo in tempore XR et diviso secundum K; tunc vel movetur in utraque parte, scilicet in XK et in KR, et habetur propositum; vel in neutra movetur, et tunc in utraque quiescit, ideo non movetur in toto, quod est contra positum; vel movetur solum in una illarum partium, et tunc non movebatur in toto primo, sed solum ratione partis, quod est contra positum.

<u>Ostenso autem hoc</u> (236b33). Hic vult probare **secundam conclusionem**, scilicet quod necesse est omne quod movetur esse motum primo. Et hec conclusio de proprietate sermonis esset falsa, scilicet quod aliquid prius sit motum quam moveatur. Sed ponitur ad istum sensum quod omne quod movetur in aliquo tempore primo prius motum est quam illud tempus sit transactum. Et probatur hec conclusio triplici medio. Secundum ibi <u>Amplius autem</u> (237a3), tertium ibi <u>Amplius autem</u> (237a12).

Prima ratio est ponendo quod A mobile moveatur in tempore XR super spatium KL; et ponatur quod B eque velociter moveatur super illud spatium in medietate illius temporis. Tunc igitur B statim transacta illa medietate illius temporis erit motum. Igitur similiter A erit motum. Probatio quia: ponebatur eque velociter moveri et simul incipere; modo de talibus oportet quod quandocumque unum est motum, alterum sit motum; igitur A erit motum statim transacta illa medietate temporis. Sed prius transivit illa medietas quam totum illud tempus. Igitur A prius motum est quam illud tempus sit transactum.

Secunda ratio ad idem est quia: tempus in quo movetur est divisibile secundum aliquod nunc, et in illo nunc est motum secundum [V 37vb] priorem partem; igitur est motum antequam sit totum tempus transactum etc.

45   Tertia ratio ad idem est quod, si in aliquo toto tempore movetur, tunc in quolibet nunc illius temporis vel motum est vel movetur; et in illo tempore sunt infinita nunc, antequam sit transactum; igitur in quolibet illorum motum est vel movetur. Sed in nullo eorum movetur, ut dictum fuit prius. Igitur in quolibet eorum motum est. Et sic infinite motum est
50   antequam illud tempus sit transactum. Et hec ratio habet vigorem condicionaliter, si in tempore sint instantia indivisibilia.

Non solum autem (237a18). Hic vult probare **tertiam conclusionem**, scilicet quod necesse est omne mutatum mutari prius vel quod ante omne mutatum esse fuit mutari prius. Et hoc probat duplici ratione. Secunda ibi
55   Amplius autem (237a29).

Propter primam rationem premittit quod nichil mutatum est sine mutari et quod omne quod mutatur mutatur ex quodam termino in quendam terminum in aliquo tempore. Et notetis propter textum quod, cum dicit 'omne quod mutatum est mutatum est in tempore' (237a19–20),
60   debebat dicere 'omne quod mutatur mutatur in tempore', ita quod littera est corrupta ex vitio forte scriptoris vel translatoris. Quod autem omne quod mutatur mutatur in tempore probatum fuit prius. Et adhuc probatur idem ponendo quod illud quod mutatur mutetur de puncto A in B. Tunc igitur illud est primitus in B in aliquo nunc, et non in eodem nunc
65   in A et in B, sed in diversis; et inter illa nunc oportet tempus esse medium, cum ipsa nunc non sint proxima ad invicem. Modo constat quod in illo tempore medio movetur. Igitur in tempore movetur. Hoc autem probato, sequitur conclusio principalis, quia, cum non sit mutatum nisi in tempore mutetur, et omne tempus est divisibile in prius et posterius, sequitur quod
70   prius secundum medietatem illius temporis movebatur, et iterum prius secundum medietatem medietatis, et sic est in infinitum.

Amplius autem (237a29). Hic probat idem alia ratione primo in motu locali, secundo in generatione vel corruptione vel etiam alteratione. Secunda ibi Eadem enim (237b1). Arguit igitur sic: si aliquid mutatum est
75   de puncto C in punctum D, mutabatur per medium, cum illa indivisibilia non sint invicem proxima; et illud medium vocetur CD, quod non est indivisibile, quia reverteretur idem inconveniens quod indivisibilia essent invicem proxima. Cum autem illud medium sit divisibile, oportet, antequam sit mutatum in D, quod super priorem medietatem illius divi-
80   sibilis moveatur prius, et adhuc prius super medietatem illius medietatis, et sic in infinitum.

Eadem enim (237b1). Hic probat conclusionem predictam in generatione et corruptione et alteratione, dicens quod eadem est demonstratio in non continuis, id est in mutationibus que fiunt secundum qualitatem
85   aut secundum substantiam, que non sunt per se continue, licet sint per

accidens continue et divisibiles. Et vocat mutationem secundum qualitatem 'mutationem in contrariis' et mutationem secundum substantiam vocat 'mutationem in contradictione'. Dicit autem pro tanto in istis esse eandem demonstrationem sicut in precedentibus, quia supponit ex prius determinatis quod omne quod mutatur mutatur in tempore, et tunc in medietate illius temporis mutabatur prius.

Sed dubitatio est quomodo secundum substantiam sit mutatio temporalis, cum substantia non suscipit magis et minus. Et adhuc magis est dubitatio quomodo mutatio secundum contradictionem sit temporalis, cum nichil sit medium contradictionis.

Ad primam dicitur quod non est temporalis successio in transmutatione substantiali propter divisionem in partes graduales sed propter divisionem in partes quantitativas.

Ad secundam dicitur quod, si esset mutatio inter simpliciter et proprie contradictoria, illa non esset temporalis sed instantanea. Sed sic non capit ibi 'contradictionem', ymo per [V 38ra] 'contradictionem' intendit puram privationem forme et esse forme secundum totale subiectum; et inter hec est medium, scilicet formam esse secundum partem subiecti.

Postea ibi Quare necesse (237b4) ipse recolligit secundam conclusionem et tertiam et probationes earum; et totum patet in littera.

Manifestum igitur (237b10). Hic infert **quartam conclusionem**, scilicet quod in divisibilibus et continuis necesse est omne quod fit factum esse prius et omne quod factum est fieri prius. Et ista conclusio patet ex secunda et tertia, hoc apposito quod fieri est mutari et factum esse est mutatum esse. Dicit autem 'in divisibilibus et continuis', quia in indivisibilibus non esset mutatio proprie dicta, scilicet distincta a termino, ut alias dicebatur.

Deinde Aristoteles verificando suam conclusionem ponit differentiam inter generationem et motus proprie dictos dicens quod in vero motu est idem quod motum est et quod movebatur, et hoc est quia subiectum motus denominatur motu aut moveri et illud manet idem sub utroque termino. Sed aliquando non est idem quod factum est et quod fiebat, ymo quod factum est est totum ad illud quod fiebat, et hoc est quia forma vel compositum denominatur factum vel fieri, et non est eadem forma quando fit et forma quando perfecte facta est. Sed etiam dicit Aristoteles quod aliquando est idem quod factum est et quod fiebat, quia aliquando fieri attribuitur subiecto, ut si hominem dicamus fieri musicum. Et debetis notare quod conclusio predicta debet moderari secundum ea que dicta sunt. Non enim omne quod fit factum erat prius. Sed sic debet intelligi quia eius quod factum est pars prius fiebat et eius quod fit pars prius facta erat.

GUIDE TO THE TEXT   CXVII

  Similiter autem (237b14). Hic infert **quintam conclusionem**, scilicet quod necesse est omne quod corrumpitur corruptum esse prius et omne quod corruptum est corrumpi prius. Et hec probatur sicut precedens.
130 Deinde recapitulat hanc conclusionem et precedentem.
  Quare in quocumque (237b21). Hic infert **sextam conclusionem**, scilicet quod non est dare in motu vel mutatione primum mutatum esse vel primum mutari propter hoc quod in infinitum ante omne mutari est mutatum esse et ante omne mutatum esse est mutari. Et sic finitur capi-
135 tulum. Incipit quintum capitulum.

2 mutato esse] U mutatione V 18 secundum] U *om.* V 20 xr] *scripsi* x V xk U 28 prius] U primo V 34 illud] U aliud V 36 probatio] U primo V 45 tunc] VU vel *add.* V 60 mutatur²] U *om.* V 70 prius secundum] U *om.* V 75 d] U b V 79 in] U *om.* V 84 id est] U et V 107 divisibilibus] U indivisibilibus V ‖ fit] U sit V 116 manet idem] U quod movetur V 124 fit] U sit V

Question VI.9—Utrum in tempore finito possit transiri magnitudo infinita et in infinito finita[46]

Question VI.9 is linked to chapter 5 of the second treatise of Book VI. This chapter deals with the finitude or infinity of motion as compared to magnitude and time (*de finitate et infinitate circa motum per comparationem ad magnitudinem et tempus*). This chapter is divided into six parts and summarized by means of eight *conclusiones* (more accurately, six *conclusiones* and two *corollaria*). Twice in this chapter Buridan refers to Gods omnipotence (*potentia divina*). In both cases, his point is that, in judging Aristotle's arguments, one should disregard the possibility of a divine intervention and stick to the order of natural causality. The first reference occurs with respect to the proof of the first *conclusio*. The second reference occurs in connection with the proof of the fourth *conclusio*. In the latter passage, Buridan raises a *dubitatio* taking into account God's power. His reply consists in putting aside God's omnipotence and limiting the discussion to the domain of natural causality, where Aristotle's statements are considered to be valid.

  [V 38^(ra)] Quoniam autem quod movetur (237b23). Hoc est quintum capitulum, quod est de finitate et infinitate circa motum per comparationem ad magnitudinem et tempus. Et dividitur in sex partes secundum sex con-

---

46 The list of questions for Book VI continues: 'Quod omni tardo est tardius et omni veloci velocius. Quod non a puncto velocissime moto denominatur simpliciter velocitas motus' (95^(6–7)).

clusiones de finitate vel infinitate motus. Secunda ibi <u>Eadem autem ratio</u> (238a20), tertia <u>Demonstratis</u> (238a32), quarta <u>Quoniam autem</u> (238b1), quinta <u>Aut vero</u> (238b14), sexta <u>Quoniam autem neque</u> (238b18). Et inter istas conclusiones intersecuntur due conclusiones correlarie, et sic erunt octo. Primo igitur proponit primam conclusionem, secundo probat, tertio infert correlaria. Secunda ibi <u>Quod quidem igitur</u> (237b26), tertia <u>Similiter autem</u> (238a18).

Primo premittit suppositiones, scilicet quod omne quod movetur movetur in tempore et quod in maiori tempore maior magnitudo pertransitur. Deinde proponit **istam conclusionem** quod impossibile est aliquid moveri in tempore infinito per spatium finitum. Deinde exponit conclusionem dicens quod sic intelligenda est quod non fiat reiteratio super idem spatium et quod non denominetur totum a denominatione partis. Istis enim duobus modis posset bene aliquid moveri tempore infinito per spatium finitum, scilicet uno modo per infinitas reiterationes sicut est de celo, alio modo sicut si illud quod est in die dicamus [V 38rb] esse in tempore infinito, quia dies est pars temporis infiniti. Sed impossibile est per spatium finitum aliquid moveri in tempore infinito sine reiteratione et ita quod in qualibet parte illius temporis infiniti aliquid illius spatii pertranseatur.

<u>Quod quidem igitur</u> (237b26). Hic probat dictam conclusionem primo si motus sit regularis, secundo si sit irregularis. Secunda ibi <u>Sed si non</u> (237b34). Ratio talis est quod in una parte finita, ut in una die, aliqua pars illius spatii pertransitur, et illa pars mensurat illud spatium finitum, cum omnis finiti ad omne finitum sit proportio. Ponamus igitur gratia exempli quod totum spatium sit ad illam partem in centuplum et dividatur illud spatium in centum partes. Tunc quelibet illarum partium pertransietur tempore equali illi in quo pars primo accepta pertransiebatur, verbi gratia in una die; et tunc totum tempus in quo totum spatium pertransitur erit compositum ex illis centum diebus solum; igitur erit finitum et non infinitum, cum sit compositum ex finitis secundum magnitudinem et multitudinem.

<u>Sed si non sit</u> (237b34). Hic probat suam conclusionem si motus fuerit irregularis, supponendo quod, si super AB magnitudinem fiat motus in tempore infinito, tamen pars illius magnitudinis transitur in tempore finito, quia in minori quam tota magnitudo, et minus altero est finitum. Sit igitur illa pars magnitudinis AE. Constat quod illa mensurat totam magnitudinem illam finitam. Et ponatur quod illa magnitudo sit centum partium illi equalium. Tunc pari ratione quelibet illarum transitur tempore finito, licet una in minori tempore et alia in maiori propter irregularita-

tem. Et sic totum tempus est compositum ex centum partibus, quarum
45 quelibet erit finita, licet una maior et alia minor. Et tale est finitum necessario. Igitur etc.

Nota quod argumentum non valeret ubi per potentiam divinam poneremus quod post cuiuslibet medietatis proportionalis transitum motus retardaretur in duplo. Tunc quoniam, si prima medietas transiretur una
50 die, nulla aliarum medietatum proportionalium transiretur citius quam in una die, ideo, cum infinite sint medietates proportionales, in infinitis diebus transirentur, et sic in infinito tempore. Tamen ratio Aristotelis est sufficiens intelligendo eam de potentiis naturalibus, quia sic non potest idem mobile infinite retardari a suo motu quin pauset.

55 <u>Similiter autem</u> (238a18). Hic infert duo correlaria. Primum est quod non est possibile quiescere super magnitudinem finitam tempore infinito, et est **secunda conclusio** capituli. Quam aliqui dicunt esse probandam per hoc quia: super quod et in quo et quando non est possibile moveri, super illud et in illo et tunc non est possibile quiescere, secun-
60 dum diffinitionem de quiete prius datam; sed non est possibile moveri super magnitudinem finitam in tempore infinito; igitur neque quiescere. Alii dicunt quod per 'quiescere' Aristoteles hic intelligit tendere in quietem, sicut dicebatur de stare in quinto libro. Et tunc esset dicendum de quiescere sicut de moveri, quia idem vel simul sunt necessario stare et
65 non moveri, ut ibi dicebatur.

Aliud correlarium, quod est **tertia conclusio** capituli, est quod non est possibile idem generari semper vel corrumpi. Que probatur per primam conclusionem quia: omne generabile vel corruptibile est magnitudinis finite.

70 <u>Eadem autem</u> (238a20). Hic infert **quartam conclusionem**, scilicet quod impossibile est per infinitum spatium moveri in tempore finito. Et probatur proportionaliter sicut prima conclusio quia: sumenda est aliqua pars illius temporis finiti et in illo pertransitur aliquid de illa magnitudine [V 38va] et non tota illa magnitudo infinita, quia tota non ponebatur
75 transiri nisi in illo toto tempore; et sic in illa parte temporis minus spatium pertransitur; igitur finitum, quia minus alio est finitum. Et tunc illa pars temporis mensurat illud totum tempus finitum. Ideo ponamus quod in illo toto tempore sint centum tales partes. Tunc in qualibet illarum transitur aliquod spatium finitum et non infinitum, sicut dicebatur de parte
80 primo accepta. Igitur totum spatium pertransitum in toto illo tempore est finitum, quia est compositum ex centum partibus, quarum quelibet est finita. Et non est vis, ut dicit Aristoteles, utrum sit motus regularis vel irregularis.

Tamen statim oritur dubitatio si post quamlibet medietatem proportionalem Deus velocitaret motum in duplo, tunc in qualibet medietate proportionali pertransiretur tantum spatium quantum pertransitur in prima. Ponatur igitur quod in prima pertranseatur spatium pedale. Sequitur, cum in illo tempore finito sint infinite medietates proportionales, quod infinita spatia pedalia pertranseuntur, et per consequens infinitum spatium. Respondetur quod, si illud esset possibile per potentiam divinam, tamen ratio Aristotelis valet quantum ad potentias naturales, que non possunt in infinitum velocitare motum. Quare etc.

Demonstratis autem (238a32). Hic vult probare **quintam conclusionem**, scilicet quod impossibile est mobile finitum transire spatium infinitum in tempore finito. Et ista conclusio sequitur manifeste per precedentem.

Quoniam autem (238b1). Hic probat **sextam conclusionem**, scilicet quod impossibile est mobile infinitum transire spatium finitum in tempore finito. Hoc probatur primo quia: si infinitum transiret finitum, sequitur etiam quod e converso etiam finitum transiret infinitum; quod est contra precedentem conclusionem. Et patet consequentia, quia quandocumque una magnitudo movetur iuxta aliam, necesse est quod simul utraque transiverit reliquam. Secundo confirmat istam rationem quia: cum infinitum non haberet extra se locum quem posset intrare, ideo non posset moveri, et ideo, si infinitum transiret finitum, hoc non esset nisi per motum ipsius finiti, scilicet quia finitum transiret ipsum infinitum; quod est contra conclusionem precedentem.

At vero (238b14). Hic probat **aliam conclusionem**, scilicet **septimam**, et est quod impossibile est infinitum transire infinitum in tempore finito. Quod probatur primo quia: si transiret infinitum, oporteret quod transiret finitum, scilicet aliquam partem eius; et hoc est contra conclusionem precedentem. Secundo probatur idem recurrendo ad tempus finitum, sicut quarta conclusio probatur.

Quoniam autem neque (238b18). Hic probat **octavam conclusionem**, scilicet quod impossibile est motum infinitum esse in tempore finito, quia non esset infinitus ex parte temporis, cum tempus ponatur finitum, nec ex parte mobilis nec ex parte spatii nec ex parte utriusque, ut probatum est; igitur etc. Sequitur sextum capitulum.

---

19 sicut] U *om.* V   50 transiretur] U transiret V   60 prius] U proprie V   65 non] U *om.* V   84–85 proportionalem] U proportionem V

GUIDE TO THE TEXT   CXXI

Question VI.10—Utrum possibile sit aliquid moveri[47]

Buridan's final question on Book VI is related to chapter 1 of the third treatise. As mentioned above, this treatise offers a refutation of the views of Zeno, Democritus, and Heraclitus concerning motion. Chapter 1 discusses Zeno's arguments against the existence of motion and change. In this chapter, Buridan presents no *conclusiones* (or *corollaria*) and formulates no *dubitationes*. In a few instances he seems to moderate Aristotle's criticism against Zeno and to offer an alternative reading of Zeno's arguments. The chapter is divided into three sections: the first on local motion, the second on change between contradictories (e.g., from non-white to white), and the third on circular motion. Of the four famous paradoxes of local motion put forward by Zeno, the second (the so-called 'Achilles' argument) and fourth receive the most extensive treatment.

[V 39^(ra)] Zeno autem (239b5) etc. Iste est tractatus tertius de destructione opinionum errantium circa motum, et continet tria capitula. Primum est de solutionibus rationum Zenonis destruentium motum. Secundum est de destructione opinionis Democriti dicentis indivisibilia moveri per
5 se. Tertium est de reprobatione Eracliti dicentis omnia semper moveri. Secundum capitulum incipit ibi Ostensis autem (240b9), tertium ibi Mutatio autem non est (241a27).

In primo capitulo ponuntur primo rationes Zenonis contra motum localem, secundo contra mutationem de non esse ad esse vel e con-
10 verso, tertio contra motum circularem. Secunda Neque igitur (240a19), tertia Item in circulo (240a30). Item primo ponit unam rationem, secundo ponit quatuor rationes ordine quo ponebat eas Zeno. Secunda ibi Quatuor autem (239b9). Item primo ponit rationem, secundo solvit. Secunda Hoc autem falsum (239b8).
15 Prima ratio formatur sic: mobile in omni nunc quiescit; sed ipsum mobile semper dum movetur est in aliquo nunc, cum de tempore non habeamus nisi nunc; igitur semper dum movetur quiescit. Maior probatur quia: mobile quandocumque est in spatio sibi equali, ipsum ibi movetur

---

47   The list of questions for Book VI continues: 'Quod motum super spatium quiescens numquam est praecise super sibi aequale, immo super maius. Et quod augmentatur continue de pedali usque ad tripedale numquam est praecise bipedale, sed semper, dum augmentatur, est maius aut minus aut minus et maius prius et posterius. Quod motus localis non ex eo est velocior vel tardior quod maius vel minus spatium pertransit. De mutatione secundum contradictionem' (95^(8–14)).

vel quiescit; sed in omni nunc est in spatio sibi equali; igitur in omni nunc movetur vel quiescit. Sed dictum est quod non movetur in nunc. Igitur etc.

Hoc autem falsum (239b8). Hic solvit illam rationem dicens quod nec movetur nec quiescit in nunc nisi nunc ponatur esse pars temporis et divisibilis; sed movetur in tempore et in qualibet parte illius temporis. Sed tu dices: signetur spatium equale sibi per quod transit, tunc aliquando erat in illo spatio, et nunquam est in aliquo spatio quin in illo moveatur vel quiescat. Commentator breviter respondet, sicut dictum fuit, quod nunquam est precise in illo spatio sibi equali nisi in potentia. Verum est tamen quod in illo spatio sibi equali fuit precise non in actu sed solum in potentia, scilicet quia poterat ibi quiescere, et tunc fuisset ibi in actu.

Quatuor autem (239b9). Hic ponit quatuor rationes Zenonis ordine quo Zeno posuit eas. Secunda ibi Secunda autem (239b15), tertia ibi Tertia (239b30), quarta ibi Quarta autem (239b33). Prima ratio posita fuit in prioribus capitulis, scilicet quod impossibile est infinita pertransire tempore finito; sed in quocumque spatio sunt infinita spatia, scilicet infinite medietates proportionales; igitur etc. Et solutio prius data fuit quia: infinita spatia proportionalia infinitis temporibus proportionalibus transeuntur.

Secunda autem (239b15). Hic ponit secundam rationem, secundo solvit. Secunda Est autem (239b18). Ratio [V 39rb] ad probandum quod nunquam equus velociter currens posset attingere formicam ante ipsum tardissime ambulantem, quia antequam equus veniret unde formica movebatur, ipsa iam ab illo loco recesserit, et sic adhuc erat ante, et ita semper procedamus; sequitur quod ipsa semper erit ante.

Est autem (239b18). Hic solvit dictam rationem concedendo quod procedendo secundum partes proportionales, semper formica erit ante equum, id est quamdiu procedemus secundum tales partes proportionales, quia in infinitum est divisio earum. Sed procedendo in tempore secundum partes eiusdem quantitatis cum aliqua parte prius signata, equus cito attinget formicam. Unde dicit Aristoteles bene quod hec ratio eodem vigore procedit sicut si procederet dividendo partes proportionales seu medietates. Sed Zeno posuit de velocissime currente ad tardissime ambulantem secundum quandam tragediam, id est secundum quandam magnificationem sue rationis, quia vocabat eam Achilleydem.

Tertia que nunc (239b30). Hic tangit tertiam rationem, que est illa eadem posita in principio capituli. Et ideo ibi recurratur etc.

Quarta autem (239b33). Hic ponit quartam rationem, que talis est: si esset motus localis, sequeretur quod idem tempus esset duplum ad se ipsum, quod est impossibile. Probatur consequentia quia: si duo mobilia eque velociter moventur, et unum pertransit maius spatium in duplo quam alterum, oportet quod sit in duplo tempore; sed potest poni quod unum duorum mobilium in eodem tempore pertransit maius spatium in duplo quam alterum; igitur illud tempus est sibi ipsi duplum. Casus autem est talis quod unum illorum duorum mobilium moveatur super spatium quiescens et alterum moveatur super spatium contramotum. Et ponit exemplum in terminis quod magnitudines quiescentes sunt AAA, et alie sint magnitudines equales predictis mote ad sinistram incipientes sub medio A, et ille sint BBB, et alie sint equales predictis mote ad dexteram incipientes sub ultimo B, et ille sint CCC. Tunc igitur, si simul incipiant moveri et moveantur eque velociter, continget quod eodem tempore primum B fiet sub ultimo A, et sic transibit medietatem ipsorum A, et ultimum C fiet sub ultimo B, et sic transibit totam magnitudinem BBB; igitur C transibit eodem tempore duplicem magnitudinem quam B. Aristoteles autem interponit solutionem, dicens quod non sequitur idem tempus esse duplum sibi, quia non oportet tempus esse duplum in quo duplum spatium pertransitur nisi cetera sint paria; modo ibi cetera non sunt paria, quia unum ponitur moveri super spatium quiescens et alterum super spatium motum.

    Nota tamen quod ista ratio ad aliam veritatem tendit quam, ut credo, tendebat Zeno, videlicet quod moveri non est ex hoc quod est transire spatium vel mutare locum, quia non minus velociter movetur si moveatur iuxta quiescens vel iuxta contramotum vel etiam iuxta motum secum, et tamen si movetur iuxta motum secum, nichil transit, nullum locum mutat, et si movetur iuxta contramotum, transit in duplo plus quam si iuxta quiescens.

    <u>Nec igitur</u> (240a19). Hic ponit rationem Zenonis de mutatione secundum contradictionem, ut si fiat mutatio de non albo in album nam: si hoc esset possibile, sequeretur quod de eodem simul negaretur utrumque contradictoriorum, scilicet quod idem simul nec esset album nec non esset album; et hoc est impossibile. Consequentia [V 39va] ex hoc patet, quia illud quod movetur, dum movetur, non est in aliquo terminorum. Ad hoc autem respondet Aristoteles quod forte successio erit secundum divisionem mobilis, scilicet quod una pars erit alba et alia erit non alba. Ideo bene conceditur quod nec esset totum album nec esset totum non album. Et hoc est quia iste non contradicunt 'totum est album' et 'totum non est album', ymo propter distributionem sunt sicut due contrarie, que possunt esse simul false. Et ideo credo quod ratio Zenonis concludebat bene de contradictione proprie dicta, quia contradictionis nichil est medium; ideo

non posset esse mutatio distincta a termino. Et hoc alias concessum est. Ideo dicebatur quod mutatio instantanea non est proprie mutatio.

Item in circulo (240a30). Hic ponit rationem Zenonis contra motum circularem, scilicet quod si esset motus circularis, sequeretur quod idem simul moveretur et quiesceret, quia illud quiescit secundum locum quod continue manet in eodem loco et secundum totum et secundum partes; sic autem est de eo quod movetur circulariter; igitur etc. Aristoteles solvit dicendo primo quod partes mutant locum, ut quod Sol modo est in oriente et postea erit in occidente. Secundo etiam dicit quod spera etiam secundum se totam mutat quodam modo locum, si non secundum rem, tamen secundum rationem, ut si signentur plura puncta in circulo et a quolibet ymaginetur incipere circulus aliter et aliter, sic in tota spera ymaginatur moveri de uno circulo in alterum et sic mutare locum secundum rationem, licet non secundum rem.

Sed tu dices: quid prodest talis ratio, quia si non mutatur locus realiter, non est ibi motus localis realiter? Respondeo quod tu bene arguis et dicis verum, et hoc intendebat Zeno. Ideo credo quod ultima spera proprie loquendo non movetur localiter. Sed tamen iste diverse rationes valent ad percipiendum illum motum, quia non iudicaretur spera moveri localiter nisi aliquo modo appareret mutare locum, non tamen capiendo 'locum' proprie, ymo multum communiter, scilicet pro aliquo quiescente respectu cuius ultima spera vel aliqua pars eius apparet mutare habitudinem situs; quare etc.

---

89 contradictoriorum] U contradictorium V   91 dum movetur] U om. V   96 distributionem] U distinctionem V   98 contradictione] U condicione V ‖ contradictionis] U condicionis V   119 communiter] U convenienter V

2.3   *The* Expositio *on Book VII*

Following Buridan's *Expositio*, the topic of Book VII of Aristotle's *Physics* is the comparison between motions and movers (*de comparatione motuum et moventium*). The Book is composed of two treatises.

[V 40^(ra)] Omne autem quod movetur (241b24). Iste liber septimus *Phisicorum* est de comparatione motuum et moventium. Et habet duos tractatus. Primus excludit infinitatem in processu motuum et moventium propter hoc quod in infinitis deficit comparatio. Secundus ostendit qui motus quibus motibus et quomodo sint comparabiles. Secundus ibi Dubitabit autem aliquis (248a10).

GUIDE TO THE TEXT   CXXV

The first treatise (241b24–248a9) is meant to show that the sequence of motions and movers cannot be infinite. This treatise is composed of four chapters.

> [V 40ra] Primus tractatus continet quatuor capitula. Primum declarat quod omne quod movetur movetur ab alio. Secundum ostendit quod in moventibus et motis non proceditur in infinitum. Tertium declarat quod in omni motu movens est simul cum moto, quia hoc erat suppo-
> 5 situm in secundo capitulo. Quartum manifestat quod omnis alteratio est secundum qualitates sensibiles, quia hoc erat suppositum in tertio capitulo. Secundum <u>Quoniam autem omne</u> (242a16), tertium <u>Primum autem movens</u> (243a2), quartum <u>Quoniam autem que alterantur</u> (245b19).

The second treatise (248a10–250b7), about the comparability between motions, consists of three chapters.

> [V 42vb] <u>Dubitabit autem aliquis</u> (248a10). Iste est secundus tractatus, in quo ostenditur qui motus quibus motibus sunt comparabiles et quomodo. Et continet tria capitula. Primum declarat condiciones comparabilium. Secundum docet comparare motus secundum se. Tertium comparat ad
> 5 invicem motus in ordine ad moventia. Secundum incipit ibi <u>Sicut circa motum</u> (249a9), tertium ibi <u>Quoniam autem movens</u> (249b26).

3 declarat] VU preambula *add.* V

The eight questions on Book VII of Buridan's *ultima lectura* fit rather neatly into this overall structure of treatises and chapters.

	Book VII	
	Expositio	*Quaestiones* (*ultima lectura*)
Tractatus 1 (241b24–248a9)		
– Cap. 1, <u>Omne autem quod movetur</u> (241b24)		q. VII.1, q. VII.2
– Cap. 2, <u>Quoniam autem omne</u> (242a16)		q. VII.3
– Cap. 3, <u>Primum autem movens</u> (243a2)		q. VII.4
– Cap. 4, <u>Quoniam autem que alterantur</u> (245b19)		q. VII.5
Tractatus 2 (248a10–250b7)		
– Cap. 1, <u>Dubitabit autem aliquis</u> (248a10)		q. VII.6

(*cont.*)

Book VII

Expositio	*Quaestiones* (*ultima lectura*)
– Cap. 2, <u>Sicut circa motum</u> (249a9) – Cap. 3, <u>Quoniam autem movens</u> (249b26)	q. VII.7, q. VII.8

Question VII.1—*Utrum omne quod movetur moveatur ab alio*[48]
Question VII.2—*Utrum demonstratio Aristotelis sit bona in qua nititur in principio huius septimi demonstrare quod omne quod movetur movetur ab alio*[49]

Buridan's questions VII.1 and VII.2 correspond with chapter 1 of the first treatise. This chapter is subdivided into three sections. In the final section (starting at 242a12), Buridan claims that Aristotle's proof in chapter 1 is difficult to sustain. He refers his readers to the questions (*in questionibus*) for a further discussion of the various difficulties related to this proof. This reference seems to correspond specifically to question VII.2 of the *ultima lectura*, in which Aristotle's proof is put to the test.

[V 40ra] In primo capitulo proponit primo conclusionem probandam, secundo probat eam, tertio concludit eam probatam. Secunda ibi <u>Si quidem</u> (241b24), tertia <u>Manifestum igitur</u> (242a12).

Proponit igitur **istam conclusionem** quod omne quod movetur move-
5 tur ab aliquo. Et debet exponi 'ab aliquo', id est ab alio a se, quia hoc videtur probare ratio quam ad hoc adducit.

<u>Si quidem</u> (241b24). Hic vult probare dictam conclusionem. Et primo ostendit in quibus est per se manifesta, secundo probat eam in quibus est dubia. Secunda ibi <u>Si autem</u> (241b26). Dicit quod in quibus movens est
10 extrinsecum moto, ut si homo pellit lapidem vel si ignis calefaciat aquam, manifestum est per se quod illud quod movetur movetur ab alio.

---

48   The list of questions for Book VII formulates the title of this question as follows: 'Et est prima quaestio utrum omne quod movetur movetur ab alio vel utrum aliquid potest agere in se ipso vel pati a se ipso' (177³⁻⁴).
49   The list of questions for Book VII continues: 'Quomodo suppositiones habent veritatem. An sit demonstratio quia vel demonstratio propter quid' (177⁷⁻⁸).

Si autem (241b26). Hic probat suam conclusionem in quibus movens est intrinsecum moto. Et primo premittit tres suppositiones, secundo format [V 40rb] suam rationem. Secunda ibi Hoc autem manifeste (242a3). Prima dividitur in tres secundum tres suppositiones. Secunda ibi Primum quidem (241b29), tertia Amplius quidem (241b33).

Prima suppositio est quod secundum adversarium AB ponatur moveri a se ipso per se et primo, ita scilicet quod per se et primo moveatur et non ratione partis, et sic etiam per se et primo moveat. Vult igitur probare quod dicto modo idem moveri a se ipso est impossibile, licet sit possibile idem moveri a se et per accidens, scilicet ratione partium, ut quod ratione unius moveat et ratione alterius moveatur.

Primum quidem (241b29). Secunda suppositio est causa quare idem videtur movere se, licet non sit ita. Et est ista quia: una pars movet aliam et ad motum illius movetur, ut anima movet corpus et ad motum eius movetur. Cum igitur totum aggregatum appareat moveri, et ignoretur que pars aliam moveat, opinatur quod totum moveat se. Et non oportet ita esse. Et ipse exemplificat quod totum DEZ moveatur et habeat duas partes, unam DE et aliam EZ, et quod pars DE moveat partem EZ. Quia igitur nescitur que pars moveat aliam, creditur quod totum DEZ moveat se per se et primo.

Amplius quidem (241b33). Tertia suppositio quod illud non movetur a se per se et primo quod quiesceret ad quietem alterius, ymo omne tale ab aliquo alio movetur, quia dispositio conveniens alicui per se et primo non removetur ab eo propter remotionem eius ab aliquo alio.

Hoc autem manifesto (242a3). Hic format suam rationem sic: omne quod quiesceret, si aliquod alterum quiesceret, movetur ab alio, ut dicit tertia suppositio; sed omne quod movetur quiesceret si aliquod alterum quiesceret; igitur etc. Minor probatur quia: omne quod per se movetur est divisibile, ut dictum est in sexto; ideo cum AB accipitur per se moveri, ipsum est divisibile et eius pars est alia ab eo, tamen si eius pars quiesceret ipsum quiesceret; cum igitur AB quiescat ad quietem alterius, scilicet partis sue, sequitur quod movetur ab alio. Sed forte diceret adversarius quod non quiesceret propter quietem partis, ymo moveretur secundum aliam partem. Contra hoc replicat Aristoteles quia tunc non moveretur per se et primo, sed solum ratione partis. Modo hoc est inconveniens, cum ponatur moveri a se per se et primo, quoniam si aliqua dispositio conveniat alicui per se et primo, nunquam propter remotionem eius ab aliquo alio removebitur ab ipso, nec totaliter nec ita quin sibi conveniat per se et primo.

Manifestum igitur (242a12). Hic concludit conclusionem probatam repetendo medium sue probationis. Verum est quod valde difficile est bene sustinere istam demonstrationem, sed oportet illas difficultates tractari seorsum **in questionibus** etc. Sequitur.

15 dividitur] U *om.* V   27 et²] U sicut V   30 se¹] *scripsi om.* VU   47 se¹] VU et *add.* V

Question VII.3—Utrum possit esse processus in infinitum in moventibus et motis

Question VII.3 is linked to chapter 2 of the first treatise. According to the main *conclusio* of the chapter, there must be a first mover (*primum movens*) since there can be no infinite succession of motions and movers. According to Buridan, in the final part of the chapter (starting at 242b32), Aristotle endorses his main *conclusio* and offers a rebuttal of a sophism (*cavillatio*). As Buridan does not seem to be entirely satisfied with Aristotle's rebuttal, he presents a further *dubitatio*. Instead of solving the *dubitatio*, he reports Averroes' solution of it and eventually concludes that his line of argumentation is in need of a separate inquiry. The latter statement may very well be an implicit hint to a discussion as we find in question VII.3 of the *ultima lectura*.

[V 40rb] Quoniam autem omne (242a16). Hoc est secundum capitulum, in quo ostenditur quod non est processus in infinitum in moventibus et motis, vel quod necesse est esse primum movens, et illa est **principalis conclusio** capituli. Et dividitur quia primo premittit unam aliam con-
5   clusionem, secundo probat principalem predictam. Secunda Et movens (242a18).

Premittit igitur **illam conclusionem** quod omne quod movetur secundum locum movetur ab alio; et sequitur ex conclusione precedentis capituli, sumendo istam minorem sub condicione, scilicet: omne quod secun-
10 dum locum movetur, movetur. Et pro tanto ipse ponit istam conclusionem, quia in octavo declarabitur quod in motum localem tanquam in priorem aliis reducuntur omnes alii motus. Tunc vult in speciali descendere ad motum localem, quia, si est dare primum motorem secundum locum, ille erit simpliciter primus, ex quo nullus [V 40va] est alius motus
15 qui non motu locali est posterior.

Et movens (242a18). Hic vult probare conclusionem principalem prius dictam; quam primo premittit cum quibusdam suppositionibus, secundo format suam rationem, tertio obicit contra eam, quarto solvit obiectionem, quinto concludit conclusionem principalem cum remotione cuius-
20 dam cavillationis. Secunda ibi Accipiatur (242b7), tertia Sic igitur (242b20), quarta Sed si quod (242b24), quinta Manifestum igitur (242b32).

Primo premittit tres suppositiones. Prima est exemplum de positione adversarii, scilicet quod A movetur ab ipso B, et B ab ipso C, et sic sine statu. Secunda suppositio, que ponitur ibi <u>Quoniam igitur</u> (242a24), est talis quod simul tempore, non prius neque posterius, movens movet et motum movetur. Causa enim et effectus secundum actum simul sunt et non sunt, ut dicebatur in secundo. Et ex hac suppositione sequitur **tertia conclusio** capituli, scilicet quod infinitis existentibus moventibus et motis subordinatis, illa simul moventur et simul movent, quoniam simul movetur A et movet ipsum B, et movetur B et movet ipsum C, et sic in infinitum. Hoc patet ex suppositione precedente.

Et est notandum quod de dicta suppositione dicit Commentator quod, licet simul necessario incipiat mobile moveri et movens movere, tamen possibile est quod illud movens prius desinit movere quam illud mobile desinat moveri, ut patet de manu movendo lapidem proiciendo. Et dicit Commentator quod Galienus hoc non percipiens credidit quod in animalibus caput sive cerebrum esset primus motor corporeus et non cor. Quod ipse credidit probare quia: extracto corde, vidit animal moveri per duos passus, et animal non movetur capite abscisso. Dicit igitur Commentator quod non est bona consequentia 'animal movetur corde extracto, igitur cor non erat primus motor', quia antequam extraheretur, incepit movere ipsum animal, et non statim cessavit animal moveri cum cor cessavit movere. Et iterum dicit Commentator quod ratio Galieni posset retorqueri contra ipsum de cerebro, quia dicit se vidisse agnum ambulantem huc et illuc postquam fuit caput abscissum.

Nota tamen quod si mobile movetur postquam prius motor cessat movere, necesse est quod ab alio motore moveatur, et etiam tale movens et tale mobile non sunt essentialiter ordinata in movere et moveri, quoniam que sic essentialiter ordinata sunt, non est possibile illud moveri, illo non movente. Aristoteles autem suam suppositionem et conclusionem intendit de mobilibus et motis essentialiter ordinatis.

Tertia suppositio ibi <u>Et accipe</u> (242a28), que talis est quod, si nos accipiamus unum illorum mobilium infinitorum, ut A vel B, tunc eius motus est unus numero et est finitus in tempore finito, ut in ista die, et non infinitus; et ita in isto tempore finito erunt simul infiniti motus, scilicet illorum mobilium infinitorum, quorum tamen quilibet erit finitus et unus in numero.

<u>Accipiatur</u> (242b7). Hic format rationem ad conclusionem, que est talis: si esset processus in infinitum in motis et moventibus, sequeretur quod infinitus motus esset in tempore finito; sed consequens est impossibile, ut probatum est in sexto. Consequentia probatur quia: motus ipsius

A vel ipsius B est in tempore finito, ut dicebatur; et in eodem tempore sunt omnes motus aliorum mobilium infinitorum; et tamen motus congrega-
65 tus ex omnibus illis motibus infinitis esset infinitus; igitur ille motus infinitus esset in illo tempore finito. Nec obstat si dicatur, si motus [V 40vb] ipsius A sit maior aut minor quam motus ipsius B, quia quocumque modo dicatur, impossibile est quod in tempore finito sit motus infinitus sive partium equalium et similium sive aliarum.

70 <u>Sit ergo</u> (242b20). Hic obicit contra dictam rationem dicens quod, quamvis conclusio videatur esse demonstrata, tamen posset aliquis dicere quod ipsa non est demonstrata, quia, cum in sexto libro demonstretur quod impossibile est in tempore finito esse motum infinitum, hoc debebat intelligi de infinito uno in numero; ille autem motus congregatus infi-
75 nitus non esset unus motus in numero, sed esset infiniti motus diversi numero, quorum quilibet esset finitus. Et non est probatum in sexto quin tales possint esse in tempore finito.

<u>Sed si quidem</u> (242b24). Vult removere dictam obiectionem, et supponit quod illa mota et moventia infinita tangerent se ad invicem, quia oportet movens esse simul cum moto per indistantiam, ut probabitur in alio
80 capitulo. Cum igitur corporibus que se tangunt non repugnet continuari, ponamus illud possibile in esse, scilicet quod omnia illa sint unum continuum; tunc sequetur quod illius continui infiniti erit infinitus et unus in numero motus, qui tamen erit in tempore finito; et hoc est impossibile,
85 ut probatum est in sexto.

<u>Manifestum igitur</u> (242b32). Hic infert conclusionem principalem tanquam probatam et removet cavillationem qua diceret aliquis illud impossibile non sequi propter positionem adversarii, sed propter falsum quod tu supponis, scilicet quod omnia illa moventia et mota fiant unum con-
90 tinuum. Respondet Aristoteles quod, licet illud positum sit falsum, tamen est possibile. Que enim contangunt possunt continuari et fieri unum. Modo nunquam ex positione possibilis in esse, quantumcumque sit falsum, sequitur impossibile. Cum igitur illud quod sequebatur esset impossibile, oportebat positionem adversarii esse impossibilem.

95 Sed iterum contra hanc solutionem est dubitatio quia: Aristoteles crederet quod non esset possibile omnia corpora que se tangunt continuari ad invicem, videlicet speras celestes continuari ad invicem et cum istis inferioribus. Igitur posset adhuc adversarius dicere quod propter illud positum, quod est impossibile, sequebatur impossibile, et non propter
100 suam positionem. Posset responderi sicut in multis consimilibus respondet Commentator, videlicet quod nullis corporibus se tangentibus repugnat continuari secundum rationem communem corporis aut motus,

licet aliquibus repugnet secundum rationes speciales talium corporum. Hec autem consideratio est hic de corporibus et de motibus secundum rationes communes eorum et non secundum speciales naturas eorum. Ideo potest capi tanquam possibile illud quod non repugnat eis secundum tales rationes communes eorum. Et quomodo valeat talis modus arguendi indiget bene perscrutatione seorsum etc. Sequitur tertium capitulum.

105

    9 sumendo] U sustinendo V ‖ condicione] *scripsi om.* VU   41 extracto] U abstracto V   44 iterum] U item V   47 prius] U primus V   53 suppositio] U supponitur V   68 sit] U fit V   82 possibile] U mobile V   82–83 continuum] U compositum V   83 illius] U illi V

Question VII.4—Utrum necesse sit in omni motu movens esse simul cum moto

Question VII.4 is related to chapter 3 of the first treatise of Book VII. The main *conclusio* of this chapter is that the mover and what is moved need to be contiguous or proximate (*simul*). The proof of this *conclusio* is given in three stages, according to three types of motion: local motion (at 243a10), motion according to quality, i.e., alteration (at 244a26), and motion according to quantity, i.e., increase and decrease (at 245a27). The passage on local motion contains a brief discussion of projectile motion (at 244a17), where the reader is referred to the more detailed discussion in Book VIII. With respect to Aristotle's proof concerning alteration, Buridan observes that many counterexamples (*instantie*) and difficulties (*dubitationes*) arise, which will be further examined in the questions (*in questionibus*).

[V 40vb] Primum autem movens (243a2). In isto tertio capitulo ostenditur quod in omni motu movens est simul cum moto. Et hoc ostenditur hic, quia suppositum fuit in fine precedentis capituli. Et primo ponit conclusionem, secundo probat, tertio concludit eam probatam. Secunda ibi
5   Quoniam autem (243a6), tertia ibi Manifestum igitur (244a25).
    Proponit igitur istam **primam et principalem conclusionem** quod primum movens est simul cum moto. Et expone 'primum movens' non quia sit primum simpliciter, sed primum, id est immediatum moto in ordine motorum et moventium. [V 41ra] Et non dico 'immediatum' quia nichil sit
10   medium, quoniam secundum talem expositionem supponeremus illud quod probare debemus, sed dico 'immediatum' quia inter ipsum et rem motam non est aliud movens intermedium mediante quo moveat illam rem. Verbi gratia celum, si moveat te, non dicitur respectu tui primum movens nec immediatum movens, quia movet prius aerem, qui motus

movet te. Sed si celum, quamvis multum distet a te, moveret te non movendo aliquod intermedium, tunc diceretur respectu tui primum et immediatum movens. Sed Aristoteles vult hic probare quod nullum sit tale movens primum, scilicet quod moveat aliquid distans a se, absque hoc quod moveat intermedium. Et dicit Aristoteles quod istam conclusionem non intendit de movente per modum finis, quod aliquando improprie dicitur movens eo solo quod gratia ipsius res movetur, sed intendit de movente per modum efficientis. Etiam dicit quod per 'esse simul' non intendit quod sint in eodem loco, sed quod ipsorum nichil est medium per quod distent.

Quoniam autem (243a6). Volens probare dictam conclusionem enumerat primo genera motuum, secundo in quolibet illorum declarat intentum. Secunda Primum quidem (243a10). Dicit igitur tria esse genera motuum, scilicet secundum locum, scilicet lationem, secundum quantitatem, scilicet augmentationem et diminutionem, et secundum qualitatem, id est alterationem. Et Aristoteles tacuit generationem et corruptionem, quia, sicut dicit Commentator, non est generatio vel corruptio sine alteratione; ideo si conclusio probata fuerit de alteratione, concludi poterit de generatione et corruptione.

Primum quidem (243a10). Hic primo declarat intentum de loci mutatione, secundo de alteratione, tertio de augmentatione et diminutione. Secunda ibi At vero neque (244a26), tertia Et quod augetur (245a27). Item primo premittit aliqua manifesta, secundo declarat ea que restant dubia. Secunda Quod autem dubia (243a23).

Dicit igitur quod conclusio primo probanda est de motu locali. Sed dupliciter aliquid movetur localiter: uno modo a se, id est a principio intrinseco, et sic manifestum est per se quod movens est simul cum moto, alio modo a principio extrinseco, et de aliquibus est conclusio dubia.

Quod autem (243a23). Volens declarare intentum in motibus localibus ab extrinseco enumerat primo quatuor modos motuum ab extrinseco, secundo declarat eos reducendo omnes ad tractum et pulsum, tertio declarat intentum in tractu et pulsu. Secunda ibi Pulsionis quidem (243a26), tertia Manifestum est igitur (244a17). Dicit igitur quod omnis motus localis ab extrinseco motore est pulsio vel tractio vel vectio vel vertigo. Omnes enim motus qui fiunt ab extrinseco reducuntur in istos.

Pulsionis quidem igitur (243a26). Hic primo declarat pulsionem, secundo vectionem, tertio tractionem et quarto vertiginem. Secunda Vectio (243a28), tertia Tractio (243b23), quarta Vertigo (244a16). Primo dicit quod pulsio dividitur in impulsionem et expulsionem. Est autem impulsio quando pellens non deficit pulso sed continue movetur cum eo. Expulsio autem est que deficit ei, ut in proiectione.

Vectio (243a28). Hic dicit quod vectio reducitur ad alios tres motus, nam quod vehitur seu portatur movetur ad motum alterius in quo est vel super quod est. Vehens autem sive portans, si moveatur ab extrinseco, movetur aut pulsum aut tractum aut vertigine ductum.

Tractio vero (243b23). Dicit quod tractio est motus alterius ad ipsum [V 41rb] trahens vel ad alterum sibi propinquum per hoc quod contrahens est colligatum tracto et quod motus trahentis est fortior quam sit resistentia tracti.

Deinde reducit multos modos motuum ad tractum et pulsum. Verbi gratia inspiratio est per tractum et exspiratio vel spiratio per pulsum, et sic de aliis receptionibus alimentorum in nobis vel in emissionibus superfluitatum. Similiter *spatesis* et *kerkesis*. Commentator exponit quod *spatesis* est percussio cum ense, et est per pulsum; *kerkesis* autem est opus textorum cum pede et manu, et est per tractum et pulsum. Et omnis congregatio videtur esse per tractum et disgregatio per pulsum. Et omnis motus localis ab extrinseco videtur esse congregatio vel disgregatio. Ergo concludendum est quod omnis motus localis ab extrinseco est tractus vel pulsus, vel reducitur ad tractum vel pulsum. Et ista potest signari **secunda conclusio**. Que etiam confirmabitur per partem sequentem.

Vertigo autem (244a16). Hic dicit vertiginem esse compositam ex tractu vel pulsu. Cum enim volumus aliquid vertere sive circulariter movere, trahimus ad nos unam partem et oppositam partem repellimus a nobis, sicut apparet de fabro vertente molam suam.

Manifestum est igitur (244a17). Vult secundum predicta probare quod in omni motu locali ab extrinseco movens est simul cum moto, et est **tertia conclusio** capituli. Que probatur sic: si in omni tractu et pulsu movens est simul cum moto, sequitur quod in omni motu locali ab extrinseco movens est simul cum moto. Hoc patet per secundam conclusionem. Sed in omni tractu et pulsu movens est simul cum moto. Minor probatur tripliciter. Primo per descriptionem tractus et pulsus quia: trahens trahit ad se, quod non potest facere nisi habeat aliquam colligationem cum tracto; et ita oportet ipsum esse cum illo. Pellens autem movet pulsum a se ipso ad aliud, quod non faceret nisi a principio esset cum eo. Secundo probatur dicta minor quia: per congregationem fiunt congregata simul et apud disgregationem erant prius simul; sed tractus et pulsus sunt sicut *syesis* et *dyasis*, id est sicut congregatio et disgregatio;

95 ergo etc. Tertio probatur eadem minor in motu proiectivo, de quo magis videtur esse dubium. Manifestum est enim quod a principio proiciens est simul cum proiecto; sed cum proiectum exiverit a manu proicientis, tunc movetur ab aere sibi coniuncto, ut aliqui dicunt, quamdiu fortior est impetus aeris moti quam sit inclinatio proiecti ad proprium locum,
100 puta deorsum. Alii ponunt alium modum, qui perscrutabitur in octavo. Et posset ista signari **quarta conclusio**, que probata est per dictas tres rationes, scilicet quod in omni tractu et pulsu movens est simul cum moto.[50]

At vero neque (244a26). Hic probat intentum de alteratione. Et primo
105 proponit suam conclusionem et modum sue probationis, secundo prosequitur probationem. Secunda ibi <u>Quale enim</u> (244b15). Proponit igitur quod in omni alteratione alterans primum et ultimum alteratum sunt simul, et est **quinta conclusio**. Que probabitur, ut dicit, per inductionem. Et intendit per 'primum alterans' illud inter quod et alteratum non est
110 aliud alterans medium. Et intendit etiam per 'ultimum alteratum' illud inter quod et alterans non est aliud alteratum medium. Sequitur textus.

[V 41va] <u>Quale enim</u> (244b15). Hic prosequitur probationem dicte conclusionis. Et primo inducit in qualitatibus secundum quas est altera-
115 tio, secundo inducit in hiis que alterantur. Secunda ibi <u>Calefacta enim</u> (244b23). Est autem inductio, quia omnes qualitates secundum quas est alteratio sunt qualitates sensibiles, scilicet de tertia specie qualitatis. Hoc supponitur et in alio capitulo probabitur. Modo secundum illas nullum

---

50 Interestingly, with respect to the third proof ('Tertio probatur eadem minor in motu proiectivo'), the *Expositio* in U also refers to a further treatment of projectile motion in Book VIII. So even if Anneliese Maier's view is correct according to which the *Expositio* in U is linked to the third redaction of Buridan's questions commentary (in which projectile motion is discussed in Book VII, and not in Book VIII), the text of the *Expositio* in U itself refers to a further discussion of projectile motion in Book VIII. Of course, the reference need not point to a question on projectile motion, but may simply concern a more detailed discussion further on in the same *Expositio*. The text of the third proof according to U runs as follows [U 52ra]: 'Tertio probatur eadem minor in motu proiectivo, de quo magis videtur esse dubium. Manifestum est enim quod a principio ⟨proiciens⟩ erat simul cum proiecto; sed cum proiectum exiverit a manu proicientis, tunc movetur ab aere sibi coniuncto, ut aliqui dicunt, quamdiu (quod diu U) fortior est impetus aeris moti quam sit inclinatio proiecti ad proprium locum, puta deorsum. Alii ponunt alium modum, **qui perscrutabitur in octavo**. Et posset ista signari quarta conclusio capituli, que per predictas tres rationes probata est, scilicet quod in omni tractu et pulsu movens est simul cum moto'.

corpus habet alterare aliud corpus remotum nisi prius alteret corpus propinquum sibi. Et dico 'prius' aut tempore aut natura. Unde corpus lucidum non videmus prius illuminare dyaphanum remotum, si propter opacitatem vel impedimentum aliquod non possit illuminare corpus sibi propinquum. Verum est tamen quod contra istam demonstrationem ponuntur multe instantie et dubitationes, que tractabuntur seorsum **in questionibus**. Quare etc.

Calefacta enim (244b23). Hic ad probandam dictam quintam conclusionem inducit in hiis que alterantur. Et primo dicit alterabilia esse quedam inanimata, ut aquam, aerem, lapidem et ferrum, et alia esse animata, ut animalia et plantas. Et animatorum corporum alterantur tam partes animate, ut cor aut cerebrum, quam partes inanimate, ut ungues et capilli. Iterum partes animate aliquando alterantur secundum sensus, et percipimus illas alterationes, ut visus a colore et auditus a sono, et aliquando alterantur non secundum sensus, ita quod nec percipitur alteratio, ut plante et sepe etiam animalia non sentiunt nervorum mollificationem vel durificationem aut carnis macerationem aut impinguationem, et sic de multis aliis alterationibus suis. Hiis tamen omnibus consideratis, magis videtur quod non sit simul movens cum moto in alterationibus secundum sensus quam in aliis, ut si visus a colore alteratur et videt cum ante non videret. Et tamen in istis oportet movens primum esse simul cum moto, quia color coniunctus est aeri quem primo alterat imprimendo suam speciem, et ille aer est coniunctus organo visus. Ideo ipse primo prealteratus alterat illud organum. Igitur ita debet concedi de aliis. Et sciatis quod multe conclusiones ponuntur in isto septimo que satis debiliter probantur. Et hoc oportet sepe facere in philosophia naturali. Non enim possunt in omnibus inveniri demonstrationes evidentes sicut in mathematicis, sed oportet multa concedere per verisimiles persuasiones quando ad oppositum non apparent fortiores rationes.

Et quod augetur (245a27). Hic probat quod in augmento et diminutione movens et motum sunt simul, et est **sexta conclusio**. Que probatur quia: augmentatio in viventibus fit per appositionem alimenti et diminutio per ablationem; sed quod apponitur coniungitur ei cui apponitur et quod aufertur erat prius coniunctum; igitur etc. Et secundum rei veritatem augmentans principale est anima, que est simul cum corpore quod augetur, et augmentans instrumentale est calor naturalis, qui etiam est simul; igitur etc.

Manifestum igitur (244a25). Hic ex dictis concludit conclusionem principalem capituli dicens quod in omni motu simul sunt movens ultimum et primum motum. Et intendit per 'ultimum movens' et 'primum motum'

idem quod prius intendebat per 'primum movens' et 'ultimum motum'.
160 Totum enim revertitur in idem si hinc inde ordine e converso procedamus. Quod enim est ultimum secundum processum de motis ad moventia est primum secundum processum de moventibus ad mota. Igitur etc. Sequitur capitulum.

11 ipsum] U ipsam V   28 scilicet²] U *om.* V   29 scilicet] VU secundum *add.* V   30 est] VU secundum *add.* V   39 primo] U prima V   40 modo] U *om.* V   42 alio modo] U aliud V   61 vertigine] U virgine V   73 omnis motus localis] U omnes motus locales V   139 oportet] U apparet V   154 augmentans] U augatur et V

Question VII.5—Utrum secundum qualitates de prima specie qualitatis vel de quarta sit per se motus[51]

Question VII.5 is related to chapter 4 of the first treatise of Book VII. This chapter consists of an elaborate proof of the main *conclusio*, according to which every alteration takes place according to sensible qualities, i.e., qualities of the third kind (*de tertia specie qualitatis*).[52] The proof of this *conclusio* proceeds by an elimination of four alternative options: alteration does not take place according to (1) qualities of the fourth kind (at 245b21); (2) corporeal habits, e.g., physical health, beauty, and force (at 246a30); (3) moral habits,

---

51 The list of questions for Book VII continues: 'Quomodo quattuor species qualitatis distinguuntur. Quomodo prima species qualitatis dicatur ad aliquid. Non dicitur per se motus ad illud quod provenit per modum sequelae ad alium motum' (177[14–17]).

52 In chapter 8 of the *Categories* (8b25–10a26), Aristotle distinguishes between four kinds (*species*) of quality. Cf. the title of q. 16 of Buridan's *Quaestiones in Praedicamenta*, ed. J. Schneider, München 1983 (Veröffentlichungen der Kommission für die Herausgabe ungedruckter Texte aus der mittelalterlichen Geisteswelt, 11), 118[1–3]: 'Utrum quattuor species qualitatis sint bene assignatae ab Aristotele, scilicet quod prima est habitus et dispositio, secunda potentia et impotentia, tertia passio et passibilis qualitas, quarta forma et circa hoc aliquid constans figura'. With respect to qualities of the third kind, Buridan writes (121[91]–122[124]): 'Ad tertiam speciem vel ad tertium modum qualitatis reducuntur per ordinem tres diversi modi qualitatum. Primo enim et principaliter sunt de illa tertia specie qualitates proprie sensibiles sensibus exterioribus, et illis sunt valde bene nomina specifica imposita secundum earum rationes simplices et absolutas, ut "caliditas", "frigiditas", "nigredo", "albedo", "dulcedo" etc. ... Deinde cum praedictae qualitates immutent sensus nostros et media per quae sentimus, qualitates sic ab eis impressae in organis sensitivis et in mediis, quae solent vocari species sensibiles, pertinent secundo ordine ad hanc tertiam speciem qualitatis ... Postea tertio ordine, quia mediante sensu ab huiusmodi qualitatibus sensibilibus movetur appetitus sensitivus, illae impressiones, quae dicuntur passiones appetitus sensitivi, pertinent ad istam tertiam speciem'. See also John Buridan, *Summulae. In Praedicamenta*, 3.5, ed. E.P. Bos, Nijmegen 1994 (Artistarium, 10/3), 61–75.

GUIDE TO THE TEXT   CXXXVII

i.e., virtues and vices (at 246b28); (4) intellectual habits, i.e., knowledge and science (at 247a28). The first part of the proof addresses not only qualities of the fourth kind (e.g., shape), but also qualities of the first kind (e.g., habits and dispositions). Hence this part of the text is directly relevant as a background to question VII.5 of the *ultima lectura*. The part on moral habits (at 246b28) contains yet another reference to a further discussion in the questions (*in questionibus*).

[V 41va] Quoniam autem que alterantur (245b19). Istud est quartum capitulum, in quo ostenditur quod omnis alteratio est secundum qualitates [V 41vb] sensibiles, scilicet de tertia specie qualitatis, et hec est **prima conclusio** capituli, que in precedenti capitulo supponebatur. Et Aristoteles
5 primo proponit eam, secundo probat, tertio concludit. Secunda Aliorum enim (245b21), tertia Manifestum igitur (248b27). Prima pars est clara.
   Aliorum enim (245b21). Volens probare dictam conclusionem probat primo quod secundum qualitates de quarta specie non est per se alteratio, secundo quod neque secundum habitus corporales, tertio quod neque
10 secundum habitus morales, quarto quod nec secundum habitus intellectuales. Secunda ibi Neque in habitibus (246a30), tertia ibi Neque itaque (246b28), quarta At vero neque (247a28). Primum istorum probat triplici ratione. Secunda ibi Ex quo quidem (245b26), tertia Amplius et aliter (246a25).
15 Primo dicit quod inter qualitates alias a tertia specie qualitatis maxime videtur esse alteratio circa figuras, que sunt de quarta specie qualitatis, et circa habitus et dispositiones, que sunt de prima specie. Sepe enim mutantur corpora secundum habitus, figuras et habitudines magis quam secundum potentias naturales, que sunt de secunda specie. Ideo ostendendum est quod secundum habitus, figuras vel habitudines non sit per
20 se alteratio. Et signetur hec **secunda conclusio**, scilicet quod secundum figuras vel qualitates de quarta specie qualitatis non est per se alteratio.
   Que probatur quia: secundum illam dispositionem non est per se
25 motus que non provenit nisi ex motu secundum aliam dispositionem; figura est huiusmodi; igitur etc. Maior manifesta est: propter hoc enim dicimus non esse motum secundum relationem per se, ut secundum similitudinem vel dissimilitudinem, quia per motum secundum qualitatem contingit hoc esse illi simile vel dissimile. Minor vero patet, quia antiqui
30 credentes rarum et dempsum esse causas generationis dixerunt figuras generabilium provenire ex rarefactione et condempsatione; nos autem dicentes frigidum et humidum, calidum et siccum esse causas genera-

tionis dicimus corpora naturalia apud suas generationes figurari per alterationes secundum dictas qualitates una cum quibusdam motibus localibus, scilicet apponendo vel subtrahendo vel mutando situs partium in toto. Ita per modum sequele ad illos motus proveniunt diverse figure corporum naturalium.

Ex quo quidem (245b26). Hic ad dictam conclusionem addit secundam rationem, que solum est persuasiva sumpta ex modo loquendi. Et est talis: nomina subiectorum alterabilium recipiunt predicationes in concreto nominum qualitatum secundum quas est per se alteratio et e converso. Dicimus enim es esse calidum et lignum esse humidum et etiam e converso dicimus calidum esse es et humidum esse lignum; sic autem non est de nominibus figurarum et subiectorum suorum. Non enim solemus dicere es esse statuam vel speram, ymo de huiusmodi figuris et formis predicamus subiecta modo denominative dicentes speram vel statuam esse eneam vel lapideam; igitur etc.

Nota quod ista ratio non est magne efficacie, cum nomina sint ad placitum et quia, sicut dicimus es esse calidum vel frigidum, ita dicimus es esse spericum vel cubicum, rectum aut curvum; et sicut dicimus speram esse eneam, ita dicimus aliquando humiditatem esse aqueam vel aeream. Nota quod etiam qualitates de quarta specie vocantur aliquando figure aliquando forme. Vocantur enim figure secundum quod eis terminantur et clauduntur corpora et superficies. Sed vocantur forme secundum quod eis specificantur artificialia. Verbi gratia ista nomina 'securis', 'statua', 'scamnum' et huiusmodi sunt de quarta specie qualitatis.

Amplius et aliter (246a25). Hic ponitur tertia ratio sive persuasio ad idem, que talis est: rem cum fit non dicimus alterari; quod enim alteratur proprie dicitur manere idem et ante et post; et sic non manet illud quod fit; sed quorum est figura propria, ut animatorum figura, non [V 42ra] mutatur nisi apud eorum factionem vel corruptionem; ergo figurari non proprie et per se dicitur alterari. Et nota ut michi videtur quod hec ratio et precedens modicum valent nisi inquantum reduci possunt ad primam. Figure enim animatorum proveniunt in generatione ipsorum consequenter ad alterationes et motus locales disponentes ad generationem et perfectionem illorum, ut ante dicebatur. Eorum autem que non requirunt figuram propriam, ut es aut cera, manifestum est quod figure mutantur per motus locales partium suarum.

Neque enim in habitibus (246a30). Hic vult probare quod secundum habitus corporales, cuiusmodi sunt sanitas, pulchritudo, fortitudo et huiusmodi, non est per se alteratio, et est **tertia conclusio** capituli. Que sic probatur: secundum illas dispositiones non est per se alteratio quarum esse consistit in relatione ad aliud. Hec probari debet sicut probatur in quinto quod in ad aliquid non est per se motus. Sed habitus corporales sunt huiusmodi. Igitur etc.

75

Propter declarationem minoris et ad evidentiam conclusionis notandum est diligenter quod habitus corporales qui ad primam speciem qualitatis dicuntur pertinere non differunt, saltem ut in pluribus, a qualitatibus de tertia specie vel a figuris et magnitudinibus. Unde in *Predicamentis* (9a28–31) in prima specie enumerat Aristoteles calorem et frigiditatem, que manifeste pertinent ad tertiam speciem. Dicamus ergo quod ad primam speciem qualitatis vel ad secundam pertinent omnia nomina predicabilia de primis substantiis in quale designantia virtutes vel malitias substantiarum secundum quod huiusmodi. Differt tamen prima species a secunda, quia virtutes et malitie acquisite post generationem dicuntur de prima specie, que autem innate sunt a nativitate dicuntur magis de secunda specie. Verbi gratia sanitas hominis nichil aliud est quam qualitates prime et secunde de tertia specie qualitatis taliter proportionate quod sufficiant ad operationes hominis debitas bene et apte exercendas. Si autem huiusmodi qualitates a tali proportione decidunt, erit egritudo. Similiter pulchritudo est magnitudines et figure et colores membrorum debite commensurate. Et ex hiis apparet quod ad tales qualitates de prima specie vel ad partes earum est bene motus per se et alteratio per se. Calor enim est virtus igneorum et frigiditas terreorum, secundum quas tamen per se est alteratio. Similiter caliditas, frigiditas, siccitas et humiditas sunt partes sanitatis, secundum quas tamen est alteratio. Tamen secundum eas non est alteratio secundum illam rationem secundum quam pertinent ad primam speciem, scilicet secundum quam dicuntur virtutes aut malitie. Illa enim ratio est relativa, quoniam ex eo aliqua dispositio vel alique dispositiones dicuntur virtutes talis corporis quia disponunt ipsum ad bene exercendum operationem sibi debitam. Unde est quod illa complexio qualitatis que est sanitas in nervo esset egritudo in carne. Bene igitur dicit Aristoteles quod virtutes et malitie sunt ad aliquid. Non enim dicuntur virtutes vel malitie nisi quia disponunt subiectum suum respectu certi operis ad bene vel male exercendum illud.

80

85

90

95

100

105

Neque itaque (246b28). Hic ostendit quod secundum virtutes et malitias morales non est per se alteratio, et est **quarta conclusio** capituli. Que probatur duabus rationibus. Secunda ibi Si quidem (247a26).

110

Prima ratio talis est: virtus est perfectio rei; et ad perfectionem rei non est per se motus; igitur etc. Maior est manifesta, quia tunc unumquodque dicitur perfectum quando attingit proprie virtuti. Virtus enim [V 42rb] est dispositio vel habituatio potentie determinans ad optime operandum. Minor autem declaratur a Commentatore per hoc quod perfectio rei consistit in indivisibili, et ad tale non est per se motus. Tamen ista declaratio est dubia, ut videbitur **in questionibus**.

Ideo aliter declaratur illa minor, reducendo ad prius dicta, scilicet quod perfectiones rerum dicuntur ad aliquid illo modo sicut dictum fuit de sanitate et aliis virtutibus corporis. Unde actus aliquis esset virtuosus in uno homine qui esset vitiosus in alio. Alia enim decent principem et divitem, et alia decent pauperem et subditum, et sic de aliis secundum diversos status ipsorum. Unde habitus ad libenter et fortiter bellandum esset bene virtus in milite et esset vitium in presbytero. Modo dictum est quod in hiis que sic dicuntur ad aliquid non est per se motus; igitur etc.

Sic quidem igitur (247a26). Hic ponit secundam rationem ad eandem conclusionem. Que talis est: ad illam dispositionem non est per se motus vel alteratio que fit per modum sequele ad alterationem secundum aliam dispositionem; sic est de habitibus moralibus; igitur etc. Sciendum est igitur quod Aristoteles hic loquitur de quodam novo modo perseitatis et accidentis. Intendit enim quod ad aliquam dispositionem est per se motus si illa immediate proveniat a motore, ita quod non mediante alia dispositione; sed ad illam dispositionem intendit motum esse per accidens, et non per se, que provenit a motore suo per modum sequele ad aliam dispositionem prius et immediate provenientem ab illo motore. Verbi gratia ignis per suam caliditatem calefacit et consequenter rarificat et levificat, sed directe et immediate calefacit per suam caliditatem, et consequenter ad generationem caliditatis consequitur raritas et levitas. Unde non est ymaginandum quod, sicut caliditas generat caliditatem, quod ita raritas generet raritatem et levitas levitatem, ymo totum facit caliditas. Unde ferrum si sit bene calidum, quamvis sit dempsum et grave, comburet stupas aut stramina, et simul generando caliditatem generabit consequenter raritatem et levitatem fumi et flamme. Tunc igitur ad sensum quem hic intendit Aristoteles alteratio illa esset per se ad caliditatem et per accidens ad raritatem vel levitatem, quia per modum sequele. Et ita debebat intelligi maior.

Minor autem probatur duplici ratione. Secunda ibi Et hoc quidem (247a24). Probatur igitur quod virtutes et malitie fiunt nobis per modum sequele ad mutationes secundum alias dispositiones.

Et est prima probatio quia: duplex fuit opinio de virtutibus et vitiis moralibus. Una fuit Stoicorum dicentium quod virtus est impassibilitas et vitium est passibilitas. Alia opinio est Aristotelis quod virtus non est impassibilitas sed est habitus determinans ad patiendum quantum oportet et quomodo oportet et ita quod non inde impediatur usus rationis; vitium autem determinat ad passionem plus vel minus quam oporteat aut aliter quam oporteat. Et ista alibi deberent videri.

Tamen nota propter litteram Aristotelis quod, nobis sentientibus et percipientibus obiecta passionantia, scilicet delectabilia vel tristabilia vel terribilia vel ire provocativa et huiusmodi, appetitus sensitivus est innatus moveri ad acceptandum vel refutandum, et movetur sepe ita vehementer quod inde impeditur usus rationis, et quod homo per huiusmodi appetitum sensitivum prosequitur que non essent prosequenda vel fugit que non essent [V 42va] fugienda. Virtus autem secundum Stoicos ita refrenabat sensitivum appetitum per bonam consuetudinem quod virtuosus nichil patiebatur a talibus obiectis, ita quod nec umquam timebat nec umquam irascebatur nec tristabatur, et sic de aliis passionibus. Et sic dicebant Stoyci virtutem esse impassibilitatem. Aristoteles autem opinatus est, et bene, nullum esse virtuosum qui, si sitiret, non delectaretur secundum gustum in potu conveniente, qui etiam non tristaretur de dolore amici, et qui non timeret impetum mali hominis. Sed aliter passionatur virtuosus et vitiosus. Virtus enim est habitus per consuetudinem acquisitus determinans appetitum ad patiendum quantum et quomodo oportet secundum dictamen rationis, et vitium determinat ad plus vel minus compatiendum vel aliter quam oporteat seu deceat. Et istis visis, apparet quod virtus et vitium fiunt nobis consequenter ad alias mutationes, scilicet ad mutationes sensuum ab obiectis passionativis. Et sic patet minor rationis principalis.

Et hoc quidem (247a24). Hic secundo declaratur dicta minor per hoc quod virtutes et vitia versantur circa delectationes et tristitias. Delectationes autem et tristitie fiunt nobis consequenter ad alias mutationes, scilicet sensuum. Sentientes enim delectabile delectantur. Si autem circa preterita vel futura delectemur, adhuc hoc est mediante sensu. Memorantes enim qualia sentiebamus aut sperantes talia esse sensuros delectamur.

At vero neque (247a28). Hic ostendit quod secundum habitus intellectuales non est per se motus sive alteratio, et est **quinta conclusio** capituli. Quam probat duplici ratione. Secunda Neque igitur (247b22).

Prima ratio est quod sciens vel scientia dicuntur ad aliquid, et in ad aliquid non est per se motus; igitur etc. Minor sepe posita fuit. Et maior ab aliquibus declaratur quia: quamvis hoc nomen 'scientia' supponat pro

habitu intellectuali, tamen connotat cum illo quod sit verus, sicut hoc nomen 'error' connotat falsitatem; modo hec nomina 'verum' et 'falsum'
195 sunt relativa vel in suis rationibus includunt aliquos respectus, scilicet conformitatem ad res vel difformitatem. Aliter exponitur illa maior quod scientia dicitur ad aliquid, id est in modo sue acquisitionis assimilatur hiis que dicuntur ad aliquid, quia fit per modum sequele ad mutationem secundum aliam dispositionem. Et hoc videtur Aristoteles inten-
200 dere dicens quod scientia fit nobis consequenter ad mutationes sensuum, ut experientia. Experientia enim sensitiva accipimus universalem scientiam. Nota igitur quod ex parte intellectus non est resistentia receptioni scientie. Ideo presentatis intellectui obiectis et debite formatis et ordinatis principiis, intellectus sine motu et resistentia consentit principiis et
205 conclusionibus. Et sic fit sciens.

Neque igitur (247b22). Hic ponit ad idem secundam rationem, vel forte quod hoc non est nisi explanatio rationis precedentis. Et est ratio talis: si esset per se alteratio ad scientiam, vel hoc esset quando aliquis [esset] iam habituatus sed non considerans exit in actum considerandi, vel hoc esset
210 quando primo acquirit habitum; neutro modo; igitur etc. Maior patet sufficienti divisione. Minor probatur quia: utrobique totum fit consequenter ad aliam mutationem; ideo non est ibi per se motus, quemadmodum [V 42vb] non dicimus esse per se motum ad contactum eo quod tangere accidit per modum sequele ad motum localem, et quemadmodum
215 non dicimus esse per se motum ad respectum sive in ad aliquid, sicut sepe dictum fuit. Quod autem utrobique fiat scire consequenter ad aliam mutationem apparet, quia, si dormiens vel ebrius vel infirmus non potest uti scientia, hoc est quia sensus sunt impediti; ideo cum per alterationes eorum fuerit impedimentum remotum, homo si voluerit considerabit
220 sine alia alteratione. Et similiter est de prima acquisitione scientie. Pueri enim habent sensus interiores impeditos propter habundantem humiditatem et propter fortes motus potentie nutritive et augmentative. Quando autem per digestionem humiditatis fluentis pausabit illa sensuum perturbatio, fiet in nobis scientia si presententur obiecta et principia sine
225 alio motu, cum non sit ex parte intellectus resistentia, ut prius dicebatur. Dicit ergo Aristoteles quod in quietari et residentia fit anima sciens et prudens (247b24), id est in quietatione passionum et motuum interiorum perturbantium sensum. Dicit etiam quod huiusmodi perturbatio sensuum pausatur aliquando a natura, scilicet digerente humidita-
230 tes superfluas et fumos ineptos, aliquando autem pausatur ab aliis, scilicet a virtutibus moralibus, que cedant et ordinant passiones appetitus.

Deinde in fine, scilicet ibi <u>Manifestum igitur</u> (248b27), ipse infert primam et principalem conclusionem capituli, que prius in principio huius
235   capituli probata fuit. Et sic finitur capitulum.

> 21–23 et ... alteratio] U *om.* (*hom.*) V   55 specificantur] U specificant (?) V   67 figure] VU non *add.* V   81 pertinent] U patent V   94 igneorum] U *om.* V   95 tamen] VU est *add.* V   97 illam] U nullam V   103 bene] U unde V   119 aliquid] U aliud V   129 que] U quod V ‖ ad alterationem] U *om.* V   143 generabit] U generabitur V   153 opinio] U expositio V   155 inde] V *om.* U *rep.* V   160 provocativa] U provecantie (?) V   161 ita] U puta V   167 sic²] U sicut V   197 modo] U medio V ‖ acquisitionis] U expositionis V   198 fit] U sic V   200 fit] U sit V   203 intellectui] U intellectioni V   207 precedentis] U perfecte V   209 sed] U si V   211 fit] U sic V   212 quemadmodum] *scripsi* quantum ad modum VU   216 fiat] U sciat V   219 fuerit] VU per *add.* V   223 illa] VU *rep.* V   226 fit] U sit V   231 cedant] *i.e. sedant*

Question VII.6—Utrum ad hoc quod aliqua sint comparabilia requiratur et sufficiat quod ipsa sint specialissime univoca[53]

Question VII.6 is related to chapter 1 of the second treatise of Book VII. This chapter deals with the question whether any given motion can be compared to any other motion in terms of speed (*utrum omnis motus omni motui sit comparabilis, et intendit de comparatione penes velox et tardum*). In Buridan's reading, this chapter contains three sections. Question VII.6 is linked to the third section (starting at 248b6), on the conditions of comparability in general.

[V 42ᵛᵇ] <u>Dubitabit autem aliquis</u> (248a10). Iste est secundus tractatus, in quo ostenditur qui motus quibus motibus sunt comparabiles et quomodo. Et continet tria capitula. Primum declarat condiciones comparabilium. Secundum docet comparare motus secundum se. Tertium comparat ad
5   invicem motus in ordine ad moventia. Secundum incipit ibi <u>Sicut circa motum</u> (249a9), tertio ibi <u>Quoniam autem movens</u> (249b26). In primo proponit unam questionem, secundo disputat de ea, tertio determinat veritatem. Secunda <u>Si igitur</u> (248a11), tertia <u>Sed quecumque</u> (248b6). Movet igitur istam questionem: utrum omnis motus omni motui sit com-
10   parabilis, et intendit de comparatione penes velox et tardum.

<u>Si igitur</u> (248a11). Hic disputando de dicta questione arguit primo de motu recto et circulari, secundo de motu locali et alteratione, tertio regre-

---

53   The list of questions for Book VII continues: 'Quot et quae requiruntur ad comparandum' (177¹⁹⁻²⁰).

ditur ad arguendum de motu recto et circulari. Secunda <u>Amplius alteratio</u> (248a14), tertia <u>In circulo</u> (248a19).

   Primo arguit quod motus circularis et rectus non sunt ad invicem comparabiles, quia sequeretur quod possibile esset motum rectum et motum circularem esse eque veloces; consequens est falsum; igitur et antecedens. Consequentia patet, quia, si compararentur, vel erunt eque veloces, et habetur intentum; vel unus erit altero velocior, et tunc etiam poterit esse eque velox, quoniam ubi est dare maius et minus, videtur ibi quod posset dari equale, quia resecato vel circumscripto eo in quo maius excedit minus, residuum remanebit equale. Sed falsitas consequentis probatur quia: eque velox est quod equali tempore pertransit equale spatium; ideo oporteret lineam circularem esse equalem linee recte; quod videtur impossibile. Cum enim non possint sibi invicem superponi, videtur quod non possint sibi invicem commensurari; et tamen quecumque sunt [V 43ra] equalia, illa sunt sibi invicem comparabilia.

   <u>Amplius alteratio</u> (248a14). Hic arguit quod alteratio non est mutationi loci comparabilis, quia sequitur ut prius quod esset possibile motum localem et alterationem esse eque veloces; modo consequens est falsum. Probatio quia: tunc oporteret spatium pertransitum et passionem secundum quam esset alteratio esse invicem equales, quod videtur absurdum. Intensio enim qualitatis non commensuratur extensioni spatii etc.

   <u>In circulo</u> (248a19). Hic regreditur ad arguendum de motu recto et circulari. Et primo arguit quod sint comparabiles, secundo quod non sint comparabiles. Secunda <u>At vero</u> (248b5). Primo arguit sic quia: absurdum esset dicere quod Sol, qui circulariter movetur, non moveretur velocius quam formica que recte moveretur; igitur comparantur secundum velocius et minus velox. Et tunc sequitur ut prius dicebatur quod possunt esse comparabiles secundum eque velox. Quod etiam sic confirmatur quia: si esset spatium circulare equale recto, tunc erit dare motum rectum eque velocem circulari, scilicet cum posuerimus quod illa spatia equali tempore pertranseuntur. Sed probatur quod sit dare spatium circulare equale recto quia: positum est quod in spatio circulari est motus velocior; igitur eodem tempore pertransitur maius spatium circulare quam rectum; maius autem describitur quia continet tantumdem et amplius; igitur in illo spatio circulari est dare tantumdem, id est equale, recto.

   <u>At vero</u> (248b5). Hic probat quod motus circularis et rectus sunt incomparabiles et reducit nos ad rationem que prius fiebat de hoc.

   <u>Sed quecumque</u> (248b6). Hic de questione mota vult determinare veritatem declarando condicionem comparabilium. Et primo ostendit quod oportet comparabilia esse univoca, non equivoca, et est **prima conclu-**

sio capituli. Secundo ostendit quod ad comparabilitatem non sufficit univocatio secundum genus, sed exigitur univocatio secundum speciem specialissimam. Secunda ibi Si ergo (249a4). Primam conclusionem probat duplici ratione. Secunda ibi Quoniam propter quid (248b20). Item primo probat dictam conclusionem, secundo obicit contra eam, tertio solvit obiectionem. Secunda Aut primum (248b13), tertia Aut et in hiis (248b16).

Probat igitur conclusionem primam per hoc quod, cum hoc nomen 'acutum' recipit comparationem, et cum dicamus vocem acutam et stillum acutum, tamen stillum non dicimus voce acutiorem vel minus acutum; vocem autem voce dicimus acutiorem vel minus acutam et stillum stillo. Et horum causa non est nisi quia equivoce et secundum diversas rationes invenitur hoc nomen 'acutum' dici de voce et de stillo. De hac autem voce et illa dicitur secundum unam rationem et non equivoce. Igitur patet quod comparabilia non sunt equivoca sed univoca. Et hoc debet sic intelligi quod predicatum secundum quod plura subiecta comparantur debet de illis subiectis dici secundum eandem rationem et non equivoce. Sic enim pondus ponderi comparatur in gravitate, id est in hoc predicato 'grave', sed non pondus voci, licet vocem dicamus gravem et pondus grave.

Aut primum (248b13). Hic obicit contra dictam conclusionem quia: 'multum' univoce dicitur de aqua et de aere; et tamen in multitudine non est aqua comparabilis aeri. Et si dicatur quod 'multum' non dicitur de eis univoce sed equivoce, tamen apparet quod de eis dicitur 'duplum' univoce, quia utrobique dicitur secundum eandem rationem, scilicet prout est proportio duorum ad unum; et tamen secundum duplum non com-[V 43rb]-paratur aqua aeri. Non enim dicimus aerem esse duplum aque nec triplum nec equalem, et sic de aliis. Et de hoc videbitur magis in parte sequente.

Amplius et in hiis (248b16). Hic solvit dicens quod, si non possumus dicere aerem esse duplum vel equalem aque, hoc est quia de eis dicuntur equivoce hec nomina 'duplum' et 'equale'; et si dictorum nominum sint eedem diffinitiones secundum vocem prout dicuntur de aere et de aqua, tamen iterum ille diffinitiones sunt equivoce et diversarum intentionum. Verbi gratia diffinitio dupli est proportio duorum ad unum; sed hec nomina 'duo' et 'unum' sunt iterum equivoca. Et ob hoc non invenitur in talibus comparatio.

Nota quod 'duplum' valde equivoce dicitur de multis. Dicitur enim hoc aliquando illi duplum secundum mensuram linearem, aliquando secundum mensuram superficialem, aliquando secundum corpoream, et omnia quatuor omnibus duobus dicuntur dupla secundum multitudinem acceptam penes illas rationes discretivas secundum quas illa dicuntur quatuor et illa duo. Tamen simpliciter loquendo non omnia quatuor omnibus duobus sunt dupla. Quatuor enim linee pedales non sunt duple duabus bipedalibus, ymo sunt eis equales. Similiter albedo A est bene equalis albedini B secundum intensionem, quamvis sit dupla secundum extensionem.

Notandum igitur quod aer aque bene potest esse duplex secundum magnitudinem extensionis, quia sic duplex hic et ibi dicuntur univoce. Similiter etiam secundum substantiam materie potest aer esse duplex aque, scilicet quia plus in duplo est hic quam illic de materia; sed secundum substantiam formalem non potest hoc illi dici equale aut duplum. Forme enim eorum non sunt eiusdem rationis. Ideo non sunt ad invicem proportionales secundum aliquam certam proportionem.

Quoniam propter quid (248b20). Hic probat suam predictam conclusionem secunda ratione. Et arguit sic: si aliqua univoca essent non comparabilia, oporteret dicere causam quare non essent comparabilia, cum appareant aliqua esse comparabilia; sed causa rationalis in hoc assignari non posset; igitur concedendum est quod omnia univoca sunt comparabilia. Primo igitur ponit istam rationem, secundo adducit ad eam solutionem Platonis, tertio removet illam solutionem. Secunda Aut quia (248b22), tertia Aut manifestum (248b25).

Nota quod cum dicimus omnia univoca esse comparabilia, et non equivoca, intelligimus quod omnia duo subiecta de quibus dicitur idem predicatum univoce, si illud predicatum recipiat comparationem, tunc illud predicatum innatum est de illis subiectis dici secundum certam et determinatam comparationem.

Aut quia (248b22). Ad rationem immediate positam respondebat Plato quod aliqua univoca sunt comparabilia et aliqua non. Si enim dispositio dicta de aliquibus univoce habeat in illis idem subiectum primum eiusdem rationis, tunc illa secundum illam dispositionem sunt comparabilia; sed si non, non. Verbi gratia dicebat canem et equum esse comparabiles secundum albedinem, et in eis subiectum primum est eiusdem rationis, scilicet superficies; sed aqua et vox non comparantur secundum gravitatem, licet utraque dicatur gravis secundum gravitatem univoce dictam, quia in eis non est subiectum primum gravitatis eiusdem nature sive eiusdem rationis.

Aut manifestum est (248b25). Hic removet dictam solutionem Platonis duplici ratione. Prima ratio est quia: Plato videbatur intendere quod gravitas in aqua et gravitas [V 43va] vocis essent eiusdem rationis et similis nature secundum se, et similiter acuties in stillo et voce, sicut albedo in equo et cane; modo hoc est falsum, quia tunc sequeretur quod omnes dispositiones in diversis subiectis essent secundum se consimilis nature et eiusdem rationis, verbi gratia albedo et dulcedo, quod est falsum. Et patet consequentia, quia non magis differunt secundum se albedo et dulcedo quam gravitas aque et gravitas soni nisi secundum vocem, de qua non est curandum, cum imposita sit ad placitum. Secunda ratio contra dictam solutionem est quia: videtur Plato dicere quod dispositio eadem, id est dispositiones eiusdem rationis habeant aliquando subiectum primum idem et aliquando diversa; quod non videtur verum, ymo unius forme est unum subiectum primum et non diversa. Et hoc maxime habet veritatem in formis substantialibus, quamvis non semper habeat veritatem in accidentalibus. Unde credo quod lumen a Sole sit eiusdem speciei et eiusdem rationis in speris celestibus et in aere, quamvis subiecta non sunt eiusdem rationis.

Si ergo (249a4). Hic vult ostendere quod ad comparabilitatem non sufficit univocatio secundum genus sed exigitur univocatio secundum speciem specialissimam, et est **secunda conclusio** capituli. Que probatur quia: cum color sit genus albedinis et nigredinis, tamen non comparamus album et nigrum secundum colorem. Non enim dicimus quod album sit coloratius nigro in duplo vel in triplo vel in aliqua certa proportione. Albedo enim non est commensurabilis nigredini, cum non sint partes earum eiusdem rationis. Sciendum est tamen quod mensura extrinseca mensurans secundum quantitatem potest esse albedinis et nigredinis, ut magnitudo subiecti vel tempus in quo continue fit utraque.

Sciendum est tamen propter expositionem littere quod in principio huius particule Aristoteles loquens sub condicione dicit 'si non solum oportet comparabilia non esse equivoca sed etiam non habere differentiam neque quod neque in quo' (249a4–5) etc., et per hoc quod dicit 'quod' intendit quod predicatum in quo fit comparatio debet esse species specialissima. Sed cum dicit 'in quo' intendit subiectum, et quantum ad illud subiectum loquitur condicionaliter innuens de illis esse dubitationem, ut prius dicebatur.

---

3 declarat] VU preambula *add.* V   12 et¹] U *om.* V   13 alteratio] U circulatio V   25 superponi] U supponi V   33 extensioni] U extensione V   40 comparabiles] U equales V   53 ostendit] U respondit V   65 rationes] VU non *add.* V   71 predicato] U predicamento V   85 diffinitiones] U dispositiones V   86 diffinitiones] U dispositiones V   89 in talibus] U talis V   106 proportionales] U proportionalia V   135 secundum] U *om.* V

Question VII.7—Utrum primae duae regulae quas Aristoteles ponit in ultimo capitulo septimi Physicorum sint verae[54]
Question VII.8—Utrum regulae Aristotelis quas ipse ponit in ultimo capitulo septimi Physicorum sint universaliter verae[55]

Questions VII.7 and VII.8 are related to the final chapter of Book VII (i.e., chapter 3 of the second treatise), as the titles of the questions explicitly indicate. Just as chapter 2, chapter 3 deals with the comparability of motions. But while chapter 2 discusses the comparability of motions as such (*de comparatione motuum secundum se*), chapter 3 examines the comparability of motions as related to their movers (*de comparatione motuum ad invicem in ordine ad moventia*). In chapter 2, fives topics are discussed, which we will leave aside here.

> [V 43va] Sicut circa motum eque velox (249a9). Hoc est secundum capitulum, quod est de comparatione motuum secundum se. In quo primo premittit generaliter qui sunt motus eque veloces, secundo ostendit quod alteratio non est eque velox loci mutationi, tertio ostendit quod neque
> 5 motus rectus est eque velox motui circulari, quarto ostendit que alterationes sunt eque veloces, quinto ostendit idem de generationibus. Secunda ibi Si autem (249a10), tertia Quare si que (249a13), quarta De alteratione (249a30), quinta Et in generatione (249b20).

In chapter 3, the first section deals with local motion, the second (starting at 250a29) with motions according to quality (i.e., alteration) and quantity (i.e., increase and decrease). Buridan's attention in this part of the *Expositio* mainly goes to the section concerning local motion. After the brief section on motions with respect to quality and quantity, Buridan concludes that the *conclusiones* formulated in this final chapter of Book VII give rise to many difficulties (*dubitationes*), which need to be discussed further in the questions (*in questionibus*).

---

54 The list of questions for Book VII formulates this question as follows: 'Septima utrum illae duae regulae sint verae. Prima est: "si aliqua virtus movet aliquod mobile per aliquod spatium in aliquo tempore, eadem vel aequalis virtus movebit medietatem illius mobilis per duplex spatium in aequali tempore". Secunda est: "si aliqua virtus movet aliquod mobile per aliquod spatium in aliquo tempore, eadem vel aequalis virtus movebit medietatem illius mobilis per aequale spatium in medio tempore". Quod proportio velocitatum motuum non attenditur penes proportionem resistentiarum nec penes proportionem moventium, sed penes proportionem proportionum maioris inaequalitatis moventium ad resistentias' (177$^{21-29}$).
55 The list of questions for Book VII continues: 'Quod illae regulae raro vel numquam veniunt in effectum. De veritate earum etc'. (178$^{2-3}$).

Such further discussion is found in questions VII.7 and VII.8.

[V 44va] Quoniam autem movens movet (249b26). Hoc est ultimum capitulum, quod est de comparatione motuum ad invicem in ordine ad moventia. Et primo docet comparare motus locales, secundo augmentationes et alterationes. Secunda Si igitur in alteratione (250a29). Item
5 primo premittit unam suppositionem, secundo iuxta eam inducit multas conclusiones. Secunda ibi Si igitur A (249b31). Premittit ergo quod omne movens localiter movet aliquod mobile per aliquod spatium et in aliquo tempore. Et exponit quod omne movens simul movet et movit. Quod exponitur sicut in sexto expositum fuit quod omne quod movetur
10 movebatur prius. Et ipse ponit litteras in alia particula, scilicet quod A sit movens, B sit mobile, C sit spatium et D tempus.

Sit igitur A (249b31). Hic declarat septem conclusiones. Secunda ibi Ipsum autem C (250a2), tertia Et si eadem (250a4), quarta Et media (250a6), quinta Et si quarta (250a10), sexta Si vero (250a13), septima Si
15 vero duo (250a25).

Prima conclusio[56] est: si aliqua virtus movet aliquod mobile per aliquod spatium in aliquo tempore, eadem virtus vel equalis movebit medietatem illius mobilis per duplex spatium in eodem tempore. Causa est quia velocitas fit secundum proportionem motoris ad mobile, id est
20 potentie moventis ad resistentiam mobilis. Cum igitur aufertur medietas mobilis, motor plus excedit mobile in duplo quam ante. Ideo movebit in duplo velocius. Et sic in eodem tempore movebit per duplex spatium.

Ipsum autem C (250a2). **Secunda conclusio**[57] est quod, si aliqua virtus
25 movet aliquod mobile per aliquod spatium in aliquo tempore, eadem vel equalis virtus movebit medietatem illius mobilis per idem spatium in dimidio tempore, quia motus in duplo velocior transit idem spatium in dimidio tempore.

Et si eadem (250a4). **Tertia conclusio**[58] est: si aliqua virtus movet

---

56 In q. VII.7, this rule is formulated as follows (*prima regula*) (215[8–11]): 'Si aliqua virtus movet aliquod mobile per aliquod spatium in aliquo tempore, eadem vel aequalis virtus movebit medietatem illius mobilis per duplex spatium in aequali tempore'.
57 In q. VII.7, this rule is formulated as follows (*secunda regula*) (215[11–13]): 'Si aliqua virtus movet aliquod mobile per aliquod spatium in aliquo tempore, eadem vel aequalis virtus movebit medietatem illius mobilis per aequale spatium in medio tempore'.
58 In q. VII.8, this rule is formulated as follows (*tertia regula*) (223[18–20]): 'Si aliqua virtus movet aliquod mobile per aliquod spatium in aliquo tempore, eadem virtus movebit idem mobile per dimidium spatium in dimidio tempore'.

30 [V 44vb] aliquod mobile per aliquod spatium in aliquo tempore, ipsa movebit idem mobile per dimidium spatium in dimidio tempore, quia motus remanebit continue eque velox, et eque velox in minori tempore transit minus spatium.

Et media (250a6). **Quarta conclusio**[59] est: si aliqua virtus movet ali-
35 quod mobile per aliquod spatium in aliquo tempore, media virtus movebit medietatem mobilis per equale spatium in eodem vel equali tempore, quia remanebit eadem proportio; ideo et eadem velocitas.

Et si quarta (250a10). **Quinta conclusio**[60] est: si aliqua virtus movet aliquod mobile per aliquod spatium in aliquo tempore, non oportet illam
40 virtutem movere duplex mobile in duplo tempore per idem spatium, ymo forte quod nullo modo poterit movere ipsum. Et causa huius est quia: motor non potest movere nisi virtus eius excedat resistentiam mobilis, et forte non excederet si mobile duplaretur. Verbi gratia ut motor sit quinque et mobile sit tria; mobile igitur duplatum erit sex; et ita excedet virtutem
45 motoris; ideo nichil movebitur. Et ponit ibi quod quatuor moveat tres in tempore D secundum spatium C.

Si vero (250a13). Hic primo premittit sextam conclusionem, secundo infert correlarium. Secunda Et propter hoc (250a20). **Sexta conclusio**[61] est: si aliqua virtus movet aliquod mobile per aliquod spatium in ali-
50 quo tempore, non est necesse medietatem illius virtutis movere idem mobile in aliquo tempore, ymo forte nullo modo poterit ipsum movere. Et hec conclusio patet sicut precedens. Unde sicut bene dicit Aristoteles, si cuiuslibet moventis medietas posset movere omne illud quod totum movens potest movere, sequeretur quod unus homo posset trahere
55 magnam navem et unus puer posset portare magnum equum.

Et propter hoc (250a20). Hic infert correlarium contra Zenonem, scilicet quod male arguebat Zeno volens probare quod millesima pars grani milii cadens super terram faceret sonum, quia modius granorum facit sonum; ideo medietas granorum faceret sonum in medietate minore, et
60 sic proportionaliter secundum infinitam divisionem. Dicit igitur Aristoteles quod hoc argumentum non valet, quia tantum posset diminui gravitas quod non esset sufficiens ad movendum et dividendum aerem. Unde in

---

59 In q. VII.8, this rule is formulated as follows (*quarta regula*) (224^{1–3}): 'Si aliqua virtus movet aliquod mobile per aliquod spatium in aliquo tempore, medietas virtutis movebit medietatem mobilis per aequale spatium aequali tempore'.
60 In q. VII.8, there does not seem to be a rule corresponding to this *conclusio*, but the rule is discussed in *conclusio* 1 of q. VII.7 (216^{17}–217^9).
61 In q. VII.8, there does not seem to be a rule corresponding to this *conclusio*.

radio Solis videmus aerem sustinere parva corpora terrestria, quia non
habent potentiam dividendi aerem, et tamen sonus exigit divisionem
aeris, ymo forte non qualemcumque sed fortem.

Si vero duo. **Septima conclusio**[62] est: si una virtus movet unum mobile
et altera alterum per aliquod spatium in aliquo tempore, congregatum ex
illis virtutibus movebit congregatum ex illis mobilibus per idem spatium
in eodem vel equali tempore, quia manebit eadem proportio.

Si ergo in alteratione (250a29). Hic comparat alterationes et augmentationes. Et dicit de eis esse ponendas omnes conclusiones proportionales
illis que modo posite fuerunt de motibus localibus. Eadem enim virtus
alterabit medium alterabile secundum eandem qualitatem vel consimilem in dimidio tempore et alterabit illud medium alterabile secundum
duplicem qualitatem sive secundum duplicem gradum in eodem tempore, et sic de aliis conclusionibus. Verum est quod de istis conclusionibus
sunt plures dubitationes, quas oportet tractare **in questionibus**. Et sic finitur liber septimus.

17 aliquo] U equali V   25 mobile] VU et *add.* V   42 mobilis] U *om.* V   46 d] U c V
56–57 scilicet ... zeno] U *om.* V   65 ymo] U ideo V   70 alterationes] U mutationes V

2.4   *The* Expositio *on Book VIII*

According to Buridan's *Expositio*, Book VIII of Aristotle's *Physics* deals with
the finitude vs. infinity of motion and movers, and their perpetuity or nonperpetuity. The Book is said to contain four treatises.

[V 45ra] Utrum autem aliquando (250b10). Iste est octavus liber et continet seu considerat de finitate et infinitate motuum et moventium seu
de perpetuitate et non perpetuitate eorum. Et continet quatuor tractatus. Primus est utrum perpetuus sit motus. Secundus est de dispositione
entium in semper vel non semper moveri vel quiescere. Tertius determinat quis et qualis sit motus primus. Quartus est de infinitate et separatione primi motoris. Secundus incipit ibi Principium autem considerationis (253a22), tertius At vero aliud (260a20), quartus Quod autem necesse (266a10).

1 liber] U *om.* V

---

62   In q. VII.8, this rule is formulated as the fifth (*quinta regula*) (224[25–27]): 'Si duae virtutes
moverent duo mobilia per aliquod spatium in aliquo tempore, congregatum ex illis virtutibus movebit congregatum ex mobilibus per aequale spatium aequali tempore'.

The first treatise (250b10–253a21), on the perpetuity of motion (*utrum perpetuus sit motus*), consists of four chapters.

> [V 45ra] Primus continet quatuor capitula. Primum recitat opinionem antiquorum de perpetuitate vel non perpetuitate motus. Secundum ostendit quod motus semper fuit et erit. Tertium reprobat Anaxagoram et Empedoclem negantes motum eternum. Quartum solvit rationes que
> 5   videntur probare quod motus non sit eternus. Secundum ibi <u>Incipiemus</u> (251a8), tertium ibi <u>At vero nichil</u> (252a11), quartum ibi <u>Contraria autem</u> (252b7).

The second treatise (253a22–260a19), on whether or not things possess the disposition of always being in motion or in rest, is said to contain seven chapters.

> [V 47ra] <u>Principium autem</u> (253a21). Iste est tractatus secundus, qui est de dispositione entium in semper vel non semper moveri aut quiescere. Et continet septem capitula. In primo declarat quod aliqua aliquando moventur, aliquando quiescunt. In secundo ostenditur quod in omni
> 5   motu movens et motum distinguuntur. In tertio demonstratur quod est devenire ad primum movens quod movetur a se ipso, si moveatur. In quarto probatur quod non est necesse omne movens moveri ad hoc quod moveat. In quinto concluditur quod primum movens est omnino immobile. In sexto consideratur de perpetuitate et unitate primi motoris. In
> 10 septimo manifestatur quod est aliquid semper immobile et aliquid semper motum et sunt aliqua que aliquando moventur et aliquando quiescunt. Secundum <u>Reliquum vero</u> (254b4), tertium <u>Hoc autem dupliciter</u> (256a4), quartum <u>Ad dicta autem</u> (256b3), quintum <u>Non igitur necesse</u> (257a25), sextum ibi ⟨<u>Quoniam autem oportet motum</u>⟩ (258b10), septi-
> 15 mum ibi ⟨<u>Iterum considerans</u>⟩ (259a21).[63]

11 aliqua] U alique V

The third treatise (260a20–266a9) discusses the nature of the primary kind of motion: local motion, in particular circular motion. This treatise is said to be composed of five chapters.

---

63   Instead of the lemmata, manuscript U reads [U 58vb]: 'Capitula signabuntur legendo litteram'. Manuscript V has an open space in the place of the final two lemmata ('<u>Quoniam autem oportet motum</u>' and '<u>Iterum considerans</u>').

GUIDE TO THE TEXT   CLIII

[V 51ᵛᵃ] At vero aliud (260a20). Iste est tertius tractatus ostendens quis et qualis sit primus motus. Et continet quinque capitula. Et primo ostenditur quod primus motus est motus localis; in secundo demonstratur quod nullum motum unum preter localem contingit esse perpetuum; in tertio probatur quod nullum motum unum preter circularem contingit esse perpetuum; in quarto declaratur quod nichil prohibet motum circularem esse unum et perpetuum; in quinto concluditur quod primus motus est motus localis circularis. Secundum ibi Que autem loci mutatio (261a28), tertium Quod autem contingit (261b27), quartum Quoniam autem in circulari (264b9), quintum Quod autem lationum (265a13).

Finally, the fourth treatise (266a10–267b27), on the infinity and perpetuity of the first mover, contains four chapters.

[V 55ʳᵃ] Quod autem hoc necesse (266a10). Iste est quartus tractatus, qui est de infinitate et perpetuitate primi motoris. Et continet quatuor capitula. In primo ostenditur quod movens finitum non movet per tempus infinitum. In secundo probatur quod in magnitudine finita non est virtus infinita nec e converso. In tertio ostenditur quod primum movens movet per tempus infinitum et est infinitum. In quarto concluditur quod primum movens est indivisibile et nullam habens magnitudinem. Secunda ibi Quod autem necesse (266a24), tertium De hiis autem (266b27), quartum Determinatis autem (267b18).

---

4 non] U *om.* V

The thirteen questions devoted to Book VIII in Buridan's *ultima lectura* can be linked as follows to the various chapters of the *Expositio*.

Book VIII	
Expositio	*Quaestiones* (*ultima lectura*)
Tractatus 1 (250b10–253a21)	
– Cap. 1, Utrum autem aliquando (250b10)	q. VIII.1, q. VIII.2, q. VIII.3
– Cap. 2, Incipiemus (251a8)	
– Cap. 3, At vero nichil (252a11)	
– Cap. 4, Contraria autem (252b7)	

(*cont.*)

Book VIII

Expositio	*Quaestiones* (*ultima lectura*)
Tractatus 2 (253a22–260a19)	
– Cap. 1, Principium autem (253a22)	
– Cap. 2, Reliquum vero (254b4)	q. VIII.4, q. VIII.5
– Cap. 3, Hoc autem dupliciter (256a4)	
– Cap. 4, Ad dicta autem (256b3)	
– Cap. 5, Non igitur necesse (264b9)	q. VIII.6
– Cap. 6, Quoniam autem oportet motum (258b10)	
– Cap. 7, Iterum considerans (259a21)	
Tractatus 3 (260a20–266a9)	
– Cap. 1, At vero aliud (260a20)	q. VIII.7
– Cap. 2, Que autem loci mutatio (261a28)	
– Cap. 3, Quod autem contingit (261b27)	q. VIII.8
– Cap. 4, Quoniam autem in circulari (264b9)	
– Cap. 5, Quod autem lationum (265a13)	
Tractatus 4 (266a10–267b27)	
– Cap. 1, Quod autem hoc necesse (266a10)	q. VIII.9
– Cap. 2, Quod autem necesse (266a24)	q. VIII.10
– Cap. 3, De hiis autem (266b27)	q. VIII.12
– Cap. 4, Determinatis autem (267b18)	q. VIII.11, q. VIII.13

Question VIII.1—Utrum ad scientiam naturalem pertineat considerare de primo motore[64]

Question VIII.2—Utrum Deus sic potuisset facere motum de novo quod ante non fuisset motus neque mutatio[65]

---

[64] The list of questions for Book VIII continues: 'Quod ad solam metaphysicam pertinet demonstrare primam causam esse et primam materiam et primam formam et primum agens et primum finem et scire quae sit unaquaeque illarum' (228[4–6]).

[65] The list of questions for Book VIII continues: 'Quomodo Deus potest immediate creare novum effectum sine mutatione voluntatis divinae et an potest velle oppositum eius quod ab aeterno voluit' (228[8–10]).

Question VIII.3—Utrum sit aliquis motus aeternus[66]

Questions VIII.1, VIII.2, and VIII.3 of Buridan's *ultima lectura* can all be related to the first treatise of Book VIII of Aristotle's *Physics*. This relation is most obvious in the case of question VIII.3, as the title of this question (*utrum sit aliquis motus aeternus*) corresponds more or less litterally with the abovementioned topic of the first treatise as a whole (*utrum perpetuus sit motus*)—leaving aside the difference between perpetuity and eternity. As we will see below, question VIII.2 is also linked to the first treatise, especially to chapter 2, where Buridan twice opposes a philosophical perspective on the question of the eternity or perpetuity of motion and a religious (Christian) perspective. The link between question VIII.1 of the *ultima lectura*, on the one hand, and the first treatise of Book VIII of Aristotle's *Physics*, on the other, becomes clear in Buridan's reading of chapter 1, where he claims that Aristotle's analysis of the perpetuity of motion is of great importance (*multum valet*) for answering the question whether the existence (*esse*) of the first principle (*primum principium*) belongs to the domain of metaphysics or natural philosophy. In addition, question VIII.1 can also be related to the topic of the fourth treatise of Book VIII (on the first mover) insofar as it raises the question whether the first mover (*primus motor*) ought to be examined in natural philosophy or rather in metaphysics. As Questions VIII.1, VIII.2, and VIII.3 of Buridan's *ultima lectura* all seem to relate, in one way or another, to the first treatise as a whole, I shall quote Buridan's *Expositio* of this part of the text in its entirety.

Following his introduction of the four chapters of the first treatise, Buridan refers to Averroes in order to clarify the exact meaning of the main question of the treatise (*utrum perpetuus sit motus*). This clarification is given at the start of chapter 1. In this chapter, Aristotle in particular examines the views of Anaxagoras and Empedocles, which are subsequently refuted in chapter 3 of the first treatise. As already mentioned above, Buridan links Aristotle's analysis of the perpetuity of motion to the disagreement between Avicenna and Averroes about whether the proof of the existence of the first principle (*primum principium*) belongs to the domain of metaphysics or natural philosophy. This disagreement is examined in further detail in question VIII.1 of the *ultima lectura*.[67]

---

66 The list of questions for Book VIII continues: 'Quod nullus motus potest esse infinitus, licet infinitus possit esse motus. Quod semper fuit motus, si haec dictio "semper" non distribuat nisi pro temporibus. Quare peccamus, si non volumus aliis prodesse, et Deus non. An Deo sit nobilior status dominari multis quam nullis. An est melius esse Deum et multa alia quam esse Deum tantum' (228[11–16]).

67 See below, 230[1]–236[5].

[V 45ra] Primus continet quatuor capitula. Primum recitat opinionem antiquorum de perpetuitate vel non perpetuitate motus. Secundum ostendit quod motus semper fuit et erit. Tertium reprobat Anaxagoram et Empedoclem negantes motum eternum. Quartum solvit rationes que videntur probare quod motus non sit eternus. Secundum ibi Incipiemus (251a8), tertium ibi At vero nichil (252a11), quartum ibi Contraria autem (252b7). Primo proponit questionem, secundo narrat in quo de illa questione consenserunt omnes naturales, tertio declarat differentias eorum, quarto infert considerandum esse de illa questione. Secunda ibi Omnes quidem (250b15), tertia Sed quanti quidem (250b18), quarta ibi Considerandum est (251a5).

Movet igitur istam questionem utrum semper fuit motus et semper erit motus in hiis que natura subsistunt sicut vita eorum. Et ista locutio 'sicut vita eorum' est similitudinaria. Motus enim in naturalibus est actus secundus et perfectio secunda animatorum.[68] Commentator dicit quod ista questio potest intelligi dupliciter. Uno modo utrum aliquis motus possit esse perpetuus, et ostendetur post quod sic, sed non in isto tractatu. Alio modo potest intelligi utrum semper fuit et erit aliquis motus, licet non unus et idem semper; et sic in isto tractatu ostendetur quod semper fuit aliquis motus et quod semper erit aliquis motus.

Omnes quidem igitur (250b15). Hic dicit quod omnes naturaliter loquentes in hoc fuerunt concordes quod concesserunt motum esse. Aliqui enim posuerunt motum fuisse genitum, quod non potuit esse sine motu vel mutatione. Omnes etiam naturales nisi fuerunt determinare de generatione et corruptione, que non possunt esse sine motu vel mutatione. Ideo omnes concesserunt motum vel mutationem esse.

Sed quanti quidem (250b18). Hic narrat differentias antiquorum. Et primo narrat quandam communem diversitatem eorum, secundo narrat specialiter opinionem Anaxagore, tertio opinionem Empedoclis. Secunda ibi Aut enim sicut (250b24), tertia Aut sicut Empedocles (250b26). Primo dicit quod antiquorum dicentium motum fuisse genitum quidam posuerunt solummodo mundum fuisse genitum semel, et tunc incepisse et mundum et motum. Alii posuerunt infinities diversos mundos successive fuisse genitos et corruptos, et sic consequenter dicebant de motu.

---

68   Instead of 'motus enim in naturalibus ... animatorum', manuscript U has the following [U 56va]: 'Motus enim in naturalibus est actus secundus eorum et perfectio secundaria eorum, sicut operatio vitalis que aliquando solet vocari vita est actus secundus et perfectio secunda animatorum'. The passage in V might well contain an omission by homoeoteleuton.

GUIDE TO THE TEXT   CLVII

35   Aut enim sicut (250b24). Hic specialiter recitat opinionem Anaxagore
   dicentis quod semel solum factus est mundus et nunquam corrumpetur,
   et ille factus est ab intellectu divino tali modo quod ante omnia erant et
   quiescebant in quodam chaos confuso, et tunc intellectus divinus incepit
   ea segregare ab invicem et [V 45rb] ordinare. Et illa fuit factio mundi. Et
40 ita Anaxagoras dicit etiam ante factionem mundi fuisse tempore perpetuo sine motu, et dicit ea post factionem mundi perpetuo moveri.
      Aut sicut Empedocles (250b26). Hic recitat opinionem Empedoclis, qui
   dicit mundos infinities successive generari et corrumpi per litem et amicitiam. Quando reveniebatur lis in entibus, tunc illa disgregabat entia que
45 prius erant unita in quodam chaos confuso, et sic illa lis ex illo chaos confuso faciebat multa per disgregationem; et hoc erat facere mundum. Sed
   quando cessabat lis et revertebatur universalis amicitia, tunc omnia iterum congregabantur et fiebat unum chaos confusum ex omnibus; et hoc
   erat corrumpi, scilicet mundum. Et sic in factione mundi et in corruptione
50 mundi dicebat Empedocles entia moveri per segregationem vel disgregationem, et in temporibus mediis dicebat entia quiescere sine motu. Et
   huiusmodi factionem et corruptionem mundorum dicebat infinities sibi
   succedere. Et Aristoteles ponit verba Empedoclis in propria forma, quia
   erant aliqualiter obscura.
55   Considerandum (251a5). Hic concludit considerandum esse de illa
   questione ut appareat de opinionibus antiquorum que fuerunt vere vel
   false, et quia ista questio multum valet ad sciendum veritatem de primo
   principio. Et super hoc Commentator nititur loqui contra Avicennam.
   Dicebat enim Avicenna quod methaphisicus sine consideratione de motu
60 perpetuo poterat demonstrare primum principium esse et substantias
   separatas esse. Commentator autem tenet contrarium. Et tamen credo
   magis Avicenne. Et videbitur **in questione** de eis. Sequitur capitulum
   secundum.

   ───────
   23 posuerunt] U *om.* V   37 erant] U erunt V   41 moveri] U movere V   56 ut] U quid V
   59–60 motu perpetuo] U primo principio V

Chapter 2 of the first treatise contains Aristotle's proof of the perpetuity of motion. In Buridan's reading, this chapter contains three sections. (1) The first section contains Aristotle's proof that motion has always been (*quod semper fuit motus*). This proof is twofold: from the perspective of motion itself (*ex parte motus*) and from the perspective of time (*ex parte temporis*). In his explanation of the first proof, Buridan takes into account both Aristotle's own philosophical point of view and that of religious (Christian) believers (*fideles*). Buridan's explanation of the second proof contains yet another reference to the questions (*in questionibus*), most likely to question VIII.3 of the *ultima lectura*.[69] (2) The second section of Aristotle's text is meant to show that motion will always be in the future (*quod semper erit motus*). Buridan claims that Aristotle's argument in this section is similar to the argument given in section 1 (specifically the proof *ex parte motus*). (3) As it has been argued, in section 1, that motion has always existed in the past and, in section 2, that motion will always exist in the future, the third section concludes that motion is perpetual or, more accurately, that perpetually motion exists (*perpetuus est motus, perpetuo est motus*). In this section, Buridan claims that on purely human, rational grounds, leaving religious considerations aside, one can only conclude that motion exists perpetually. At the same time, on purely religious grounds (*pura fide*), one has to believe the opposite, namely that the world was made anew (*de novo*) and that, before the world was made, neither motion existed nor time.

> [V 45rb] <u>Incipiemus autem ex diffinitis</u> (251a8). Hoc est secundum capitulum, in quo ostenditur quod perpetuus est motus. Et primo probat quod semper fuit motus, secundo quod semper erit motus, tertio quod est perpetuus. Secunda <u>Eadem ratio est</u> (251b29), tertia <u>Si igitur hoc</u> (252a3).
> 5 Item igitur arguit ex parte motus, secundo ex parte temporis. Secunda <u>Adhuc autem</u> (251b11). Item primo premittit suppositionem, secundo format rationem, tertio removet cavillationem. Secunda <u>Et hoc necessarium</u> (251a17), tertia <u>Alia quidem</u> (251a29).
>   Primo premittit istam suppositionem quod ante omnem motum est
> 10 mobile et motivum, quod videtur esse manifestum ex diffinitione motus data in tertio libro. Motus enim est actus mobilis et motivi. Modo prius erat mobile possibile moveri et motivum potens movere quam motivum actu moveret et mobile actu moveretur. Ideo mobile et motivum precedunt motum, qui est actus quo mobile movetur et motivum movet. Item
> 15 subdit Aristoteles: ista suppositio manifesta est sine diffinitione motus quasi per inductionem. Prius enim est quod potest comburi quam comburatur et prius est potens comburere quam comburat, et sic de ambulatione et calefactione et aliis motibus. Commentator dicit quod loquendo de prioritate temporis suppositio haberet veritatem de motibus novis, sed
> 20 non haberet veritatem de motu eterno. Tamen de prioritate secundum naturam suppositio habet veritatem de omnibus motibus. Semper enim

---

69   See below, 245[1]–257[24].

motivum et mobile sunt naturaliter priora suis motibus, quamvis forte non prece-[V 45ᵛᵃ]-dant tempore.⁷⁰

[V 45ᵛᵃ] <u>Ergo et hoc necessarium</u> (251a17). Hic format suam rationem.
25 Et est ratio talis: si aliquando incepit motus, ita quod ante nullus erat motus, detur ergo primus motus qui incepit postquam nullus erat motus. Tunc necesse est quod ipsum precesserint motivum et mobile. Vel ergo illud motivum et mobile fuerunt eternaliter, licet sine motu, vel facta fuerunt, aut saltem aliquod eorum. Si dicas quod aliquod eorum fuit factum,
30 hoc non potuit esse sine motu vel mutatione, et sic ante motum quem ponebas esse primum fuit alius motus et alia mutatio, scilicet per quam factum fuit mobile vel motivum, et hoc implicat contradictionem. Si vero dicas quod mobile et motivum fuerunt eternaliter, tamen sine motu, hoc est, sicut dicit Aristoteles, irrationabile et fictitium et ab inscientibus
35 dictum (251a22), quia quod sine ratione dicitur, dictum est tanquam ab insciente, cum non possit assignari ratio conveniens quare, si motivum et mobile semper erant, inceperunt aliquando movere cum nunquam ante moverent. Sed ultra dicit Aristoteles, si eternaliter quiescebant, oportebat quod esset aliqua causa quietis, quam oporteat removeri antequam
40 moverent, et non poterat removeri sine mutatione. Ergo necesse est quod ante mutationem quam dicebas esse primam esset alia mutatio, quod est impossibile.

<u>Alia quidem</u> (251a29). Hic obicit contra dictam rationem, secundo solvit obiectionem et tertio confirmat solutionem. Secunda <u>Videtur igitur</u>
45 (251a31), tertia <u>Necesse enim</u> (251b8). Obiectio talis est: duplicia sunt agentia, quedam naturalia sine intellectu et libertate, alia voluntaria cum intellectu et libertate. Agens autem naturale et non liberum non est activum contrariorum. Verbi gratia ignis calefacit et non potest frigefacere. Sed agens voluntarium et liberum est idem activum contrariorum. Verbi
50 gratia idem medicus per suam scientiam medicinalem potest et interficere et sanare. Modo diceretur quod primum movens sive primum agens, quod est Deus, agit per intellectum et voluntatem et pure libere. Ideo idem existens poterit esse causa motus novi et quietis precedentis. Ideo non oportuit removeri causam quietis antequam inciperet motus, cum
55 eadem esset causa et quietis et motus.

---

70 Here the *Expositio* in U adds the following text in the margin [U 57ʳᵃ]: 'Motus elementorum non inveniuntur posteriores a formis eorum secundum tempus, sicut de animalium motibus; potentia precedens hunc motum non est in moto nisi violenter; sed est in ea re ex qua fit res mota. Verbi gratia quod potentia ad motum ignis in loco non est in igne, sed est in illo ex quo ignis fit, vel oleo aut ligno'.

Videtur igitur (251a31). Hic Aristoteles solvit dictam instantiam dicens quod quodammodo simile est et quodammodo dissimile de potentia naturali et intellectuali. Simile enim est quod utraque quodammodo est activa contrariorum. Frigidum enim, licet per se non calefaciat, tamen
60 potest calefacere per accidens per antiperistasim, quia scilicet expellendo a se calorem congregat illum simul in unum locum et sic calefacit illum locum. Sic enim cavee profunde in terra fiunt calide. Sed est dissimile, quia agens naturale non agit per se nisi alterum contrariorum, agens autem voluntarium potest per se et directe agere utrumque, licet sit prin-
65 cipalius innatum agere unum quam alterum. Sed iterum in alio, quod est ad propositum, est simile, quia, sicut agens naturale nunquam agit utrumque oppositorum nisi ratione diversarum dispositionum, vel intrinsecarum vel extrinsecarum (omnibus enim similiter se habentibus, [V 45vb] semper ageret consimiliter), ita agens intellectuale et voluntarium non
70 agit contraria ad extra nisi secundum aliquas diversas dispositiones, vel intrinsecas vel extrinsecas. Agens enim voluntarium potens libere agere utrumque contrariorum, ut A et B, non agit magis A quam B nisi quia vult A et non B. Ideo si ageret B et non A, oporteret saltem quod velle mutaretur. Diceretur igitur de primo motore, scilicet de Deo, quod, si ante
75 non creabat, hoc erat quia non volebat creare, et oportet, si post creat, quod velit creare; et sic mutabitur in sua voluntate, quod est impossibile, cum ipse sit omnino immutabilis. Et illa ratio est bene difficilis. Tamen respondent fideles quod Deus ab eterno voluit et intellexit quidquid vult et quidquid intelligit, et nunquam mutatus fuit in suo intellectu vel in sua
80 voluntate. Unde ab eterno voluit mundum esse tunc quando mundus fuit, et ipsum non esse tunc quando non fuit. Modo ad eius velle sequitur ita esse sicut vult. Consecutum est tunc mundum esse et non ante fuisse, et inde non est mutata Dei voluntas, sicut si vis ire cras ad forum, et perseveres in illa voluntate, tu ibis cras ad forum, illa voluntate non mutata sed
85 ad actum exteriorem reducta.

Necesse enim in hiis (251b8). Hic confirmat solutionem nunc positam predicte instantie tali ratione: quecumque dicuntur ad aliquid alio modo quam prius, necesse est ea esse mutata prius vel saltem illorum alterum; sed movens dicitur ad mobile quando movet aliter quam quando non
90 movet (dicitur enim movens et ante non dicebatur movens, sed solummodo motivum); ergo oportet prius mutari aut mobile aut motorem, et sic erit mutatio prior prima, quod est impossibile. Vel arguitur sic: impossibile est de eodem verificari contradictoria vel etiam impossibile est ita res se habere qualiter se haberent, si successive verificarentur contradictoria,
95 sine aliqua mutatione previa; sed de primo motore, antequam moveret et

quando moveret, verificarentur contradictoria, ut movere et non movere; igitur oportebat esse mutationem previam. Ista ratio solvitur quod non oportet esse mutationem previam, ymo per illam primam mutationem res se habet aliter quam ante se habebat, et hoc aliter se habere sufficit ad verificationem contradictionis.

Adhuc autem prius (251b11). Hic Aristoteles arguit ex parte temporis sic: si tempus est eternum, motus est eternus, cum tempus sit motus vel non sine motu, ut dicebatur in quarto. Sed tempus est eternum. Hoc probatur tripliciter. Primo auctoritate omnium antiquorum preter Platonem. Solus enim Plato dixit tempus fuisse factum de novo cum ipso mundo. Secundo probatur idem quia: quidquid fit de novo, necesse est ipsum esse aliquo posterius et aliquid esse prius ipso. Necesse est enim quod faciens precedat factum. Igitur si tempus fuit factum, oportuit quod factor sive creator temporis esset prius ipso tempore. Sed non est prius neque posterius sine tempore, ut ymaginabatur Aristoteles. Igitur oportebat tempus esse antequam fieret, quod est impossibile. Sed dicendum est quod non omne prius et posterius dicuntur secundum successionem. Unde quamvis non posset prius et posterius esse secundum successionem sine tempore vel mutatione, tamen poterant esse alii modi prioritatis; de quo magis videbitur **in [V 46ra] questionibus**. Tertio adhuc probatur quod tempus sit eternum quia: si incepit, ipsum incepit ab aliquo nunc; sed hoc est impossibile, quia de ratione ipsius nunc est quod sit principium et finis, scilicet finis preteriti et initium futuri. Et sic antequam inciperet tempus, oportebat precessisse tempus preteritum, quod est impossibile. Respondetur quod est de nunc in tempore sicut de puncto in linea; sed in aliqua linea est dare punctum initiativum quod ita est principium linee quod non est finis alterius; ideo etiam sic est ymaginandum de nunc in tempore.

Eadem ratio est (251b29). Hic vult probare quod semper erit motus, et probatur proportionaliter sicut quod semper fuit nam: *si motor et mobile manent perpetuo post cessationem motus, et motor non moveat nec mobile moveatur*[71], hoc videtur irrationabile et fictitie dictum, cum non appareat ratio quare debeant cessare perpetuo post magis quam ante. Si vero alterum eorum corrumpitur, tunc post motum datum ultimo erit alius motus vel alia mutatio per quam illud motivum vel illud mobile corrumpetur, et sic ultima mutatione erit mutatio ulterior.

---

71   The text in italics is taken from the *Expositio* contained in U. The text of V is corrupt here: 'si motor et mobile movent perpetuo post cessationem motus et motoris non moveatur nec mobile moveatur'.

Si igitur hoc impossibile (252a3). Hic concludit quod perpetuus est motus vel quod perpetuo est motus. Et hoc sequitur ex precedentibus, cum sit probatum quod semper fuit motus et semper erit motus. Et sic possunt signari in isto capitulo quatuor conclusiones. **Prima** est una suppositio posita in principio capituli, scilicet quod de necessitate omnem motum precedit vel precessit motivum vel mobile. **Secunda conclusio** est quod semper fuit motus. **Tertia conclusio** est quod semper erit motus. **Quarta conclusio** est quod perpetuo est motus. Et credo quod per rationem humanam ex sensibilibus deductam non posset oppositum demonstrari; sed pura fide credendum est mundum de novo factum fuisse et ante non fuisse motum neque tempus. Sequitur tertium capitulum.

10 manifestum] U motum V   15 ista] U istam V   49 idem] U ideo V   50 idem] U ideo V   52 intellectum] U intentum V   83–84 perseveres] U per se vera est V   93 ita] U illa V   96 ut] U nec V   107 aliquo] U *om.* V   118 inciperet] U incipere V   121 initiativum] U initiatum V   125 proportionaliter] U probabiliter V   129 ultimo] U ultimum V   141 est] VU quod *add.* V   142 motum] U motus V

Chapter 3 of the first treatise contains a detailed refutation of the views of Anaxagoras and Empedocles mentioned briefly in chapter 1. Both Anaxagoras and Empedocles are said to deny the perpetuity of motion. The chapter contains six sections according to the six errors (*defectus*) committed by these two presocratic philosophers. At the beginning of the chapter, Buridan again mentions the opposite perspectives of the (natural) philosopher and the religious believer (*fides nostra*).

[**V 46^(ra)**] Et namque assimilatur (252a5).[72] Hoc est tertium capitulum, quod est de manifestatione errorum Anaxagore et Empedoclis in negando motum perpetuum. Et dividitur in sex partes iuxta sex defectus eorum. Secunda ibi Similiter autem (252a6), tertia At vero (252a11), quarta Quare dignius (252a19), quinta Hec quidem (252a26), sexta Omnino quidem (252a32).

Primus defectus eorum est quia ambo fictitie loquuti sunt. Et intendit Aristoteles illos loqui fictitie qui de naturalibus asserunt aliqua que nec sunt per se nota vel non magis apparentia quam sua opposita nec sunt ex per se notis aut probabilibus deducta. Sed constat quod nec est per se notum quod mundus fuit aliquando factus de novo nec ex probabilioribus deduci potest quam suum oppositum. Et hoc esset verum circumscriptis

---

72 At the beginning of his discussion of treatise 1 of Book VIII (**V 45^(ra)**), Buridan claims chapter 3 to start at 252a11 (At vero nichil). See above, CLII.

miraculis et auctoritate divina super quam fides nostra fundata est. Ideo cum hoc Aristoteles non habuisset, credidit hoc esse fictitium.

15 <u>Similiter autem</u> (252a6). Secundus defectus illorum erat descendendo ad specialia dicta eorum, scilicet quod Empedocles ponebat litem regnare uno tempore et amicitiam alio, et utrumque ponebat suo tempore movere, hanc quidem congregando, illam autem disgregando, et temporibus mediis esse omnia in quiete. Et hec omnia supponebat sine aliqua neces-
20 saria vel etiam probabili ratione. Ideo totum erat fictitium. [V 46rb] Similiter Anaxagoras ponens unum primum principium, scilicet intellectum divinum, dixit sine ratione illum aliquando movere et agere cum ante ab eterno nichil fecisset. Ideo hoc etiam videtur fictitium.

<u>At vero nichil</u> (252a11). Tertius defectus est contra Anaxagoram quia:
25 omnia que secundum naturam sunt apparent nobis ordinata et natura seu agentia naturalia apparent nobis esse causa ordinativa eorum. Ordo enim naturalium videtur esse de aliquibus que semper se habent similiter. Et de hiis autem que se habent dissimiliter ordo est quod determinatis temporibus se habent sic et aliter; et hoc provenit, ut dicit Commentator,
30 ex diversitate agentium, scilicet celestium, aliter et aliter nobis perpetuo applicatorum certis temporibus per motum circularem perpetuum, scilicet celi. Anaxagoras autem non potest huiusmodi ordinem salvare, cum diceret mundum quandoque fuisse factum et ante perpetuo non fuisse. Nullus enim est ordo vel proportio temporis infiniti seu perpetuitatis ad
35 tempus novum. Igitur ille locutus est contra naturam vel preter naturam, et certum est quod sic dicere est loqui preter naturam, quia super naturam. Non enim mundus factus fuit naturaliter sed supernaturaliter.

<u>Quare dignius</u> (252a19). Hic ponitur quartus defectus. Tamen primo ex dictis concluditur quod Empedocles probabilius loquutus est quam
40 Anaxagoras, quia Empedocles posuit determinatis temporibus ab eterno successive successisse sibi invicem motum et quietem; determinata tempora et finita possunt ad invicem proportionari; et sic aliqualiter potest in eis salvari ordo. Sed Anaxagoras posuit tempore infinito entia quiescere et post moveri aliquo certo tempore; infiniti autem temporis ad aliud
45 certum tempus non est proportio neque aliqualis ordo. Tamen dicit Aristoteles quod nec ille Empedocles bene loquutus est, quia hec que sic asserebat non sunt manifesta nec magis apparentia prima facie quam sua opposita. Modo in scientia naturali non debent talia poni et supponi sine aliqua declaratione vel per rationem vel per inductionem. Et sic erat ille
50 quartus defectus contra Empedoclem, quia ponebat predicta sine probatione tanquam si essent dignitates per se manifeste, que tamen non erant dignitates nec etiam apparentes probabilitates.

Hec quidem enim (252a26). Quintus defectus est etiam contra Empedoclem quia: licet concederemus ei quod amicitie est congregare et litis disgregare, eo quod ita videmus in nobis, tamen per rationes litis et amicitie, quas ille ponebat esse rerum principia, non potest haberi quod succederent sibi in entibus temporibus equalibus, quoniam regnante amicitia ubi latebat lis et quomodo poterat reverti ad regnum et expellere amicitiam? Hec enim apparent omnino irrationabilia. Ideo non sic ponenda sunt nec sine aliqua ratione supponenda.

Omnino quidem (252a32). Sextus defectus est quia: dicebant de hiis que sunt sempiterna non esse causam querendam quare sic sunt et sic operantur. [V 46va] Modo Anaxagoras ponebat intellectum divinum esse perpetuum et Empedocles litem et amicitiam esse perpetuas. Ideo dicebant non esse causam querendam quare sic sunt vel sic agunt. Dicit igitur Aristoteles quod illud dictum eorum non erat universaliter verum, quoniam si loquebantur de necessitate seu perpetuitate attributa propositionibus, apparet quod multe sunt rationes necessarie sive perpetue, quarum tamen querende sunt cause in cognoscendo et demonstrando eas. Querimus enim propter quid omnis triangulus habet tres etc., licet de primo principio complexo hoc non esset querendum. Similiter igitur, licet poneremus multa esse perpetua in essendo, ut Deum, intelligentias et corpora celestia, tamen intelligentiarum et celi querenda est causa, scilicet Deus, cuius non est amplius causa querenda. Et sine dubio illi antiqui in hoc bene dicebant quod eorum que preter ordinem nature fiunt supernaturaliter a Deo nos nullam debemus querere causam necessariam in factione eorum nisi simplicem Dei voluntatem. Sed de tali factione, quia illa non est naturalis, non loquutus est Aristoteles in scientia naturali. Et sic finitur capitulum.

---

9 non] U *om.* V   28 dissimiliter] U dissimilior V   31 applicatorum] VU perpetuo *add.* V   36 sic] *scripsi* sicut V si U   52 apparentes] U apparenter V   62 sunt^2] U *om.* V   64 empedocles] U empedoclem V

In chapter 4 of the first treatise, Aristotle is said to solve a set of three arguments against the perpetuity (or: eternity) of motion. His reply to the first argument already raises the question of the unity of reflex motion, which will be discussed in the third treatise of the *Expositio* (chapters 3 and 4) and in question VIII.8 of the *ultima lectura*.

[V 46$^{va}_{,1}$] Contraria autem hiis (252b7). Hoc est quartum capitulum, quod est de solutione rationum que videntur arguere motum non esse eternum.

Et primo ponit illas rationes, secundo earum solutiones. Secunda Horum autem (252b29). Primo ponit tres rationes. Secunda Amplius (252b12), tertia Multo autem (252b17).

Prima ratio videtur communiter arguere de omni motu quia: omnis motus est de aliquo termino in aliquem terminum; et omne habens terminos est finitum; ergo omnis motus est finitus. Item in quinto libro videbatur dixisse quod omnis motus est de subiecto in subiectum, et quod illa subiecta sunt contraria in quibus est motus; et sic omnis motus inter extrema contraria est; et omne tale est finitum; igitur etc. Et Commentator fortificat rationem quia: omnis motus est de contrario in contrarium vel de eodem in idem; sed nullus videtur esse de eodem in idem, quia otiosus esset. Frustra enim aliquid moveretur ad illud quod iam habet. Ergo omnis motus est de contrario in contrarium, et per consequens finitus. Item sexto *huius* dicebatur quod impossibile est fieri illud quod impossibile est factum esse, et impossibile est moveri illud quod impossibile est motum esse; sed impossibile est motum eternum esse factum vel etiam impossibile est motum esse infinitum; ergo impossibile est eternaliter sive in infinitum aliquid moveri. Et omnia hec media tangit Aristoteles in illa parte.

Amplius autem videmus (252b12). Alia ratio est quia: si videamus aliqua moveri postquam ante quiescebant, ut aerem vel aquam vel lapidem, videtur quod ita possumus dicere rationabiliter de omnibus aliis et etiam de toto mundo.

Multo autem magis (252b17). Alia ratio fortificat secundam, quia ad secundam faciliter potest responderi quod inanimata, ut lapis aut terra, si modo quiescunt, nunquam post movebuntur nisi precedat alius motus per quem sibi applicatur motor vel per quem removebitur [V 46vb] illud quod prohibebat ipsum moveri. Sed ratio est fortior in animalibus que post quietem ipsorum movent se sine indigentia motus previi aut motoris extrinseci. Et si hoc ita invenitur in parvo mundo, id est in animali vel in homine, videtur quod ita sit possibile in magno mundo vel etiam in illo chaos infinito quod Anaxagoras ponebat. Et notandum est quod Aristoteles vocat animal vel hominem minorem mundum secundum similitudinem, quia, sicut in magno Deus et intelligentie per cognitionem movent et regunt ipsum mundum, ita anima per cognitionem movet et regit animal.

Horum autem primum (252b29). Hic solvit predictas rationes. Secundam Moveri autem (253a2), tertiam Maxime autem (253a7).

Primo igitur respondet ad primam rationem concedendo quod impossibile est motum de contrario in contrarium esse perpetuum, quia habet terminos extremos, scilicet illa contraria; et si fiat reversio, tamen ille motus reversionis non erit unus et continuus cum priori motu, sicut dicetur post. Unde dicit Aristoteles quod hoc bene aliquis potest dubitare, scilicet utrum motus de contrario in contrarium et e converso reflexus possit esse unus et continuus, verbi gratia cum corda cythare percutitur, et per suum motum videtur aliquo toto tempore sonare continue, propter quod etiam videtur motus eius hinc inde multotiens esse continuus. Sed sicut dicit Aristoteles, quidquid de hoc dicatur, tamen hoc non obstat quin possit semper esse motus, ymo etiam unus et idem continuus, et ille non erit de contrario in contrarium, sed de eodem in idem, scilicet motus circularis. Et hoc declarabitur in tertio tractatu.

Moveri autem (253a2). Hic respondet ad secundam rationem dicens quod nullum est inconveniens si aliquid, postquam ante quiescebat, movetur per hoc quod sibi applicatur de novo extrinsecus movens per alium motum priorem. Sed inconveniens esset si de novo moveretur cum ante nullus esset motus nec in se nec extra se. Unde hec ratio solum dubitat quare non semper quiescunt que quiescunt et non semper moventur que moventur, et hec dubitatio determinabitur post.

Maxime autem (253a7). Hic respondet ad tertiam rationem, que videtur difficilior, quia homo apparet aliquando de novo moveri absque hoc quod ab extrinseco moveatur. Sed Aristoteles dicit hoc non valere propter multa. Primo quia, licet prima facie non appareat moveri ab extrinseco, tamen movetur, scilicet a continente. Alteratur enim a continente et possibile est huiusmodi alterationes pervenire ad sensum vel intellectum, et tunc sensus vel intellectus mutatus potest iam movere totum animal. Et iterum si homo non moveatur tunc ab extrinseco, tamen habet in se multos motus etiam non voluntarios, scilicet a naturali calore et virtute digerente cibum, propter quos motus homo dormiens tandem expergefit et famescit et sitit et potest se movere localiter, cum ante non posset, scilicet dormiendo. Et ita motus ille localis quem videmus non est de novo sine previis motibus, licet eos non percipiamus. Et sic finitur primus tractatus. Incipit secundus tractatus octavi libri Aristotilis.

---

3 earum] U eorum V

Question VIII.4—Utrum animal moveatur ex se et non grave inanimatum[73]

---

73 The list of questions for Book VIII continues: 'De multis diversis modis movendi se' (228[18]).

Question VIII.5—Utrum actu grave existens sursum moveatur per se post remotionem prohibentis et a quo moveatur[74]

Questions VIII.4 and VIII.5 are both related to chapter 2 of the second treatise of Book VIII. Buridan offers the following explanation of this part of Aristotle's text, which deals with the possibility of self-motion in inanimate bodies.

[V 47vb] Reliquum vero considerandum (254b4). Hoc est secundum capitulum, in quo ostenditur quod in omni motu movens et motum distinguuntur. Et primo Aristoteles proponit generaliter quod restat considerandum, secundo ponit aliquas divisiones, tertio declarat intentum in
5   membris illarum divisionum, quarto concludit universaliter suum propositum. Secunda [V 48ra] Moventium (254b7), tertia Et maxime (254b24), quarta Si igitur (255b31).

Primo igitur proponit quod restat considerandum utrum omnia quandoque moventur et quandoque quiescunt vel non, ymo quod aliqua semper
10 moventur et aliqua sunt semper immobilia.

Moventium igitur (254b7). Hic ponit plures divisiones. Primo divisionem moventium in per se et per accidens, ut abiciat a sua consideratione illud quod dicitur per accidens. Secundo ponit divisiones eorum que per se dicuntur movere aut moveri. Secunda Eorum autem (254b12). Prima
15 divisio est illa que posita fuit in principio huius libri, scilicet quod quedam dicuntur movere aut moveri secundum accidens, alia secundum partem et alia per se et primo. Sed illam divisionem reducit hic ad duo membra, quia que moventur ratione partis dicit moveri per accidens; quod est verum prout per accidens distinguitur contra per se et primo; tamen illa
20 non dicuntur moveri pure per accidens.

Eorum que (254b12). Hic ponit divisiones eorum que per se dicuntur movere aut moveri. Et primo ponit duas divisiones, secundo declarat eas. Secunda ibi Quod enim (254b14). Prima illarum divisionum est quod eorum que moventur quedam dicuntur moveri a se ipsis, id est a moto-
25 ribus sibi intrinsecis, alia dicuntur moveri ab aliis, id est a motoribus sibi extrinsecis. Alia divisio est quod eorum que moventur quedam moventur naturaliter et alia violenter.

---

[74] The list of questions for Book VIII continues: 'Quod nec a generante nec a removente prohibens nec a loco nec a caelo nec a medio, sed a forma sua vel a sua gravitate. Quare motus gravis velocitatur continue. De diversis modis capiendi "moveri per se"' (228$^{20-23}$).

Quod enim (254b14). Hic declarat dictas divisiones combinando eas per invicem. Et primo declarat ea que moventur ex se, secundo ea que moventur ab alio. Secunda Et eorum (254b20).

Primo dicit quod ea que moventur ex se, id est a principio intrinseco, ut animalia, moventur naturaliter, quia ab anima, que est eorum natura. Sed tamen corpus animalis aliquando contingit moveri extra naturam et violenter; quod apparet si consideretur ex quo elemento fit animal a dominio et quali motu movetur. Et hoc potest exponi dupliciter. Primo modo quod corpus animalis quandocumque movetur ab anima, movetur naturaliter; sed potest moveri ab extrinseco, ut si aliquis levet hominem sicut levaret lapidem; tunc enim levatur violenter, quia ipse terrestris et gravis. Alio modo exponitur quod corpus quandocumque movetur ab anima, ipsum movetur naturaliter ea ratione qua ipsum est animatum; sed ea ratione qua ipsum est grave, ipsum potest moveri etiam ab anima violenter, ut si ascendat sursum per scalam.

Et eorum (254b20). Hic declarat ea que moventur ab alio; et quia ab alio sepe moventur tam animata quam inanimata, ideo de inanimatis dicit quod ipsa quandoque moventur naturaliter, ut si terra movetur deorsum et ignis sursum, et aliquando moventur extra naturam, ut si moveantur extra naturam e converso. Animata etiam alio modo quam predictum fuerit dicuntur aliquando moveri et naturaliter et extra naturam quantum ad eorum membra. Verbi gratia quando membra moventur et plicantur secundum exigentias iuncturarum suarum dicuntur moveri naturaliter, sed si plicarentur modo disconvenienti suis iuncturis, dicerentur quodam modo moveri preter naturam, ut si brachia plicentur retro.

Et maxime (254b24). Hic declarat intentum in membris dictarum divisionum. Et primo in hiis que moventur violenter, secundo in animalibus, que moventur a principio intrinseco, et tertio in gravibus et levibus, quando ipsa moventur naturaliter. Secunda Postea autem (254b27), tertia Maxime autem (254b34). Primo dicit quod in illis que moventur violenter maxime manifestum est quod movens et motum distinguuntur, quia in illis movens est extrinsecum moto.

Postea autem (254b27). Hic dicit quod post illa que violenter moventur satis etiam est manifestum de animalibus, que a se ipsis moventur, quod etiam movens sit distinctum a moto, quoniam [V 48rb] anima ponitur movere corpus. Sed bene dubitatur, ut dicit, quomodo se habeat movens ad motum, scilicet utrum sit distinctum secundum situm, sicut homo movens navem est distinctus secundum situm et magnitudinem a navi, vel utrum movens inhereat moto. Et breviter de hoc est dicendum quod anima bene movet corpus cui inheret, tamen non movet totum

corpus immediate, ymo primo movet musculos et per illos movet nervos et per nervos membra, ut tibias et pedes, ad quorum motus totum
70 corpus portatur. Prout igitur anima movet corpus cui inheret, movens et motum non sunt distincta secundum situm, sed prout una pars quantitativa corporis movet aliam, movens et motum sunt distincta secundum situm.

Maxime autem (254b34). Hic declarat intentum de gravibus et levi-
75 bus quando moventur naturaliter. Et primo proponit esse dubium de eis, secundo ostendit ea non moveri a se ipsis, tertio manifestat a quibus moveantur. Secunda ibi Et namque (255a6), tertia ibi Sed accidit (255a19).

Primo dicit quod gravia et levia inanimata moventur quandoque violenter, et tunc est manifestum quod movens et motum distinguuntur;
80 quandoque autem moventur naturaliter, scilicet ad sua loca naturalia, et tunc est magis dubium utrum movens et motum distinguuntur, propter hoc quod non est manifestum a quo moveantur.

Dicit igitur et namque (255a6). Quia pluries dicit gravia et levia inanimata non moveri a se ipsis, ideo hoc intendit hic probare, et est **prima**
85 **conclusio** capituli. Ad quam adducit quatuor rationes. Secunda ibi Et facere (255a8), tertia ibi Quare si (255a9), quarta ibi Amplius quarto modo (255a12).

Prima ratio talis est: illud non convenit gravibus et levibus inanimatis quod est proprium animatis; sed moveri a se ipsis est proprium anima-
90 torum, cum animata soleant ab inanimatis distingui per sensum et per motum; ergo etc. Debetis igitur notare ad evidentiam dicte conclusionis et rationum que ad eam adducuntur quod hec est differentia inter animalia et inanimata, quia animalia moventur per cognitionem, inanimata vero moventur sine cognitione. Et ideo motore et mobili applicatis
95 ad invicem, si non sit prohibens, statim movent inanimata vel moventur ad illam dispositionem ad quam naturaliter sunt innata movere vel moveri, nec possunt quietari donec perveniunt ad terminum naturaliter intentum. Dico semper, si non fuerit prohibens et quod etiam movens et mobile sint sufficienter applicata et quod sint sufficienter disposita, hoc
100 ad movere, illud ad moveri. Ex quo sequitur quod mobile inanimatum nunquam potest incipere motum post quietem nisi concurrente motore extrinseco, quoniam si grave existens sursum habeat intrinsece motorem suum, scilicet gravitatem, et quiescat, hoc est quia ibi est prohibens et nunquam incipiet moveri nisi ab alio motore removeatur prohibens. Et
105 sic intendit Aristoteles quod semper gravia et levia moventur a motoribus extrinsecis, id est quod ad incipiendum motum post quietem indigent motore extrinseco, scilicet vel removente prohibens vel generante dispo-

sitionem requisitam ad movendum. Sed animal bene incipit moveri post quietem sine hoc quod tunc concurrat motor extrinsecus, quia per species reservatas in fantasia vel memoria possunt sensus et appetitus reduci ad actum sentiendi et [V 48ᵛᵃ] appetendi, et sic possunt de novo movere ipsum animal. Et per idem apparet quod animal potest se movere ad quamlibet differentiam positionis secundum quod percipit rem appetitam esse in alio et in alio loco. Sic autem non potest inanimatum. Similiter idem animal potest se quietare in medio ante finalem terminum, inanimatum autem non. Et sic procedunt rationes Aristotelis, ut videbitur.

Et facere (255a8). Secunda ratio ad idem est quia: quod movetur ex se, potest ex se quiescere, vel in termino a quo vel in medio, etiam sine prohibente extrinseco; grave autem inanimatum non sic potest; ergo etc.

Quare si (255a9). Tertia ratio est quia: quod movetur ex se modo predicto, scilicet incipiendo motum post quietem sine indigentia motoris extrinseci, tale potest se movere ad contraria loca; sic autem non possunt gravia et levia inanimata; ergo etc.

Amplius quarto modo (255a12). Quarta ratio talis est: omne quod ex se movetur per se, est divisibile in partem per se moventem et aliam partem motam, que habeat resistentiam motori (aliter fieret motus in instanti, nisi forte esset motor voluntarius); sed grave inanimatum non est sic divisibile. Probatio quia: si dividitur in partes quantitativas, iste sunt eiusdem rationis; ideo non esset ratio quare una esset movens et alia mota magis quam e converso. Si vero dividatur in partes essentiales, scilicet materiam et formam, tunc forma est motor et materia mota; sed non habet vim resistendi; ideo totum illud non movetur per se solitarie, sed requiritur aliud extrinsecum resistens, scilicet medium, quod movetur et dividitur.

Sed accidit (255a19). Hic vult ostendere a quo grave vel leve inanimatum moveatur. Et primo premittit aliquas divisiones, secundo ex eis declarat propositum. Secunda ibi Potentia autem est (255b17). Primo ponit duas divisiones. Secunda ibi Quoniam autem (255a31). Dicit ergo quod conclusio predicta est manifesta distinguendo causas tam moventes quam motas sive tam activas quam passivas. Et tunc ponit divisionem dictarum causarum dicens quod tam movere quam moveri dividitur uno modo secundum naturam et per se, alio modo preter naturam et per accidens. Verbi gratia, si dicamus vectem vel baculum esse motivum lapidis, hoc non est per naturam suam nec per se, quia si poneretur iuxta lapidem et non moveretur aliunde, non moveret lapidem sed quiesceret cum lapide. Sed si dicamus quod actu calidum est calefactivum, hoc est per se et naturaliter. Similiter est de moveri passive: quod est per se et naturaliter in potentia ad aliquam dispositionem, est per se et naturaliter mutabile ad illam. Unde cum non sit de ratione lucidi quod sit calefactibile, per accidens est si lucidum calefit. Sed est per se et naturaliter si illud quod est in potentia calidum per naturam calefiat. Et dicit in fine quod gravia et levia existentia in suis locis naturalibus non moventur naturaliter ab illis locis quamdiu manent talia. Tamen grave existens deorsum potest moveri naturaliter sursum, quia quandoque fit leve; et tunc movebitur sursum naturaliter; quare etc.

Quoniam autem (255a31). Hic ponit aliam divisionem, secundo respondet questioni que potest fieri. Secunda ibi Et tamen queritur (255b14). Primo dicit quod causa dubitationis a quo movetur grave aut leve est hec quod potentia dicitur multipliciter. Ideo dicendum est de potentia. Deinde ponit divi-[V 48vb]-sionem de potentia. Et accipimus hic 'potentiam' prout est remota ab actu. Sic ergo duplex est potentia: quedam ad actum primum, alia solum ad actum secundum. Et per 'actum primum' intelligatis formam vel dispositionem que potest in aliquam operationem; et per 'actum secundum' intelligamus operationem procedentem ab huiusmodi forma vel dispositione. Verbi gratia scientia est actus primus et considerare est actus secundus. Igitur ante addiscere est homo in potentia ad actum primum, scilicet ad scientiam, et cum habuerit scientiam, et cum non considerat, ut si dormiat, ipse est in potentia ad actum secundum et non ad actum primum. Ita diceremus quod caliditas est actus primus et calefacere est actus secundus. Et sic actu calidum quod tamen non calefacit, habet actum primum et est in potentia ad actum secundum, sed frigidum est in potentia et ad illum actum primum et actum secundum, scilicet ad caliditatem et ad calefacere. Potest enim fieri calidum et postea calefacere. Et est talis differentia inter huiusmodi potentias quia: idem est in actu primo et in potentia ad secundum. Potest tamen statim transire in actum secundum si applicatum sit sibi obiectum et non sit extrinsecum impedimentum. Unde actu calidum statim calefacit si sit sibi calefactibile approximatum, et actu sciens statim potest considerare, si voluerit, nisi sit prohibens ut infirmitas aut sompnus aut huiusmodi. Sed illud quod est in potentia ad actum primum non potest in operationem sine alio motore a quo sibi generatur actus primus, sicut discipulus indiget doctore a quo habeat scientiam antequam possit per se considerare; nec frigidum potest calefacere nisi prius fiat calidum. Modo ad propositum in motibus gravium et levium est dare actum primum, scilicet formam gravitatis, et actum secundum, scilicet motum deorsum; modo actu grave non est in potentia ad illum primum actum, sed solum ad secundum; ideo actu grave, si sit sursum, statim movebitur deorsum,

si non sit impedimentum; ideo si quiescit sursum, hoc est propter prohibens; et sic antequam incipit motum, oportet quod ab alio moveatur
190 prohibens; et ideo grave de tali potentia dicitur moveri a removente prohibens, et sic ab extrinseco. Sed illud quod est actu leve et est sursum, ipsum est in potentia ad actum primum ipsius gravis et consequenter ad actum secundum, scilicet ad moveri deorsum; tamen nunquam movebitur deorsum naturaliter donec est factum actu grave. Et ad hoc indiget
195 motore extrinseco, scilicet generante gravitatem. Et sic omnino habetis intentionem Aristotelis. Grave enim movetur naturaliter deorsum a gravitate sua sibi intrinseca tamquam ab immediato motore; tamen cum hoc sic movetur ab extrinseco motore, quia incipiendo moveri requiritur alius motor extrinsecus, scilicet removens prohibens, si sit in actu primo et in
200 potentia ad secundum, vel requiritur generans gravitatem, si sit in potentia ad actum primum.

Et tamen queritur (255b14). Hic respondet ad questionem, scilicet quare [V 49ra] gravia et levia moventur ad sua loca naturalia cum fuerunt extra et remotum fuerit impedimentum. Ad quam respondetur quod
205 non est assignanda causa extrinseca principaliter agens, licet ante egit generando formam vel removendo prohibens, sed causa agens est actus primus, scilicet gravitas, que ex se innata est transire in actum secundum, scilicet motum deorsum. Et per solutionem huius questionis et ex predictis potest inferri quod actu grave movetur deorsum active et per se a
210 sua forma, hoc est a sua gravitate, si fuerit sursum et non fuerit prohibens.

Potentia autem (255b17). Cum iam appareat a quo actu grave movetur deorsum per se et immediate, et ante dictum est quod movetur ab alio, scilicet ab extrinseco, ideo secundum dicta ostendit a quo extrinseco
215 moveatur. Et iam ostensum est quod hoc est vel a generante gravitatem, id est formam, vel a removente prohibens. Et ista potest esse **tertia conclusio**[75] capituli, scilicet quod grave ad hoc quod incipiat moveri naturaliter deorsum indiget motore extrinseco, scilicet generante gravitatem, si non sit actu grave, vel removente prohibens, sit sit actu grave.

220 Si igitur omnia (255b31). Hic concludit ex dictis **quartam conclusionem** capituli, que erat principaliter intenta, scilicet quod omne quod movetur, movetur ab aliquo, scilicet a motore distincto, sic intelligendo quod in omni mobili seu motu inveniuntur distincta ab invicem motor et

---

75 As far as I can see, there is no *secunda conclusio* mentioned in chapter 2, neither in V nor in U.

motum. Et sequitur ex dictis, quia dictum est quod in hiis que violenter
225   moventur distinguuntur et similiter in hiis que dicuntur moveri a se ipsis,
cum sunt animalia, et similiter in hiis que dicuntur moveri non a se ipsis,
cuiusmodi sunt gravia et levia. Ergo de omnibus hoc est verum. Quare etc.

---

15 quedam] U quidam V   16 alia] U aut V   35 quali] *scripsi* equali VU   56 quando] U quin V   84 moveri] U movenda V   88 non] U *om.* V   90 cum] U et V   91–92 conclusionis] U convenientie V   92 rationum] U rationis V   93 moventur] U movent V   97 perveniunt] U proveniunt V   98 etiam] U esse V   108 moveri] U movere V   121 se] U *om.* V   139 causas] U cause V   144 quia] U quare V   153 moveri] U movere V   158 quo] U qua V ‖ aut] U ut V   162 solum] U sola V   168 in potentia] U *om.* V   170 tamen] U cum V   176 obiectum] U oppositum (?) V   182 antequam] U nunquam V   186 modo] U non V   192 consequenter] U quantum V   197 intrinseca] U extrinseca V ‖ immediato] U immediate V ‖ tamen] U *om.* V   198 alius] U aliud V   199 motor] U motus V   206 causa] U cum V   207 innata] U mutata V   209 per se] U passive V   213 quod movetur] U *om.* V   217 capituli] U casus V   221 capituli] U casus V   222 intelligendo] U incedendo V   223 inveniuntur] U interveniuntur V ‖ ab] U ad V   225 et] U a V   227 cuiusmodi] U tamen V

Question VIII.6—Utrum primus motor sit immobilis

Question VIII.6 of the *ultima lectura* can be linked to chapter 5 of the second treatise. This chapter contains a discussion of the immobility of the first mover.

[V 49vb] <u>Non ergo necesse est</u> (257a25). Hoc est capitulum quintum, in quo ostenditur quod primum movens est omnino immobile. Et potest dividi in octo partes secundum octo conclusiones. Secunda ibi <u>Necesse igitur</u> (257a33), tertia ibi <u>Hoc quidem igitur</u> (257b13), quarta ibi <u>Quod autem non contingit</u> (257b14), quinta ibi <u>Aut vero neque</u> (257b27), sexta
5   ibi <u>Totius igitur</u> (258a1), septima ibi <u>Quoniam autem</u> (258a6), octava ibi <u>Utrum autem ex</u> (258b5).

   Prima conclusio est quod necesse est vel primum movens non moveri vel ipsum movere se ipsum. Probatur dupliciter quia: si primum movens
10 movetur, vel movetur a se ipso, et haberetur intentum; vel movetur ab alio, quod est impossibile, quia tunc ipsum non est primum movens, ymo magis illud a quo movetur. Secundo probatur idem quia: si moveri sit primo motori dispositio necessaria ad movendum, tunc debet moveri ex se, quoniam primum agens debet ex se habere illud quod est necessarium
15 ad agendum; et ideo iuxta Aristotelem in fine (257a28–33) [quod] ad perscrutandum de immobilitate primi motoris expedit considerare de primo movente se ipsum qualiter moveat se ipsum et utrum illud sit simpliciter primum movens.

Necesse igitur (257a33). Hic ponitur **secunda conclusio**, scilicet quod nichil est idem movens et motum per se et primo. Ponit ad hoc tres rationes. Secunda ibi Totum enim (257b3), tertia ibi Amplius determinatum (257b6).

Prima ratio est ista quam posuit in principio septimi libri, quam ipse innuit [V 50ra] premittendo suppositionem quam illic premisit, scilicet quod omne quod movetur est divisibile. Et perficiatur ratio sicut illic fiebat. Secunda ratio est illa que posita fuit in capitulo precedenti, quam ipse tangit de repetendo inconveniens ad quod ipse ducebatur, scilicet quod ferens ferretur et docens docetur, et sic de aliis. Tertia ratio est quia movens movet vel agit secundum quod in actu. Actu enim calidum calefacit. Sed mobile movetur et patitur secundum quod in potentia. Mobile enim non movetur ad dispositionem quam habet sed ad dispositionem qua ipsum caret. Ergo si idem secundum idem ageret et pateretur, moveret et moveretur, et hoc secundum eundem motum, sequitur quod idem esset in actu et in potentia, id est sequitur quod idem haberet in actu dispositionem illam secundum quam esset motus et careret ea, et sic idem esset calidum et non calidum, quod est impossibile.

Sed contra istam rationem statim obicitur quia: licet omne agens agat secundum quod est in actu, tamen non oportet quod sit in tali actu quale agit. Sol enim calefacit et non est calidus, et generantia ranas et muscas ex putrefactione non sunt actu rane vel musce, nec sperma est actu homo vel asinus; modo non est inconveniens quod idem sit in actu secundum aliquem actum et careat alio actu, sicut grave existens sursum est actu grave et est in potentia deorsum; ideo movet et movetur secundum eundem motum.

Ad hoc respondetur quod duplex est agens, scilicet univocum et equivocum. Et vocatur agens univocum quod assimilat sibi passum secundum actum formalem et specificum, ut quod homo generat hominem et ignis ignem et calidum calidum. Sed vocatur in proposito agens equivocum quod non assimilat sibi passum secundum eandem speciem, ut si homo facit domum et si corpora celestia generant animalia ex putrefactione. Modo manifestum est quod de agentibus univocis procedit bene ratio Aristotelis. Sed dubitatio facta est difficilis de agentibus equivocis. Dicendum est tamen quod duplex est equivocum: unum instrumentale sive secundarium, aliud est primarium sive principale. Agens instrumentale potest bene esse inferioris gradus et minoris nobilitatis quam sit effectus eius, ut sperma est minus perfectum quam homo et calor receptus in aqua vel aere a celo est minus perfectus quam rana vel musca. Sed agens principale necesse est quod contineat effectum aut in actu formali et simili, et tunc est agens univocum de quo volebat bene ratio Aristotelis, vel quod contineat ipsum in actu excellentiori et nobiliori, quia nullum agens virtute propria et tamquam principale agens potest plus dare quam habeat, licet possit minus dare. Et ideo tale agens principale non indiget recipere talem formam qualem producit, ymo hoc est sibi diminutio, cum ipsum sit excellentioris gradus. Ideo nunquam tale debet moveri ad talem dispositionem ad quam movet. Et sic conclusio Aristotelis est vera et necessaria de agente primo et principali, et hoc sufficit intentioni Aristotelis, cum ista non dicat nisi ut appareat immobilitas motoris primi.

Hoc quidem igitur (257b13). Hic infert **tertiam conclusionem**, scilicet quod moventis se ipsum necesse est unam partem esse moventem et aliam motam. Et hec conclusio manifeste patet si illud movens [V 50rb] se ipsum sit tamquam principale movens. Et sequitur ex conclusione precedenti. Cum enim non sit possibile idem secundum idem movere se ipsum, necesse est quod idem moveat se et secundum aliud movet et secundum aliud moveatur.

Quod autem (257b14). Hic vult probare **quartam conclusionem**, scilicet quod primi moventis se ipsum pars movens aliam non movetur ab illa. Probat ergo primo conclusionem dictam, secundo removet cavillationem. Secunda ibi Amplius autem necesse (257b20).

Conclusionem suam probat duplici medio. Primum est quia: si quelibet pars moveret reliquam, neutra earum esset primum movens, quia nichil est primum movens quod ab alio movetur. Nec totum etiam esset primum movens, quia non moveret nec moveretur nisi ratione partium, quarum scilicet una moveretur ab alia et e contra. Secundum medium est quia: reverteretur quod quelibet istarum partium moveret se ipsam. Dictum enim fuit prius quod, si A moveretur a B, et iterum B moveretur ab A, quod A movetur ab A. Si autem quelibet partium moveret sic se ipsam, tunc reverteretur processus de qualibet istarum sicut etiam de toto, et sic in infinitum, quod est inconveniens. Et quia facta est mentio de moventibus subordinatis, ipse tangit ordinem ipsorum dicens quod post primum movens illud quod est longius ab ultimo moto est proximus principio, id est primo moventi.

Amplius non necesse (257b20). Hic removet cavillationem qua diceretur quod primi moventis se ipsum una pars movet aliam per se et movetur ab alia per accidens, et sic est bene dare primum movens, scilicet illam partem que per se movet aliam. Contra hoc obicit Aristoteles quadrupliciter. Primo quia: quod est per accidens, contingit non esse. Ponatur igitur quod ista pars que movet per accidens nunquam moveat; tunc erit alia pars que movet et non movebitur; et sic primum movens non movebitur. Secundo: non est dicendum quod primi moventis se ipsum pars per se movens aliam moveatur ab illa per accidens nisi quia aliter non potest illam movere; sed hoc non debet dici de primo movente, quia dictum fuit prius quod non est necesse omne movens vel etiam primum movens moveri ad hoc quod moveat. Tertio: cum tu dicis illam partem per se moventem esse primum movens, oportet quod non moveatur ab alio, quia prius dictum fuit quod primum movens vel est immobile vel movetur a se ipso, non ab alio. Et addit Aristoteles quod sic ponendo movens immobile, salvabitur perpetuitas motus, ut dicetur post. Quarto: si primum movens movetur, sive per se sive per accidens, revertetur quod omne calefaciens calefiet et docens docebitur, sicut arguebatur prius.

Aut vero neque (257b27). Hic vult probare **quintam conclusionem**, scilicet quod primum movens se ipsum non ex eo dicitur movere se ipsum quod quelibet vel aliqua pars eius moveat se ipsam. Probatio quia: detur primum movens se ipsum, et vocetur A. Vel ergo totum A movet se ipsum vel solum aliqua pars eius movet se ipsam. Si secundo modo, tunc A non erat primum movens [V 50va] se ipsum, ymo magis illa pars, quod est contra positum. Si vero totum A movet se ipsum, tunc secundum predicta oportet dicere quod una pars eius moveat et alia moveatur; et si pars movens non contramoveatur, habetur propositum, sed si contramoveatur, revertetur processus factus in precedente conclusione. Et illum processum innuit Aristoteles reiterandum cum dicit: 'quare si non sint necessaria, accipiantur non mota se ipsis' (257a33–258a1), sicut in alia conclusione dicit quod per accidens contingit non esse.

Totus igitur (258a1). Hic infert **sextam conclusionem**, scilicet quod primi moventis se ipsum una pars est movens immobilis et alia est mota. Quod probatur quia: omnes alii modi quibus ymaginabile est quod idem moveat se tamquam primum movens se ipsum sunt improbati, quia nec movet se ipsum per se et primo, nec solum quia una pars movet se ipsam, nec quia una pars moveat aliam et contramoveatur; ergo oportet unam partem movere aliam et non contramoveri. Et iterum si AB movet se ipsum, eo quod A movet B et quod A contramovetur, tunc A movebitur a se, et reiterabitur questio de A sicut fiebat de AB, et sic in infinitum, quod est inconveniens.

Quoniam autem movet (258a6). Hic vult probare aliam conclusionem. Et primo proponit eam; secundo probat; tertio, quia primum motum ex se debet aliquo modo esse unum, ipse ostendit quomodo pars movens et pars mota uniuntur; quarto ostendit quod movere se ipsum non convenit alicui istarum partium, sed toti; quinto removet dubium. Secunda ibi <u>Sic enim A</u> (258a9), tertia <u>Contacta autem</u> (258a20), quarta <u>Si quidem</u> (258a21), quinta <u>Dubitationem autem</u> (258a28). Dicit ergo quod, cum sit dare movens non motum et movens motum et motum non movens, **conclusio septima** est quod primum movens se ipsum est compositum ex duobus solum, scilicet ex uno movente immobili et ex uno moto. Et addit quod ad rationem primi moventis se ipsum nichil spectat quod pars mota moveat, ymo accidit quod moveat vel non moveat.

<u>Sit enim A</u> (258a9). Hic vult probare conclusionem propositam. Et proponit primo positionem adversarii, quoniam diceret primum movens se non solum esse compositum ex dictis duobus, ymo ex tribus vel pluribus, ut si A movens immobile moveat B, et B moveat C, et C nichil amplius moveat, tunc dicet adversarius quod primum movens se ipsum erit compositum ex tribus, scilicet ex A, B et C. Tunc Aristoteles hoc improbat quia: illud non est primum movens se ipsum, ut pars primi moventis se ipsum, quod, si auferretur, adhuc maneret movens se ipsum, et si alia auferretur, ipsum nec moveret nec moveretur; sed C si auferatur, adhuc AB moveret se ipsum, quia A moveret et B moveretur, et sine A et B C nec moveret nec moveretur; igitur C nec est primum movens se ipsum nec est pars eius, quod est contra adversarium. Quare etc.

<u>Contacta autem</u> (258a20). Hic ostendit quomodo pars movens et pars mota uniuntur in primo movente se ipsum. Et dicit quod tangunt se invicem vel una pars tangit aliam. Et secunda pars disiunctive est vera. Non tamen est vera de tactu mathematico, qui attenditur inter diversas magnitudines, quia primum movens se ipsum est congregatum ex primo motore, qui est Deus, et orbe celesti moto ab eo, et ille motor nullam habet magnitudinem. Est igitur ibi tactus naturalis solum, qui attenditur penes actionem et passionem una [V 50vb] cum carentia distante. Sic enim agens dicimus tangere passum et non retangi ab eo, nisi repatiatur.

<u>Si quidem igitur</u> (258a21). Hic ostendit quod primi moventis se ipsum neutra pars movet se ipsam. Et hoc dictum fuit prius, quia A movet sed non movetur; igitur non movet se; B autem movetur, sed non a se, ymo ab A. Si vero ultra C moveat se ipsam, nichil est ad propositum, quia dicebatur quod C non erat pars primi moventis se ipsum.

<u>Dubitationem autem</u> (258a28). Hic vult solvere unam dubitationem, que est sub condicione. Dictum enim fuit in sexto libro quod omne motum est continuum et divisibile; sed nondum dictum est utrum omne movens sit divisibile sicut et omne motum. Tunc dubitaretur utrum diviso utroque, scilicet movente et moto, una pars moventis moveret unam partem mobilis. Et videtur quod non, quia iam totum non deberet dici primum movens se ipsum, ymo potius compositum ex illis partibus. Et ad

istam dubitationem respondetur simpliciter quod primum movens est
indivisibile; ideo dubitatio non habet ibi locum.

  Manifestum igitur (258b5). Hic concludit **octavam conclusionem** et finalem, scilicet quod primum movens est immobile, quia secundum predicta vel statim oportet concedere quod in moventibus sit status ad movens immobile vel quod stetur ad movens se ipsum; quo concesso, adhuc regreditur primum movens immobile, cum dictum sit quod primum movens se ipsum componitur ex parte movente et immobili; illa enim est simpliciter primum movens etc.

3 conclusiones] questiones V   13 movendum] U motum V   23 quam¹] U quia V   24 illic] U illuc V   32 ipsum] *scripsi* ipsa V *om.* U   39 generantia] U generat V   40 putrefactione] VU et *add.* V   41 idem] VU est in actu *add.* V   42 aliquem] U eundem V ‖ alio] U isto V ‖ sicut] U *om.* V   47–49 actum ... secundum] U *om.* (*hom.*) V   50 facit domum] U fit senium V   52 difficilis] *scripsi* difficiliter V dissimilis U   54 secundarium] U secundarie V   55 minoris] U maioris V   58 necesse] U necessario V   58–60 effectum ... contineat] U *om.* (*hom.*) V   63 qualem] U quale V   64 excellentioris] U excellentior V   67 motoris] U motus V   70 moventis se ipsum] U *om.* V ‖ partem esse] U perfecte V   71 manifeste] U maxime V   77 moventis] U motoris V ‖ aliam] U alia V   86 a²] U ad V ‖ ab] U ad V   87 ab] U ad V   98 nunquam] *scripsi* non qua V non contra U   99 pars que] *scripsi* per qua V pars U ‖ sic] VU sic *add.* V   105 quia] U quam V   125 se] U *om.* V   129 quia] U quod V   160 invicem] U ipsum V   162 magnitudines] U ymaginationes V   166 retangi] U retacta V ‖ eo] U ea V   175 dubitaretur] U dubitaret (?) V ‖ diviso] *scripsi* divisio VU   183 vel] U quia V   187 primum] U *om.* V

Question VIII.7—Utrum motus localis sit primus motuum[76]

Question VIII.7 of the *ultima lectura* has its background in the first two chapters of the third treatise of Book VIII. The goal of chapter 1 is to prove that local motion is the primary kind of motion (*primus motus est motus localis*). The aim of chapter 2 is to argue that no other motion than local motion can be perpetual (*nullum motum unum preter localem contingit esse perpetuum*). According to Buridan, these two issues belong together (*iste considerationes sunt connexe*).

  [V 51ᵛᵃ] At vero aliud (260a20). Iste est tertius tractatus, ostendens quis et qualis sit primus motus. Et continet quinque capitula. Et primo ostendi-

---

76   The list of questions for Book VIII continues: 'Quod ante omnem motum fuerunt generationes, corruptiones substantiales, alterationes. Si esset vera opinio Aristotelis de aeternitate mundi, quomodo est verum quod priora secundum generationem sunt posteriora secundum perfectionem et e converso. De comparatione motuum circularium ad rectos' (228²⁵⁻²⁹).

tur quod primus motus est motus localis; in secundo demonstratur quod nullum motum unum preter localem contingit esse perpetuum; in tertio probatur quod nullum motum unum preter circularem contingit esse perpetuum; in quarto declaratur quod nichil prohibet motum circularem esse unum et perpetuum; in quinto concluditur quod primus motus est motus localis circularis. Secundum ibi Que autem loci mutatio (261a28), tertium Quod autem contingit (261b27), quartum Quoniam autem in circulari (264b9), quintum Quod autem lationum (265a13).

In primo capitulo proponit intentum, secundo prosequitur. Secundum ibi Impossibile enim (260a29). Dicit igitur quod considerandum est utrum contingit aliquem motum esse perpetuum et quis est ille et quis est primus motuum. Et iste considerationes sunt connexe, quia, si est aliquis perpetuus, rationabile est quod iste sit primus. Et innuit Aristoteles quod ista consideratio sicut precedens valebit ad concludendum immobilitatem et perpetuitatem primi motoris. Et Aristoteles in isto tractatu sepe utitur hoc nomine 'continuum' loco huius nominis 'perpetuum'. Postea proponit in speciali quod nec motus secundum quantitatem nec motus secundum qualitatem est primus, ymo motus quem vocamus loci mutationem.

Impossibile enim (260a29). Hic prosequitur intentum. Primo ostendit nullum alium motum a locali esse primum, secundo ostendit localem esse primum. Secunda ibi Si igitur (260b5). Item primo probat quod primus motus non sit augmentatio vel diminutio, et est **prima conclusio**. Secundo probat quod non sit generatio nec alteratio nec corruptio, et est **secunda conclusio** capituli. Secunda ibi At vero (260b1).

Prima conclusio probatur: augmentatio fit per alimentum adveniens alicui et conversum in eius substantiam; alimentum autem a principio est dissimile alito et non convertitur in eius substantiam nec auget donec factum est simile per alterationem; ideo de necessitate augmentationem precedit alteratio; ideo primus motus non est augmentatio.

Aut vero (260b1). Hic probat secundam conclusionem, supponendo quod omni alterationi vel generationi preexistit alterans sive generans quod facit de potentia calido actu calidum, de potentia frigido actu frigidum; et sic supponendo etiam quod illud alterans non semper alteravit continue, quoniam impossibile est alterationem esse perpetuam, ut prius dictum fuit et post dicetur magis. Et ex hiis sequitur quod alterationem necessario precessit motus localis, quia alterans, quando incipit alterare fuit sufficienter approximatum alterabili, et etiam huiusmodi approximatio non fuit sine motu locali; ideo alterationem precessit motus localis.

Si igitur necesse (260b5). Hic probatur quod primus motus est motus localis, et est **tertia conclusio**. Que primo probatur secundum opiniones [V 51ᵛᵇ] antiquorum, secundo secundum opinionem propriam. Secunda ibi Amplius enim (260b15). Nota quod aliqui antiquorum omnes alterationes reducebant ad raritatem vel condensitatem, et raritatem dicebant fieri per segregationem partium et condensitatem per congregationem. Et sic tandem omnes alterationes et generationes et corruptiones reducebant ad congregationem vel segregationem, que sunt motus locales. Ideo secundum istos motus localis erit primus aliorum.

Amplius enim (260b15). Hic vult probare dictam conclusionem secundum propriam opinionem. Et primo premittit unam divisionem priorum, secundo probat intentum. Secunda ibi Quare quoniam. Divisio est quod unum motum possimus ymaginari priorem altero triplici modo: uno modo quia possibile est ipsum esse sine alio et non e converso, et hoc est prius a quo non convertitur subsistendi consequentia; alio modo secundum substantiam, id est secundum causalitatem vel perfectionem; tertio modo secundum tempus. Et istis modis vult probare motum localem esse priorem aliis.

Quare quoniam (260b20). Hic vult probare dictam tertiam conclusionem octo rationibus. Secunda ibi Neque enim (260b26), tertia ibi Adhuc tempore (260b30), quarta Quoniam igitur (261a7), quinta Omnino enim (261a13), sexta Unde alia (261a15), septima Et quia (261a20), octava Maxime autem (261a23).

Prima ratio arguit de prioritate temporis quia: perpetuum est prius non perpetuo; sed motus localis est perpetuus et nullus alius, ut dicetur post; ergo etc. Et Aristoteles repetit rationem prius factam, scilicet quod aliquis motus unus est perpetuus, quia semper in natura concedi debet dignius, si sit possibile; sed dignius est semper esse motum per perpetuitatem unius motus quam per successionem duorum motuum; ideo unus est ponendus perpetuus.

Neque enim (260b26). Hic ponitur secunda ratio, que probat de priori a quo non convertitur subsistendi consequentia quia: quod movetur localiter non est necesse augmentari vel diminui, generari vel corrumpi, vel etiam alterari, ut patet de corporibus celestibus; sed nichil mutatur illis mutationibus sine loci mutatione previa applicante agens ad passum, ut ante dicebatur; igitur motus localis est prior aliis.

Adhuc tempore (260b30). Hic ponit tertiam rationem, que precise est eadem cum prima. Et istam repetit ut solvat dubitationem circa eam contingentem. Et est ista dubitatio quia: in animali prius invenitur generatio, alteratio et augmentatio quam animal moveatur vel moveat se localiter; ideo loci mutatio videtur esse postrema. Respondetur quod, quamvis in eodem supposito loci mutatio videtur esse postrema et generatio prima vel alteratio, tamen ante generationem illius suppositi oportuit esse motum localem applicantem agens ad passum, ut ante dicebatur, licet in alio supposito, et tandem omnia reducuntur ad motum perpetuum, qui est localis.

Quoniam igitur (261a7). Ista ratio quarta arguit etiam de priori secundum tempus quia: in quibus inveniantur alii motus, oportet ea primo esse genita, et ita in eodem supposito est generatio prior aliis motibus. Sed dictum est quod generatio non potest esse primus motus, quia oportet quod motus localis precedit eam; [V 52ra] ergo motus localis est omnibus aliis prior.

Omnino enim (261a13). Hic ponitur quinta ratio, que probat quod motus localis sit prior aliis secundum subiectum, id est secundum perfectionem, etiam in eodem supposito, quia: posteriora secundum generationem sunt priora secundum perfectionem, cum generatio tendat ad perfectionem; sed in quibus inveniuntur omnia genera motuum, ut in animalibus, motus localis est posterior secundum generationem et tempus (prius enim animal alteratur multis alterationibus et augmentatur quam movet se localiter); igitur motus localis est posterior secundum naturam. Et intendit semper in isto capitulo per 'prius secundum naturam' vel 'secundum subiectum' prioritatem secundum perfectionem. Sed contra istam rationem est duplex instantia quia: per istam rationem sequeretur quod diminutio et mors essent motus perfectiores, quia sunt motus posteriores tempore. Solutio est quod ista regula 'posterius tempore et prius perfectione' non est intelligenda nisi in processu tendente ad perfectionem et non in processu tendente ad diminutionem. Alia dubitatio est quod generatio est forma substantialis et alteratio vel motus localis non est nisi unum accidens; modo substantia est perfectior accidente; igitur generatio, quamvis precedat tempore, est perfectior aliis. Solutio: dico quod ista regula non debet intelligi comparando simplices formas vel dispositiones ad invicem, sicut bene arguebat ratio, sed debet intelligi comparando totum congregatum ad totum congregatum ita quod animal est perfectius acceptum cum omnibus suis dispositionibus quando iam movet se localiter quam quando generatur vel etiam quando primo alteratur vel augmentatur.

Unde alia (261a15). Hic ponitur sexta ratio ad idem sicut precedens quia: iste motus debet dici prior secundum perfectionem qui magis invenitur in rebus perfectis; modo motus localis est huiusmodi. Invenitur enim in corporibus celestibus, que sunt perfectissima; invenitur etiam in animalibus, et nondum donec iam sunt perfecta, et non invenitur in multis animalibus non perfectis sive imperfectis nec in inanimatis, nisi forte sit motus violentus vel quia ipsa non sunt in locis naturalibus; sed alii motus inveniuntur in omnibus imperfectis; ergo etc.

Et quia (261a20). Septima ratio arguit de prioritate secundum perfectionem vel secundum tempus. Ille enim motus est sic prior qui convenit perpetuis et semper perfectis; sed solus motus localis est huiusmodi. Unde secundum alios motus movetur substantia rei, scilicet intrinsece secundum generationem et corruptionem, dispositive secundum alterationem et concomitative secundum augmentationem vel diminutionem; ideo talia non contingit esse perpetua.

Maxime autem (261a23). Octava ratio est talis: licet in moventibus est status simpliciter ad primum movens quod est immobile, tamen in moventibus motis status est ad movens se ipsum tamquam ad primum movens cuius debet esse primus motus; sed movens se ipsum maxime dicitur movere se ipsum secundum motum localem magis quam secundum alios motus; ergo motus localis debet dici primus sive poni primus. Quare etc.

Que autem loci mutatio (261a28). [V 52rb] Hoc est secundum capitulum, in quo ostenditur quod nullum motum preter localem contingit esse perpetuum. Et primo proponit intentum, secundo probat. Secunda ibi Omnis enim (261a32). Primo ergo proponit esse inquirendum in residuo huius tractatus que loci mutatio sit primus motus. Et quia primus motus debet esse perpetuus, ideo etiam inquirendum est quem motum contingit esse perpetuum. Et preponitur demonstrandum esse in isto capitulo quod nullum motum contingit esse perpetuum nisi localem.

Omnis enim (261a32). Hic vult probare propositum duabus rationibus. Secunda ibi Quod autem et in generatione (261b22). Item primo proponit suam rationem, secundo removet quasdam cavillationes. Secunda ibi Contraria autem (261a36). Ratio talis est: nulla mutatio inter oppositos terminos potest esse perpetua; sed omnis mutatio preter localem est inter terminos oppositos; ergo nulla mutatio preter localem est perpetua. Et ista est **ratio principalis et unica conclusio** capituli. Et hec etiam ratio posita fuit expresse in ultimo capitulo sexti libri.

Contraria autem (261a36). Hic removet quatuor cavillationes. Secunda ibi Vel enim differt (261b7), tertia ibi Neque si non (261b10), quarta ibi Non oportet autem (261b16).

Prima cavillatio est concedendo quod de uno contrario in alterum contrarium non est mutatio perpetua, eo quod contraria et media sunt finita;

tamen quia potest fieri reflexio, ideo dicetur quod sic per reflexionem potest motus perpetuari. Ad hoc respondet Aristoteles quod, licet contingat reflecti, tamen non est eadem mutatio ante reflectionem et post, nec est una mutatio ex illis composita. Quod probat tripliciter. Primo quia: mutationes iste sunt contrarie et ex contrariis non constituitur aliquod unum simpliciter. Secundo quia: postea dicetur quod in termino reflexionis oportet quiescere, et sic non manet unus motus continuus. Tertio quia: non contingit idem simul mutari in oppositos terminos nisi contingit idem simul mutari oppositis mutationibus, ut generari et corrumpi, calefieri et frigefieri, quod est impossibile. Et tamen, si esset eadem mutatio ante reflexionem et post, idem simul mutaretur in oppositos terminos. Probatio quia: quod mutatur non solum mutatur in medium, ymo etiam in ultimum; dicimus enim te ire ad domum tuam statim quod recedis a scolis; ideo si eadem sit mutatio de albo in nigrum et iterum de nigro in album, ista mutatio statim esset et ad album et ad nigrum; igitur licet perpetuo fieret reflexio, tamen non perpetuo hec esset una mutatio perpetua.

<u>Nichil enim differt</u> (261b7). Hic removet secundam cavillationem, qua diceretur quod ratio predicta bene arguebat de mutationibus inter terminos contrarios, sed non omnes alie a motu locali sunt huiusmodi, quoniam generatio et corruptio non sunt inter contraria sed contradictoria. Aristoteles respondet quod ita valet ratio de terminis contradictoriis sicut de contrariis, quia sicut non est possibile idem simul mutari in terminos contrarios, ita nec in contradictorios.

<u>Neque si non</u> (261b10). Hic removet tertiam cavillationem, qua diceretur quod, licet inter motus contrarios sit quies media, tamen non est quies media inter generationem et corruptionem, quoniam quies non contrariatur nisi motui; generatio autem et corruptio non sunt motus. Aristoteles respondet quod non est vis in proposito [V 52va] utrum sit quies media, dum tamen sit tempus intermedium inter generationem et corruptionem; ymo sufficit in proposito, si non esset tempus intermedium, quod non sit eadem mutatio generatio et corruptio. Hoc autem concesso, non potest dici propter reflexionem quod sit una mutatio perpetua.

<u>Non oportet</u> (261b16). Hic removet quartam cavillationem, qua diceretur quod motus non esset contrarius motui, quia est contrarius quieti, et uni unum est solum contrarium, ut habetur decimo *Metaphisice* (1055b30). Respondetur quod, licet non sint plura uni contraria proprie, tamen sunt uni plura opposita aliquibus diversis modis. Verbi gratia equale opponitur maiori et minori. Conceditur ergo quod motus contrariatur proprie motui et opponitur quieti privative.

Quod autem (261b22). Hic ponit tertiam rationem ad principalem conclusionem. Que est talis: generatio vel corruptio non est perpetua; igitur neque alia mutatio preter localem. Antecedens patet, quia, sicut dictum est, generatio habet certum terminum et similiter corruptio; ideo non possunt perpetuari, nisi per reflexionem continuentur. Sed non continuantur, quia absurdum est dicere quod statim generatum incipiat corrumpi sine pausa media. Natura enim frustra intenderet esse rei, si statim vellet eam destruere. Et consequentia principalis patet per similem rationem. Frustra enim natura calefaceret si statim vellet refrigerare. Quare etc.

22 intentum] U intentionem V   26 et est] U ratio V   29–30 alimentum ... substantiam] U om. (hom.) V   31 ideo de necessitate] U de necessitate ideo V   33 probat] U ponit V   35 actu²] U actum V   40 fuit] U suum V   41 motu] U modo V   50 motus] U moti V   55 triplici modo] U tempore V   70 per] U om. V   77 applicante] U applicato (?) V   78 aliis] U alii V   80–81 contingentem] *scripsi* continentem VU   86 ut] *scripsi* nec V *om.* U   104 subiectum] VU intendit *add.* V   107 regula] U relatio V   113 regula] U relatio V   114 sicut bene] U unde V   120 qui] U que V   132 concomitative] U communicative V   136 motis] U motus V   141 que] U <q>ui V   153 inter] *scripsi* in U *om.* V   153–154 inter ... est] U *om.* (hom.) V   155 est] U *om.* V   157 removet] U movet V   165 quod] U quo V   169 nisi] U nec V   171 frigefieri] U frigere V   175 scolis] U stellis V   177 perpetuo¹] U perpetua V   181–182 quoniam] U quandocumque V   187–188 tamen ... media] U *om.* (hom.) V   188 quoniam] U quandoque V   192 intermedium] U *om.* V   206 continuentur] U continuam V   206–207 continuantur] U continuatur V

Question VIII.8—Utrum necesse sit in omni motu reflexo mobile quiescere in termino reflexionis[77]

Question VIII.8 of the *ultima lectura* is mainly linked to chapter 3 of the third treatise of Book VIII. However, Buridan claims that chapter 3 and chapter 4 closely belong together. For that reason I shall not only quote Buridan's explanation of the long chapter 3 but also his reading of the much shorter chapter 4. Chapter 3 contains two references to the questions, one in singular (*in questione*), one in plural (*in questionibus*).

[V 52va] Quod autem contingit (261b27). Hoc est tertium capitulum, in quo ostenditur quod nullus motus localis preter circularem potest esse perpetuus, et est **prima et principalis conclusio** capituli. Et primo proponit intentum, secundo probat. Secunda ibi: Omne enim (261b28). Et ipse

---

77   The list of questions for Book VIII continues: 'Si *a* motum reflectatur a lapide et non quiescit in termino reflexionis, utrum tetigit lapidem' (229²⁻³).

proponit non intentionem huius capituli, sed sequentis, ut innuat quod omnia hec capitula sunt connexa et ad idem finaliter tendentia.

Omne enim (261b28). Hic vult probare dictam conclusionem. Et arguit sic: omnis motus localis est circularis vel rectus vel mixtus; sed nec rectum nec mixtum ex circulari et recto contingit esse perpetuum; ergo etc. De ista ratione ponit primo maiorem, secundo probat minorem. Secunda ibi Quare si (261b30). Prima pars est clara.

Quare si (261b30). Hic probat minorem dicte rationis. Et primo probat quod motum mixtum non contingit esse perpetuum, et est **secunda conclusio**. Secundo probat quod nec rectum. Secunda ibi Quod autem (261b31). Dictam secundam conclusionem probat: nullum mixtum contingit esse perpetuum cuius aliquod mixtibilium non potest esse perpetuum; sed rectum non est possibile esse perpetuum, ut post dicetur; ergo etc.

Quod autem quod (261b31). Hic vult probare quod motum rectum non est possibile esse perpetuum, et est **tertia conclusio**. Quam primo probat per rationes phisicas et proprias, secundo per logicas et communiores. Secunda ibi Rationabiliter (264a8). Et quia supponitur omne spatium esse finitum, ex tertio libro, et supponitur etiam non posse fieri motum infinitum in spatio finito nisi per reiterationem, [V 52vb] ex sexto libro, et constat in spatio recto non fieri reiterationem nisi per reflectionem, ideo patet quod impossibile est motum rectum esse unum et perpetuum nisi motus reflexus sit unus et perpetuus. Propter quod Aristoteles hic descendit ad probandum quod motus reflexus non sit unus, et est **quarta conclusio** capituli. Quam ipse probat duplici ratione. Secunda ibi Maxime autem (262a12).

Primo igitur ipse proponit tertiam conclusionem, scilicet quod in spatio recto impossibile est esse motum continuum et perpetuum. Et quia hec conclusio probatur per quartam, ideo statim probat quartam, scilicet quod motus reflexus non est unus. Et est ratio talis: ad unitatem motus simpliciter, ut dicebatur in quinto libro, requiritur unitas mobilis et temporis, scilicet quod tempus non sit interruptum quiete, et cum hoc requiritur unitas secundum speciem; sed motus reflexus non est unus secundum speciem ante reflexionem et post. Probatur quia: motus contrarii non sunt unus secundum speciem; et tamen motus ante reflexionem et motus post sunt contrarii. Hoc probatur dupliciter. Primo quia: sunt secundum distantias contrarias; si enim unus est sursum, [et] alter deorsum, et si unus ad dexterum, alter ad sinistrum, et si unus ad ante, alter ad retro; et iste sunt contrarietates distantium localium secundum quod potest in eis sumi contrarietas et repugnantia. Secundo probatur

45 idem, scilicet quod illi motus sunt contrarii, quia: sunt sui invicem corruptivi; si enim Sortes et Plato super eandem lineam rectam moventur unus contra alium, pausabunt se invicem vel saltem unus repellet alterum quando sibi invicem obviabunt. Ymo etiam addit Aristoteles quod in circulo esset repugnantia si esset ibi reflexio. Unde si super eandem
50 lineam circularem unum mobile moveretur ab A in B, et alterum ab A in C, pausabunt se quando sibi invicem obviabunt.

Maxime autem (262a12). Hic ponit secundam rationem ad quartam conclusionem. Que talis est: motus non est unus qui est interruptus quiete; sed sic est de motu reflexo; igitur etc. Maior est manifesta. Ideo
55 vult Aristoteles probare quod necesse est in motu reflexo esse quietem in termino reflexionis, et hec est **quinta conclusio**. Quam ipse primo probat, secundo iuxta dicta solvit quasdam dubitationes antiquorum. Secunda ibi Eodem autem modo (263a4). Primo proponit conclusionem probandam, secundo probat eam. Secunda ibi Quod autem necesse (262a18).
60 Proponit igitur quod propter hoc motus rectus non potest esse perpetuus, quia reflexum oportet quiescere in termino reflexionis, sive fiat reflexio secundum rectum sive secundum circulum. Et quia motus reflexus revertitur ad terminum a quo incipiebat, et sic est etiam de motu circulari, ideo aliquis potest opinari quod motus circularis esset reflexus. Et hoc non est
65 verum, ut dicit Aristoteles. Ymo aliud est reflecti et aliud circulariter ferri; circulariter enim fertur mobile de eodem ad idem non transeundo bis per unum spatium, sed reflexum revertitur ad idem per idem spatium.

Quod autem (262a18). Hic vult probare quintam conclusionem statim propositam. Et arguit sic: in omni illo signo mobile quiescit in quo
70 existit adequate in actu; sed in signo reflectionis mobile existit adequate in actu; igitur ibi quiescit. In ista ratione sic procedit quod primo ponit maiorem, secundo minorem, tertio conclusionem. Secunda ibi In reflectenti (262b22), tertia ibi Stare (263a2). Item in ponendo maiorem ipse primo premittit duas suppositiones, secundo ponit dictam [V 53ra]
75 maiorem suam, tertio declarat eam exemplariter, quarto confirmat eam ratione, quinto ex dictis solvit unam dubitationem antiquorum. Secunda ibi Quare necesse (262a22), tertia Dico autem (262a26), quarta Si autem (262a31), quinta Unde et ad dubitationem (262b9).

Prima suppositio est quod in motu continuo est dare principium,
80 medium et finem, et quod medium, licet sit unum numero, tamen conveniunt sibi diverse rationes, nam in ordine ad priorem partem motus dicitur finis eius et in ordine ad posteriorem dicitur principium. Verbi gratia sit motus ab A in C per signum medium B. Tunc B erit finis prime medietatis illius motus et erit principium secunde. Secunda suppositio

85 est quod dupliciter potest dici principium alicuius motus aut finis, scilicet in actu et in potentia. Principium in actu dicitur in quo mobile erat adequate quando incepit moveri, et finis in actu dicitur in quo erit adequate quando desinit moveri. Sed principium in potentia dicitur in quo mobile potest esse adequate in principio motus et finis etiam in potentia
90 dicitur in quo potest esse adequate a parte post.

Ad evidentiam huius divisionis nota diligenter quod, cum in tempore nichil sit instans indivisibile, ideo quod non est in isto loco per aliquod tempus divisibile, ipsum nunquam est in illo loco in actu; modo si lapis movetur in spatio AC, et locus precise equalis lapidi signetur in medio, et
95 sit B, tunc ille lapis continue motus de A in C nunquam per aliquod totum tempus est adequate super B, quia solum est ibi in instanti indivisibili, si essent talia instantia. Ideo ille lapis simpliciter loquendo nunquam fuit actu in B adequate. Tamen fuit in B in potentia, quia, cum transivit super B, potuisset quievisse, et tunc fuisset actu in B, quia per aliquod totum
100 tempus. Sic igitur patet quod in motu continuo ab A in C nec est principium in actu nec finis, sed est principium et finis in potentia. Sic sunt intelligenda ista dicta Aristotelis. Et Aristoteles antequam premittat dictas suppositiones, ipse proponit quod manifestum est tam sensu quam ratione facienda quod mobile in termino reflexionis quiescit. Et hoc certe
105 non est manifestum ad sensum in omni motu reflexo, sed forte in aliquibus.

Quare item (262a22). Hic ponit maiorem rationis prius facte, scilicet quod in motu continuo super rectam lineam nullum signum medium est actu principium vel finis, id est in nullo signo medio mobile fuit adequate
110 in actu propter hoc quod ibi non quievit, sed si quievisset, fuisset ibi in actu; et hoc est quia per nullum tempus est precise super illud signum. Et per hoc vult Aristoteles habere istam maiorem quod in quolibet signo mobile est adequate in actu, in illo signo quiescit.

Dico autem (262a26). Hic declarat dictam maiorem exemplariter quia:
115 si mobile feratur continue ab A in B et ultra in C, ipsum nunquam est in B precise, quia non esset in eo nisi in nunc indivisibili, et non est dare tale nunc in tempore, quia nunc non ymaginatur nisi tamquam divisio, id est tamquam signum divisionis inter partes temporis ad invicem continuas inter quas nichil est.

120 Si autem (262a31). Hic confirmat dictam maiorem ratione quia: si A movetur in C per B medium, [V 53rb] non simul accedit ad B et est in B. Similiter etiam non simul est in B et recedit ab ipso B. Igitur si aliquando est actu in B, tunc nec accedit nec recedit; igitur quiescit. Patet igitur quod, si A utatur ipso B tamquam principio in actu et tamquam

125 fine in actu, oportet ipsum quiescere. Et tota ista determinatio fundatur super hoc quod nichil est instans indivisibile et quod esse alicubi in nunc indivisibili non est aliquando esse ibi.

Unde et ad dubitationem (262b9). Hic ex dictis solvit unam dubitationem antiquorum. Que talis est: ponamus quod A moveatur continue ab
130 E in C et quod spatium EC sit equale spatio ZISBC; et ponamus quod D moveatur ab Z in I equali velocitate sicut A ponebatur moveri; et ultra ponatur quod simul dum A sit primo in B, ipsum D incipiat moveri. Quero scilicet utrum simul veniret A in C et D in I. Et arguitur primo quod D prius veniat in I quam A in C, quia prius D recessit ab ipso Z quam A
135 ab ipso B; igitur secundum equale spatium D prius veniet in terminum equali existente velocitate. Consequentia est per se manifesta. Sed antecedens probatur quia: ponebamus esse simul A primo in B et D recedere a Z; sed prius est A in B quam recedit ab ipso B; igitur prius recedet D a Z quam A a B.

140 Deinde ibi sed necessitas (262b16) ipse arguit oppositum quia: necesse est A quiescere in B per aliquod tempus, si D prius recedat a Z quam A a B; sed ponebatur non quiescere, ymo continue moveri; igitur non prius recedit; ideo non prius venit in terminum.

Deinde ibi Non igitur ponendum (262b17) ipse solvit dictam dubitatio-
145 nem negando casum. Casus enim ponit quod A moveatur ab E in C per B continue, et ponit ultra quod A aliquando fuit in B, et hec sunt incompossibilia. Impossibile enim est mobile, dum movetur continue, esse aliquando adequate in aliquo signo medio, et ideo A non fuit actu in B nec recessit ab eo tamquam a principio in actu nec accessit ad ipsum tam-
150 quam ad finem in actu.

Sed in reflectenti (262b22). Posita et declarata maiore principalis rationis, hic ponit minorem. Dicit quod illud quod movetur super spatium rectum et reflectitur necesse est in termino reflexionis remanere in actu et uti illo termino tamquam principio in actu et tamquam fine actu.
155 Verbi gratia, si A mobile feratur sursum in D et reflectens revertatur deorsum, oportet quod utatur ipso D tamquam fine in actu illius ascensus et tamquam principio in actu sequentis descensus, et ascensus non habeat alium finem nec sequens descensus aliud principium.

Unde stare (263a2). Hic concludit conclusionem, scilicet quod necesse
160 est stare, id est quiescere, in termino reflexionis. Deinde repetit quod mobile, dum movetur, non fuit in medio signo in actu. Deinde solvit cavillationem possibilem adduci contra predicta, qua diceretur quod mobile fuit in termino reflexionis in nunc indivisibili. Dicebatur enim in sexto quod in nunc contingit [V 53va] primo motum esse. Respondet Aristote-

165 les quod hoc non valet, quia quod in solo nunc est alicubi, si essent nunc indivisibilia, illud de facto nunquam est ibi nisi in potentia; sed in termino reflexionis est in actu, ut dicebatur; ergo oportet quod ibi quiescat. Hoc tamen est multum dubitabile, et oportet quod seorsum tractetur **in questione.**

170 <u>Eodem autem modo</u> (263a4). Hic iuxta dicta vult solvere quasdam dubitationes antiquorum, et dividitur in duas partes secundum duas dubitationes. Secunda ibi <u>Manifestum autem</u> (263b9). Item primo narrat primam dubitationem, secundo solvit. Secunda ibi <u>In primis</u> (263a11). Dubitatio prima erat Zenonis arguentis quod non contingit aliquod spa-
175 tium pertransire, quia non contingit pertransire infinita; sed in quolibet spatio sunt infinita, scilicet infinite partes. Et fortificatur dubitatio quia: quecumque contingit successive unum post alterum pertransire, illa pertranseundo contingit numerare; sed non contingit numerare infinita; ergo etc.

180 <u>In primis</u> (263a11). Solvit dictam dubitationem primo solutione ad hominem, secundo ad rem. Secunda <u>Et verum</u> (263a22). Solutio ad hominem est quod non est possibile transire infinita nisi hoc sit in temporibus infinitis; sed sicut in spatio sunt infinite partes, ita et in tempore. Et ista solutio data fuit in sexto libro, quam dicit Aristoteles sufficere ad satisfa-
185 ciendum homini interroganti utrum finitum transitur in finito et infinitum in infinito. Sed dicit eam non simpliciter sufficere, quia potero dimittere spatium et interrogare solum de tempore, verbi gratia utrum contingit horam pertransire, et arguam quod non sicut de spatio; quare etc.

<u>Et verum</u> (263a22). Hic ponit solutionem dicte dubitationis. Que in hoc
190 consistit quod non contingit transire vel numerare actu infinita, sed bene contingit transire infinita in potentia, que sunt actu finita; modo spatium vel tempus est actu finitum et unum, licet infinita in potentia. Nota quod loquendo de actualitate forme vel potentie infinite partes sunt actu in continuo et pertranseuntur. Sed intentio Aristotelis est quod non sunt in
195 continuo infinite partes seorsum divise in actu, quoniam iste constituerent infinitam magnitudinem. Vel intentio Aristotelis est quod impossibile est infinita transire numerando actu quodlibet eorum; tamen infinita possibile est transire et numerare; differt enim propositio divisa et composita, **ut dictum fuit in questionibus.**

200 <u>Manifestum autem</u> (263b9). Hic vult solvere aliam dubitationem incidentem circa predicta. Et est dubitatio de hoc quod Aristoteles posuit illud nunquam esse quod non est in tempore, eo quod non sunt instantia indivisibilia. Aliqui autem hoc non concesserunt. Ideo hanc dubitationem vult hic tractare, scilicet utrum in tempore sit aliquod instans indivi-

205 sibile. Et nota quod dupliciter aliqui posuerunt instantia indivisibilia: uno modo quod non sint ad invicem consequenter, sed inter quelibet duo sit tempus medium; alio modo consequenter et invicem proxima, ita quod tempus est ex eis compositum. Ideo primo Aristoteles reprobat primum membrum, secundo secundum, tertio comparat illas opiniones ad invi-
210 cem. Secunda ibi <u>Si autem quodcumque</u> (263b26), tertia <u>Non enim eadem</u> (264a2). Item primo format rationem suam, secundo removet [V 53vb] cavillationem. Secunda ibi <u>Non igitur</u> (263b20).

Prima ratio est talis: si in tempore esset instans indivisibile, sequeretur quod idem simul esset et non esset, scilicet in eodem instanti.
215 Consequens est contra primum principium. Consequentia probatur quia: ponentes sic instantia ponunt mutationes indivisibiles quarum ista instantia sunt mensure. Ponamus igitur quod D generetur vel fiat album in C instanti, quod quidem C sit medium inter tempus A et tempus B. Tunc igitur sequitur quod in instanti C D non est, quia quod fit, non est,
220 ut probatum fuit in sexto libro, ubi dicebatur quod impossibile est illud quod mutatur in aliquem terminum, dum mutatur in illum, esse in illo. Unde in sexto libro hoc supponitur. Sed probatur quod etiam D esset in isto instanti C quia: D est in toto tempore B, in quo tempore est C, sicut tempus eius; modo quod est in aliquo toto tempore, ipsum est in quoli-
225 bet instanti illius temporis, ut dicebatur in sexto; et etiam, cum instans C sit in utroque tempore sicut terminus, scilicet tam in A quam in B, non est aliqua causa quare illud instans magis attribuatur priori passioni, que mensuratur tempore A, quam posteriori, que mensuratur tempore B. Ideo sequitur quod D esset et non esset in illo instanti C.

230 Nota igitur quod in isto passu valde multi erraverunt credentes quod hic Aristoteles intendat cathegorice affirmare quod instans mutationis sit posterioris passionis et non prioris, quia hoc non potest stare cum determinatione sexti libri. Aristoteles igitur intendit hic condicionaliter, scilicet, si esset instans indivisibile, ipsum esset posterioris passio-
235 nis; et quia hoc implicat contradictionem ad determinata in sexto libro, ideo concluditur quod non sunt in tempore instantia indivisibilia. Item nota quod, si non concedantur mutationes indivisibiles, adhuc concludemus quod idem simul esset et non esset, si essent instantia indivisibilia, quia, si D fiat continue album in toto tempore A, tunc in isto
240 toto tempore erit verum dicere quod D non est perfecte album; cum igitur instans C sit in utroque illorum temporum sicut terminus, sequitur quod indifferenter utrique attribuetur. Ideo in illo instanti C erit perfecte album et non erit perfecte album, quod est contra primum principium.

245 Non igitur dandum (263b20). Hic removet quamdam cavillationem responsionis ad predictam rationem, qua dicitur quod illud instans non attribueretur posteriori passioni sed solum priori. Ideo diceretur quod, si D fiat album in toto tempore A, non est concedendum quod sit perfecte album in toto tempore B, sed excipiendus est terminus initians, scilicet
250 instans C. Contra dicit Aristoteles quia, cum tempus A esset totum tempus in quo fiebat album, et in instanti C totum illud tempus A transiverit, sequitur quod in instanti C factum est album; ideo est album, nisi tu dicas id quod factum est nondum esse et illud quod corruptum est adhuc esse, quod est impossibile.

255 Si autem quodcumque (263b26). Hic improbat opinionem dicentem tempus componi ex instantibus proximis ad invicem. Et arguit sic: si ita esset, sequeretur quod inter instantia sibi invicem proxima esset medium; quod est impossibile. Consequentia probatur, supponendo quod non sit transitus de non esse ad esse sine generatione media. Hoc enim illi conce-
260 debant. Supponitur etiam quod illud quod fit nondum est. Et supponitur quod A et B sunt instantia sibi [V 54ra] invicem proxima. Tunc igitur ponamus quod D fiat in A et sit factum in B. Sequitur quod ipsum non est in A et est in B. Ideo oportet esse generationem mediam inter A et B. Et sic patet illa consequentia.

265 Non enim eadem (264a2). Hic comparat duas opiniones improbatas ad invicem. Propter quod nota quod dicentes tempus componi ex indivisibilibus proxime se habentibus habent ponere tempora athomalia, id est indivisibilia, cum quelibet pars temporis sit tempus. Sed ponentes primo modo instantia non habent hoc ponere, ymo ponunt totum tempus esse
270 divisibile. Dicit ergo Aristoteles quod ponentibus tempora athoma contingit ut inter instantia proxima sit medium, ut statim dicebatur. Sed hoc non contingit aliis, quia diceretur quod illud quod fit, fit in aliquo tempore, et ipsum primo factum esse et esse primo est in instanti terminante illud tempus. Et iterum manifestum est quod hee opiniones adhuc diffe-
275 runt, quia ponens tempora athoma habet dicere quod est maius tempus in quo res fit et primo facta est quam tempus in quo fit solum. Sed non ponens anthoma tempora non habet hoc dicere, quia tempus in quo fit et instans in quo primo facta est non sunt aliquid maius quam tempus in quo solum fit, cum instans non ponitur esse pars temporis. Deinde in fine
280 recapitulat.

Rationabiliter autem (264a8). Probato intento per physicas et proprias rationes, scilicet quod motus reflexus non sit unus et continuus, hic vult probare idem per rationes communiores et quasi logicas. Et sunt quinque rationes. Secunda ibi Simul autem (264a18), tertia ibi Amplius

285 autem (264a21), quarta Amplius autem (264b2), quinta Amplius autem (264b7).

Prima ratio est quia: si motus reflexus esset unus, sequitur quod idem simul moveretur motibus contrariis, quod est impossibile. Consequentia probatur quia: in recta linea cuius termini sunt A et C motus ad A est con-
290 trarius motui ab A; tamen idem motus esset simul ab A et ad A, quia non est dubium, si sit motus continuus ab A in C et in A iterum, quod statim ille motus esset ad A et etiam ab A, quia quod movetur aliquo uno motu continuo usque in aliquem terminum, statim quod movetur, movetur ad ipsum terminum. Statim enim quod exeo domum dico me venire ad sco-
295 las, et non solum quando sum prope. Ergo etc.

Simul autem (264a18). Secunda ratio est quia: sequeretur quod aliquid moveretur ab illo termino in quo non fuit, quod videtur absurdum. Consequentia patet secundum predicta, quia, quando incipit moveri ab A ad C, iam movetur ad A, et tamen non est motus ad A nisi sit ab ipso C, sicut
300 non est motus ad calidum nisi a frigido. Ergo statim movetur ab illo C, et tamen nondum fuit in C.

Amplius et (264a21). Tertia ratio talis est quod ex illis duobus motibus non componitur unus continuus cum quorum uno stat quies opposita toti speciei alterius; sed sic est de motu ante reflexionem et post. Verbi gratia,
305 si ab albo moveatur aliquid ad nigrum, et iterum ad album, motus ab albo est denigratio, et tamen cum motu de nigro ad album, qui dicitur albatio, stat quies uniformiter opposita denigrationi. Quod enim albatur non denigratur, ymo privatur motu denigrationis.

Amplius autem (264b2). Quarta ratio arguit specialiter de generatione
310 et corruptione et quodam modo [V 54rb] universaliter de omni mutatione, quia in omni mutatione est quodam modo generatio vel corruptio, aut simpliciter aut secundum quid. Et est ratio talis: simul fit album et corrumpitur non album, quia idem est fieri album et corrumpi non album, vel etiam fieri non album et corrumpi album; sed si mutatio sit una et con-
315 tinua ab albo et in album, tunc simul corrumpitur album et fit album, quia inquantum est ab albo, corrumpitur album, et inquantum est in album, fit album. Ergo simul corrumpitur album et corrumpitur non album, et fit album et fit non album, quod est impossibile.

Amplius autem (264b7). Quinta ratio talis est: ad unitatem et conti-
320 nuitatem motus non sufficit tempus esse continuum, sed cum hoc exigitur quod sint unius subiecti et in unam speciem, non in contrarias. Contrariorum enim, ut albedinis et nigredinis, non est idem ultimum, ut possint continuari; modo motus ante reflexionem et post non sunt in eandem speciem, sed in contrarios terminos; ergo etc.

325   Quod autem in (264b9). Hoc est quartum capitulum, in quo ostenditur quod nichil prohibet motum circularem esse unum, continuum et perpetuum, et est **prima et principalis conclusio** capituli. Quam primo probat, secundo infert correlarie quasdam alias conclusiones. Secunda ibi Quare neque (264b24). Primam conclusionem probat duplici ratione. Secunda
330   ibi Et qui quidem (264b20).

Prima ratio talis est: illum motum qui est ab eodem in idem sine reflectione nichil prohibet esse perpetuum; motus circularis est huiusmodi; ergo etc. Minor patet de se. Et maior probatur quia: cum non sit reflexio, non est contrarietas propter quam oportet motum interrumpi quiete, et
335   cum sit de eodem in idem, potest reiterari revolutio infinities. Cum enim sit in eodem termino in quo prius erat, non est ratio quare non possit ita moveri sicut ante movebatur.

Et quid quidem (264b20). Hic ponit secundam rationem. Que talis est: motum qui est de eodem in idem absque hoc quod pluries mobile fiat in
340   eisdem signis contingit esse perpetuum, et hoc est quia non fit reflexio neque contrarietas; sed motus circularis est huiusmodi; ergo etc.

Quare neque (264b24). Hic ex dictis infert tres conclusiones correlarias. Secunda ibi Manifestum autem est (264b29), tertia ibi Manifestum igitur (265a2). Prima conclusio correlaria est, et est **secunda conclusio**
345   capituli, scilicet quod in semicirculo vel in alia portione circuli non contingit esse motum perpetuum et continuum, quia non potest de eodem reverti in idem nisi per reflexionem et revertendo per eadem signa, quod non fit sine quiete et interruptione propter contrarietatem. Unde differentia est inter circulum et portionem circuli, quoniam in circulo copula-
350   tur finis principio, in portione autem circuli non (sic nec in recto).

Manifestum autem (264b29). **Tertia conclusio** est quod nullum motum alium a locali possit esse continuum et perpetuum, quia nullus potest fieri de eodem in idem sine reflexione.

Manifestum igitur (265a2). **Ultima conclusio** est quod aliqui non bene
355   dixerunt dicentes omnia sensibilia semper continue moveri. Illi enim deficiebant dupliciter. Primo, quia non omnia moventur semper nisi motu circulari, et aliis motibus non possunt semper continue moveri, ut dictum est. Secundo, quia ipsi dicentes omnia semper moveri intendebant de motibus alterationum, generationum et corruptionum, de quibus
360   [V 54[va]] dictum est quod nichil potest perpetuo moveri. Deinde in fine recapitulat.

---

31 tertiam] U quartam V ‖ scilicet] U et V   36 et[1]] U om. V   49 unde] U om. V
50 moveretur] *scripsi* movere V *om.* U   55 esse quietem] U quiescere V   65 circula-

riter ferri] U circumferri V   66 enim fertur] U refertur V   84 secunda] U secundo V   87 incepit] U incipit V   89 in principio motus] U *om.* V ‖ etiam] U erit V   94 equalis] U essentialis V   111 quia] U quod V   117 tempore] U termino V   121 accedit] U accidet V   126 instans] U *om.* V   129 ab] U ad V   130 quod spatium] *scripsi* ad spatium V aliquid spatii U   131–132 et ultra ponatur] U *om.* V   133 veniret] U moveat V   137 esse] U *om.* V ‖ primo] U et c sed V   138 quam] U quod V   140 quia] U quod V   147 enim] U *om.* V   153 remanere] U moveretur V   154 tamquam²] U cum V   155 a] U enim V   157 ascensus] U *om.* V   164 nunc] U minus V   174–175 spatium] U specialiter V   175–176 quolibet] U quodam V   177 illa] U ita V   178 numerare¹] U minorare V ‖ numerare²] U minorare V   184–185 satisfaciendum] U satisdandum V   185 in finito] U infinite V   190 numerare] U mutare V   198–199 composita] U proposita V   208 ex] U in V   214 idem] U illud V   219 quia quod] U quod quid V   221 esse] U esset V   222 sed] VU esse *add.* V   225 etiam] U esse V   228 tempore²] U ipsi V   231 affirmare] U affirmative V   235 contradictionem] VU sexti libri *add.* V   240 non] U *om.* V   247 passioni] U *om.* V   248 sit] U fit V   251 transiverit] U transivit V   260 fit] U sit V   269 totum] U omne V   273 esse¹] *scripsi* est VU   274 manifestum] U medium V   278 primo] U prima V ‖ aliquid] U ad V   278–279 in quo solum] U solum in quo V   289 et] U *om.* V   291 ab] U ad V   292 et] U *om.* V   293–294 statim ... terminum] U *om.* (*hom.*) V   295 quando] U quod V   300–301 et tamen] U *om.* V   305 albo¹] U alio V   306 denigratio] U de nigro V   309 de] U ex V   310 universaliter] U uniformiter V   323 continuari] U contineri V   326 esse] U est V   329 primam] U primo V ‖ duplici] U secundo V   334 quiete] U tempore V   341 circularis] U cause V   354 aliqui] V antiqui U   356 nisi] U *om.* V

Question VIII.9—Utrum movens finitum possit movere per infinitum tempus[78]

Question VIII.9 has its background in chapter 1 of the fourth treatise of Book VIII. As announced at the beginning of the fourth treatise, the goal of chapter 1 is to argue that a finite mover does not move during an infinite time (*movens finitum non movet per tempus infinitum*). At the end of his explanation of this chapter, Buridan notes that Aristotle's argument raises many difficult problems which will be further discussed in the questions (*in questionibus*).

[V 55^(ra)] <u>Quod autem hoc necesse</u> (266a10). Iste est quartus tractatus, qui est de infinitate et perpetuitate primi motoris. Et continet quatuor capitula. In primo ostenditur quod movens finitum non movet per tempus infinitum. In secundo probatur quod in magnitudine finita non est virtus infinita nec e converso. In tertio ostenditur quod primum movens movet per tempus infinitum et est infinitum. In quarto concluditur quod pri-

---

[78] The list of questions for Book VIII continues: 'Quod non est demonstrabile quod oporteat ponere intelligentias ad movendum corpora caelestia. Quid vocatur infinitas secundum vigorem et secundum durationem; et de duplici infinitate secundum durationem etiam in movendo' (229⁵⁻⁸).

mum movens est indivisibile et nullam habens magnitudinem. Secunda ibi Quod autem necesse (266a24), tertium De hiis autem (266b27), quartum Determinatis autem (267b18).

In primo capitulo proponit primo conclusionem finalem huius tractatus, que in ultimo concludetur; secundo proponit **conclusionem** in hoc capitulo demonstrandam, scilicet quod impossibile est movens finitum movere per tempus infinitum; tertio illam conclusionem probat. Secunda ibi Horum autem (266a11), tertia ibi Tria enim sunt (266a13). Due prime partes sunt manifeste in littera.

Tria enim sunt (266a13). Hic vult probare conclusionem propositam. Et premittit primo quatuor suppositiones, secundo ex eis infert conclusionem. Secunda ibi Quare omne (266a21).

Prima suppositio est quod secundum adversarium movens finitum sit A et mobile etiam finitum sit B (oportet enim, si movens sit finitum, quod mobile sit etiam finitum, cum potentia motoris debeat excedere potentiam moti, ut dicit Commentator); tempus autem infinitum in quo A movet B sit C. Secunda suppositio est quod aliqua pars ipsius A, que vocatur D, moveat partem ipsius B, que vocetur E. Tunc sequitur quod movebit illam in minori tempore quam moveret totum, quia in sexto libro probatum fuit quod pars in minori tempore movetur quam totum in pertranseundo aliquod signum. Unde medietas navis prius transit pontem quam tota navis. Tertia suppositio sequitur ex precedentibus quod tempus in quo pars movetur, quod quidem tempus vocetur Z, non erit infinitum. Est enim minus quam tempus C, et minus alio non est infinitum. Quarta suppositio est quod auferendo ab A partes equales ipsi D multotiens, tandem consumetur A, et auferendo ab ipso B multotiens partes equales ipsi E, consumetur B. Sed tempus C non consumetur auferendo partes equales ipsi Z, quia finitum per ablationem finiti tandem consumitur, et non infinitum.

Quare omne (266a21). Hic ex dictis suppositionibus infert conclusionem suam quod quelibet pars ipsius A equalis ipsi D movet partem ipsius B equalem ipsi E in tempore finito, et ille partes sunt finite; sequitur quod totum tempus in quo totum A movet totum B erit finitum. Resultabit enim ex temporibus in quibus partes movebant partes, que quidem tempora essent finita et magnitudine et [V 55rb] multitudine secundum predicta; et tale oportet esse finitum. Modo hoc est contra positum ab adversario. Ergo impossibile est movens finitum movere per tempus infinitum. Verum est quod contra hanc rationem Aristotelis sunt multe difficiles dubitationes, que seorsum **in questionibus** tractabuntur.

4 non] U *om.* V   21 quod ... finitum] U *om.* (*hom.*) V   24 que vocetur e] U *om.* V
26 quam] U quod V   30 tempus] U terminus V ‖ alio] U aliorum V   31 ipsi] *scripsi*
ipsius VU   38 tempore] U termino V

Question VIII.10—Utrum virtus infinita possit esse in magnitudine finita[79]

The topic of question VIII.10 is related to chapter 2 of the fourth treatise, where Aristotle is said to argue that an infinite power cannot be contained in a finite magnitude nor, vice versa, a finite power in an infinite magnitude (*in magnitudine finita non est virtus infinita nec e converso*). Here again, Buridan refers to a further treatment of certain difficult issues in his questions commentary. The use of the singular *in questione* instead of the more usual plural *in questionibus* might very well point to a specific question, possibly question VIII.10 of the *ultima lectura*.

[V 55rb] Quod autem necesse est (266a24). Hoc est secundum capitulum, in quo ostenditur quod in magnitudine finita non est virtus infinita nec e converso. Et primo ostenditur quod impossibile est virtutem infinitam esse in magnitudine finita, et est **prima conclusio** capituli.
5   Secundo ostenditur quod etiam impossibile est virtutem finitam esse in magnitudine infinita, ita scilicet quod sit extensa per illam totam magnitudinem, et hec est **secuda conclusio** capituli. Secunda ibi Non igitur neque (266b7). Item primo proponit conclusionem; secundo ad probandum premittit suppositiones; tertio concludit propositum. Secunda ibi
10 Si enim plus (266a26), tertia ibi Si enim est (266a32). Prima pars est clara.

Si enim plus (266a26). Hic ponit tres suppositiones. Prima est quod maior potentia ceteris paribus movet idem vel equale mobile in minori tempore, et hoc est quia movet velocius. Secunda suppositio est quod infi-
15 nita potentia movet equale mobile in minori tempore quam aliqua finita, et hoc est quia infinita est maior quam aliqua finita. Tertia suppositio est quod omnis motus est in tempore et nullum contingit esse in instanti; et hoc apparuit in sexto et in quarto.

Si enim est (266a32). Hic ex dictis infert suam conclusionem. Et pro-
20 bat tali ratione: si in magnitudine finita est potentia infinita, sequitur quod potentia finita et potentia infinita equali tempore moverent idem

---

[79] The list of questions for Book VIII continues: 'Quomodo virtus passiva dicitur potentior in patiendo' (229[10–11]).

mobile, quod est contra secundam suppositionem. Consequentia probatur quia: si potentia infinita moveat aliquod mobile, movebit ipsum in aliquo tempore, sicut dicebat tertia suppositio; et sit illud tempus A. Tunc capiatur virtus finita que moveat illud mobile: constat quod etiam movebit ipsum in aliquo tempore, licet in maiori quam sit tempus A, et illud tempus maius vocetur AB. Et tunc erit determinata proportio temporis AB ad tempus A, quia finiti ad finitum est proportio, et gratia exempli sit proportio centupla. Tunc ultra sumatur virtus in centuplo maior quam est finita preaccepta, et illa adhuc erit finita; et tamen movebit in subcentuplo tempore, quia quanto potentia augetur, tanto tempus minoratur; et sic movebit in tempore A, in quo movebit infinita; ergo finita et infinita equali tempore movebunt idem mobile, quod est impossibile. Contra istum processum sunt multe dubitationes sicut contra precedens capitulum, sed **in questione** tractabuntur.

Non ergo neque (266b7). Hic probat **secundam conclusionem**, scilicet quod impossibile est finitam potentiam esse in magnitudine infinita. Et ista conclusio statim est manifesta per hoc quod non est dare magnitudinem infinitam. Sed Aristoteles intendit quod etiam si esset magnitudo infinita, tamen non est in ea virtus finita. Primo igitur proponit suam conclusionem; secundo premittit suppositiones; tertio format suas rationes. Secunda ibi Et tamen (266b7), tertia ibi Infinita igitur (266b15). Prima pars est clara.

Et tamen (266b7). [V 55va] Hic premittit tres suppositiones. Prima est quod, licet datis duobus corporibus possibile sit in minori eorum esse maiorem virtutem, ut in globo plumbi est maior gravitas quam in duplo ligni, tamen suppositis corporibus eiusdem rationis et omnino consimilibus preter quam in quantitate, semper in maiori corpore est maior virtus. Secunda suppositio est quod secundum adversarium magnitudo infinita sit AB, in qua ponitur esse virtus finita; et de ista magnitudine infinita sumatur aliqua pars finita, que sit BC; et sumatur mobile quod ista pars finita potest movere, et vocetur D. Tunc BC movebit D in aliquo certo tempore in pertranseundo aliquod signum, et sit illud tempus EZ. Ex hiis sequitur tertia suppositio, scilicet quod, si accipio de magnitudine AB duplicem magnitudinem ipsi BC, ista movebit D in medietate temporis EZ, quia in dupla magnitudine est virtus dupla que movebit dupliciter velocius; ideo movebit in dimidio tempore, et sit illud tempus dimidium ZC; et ita accipiendo de illa magnitudine infinita et augmentando BC secundum quamcumque proportionem placet tibi, nunquam consumam magnitudinem AB, et tamen sic augmentando tempus semper minorabitur.

Infinita ergo (266b15). Hic ex dictis suppositionibus format duas rationes. Secundam ibi Est autem (266b21). Prima ratio talis est: illa virtus est infinita que movet velocius seu in minori tempore quam aliqua finita; sed virtus magnitudinis AB moveret in minori tempore quam aliqua virtus finita. Probatio quia: omnis virtus finita haberet proportionem ad virtutem magnitudinis AB, et tamen virtus AB moveret velocius quam aliqua habens proportionem ad virtutem BC, eo quod esset maior, quia excederet omnem proportionem ad BC, cum dictum fuerit quod BC quantumcumque multiplicatum non attingeret ad AB; igitur virtus magnitudinis AB est infinita, quod est contra positionem adversarii.

Est autem (266b21). Hic format ad idem secundam rationem talem: si in magnitudine infinita est potentia finita, sequitur quod potentia corporis finiti equali tempore moveret idem mobile sicut potentia corporis infiniti; quod est impossibile, cum potentia corporis infiniti sit maior. Probatur consequentia quia: BC ponitur movere D aliquo tempore, et potentia etiam ipsius AB movebit D in aliquo tempore, et erit aliqua proportio temporis ad tempus, et sit gratia exempli centupla, ita quod tempus in quo BC movet sit centuplum ad tempus in quo AB movet. Tunc igitur centupletur BC; et tunc illud centuplatum movebit in subcentuplo tempore; ideo equali tempore movebit sicut virtus AB. Et tamen illud centuplatum est adhuc magnitudinis finite. Ergo patet quod virtus magnitudinis finite movebit eque velociter sicut virtus magnitudinis infinite, quod est impossibile. Quare etc.

---

15 movet] *scripsi* movens V moveret U   19–20 et probat] U *om.* V   28 sit] U si V   31 tempus] U tempore V   40 tamen] U cum V   51 finita] U *om.* V   52 movebit d] U mobilis V   54 accipio] U accipiendo V   59 quamcumque] U quam V   67 moveret] U movens V   70 multiplicatum] *scripsi* multiplicato V multum U   81 subcentuplo] U centuplo V   82 tamen] U cum V

Question VIII.11—Utrum primus motor, scilicet Deus, sit infiniti vigoris[80]
Question VIII.13—Utrum primus motor sit indivisibilis et nullam habens magnitudinem[81]

---

80   The list of questions for Book VIII continues: 'Unde potentia dicatur maioris vigoris. Unde est diversitas praedicatorum Deo attributorum. De infinitate essentiae seu perfectionis divinae. De libertate' (229$^{13-15}$).

81   The list of questions for Book VIII continues: 'De diversis conceptibus magnitudinis' (229$^{24-25}$).

Questions VIII.11 and VIII.13 concern the nature of the first mover (i.e., God, as Buridan clarifies). Question VIII.11 deals with the infinite power (*vigor*) of the first mover. Question VIII.13 argues that the first mover is indivisible and without magnitude. Both questions have their background in Aristotle's remarks in the concluding chapter of the fourth and final treatise of Book VIII.

[V 56^(rb)] <u>Determinatis autem hiis</u> (267b18). Hoc est quartum et ultimum capitulum totius libri, in quo probatur quod primus motor est indivisibilis nullam habens magnitudinem, et ista est **finalis conclusio totius libri et istius capituli**, ita quod primus motor nec est corpus nec virtus extensa
5 extensione corporis. Et probat hoc quia: si haberet magnitudinem, vel haberet finitam vel infinitam; non infinitam, ut patet tertio *huius*; nec finitam, quia primus motor, cum moveat tempore infinito, habet infinitam potentiam (potentia enim <infinita non> potest esse <in> magnitudine <finita>); ergo etc. Omnia ista sunt clara ex precedentibus diligenter
10 advertenti.[82]

Sed[83] ibi est una dubitatio, et videtur quod Aristoteles ibi committat fallaciam equivocationis, quia arguit sic: primus motor habet potentiam infinitam; et potentia infinita non potest esse in magnitudine finita; ergo etc.—quia, cum dicit 'primus motor' etc., loquitur de infinitate durationis et non de infinitate vigoris, quia probatum est quod infinita potentia
15 non est in magnitudine, quia moveret † secunda † in instanti; ideo equivocaret. Dicendum est quod Aristoteles non accipit 'magnitudinem' ita particulariter sed eam accipit primo universaliter, sicut nulla potentia infinita infinitatione actuali est in magnitudine; sed primus motor habet
20 potentiam infinitam infinitatione actuali, que est infinita, vel secundum vigorem vel secundum durationem. Et ideo sub maiore recepta universaliter ad utramque infinitationem, potest sumi minor de infinitate secundum vigorem.

---

82 The parallel passage in the *expositio* in U runs slightly differently [U 69^(va)]: '<u>Determinatis autem his</u>. Hoc est quartum capitulum huius tractatus et ultimum totius libri *Phisicorum*, in quo concluditur quod primus motor est indivisibilis et nullam habens magnitudinem, scilicet extensionis, et hec est unica conclusio presentis capituli. Que ex precedentibus sic concluditur quia: si haberet magnitudinem, aut haberet finitam aut infinitam; non infinitam, quia nulla est talis, ut determinatum est in tertio libro; nec finitam, quia potentia infinita non potest esse in magnitudine finita, et primus motor est potentie infinite, cum moveat per tempus infinitum, prout hec ante determinata sunt. Igitur primus motor nullam habet magnitudinem, et per consequens est indivisibilis. Et finitur totus liber *Phisicorum*. Deo gratias amen'.

83 This final paragraph in the *expositio* in V is missing in the *expositio* in U.

3 ista] *scripsi* ita V   15 probatum] *scripsi* predicatum V   16 secunda] 2ᵃ *seu* +ᵃ (?) V   18 sed] *scripsi* sicut V   20 que] *scripsi om.* V

Question VIII.12—Utrum proiectum post exitum a manu proicientis moveatur vel ab aere vel a quo moveatur[84]

Finally question VIII.12, Buridan's famous discussion of projectile motion, relates to chapter 3 of the fourth treatise of Book VIII. As mentioned before, the goal of chapter 3 is to show that the first mover moves during an infinite time. However, the chapter starts with a passage about projectile motion.[85] Just like in question VIII.12 of the *ultima lectura*, Buridan discards Aristotle's explanation of projectile motion, referring to certain thought experiments (*experientie*), and subsequently presents his own explanation based on the notion of *impetus*. He offers no detailed explanation of the nature of *impetus*, but he briefly mentions two alternative views: one view suggests that *impetus* is nothing else than the motion of the projectile itself while the other claims that *impetus* is a quality (*qualitas*) consequent upon the motion of the projectile. In the *expositio* in V, Buridan does not refer to a further discussion of projectile motion in his questions commentary. However, he states that projectile motion constitutes a huge problem in need of a special inquiry (*magna difficultas que indigeret speciali perscrutatione*). Such special inquiy is found in question VIII.12 of the *ultima lectura*.

> [V 55ᵛᵃ] De hiis autem que feruntur (266b27). Hoc est tertium capitulum, in quo ostenditur quod primum movens movet tempore infinito. Et primo solvit quandam dubitationem [V 55ᵛᵇ] de motu proiectorum; secundo ostendit principale propositum. Secunda ibi Quoniam autem in
> 5 hiis (267a21). Item primo movet dubitationem; secundo movet apparentem solutionem; tertio dat veram; quarto concludit motum proiectionis non esse vere continuum; quinto removet aliam solutionem apparentem.

---

84 The list of questions for Book VIII continues: 'Quare longius proicio lapidem quam plumam vel quam tantumdem de ligno. Quod movetur ab impetu sibi impresso a motore. Quare motus naturales gravium sunt velociores in fine quam in principio. An oportet ponere intelligentias ad movendum corpora caelestia. Quae res est ille impetus. Quare pila de corio longius reflectitur quam lapis velocius motus' (229¹⁷⁻²²).

85 The question of projectile motion has already been briefly discussed in the passage of the *expositio* corresponding to q. VII.4 (*Utrum necesse sit in omni motu movens esse simul cum moto*). See above, CXXXI–CXXXVI, esp. CXXXIV (and n. 50).

Secunda ibi <u>Si autem</u> (266b30), tertia ibi <u>Necesse est</u> (267a2), quarta <u>Hoc quidem</u> (267a12), quinta <u>Impossibile autem</u> (267a18).

Dicit[86] ergo quod antequam ostendatur quod primus motor movet tempore infinito, tractanda est quedam dubitatio de motu proiectorum, videlicet quomodo proiectum movetur continue, cum proiectum non moveatur ex se nec naturaliter, sed violenter, et per consequens a motore extrinseco, et cum non appareat motor tangens ipsum post exitum a proiciente, et tamen oportet movens esse simul cum moto, ut dicebatur in septimo libro.

<u>Si autem similiter</u> (266b30). Hic movet solutionem apparentem qua diceretur quod proiciens simul cum proiecto movet aerem, qui ultra defert et movet proiectum. Contra hoc replicatur quia: revertitur questio quid movet aerem postquam proiciens cessat movere. Non enim aer movetur sic a se ipso nec apparet aliud quod moveat ipsum.

<u>Necesse est</u> (267a2). Hic ponit solutionem quam reputat veram, scilicet quod proiciens simul cum proiecto movet aerem propinquum, et non solum movet ipsum, ymo cum hoc imprimit sibi virtutem movendi proiectum et alium aerem sequentem, et ille aer primus cessat moveri quando proiciens cessat movere; sed adhuc aliquo tempore retinet vim motivam sibi impressam, et sic potest movere alterum aerem, et sic deinceps donec ulteriori aeri nulla virtus motiva imprimitur; tunc enim universaliter cessat et movere et moveri.[87] Et potest hic secundum Aristotelem signari una **conclusio**, scilicet quod proiciens movendo aerem dat sibi virtutem movendi alterum aerem et proiectum. Et cum proiciens cessat movere, ille aer cessat moveri, sed non simul cessat virtus motiva illi aeri impressa. Hec enim conclusio concluditur, quia videtur quod aliter motus esset sine movente.

<u>Hoc quidem igitur</u> (267a12). Hic concludit quod motus proiectionis non est propriissime continuus, et est **secunda conclusio**. Que probatur

---

86 The parallel passage in the *expositio* in U runs slightly differently [U 69ʳᵃ]: 'De primo dicit quod antequam ostendatur quod primus motor movet tempore infinito, tractanda est quedam dubitatio de motu proiectorum, scilicet quomodo proiectum movetur continue, cum proiectum nec moveatur ex se nec naturaliter, ymo violenter, et per consequens a motore extrinsece, et cum non apparet motor (motor] *scripsi* movetur U) extrinsecus tangens ipsum post exitu⟨m⟩ a proiciente, ideo videtur quod tunc movetur sine motore, cum movens debeat esse simul cum moto, ut dicebatur in septimo libro'.

87 Here, the *expositio* in U adds the following passage [U 69ʳᵃ]: 'Et sciendum est quod multum est difficile substinere istum modum et scire quid est illa virtus motiva que imprimitur illi aeri que non cessat movere licet aer sibi subiectus cesset moveri. Sed de his dictum fuit in questionibus septimi libri'.

quia: ad perfectam continuitatem motus requiritur ydemptitas mobilis, et non est ibi ydemptitas mobilis totalis, quia, licet sit ydemptitas lapidis aut sagitte, tamen concurrit aliud mobile, scilicet aer alius post alium.
40 Et etiam motus perfecte continuus requirit regularitatem, et motus non est regularis nisi sit ab eodem motore et continue se habente similiter ad ipsum mobile; sic autem lapis proiectus non movetur, sed ab alio et ab alio motore successive, secundum ea que dicta sunt.

Impossibile (267a18).[88] Hic removet aliam solutionem falsam qua ali-
45 qui dicebant proiectum moveri per antiparistasim. Et ille modus esset talis quod, quando proiectum exiebat loco suo velociter, necesse erat aerem sequi velociter ad replendum locum, ne sit vacuum, et sequendo impellebat ultra proiectum, et sic ultra, donec cessabat. Dicit ergo Aristoteles quod iste modus non est conveniens, quia sequeretur quod oportet
50 posteriora sequi ad omnem distantiam, quoniam sicut proiectum exivit a loco suo, ita aer sequens exiret a loco suo et sic deinceps; et sic oportet quod uno motu omnia posteriora moverentur, quod est inconveniens.

Verum[89] est quod de istis proiectis est magna difficultas que indigeret speciali perscrutatione, quia non apparet michi quod opinio Aristotelis
55 posset faciliter sustineri, scilicet quod aer moveat proiectum, ymo potius videtur quod resistat sibi. Et de hoc possunt ad presens declarari alique [V 56ra] experientie. Prima est de magna mola fabri que si multum velociter moveatur, tu non potes eam pausare quin longo tempore moveatur postquam tu cessabis movere; nec aer sibi coniunctus movet eam, quia
60 si de panno abstergas molam circumquaque removendo aerem tangentem eam, non propter hoc cessabit mola a motu suo. Alia experientia est de pluma proiecta. Si enim aer quem tu moves cum proiectione lapidis possit sustinere et movere lapidem ad longam distantiam, multo magis posset sustinere et movere plumam, et sic tu posses plumam ita longe

---

88   The parallel passage in the *expositio* in U runs slightly differently [U 69rb]: 'Impossibile. Hic Philosophus removet aliam solutionem falsam qua aliqui dicebant proiectum moveri per antiparistasim. Et ille modus erat talis quod, quando proiectum exibat a loco suo velociter, necesse erat aerem sequi velociter ad replendum locum, cum non sit dare vacuum, et sequendo impellebat ultra proiectum, et ita donec cessabat. Dicit igitur Aristoteles quod ille modus non est conveniens, quia ubi ei alius adsequatur, sequeretur quod oporteret posteriora corpora ad omnem distantiam sequi proiectum, ne retro remaneret vacuum; et ita opporteret simul uno moto omnia retro moveri, et sic tandem celum exiret locum suum, quod est absurdum. Hec etiam via aliter posset improbari. Sed de his fiebat questio in septimo libro'.
89   This paragraph and the following one ('Idcirco ... localem') are both missing in the *expositio* in U. The text in U continues at 'Quoniam autem in hiis' (267a21).

65   proicere sicut lapidem, quod tamen est manifeste falsum. Tertia experientia est quia: si aer quem tu moves proiciendo haberet ita fortem impetum quod posset movere lapidem longe et velociter, ut si ego quasi proiciendo moverem aerem contra te sine alio proiecto, tu deberes fortiter sentire impetum illius aeris impulsi contra te; et hoc est totum falsum. Alia expe-
70   rientia est: sit navis onerata feno et sit velociter mota in fluvio; etiam contra fluvium, et motores cessent movere, sive sint homines sive equi, ita navis adhuc longo tempore movebitur et non poterit statim quietari; et tamen aqua sic non movet eam, ymo potius moveret eam ad oppositum, nec aer motus cum navi et tangens navem movet eam, quia tunc iste
75   aer per suum impetum plicaret festucas feni ad illam partem ad quam moveret navem, et tamen totum oppositum invenitur, quoniam festuce plicantur ad partem retro propter aerem resistentem illi motui. Alie possent dari experientie manifeste propter quas et predictas omnino videtur michi quod aer non movet nec defert lapidem proiectum, sed potius re-
80   sistit sibi.

    Idcirco opinor quod in motu locali imprimitur mobili quidam impetus inherens sibi a quo lapis proiectus movetur donec per resistentiam medii vel ante inclinationem lapidis iste impetus cesset et corrumpatur; et forte iste impetus non est aliud quam motus met. Et alii dicunt quod est que-
85   dam qualitas consequens ad motum localem.

    Quoniam autem in hiis (267a21). Hic vult declarare propositum principale. Et primo ostendit quod primum movens unum et idem existens movet semper, et est **tertia conclusio**. Secundo ostendit quod primum movens est immobile, et est **quarta conclusio**. Tertio ostendit quod illud
90   primum movens est in circumferentia primi mobilis, et est **quinta conclusio**. Quarto regreditur super quartam conclusionem. Secunda ibi Movens ergo (267a25), tertia ibi Necesse est autem (267b7), quarta ibi Habet autem (267b10).

    Probat ergo quod primum movens existens unum et idem movet sem-
95   per, quia determinatum est prius quod oportet primum motum esse sempiternum, continuum et regularem, et talem oportet esse unius mobilis et ab uno motore, nam propter hoc in conclusione precedente dictum fuit motum proiectionis non esse vere continuum, scilicet quia nec omnino unius mobilis nec ab uno motore; igitur etc.

100 Movens ergo (267a25). Hic vult probare quod primum movens sit immobile. Et ponit duplex medium. Primo quia: si moveretur, moveretur ab alio, ut dicebatur in septimo, et ita non esset primum movens. Secundo quia: si sit transmutabile, [V 56rb] sequeretur vel quod non semper movebit, quia erit fatigabile, vel saltem non movebit regulariter, quia aliter se

105 habebit; [ad] utrumque [quod] est inconveniens; cum autem ponatur immutabilis nec fatigabilis nec aliter se habebit, ideo semper poterit continuare similem motum. Et ista satis dicta fuerunt prius.[90]

<u>Necesse est autem</u> (267b7). Hic vult probare quod primum movens est in circumferentia primi mobilis, quia primum movens debet poni ubi est 110 velocior motus, cum proxima moventi recipiant fortius eius influentiam; sed in circumferentia spere est velocior motus quam versus centrum; ergo etc. Nota tamen quod primus motor nec est in circumferentia nec est in centro inherenter, nec sic est presens et assistens circumferentie quin etiam centro et omni parti mundi; sed solum sic est magis in circumfe-115 rentia quia fortius influit in eam.

<u>Habet autem</u> (267b10).[91] Hic regreditur ad quartam conclusionem. Et primo movet questionem utrum motor motus possit movere perfecte continue, scilicet perpetuo et regulariter. Et respondet quod motus perfecte unus, continuus et regularis non erit a pluribus moventibus conse-120 quenter advenientibus, nec etiam erit a motore moto, ut ante dictum est, sed erit a motore uno et immobili. Ideo talem oportet esse primum motorem. Quare etc. Et sic finis.

10 primus] U primo V   13 nec naturaliter] U om. V   19–20 questio quid] U quidquid V   20 aerem] U aer V   21 apparet] U ad V   24 imprimit] U imponit V   29 potest] U patet V   30 signari] U signa V   41–42 ad ipsum mobile] U ab eodem motore V   45 modus] U motus V   46 quando] U om. V   64 posses] *scripsi* posset V   70 onerata] *scripsi* oneratur V   96 talem] U tale V   109 circumferentia] U circumstantia V   111 circumferentia] U circumstantia V   112 circumferentia] U circumstantia V   113 circumferentie] U circumstantie V   114–115 circumferentia] U circumstantia V

90 The parallel passage in the *expositio* in U runs slightly differently [U 69rb]: '<u>Movens igitur</u>. Hic Philosophus vult probare quod primum movens sit immobile. Et ponit duplex medium. Primo quia: si sit mobile, indigebit moveri ab alio, et ita non esset primum movens. Secundo quia: si sit transmutabile, sequeretur vel quod non semper movebit, quia forte erit fatigabile, vel saltem non regulariter movebit, quia aliter se habebit; et utrumque est inconveniens, [U 69va] cum opporteat primum motum esse perpetuum et regularem; quando autem ponemus primum motorem immutabilem, tunc nec fatigatur nec aliter se habebit, ideo semper poterit continuare motum similem. Et Aristoteles breviter locutus est (locutus est] *scripsi* cum sit U) de istis, quia ante demonstratum est'.
91 Here too, the parallel passage in the *expositio* in U runs differently [U 69va]: '<u>Habet autem</u>. Hic regreditur ad quartam conclusionem. Et primo movet questionem utrum motor violentus possit movere perfecte continue, scilicet perpetue et regulariter, ita quod non intelligamus "continue" pro "consequenter se habere" solum, sicut iterum et iterum impellens aut trahens diceremus movere ut proiecta moventur, ut dictum fuit. Et respondet quod motus non est unus, continuus et regularis si sit a pluribus moventibus, vel etiam a movente moto, ut ante (ante] *scripsi* autem U) dictum est, sed solum si sit a motore uno et immobili. Ideo talem oportet esse primum motorem'.

Bibliography

This bibliography contains all publications cited in the Introduction and the Guide to the Text. For the sources referred to in the edition, see above XXVII–XXVIII.

Primary Sources

John Buridan, *Quaestiones in Praedicamenta*, ed. J. Schneider, München 1983 (Veröffentlichungen der Kommission für die Herausgabe ungedruckter Texte aus der mittelalterlichen Geisteswelt, 11).

John Buridan, *Quaestiones super octo libros Physicorum Aristotelis (secundum ultimam lecturam)*, *Libri I–II*, ed. M. Streijger & P.J.J.M. Bakker, Leiden, Boston 2015 (Medieval and early modern philosophy and science, 25).

John Buridan, *Quaestiones super octo libros Physicorum Aristotelis (secundum ultimam lecturam)*, *Libri III–IV*, ed. M. Streijger & P.J.J.M. Bakker, Leiden, Boston 2016 (Medieval and early modern philosophy and science, 27).

John Buridan, *Summulae. In Praedicamenta*, ed. E.P. Bos, Nijmegen 1994 (Artistarium, 10/3).

John Buridan, *Summulae. De suppositionibus*, ed. R. van der Lecq, Nijmegen 1998 (Artistarium, 10/4).

Secondary Literature

Arnaldi, F., and P. Smiraglia, *Latinitatis italicae medii aevi lexicon*, Firenze 2001 (Millennio medievale, 29).

Bakker, P.J.J.M., and M. Streijger, 'Introduction', in: John Buridan, *Quaestiones super octo libros Physicorum Aristotelis (secundum ultimam lecturam). Libri III–IV*, ed. M. Streijger & P.J.J.M. Bakker, Leiden, Boston 2016 (Medieval and early modern philosophy and science, 27), XI–XIX.

Bakker, P.J.J.M., and M. Streijger, 'John Buridan's *Physics* Commentaries Revisited. Manuscripts and Redactions', *Bulletin de Philosophie Médiévale*, 64 (2022), 67–166.

Celeyrette, J., 'La réception parisienne des travaux anglais sur la vitesse d'un mouvement local au milieu du XIVe siècle', in: T. Suarez-Nani, O. Ribordy and A. Petagine (eds.), *Lieu, espace, mouvement: physique, métaphysique et cosmologie (XIIIe–XVIe siècles)*, Barcelona, Roma 2017, 165–180.

Celeyrette, J., 'Les Questions sur la *Physique* du ms Cesena Malatestiana S VIII 5', in: C. Grellard (ed.), *Miroir de l'amitié. Mélanges offerts à Joël Biard*, Paris 2017 (Études de philosophie médiévale, 106), 353–369.

Dekker, D.-J., *De tijdfilosofie van Johannes Buridanus (†ca. 1360). Een historisch-wijsgerige studie met editie van Buridanus'* Quaestiones super octo libros *Physicorum* Aristotelis (secundum ultimam lecturam), IV, 12–16, PhD dissertation, Radboud University, Nijmegen 2003.

Du Cange, C., *Glossarium mediae et infimae latinitatis*, ed. nova, Paris 1886.

Gehrt, W., *Die Handschriften der Staats- und Stadtbibliothek Augsburg: 2° Cod. 251–400e*, Wiesbaden 1989 (URL = http://bilder.manuscripta-mediaevalia.de/hs/kataloge/HSK 0206.htm).

Hamesse, J., *Les* auctoritates Aristotelis. *Un florilège médiéval. Étude historique et édition critique*, Leuven, Paris 1974 (Philosophes médiévaux, 17).

Lohr, C.H., *Latin Aristotle Commentaries*, I.1: *Medieval Authors, A–L*, Firenze 2013 (Corpus philosophorum medii aevi. Subsidia, 17).

Lohr, C.H., 'Medieval Latin Aristotle Commentaries. Authors: Jacobus-Johannes Juff', *Traditio* 26 (1970), 135–216.

Maier, A., *Zwei Grundprobleme der scholastischen Naturphilosophie* (Studien zur Naturphilosophie der Spätscholastik, 2), Roma 1968 (Storia e letteratura, 37).

Michael, B., *Johannes Buridan: Studien zu seinem Leben, seinen Werken und zur Rezeption seiner Theorien im Europa des späten Mittelalters*, 2 vols., Berlin 1985.

Patar, B., *La* Physique *de Bruges de Buridan et le* Traité du ciel *d'Albert de Saxe*, vol. 2: *Édition critique de textes. Appendices*, Longueil 2001.

Sarnowsky, J., 'Nicole Oresme and Albert of Saxony's Commentary on the *Physics*: the Problem of Vacuum and Motion in a Void', in: S. Caroti and J. Celeyrette (eds.), Quia inter doctores est magna dissensio. *Les débats de philosophie naturelle à Paris au XIVe siècle*, Firenze 2004 (Biblioteca di Nuncius. Studi e testi, 52), 161–174.

Sylla, E.D., 'Guide to the Text', in: John Buridan, *Quaestiones super octo libros Physicorum Aristotelis (secundum ultimam lecturam). Libri I–II*, ed. M. Streijger & P.J.J.M. Bakker, Leiden, Boston 2015 (Medieval and early modern philosophy and science, 25), XLIII–CLXXV.

Sylla, E.D., 'Guide to the Text', in: John Buridan, *Quaestiones super octo libros Physicorum Aristotelis (secundum ultimam lecturam). Libri III–IV*, ed. M. Streijger & P.J.J.M. Bakker, Leiden, Boston 2016 (Medieval and early modern philosophy and science, 27), XX–CCXVIII.

Thijssen, J.M.M.H., 'The Buridan School Reassessed. John Buridan and Albert of Saxony', *Vivarium* 42 (2004), 18–42.

Thijssen, J.M.M.H., 'Introduction', in: John Buridan, *Quaestiones super octo libros Physicorum Aristotelis (secundum ultimam lecturam). Libri I–II*, ed. M. Streijger & P.J.J.M. Bakker, Leiden, Boston 2015 (Medieval and early modern philosophy and science, 25), XIII–XLII.

Thijssen, J.M.M.H., *John Buridan's Tractatus de infinito*, Nijmegen 1991 (Artistarium Supplementa, 6).

Thijssen, J.M.M.H., 'The Short Redaction of John Buridan's Questions on the *Physics* and their Relation to the Questions on the *Physics* Attributed to Marsilius of Inghen', *Archives d'histoire doctrinale et littéraire du Moyen Âge* 52 (1985), 237–266.

Weijers, O., *Le travail intellectuel à la Faculté des arts de Paris: textes et maîtres (ca. 1200–1500). IV: Répertoire des noms commençant par H et J (jusqu'à Johannes C.)*, Turnhout 2001 (Studia Artistarum, 9).

Weijers, O., *Lexicon latinitatis nederlandicae medii aevi*, vol. 3, Leiden 1986.

Iohannis Buridani

Quaestiones
super octo libros Physicorum Aristotelis
(secundum ultimam lecturam)

Libri V–VIII

Conspectus siglorum et compendiorum

C   København, Kongelige Bibliotek, cod. Ny kgl. Samling 1801 fol.
G   Kraków, Biblioteka Jagiellońska, cod. 1771
P   Vaticano (Città del), Biblioteca Apostolica Vaticana, cod. Vat. lat. 2163
p   Iohannes Buridanus, Subtilissimae Quaestiones super octo Physicorum libros Aristotelis. Paris: Petrus le Dru impensis Dionysii Roce, 1509.

Codices rarius adhibiti

A   Carpentras, Bibliothèque Inguimbertine, cod. 293 (L. 289)
Au   Augsburg, Staats- und Stadtbibliothek, cod. 2° 342a
B   Frankfurt am Main, Stadt- und Universitätsbibliothek, cod. Praed. 52
Br   Bratislava, Archív mesta Bratislavy, cod. E.L.5
D   Kraków, Biblioteka Jagiellońska, cod. 659
E   Kraków, Biblioteka Jagiellońska, cod. 660
Er   Erfurt, Universitätsbibliothek, cod. CA F. 300
F   Kraków, Biblioteka Jagiellońska, cod. 661
H   Kremsmünster, Bibliothek des Benediktinerstiftes, cod. CC 169
Ha   Collectio privata, U.S.A.
I   Liège, Bibliothèque de l'Université, cod. 114 C
J   Buenos Aires, Biblioteca Nacional, cod. 342R
K   Stralsund, Stadtarchiv der Hansestadt Stralsund, cod. 1050
L   Paris, Bibliothèque Nationale de France, cod. lat. 14723
La   Lambach, Bibliothek des Benediktinerstiftes, cod. Ccl. 175
M   Salzburg, Stiftsbibliothek St. Peter (Erzabtei), cod. B.IX.24
O   Torino, Biblioteca Nazionale Universitaria, cod. G.IV.10
Ox   Oxford, Balliol College Library, cod. 97
Pb   Paderborn, Erzbischöfliche Akademische Bibliothek, cod. VVa 12
Q   Vaticano (Città del), Biblioteca Apostolica Vaticana, cod. Vat. lat. 2164
R   Wien, Bibliothek des Dominikanerkonvents, cod. 107/73
S   Wien, Österreichische Nationalbibliothek, cod. 5112
T   Wien, Österreichische Nationalbibliothek, cod. 5332
U   Wien, Österreichische Nationalbibliothek, cod. 5338
V   Wien, Österreichische Nationalbibliothek, cod. 5367
W   Wien, Österreichische Nationalbibliothek, cod. 5424
X   Wien, Österreichische Nationalbibliothek, cod. 5458
Y   Wien, Österreichische Nationalbibliothek, cod. 5481
Z   Zaragoza, Biblioteca Capitular de la Seo, cod. 15–61

© PAUL J.J.M. BAKKER AND MICHIEL STREIJGER, 2024 | DOI:10.1163/9789004702028_005

CONSPECTUS SIGLORUM ET COMPENDIORUM

add.   *addidit*
cett.   *ceteri codices*
cf.   *conferatur*
corr.   *correxit*
del.   *delevit*
hom.   *homoeoteleuton*
inf.   *infra/inferiore*
inv.   *invertit*
lin.   *lineam*
litt.   *litterae, litterarum*
marg.   *margine*
om.   *omisit*
praem.   *praemisit*
ras.   *rasura*
rep.   *repetivit*
seq.   *sequitur*
spat. vac.   *spatium vacuum*
sup.   *supra/superiore*
†...†   *verba resecta cum margine exteriore*

AA   *Auctoritates Aristotelis*

⟨Tabula quaestionum quinti libri *Physicorum*⟩

Tabula quaestionum quinti libri *Physicorum*.

⟨1⟩ Prima quaestio utrum generatio sit motus. Quomodo debeat intelligi quod generatio sit de negato in affirmatum etc. Quod moveri attribuitur subiecto motus | et non generari subiecto generationis nisi secundum quid. Quod nullum quod generatur est et omne quod movetur est. Quod non sequitur 'quod generatur non movetur, igitur generatio non est motus'.

⟨2⟩ Secunda quaestio est utrum in ad aliquid est per se motus. Quod omnis res est ad aliquid, sed non omnis res est relatio vel respectus. Quod omnis motus et omnis dispositio secundum quam est motus est quantitas. Quomodo igitur distinguuntur genera motuum. Quid est esse per se vel per accidens motum in aliquo genere vel in aliqua specie. Quod non est per se motus secundum ubi vel secundum locum.

⟨3⟩ Tertia quaestio est utrum motus debeat esse de contrario in contrarium.

⟨4⟩ Quarta utrum motus ex eo debeant dici contrarii, quia sunt de contrariis terminis ad contrarios terminos. An aliqui motus sunt ad invicem contrarii et quomodo. In speciali agitur de motibus localibus rectis et circularibus, de alterationibus et generationibus etc.

⟨5⟩ Quinta utrum motus contrarietur quieti vel etiam quies quieti. Agitur tam de contrarietate reali quam terminorum significativorum. Quare motus magis dicitur contrarius termino a quo quam termino ad quem. Quod differenter dicendum est de motu et quiete, de moveri et quiescere.

⟨6⟩ Sexta utrum est dare generationes et corruptiones, augmentationes, diminutiones et alterationes naturales et violentas, sicut est dare motus locales naturales et violentos. Quae et quomodo dicantur naturales vel innaturales. Quare magis vocamus motus locales violentos quam alterationes. De contrarietate penes naturale et violentum.

---

2 tabula] sequitur *praem*. Pp : titulus G ‖ quaestionum] *om*. p ‖ quinti libri] *inv*. P ‖ physicorum] *om*. p   3 quaestio] *add*. est GPp ‖ debeat] debet G   4 sit] est GPp ‖ etc.] vel G   5 non] *om*. p ‖ nisi] non p   6 quid] *om*. GP ‖ quod¹] *om*. p ‖ est¹] *om*. p ‖ est²] esse p ‖ quod²] et G : *om*. Pp   7 movetur] est C ‖ igitur] *om*. p ‖ motus] *om*. C   8 quaestio est] quaestio G : *om*. Pp ‖ ad] *om*. C ‖ aliquid] aliquod P   9 res est²] est p : *om*. G   11 igitur distinguuntur] *inv*. P ‖ quid] quod P ‖ vel] et quid P   12 motum] necessarium C ‖ aliquo genere] *inv*. P   14 quaestio est] *om*. GPp ‖ utrum] *add*. omnis GPp   16 debeant] debent G ‖ de] se p   17 sunt] sint G   19 et] *om*. Pp   20 vel … quieti²] *om*. (*hom*.) C ‖ etiam] *om*. P   22 termino²] terminus P   25 et¹] *om*. Gp   26 quae] qualiter P   27 magis] *om*. P ‖ locales] naturales P ‖ alterationes] quare magis *add*. P

⟨7⟩ Septima utrum secundum substantiam sit motus. An substantiae est aliquid contrarium. An sequitur 'nihil est contrarium ipsi *b*, igitur secundum *b* non est motus'.

⟨8⟩ Octava utrum motus sit motus vel etiam generationis generatio. Quomodo motus est ad motum vel transmutatio ad transmutationem tamquam ad terminum ad quem.

⟨9⟩ Nona utrum generatio generatur. Quod nulla generatio caliditatis est illa caliditas cuius ipsa est generatio. Quod est dare generationem maximam | caliditatis ipsius *b*, si de frigidissimo fiat calidissimum. Quod illa maxima generatio caliditatis non est ipsa caliditas, sed erit summa caliditas. Quod in tempore praecise in quo est summa calefactio, illa summa calefactio non est (et proportionaliter de corruptione).

118ʳᵇ C

⟨10⟩ Decima et ultima utrum ad unitatem motus requiritur quod mobile sit idem, quod forma vel dispositio secundum quam est motus sit eadem et quod sit tempus idem. An motus contrarii sunt ad invicem continui. An albedo et nigredo sunt ad invicem continuae. Quomodo interruptio temporis impedit vel non impedit continuitatem motuum vel mutationum etc. |

95ʳᵇ G

---

1 sit] est GPp   1–2 est aliquid] *inv.* G   2 sequitur] sequeretur G   5 motus] movens P ‖ transmutatio ad transmutationem] terminatio ad terminationem p   6 quem] *add.* mota p   7 generatur] generatior p   8 illa] ipsa G   10 ipsa] *om.* GPp   11 praecise] praeciso p   12 proportionaliter] proportionabiliter p ‖ corruptione] *add.* et transmutatione p   13 decima et ultima] decima GP : *om.* p   14 idem] illud C   15 et] *om.* P ‖ sunt] sint P   16 quomodo] immo p   17 vel mutationum] *om.* p ‖ etc.] finita tabula quaestionum quinti physicorum incipiunt consequenter quaestiones G : finis tabulae quinti libri incipiunt quaestiones quinti libri physicorum p : et sic finis est tabulae P

⟨V. 1⟩

⟨Utrum generatio sit motus⟩

Post praedicta primo quaeritur circa quintum librum utrum generatio sit motus.

⟨1⟩ Arguitur quod sic auctoritate Aristotelis in *Postpraedicamentis*.

⟨2⟩ Et etiam in tertio *huius*, cum ipse definit motum, ipse declaravit definitionem per inductionem et induxit in generatione et corruptione.

⟨3⟩ Et Commentator etiam tertio *huius* dedit unam descriptionem motus talem: 'motus est generatio partis post partem illius perfectionis ad quam tendit motus'. Si autem motus est generatio et convertatur | propositio, sequitur quod generatio est motus.

⟨4⟩ Item definitio motus non debet convenire nisi motui. Sed ipsa convenit generationi. Generatio enim est actus generabilis secundum quod generabile, ut dicit Aristoteles in tertio *huius*; et tamen hoc nomen 'generabile' significat potentiam ad generari; ideo generatio est actus entis in potentia secundum quod in potentia (et haec est definitio motus). Igitur etc.

⟨5⟩ Item omnis mutatio continua et successiva est motus, quia sibi convenit definitio motus; sed generatio est mutatio continua et successiva. Quod apparet per hoc quod in septimo *huius* comparantur ad invicem generationes secundum velox et tardum; tale autem oportet esse successivum et temporale.

Oppositum determinat Aristoteles in isto quinto libro. Et ponit ad hoc rationes quia:

---

3 post ... librum] quaeritur circa quintum librum p : circa quintum huius primo quaeritur G : circa quintum librum quaeritur primo P   5 postpraedicamentis] *corr. ex* praedicamentis C   6 et] *om.* P ‖ definit] definivit Pp ‖ declaravit] declarabit p   8 et] item G ‖ etiam] *add.* in Gp : in P   9 quam] quem C   10 tendit motus] *inv.* P ‖ et convertatur propositio] convertatur propositio et GPp   10–11 sequitur] sequetur GP   13 quod] *om.* p   14 tertio] secundo p   15 generatio] generari p   16 igitur etc.] *om.* GPp   19 huius] libro p   20 et¹] aut P ‖ esse] ens *sed add. sup. lin.* esse C   22 determinat aristoteles] dicit aristoteles p : determinatur ab aristotele G

5 Cf. Aristoteles, *Praedicamenta*, 14, 15a13–14; cf. *AA*, 31: 40   6 Cf. Aristoteles, *Physica*, III, 1, 201a9–15   8 Averroes, *In Physicam*, III, comm. 4, f. 78D   14 Cf. Aristoteles, *Physica*, III, 1, 201a14–15   19 Cf. Aristoteles, *Physica*, VII, 4, 249b19–26   22 Cf. Aristoteles, *Physica*, V, 1, 225a12–27

QUAESTIO 1   7

⟨1⟩ Quod generatur non movetur; igitur generatio non est motus. Consequentia videtur manifesta et antecedens declaratur quia: omne quod movetur est (impossibile enim est, quod non est, moveri, ut dicit Aristoteles); sed quod generatur non est, quia si esset, ipsum esset iam genitum, cum esse
5   sit terminus ad quem generationis, et quod est in termino ad quem alicuius mutationis ipsum est mutatum illa mutatione.

⟨2⟩ Iterum generatio simpliciter non est nisi secundum substantiam, ut patet primo *De generatione*; sed secundum substantiam non est motus propter | nullum entium substantiae esse contrarium, ut dicit Aristoteles; igitur   105vb P
10 saltem generatio simpliciter non est motus.

⟨3⟩ Deinde etiam arguit Aristoteles quod corruptio non sit motus quia: motus non est contrarius nisi motui aut quieti; sed corruptio est | contra-   118va C
ria generationi, quae quidem generatio nec est motus nec est quies; igitur corruptio non est motus.

15 Notandum est quod hoc nomen 'motus' accipitur communiter et proprie et maxime proprie.

Si capitur communiter, tunc omnis mutatio continue successiva, scilicet divisibilis proportionaliter tempori, dicitur motus, sed mutatio instantanea, si aliqua est talis, non dicetur motus. Et isto modo definitur motus in tertio
20 libro. Et apparet statim quod isto modo omnis generatio vel corruptio successiva et temporalis est motus. Et haec sit prima conclusio, quae apparet per quid nominis.

Quando autem ille terminus 'motus' capitur proprie, tunc distinguitur secundum rationem contra istum terminum 'generatio' et contra illum ter-
25 minum 'corruptio', quia ille terminus 'generatio' indiget exponi per affirmationem et negationem eiusdem de eodem cum istis terminis 'prius' et 'posterius'. Verbi gratia generatio vel generari est aliquid prius non esse et ipsum posterius esse, vel generatio est mutatio secundum quam aliquid

---

3 est³] *in marg.* C   4 esset iam] *inv.* GPp   6 mutatione] *add.* igitur etc. GPp   9 entium substantiae esse] etiam universale esset p ‖ igitur] ideo G   10 simpliciter] simplex G   11 aristoteles] *om.* P   12 aut] vel GPp   13 est²] *om.* GPp   15 est] *add.* ad hoc p : *om.* GP ‖ hoc] *om.* p ‖ et¹] *om.* Pp   17 capitur communiter] communiter capiatur Gp : capiatur communiter P ‖ omnis] *add. sed del.* nugatio C   18 proportionaliter tempori] proportionabiliter tempore p   19 dicetur] diceretur GPp   20 libro] huius p ‖ isto ... corruptio] omnis generatio vel corruptio isto modo G ‖ vel] et G   25 quia] *add. sed del.* tunc C ‖ generatio] *in marg.* C   25–26 affirmationem et negationem] negationem et affirmationem Pp

---

3 Aristoteles, *Physica*, V, 1, 225a25–26   8 Cf. Aristoteles, *De generatione et corruptione*, I, 4, 319a13–14   9 Aristoteles, *Physica*, V, 2, 225b10–11; cf. *AA*, 2: 154   11 Cf. Aristoteles, *Physica*, V, 1, 225a32–34

quod immediate ante non erat, immediate post erit, glossando ista verba sicut glossabuntur in sexto, quando quaeretur de mutationibus instantaneis seu indivisibilibus. Et proportionali modo ille terminus 'corruptio' indiget exponi per | affirmationem et negationem modo e converso, scilicet quod corruptio et corrumpi est aliquid prius esse et posterius non esse etc. Sed ille terminus 'motus' vel 'moveri' exponitur per duplicem affirmationem, unam cum isto termino 'prius' et aliam cum isto termino 'posterius', ut prius esse album et posterius nigrum et prius esse parvum et posterius magnum, prius esse minus album et post magis album, prius esse minus et post maius et sic de aliis.

Quando vero iste terminus 'motus' capitur maxime proprie, tunc connotat quod dispositio secundum quam est motus vel mutatio non acquiratur per modum sequelae ad alterius acquisitionem; de quo modo dicetur in septimo libro et usque tunc nihil.

Concludo igitur modo corollarie ea quae communiter ponit Aristoteles. | Primo quod omnis generatio est mutatio de negato in affirmatum sive de non subiecto in subiectum; Aristoteles enim exponit quod per 'subiectum' intendit affirmative demonstratum. Et hoc non debet sic intelligi quod nostrum affirmare vel negare aliquid conferat ad generationem aquae vel lapidis vel aeris, sed oportet hoc sic intelligere quod istam orationem 'res generatur' exponimus per istam orationem quod ista res prius non est et posterius est. Et | cum in generatione non oporteat praeesse terminum a quo, qui abiciatur, utimur isto termino 'generatio' aut 'generari' tamquam medio | inter terminos; et utimur oratione negativa quod res ista quae generatur vel quae est generatio prius non erat tamquam termino a quo, et ista oratione 'posterius erit' tamquam termino ad quem. Et ideo sumendo istos terminos

---

1 erat] *add. sup. lin.* et C ‖ post] *add.* hoc G   3 seu] sive GPp ‖ proportionali] proportionabili p   8 posterius[1]] post Pp ‖ et[2]] ut P : *om.* Gp ‖ parvum ... magnum] parvum et post magnum Gp : magnum post parvum ut P   8–9 prius[2] ... maius] *om.* G : *add.* prius esse (est G) sursum et post deorsum GPp   9 et[1]] *om.* P   11 vero] *corr. sup. lin. ex* dico C   12 dispositio] *corr. in marg. ex* definitio C ‖ acquiratur] acquiritur Gp   14 libro] huius p   15 modo] *sup. lin.* C ‖ corollarie] corollario G   16 affirmatum] *add.* etiam P   18 affirmative demonstratum] affirmative monstratum P : affirmare monstratum C ‖ et] *om.* P   19 affirmare vel negare] affirmative G ‖ conferat] conformat p ‖ vel[2]] *om.* G   20 lapidis vel aeris] aeris vel (aut P) lapidis Pp ‖ oportet hoc] *inv.* G   21 prius ... et] quae prius non est p   22 oporteat] oportet P   23 qui] *add.* ei p ‖ abiciatur] *add.* nos Gp : *add.* nonne P ‖ aut] vel GPp   24 inter terminos] notis terminis p ‖ utimur] *add.* ista GPp   25 tamquam] *add.* a p

2 Cf. inf., VI, q. 5   14 Cf. inf., VII, q. 5   17 Aristoteles, *Physica*, V, 1, 225a6–7

QUAESTIO 1   9

'generatio' vel 'generari' significative non esset proprie verum dicere quod generatio sit de negato in affirmatum nec quod generatio sit inter terminos contradictorios, sed hoc dicit Aristoteles ad istum sensum solummodo quod de omni eo quod generatur diceretur vere prius quod ipsum non est et poste-
5   rius quod ipsum est.

Et ita etiam intelligitur quod omnis corruptio est de affirmato in negatum sive de subiecto in non subiectum. Non enim est de necessitate simplicis corruptionis quod acquiratur aliquis terminus ad quem qui ante non esset, sed sufficit removeri quod ante erat. Tamen sic corruptio intelligitur secundum
10 expositionem nominis esse inter terminos contradictorios, quia de omni eo quod corrumpitur diceretur vere prius quod ipsum est et posterius quod ipsum non est.

Et ad similem etiam sensum conceditur quod omnis motus est de affirmato in affirmatum vel de subiecto in subiectum vel de contrario in con-
15 trarium, scilicet quia de omni eo quod movetur diceretur vere prius quod ipsum se habet taliter et posterius quod se habet aliter, utrobique secundum affirmativam locutionem, prout prius exemplificabatur. Et istae dictiones vel orationes affirmativae ex eo dicuntur contrariae, quia sunt de eodem verificabiles successive, sed non simul, et hoc est universale omni motui, prout
20 ipsum possumus percipere. Unde si solem percipimus moveri, hoc est quia prius est in oriente et posterius in occidente vel in meridie et non simul.

Et ad istos sensus debent exponi omnes auctoritates dicentes quod omnis mutatio est ex oppositis vel ex opposito ad oppositum et in contradictoriis vel in contradictione vel inter opposita etc. De terminis autem realibus qui
25 non sunt orationes nec nomina nec verba significativa dicetur post.

Et est etiam notandum quod istis tribus modis et non aliis nisi coincidentibus potest exponi quod aliquid mutatur. Ideo huius nominis 'mutatio'

---

1 significative] *corr. in marg. ex* successive C ‖ esset] est GPp   3 contradictorios] O : contradictionis Z : contrarios *cett.* ‖ solummodo] solvendo P ‖ quod] *om.* p   6 et] *om.* P ‖ intelligitur] intelligit P   7 de²] *rep.* G   7–8 corruptionis] corporis Cp   11 vere prius] *inv.* P   13 similem] consimilem Pp ‖ etiam] *om.* P   14 vel¹] *om.* G ‖ vel²] *add.* etiam Gp   15 quia] *corr. ex* quod C   17 affirmativam] affirmatoriam p   18 dicuntur] sunt P ‖ quia] *corr. ex* quod C ‖ eodem] *add.* subiecto Gp   19 successive] *add. sed del.* sic C   20 possumus] possimus p ‖ unde] ut G ‖ quia] videmus quod *add.* GPp   22 istos sensus] istum sensum p   23 opposito] oppositis P ‖ et] vel P ‖ in] *add.* contrariis et G   24 vel²] et Pp ‖ etc.] *om.* P   25 sunt] *om.* G ‖ orationes] durationes P ‖ nec²] vel GPp   26 et¹ ... notandum] et etiam est notandum G : notandum est p : notandum P ‖ quod] *add.* quia G ‖ et²] *om.* p ‖ nisi] non Cp (*sed corr.* C)   26–27 coincidentibus] incidentibus P   27 huius nominis] istius termini P

---

25 Cf. inf., V, q. 5

Aristoteles conclusit tres esse species, | scilicet istos terminos 'generatio', 'corruptio' et 'motus'. Necesse enim est quod mutatur aut non esse prius et esse posterius (et sic est generatio simplex et simpliciter loquendo, ita quod sine addito | dicimus illud generari vel fieri) vel esse prius et non esse posterius (et sic est corruptio) vel oportet esse prius et esse posterius. Et tale, ad hoc quod dicatur mutari, necesse est dicere quod aliqualiter se habet posterius et non taliter prius (et hoc est | generatio secundum quid, quia illud simpliciter non dicitur fieri, sed cum additione dicitur fieri album aut bicubitum aut in tali loco et sic de aliis) vel aliqualiter se habet prius et non taliter posterius (et est corruptio secundum quid) vel prius et posterius se habet aliqualiter, sed aliter et aliter affirmative loquendo (et hoc vocatur motus, prout haec nomina 'generatio' et 'corruptio' et 'motus' distinguimus contra invicem).

Deinde etiam notandum est cum diligentia quod iste terminus 'moveri' ex modo suae impositionis usitatae solet attribui subiecto motus et | non formae vel dispositioni quae acquiritur vel abicitur. Verbi gratia lapidem et non caliditatem dicimus calefieri et hominem ambulare vel augeri. Et hoc expressit Aristoteles in isto quinto dicens 'species autem et locus et passiones, in quae moventur quae moventur, immobilia sunt, ut scientia et calor'. Sed iste terminus 'generari' non attribuitur subiecto generationis, sed attribuitur illi rei vel formae quae prius non erat et postea est; unde in generatione aquae non dicimus materiam generari vel fieri, sed aquam vel formam aquae, et si homo calefit, dicimus caliditatem generari, non hominem. Et ita similiter iste terminus 'corrumpi' non attribuitur subiecto corruptionis, sed illi rei vel formae quae prius erat et posterius non est. Verum est tamen quod, quando praedictos terminos, scilicet 'generari' et 'corrumpi', accipimus non simpliciter, sed secundum quid, id est cum additione, tunc bene attribuuntur subiecto mutationis, ut hominem dicimus generari album, id est fieri album aut fieri coloratum aut fieri in tali loco. Unde etiam materia prima fit formata forma aquae vel aeris.

---

3 simplex et] *inf. lin.* C : *om.* p ‖ simplex ... loquendo] *om.* P   4 vel²] *add.* oportet GPp   4–5 non ... et²] *om. (hom.)* P   5 et sic] ut p ‖ vel] et C : *add.* non p ‖ esse posterius] *inv.* p   7 hoc] haec Gp   10 et¹] *add.* sic p   12 et¹] *om.* GPp ‖ distinguimus] distinguuntur G   13 etiam] *om.* GP ‖ est cum diligentia] *om.* P ‖ moveri] movere G   16 augeri] augmentari p : augere P   18 quae¹] quam p ‖ quae moventur²] *om. (hom.)* C   20 illi rei] *inv.* P   22 et¹] *add.* sic P ‖ et²] *om.* P   23 corruptionis] corporis p   24 vel] et p ‖ non est] nec p   25 praedictos terminos] praedictus terminus P   26 id est] scilicet p ‖ additione] DJLaO : *add.* certi praedicati p : *add.* secundi praedicati Ha : *add.* tertii praedicati *cett.*   27 dicimus] *add. sed del.* dicimus C   27–28 id est] scilicet p : et P   28 coloratum] currentem GPp *(sed corr.* G) ‖ etiam] *add.* et GPp   29 fit] sit C

---

1 Cf. Aristoteles, *Physica*, V, 1, 225a7–10   17–18 Aristoteles, *Physica*, V, 1, 224b11–13

Ex istis sequuntur conclusiones.

Prima sequitur, quae est secunda capituli, quod omne quod movetur est, sicut bene dicit Aristoteles, quia in omni mutatione naturali subiectum mutationis est et non aliud quam ipsum dicitur moveri; ideo omne quod movetur est.

Tertia conclusio est quod nullum quod generatur est. Et non loquor de generatione instantanea, quia de hoc erit sermo in sexto libro, sed loquor de generatione temporali et continua differente ab eo quod generatione completa erit genitum completum. Loquor etiam de generatione rei permanentis naturae. Conclusio probatur quia: omne quod est, cum ante non esset, genitum est; sed omne quod genitum est, non amplius generatur; igitur nullum quod est, cum ante non esset, generatur, et per consequens convertendo nullum quod generatur est, cum ante non esset. | 119rb C

Sed istam tertiam conclusionem oportet moderare secundum ea quae dicta fuerunt in sexta quaestione tertii libri, videlicet quod, quando dicimus 'istud quod generatur non est', nos utamur illo solo tempore pro praesenti in quo generatur. Sic enim in illo | tempore nec est nec genitum est. Tamen 106va P utendo maiori tempore pro praesente ipsum generatur prius et est genitum posterius; ideo generatur et est prius et posterius.

Sed tunc sequitur quarta conclusio, videlicet quod ista non est bona consequentia 'quod generatur non movetur, igitur generatio non est motus' vel etiam ista 'nullum quod generatur movetur, igitur nulla generatio est motus', quia antecedens est verum et necessarium et non consequens. Antecedens enim | apparet ex duabus aliis conclusionibus: omne enim quod movetur 96ra G est; et nullum quod generatur est; igitur nullum quod generatur movetur. Et tamen illud consequens esset falsum, scilicet 'nulla generatio est motus';

---

1 istis] praedictis p ‖ sequuntur] add. aliquae G   2 prima] add. conclusio P   3 quia] quod p ‖ subiectum] add. sed del. generationis C   6 tertia conclusio] sc. capituli : secunda conclusio GPp   8 differente] differenti P ‖ eo] ea p   9 loquor etiam] et ego etiam loquor G   9–10 permanentis naturae] inv. G   10 conclusio] add. ergo G : consequentia ergo p   11 sed] et G ‖ genitum est²] inv. p ‖ amplius] plus p   13 nullum] om. P ‖ cum] quod P ‖ esset] add. sed del. generatur et per consequens convertendo C   14 tertiam] om. G ‖ moderare] moderari p   15 videlicet] scilicet G ‖ quando] cum GPp   16 nos utamur] res utimur p ‖ praesenti] praesente Gp   18 praesente] praesenti P   19 ideo] add. posterius C   20 sed tunc] sed iterum G : iterum P : item p ‖ quarta] tertia p ‖ videlicet] scilicet G   21 vel] nec G   21–22 vel ... motus] om. (hom.) P   24 duabus aliis] inv. GPp   26 esset] erat GPp

3 Cf. Aristoteles, Physica, V, 1, 225a25–26   7 Cf. inf., VI, q. 5   15 Cf. Iohannes Buridanus, Quaestiones super libros Physicorum, III, q. 6 (ed. Streijger, Bakker, 66–72)

nam capiendo 'motum' communiter, prout definitur in tertio libro, dictum fuit in prima conclusione quod omnis generatio vel corruptio successiva et temporalis est motus. Unde sic in calefactione generatio caliditatis est quidam motus et corruptio etiam frigiditatis est quidam motus; et sic eadem res, quae est caliditas, est generatio et motus, qua tamen generatur caliditas et non subiectum caliditatis et qua etiam movetur subiectum caliditatis et non caliditas. Et iterum illuminatio qua nostrum hemisphaerium continue magis ac magis illuminatur de aurora usque ad horam primae, non est aliud quam generatio continua luminis, quae est motus capiendo 'motum' communiter. Et tamen ista illuminatione non idem generatur et illuminatur, sed lumen generatur et aer illuminatur. Et sic non sequitur 'quod illuminatur non generatur, igitur illuminatio non est generatio', quoniam antecedens est verum et consequens falsum. Ideo etiam pari | ratione non sequitur 'quod movetur non generatur, igitur motus non est generatio'.

Sed tu obicies contra istam conclusionem primo quia: ibi apparet esse locus a coniugatis, scilicet dicendo 'generatio est motus, igitur generari est moveri et per consequens quod generatur movetur' et similiter negative 'generari non est moveri vel quod generatur non movetur, igitur generatio non est motus'; et in loco a coniugatis est bona consequentia; igitur istae erant bonae consequentiae.

Item Aristoteles sic arguebat; ideo negare istam consequentiam est negare Aristotelem.

Solutio: ad primam dico quod locus a coniugatis non est bonus in praedicationibus denominativis, sed solum in quidditativis. Unde bene sequitur, si haec est quidditative vera 'album est coloratum', quod etiam haec est quidditative vera 'albedo est color' et e converso. Sed non sequitur, si album sit dulce, quod albedo sit dulcedo; nec etiam | sequitur, si actio sit passio, quod agere sit pati. Modo dico quod haec non est quidditativa praedicatio, sed denominativa, scilicet dicendo 'generatio est motus' vel 'motus est generatio', quia licet isti termini 'generatio' et 'motus' pro eodem supponant, tamen diversimode connotant in obliquo, quia hoc nomen 'generatio' | connotat

---

4 etiam] *om.* P   5 res] *add. sed del.* est C   7 et] *om.* G   8 ac] et P   9 quam] quod G   10 et¹] *om.* P   13 consequens] *add.* est G   15 istam] hanc Pp ‖ ibi apparet esse] esse (*corr. in* est) P   16 scilicet] *om.* G   17 et²] *om.* P   18 vel] *add.* etiam GPp ‖ quod] quando C   19 coniugatis] *add. sed del.* non C ‖ istae] *om.* p   21 istam] *rep.* C   23 solutio] solvitur P ‖ primam] *add.* obiectionem Pp ‖ dico] dicitur P ‖ est bonus] tenet G   24 bene sequitur] *inv.* P   25 etiam haec est] est haec etiam P : haec est etiam p   26 et] *add.* non C ‖ sit] est p   27 sit¹] est p   28 haec] hic p   30 generatio et motus] motus et generatio Gp   31 connotant] convertant p ‖ in obliquo] et alio modo P

---

21 Cf. Aristoteles, *Physica*, V, 1, 225a25–27

quod sit generatio eius quod acquiritur, cum ante non esset, et hoc nomen 'motus' connotat quod sit motus subiecti sui recipientis ipsum.

Tunc ad auctoritatem Aristotelis ego dico quod per istam consequentiam non intendebat concludere quod haec est falsa 'generatio est motus', sed cum dixit 'igitur generatio non est motus', intendebat solum concludere quod haec non est quidditativa praedicatio 'generatio est motus'.

Sed tu quaereres utrum igitur generatio substantialis est motus, ut generatio aquae vel aeris.

Et ego respondeo quod capiendo 'motum' communiter, prout definitur in tertio libro, si generatio aquae est continua secundum successionem temporalem, ipsa est motus.

Sed iterum tu quaereres quid est quod ista generatione movetur.

Respondeo quod hoc non est aqua vel forma aquae, sed hoc est prima materia, quae est subiectum illius generationis. Quia tamen ista materia non est nota vulgo, ideo vulgo non apparet quod ista generatione aliquid moveatur; propter quod secundum intentionem vulgarem diceretur quod ista generatio non esset motus.

Sed tunc ultra dubitatur utrum motus sit generatio, si capiamus illum terminum 'motus' proprie, prout exponitur per affirmationem | a parte ante et per affirmationem a parte post.

Et de hoc pono conclusiones.

Prima est quod motus localis est generatio et ipse etiam est corruptio et est in eodem idem motus, generatio et corruptio, sed ille motus est qui generatur et corrumpitur, subiectum autem motus est quod movetur. Et de hoc dictum est in tertio libro.

Secunda conclusio est quod apud rarefactionem motus qui est augmentatio est generatio magnitudinis, qua non dicimus magnitudinem moveri, sed subiectum. Et de hac etiam rarefactione dictum fuit prius.

96rb G

---

2 sui] *om*. Pp ‖ recipientis] respicientis p   4 est¹] esset GPp   5 dixit] dicit Gp ‖ igitur] *om*. G   6 est¹] esset G   7 tu quaereres] tu quaeres GP : quaerens p   7–8 ut generatio] *om*. C   9 et] sed G   12 quaereres] quaeres GP ‖ ista] in P   13 hoc est] *om*. P   14 illius] huius GPp ‖ tamen] cum p   15 vulgo non apparet] non apparet vulgo P : non apparet p   16 quod¹] hoc P ‖ intentionem] intensionem p   17 esset] est P   18 tunc] *om*. P   19 exponitur] et *add*. P   20 affirmationem] *add. etiam* GP   21 hoc] *add*. ego GPp ‖ pono] *add. aliquas* G   22 et²] etiam P   23 est¹] *corr. sup. lin. ex* etiam C ‖ eodem] eo GPp ‖ motus¹] et *add*. p ‖ qui] *corr. sup. lin. ex* quod C   24 autem motus] autem eius P : eius autem Gp   26 apud] habet P   27 non ... sed] nos dicimus magnitudinem moveri secundum C   28 subiectum] *add. eius* GPp ‖ et] *om*. P ‖ etiam rarefactione] *inv*. GPp

25 Cf. Iohannes Buridanus, *Quaestiones super libros Physicorum*, III, q. 6 (ed. Streijger, Bakker, 61, 72)   28 Cf. Iohannes Buridanus, *Quaestiones super libros Physicorum*, IV, q. 11 (ed. Streijger, Bakker, 299–305)

Sed de alteratione notandum est quod aliquando in alteratione propriissime dicta una qualitas continue abicitur et alia continue acquiritur, ut in calefactione frigiditas abicitur et caliditas acquiritur. Et tunc ille terminus 'motus' vel 'alteratio' potest exponi affirmative a parte ante et post, quia est de tali qualitate quae corrumpitur ad talem quae generatur. Et sic dicitur quod ille motus continue compositus est ex aliquo eius quod abicitur et aliquo eius quod acquiritur.

Et in isto casu secundum talem expositionem esset de hoc tertia conclusio quod motus non esset generatio nec etiam est corruptio, quia esset compositus ex generatione et corruptione, et compositum non est aliqua par|tium componentium.

Sed alio modo possemus alterationem vocare generationem continuam alicuius qualitatis secundum se totam circumscripta corruptione alterius.

Et tunc est quarta conclusio quod ista generatio non potest dici motus exponendo per affirmationem | prius et posterius, ut si sit generatio alicuius caliditatis secundum se totam, quia non exponeretur per prius esse frigidum, quia circumscribitur frigiditas, nec per prius esse minus | calidum, quia nihil erat prius de caliditate, si generatur secundum se totam.

Ultima conclusio de hoc est quod, si praeexistit caliditas et intenditur, ista generatio caliditatis, scilicet circumscripta frigiditate, poterit dici motus secundum expositionem affirmativam ex utraque parte, quia dicemus prius 'minus calidum' et post 'calidius'. Haec enim expositio non minus erit affirmativa quam in augmentatione prius 'minus' et post 'maius'; et tamen in augmentatione dicimus hoc sufficere ad dicendum quod augmentatio sit motus, prout hoc nomen 'motus' distinguitur secundum rationem ab istis nominibus 'generatio' et 'corruptio' modo prius dicto; igitur etc.

Ex dictis apparet quomodo rationes procedunt etc.

---

1 aliquando] *add.* scilicet Pp : *om.* G   1–2 propriissime] proprie G   3 frigiditas] frigiditatis Cp   4 motus] motum P ‖ a parte] *om.* G   5 talem] illam G   6 ex] ab p   7 eius] etiam P   9 esset¹] *corr. sup. lin. ex* est C ‖ etiam est] etiam Pp : esset G   10 et²] *om.* P ‖ aliqua] *add.* pars suarum p   12 possemus] possumus p   14 potest] posset GPp   15 affirmationem] affirmationes GPp   16 quia] et P   16–17 frigidum ... esse] *in marg. inf.* C   18 generatur] generetur Pp   19 de hoc est] est de hoc p ‖ praeexistit] prius existit p   20 generatio] *add.* scilicet C ‖ scilicet] *om.* p   22 erit] erat P : esset G   23 tamen] *corr. sup. lin. ex* cum C   27 ex] *praem.* et G ‖ procedunt] *add.* quia non vadunt contra dicta prius p : procedebant G ‖ etc.] *om.* GP

⟨V. 2⟩

⟨Utrum in ad aliquid sit per se motus⟩

Consequenter quaeritur secundo utrum in ad aliquid est per se motus.

Arguitur quod sic quia:

⟨1⟩ Aristoteles ponit quod secundum quantum et secundum quale et secundum ubi est motus; et hoc ipse probat per illud medium, scilicet quod in unoquoque horum est contrarietas. Modo si illud medium valet, sequitur quod in ad aliquid est motus, quia in ad aliquid est contrarietas, ut patet in *Praedicamentis*.

⟨2⟩ Item omnis mutatio est generatio vel corruptio vel motus; tot enim ponit Aristoteles species mutationis et non plures. Sed assimilatio Socratis ad Platonem est mutatio et non est generatio vel corruptio plus quam est albatio vel calefactio; est enim de affirmato in affirmatum, scilicet de dissimili ad simile, sicut albatio esset de nigro ad album. Igitur huiusmodi assimilatio vere est motus; et tamen assimilatio est ad similitudinem, quae est ad aliquid, sicut albatio ad albedinem.

Et confirmatur ratione | quia: ita per se est ista propositio 'assimilatio est ad similitudinem', sicut ista 'albatio est ad albedinem'; et ita per se est verum dicere quod assimilatio est de dissimili ad simile, sicut quod albatio est de nigro ad album.   96ᵛᵃ G

⟨3⟩ Item ad caliditatem est per se motus; et ista caliditas est similitudo; igitur ad similitudinem est per se motus, cum tamen similitudo sit ad aliquid.

---

3 consequenter quaeritur secundo] secundo quaeritur consequenter G : quaeritur secundo Pp ‖ ad] *sup. lin.* C   4 arguitur quod sic] *rep.* G   5 et¹] *om.* P   6 per] *add. sed del.* id C   8–9 quia ... praedicamentis] *in marg.* C   10 est] sit P ‖ vel¹] *om.* Pp   11 aristoteles] *om.* P   11–12 assimilatio ... platonem] socratis assimilatio ad platonem P : assimilatio platonis ad socratem p   13 est¹] *om.* GPp ‖ vel] et CGP (*sed corr.* C)   14 dissimili] simili p ‖ huiusmodi] huius P   17 ratione] ratio P : *om.* p ‖ ita ... propositio] ista propositio est ita per se P : ita per se est vera ista propositi G   17–18 ista ... est²] *om.* (*hom.*) p   18 ista] *om.* P ‖ albedinem] *corr. in marg. ex* alterationem C ‖ per se] proprie P   19 assimilatio] assimila G ‖ ad] et G ‖ quod²] *add.* illa p : *om.* P   22 est] *add. sed del.* motus C ‖ cum] et p ‖ tamen] *om.* P ‖ sit] est p

5 Cf. Aristoteles, *Physica*, V, 1, 225b8–9; 2, 226a24–25; cf. *AA*, 2: 155   9 Cf. Aristoteles, *Praedicamenta*, 7, 6b15   11 Aristoteles, *Physica*, V, 1, 225a7–10

⟨4⟩ Item secundum ubi est per se motus, ut dicit Aristoteles; et tamen ubi est ad aliquid, ut patet per Commentatorem quinto *Metaphysicae* dicentem quod respectus de praedicamento ubi est conversus respectui de praedicamento habitus.

⟨5⟩ Item de aegritudine in sanitatem est per se motus, quem Aristoteles saepe vocat sanationem; et tamen sanitas est ad aliquid, ut dicit Aristoteles septimo *huius*; igitur etc. |

Oppositum dicit Aristoteles saepe et determinat in isto quinto et septimo *huius*.

Notandum est quod omnis res, omnis forma, omnis dispositio est ad aliquid. Et hoc pono pro prima conclusione quia: omne idem est ad aliquid idem et omne diversum est ad aliquid diversum, omnis causa est ad aliquid causa et omnis effectus est alicuius sive ad aliquid effectus; | et tamen omnis res est eadem et diversa, scilicet eadem sibi et diversa ab aliis, etiam omnis res est causa vel effectus.

Item iste terminus 'ad aliquid' est unum genus generalissimum continens sub se terminos respectivos, ut istos terminos 'pater', 'filius', 'servus', 'dominus', 'idem' et 'diversum', 'causa', 'causatum' et huiusmodi. Terminus autem qui est genus significative sumptus debet vere affirmari de terminis qui | sub se continentur tamquam species eius etiam significative sumptis, et non debet genus praedicari de sua specie materialiter sumendo terminos, sicut bene dicimus 'homo est animal' et 'album est quale', sed iste terminus 'homo' non est iste terminus 'animal' nec ille terminus 'album' est iste terminus 'quale'. Igitur concedendum est quod omne idem, omne diversum, omnis

---

2 patet] apparet p ‖ per] *sup. lin.* C   5 quem] quam G   6 aristoteles] philosophus P   8 dicit] determinat C ‖ saepe] *corr. ex* se C ‖ et determinat] et determinatur p : *om.* P ‖ isto] *om.* P ‖ et²] *add.* in GPp   10 quod] *om.* p ‖ forma] *add.* et G   11 et²] *om.* Pp   12 ad²] *om.* G ‖ et] *om.* P   13 et tamen] cum p   14 scilicet] *om.* p ‖ diversa ab aliis] ab aliis diversa Pp ‖ etiam] et tamen G : *om.* Pp   15 effectus] *add.* igitur etc. GPp   16 unum genus generalissimum] unum generalissimum p : generalissimum unum P   17–18 servus dominus] *inv.* GP   18 et¹] *om.* GPp ‖ causa] *add.* effectum seu p ‖ terminus autem] et terminus p   19 vere affirmari] verificari P   20 tamquam] *om.* P ‖ species] *corr. in* speciebus C ‖ eius etiam] *inv.* P   21 genus praedicari] *inv.* p   23 nec] *add.* etiam G

1 Cf. Aristoteles, *Physica*, V, 1, 225b8–9; 2, 226a24–25; cf. *AA*, 2: 155   2 Averroes, *In Metaphysicam*, V, comm. 28, f. 135I   6 Cf. e.g. Aristoteles, *Physica*, V, 5, 229a25–26   7 Cf. Aristoteles, *Physica*, VII, 3, 246b3–5   8–9 Cf. Aristoteles, *Physica*, V, 2, 225b11; VII, 3, 246b10–11

causa, omne causatum, omnis pater vel filius etc. est ad aliquid; sed omnis res est eadem, diversa, causa vel causatum etc.; igitur omnis res est ad aliquid.

Sed notandum est quod non propter hoc de virtute sermonis concedendum est quod omnis res sit relatio vel respectus vel comparatio, quia proprie loquendo relatio vel comparatio non est nisi actus animae quo anima comparat vel refert hoc ad illud, scilicet conceptus quo ipsa concipit hoc ut aliqualiter se habens ad illud. Et ita talis conceptus vere est relatio qua anima refert vel comparat hoc ad illud. Et termini vocales subordinati illis conceptibus dicuntur etiam relationes vel termini relativi secundum attributionem, quia significant conceptus relativos, qui vere sunt relationes, sicut urina diceretur sana. Et ita debet dici vel intelligi quod relatio vel terminus relativus est unum genus praedicamentale, sed non iste terminus 'relatio', sed iste terminus 'ad aliquid'.

Sequitur tunc secunda conclusio, scilicet quod omnis motus vel mutatio, si sit secundum aliquam formam vel dispositionem vel aliam rem, est secundum ad aliquid; et si sit in aliqua forma vel dispositione, est in ad aliquid; et si sit ad aliam formam vel dispositionem vel etiam ab aliqua forma vel dispositione, est ad ad aliquid vel ab ad aliquid.

Tertia conclusio est quod omnis motus est quantitas et omnis dispositio secundum quam est motus vel ad quam est motus est quantitas. Dico de dispositione ad quam | vel secundum quam est motus, ita quod illa sit quae continue pars post partem acquiritur vel abicitur, quia omnis talis habet partes et est illae partes, cum totum sit suae partes; et istae partes sunt numerus; igitur ista dispositio est numerus; et omnis numerus est quantitas (genus enim praedicatur de qualibet suarum specierum univoce); igitur omnis talis dispositio | est quantitas.

Quarta conclusio sequitur quod omnis motus vel mutatio est secundum quantitatem vel ad quantitatem, si sit acquisitivus, vel a quantitate, si sit abiectivus. Haec conclusio sequitur manifeste ex praecedente.

---

2 eadem] *add.* vel p   4 est] *om.* P ‖ virtute] veritate P   7 comparat vel refert] refert vel comparat GPp   7–9 scilicet ... illud] *om. (hom.)* P   8 vere] animae p   11 relativos] *add.* vel P ‖ sicut] *add. sed del.* unde C   12 vel¹] et G   13 praedicamentale] praedicabile *sed add. in marg.* praedicamentale C   14 sed] immo GPp   15 sequitur tunc] istis dictis sequitur G ‖ scilicet] *om.* G   16 secundum] per G ‖ aliam] aliquam *praem.* P : aliquam G   17–19 est ... dispositione] *om. (hom.)* P   18 aliam] aliquam G   19 ad¹ ... aliquid²] L : ab (*sup. lin.*) ad aliquid (vel ab ad aliquid *in marg.*) C : ad aliquid vel ab ad aliquid AHMPTU : ab ad aliquid vel ad aliquid B : ad aliquid vel ab ad aliquid G : ad aliquid vel in ad aliquid vel ab aliquid p   20 est¹] *om.* GP   22 quae] qua P   23 pars ... acquiritur] acquiritur pars post partem p ‖ quia] et G   25 numerus²] mutatio P   26 univoce] universaliter GPp   29 vel¹] et G ‖ vel²] et GPp   30 praecedente] praecedenti P

120rb C   Sed tamen sciendum est quod | secundum alium sensum distinguit Aristoteles motus, cum dicit alium esse secundum quantitatem, alium secundum qualitatem, alium secundum ubi etc., videlicet quod motus non dicitur secundum quantitatem vel in quantitate vel ad quantitatem, et sic de qualitate, ex eo quia qualitas vel quantitas acquiritur vel deperditur, sed ex eo dicitur motus vel mutatio secundum substantiam, quia secundum exigentiam illius mutationis debet mutari responsio ad quaestionem quaerentem quid est hoc, demonstrata substantia per se subsistente, ut quia modo hoc est aer et post hoc est aqua, vel per nomen relativum, ut hoc modo est aliquid et postea ipsum non est aliquid. Et dicitur motus vel mutatio secundum qualitatem, si secundum exigentiam mutationis debeat mutari responsio ad quaestionem quaerentem quale est hoc, demonstrata aliqua substantia per se subsistente, ut quia prius erat album et post nigrum. Et sic dicitur mutatio secundum quantitatem, si debet mutari responsio ad quantum est hoc, et ad ubi, si debeat mutari responsio ad ubi est hoc, et sic de aliis.

Et secundum illum modum distinguendi genera motuum ponitur ista quinta conclusio quod saepe motus secundum quantitatem vel secundum qualitatem dicitur etiam secundum ad aliquid, quia non solum mutatur
85ra p   responsio terminorum | de qualitate vel quantitate, sed etiam de ad aliquid, ut si Socrates et Plato sunt sibi invicem aequales et Socrates augmentatur, Plato vero non augmentatur, fiunt inaequales, et si erant similes et unus alteratur, fiunt dissimiles, cum tamen 'aequale' et 'inaequale', 'simile' et 'dissimile' sint termini de praedicamento ad aliquid.

Sed ultra notandum est quod secundum praedictum modum loquendi et distinguendi genera motuum, Aristoteles adhuc distinguit quod duplex

---

1 sciendum] *corr. ex* dicendum C   2 esse] *add.* motum G   2–3 quantitatem ... qualitatem] qualitatem alium secundum quantitatem P   2 alium²] esse *add.* p   2–3 alium secundum qualitatem] *in marg.* C   3 alium secundum ubi] *om.* GPp ‖ videlicet] scilicet G   4 quantitate] quantitatem G ‖ sic] *add.* etiam G ‖ de] *om.* p   5 ex eo quia] ex eo quod Gp : eo quod P ‖ qualitas vel quantitas] quantitas aut qualitas GPp ‖ vel²] et P   8 substantia] *om.* P ‖ subsistente] subsistenti P ‖ ut] et P ‖ quia] cum dicitur p   9 et post] modo P ‖ ut] *sup. lin.* C : *om.* GPp   9–10 aliquid] AAuBrGHHaILaOxQTVZp : ad aliquid ErKLMORS : ad (*sup. lin.*) aliquid PUW : ad (*in marg.*) aliquid C : *desunt* BDEFJPbXY   10 est] *add. sup. lin.* ad P ‖ aliquid] AAuBrCGHHaILaOxQTVZp : ad aliquid ErKLMORS : ad (*sup. lin.*) PUW : *desunt* BDE FJPbXY : *exspectes* 'idem'   14 debet] debeat GPp   17 secundum²] *om.* P   19 terminorum] *add.* de praedicamento C ‖ qualitate vel quantitate] quantitate vel (*add.* de G) qualitate Gp : quantitatem et qualitatem P   20 augmentatur] augmentetur et P   21 augmentatur] augmentetur Pp : augeatur tunc G   23 sint] sunt p   24 est] *om.* Pp   25 duplex] dupliciter GPp

1–2 Cf. Aristoteles, *Physica*, V, 1, 225b7–9   25 Cf. Aristoteles, *Physica*, V, 1, 224b16–22

QUAESTIO 2   19

potest esse motus secundum aliquod praedicamentum vel etiam secundum aliquam speciem alicuius praedicamenti: uno modo per se, alio modo per accidens. Et vocatur motus per se secundum aliquod genus vel aliquam speciem ex eo quod haec est per se vera et necessaria 'ad omnem mutationem
5   secundum talem dispositionem debet sequi mutatio responsionis per terminos vel per terminum de illo genere vel de illa specie vel simpliciter vel comparative'. Et dico simpliciter in qualitate, ut si prius dicebatur nigrum et post album, et dico comparative, ut si prius erat minus album et post magis album. Similiter in quantitate dico simpliciter, ut si prius erat bicubitum et
10 post tricubitum, et dico comparative, ut si dicamus | quod prius erat maius   107ᵛᵇ P
et post minus. Sed ex eo motus dicitur per accidens secundum aliquod genus vel aliquam speciem, quia ista non est per se nec necessaria, sed contingens, quod ad mutationem secundum talem dispositionem debeat sequi mutatio responsionis per | terminos de illo genere vel de illa specie. | 97ʳᵃ G
15   Et tunc secundum istum modum debent poni conclusiones.   120ᵛᵃ C
    Et erit sexta conclusio quod omnis rarefactio est per se motus secundum quantitatem et similiter condensatio, quia necesse est illud quod rarefit fieri maius, et ita, si ante erat pedale, erit forte postea bipedale, et sic etiam necesse est quod condensatur fieri minus. Et consimiliter videtur mihi
20 dicendum quod omnis rarefactio vel condensatio est per se motus secundum qualitatem, si isti termini 'rarum' vel 'densum' ponantur esse de praedicamento qualitatis, quia prius densum et post rarum et prius minus rarum et post magis rarum.
    Septima conclusio est quod multi sunt motus per se secundum qualita-
25 tem, ut calefactio, frigefactio, desiccatio, humectatio, albatio etc. Hoc est per se notum.
    Octava conclusio est quod nullus est motus per se secundum ad aliquid, quia si Socrates et Plato sint similes vel aequales, si Socrates augeatur vel

---

1 esse] imaginari P ‖ etiam secundum] *inv.* P : secundum p   3 per se] *in marg.* C   3–4 aliquod ... speciem] aliquam speciem vel genus p   6 per] *om.* Pp   7 et¹] *om.* G   7–8 et¹ ... comparative] *om. (hom.)* C ‖ simpliciter ... dico] *om. (hom.)* P   7 in qualitate] *om.* p   7–8 dicebatur ... prius] *om. (hom.)* p   9 in] de p   10 et] etiam P ‖ maius] magis P   12 contingens] *add. sup. lin.* vel accidentalis C   13 mutationem] talem mutationem vel P   14 responsionis] *add.* vel p   15 secundum] per P   17 est] *add. sed del.* quod C   18 erit forte postea] erit post forte p : postea P   19 consimiliter] similiter P   21 si] sed P ‖ rarum] rasum C ‖ vel] et P : *om.* p   22 qualitatis quia] quantitatis privatio P ‖ prius¹] *add.* densus G ‖ et²] vel Gp   25 calefactio] *add.* et P ‖ humectatio] humificatio P : humefactio p ‖ albatio] ablatio C ‖ etc.] et P   27 est¹] *om.* P   28 sint] sunt GPp ‖ augeatur] augetur Pp

alteratur, non oportet istos terminos relativos mutari, sed hoc est contingens, quia pono quod simul Plato uniformiter augeatur et alteretur; adhuc semper manebunt similes vel aequales. Ita etiam, si per motum localem ille erat prius mihi dexter et post sinister, accidit quod sic debeant illi termini relativi mutari, quia si cum motu illius ego proportionaliter verterem me, ille semper remaneret mihi dexter. Ita igitur intendit Aristoteles quod non est motus in ad aliquid, scilicet per se; tamen expresse ipse bene concedit quod in ad aliquid est motus per accidens.

Sed tamen circa istam conclusionem dirigendo eam oportet notare quod in augmentatione vel in alteratione bene necesse est consequi mutationem terminorum aliquorum de ad aliquid, scilicet terminorum relativorum eius quod movetur ad se ipsum vel ad suas partes vel partium suarum ad invicem. Isti enim termini 'maius' et 'minus' vere sunt ad aliquid et tamen quod augetur est prius minus et post maius et quod alteratur prius acquirit unum gradum qualitatis et post alium, et tamen 'prius' et 'posterius' sunt termini de praedicamento ad aliquid.

Sed intentio Aristotelis et praedictae conclusionis erat quantum ad terminos relativos eius quod movetur ad exteriora ad quae dicitur relative secundum illam dispositionem secundum quam movetur. Verbi gratia, si Socrates est similis vel dissimilis Platoni secundum caliditatem vel frigiditatem, non oportet, | si | Socrates calefit vel frigefit, quod fiat similis Platoni, cum ante esset dissimilis, vel e converso; non oportet etiam quod inde fiat dissimilior vel similior. Et ita si Socrates est aequalis Platoni vel maior vel minor, non

---

1 alteratur] alteretur P ‖ mutari] AUp : mutare BCGHMPT : mutare (?) L ‖ contingens] *add.* ergo etc. G   2 plato] *add.* etiam G : *add.* et socrates p : *seq. ras. unius litt.* P ‖ augeatur et alteretur] augeatur et alteratur (*corr. ex* augeantur et alterantur P) GP : alterantur et augeantur p ‖ adhuc] et hoc P   3 vel] et GPp ‖ aequales] *add.* et G ‖ ita] item P   4 prius mihi] *inv.* P ‖ sic ... relativi] illi termini relativi sic debeant p   5 ego ... me] ego similiter me proportionabiliter verterem p : similiter me proportionaliter moverem P ‖ ille] *om.* P   7 tamen] cum Gp ‖ expresse ipse] *om.* P ‖ bene concedit] *inv.* p : bene dicit GP   9 tamen] *om.* p ‖ circa] *om.* C ‖ istam] hanc P ‖ dirigendo] diversimode P ‖ eam] *om.* p   10 vel in] vel Gp : et P   11 relativorum] respectivorum GPp   12 ad se] esse P ‖ suas partes] *inv.* GPp   13 termini] *add.* ut p ‖ maius] magis GP ‖ vere ... et²] bene sunt ad aliquid et vere P   14 augetur] augmentatur GPp ‖ est prius] *inv.* G   15 qualitatis] caliditatis G   16 de praedicamento] de G : *om.* Pp   18 relativos] *om.* G ‖ ad¹] *add.* alia G ‖ relative] *om.* P   19 illam] *om.* P ‖ dispositionem] *corr. sup. lin. ex* speciem C ‖ movetur] moventur G   21 fiat] fiet P   22 oportet etiam] *inv.* P   22–23 dissimilior vel similior] similior illi vel dissimilior Gp : dissimilior illi vel dissimilior P

---

7 Cf. Aristoteles, *Physica*, V, 2, 225b11–13

oportet, si augeatur vel diminuatur, quod inde fiat diversae proportionis ad ipsum Platonem secundum magnitudinem. Sed haec accidunt, secundum quod accidit uno | mutato non mutari alterum vel proportionaliter mutari. Sic igitur debet intelligi conclusio illa quod non est per se motus in ad aliquid.

Nona conclusio est quod nullus est motus per se secundum ubi vel secundum locum, quia sicut bene dictum fuit in tertio libro, | si detur motus localis sive rectus sive circularis, possibile est quod sit talis motus quantum est de intrinsecitate illius, quod tamen non mutatur locus nec situs ad aliquod extrinsecum, ut si totus mundus moveretur simul motu recto vel etiam quod cum ultima sphaera omnia alia simul volverentur aliis motibus circumscriptis vel etiam omnia alia corpora praeter hunc lapidem essent annihilata et ille lapis moveretur sive recte sive circulariter. Cum enim secundum tales motus illud quod movetur sit innatum fieri alteri propinquius aut distantius quam esset ante, vel dextrum ei, cum esset sinistrum, et sic de aliis, tamen hoc non est necesse, sed contingens, propter casus praedictos et consimiles. Nec oporteret, si esset in tali loco, quod postea esset in alio. Ideo non oportet mutari terminos de praedicamento ubi.

Verum est tamen quod oportet tales terminos mutari, si debeamus scire quod illud mobile tali motu movetur, quia dictum est in tertio libro quod non possumus percipere quod aliquid tali motu movetur non percipiendo quod se habeat aliter secundum situm ad aliquid aliud, et ob hoc, scilicet quantum ad huiusmodi perceptionem solum, concessit Aristoteles quod esset per se motus secundum locum vel secundum ubi. Et hoc totum compleatur et dirigatur secundum ea quae dicta fuerunt in tertio libro.

---

1 augeatur] augmentatur Pp ‖ diminuatur] diminuitur G ‖ fiat diversae proportionis] fiant diversae proportiones P   2 haec accidunt] hoc accidit G   3 mutari[1]] mutare P ‖ proportionaliter] proportionabiliter p   4 in] *om.* p   6 nona conclusio est] tunc sequitur nona conclusio G : nona conclusio p ‖ ubi] rem C   7 quia] *om.* P ‖ bene] *om.* GPp ‖ fuit] fuerit G   9 non] nec Pp ‖ aliquod] aliquid Pp   10 totus mundus] *inv.* p ‖ moveretur] movetur C ‖ quod] si p   11 ultima] suprema GPp ‖ alia] *om.* P ‖ volverentur] *add. in marg.* alias moverentur C : moverentur P   12 alia] *om.* GPp ‖ et] *add.* etiam C   15 cum] quam P   16 casus praedictos] causas praedictas P   17 oporteret] oportet p ‖ quod] et P ‖ oportet] oporteret P   20 movetur] moveretur p   20–21 quia ... movetur] *om. (hom.)* P   21 motu movetur] modo moveretur p ‖ non] nisi Gp   22 aliter secundum situm] secundum situm aliter G   22–23 quantum ... solum] solum quantum ad huiusmodi perceptionem G : quantum ad eius perceptionem solum Pp   25 dicta] praedicta p ‖ in tertio libro] *om.* G

---

7 Cf. Iohannes Buridanus, *Quaestiones super libros Physicorum*, III, q. 7 (ed. Streijger, Bakker, 76–77)   20 Cf. Iohannes Buridanus, *Quaestiones super libros Physicorum*, III, q. 8 (ed. Streijger, Bakker, 89–90)

Sed ultimo est sciendum etiam quod alio modo intendit Aristoteles in septimo *huius* de distinctione huius quod est moveri per se vel per accidens secundum aliquam dispositionem, scilicet per se, quia primo et immediate provenit a motore, et per accidens, quia per modum sequelae ad aliam dispositionem prius et immediatius provenientem. Sic enim non diceremus ad raritatem vel levitatem esse per se motum, quia provenit per modum sequelae ad calefactionem, quae est per se ad caliditatem. Sed de hac distinctione pertinebit magis ad alium librum. |

Tunc ergo secundum dicta respondendum est ad rationes.

⟨1⟩ De prima ratione dicetur in alia quaestione.

⟨2⟩ Ad secundam conceditur quod, si Socrates per hoc quod albificatur fit similis Platoni, ista assimilatio est verus motus et proprie dictus sicut albificatio, quia est idem. Et concedo etiam quod ita ista est per se vera 'assimilatio est ad similitudinem' sicut ista 'albificatio est ad albedinem'. Tamen ad sensum dictum iste motus qui est albatio est per se secundum | albedinem et non per se secundum similitudinem, scilicet quia necesse est secundum omnem talem motum fieri album quod non erat album vel fieri albius quod erat minus album, sed non est necesse fieri simile vel similius, dissimile vel dissimilius, immo hoc est contingens.

⟨3⟩ Ad aliam dico quod, si termini et orationes sumantur materialiter, argumentum non valet, quia iste terminus 'caliditas' non est iste terminus 'similitudo'. Nec oportet quod, si debeat iste terminus variari, quod ille debeat variari. Nos autem in prius dicta distinctione de per se et per accidens loquimur secundum suppositionem materialem. Unde loquendo secundum suppositionem personalem ego concederem, si caliditas | sit similitudo et calefactio sit per se et per suam essentiam motus ad caliditatem, quod ipsa etiam | est per se, id est per suam essentiam, motus ad similitudinem.

---

1 sed] *add.* de P ‖ est sciendum etiam] etiam sciendum est Pp : etiam dicendum est G   2 accidens] *add.* vel P   4 quia] et P   5 ad] *om.* C   6 provenit] proveniunt GPp   7 quae est] quia C   8 alium] septimum GPp   9 rationes] *add.* principales GPp   11 secundam] secundum P   12 ista] ita Gp ‖ assimilatio] *add.* sed *del.* non C   12–13 albificatio] calefactio P   13 ita … vera] ista est per se vera ista C : ista propositio ita est per se vera G   14 ista] *add.* propositio p ‖ albificatio] albatio GP : albefactio p   15 albatio] albefactio p   16 secundum¹] *sup. lin.* C   17 fieri²] *om.* Pp   18 necesse] *in marg.* C   19 hoc] haec p   20 si] *add.* isti G   21 non¹] nihil GPp   22 quod¹] *om.* GPp ‖ debeat] debet (*add.* esse P) GP   23 debeat] debet P   24 loquimur] loquebamur GPp   25 concederem] crederem P ‖ caliditas sit] caliditas est Gp : esset caliditas P ‖ et] *om.* P   26 sit] est G ‖ et] id est Cp (*sed. corr.* C)   26–27 ipsa etiam] *inv.* GPp   27 id est] id G : scilicet p : et P

---

8 Cf. inf., VII, q. 5   10 Cf. inf., V, q. 3

⟨4⟩ Ad aliam dictum est quomodo sit vel non sit per se motus secundum ubi, quia non magis quam secundum ad aliquid.

⟨5⟩ Ad ultimam, quae arguit de sanitate vel aegritudine, debet magis dici in septimo libro.

Haec de quaestione etc.

---

3 debet magis dici] dicetur magis P   4 libro] huius P   5 haec ... etc.] *om.* Gp

4 Cf. inf., VII, q. 5

⟨V. 3⟩

⟨Utrum omnis motus debeat esse de contrario in contrarium⟩

Consequenter quaeritur tertio utrum omnis motus debeat esse de contrario in contrarium.

Arguitur quod non quia:

⟨1⟩ Motus circularis est de eodem in idem, ut patet in octavo *huius*; igitur non de contrario in contrarium.

⟨2⟩ Et confirmatur quia: in primo *Caeli* dicitur quod in corporibus caelestibus et in motibus eorum non invenitur contrarietas; igitur ibi non est motus de contrario in contrarium.

⟨3⟩ Et expresse in ultimo capitulo sexti *huius* dicit Aristoteles quod non omnis loci mutatio in contrariis est.

⟨4⟩ Item secundum quantitatem est motus; et tamen quantitati nihil est contrarium, ut dicitur in *Praedicamentis*.

⟨5⟩ Item saepe alteratio est de medio in extremum vel e converso et etiam de medio in medium sine perventu ad aliquod extremorum; et tamen contraria non sunt ad invicem nisi extrema, ut habetur decimo *Metaphysicae* (propter hoc enim ibi dicitur quod non est uni contrarium nisi unum tantum).

⟨6⟩ Item contraria sunt ad invicem diversa specie, ut habetur | decimo *Metaphysicae*; et tamen aliquando fit motus in eadem specie de minus ad

---

4 consequenter quaeritur tertio] tertio consequenter quaeritur G : quaeritur tertio Pp   6 non] *add.* primo Pp   9 in¹] *om.* GPp   10 eorum] eorundem P   12 capitulo] *om.* G ‖ sexti huius] AHLp : *inv.* BCGMPTU   13 est] *om.* P   14 et] *om.* P   16 alteratio est] *inv.* G ‖ et etiam] etiam G : *om.* P   17 medium sine perventu] medio sive pertinenti p ‖ aliquod] aliquid P   19 propter ... dicitur] *om.* P ‖ enim] *sup. lin.* C ‖ est] *in marg.* C ‖ nisi] non est P   21 ad] ab GPp   22 et] *om.* P   22–25.1 minus ad maius] minus ad magis Gp : maius ad minus P

7 Cf. Aristoteles, *Physica*, VIII, 8, 264b18–19; cf. *AA*, 2: 222   9 Cf. Aristoteles, *De caelo et mundo*, I, 3, 270a12–35   12 Cf. Aristoteles, *Physica*, VI, 10, 241b2–3   15 Aristoteles, *Praedicamenta*, 6, 5b11   18 Cf. Aristoteles, *Metaphysica*, X, 4, 1055a5–33; cf. *AA*, 1: 243   19–20 Aristoteles, *Metaphysica*, X, 4, 1055a19–20; cf. *AA*, 1: 245   21–22 Cf. Aristoteles, *Metaphysica*, X, 4, 1055a5–33; cf. *AA*, 1: 243

maius et de minus calido ad magis calidum; ideo hoc non est de contrario in contrarium.

Oppositum arguitur auctoritatibus Aristotelis.

⟨1⟩ Prima est in primo capitulo huius quinti, ubi dicit quod mutatio secundum accidens dimittenda est, quia in omnibus est et semper et omnium; quae vero non secundum accidens est non in omnibus, sed in contrariis et mediis et in contradictione. Et dicit huius esse fidem ex inductione. Vult igitur quod omnis mutatio per se est in contrariis vel mediis vel in contradictione; et tamen mutationem in contradictoriis dicit non esse motum, sed generationem vel corruptionem, quas distinguit contra motum; igitur omnis motus est in contrariis vel in mediis. Sed | statim post dicit Aristoteles quod ex medio mutare est ex contrario; utitur enim motus medio sicut contrario.

⟨2⟩ Item Aristoteles distinguit genera mutationum, quia una est ex subiecto in non subiectum, alia est ex non subiecto in subiectum, tertia ex subiecto in subiectum. Duae primae sunt generatio et corruptio, quas dicit non esse motus. Ideo concludit omnem motum esse ex subiecto in subiectum. Et statim exponit quid intendit per ista subiecta dicens 'subiecta autem aut contraria aut media'.

⟨3⟩ Item in tertio capitulo dicit Aristoteles quod secundum substantiam non est motus propter nullum entium substantiae contrarium esse. Et illud medium non valet ad probandum istam conclusionem, si posset esse motus in non contrariis.

⟨4⟩ Item omnis resistentia est propter repugnantiam etiam positivam, quae non videtur esse nisi contrarietas; et tamen in omni motu requiritur resistentia (aliter fieret in instanti); igitur in omni motu oportet esse contrarietatem.

121rb C

---

1 et] ut Pp : *om.* G ∥ minus ... magis] minus calido et magis G : maius calido ad minus P ∥ ideo] igitur GPp   5 et^2] est p   6 vero] vere p ∥ omnibus] est *add.* GPp   7 et^3] ut P   8 per se] *add. in marg.* alias secundum se C : secundum se P   8–9 contradictione] contradictoriis G   9 contradictoriis] contradictione Pp ∥ sed] secundum C   14 genera] *add. in marg.* motuum C   15–16 alia ... subiectum] *rep.* C   15 est] *om.* Pp ∥ ex^2] de p   17 esse^1] est G   18 autem] *om.* GPp   21 contrarium esse] *inv.* Pp ∥ et] etiam p   22 valet] valeret GPp

4 Aristoteles, *Physica*, V, 1, 224b26–30   9 Cf. Aristoteles, *Physica*, V, 1, 225a34–b3   11 Cf. Aristoteles, *Physica*, V, 1, 224b30–32   14 Cf. Aristoteles, *Physica*, V, 1, 225a7–10   16 Cf. Aristoteles, *Physica*, V, 1, 225a34–b3   17 Cf. Aristoteles, *Physica*, V, 1, 225b1–3   18 Aristoteles, *Physica*, V, 1, 225b3   20 Cf. Aristoteles, *Physica*, V, 2, 225b10–11; cf. *AA*, 2: 154

⟨5⟩ Item decimo *Metaphysicae* determinat Aristoteles quod omnia media sunt media contrariorum; et tamen omnis motus est per medium et requirit medium inter suos terminos (aliter non esset continuus et temporalis, sed esset instantanea mutatio); igitur necesse est omnem motum esse in contrariis vel inter contraria. |

Certum est quod tales quaestiones de contrarietate motuum vel quie|tum vel terminorum motus aut mutationis aut etiam aliorum sunt difficiles propter aequivocationem huius nominis 'contrarietas' vel 'contrarium'. Non enim est certitudo in propositionibus vocalibus aut scriptis, nisi de unoquoque terminorum | praesciatur quid nominis. Et si termini sint aequivoci vel analogici, necesse est scire secundum quam intentionem capiantur. Et illi etiam termini 'motus' et 'mutatio' satis multipliciter et aequivoce dicuntur, cum inveniantur secundum diversa praedicamenta quibus nihil est superius univocum.

Notandum est igitur quod, si dico quod motus sit de contrario in contrarium, ego per hoc intelligo quod terminus a quo est motus et terminus ad quem sunt contrarii.

Si igitur debeamus dicere de motu locali, oportet recurrere ad octavam quaestionem tertii libri, ubi determinatum est qui sint termini motus localis, quia termini intrinseci et necessarii sunt partes eius prima et ultima, sicut esset de linea, termini autem extrinseci possunt dici loca.

Si igitur quaeratur utrum cuiuslibet motus quem solemus vocare localem termini intrinseci sint contrarii, ego dicam quod sic, si per 'contraria' volumus intelligere formas possibiles inesse eidem subiecto successive et non simul; nam cuiuslibet motus quem vocamus localem omnes partes invicem succedentes insunt successive eidem subiecto, sed nullae possunt eidem simul inesse. Sicut enim partes magnitudinis extra invicem existentes non est possibile esse simul secundum situm, ita partes puri successivi, cuiusmodi est motus localis, | non est possibile esse simul, sed oportet unam esse post aliam.

---

2 sunt] sint p   6 est] *om.* P   9 aut] vel G   10 termini] *rep.* G ‖ sint] sunt G   10–11 analogici] analogi GPp   12 et¹] *om.* p   15 est igitur quod] est igitur P : ergo p   16 ego] *om.* P   17 sunt] sint GP   18 debeamus] debemus p   19 libri] huius p ‖ determinatum] declaratum Pp ‖ est] *sup. lin.* C   20 termini intrinseci] *inv.* G   21 autem] tamen Gp   23 sint] sunt Pp   23–24 volumus] velimus G : voluerimus P   24 possibiles] substantiales P ‖ eidem] idem P   25 partes] *add.* sibi GPp   26 sed] *corr. sup. lin. ex* sunt C ‖ nullae] nullo modo p   27 extra] contra P

---

1 Cf. Aristoteles, *Metaphysica*, X, 7, 1057a18–b34   18–19 Cf. Iohannes Buridanus, *Quaestiones super libros Physicorum*, III, q. 8 (ed. Streijger, Bakker, 81–90)

QUAESTIO 3

Sed secundo ego dico quod isti termini non sunt contrarii, si volumus loqui proprie de contrariis et primo modo dictis. Nam talia oportet ad invicem esse diversa specie secundum suas rationes essentiales (dicit enim Aristoteles quinto *Metaphysicae* quod contraria sunt diversa specie aut omnia aut dicta primum); illi autem termini non sunt ad invicem diversi specie, sed sunt partes motus eiusdem rationis ad invicem, sicut partes lineae tam extremae quam mediae sunt eiusdem rationis ad invicem. Simplex enim continuum dividitur in partes eiusdem rationis, ut quia quaelibet pars lineae est linea et quaelibet pars motus est motus; igitur non differunt specie.

Item specialiter in motu caeli non possunt esse termini contrarii de contrarietate proprie dicta, quia talia contraria oportet maxime distare, ut habetur decimo *Metaphysicae*; et in motu caeli non est possibile esse terminos maxime distantes secundum successionem vel fluxum, si esset verum quod opinabatur Aristoteles, scilicet quod infinitus sive perpetuus esset motus | caeli et a parte ante et a parte post.

109ra P

Si autem vellemus loqui de terminis motus localis extrinsecis, scilicet de locis, ita quod esset quaestio utrum omnis motus quem vocamus localem sit de loco contrario ad locum contrarium, dicam quod non. Primo, quia instantia est de motu caeli, quia non credo quod caelum per suum motum fiat in alio loco ab illo in quo prius erat; non enim est motus de loco ad locum. Sed si debeat dici localis, hoc est, quia est circa locum vel circa rem in loco quiescentem ad quem partes caeli per suum motum se habent aliter et aliter secundum situm.

Et iterum, si loca quae sunt termini motus localis essent contraria, ista maxime essent locus deorsum et locus sursum, quae non apparent mihi | contraria proprie, quia ista loca sunt orbis lunae et aqua aut aer aut superficies eorum; haec autem non contrariantur ad invicem proprie.

98ra G

---

1 sed] *om.* G ‖ dico] dicam GPp ‖ volumus] velimus G   2 proprie de contrariis] de contrariis proprie GPp ‖ modo] *om.* GPp   2–3 ad invicem esse] esse ad invicem Pp   4 sunt diversa] *inv.* GPp ‖ specie] secundum se P   5 ad] ab GPp ‖ diversi] diversae P   6–7 sicut ... invicem] *om.* (*hom.*) G   8 rationis] *add.* ad invicem sicut partes lineae (*sed del.* sicut partes lineae) C ‖ quia] *sup. lin.* C   9 igitur non] *inv.* GPp   10 de] *om.* GPp   13 vel] et GPp   14 opinabatur] opinatur p ‖ sive] vel Pp   15 et¹] *om.* P   18–19 primo ... non] *om.* (*hom.*) P   20 motus] *corr. sup. lin. ex* locus C   21 sed] *in marg.* C   22 quem] quam GP   24 et] *om.* G ‖ essent] sint GP   25 essent] erunt G ‖ deorsum ... sursum] sursum et locus deorsum GPp   25–26 quae ... contraria] qui non apparent mihi contrarii GPp   26 aqua] *add.* aut terra G

4 Aristoteles, *Metaphysica*, V, 10, 1018b3–4   12 Cf. Aristoteles, *Metaphysica*, X, 4, 1055a5–33; cf. *AA*, 1: 243   14 Cf. Aristoteles, *De caelo et mundo*, II, 4, 287a23–24; cf. *AA*, 3: 56

Potest tamen concedi quod sunt contraria secundum locutionem attributivam, sicut cibus diceretur sanus vel urina sana. Dicit enim Aristoteles quinto et decimo *Metaphysicae* quod, cum aliqua dicuntur per se et proprie | contraria, tamen alia dicuntur contraria secundum attributionem ad ista, et hoc multipliciter: uno modo quia habent talia contraria, scilicet proprie dicta; alio modo quia sunt susceptiva eorum aut activa aut passiva, aut agentia aut patientia, aut abicientes aut accipientes, aut habitus aut privationes talium, et sic de aliis modis attributionum. Sic igitur locus sursum et locus deorsum possunt dici contrarii, quia ad istos sunt motus vocati contrarii, scilicet motus sursum et motus deorsum, vel quia sunt loca naturalia elementorum contrariorum aut habentium qualitates contrarias, scilicet summam levitatem et summam gravitatem, vel quia sunt naturaliter conservativa qualitatum contrariarum, ut caliditatis et frigiditatis, gravitatis et levitatis, vel etiam quia in eis sunt virtutes | activae aut conservativae contrariorum, et sic de aliis multis attributionibus. Unde etiam sic corpora caelestia, ut astra, dicuntur ad invicem contraria, licet proprie nulla sit contrarietas in eis.

Postea similiter, si quaeratur de terminis motuum augmentationis vel diminutionis utrum sint contrarii, dico quod non proprie loquendo de contrarietate, quia non est aliud augmentatio vel diminutio quam magnitudo quae acquiritur vel abicitur; et termini istarum magnitudinum non apparent esse nisi magnitudines, cum supponamus in continuis non esse terminos indivisibiles, ut puncta, instantia vel momenta, quae sunt res indivisibiles; magnitudo autem magnitudini non est contraria, nisi dicamus omnes qualitates extensas esse magnitudines, ut caliditatem et frigiditatem etc., quod negavimus in primo *huius*. Et specialiter in magnitudinibus non sunt contraria magnum et parvum, ut dicitur in *Praedicamentis* | et bene, quia parvum

---

2 sicut] *om.* P ‖ diceretur] diceremus P ‖ enim] etiam P   5 scilicet] *om.* P   6 susceptiva] successiva C   7 agentia aut patientia] agenda aut patienda G ‖ abicientes aut accipientes] abiectiones aut acceptiones Pp   7–8 privationes talium] *inv.* G   8 sic²] *om.* G   9 locus] *om.* P   12 levitatem ... gravitatem] gravitatem et summam levitatem GPp ‖ sunt naturaliter] *inv.* p   13–14 caliditatis ... levitatis] gravitatis et (vel P) levitatis caliditatis et frigiditatis GPp   15 etiam sic] *inv.* GPp   16 ad] ab C : *om.* Pp   18 vel] et Pp   22 in ... esse²] non esse in continuis GPp   23 puncta] *add.* vel GPp ‖ sunt] sint Gp ‖ res] *om.* C   24 magnitudo] *add. sed del.* vel C   25 magnitudines] *corr. in marg. ex* contrarias C ‖ et] *om.* GPp   26–27 in¹ ... magnum] *om.* C   27 quia] quod P

2–3 Cf. Aristoteles, *Metaphysica*, V, 10, 1018a25–35; X, 4, 1055a33–38   26 Cf. Iohannes Buridanus, *Quaestiones super libros Physicorum*, I, q. 8 (ed. Streijger, Bakker, 79–92)   27 Cf. Aristoteles, *Praedicamenta*, 6, 5b11–29

est pars magni; et tamen termini augmentationis non possunt esse contrarii, nisi parvum et magnum vel maius et minus sunt contraria.

Nunc est dicendum de alteratione, scilicet utrum omnis alterationis termini sunt contrarii.

Et dico primo quod non loquendo de contrarietate proprie dicta, quia contraria proprie dicta non sunt nisi extrema, scilicet maxime et perfecte differentia sive distantia, ut habetur decimo *Metaphysicae*; alteratio autem saepe est non de extremo tali ad extremum, sed de medio ad alterum medium, ut de croceo ad rubeum, vel etiam de extremo ad medium vel e converso. Sed cum hoc stat indefinita subcontraria, scilicet quod termini alterationis possunt esse proprie contrarii, quia non repugnat ex ratione alterationis et terminorum suorum quod sit de extremo ad extremum, ut de summa frigiditate in summam caliditatem; summa autem caliditas et summa frigiditas essent proprie contrariae.

Sed secundo dicendum est quod capiendo 'contrarietatem' large, prout se extendit non solum ad huiusmodi qualitates extremas incompossibiles, sed etiam ad medias incompossibiles, propter differentiam quantitatis graduum unius extremorum vel alterius necesse est omnem alterationem per se et proprie dictam esse de contrario in contrarium. | Hoc apparet, quia alteratio per se et proprie dicta non solum est generatio unius qualitatis vel corruptio unius qualitatis, sed est simul generatio unius qualitatis et corruptio alterius, ut calefactio, prout dicitur esse per se motus, simul est generatio caliditatis et corruptio frigiditatis et oportet ante et post esse differentiam in quantitate graduum istarum qualitatum, scilicet prius esse minus de caliditate et post plus et etiam prius esse plus de frigiditate et post minus, et non est possibile quod in eodem subiecto sint simul plus et minus de caliditate et etiam plus et minus de frigiditate.

Deinde etiam tertio considerandum est quod haec quae nunc dicta sunt debent intelligi vocando terminos al|terationis | qualitatem totalem sub qua

---

2 parvum et magnum] magnum et parvum GPp ‖ maius] magis C ‖ et²] vel P ‖ sunt] sint GPp   3 est dicendum] autem dicendum est G ‖ scilicet] videlicet p   4 sunt] sint Pp   5–6 quia ... dicta] *in marg.* C : *om.* (*hom.*) P   9 vel²] aut Pp : ad G   10 indefinita] infinita p   11 possunt] possent p   12 ad] in GPp   13 in] ad p   14 essent] esset G ‖ contrariae] contrarii P   16 non] *in marg.* C ‖ extremas] contrarias C   18 vel] et P ‖ alterius] *add.* et sic Pp   20 vel] nec solum est GPp   21 simul] similiter p ‖ qualitatis²] *om.* Gp   22 simul est] *inv.* GPp   25 esse] est G : *om.* p   26 subiecto] *om.* Pp ‖ simul ... minus] plus et minus simul P : simul plus minus G   27 minus] *add.* simul P   28 nunc dicta sunt] dicta sunt nunc P : dicta sunt p

7 Cf. Aristoteles, *Metaphysica*, X, 4, 1055a5–33; cf. *AA*, 1: 243

erat alterabile immediate, antequam inciperet alteratio, et istam totalem sub qua est immediate, postquam desinit esse alteratio. Sed si terminos alterationis, ut calefactionis, vellemus vocare gradum caliditatis primo acquisitum et gradum postremo acquisitum, illi non essent contrarii nec incompossibiles, immo stant simul in fine motus; sed ille modus capiendi 'terminos' non pertinet ad motum proprie dictum, sed ad generationem caliditatis. Et similiter si vellemus vocare terminos frigefactionis gradum frigiditatis primo corruptum et gradum postremo corruptum, illi non essent contrarii, quia simul stabant ante initium motus; sed etiam iste modus capiendi 'terminos' non pertineret ad motum proprie dictum, sed ad corruptionem frigiditatis.

Ex quibus patet quod generationis vel corruptionis | termini non sunt contrarii, quia illi non possunt poni ex parte rei nisi vel modis immediate praedictis vel quod subiectum carens forma dicatur terminus a quo generationis et forma terminus ad quem et e converso de corruptione; constat autem quod subiectum carens forma non est contrarium vel oppositum formae, cum sit innatum suscipere eam et subici sibi et perfici per eam.

Sed adhuc aliter posset imaginari quod debemus vocare terminos alterationis gradum qui primo corrumpitur et gradum qui ultimo acquiritur. Verbi gratia in calefactione terminus a quo diceretur gradus frigiditatis qui primo abicitur et terminus ad quem esset gradus caliditatis qui ultimo acquiritur. Sed tunc ego dicerem quod illi non sunt ad invicem contrarii, quia dictum fuit in tertio libro quod caliditas et frigiditas non sunt contrariae secundum rationes simplices earum, quia stant simul in tepido, sed si sint contrariae, hoc est ratione quantitatis graduum, ut si perfecta frigiditas imaginaretur esse decem graduum et similiter perfecta caliditas decem graduum, unus gradus non contrariatur uni gradui nec duo duobus nec quinque quinque, immo nec octo habent duobus aliquam incompossibilitatem nec septem tribus, sed decem gradus caliditatis constituentes caliditatem perfectam vere

---

2 desinit] definit P ‖ esse] *om.* GPp ‖ sed] quod p   2–3 terminos alterationis] *inv.* P   4 postremo] postreme C : postremum P   5 capiendi terminos] capiendo motum P   5–6 pertinet] pertineret G : pertinere P   6 et] *om.* P   7 frigefactionis] AAuBBr CDEErFHHaIJLLaMOOxPPbQSTUVWXYZp : defrigefactionis GKR : *exspectes* 'calefactionis'   8 postremo] postreme C   12 vel] *add. sup. lin.* alias ex C : *om.* G   15 subiectum] *corr. in marg. ex* secundum C   17 adhuc] *add.* aliquid G ‖ imaginari] *praem.* aliquis Pp : *add.* aliquis G ‖ debemus] deberemus GP   18 gradum¹] *corr. ex* graduum C   21 sed] et GPp ‖ ad] *om.* Pp   23 earum] eorum p ‖ sint] sunt GPp   24 imaginaretur] imaginetur G : imaginatur P   26 duo duobus nec] *om. (hom.)* G

---

22 Cf. Iohannes Buridanus, *Quaestiones super libros Physicorum*, III, q. 3, concl. 6 (ed. Streijger, Bakker, 31–32)

contrariantur decem gradibus frigiditatis similiter constituentibus frigiditatem perfectam; et similiter unus gradus frigiditatis vel duo haberent incompossibilitatem cum decem caliditatis vel etiam duo vel tres cum novem et sic semper, quando essent hinc inde plures gradus quam decem.

5   Et per ista nunc dicta et in quaestione praecedente | possunt solvi rationes reducendo eas ex utraque parte ad dicta hic et illic et ad ea quae dicentur in sequenti quaestione etc. |

98va G

122rb C

---

2 et] *om.* G   3 caliditatis] *om.* P ‖ vel¹] et P   5 et²] *om.* G   6 ad dicta] additam G : addita p ‖ hic] hinc C   7 etc.] et sic est finis G : *om.* Pp

⟨V. 4⟩

⟨Utrum motus ex eo debeant dici contrarii, quia sunt de contrariis terminis ad contrarios terminos⟩

Consequenter quaeritur quarto utrum motus ex eo debeant dici contrarii, quia sunt de contrariis terminis ad contrarios terminos.

Arguitur primo quod nulli motus sunt ad invicem contrarii quia:

⟨1⟩ Contraria debent esse extrema, ut apparet decimo *Metaphysicae*; et nullus motus est aliquod extremorum, immo omnis motus est inter suos terminos tamquam medium participans aliquid de termino a quo et aliquid de termino ad quem, ut apparet sexto *huius*; igitur etc.

⟨2⟩ Item augmentatio et diminutio non possunt dici ex hoc contrariae, quia sint de contrariis terminis ad contrarios terminos, quia dictum est in alia quaestione quod termini in augmentatione vel diminutione non sunt contrarii. Et consimiliter arguitur de generatione et corruptione quod non possunt dici contrariae ratione alicuius contrarietatis terminorum suorum.

⟨3⟩ Item motus qui sunt de contrariis terminis ad contrarios terminos possunt esse unus motus continuus; igitur non sunt contrarii. Consequentia manifesta est, quia contraria non sunt unum nec habent idem ultimum; ideo non possunt esse unus | motus continuus. Sed antecedens manifestum est, quia continua sunt quorum ultima sunt unum, scilicet quae copulantur ad

109vb P
86va p

---

5 consequenter quaeritur quarto] quarto consequenter quaeritur G : quaeritur quarto P : quaeritur igitur de contrarietate motuum et terminorum suorum de quibus loqui incepimus continuando sermonem de huiusmodi contrarietate erit quarta quaestio p   6 sunt] sint P   7 ad invicem contrarii] contrarii ad invicem P   10 aliquid¹] *om*. P ǁ de¹ ... aliquid²] *in marg*. C   11 apparet] *add*. in Pp   12 contrariae] *add*. scilicet GPp   13 sint] sunt G ǁ contrariis terminis] *inv*. G ǁ contrarios terminos] *inv*. G ǁ quia dictum est] dictum est enim P   14 alia] septima *sed add. in marg*. alia P ǁ in ... diminutione] augmentationis vel diminutionis P   15 contrarii] *add*. sed etiam nec motus locales possunt dici sic contrarii quia hoc etiam dictum est in alia quaestione scilicet quod eorum termini non sint proprie contrarii G   20 continuus] *in marg*. C ǁ sed] *om*. P ǁ manifestum est] *inv*. Gp

8 Cf. Aristoteles, *Metaphysica*, X, 4, 1055a5–33; cf. *AA*, 1: 243   11 Cf. Aristoteles, *Physica*, VI, 4, 234b10–22; cf. *AA*, 2: 174   14 Cf. sup., V, q. 3

terminum communem, ita quod idem terminus est finis unius et principium alterius (sic semper consueverunt dicere Aristoteles et alii); sed vere sic se habent motus qui sunt de contrariis terminis ad terminos contrarios, verbi gratia ascensus et descensus. Ponamus enim quod lapis moveatur sursum et post descendat; ad aliquem locum et finietur ascensus et ab isto eodem incipiet descensus. Et si *a* alteretur de frigidissimo ad calidissimum et postea e converso, ista eadem caliditas quae est terminus ad quem et finis calefactionis, erit terminus a quo et principium frigefactionis.

Deinde etiam arguitur quod multi motus sunt ad invicem contrarii, qui tamen non sunt de contrariis terminis ad contrarios terminos.

⟨1⟩ Primo quia: in circulo non sunt termini contrarii; et tamen in circulo possunt esse motus contrarii; igitur etc. Maior declaratur quia: si essent in circulo termini contrarii, illi essent puncta ab invicem maxime distantia, scilicet terminantia diametrum, ut *a* et *b*; hoc suppono. Deinde etiam suppono quod motus circularis in tali circulo de *a* ad *b*, iterum revertendo circulariter in *a*, est motus unus regularis et continuus; hoc oportet concedere, si motus primus caeli debeat dici unus et continuus. Tertio suppono quod motus unus continuus non componitur ex contrariis; contraria enim non sunt aliquid unum (unde si caliditas et frigiditas sunt una tepiditas, illae non sunt contrariae, sicut alias dictum est). Cum igitur ille motus unus qui est de *a* ad *b*, revertendo iterum in *a*, sit compositus ex motu qui est de *a* in *b* et ex motu qui est de *b* in *a*, sequitur quod illi motus | non sunt invicem contrarii; et tamen essent contrarii, si termini *a* et *b* essent contrarii, quia essent de contrariis terminis ad contrarios terminos; igitur sequitur quod illi termini *a* et *b* non sunt contrarii, et hoc est quod volebamus probare. |

Deinde restat probare quod in circulo sunt bene motus contrarii quia: sint duo corpora quae in circumferentia praedicti circuli moveantur circulariter a puncto *a*, unum per signum *c* in uno semicirculo signatum et alterum

122va C

98vb G

---

1 ita] ideo P   2 sic²] ita GPp   3 ad] in P ‖ terminos contrarios] *inv.* GPp   5 aliquem ... et²] quem locum (*om.* G) finietur (finiretur P) ascensus (*om.* P) GPp   5–6 incipiet] incipit G   6 et¹] ut G ‖ a] *om.* P   7–8 calefactionis] *add.* illa P   8 frigefactionis] *om.* p   10 ad] in P   11 contrarii] U : *om.* ABCGHLMPTp   13 ab] ABLU : ad CGHMPTp   14 ut] *om.* G ‖ hoc] *praem. et* G ‖ etiam] *om.* P   15 ad] et Pp   18 continuus] continuis C ‖ aliquid] aliquod G : ad p   19 unde] ut G ‖ frigiditas] *add.* non P ‖ una tepiditas] *inv.* p   20 alias dictum est] dictum est alias G ‖ ad] per Pp   21 revertendo ... b] *om.* (*hom.*) P   22 sunt] *om.* G ‖ et] *om.* P   26 sint] sunt p   27 praedicti] dicti G

2 Cf. e.g. Aristoteles, *Physica*, VI, 1, 231a22; cf. *AA*, 2: 165   20 Cf. Iohannes Buridanus, *Quaestiones super libros Physicorum*, III, q. 3 (ed. Streijger, Bakker, 30–31)

per signum *d* in alio semicirculo signatum. Constat quod ista corpora obviabunt sibi invicem in signo *b* et repausabunt se invicem; modo illi motus sunt ad invicem contrarii, qui se corrumpunt et resistunt, ut notat Aristoteles in octavo *huius*; igitur etc.

⟨2⟩ Item arguitur quod aliqui motus sunt contrarii, qui tamen non sunt de contrariis terminis ad contrarios terminos quia: calefactio et frigefactio sunt ad invicem contrariae secundum totam speciem, ita scilicet quod omnis calefactio omni frigefactioni dicitur contraria; et tamen possibile est quod utraque incipiat ab eodem termino vel saltem a terminis non contrariis, quia possibile est quod utraque incipiat a tepiditate (tepidum enim potest calefieri et frigefieri). Et ita etiam possibile est, si incipiant ab intensa caliditate et ab intensa frigiditate, quod terminentur ad eundem terminum, scilicet ad tepiditatem.

⟨3⟩ Similiter videtur quod omnis motus sursum sit omni motui | deorsum contrarius; et tamen possunt terminari ad eundem locum; nam ad eundem locum, scilicet ad locum naturalem aeris, descenderet aer, si esset in regione ignis, et ascenderet, si esset in aqua.

⟨4⟩ Similiter etiam dicitur quod motus naturalis ignis et motus naturalis terrae sunt contrarii; et tamen possibile est quod ab eodem loco incipiant, ut a cacumine turris inciperet terra descendere et ignis ascendere, si essent ibi et non prohiberentur.

⟨5⟩ Item generatio et corruptio eiusdem sunt ad invicem contrariae; et tamen non sunt de contrariis terminis ad contrarios terminos, ut bene dicit Aristoteles. Igitur similiter possibile est de motibus, cum in omni motu sit generatio quaedam vel corruptio vel utraque.

Igitur manifestum est quod non sequitur, si motus sunt contrarii, quod sint de contrariis ter|minis ad contrarios terminos, nec etiam sequitur, si sint de

---

1 d] b C ‖ semicirculo] circulo P   2 repausabunt] etiam occupabunt p   3 qui] quia P ‖ se] sese G : sic se Pp ‖ et] *add. in marg.* sibi invicem G ‖ resistunt] sistunt CGp (*sed corr.* CG)   4 huius] libro p   5 arguitur quod] *praem.* adhuc Pp : adhuc aliter quia G   7 ad] *om.* GPp ‖ contrariae] contrarii P   8 frigefactioni] frigefactione G ‖ dicitur] est P ‖ est] *om.* P   9 utraque] *sup. lin.* C ‖ utraque incipiat] incipiunt G   9–10 ab … incipiat] *om.* (*hom.*) Pp   10 potest] *add.* et Pp   11 ita etiam] *inv.* P   12 terminentur] terminantur Pp   15–16 nam … locum¹] *om.* (*hom.*) C   16 naturalem] *om.* P ‖ aeris] *add. in marg.* dummodo C   19 sunt] sint P ‖ et] *om.* P   20 a] .a. C ‖ inciperet] incipiat G ‖ et] *om.* P   22 et²] *om.* P   23 contrariis terminis] *inv.* P ‖ contrarios terminos] *inv.* P ‖ ut] *om.* P   24 possibile] simile G ‖ omni motu] omne motum P   25 quaedam] *om.* G ‖ corruptio vel] *om.* (*hom.*) P   26 sunt] sint Pp ‖ sint] sunt G   27 sint] sunt GPp

3–4 Cf. Aristoteles, *Physica*, VIII, 8, 262a6–8   24 Cf. Aristoteles, *Physica*, V, 5, 229b11–14

contrariis terminis ad contrarios terminos, quod sint contrarii. Et sic non est verum quod ex eo motus debeant dici contrarii, quia sunt de contrariis terminis ad contrarios terminos.

Oppositum determinat Aristoteles in isto quinto.

5 Ista quaestio supponit quod aliqui motus sunt ad invicem contrarii, et postea quaerit ex quo vel ex quibus debet attendi eorum contrarietas.

Primo igitur de supposito dicendum est et erit prima conclusio quod nulli motus sunt ad invicem contrarii contrarietate propriissime dicta, scilicet quae est maxima distantia | duarum formarum in eodem supposito possibilium existere, sicut essent perfecta sive summa caliditas et perfecta frigiditas, quia in quibuscumque est dare sic extrema, tamen motus numquam sic est aliquod extremorum, sed est medium vel per negationem illorum extremorum vel per participationem, scilicet quia aliquid habet quod potest esse pars unius extremorum et aliquid quod potest esse pars alterius, sicut arguebat prima ratio quae fiebat in principio quaestionis.

122vb C

Secunda conclusio est quod eiusdem generatio et corruptio non sunt ad invicem contrariae, quia duorum ad invicem contrariorum | numquam unum erit reliquum; sed generatio ipsius a erit corruptio ipsius a; igitur etc. Minor declaratur ponendo casum quod haec nomina 'generatio' et 'corruptio' supponant pro formis quae generantur vel corrumpuntur, et si non pro ipsis totalibus, tamen pro partialibus. Verbi gratia generatio caliditatis est caliditas, sed non completa (quando enim est caliditas completa, tunc non amplius est generatio caliditatis istius), et ita etiam corruptio caliditatis est caliditas et sic de aliis formis vel dispositionibus quae generantur et corrumpuntur. Cum igitur sit eadem caliditas quae generatur et quae post corrumpetur, sequitur quod eiusdem generatio erit ipsius corruptio, immo ampliando conclusionem videtur mihi quod nulla generatio caliditatis est contraria corruptioni caliditatis, quia omnis generatio caliditatis est calidi-

99ra G

---

1 sint] sunt GP ∥ sic] *om.* Pp   2 motus debeant] *inv.* P   4 determinat] *praem.* tamen Pp : *add.* tamen G   5 et] *om.* p   6 quaerit ... vel] quaeritur p ∥ quo] qua P ∥ debet ... contrarietas] debeat attendi contrarietas eorum G : debeat attendi eorum contrarietas p : debeant attendi eorum contrarietates P   9 supposito] subiecto GPp   10 perfecta²] *add.* sive summa G   11 in] *om.* P ∥ motus numquam sic] numquam motus GPp   12 est] *om.* P   14 et] ad p ∥ aliquid] aliquod P ∥ pars²] *add.* unius p   16 secunda] tertia G   18 erit²] est Pp   19 casum] *om.* GPp   20 supponant] supponunt GPp ∥ vel] *add.* quae P   23 amplius est] *inv.* GPp ∥ istius] ipsius G   24 et²] vel GPp   27 quod ... caliditatis] *om.* P   28 contraria ... est] *rep.* P

4 Cf. Aristoteles, *Physica*, V, 5, 229a7–b22

tas et omnis etiam corruptio caliditatis est caliditas; et nulla caliditas est contraria caliditati; igitur etc.

Tertia conclusio est quod nulla augmentatio est contraria diminutioni vel e converso, quia augmentatio non est nisi generatio magnitudinis et diminutio non est nisi corruptio magnitudinis; hae autem non sunt contrariae, ut patet per praecedentem conclusionem.

Et si aliquis dicat quod augmentatio non est generatio magnitudinis, sed fit sine generatione magnitudinis per appositionem magnitudinis nutrimenti ad magnitudinem nutriti et diminutio per remotionem, tamen apparet mihi quod hoc nomen 'augmentatio' debet supponere pro ista magnitudine quae apponitur vel pro illa cui apponitur vel pro magnitudine congregata ex illis et sic proportionaliter de diminutione; nullae autem harum magnitudinum contrariantur ad invicem; igitur etc. Immo sicut dicebatur quod generatio erit corruptio, ita dicendum est quod augmentatio erit diminutio, nisi dicatur quod haec nomina 'augmentatio' et 'diminutio' supponunt non pro magnitudinibus, sed pro motibus localibus earum per quos apponuntur vel removentur. Sed apparet mihi quod ista non est propria locutio; si tamen aliquis sic vellet dicere, tunc diceretur de eis, sicut dicetur post de motibus localibus.

Quarta conclusio est quod formarum contrariarum generatio unius non est contraria corruptioni alterius, ut generatio summae caliditatis non est contraria corruptioni summae frigiditatis, quia simul stant in eodem, scilicet in alteratione quae esset de frigidissimo ad calidissimum.

Sed contra hoc obicitur quia: generatio summae caliditatis est caliditas summa et corruptio summae frigiditatis est frigiditas summa; et illae sunt ad invicem contrariae.

---

1 et¹ ... caliditas¹] *om.* P ‖ omnis ... et²] *om.* (*hom.*) p   3 est¹] *om.* G   4 magnitudinis] magnitudinum P   5 non est nisi] est GPp ‖ magnitudinis] magnitudinum P ‖ hae] haec Cp (*sed corr. sup. lin.* C)   6 praecedentem conclusionem] *inv.* GPp   7 quod] *add. sed del.* argumentum non C   8–9 magnitudinis nutrimenti] *inv.* P   9 nutriti] *corr. ex* nutrimenti C ‖ remotionem tamen] remotione P   11 quae ... magnitudine] *om.* (*hom.*) CPp   12 proportionaliter] proportionabiliter p ‖ autem] *om.* G   15 nisi] inde p ‖ haec nomina] hoc nomen (*sed add. in marg.* vel nomina) G   15–16 supponunt] supponit vel supponunt G   16 localibus earum] *inv.* G : localibus eorum Pp   17 apponuntur] opponuntur Pp ‖ est] esset GP   18 sic vellet dicere] vellet sic dicere G : vellet dicere sic P : vellet dicere de eis p ‖ tunc] *add.* sic p   18–19 sicut dicetur post] ut post dicetur P   21 contraria corruptioni] corruptio C ‖ summae caliditatis] *inv.* p : caliditatis subiectivae P   22 summae] subiectivae P   23 ad] in p   24 quia] quod P   24–25 caliditas summa] *inv.* G   25 corruptio summae frigiditatis] summae frigiditatis corruptio p ‖ frigiditas summa] *inv.* Gp   26 contrariae] *add.* igitur etc. GPp

Solutio: nego quod generatio summae caliditatis sit summa caliditas, immo semper, quamdiu est generatio summae caliditatis, tamdiu est aliquis | gradus frigiditatis admixtus. Et si sit alteratio de frigidissimo in calidissimum durans praecise per unam totam diem, tunc in ista totali die erit generatio summae caliditatis, non totius simul, sed in prima hora erit generatio unius partis, cum qua stabit magna frigiditas, et in secunda hora erit generatio alterius, cum qua stabit minor frigiditas, et sic consequenter per istam diem totalem stabunt simul generatio totalis summae caliditatis et totalis corruptio summae frigiditatis et cum qualibet parte graduali summae caliditatis stabit aliqua pars summae frigiditatis et e converso.

Quinta conclusio apparet mihi probabilis quod generatio summae caliditatis et generatio summae frigiditatis non sunt ad invicem contrariae. Primo enim hoc est manifestum de contrarietate pro|priissime dicta, quae est extremorum, quia nec generatio caliditatis est extrema sive perfecta caliditas nec etiam generatio frigiditatis est extrema frigiditas.

Item videtur mihi quod nec sit contrarietas medii ad extremum vel medii ad medium, scilicet comparando totalem generationem totali generationi; et loquor non de contrarietate terminorum significativorum, sed formarum significatarum. Ego enim imaginor quod illae | formae quae secundum se sunt contrariae debent esse diversarum specierum quantum ad suas rationes essentiales et etiam debent differre secundum quantitates graduum incompossibiles, sicut alias dictum est, sive sit contrarietas proprie dicta, quae est extremorum, sive sit contrarietas minus proprie dicta, quae est medii ad extremum vel diversorum mediorum ad invicem. Sed res quae sunt generatio summae caliditatis et generatio summae frigiditatis, licet sint diversarum rationum essentialium, quia haec est caliditas et illa est frigiditas, tamen non sunt incompossibiles ratione quantitatum suorum graduum. Hoc ego declaro quia: eiusdem rationis essentialis et aequalis secundum quantitatem gradualem sunt generatio sum-

87ra p

99rb G

110va P

---

2 summae] *om.* G   3 si sit] sic C ‖ in] ad GPp   4 per unam totam] per unam Pp : unum G   7 erit] est G ‖ sic] si P   7–8 consequenter] *add.* et ita GPp   8 istam] illum G ‖ generatio totalis] *inv.* Gp   17 sit] *add.* ibi GPp   19 loquor non] *inv.* p ‖ de] *add.* totali P   20 significatarum] significativarum P   22 essentiales] totales p ‖ et] *om.* P ‖ etiam] *add. sed del.* debent C   23 sicut] ut GPp ‖ alias] *om.* P   24 est extremorum] *inv.* p ‖ sit] est P   27 haec] hoc p   28 illa est] illa P : illud p   28–29 quantitatum] quantitatis p   29 suorum graduum] suarum P   30 aequalis] aequales P

23 Cf. Iohannes Buridanus, *Quaestiones super libros Physicorum*, III, q. 3, concl. 6 (ed. Streijger, Bakker, 31–32)

mae caliditatis et corruptio summae caliditatis, immo dictum est quod generatio summae caliditatis erit corruptio summae caliditatis; sed secundum praedicta illa res sive illa caliditas quae est corruptio summae caliditatis stat bene simul et sine repugnantia cum ista re sive cum ista frigiditate quae est generatio summae frigiditatis, scilicet in alteratione quae esset de calidissimo ad frigidissimum; igitur illi rei quae est generatio summae caliditatis non repugnat sive quantum ad rationes essentiales sive | ratione quantitatis graduum stare simul cum ista re quae est generatio summae frigiditatis. Igitur istae non sunt invicem contrariae, licet termini supponentes pro eis sint bene contrarii et repugnantes ratione connotationum.

Item dicta conclusio confirmatur sic: quaecumque forma est contraria alteri secundum se, ipsa est contraria formae omni quae est eiusdem rationis essentialis et aequalium graduum cum illa cui ista est contraria. Verbi gratia, si caliditas a est contraria frigiditati b sive extreme sive medie, ista caliditas a est contraria omni frigiditati quae est aequalis in gradu cum frigiditate b. Hoc videtur esse notum ex dictis in tertio libro. Sed generatio summae frigiditatis et corruptio summae frigiditatis sunt formae eiusdem speciei quantum ad rationes essentiales, cum utraque sit frigiditas essentialiter, et sunt ad invicem aequales secundum quantitates graduum; utraque enim continet totalem latitudinem gradualem frigiditatis, scilicet generatio de non gradu usque ad summum gradum et corruptio de summo gradu usque ad non gradum, et est hinc inde eadem vel aequalis via. Igitur si generatio summae caliditatis est contraria generationi summae | frigiditatis, ipsa etiam esset contraria corruptioni summae frigiditatis; sed hoc est falsum, ut dictum est in quarta conclusione; igitur etc.

Sexta conclusio est quod corruptiones formarum contrariarum non sunt contrariae, ut corruptio summae caliditatis et corruptio summae frigiditatis, quia non magis opponuntur corruptiones formarum contrariarum quam

---

1 corruptio summae caliditatis] summae caliditatis corruptio p   2 secundum] per P   3–4 stat bene] stabit bene seu stat P   4 et] om. GPp ‖ sive] corr. sup. lin. ex sicut C   5 frigiditatis] caliditatis P ‖ esset] est p   9 sint] sicut C   10 et ... connotationum] ratione connotationum et repugnantes P   11 dicta ... sic] sic dicta conclusio confirmatur P   11–12 contraria ... se] secundum se contraria alteri formae GPp   12 formae omni] inv. GPp   13 ista] ipsa GPp   14 ista caliditas a] om. G   15 quae est aequalis] om. C ‖ gradu] gradibus P ‖ hoc] om. P   16 libro] huius p   17 et] corr. sup. lin. ex est C   18 essentiales] speciales Cp (sed corr. C)   22 hinc inde] hinc et inde p : inde C ‖ igitur si] inv. p   23 est] esset GPp   24 hoc] add. consequens G   26 est] sequitur scilicet Pp   27 ut] corr. sup. lin. ex et C

16 Cf. Iohannes Buridanus, *Quaestiones super libros Physicorum*, III, q. 3 (ed. Streijger, Bakker, 21–36)

QUAESTIO 4   39

generationes earum; sed generationes earum non sunt contrariae, ut dicit
quinta conclusio; igitur etc. | Et haec etiam conclusio posset probari propor-   110vb P
tionalibus rationibus sicut praecedens.
   Septima conclusio est quod alterationes de terminis contrariis ad con-
5 trarios terminos non sunt ad invicem contrariae. Verbi gratia alteratio de
frigidissimo ad calidissimum non est contraria alterationi de calidissimo | ad   99va G
frigidissimum loquendo proprie et simpliciter de contrarietate sive extremorum sive mediorum ad invicem vel ad extrema. Primo quidem manifestum
est quod non est ibi contrarietas ex parte extremorum, quia nulla alteratio
10 est aliqua qualitatum extremarum. Secundo etiam manifestum est quod non
est ibi contrarietas mediorum incompossibilium propter quantitates graduum. Hoc videtur posse concludi ex dictis, quia huiusmodi alterationes non
includunt nisi generationes et corruptiones summae caliditatis et summae
frigiditatis, quae non sunt invicem contrariae secundum prius dictas con-
15 clusiones.
   Item contraria non sunt composita ex similibus partibus tam secundum
rationes essentiales quam etiam secundum quantitates graduum; sed illae
alterationes sunt constitutae ex similibus partibus. Utraque enim alteratio
composita est a principio usque ad finem ex caliditate et frigiditate et ex
20 totali latitudine graduali tam caliditatis quam frigiditatis, licet ordo fluendi
et succedendi sit hinc inde conversus. Nam in calefactione est prius intensior
frigiditas et remissior caliditas et posterius remissior frigiditas et intensior
caliditas et in frigefactione est e converso. | Talis autem conversio ordinis   123va C
non mutat rationem essentialem formae nec ob hoc forma est composita ex
25 aliis gradibus; igitur etc.
   Haec autem dicta videntur esse prima facie contra intentionem Aristotelis; ideo ponendae sunt conclusiones aliquae ad intentionem Aristotelis.

---

2 posset] potest p   4 septima conclusio est] tunc sequitur septima conclusio G ‖ terminis
contrariis] *inv.* GPp   5 alteratio] *in marg.* C   6 est] esset C   6–7 calidissimo ad frigidis-
simum] frigidissimo ad calidissimum p   7 proprie et] *in marg.* C ‖ proprie et simpliciter]
simpliciter et proprie GPp ‖ contrarietate] *add.* adhuc Pp   8 vel] sive Pp   9 est¹] *in marg.*
C ‖ non est ibi] ibi non est P ‖ quia] et P   10 extremarum] extremorum p ‖ quod] *om.*
p   12 posse] praecise G ‖ huiusmodi] huius P   14 sunt] *add.* ad GPp   14–15 prius dictas
conclusiones] conclusiones praedictas GPp   16 similibus] singularibus *sed add. in marg.*
similibus C : consimilibus GPp   17 quantitates] qualitates P   18 sunt] *add.* sic GPp ‖
partibus] *om.* P ‖ utraque] *sup. lin.* C   19 et¹] *add.* ex P   22 et¹] *sup. lin.* C   22–23 et² ...
frigefactione] *in marg. inf.* C   24 rationem] *rep.* C ‖ ob hoc] ab hac P   25 aliis] illis p ‖ igi-
tur] *om.* Pp   26 prima facie] primo forte p   26–27 aristotelis] *add.* et P   27 conclusiones
aliquae] aliae conclusiones G : conclusiones Pp

Propter quas notandum est quod Aristoteles quinto et decimo *Metaphysicae* distinguit bene de contrariis, sicut de sano et aegro, et de aliis terminis analogis. Quaedam enim sunt simpliciter et proprie dicta contraria et illa sunt formae diversarum specierum secundum suas essentiales rationes et maxime distantes et innatae inesse eidem subiecto successive, sed non simul; et sic dictum est quod nullae alterationes sunt ad invicem contrariae. Alia dicuntur contraria non simpliciter et proprie, sed secundum attributionem ad contraria simpliciter et proprie dicta. Et Aristoteles ponit ibi multos modos attributionis, scilicet quod aliqua dicuntur contraria ex eo quod habent in se contraria proprie et simpliciter dicta (et sic dicimus ignem esse contrarium aquae), alia vero quia sunt activa vel passiva contrariorum aut agentia vel patientia (unde sic aliquas stellas dicimus esse contrarias, quia aliquae sunt activae caliditatis et aliquae frigiditatis); alia etiam dicuntur contraria, quia sunt abiectiones vel acceptiones vel generationes et corruptiones contrariorum, scilicet summae | caliditatis et summae frigiditatis.

Et isto modo dico pro octava conclusione quod alterationes istae dicuntur invicem contrariae quae sunt de contrariis terminis ad contrarios terminos, ut alteratio de frigidissimo ad calidissimum et alteratio de calidissimo ad frigidissimum et e converso, quia istae sunt acceptiones et remotiones sive generationes et corruptiones verorum contrariorum, scilicet summae caliditatis | et summae frigiditatis. Sed iterum, inquantum poneremus medium contrariari extremo imperfecte vel unum medium alteri medio, alterationes etiam secundum attributionem ad ista dicuntur quodam modo contrariae, ut alteratio de tepido ad intense calidum et de intense calido ad tepidum. Et haec sunt satis manifesta.

---

1 propter] per P ‖ quas] *corr. in marg. ex* quod C ‖ est] *om.* p   2 distinguit bene] *inv.* P ‖ aegro et de] aegro et sic de G : aegro et p : *om.* P   3 quaedam] quidam P ‖ enim] *om.* G   4 essentiales rationes] *inv.* GPp   5 inesse eidem] eidem inesse eidem P : esse in idem p ‖ sed] et P   6 nullae] nec C   8 dicta] *om.* p   9 attributionis] acceptionis P ‖ scilicet quod] scilicet quia Pp : quia G ‖ contraria] *corr. sup. lin. ex* ex contrariis C ‖ contraria ex eo] ex eo contraria G   10 proprie et] *in marg.* C : *om.* GPp   10–11 esse contrarium aquae] contrarium aquae esse p   11 quia] quae P : *om.* C ‖ activa vel passiva] passiva vel activa G   13 aliquae²] aliae GPp   14 abiectiones] obiectiones C ‖ et] vel Pp   16 istae] naturae P : *om.* p ‖ dicuntur] *add.* ad G   17 quae] quia CPp ‖ contrariis] contrarii p   18 de¹ ... alteratio²] *in marg.* C   19 et e converso] *om.* GPp ‖ et²] sive p   20 verorum] et eorum p   21 poneremus] ponimus GPp   22 imperfecte vel] imperfecto vel p : imperfecto et G   23 etiam secundum] *inv.* C : *add.* attributiones ad illa et secundum P : et secundum p   24 ut] *add.* est G ‖ tepido] tepiditate p

---

1–2 Cf. Aristoteles, *Metaphysica*, V, 10, 1018a25–35; X, 4, 1055a33–38

Item adhuc aliquando contingit loqui de contrarietate reali, quae non est propositionum nec terminorum significativorum, et aliquando contingit loqui de contrarietate terminorum significativorum. Modo considerandum est quod ex eo termini significativi vocantur contrarii vel extreme vel medie, quia non possunt simul vere affirmari de eodem subiecto et pro eodem, sed possunt successive. Sic enim isti termini 'album' et 'ni|grum' vocantur contrarii magis proprie quam isti termini 'albedo' et 'nigredo', quia isti termini 'albedo' et 'nigredo' numquam possunt vere affirmari de eodem subiecto et pro eodem; tamen dicti termini bene dicuntur contrarii secundum modum attributivum, scilicet quia supponunt pro formis contrariis et significant eas, sicut urina dicitur sana, quia significat sanitatem.

Tunc ponitur nona conclusio, scilicet quod isti termini 'generatio' et 'corruptio' rei naturae permanentis sunt ad invicem contrarii, quia de termino supponente pro eadem forma | possunt verificari successive, sed numquam simul. Eadem enim forma est prius generatio, scilicet quando generatur, et postea corruptio, scilicet quando corrumpitur, et non est possibile quod ipsa sit simul generatio et corruptio, quia non est possibile quod ipsa simul generetur et corrumpatur secundum idem sui. Et ego dixi 'rei naturae permanentis', quia res pure successiva simul dicitur generatio et corruptio, ut tempus et motus localis; esse enim eius consistit in continue fieri et corrumpi, ut alias dicebatur. Propter quod de illis isti termini 'generatio' et 'corruptio' non opponuntur.

Ita etiam pari ratione diceretur quod isti termini 'generari' et 'corrumpi' sunt contrarii et etiam in speciali isti termini 'generatio caliditatis' et 'corruptio caliditatis', 'caliditatem vel aquam generari' et 'caliditatem vel aquam corrumpi'. Etiam simili modo et pari ratione isti termini 'calefieri' et 'frigefieri' sunt contrarii et consimiliter isti termini 'augmentatio' et 'diminutio' vel 'augeri' et 'diminui' et forte etiam haec nomina 'calefactio' et 'frigefactio',

---

1 adhuc] *om.* P   2 nec] vel GPp   2–3 et ... significativorum] *rep.* P   4 vocantur] dicuntur G ‖ extreme vel medie] extremo vel medio p   5 quia] quae P ‖ simul vere affirmari] *add.* et P : vere affirmari simul p   6–7 contrarii] contrariae P   7–8 quia ... nigredo] *om. (hom.)* P   10 eas] ea P   12 tunc ponitur] et tunc ponatur P ‖ scilicet] *om.* P   13 rei] *om.* C   16 et] sed GPp   17–18 sit ... sui] generetur (generatur P) et corrumpatur secundum idem sui ideo non est possibile quod ipsa simul sit generatio et corruptio Pp   18 corrumpatur] corrumpetur G ‖ naturae] *om.* Pp   19 ut] et P   20 in] et P   21 de] *om.* P   23 ita etiam] et (*om.* P) etiam simili modo et Pp ‖ generari] generare P   24 et¹] *om.* P ‖ et²] *om.* P   26 etiam] *praem.* et GP : et p   27 sunt contrarii] *om.* G ‖ et consimiliter] et (*om.* P) similiter GPp   28 augeri] augmentari Pp ‖ et¹] vel P ‖ et³] *om.* G

21 Cf. Iohannes Buridanus, *Quaestiones super libros Physicorum*, III, q. 6 (ed. Streijger, Bakker, 62–63, 72)

si hoc nomen 'calefactio' ponatur supponere non solum pro caliditate quae acquiritur, sed pro aggregato ex caliditate et frigiditate, et sic suo modo de frigefactione. Et etiam ita isti termini 'moveri sursum' et 'moveri deorsum', | 'moveri ad dextrum' vel 'moveri ad sinistrum' sunt contrarii, sed non isti termini 'moveri recte' et 'moveri circulariter'. Possibile enim esset molam fabri simul portari motu recto et verti circulariter et sagittam moveri sursum proiectam et tamen cum hoc verti circulariter per suas penniculas; et trochus continue motus circulariter descendit recto itinere ad locum decliviorem, si area sit pendens.

Ex his sequitur decima conclusio, quae est capiendo terminos motuum et mutationum significative, scilicet quod secundum modum attributivum generatio est contraria corruptioni. Et est attributio, quia significatur per terminos contrarios, scilicet per istos terminos 'generatio' et 'corruptio' vel 'generari' et 'corrumpi'. Et similiter motus sursum et motus deorsum et similiter etiam motus ad dextrum et motus ad sinistrum, si non contrariantur secundum se, tamen dicuntur contrarii attributive, quia significantur vel connotantur per terminos contrarios, scilicet per istos terminos 'moveri sursum' et 'moveri deorsum' etc. Et ita etiam calefactio et frigefactio dicerentur contrariae modo attributivo et | augmentatio et diminutio. Immo videtur secundum Aristotelem quod non sit inconveniens idem dici sibi ipsi contrarium secundum modum attributivum ipsius ad | contraria. Dicit enim Aristoteles in auctoritate prius allegata quinto *Metaphysicae* quod aliqua modo attributivo dicuntur contraria, quia sunt passiva contrariorum; et idem subiectum est passivum et receptivum contrariorum. Sic etiam aqua aquae est contraria, si haec sit calida et ista frigida, quia habent contraria. Et sic dicere non significat quod illae sint contrariae, sed solum significat quod qualitates quas habent vel quas innatae sunt recipere, sunt contrariae. Et est impropria locutio, tamen usitata est ad brevius loquendum.

---

2 aggregato] congregato GPp ‖ et] *om.* p ‖ modo] *add.* dici p   3 et etiam ita] et (*om.* P) ita etiam GP : et etiam p ‖ deorsum] *add.* vel Pp   4 vel] et GPp ‖ moveri²] *om.* p   4–5 termini] *om.* p   5 possibile ... molam] *corr. in marg. ex* et sagittam moveri sursum C   6 portari] *corr. sup. lin. ex* proiectam C ‖ motu recto] simul recte p ‖ verti] *corr. sup. lin. ex* moveri C   7 et¹] *add. sed del.* cum C ‖ tamen] *om.* GPp   10 decima] ultima G   11 quod] *om.* p ‖ modum] motum P   12 attributio] attributiva P   14–15 et similiter] vel GPp   15 dextrum] dextram p ‖ et] vel CP ‖ sinistrum] sinistram p ‖ si] sed CG (*sed corr.* C) : scilicet p   18 deorsum] *add.* ergo G   20–21 dici sibi ipsi] sibi ipsi dici P   22 allegata] *add.* ex Pp   22–23 aliqua] aliquo p   23 modo ... contraria] dicuntur contraria modo attributivo G ‖ attributivo] *corr. in marg. ex* aggregativo C ‖ et] quia G   24 passivum et receptivum] receptivum et passivum p   27 qualitates] per *add.* P   28 est] sit (*sup. lin.*) G : *om.* Pp

22 Cf. Aristoteles, *Metaphysica*, V, 10, 1018a34

QUAESTIO 4   43

Deinde, ut directe respondeamus | ad quaestionem secundum quod pro-   100ra G
ponebatur, notandum est, ut dicebatur in prima quaestione huius quinti
libri, quod sive generatio et corruptio et motus differant realiter sive non,
tamen illi termini proprie sumpti differunt secundum rationem et indigent
5   diversimode exponi. Et hoc videas in prima quaestione huius quinti libri, ubi
etiam potest apparere dicta responsio ad praesentem quaestionem. Quamvis enim motus ad invicem non sunt contrarii, termini tamen vel orationes
significantes motus sunt ad invicem contrarii, ut dictum est.
    Tunc igitur mihi videtur quod ista oratio 'motus ex eo dicuntur contrarii,
10 quia sunt de contrariis terminis ad contrarios terminos', si in omni genere
motuum habeat locum, debet sic intelligi quod, prout ille terminus 'motus'
proprie dictus differt secundum rationem ab istis terminis 'generatio' et 'corruptio' et prout motus a nobis percipiuntur, ille terminus 'motus contrarii'
debet exponi per hoc quod de his quae moventur, id est de terminis sup-
15 ponentibus pro his | quae moventur, verificantur prius termini contrarii et   111va P
etiam posterius termini contrarii et e converso. Verbi gratia isti termini 'albatio' et 'denigratio' dicuntur contrarii, quia verum est dicere 'quod albatur
prius est nigrum et quod nigratur prius est album et e converso quod albatur posterius est album et quod nigratur posterius est nigrum'. Et ita etiam
20 isti termini 'augmentatio' et 'diminutio' dicuntur contrarii, quia verum est
dicere 'quod augmentatur est prius parvum vel minus et quod diminuitur
est prius magnum vel maius et e converso posterius'. Et ita etiam isti termini
'motus sursum' et 'motus deorsum' dicuntur contrarii, quia verum est dicere
'quod movetur deorsum est prius sursum et quod movetur sursum est prius
25 deorsum et e converso posterius'.
    Et si tu quaeras: nonne sufficit exponere istum terminum 'motus contra-
rii' per terminos contrarios a parte ante vel per terminos contrarios a parte

---

1 secundum quod] sicut GPp   2 notandum] negandum p || dicebatur] dicitur p   3 libri] *om.* p || sive¹] *om.* p || et¹] *om.* GPp || differant] differunt P || sive non] *om.* C   5 et hoc videas] ut patet G || libri] *om.* Pp   6 praesentem] praecedentem p   7 ad ... sunt] non sunt (sint G) ad invicem GPp || termini ... orationes] tamen orationes vel termini GPp   8 ut dictum est] *om.* G   9 tunc] nunc G || mihi videtur] *inv.* GPp   14 id est] scilicet p   14–15 id ... moventur] *in marg.* C   15 his] eis G || moventur] movetur G   16 etiam] *om.* P || et] *om.* G   17 denigratio] nigratio CGPp (*sed corr.* C)   18 converso] *add.* et p   19 posterius est¹] *inv.* Gp || posterius est²] *inv.* GPp || et²] *om.* P   21 parvum vel] *om.* p || minus] *corr. in marg. ex* prius C || quod diminuitur] *sup. lin.* C   22 etiam] *om.* Pp || isti termini] iste terminus p   23 dicuntur] sunt p   24 deorsum ... movetur²] *om. (hom.)* G   24–25 deorsum ... deorsum] sursum est prius deorsum et quod movetur deorsum est prius sursum Pp   27 vel] et p

5 Cf. sup., V, q. 1

124rb C post, dico quod non, quia non sufficit | exponere illum terminum 'contrarii', sed oportet etiam exponere illum terminum 'motus', qui prout differt secundum rationem ab istis terminis 'generatio' et 'corruptio', indiget exponi per affirmatum a parte ante et per affirmatum a parte post.

Deinde etiam secundum Aristotelem videndum est quomodo debeat exponi ille terminus vel ista oratio 'generatio et corruptio sunt contrariae'. Et dicendum est proportionaliter praedictis. Dicuntur enim contrariae, quia de eo quod generatur verificatur prius hoc praedicatum 'non est' et posterius hoc praedicatum 'est' et de eo quod corrumpitur e converso. Ideo sic expositio est a parte ante per terminos contradictorios et etiam a parte post per terminos contradictorios et e converso. Et tamen non obstante hoc illi termini 'generatio' et 'corruptio' vocantur contrarii et non contradictorii, quia uterque est affirmativus.

Sed ultra de motu circulari in speciali considerandum est quod signatis in linea circulari punctis a et b, si fiat motus de a in b et iterum de b in a circulariter, illi motus non vocantur contrarii, sed sunt unus continuus motus; et corpora plura sic mota non obviarent sibi invicem nec repausarent se. Sed motus de a in b et de b in a, revertendo etiam per eandem portionem

88ra p lineae circularis, vo|carentur quodam modo contrarii, quia corpora duo sic mota obviarent sibi et repausarent se propter impossibilitatem penetrationis corporum. Tamen ad hoc dicit Aristoteles primo *Caeli* quod ibi non esset

100rb G proprie contrarietas, quia contrarietas in moti|bus localibus debet attendi secundum istum processum secundum quem mensuratur maxima distantia terminorum; et iste est processus rectus. Et de hoc determinatur et debet magis videri in speciali in primo *Caeli et mundi*.

---

2 oportet etiam] *inv.* G   4 affirmatum[1]] affirmativum p : affirmativam P ‖ affirmatum[2]] affirmativam P   6 sunt contrariae] *inv.* P   7 est] *add.* quod G : *om.* P ‖ proportionaliter] proportionabiliter p ‖ contrariae] contrarii P   8 praedicatum] *add. sed del.* esse C   9–10 expositio] expono CP (*sed corr.* C)   10 contradictorios] contradictos G   11 et[1]] *om.* G ‖ non obstante hoc] hoc non obstante GPp   12 et[2]] *om.* GPp   14 considerandum] dicendum G : notandum P   15 circulari] *sup. lin.* C ‖ in[2]] et p   16 continuus motus] *inv.* GPp   17 sibi] *add.* ad GPp ‖ repausarent] retardarent p ‖ se] *om.* P   18 revertendo etiam] revertendo Pp : revertando G ‖ per] *sup. lin.* C ‖ portionem] positionem *sed add. in marg.* alias portionem C   20 repausarent] repausaret G ‖ se] *om.* p ‖ impossibilitatem] *corr. in* incompossibilitatem C : incompossibilitatem Pp   21 ad hoc] adhuc GPp ‖ aristoteles] *om.* G   22 contrarietas[2]] ipsa p   24–25 debet magis videri] debet videri magis P : videtur magis p

---

21 Cf. Aristoteles, *De caelo et mundo*, I, 4, 270b32–271a33   25 Cf. Iohannes Buridanus, *Quaestiones super libros De caelo et mundo*, I, q. 8 (ed. Moody, 36–40)

Tunc igitur apparet ex dictis quomodo omnes rationes quae fiebant debent procedere praeterquam forte de quarta ratione, quae tangit de unitate motus; sed de hoc postea quaeretur.

Et sic est finis quaestionis.

---

1 igitur] *om.* G   4 et ... quaestionis] et sic patet quaestio G : sequitur alia quaestio p : et sic sit finis P

---

3 Cf. inf., V, q. 10

⟨V. 5⟩

⟨Utrum motus contrarietur quieti vel etiam quies quieti⟩

111vb P   Consequenter | quaeritur quinto utrum motus contrariatur quieti vel etiam quies quieti.

Et arguitur quod non quia:

⟨1⟩ Unum uni est tantum contrarium, ut dicitur decimo *Metaphysicae*; sed motus est contrarius motui; igitur non quieti.

⟨2⟩ Item si motus et quies opponantur, tamen hoc est privative (quies enim solet dici privatio motus); sed privative opposita non sunt contraria, immo istae oppositiones distinguuntur contra invicem; igitur etc.

⟨3⟩ Item contraria debent maxime distare, ut dicitur decimo *Metaphysicae*; sed motus et quies non maxime distant, immo nihil distant, quoniam in eo quod est aptum natum moveri nihil est medium inter moveri et quiescere. Si enim desinit quiescere, immediate post incipit moveri et e converso

124va C   etc. |

⟨4⟩ Item quies nihil aliud est quam res quae quiescit; et res quae quiescit non contrariatur motui, cum innata sit recipere motum.

⟨5⟩ Item motus est propter quietem et quies est perfectio motus, ut dicit Commentator; finis autem et perfectio rei non contrariantur illi rei.

⟨6⟩ Item Aristoteles dicit quod simul accidit motui fieri quietem, et iuxta hoc dicit Commentator quod in motu acquiritur pars quietis post partem; sed illud non contrariatur motui quod fit simul cum motu; igitur etc.

---

4 consequenter quaeritur quinto] quinto consequenter quaeritur G : quaeritur quinto P : quaeritur quinto de contrarietate quietum scilicet p ‖ vel] et GPp   6 et] *om.* GP   7 uni est] *inv.* GPp   9 opponantur] opponuntur GPp   9–10 quies² ... privative] *in marg. inf.* C   11 immo] ergo p ‖ contra] in P   12 debent] debet G ‖ ut dicitur] ut habetur G : *om.* Pp   14 est¹] *om.* P   15 si] sic p   16 etc.] igitur etc. GPp   18 innata sit] ipsa sit innata GPp ‖ motum] *add.* igitur etc. GPp   20 autem et] enim p ‖ et] *corr. sup. lin. ex* est C ‖ contrariantur] contrariatur Gp   21 aristoteles dicit] *inv.* P ‖ simul accidit] *inv.* Gp : accidit P ‖ motui] futuro motui (*corr. in marg. ex* motum) C   22 quod] quia G   23 fit] sit P ‖ igitur etc.] *om.* P

7 Aristoteles, *Metaphysica*, X, 5, 1055b30; cf. *AA*, 1: 245   12–13 Cf. Aristoteles, *Metaphysica*, X, 4, 1055a5–33; cf. *AA*, 1: 243   20 Cf. Averroes, *In Physicam*, V, comm. 54, f. 240B   21 Cf. Aristoteles, *Physica*, V, 6, 230a4–5   22 Cf. Averroes, *In Physicam*, V, comm. 54, f. 240E

QUAESTIO 5   47

⟨7⟩ Item Aristoteles concedit quod motus non est contrarius quieti in termino ad quem. Sed ex hoc etiam sequitur quod non sit contrarius quieti in termino a quo, quia ita integratur motus ex parte termini a quo sicut ex parte termini ad quem, et ita propinquus est motus termino a quo sicut termino ad quem, immo in principio motus motus plus participat de termino a quo quam de termino ad quem; igitur saltem tunc non magis contrariatur termino a quo quam termino ad quem.

Deinde etiam arguitur quod quies non est contraria quieti quia:
⟨1⟩ Privatio non opponitur privationi. Oppositio enim vere contraria est inter terminos vere positivos et privativa non inter privativos, sed inter habitum et privationem, et contradictoria inter affirmationem et negationem et relativa inter terminos positivos relativos; ideo nulla est oppositio inter terminos privativos, cuiusmodi sunt 'quies' et 'quies'.
⟨2⟩ Item si quietes opponerentur ad invicem, illae essent quies in termino a quo et quies in termino ad quem; sed non est ita. Probatio quia: oppositorum debent esse diversae rationes et non eadem ratio definitiva; sed utriusque quietis est eadem definitio, scilicet 'carentia motus in subiecto apto nato moveri'. Et confirmatur quia: numquam unum oppositorum erit reliquum; et tamen idem, scilicet ipsum mobile, | modo est quies in termino a quo, scilicet antequam moveatur, et post erit quies in termino ad quem; igitur etc.

100va G

Oppositum vero determinat Aristoteles.

Primo dicendum est de contrarietate reali, quae non est terminorum significativorum. Et ponuntur faciles conclusiones, si supponamus pro quo supponit iste terminus 'quies'. Et videtur | mihi quod supponit pro quiescente | sicut ille terminus 'privatio' pro privato. Iste enim terminus 'quies' est termi-

88rb p
112ra P

---

4 motus] *add. sed del.* terminis C   7 quam] *add.* contrariatur G ‖ termino] *om.* P   9 vere] vera GP   10 vere] *om.* GPp ‖ positivos] *corr. ex* praedicativos C ‖ privativos] privationes GPp   12 relativa] *add.* etiam GPp ‖ positivos] *add.* et P   12–13 inter terminos privativos] *in marg.* C   13 cuiusmodi] terminos P ‖ sunt] *sup. lin.* C ‖ quies^2] *add.* contrariatur scilicet inter terminos privativos C   14 ad] *rep.* G   15 probatio] probatur p   18 moveri] *add.* igitur etc. Gp : movere igitur P ‖ quia] *add. sed del.* antequam C   19 et] *om.* P ‖ quies] quiescens G ‖ termino] *add. sed del.* et tamen idem scilicet idem ipsum C   20 quies] quiescens G   22 vero] *om.* GPp   23 est^1] *om.* P

1 Cf. Aristoteles, *Physica*, V, 6, 230a3–6   22 Cf. Aristoteles, *Physica*, V, 6, 229b23–231a17

nus privativus; terminus autem privativus nihil significat quod sit additum rei privatae; ideo non habet pro quo supponit nisi pro re privata. Et hoc magis dictum est primo *huius*.

Tunc igitur est prima conclusio quod motus et quies non opponuntur et similiter descendendo ad | specialia motus secundum locum et quies secundum locum non opponuntur nec motus secundum caliditatem et quies secundum caliditatem et sic de aliis, quia numquam unum oppositorum est natum recipere reliquum et sibi subesse; sed quies est nata recipere motum, cum sit res quiescens; igitur etc. Et est simile sicut materia privata non est contraria formae qua est privata, quoniam materia privata non est aliud quam materia, et materia nulli formae est contraria nec opposita.

Secunda conclusio est quod quiescere et moveri non sunt contraria nec opposita et similiter in speciali quiescere secundum locum et moveri secundum locum vel quiescere secundum caliditatem et moveri secundum caliditatem vel moveri in caliditate et quiescere in caliditate non sunt ad invicem contraria seu opposita, quia numquam unum oppositorum erit reliquum; sed quiescere erit moveri, quia dictum est in primo *huius* quod currere est currens et sedere sedens et moveri illud quod movetur et videri illud quod videtur etc.; quod autem quiescit, movebitur; ideo quiescere erit moveri. Et ita quiescere in caliditate erit moveri in caliditate et sic etiam moveri ad caliditatem erit quiescere in caliditate et postea erit moveri ad caliditatem. Ideo haec omnia non opponuntur ad invicem.

Tertia conclusio est quod quies in termino a quo et quies in termino ad quem eiusdem motus, ut quies in summa caliditate et quies in summa frigiditate vel quies sursum et quies deorsum, non opponuntur. Hoc probatur ut prius: possibile enim est quod idem est modo quies in frigiditate et quies

---

2 supponit] supponat Pp   3 est] *add.* in Gp   4 igitur est] *inv.* p : igitur sit G   5 descendendo] dicendo P   6–7 locum ... secundum] *in marg.* C (*omittens* non opponuntur)   8 recipere²] percipere p   11 materia et] *in marg.* C ‖ contraria] privata G   11–12 opposita] *add.* ergo etc. p   13 est] *om.* p ‖ quod] qui G ‖ moveri] movere P   14 moveri] movere P   15 caliditatem] qualitatem GPp ‖ et] vel CP ‖ moveri] movere P   15–16 caliditatem] qualitatem GPp   16 moveri ... in²] quiescere in caliditate et (*add.* movere ad caliditatem vel P) moveri ad caliditatem vel a GPp ‖ ad] *om.* GPp   17 seu] vel GPp   18 huius] libro P ‖ quod] quia G   19 moveri ... et³] *om.* (*hom.*) Pp   19–20 et³ ... videtur] *in marg.* C : *om.* G   19 videri] vide P   21 ita] ideo p ‖ in²] a Pp   22 erit²] *om.* p   24 est] *om.* p

3 Cf. Iohannes Buridanus, *Quaestiones super libros Physicorum*, I, q. 23 (ed. Streijger, Bakker, 225–230)   18 Cf. Iohannes Buridanus, *Quaestiones super libros Physicorum*, I, q. 18, concl. 9 (ed. Streijger, Bakker, 182)

deorsum et postea erit quies in caliditate et sursum; et iam dictum est quod idem est quies et quiescere et quiescens, et tamen quod est quiescens deorsum erit quiescens sursum etc.

Sed tunc dicendum est quae esset intentio Aristotelis, qui videtur determinare oppositum dictarum conclusionum.

Dico igitur, si loquatur de contrarietate reali, quae non est propositionum vel terminorum significativorum, quod ubi terminus a quo et terminus ad quem vel res eis consimiles sunt contrarii vel extreme vel medie, Aristoteles bene ponit quod quietes in illis terminis sunt contrariae. Quod non est verum ad proprium sensum sermonis, scilicet prout haec oratio 'quies in termino a quo' supponit pro quiescente in termino a quo, sed hoc est verum secundum sensum improprium | sermonis, scilicet prout poneremus istam orationem 'quies in termino a quo' supponere pro termino a quo in quo mobile quiescit; et sic suo modo de 'quiete in termino ad quem'. Et tunc per istam orationem 'quies in termino a quo et quies in termino ad quem sunt contrariae' nihil aliud debemus intelligere | nisi quod forma vel dispositio in qua mobile quiescit, antequam incipiat moveri, et ista in qua quiescit, postquam desinit moveri, sunt contrariae. Sic enim | aliquando una propositio quae est falsa de virtute sermonis, conceditur eo quod accipitur loco unius alterius verae, sicut saepe concedimus 'haec oratio Deum esse est propositio vera' ex eo quod haec est vera: 'haec oratio "Deus est" est propositio vera'. Concedebamus igitur primam capiendo istam 'Deum esse' in loco illius 'Deus est' et intelligendo per primam idem quod debet intelligi per secundam.

Item adhuc Aristoteles istas quietes bene concedit esse contrarias secundum sensum attributivum, inquantum aliqua diceremus contraria quia ha-

---

1 et¹] quod GPp ‖ et²] *add.* quies p ‖ et³] *add. sed del.* iam C   2 et¹] *om.* GPp ‖ quiescere et quiescens] quiescens et quiescere P   4 esset] est p ‖ qui] quoniam p ‖ videtur] *add.* intendere et P   6 loquatur] loquamur P   8 eis] eius P   10 ad] *add. sed del.* propositum C   11 hoc] haec C   13 in termino] *om.* P ‖ quo¹] *add. sed del.* a quo C ‖ in quo] *om.* p   14 quiescit] *corr. in marg. ex* consistit C ‖ et¹] *om.* P ‖ suo] primo p ‖ termino] terminum C   15 istam] *add. sed del.* conclusionem C ‖ a quo] *sup. lin.* C   15–16 a ... contrariae] ad quem P   16 nihil] *om.* G   19 conceditur] *add.* ex GPp ‖ accipitur] accipiatur p : capitur P   20 concedimus] concludimus quod GPp   21 haec²] *om.* G ‖ est³] *add. sed del.* vera est C   22 concedebamus] *corr. in marg. ex* concludamus C ‖ concedebamus igitur primam] concludebamus ergo primam GPp (*rep.* G) ‖ in loco illius] loco istius Pp : pro ista G   23 et] *sup. lin.* C ‖ intelligendo] intelligere C ‖ idem] *add. sed del.* quod C : illud P ‖ debet] debeat P   25 contrarias] *corr. ex* contrarietas C   26 diceremus] *add.* esse p

9 Cf. Aristoteles, *Physica*, V, 6, 230a1–3

bent contraria, quia quiescens in termino a quo motus alicuius vel in re consimili | et quiescens in termino ad quem vel in re consimili habent contrarias dispositiones, scilicet istos terminos vel res eis consimiles.

Deinde etiam de motu et quiete proportionaliter dicendum est. Medium enim contrariorum quodam modo, licet non extreme, dicitur contrarium utrique istorum inter quae est medium (ideo dicit Aristoteles quod medio utitur motus tamquam contrario); motus autem est medium inter suos terminos; ideo si termini sint ad invicem contrarii, motus est quodam modo, licet non extreme, contrarius utrique suorum extremorum.

Et tunc bene concedit Aristoteles ad sensum improprium quod motus est contrarius tam quieti in termino a quo quam quieti in termino ad quem, scilicet capiendo 'quietem in termino a quo' non pro quiescente, sed pro termino in quo quiescit, antequam moveatur, et sic proportionaliter de termino ad quem. Vel etiam hoc conceditur ad sensum attributivum, scilicet quia quod movetur et quod quiescit in termino a quo vel ad quem habent quodam modo contrarias dispositiones.

Sed tunc iterum videtur mihi quod attendendo praecise ad praedictos sensus quies in termino a quo non magis debet dici contraria motui quam quies in termino ad quem, quia non magis est terminus a quo contrarius motui quam terminus ad quem, immo aliquando motus plus participat de termino a quo quam de termino ad quem; ideo minus tunc contrariatur ei.

Ideo oportet videre quomodo intendebat Aristoteles dicens contrarium, scilicet quod quies | in termino a quo contrariatur motui et non quies in termino ad quem.

Et ego respondeo quod haec verba Aristotelis debent intelligi secundum comparationem ad motorem et secundum intentionem motoris et non simpliciter tali modo quia movens est agens natum corrumpere sibi contrarium et generare sibi simile; movens autem corrumpit terminum a quo et generat terminum ad quem; ideo movens | et intentio eius non est contrarium termino ad quem, sed simile, sed est contrarium termino a quo vel

---

1 motus alicuius] motus alicuius (*in marg.*) C : *inv.* GPp ‖ re] *om.* p   2 et] vel G : *om.* P ‖ vel] *om.* P   3 eis] eius P   4 proportionaliter] proportionabiliter p ‖ est] *om.* p   5 extreme] extremo p   7 contrario] terminus P   8 sint] sunt GPp   11 tam quieti] (tam *del.*) quieti tam G   12 termino] *add. sed del.* ad quem C   13 proportionaliter] proportionabiliter p   15 quod²] *om.* P ‖ habent] habet P   17 quod] quia G ‖ praedictos] dictos Gp   20 terminus] quies in termino P   21 minus] motus P ‖ ei] *add.* et p   23 et] *om.* Pp   25 respondeo] dico respondendo G ‖ debent] *add. sic* p   26 ad motorem] motoris P ‖ secundum] ad Pp   27 est agens] et agens est GPp   27–28 contrarium] contraria G   29 terminum] *rep.* C

6 Cf. Aristoteles, *Physica*, V, 1, 224b30–32   22 Cf. Aristoteles, *Physica*, V, 6, 230a3–6

formaliter vel virtualiter. Cum igitur dicimus motum non esse contrarium termino ad quem, sed termino a quo, debemus per hoc intelligere quod motus est a motore non contrario termino ad quem, sed contrario termino a quo.

Tunc post ea dicendum est de contrarietate orationum vel terminorum significativorum, quantum spectat ad propositum.

Et circa hoc est notandum quod isti termini 'quies' et 'quiescere' sunt termini privativi; et termini positivi eis correspondentes sunt isti termini 'motus' et 'moveri'. Unde secundum modum definitivum terminorum privativorum isti termini 'quies' et 'quiescere' definiuntur per terminos 'motus' et 'moveri' | cum negatione circa subiectum aptum natum; quiescere enim dicitur quod est aptum natum moveri et non movetur et quies dicitur carentia motus in subiecto apto nato moveri.   101ra G

Et tunc sequitur prima conclusio quod isti termini 'quiescere' et 'moveri' vel etiam isti termini 'motus' et 'quies', si opponantur, opponuntur privative et non contrarie, prout distinguimus oppositionem contrariam contra privativam capiendo proprie illum terminum 'contrarietas' vel 'oppositio contraria'.

Sciendum est tamen quod saepe accipimus contrarietatem largius, prout se extendit ad oppositionem privativam; unde decimo *Metaphysicae* dicit Aristoteles quod prima contrarietas est habitus et privatio. Ideo sic large utamur hoc nomine 'contrarietas' vel 'contrarium' in sequentibus conclusionibus.

Notandum est etiam quod loquendo proprie de oppositione terminorum significativorum termini ex eo dicuntur opponi contrarie vel privative, quia non possunt vere simul affirmari de eo|dem subiecto et pro eodem, sed successive possunt. Non enim sufficit ad proprie dictam oppositionem terminorum quod non possint affirmative verificari de eodem subiecto et pro eodem, quia sic isti termini 'homo' et 'equus' essent oppositi et etiam isti termini   88vb p

---

3 ad quem] *om.* C ‖ contrario²] contrarius P   5 tunc] nunc Pp : etiam nunc G   7 est notandum] nota G ‖ isti termini] *om.* P   9 modum definitivum] modum definitionis P : definitionem p   10 isti termini] *om.* P ‖ per] *add.* istos GPp   11 moveri] movere P   12 aptum] *om.* GPp   14 tunc] et ideo p : ideo P   15 etiam] *om.* Pp   16 contra] *add.* oppositionem GPp   19 contrarietatem largius] *inv.* GPp   21 privatio] *add.* et GPp   22 utamur] utemur GPp   24 notandum est] notandum p : nota (?) G   25 opponi contrarie] *inv.* P   26 affirmari] verificari G   27 possunt] possent P   28 possint] possit C : possent P   29 equus] asinus GPp ‖ et²] *add.* sic p ‖ etiam isti] *inv.* P

20 Aristoteles, *Metaphysica*, X, 4, 1055a33; cf. *AA*, 1: 244

'albedo' et 'dulcedo'; quod non est verum proprie loquendo, licet dicantur disparati.

Sed iam contra hoc tu obicies, quia dicimus istos terminos 'corruptibile', 'incorruptibile' esse contrarios vel privative oppositos, licet non possint pro eodem et de eodem | successive verificari.

Solutio: dicendum est quod nomina imposita proprie et primo secundum aliquas intentiones transferuntur saepe ad alias intentiones propter aliquam similitudinem vel attributionem; et tunc non est propria locutio. Dico igitur quod isti termini 'incorruptibile', 'corruptibile' non sunt proprie contrarii nec privative oppositi, sed improprie dicuntur privative oppositi, quia retinent aliquid de intentione eorum quae proprie opponuntur privative, scilicet quia unus terminus definitur per alterum cum negatione circa aliquam naturam, ut quia incorruptibile est ens non corruptibile, sed deficit residuum quod ad intentionem privative oppositorum proprie requiritur, scilicet | aptitudo ad habitum. Unde si corruptibile et incorruptibile opponerentur proprie privative, oporteret in definitione incorruptibilis dicere 'incorruptibile est ens non corruptibile aptum natum esse corruptibile'.

Tunc erit secunda conclusio quod isti termini 'moveri' et 'quiescere' sunt contrarii sive privative oppositi, quia successive et non simul possumus de eodem vere dicere 'hoc movetur', 'hoc quiescit'. Et ita etiam descendendo ad specialia isti termini sunt contrarii 'secundum locum moveri', 'secundum locum quiescere', 'moveri secundum qualitatem', 'quiescere secundum qualitatem', 'moveri secundum quantitatem', 'quiescere secundum quantitatem', et adhuc specialius 'moveri secundum albedinem' et 'quiescere secundum albedinem' et sic de aliis.

Sed tamen aliquis obiciet dicens quod isti termini 'moveri' et 'quiescere' non opponuntur, quia simul verificantur de eodem. Aqua enim quiescens in suo loco naturali forte calefit; et calefieri est moveri; igitur simul ista movetur et quiescit.

---

1 dulcedo] *add.* essent oppositi P   1–2 dicantur disparati] dicatur disparate P   3 contra hoc tu] tu contra hoc GPp ‖ corruptibile] *add.* et Gp   4 possint] possunt G : possent P   4–5 pro ... de] de eodem et (vel P) pro GPp   9 incorruptibile corruptibile] corruptibile et incorruptibile GPp   10 nec] neque GPp ‖ oppositi¹] *add. sed del.* quia retinent C ‖ sed ... oppositi²] *om. (hom.)* P   11 de] *om.* P   12 cum negatione] connotatione p   15 scilicet] *om.* Gp   16 oporteret] oportet p   17 est] *om.* P   18 tunc] hinc G ‖ isti termini] iste terminus G ‖ moveri] movere P ‖ et] *add.* iste terminus G   19–20 de ... dicere] dicere de eodem P   21–22 secundum¹ ... quiescere¹] moveri secundum locum et quiescere secundum locum GPp   22 qualitatem] *add.* et GPp   23 moveri ... quantitatem²] *om.* P ‖ quantitatem¹] *add.* et Gp   24–25 quiescere ... et] *om. (hom.)* p   26 sed] et P ‖ obiciet] obiceret G   28 simul ista] *inv.* P

QUAESTIO 5   53

   Respondeo quod isti termini 'moveri secundum locum' et 'quiescere secundum locum' non opponuntur, sed 'moveri' et 'quiescere' opponuntur,
quia sequitur 'quiescit, igitur non movetur' propter negationem implicitam
in isto termino | 'quiescere'. Et sequitur 'non movetur, igitur nullo motu   101rb G
5 movetur'. Sed non sequitur 'quiescit secundum locum, igitur quiescit', quia
non sequitur 'non movetur secundum locum, igitur non movetur'.
   Sed apparet mihi aliter oportere dicere de istis terminis 'motus' et 'quies'
quam de istis terminis 'moveri' et 'quiescere'. Dico enim pro tertia conclusione quod isti termini 'motus' et 'quies' non sic opponuntur contrarie vel
10 privative quod possunt successive verificari de eodem et pro eodem. Non
enim est idem quod modo est quies et quod postea est motus, quoniam si
lapis quiescat secundum locum et secundum qualitatem, ille lapis est quies
secundum locum et secundum qualitatem; et non erit motus sive secundum
locum sive secundum qualitatem, quando movebitur localiter vel quando
15 alterabitur, sicut etiam privatio formae aquae numquam potest esse forma
aquae (nam privatio | formae aquae est materia, quae numquam potest esse   113ra P
forma).
   Tamen contra hoc obicitur et probatur quod idem potest esse motus et
quies quia: omne quiescens est quies et omne quod potest quiescere potest
20 esse quies; sed motus potest quiescere; igitur motus potest esse quies. Probo
igitur quod motus potest quiescere quia: si aqua calefiat, calefactio, quae est
quidam motus, est caliditas et ista caliditas manebit, postquam aqua cessabit calefieri; hoc suppono. Deinde etiam suppono quod ista aqua cum ista
caliditate manente, postquam cessaret alterari, potest moveri localiter et sic | 89ra p
25 potest ista caliditas moveri, scilicet cum aqua. Sed ita similiter possibile est
quod ista aqua tunc quiescat et sic ista caliditas quiescet tunc cum ea. Tunc
igitur in isto casu ponamus quod ista caliditas quae modo est calefactio vocetur *b*. Et arguitur per syllogismum expositorium sic: *b* potest quiescere, immo
b quiescet; et *b* est motus; igitur motus potest quiescere et quiescet; igitur
30 idem quod est motus erit quies.
   Respondetur quod, si aqua | movetur localiter, et omnia eius accidentia   125vb C
sibi inhaerentia moventur cum ea ad motum ipsius aquae; tamen ista accidentia non sunt subiecta illius motus, quibus ille motus inhaereat, immo

---

1–2 secundum locum] *om.* p   3 implicitam] implicatam P   4 et] vel G   7 aliter oportere]
quod aliter oportet (oporteret G) GPp   8 quam] et G   10 possunt] possint Gp : non possent P   11 quod²] *om.* GP ‖ est³] erit GPp ‖ quoniam] quando C   12 quiescat] quiescit
(*add.* et p) GPp ‖ qualitatem] quantitatem C   21 calefiat] calefit GPp   21–22 quae est
quidam] quidem quae est P   23 cum] in C   24 cessaret] cessaverit GPp   25 sed] et GPp
30 quod] quam P   32 sibi] *om.* P

aqua solum vel forte materia aquae solum est subiectum illius motus et istorum accidentium, de cuius potentia haec omnia educuntur. Propter quod possibile est quod maneret unus motus continuus, licet ista accidentia corrumperentur, immo licet forma substantialis corrumperetur, ut si canis de alto caderet ad terram et in medio casus moreretur. Sed tamen propter notitiam compositi substantialis et ignorantiam materiae nos denominamus compositum ab illo motu et a singulis accidentibus et non ipsam materiam, sicut etiam eadem dimensione qua materia prima extenditur tamquam subiectum eius immediatum extenduntur consequenter forma substantialis et omnia accidentia illi materiae inhaerentia. Modo igitur diceretur quod non omne quod quiescit per accidens, scilicet per hoc quod subiectum suum quiescit, dicitur quies proprie loquendo, sed istud quiescens dicitur quies quod est innatum moveri tamquam subiectum motus. Et sic illa albedo non erit nec potest esse quies.

Sed tunc, cum omnes dicant formam et privationem vel habitum et privationem vel caecitatem et visum vel etiam motum et quietem opponi privative, videtur mihi quod hoc debet intelligi de oppositione terminorum capiendo terminos abstractos pro concretis, id est quod isti termini sint privative oppositi 'formatum' et 'privatum' vel 'habitum' | et 'privatum' vel 'habens visum' et 'carens visu' et etiam 'moveri' et 'quiescere'. | Vel etiam possumus concedere (et revertitur in idem) quod isti termini abstracti dicuntur opponi secundum locutionem attributivam, scilicet quia sunt abstracta concretorum oppositorum.

Quarta conclusio est quod isti termini 'quies sursum' et 'quies deorsum' vel 'quiescere sursum' et 'quiescere deorsum' sunt contrarii et similiter isti termini 'quiescere in summa caliditate' et 'quiescere in summa frigiditate', quia possunt verificari successive de eodem et non simul. Sed non sunt contrarii ratione istorum terminorum 'quies' et 'quies', sed ratione istorum terminorum oppositorum 'sursum' et 'deorsum' vel 'summa caliditas' et 'summa frigiditas'. Et ad illum sensum debet intelligi illud quod dicitur communiter quod quies in termino a quo et quies in termino ad quem sunt contrarii.

---

1 subiectum] *add. et* GPp   2 haec omnia] *om.* p   3 maneret] erit P ‖ unus motus] *inv.* GPp   3–4 corrumperentur] corrumpuntur P   5 caderet] cadat p ‖ moreretur] morietur p   6 denominamus] denominaremus G   8 prima] primo Gp   9–10 forma substantialis] formas substantiales P   10 materiae] *sup. lin.* C   13 non] nec p   15 tunc] *om.* G ‖ dicant] dicunt P ‖ et¹] aut p   15–16 et privationem] *om.* C   16 vel²] *corr. sup. lin. ex* est C   17 hoc] *om.* P   18 pro concretis] per concretos P ‖ id est] scilicet p   18–19 sint privative] sunt privative p : privative sunt P   19 et¹] *om.* p   19–20 vel¹ ... moveri] *om.* G   19 habitum] habituatum Pp   20 habens] hominis C ‖ et²] vel Pp   21 et] quod p ‖ idem] illud P ‖ termini] *om.* G ‖ abstracti] abstracte P   25 et²] *om.* P   27 verificari successive] *inv.* p

Et secundum ista dicta solvat rationes in principio quaestionis factas vel concedat, qui voluerit, reducendo eas ad conclusiones positas et exponendo secundum exigentiam praedictorum.

Finis quaestionis.

---

1 et] *om.* G ‖ solvat ... factas] solvantur rationes in principio quaestionis factae GP   2 concedat] concedit P ‖ voluerit] voluit G   4 finis quaestionis] *praem.* et sic est G : *om.* Pp

⟨v. 6⟩

⟨Utrum sit dare generationes et corruptiones, diminutiones, augmentationes et alterationes naturales et violentas, sicut est dare motus locales naturales et violentos⟩

Sed iterum loquitur Aristoteles de contrarietate motuum et quietum penes naturale et violentum. Ideo ut de hoc videatur, quaeritur sexto utrum | est dare generationes et corruptiones, diminutiones, augmentationes et alterationes naturales et violentas, sicut est dare motus locales naturales et violentos.

⟨1⟩ Arguitur quod non sit dare corruptionem naturalem, sed quod omnis sit violenta supposita definitione violenti data tertio *Ethicorum*, scilicet 'violentum est a principio extrinseco activo nullam vim conferente passo'. Cum igitur sint duo principia intrinseca substantiae naturalis, constat quod ipsa non corrum|pitur active ab ipsa materia, quia illa nullius est activitatis, nec a forma, quia ipsa potius resisteret corrumpenti, eo quod omne ens naturaliter diligit se permanere, ut dicit Commentator primo *huius*; igitur omnis corruptio substantiae est a principio extrinseco active. Sed etiam passum non confert vim ad corruptionem, quia si materia appetit formam generandam, hoc est conferre vim ad generationem illius et non ad corruptionem eius quam habet, quia etiam ipsa diligit eam tamquam suam perfectionem naturalem. Dictum enim fuit in primo libro quod, sicut materia appetit

---

6 sed] consequenter quaeritur sexto C   6–7 sed ... videatur] *om.* P   6 loquitur aristoteles] *inv.* Gp   8 et¹] *om.* GPp ‖ corruptiones] AMU: *add.* magnitudines BCGHLPTp ‖ diminutiones] dimensiones p   13 est] *add.* quod est GPp ‖ vim] unius C ‖ conferente] conferentem P   14 sint] sunt G   15 corrumpitur] corrumpuntur C ‖ est activitatis] *inv.* p   16 ipsa] illa GPp ‖ resisteret] resistet p ‖ eo] *praem.* ex P ‖ omne] *om.* P   18 extrinseco active] intrinseco activo P   19 si] *add.* ipsa GPp   21 quam habet] sed C   21–22 perfectionem naturalem] *inv.* GPp   22 libro] huius p

12 Aristoteles, *Ethica Nicomachea*, III, 1, 1110b1–3   17 Averroes, *In Physicam*, I, comm. 81, f. 46F   22 Cf. Iohannes Buridanus, *Quaestiones super libros Physicorum*, I, q. 24, concl. 2–3 (ed. Streijger, Bakker, 234)

formam generandam per modum concupiscentiae vel desiderii, ita appetit illam quam habet per modum voluptatis et delectationis.

⟨2⟩ Similiter arguitur quod omnis generatio substantiae sit naturalis vel omnis sit violenta quia: omnis est a principio extrinseco activo, cum idem non generet | se, et ad omnem materia habet inclinationem et appetitum naturalem; si igitur ad naturalitatem sufficit materiam habere appetitum, omnis generatio substantialis est naturalis et nulla violenta; et si hoc non sufficit, omnis est violenta, quia a principio activo extrinseco.

113va P

⟨3⟩ Deinde arguitur quod omnis alteratio sit naturalis. Et capio exemplum de aqua quae forte existens calida frigefit vel existens frigida calefit. Primo quidem manifestum est quod frigefactio est naturalis, quia frigiditas ad quam tendit est ita conveniens naturae aquae, sicut esset locus deorsum naturae gravis. Et alias dictum est quod forma aquae agit vel coagit ad sui refrigerationem; ideo illa refrigeratio est sibi naturalis. Sed etiam probatur quod eius calefactio est naturalis quia: ista naturaliter | et finaliter ordinatur ad generationem naturae, scilicet ignis vel aeris; et ordinatum naturaliter et per se ad naturam debet dici naturale; igitur illa calefactio debet dici naturalis.

101vb G

⟨4⟩ Et confirmatur quia: generatio ignis vel aeris ex aqua est naturalis, si aliqua generatio debet dici naturalis. Et si huiusmodi generatio ignis vel aeris ex aqua sit naturalis, sequitur etiam | quod calefactio aquae est naturalis, quia necessario ad generationem naturalem dispositiones debent dici naturales; et tamen calefactio aquae est necessaria dispositio ad generationem ignis aut aeris ex aqua; igitur ista calefactio est naturalis. Sed si calefactio aquae est naturalis, videtur quod nulla alteratio debet dici non naturalis, sed omnis naturalis.

126rb C

---

2 voluptatis] voluptationis P ‖ et] *add. sed del.* desiderii C : vel Gp   3 sit] est P   4 omnis sit] omnis GP : *om.* p ‖ extrinseco activo] *inv.* Gp   5 generet] generat P ‖ materia] materiam p : naturam P   6 naturalem] naturaliter P   8 activo extrinseco] *inv.* G   9 deinde] *add.* etiam Gp   12 est ita] *inv.* Pp   13 gravis] *corr. ex* ignis C   15 eius] omnis P ‖ ista] res P : *om.* p   16 vel] et G ‖ et²] est *sed del.* C   17–18 naturalis] *add.* si aliqua generatio debet dici naturalis p : naturale P   20 debet] debeat GPp ‖ huiusmodi] huius P ‖ ignis vel aeris] aeris vel ignis P   21–24 sit … aqua] *om. (hom.)* P   21 etiam quod] *inv.* Gp   22 necessario] necessariae p   22–23 ad … naturales] dispositiones ad generationem naturalem debent dici naturales (*corr. in* dispositio ad generationem naturalem debet dici naturalis G?) Gp   23 tamen] tantum C   24 aut] vel G   25 debet] debeat GPp

13 Cf. Iohannes Buridanus, *Quaestiones super libros Physicorum*, II, q. 5 (ed. Streijger, Bakker, 279)

Oppositum arguitur per Aristotelem, qui dicit corruptionem corruptioni esse contrariam penes hoc quod est unam esse secundum naturam et aliam praeter naturam seu violentam. Et ita etiam dicit de generationibus et augmentationibus et de diminutionibus et alterationibus.

Dico breviter, sicut dictum fuit in secundo libro, quod hoc nomen 'natura' est nomen respectivum et per consequens hoc nomen 'naturale' et per consequens haec nomina 'secundum naturam' et 'praeter naturam' et per consequens hoc nomen 'violentia' vel 'violentum'.

Et certum est etiam quod hoc nomen 'natura' dicitur multipliciter, ut patet quinto *Metaphysicae*; et adhuc multiplicius dicitur hoc nomen 'naturale'. Sed primo et principaliori modo natura dicitur forma substantialis substantiae per se subsistentis ea ratione qua ipsa est principium per se activum motus vel quietis illius substantiae, sicut dictum est in secundo libro. Et consequenter materia subiecta illi formae dicitur natura, quia est subiectum naturae principaliter dictae, scilicet formae substantialis, ut dicitur quinto *Metaphysicae*, vel etiam quia ipsa est per se principium passivum motus aut quietis eius in | quo est, sicut dicitur secundo *huius*. Et tandem, ut dicit Aristoteles quinto *Metaphysicae*, omnis substantia aliquando dicitur natura ex eo quod forma, quae principaliter dicitur natura, est substantia. Sed etiam apparet quod naturale primo et principaliter dicitur substantia composita ex materia et forma, quae principaliter dicuntur naturae. Et isto modo manifestum est quod nulla mutatio diceretur naturalis.

1–2 corruptioni esse contrariam] esse corruptioni contrariam Gp : esse contrariam corruptioni P   3 seu] sive GP : scilicet p ‖ violentam] violentum P ‖ et¹] om. P ‖ etiam dicit] add. esse p : dicit etiam esse G   4 de] om. GP ‖ et²] add. de p   5 dico] add. igitur P ‖ sicut] ut P ‖ libro] huius p : om. G   6–7 per consequens] om. GPp   7 haec nomina] hoc nomen P   7–8 consequens] add. etiam GPp   8 violentia] corr. ex violenta C   10 patet] dicitur P ‖ quinto] rep. G ‖ adhuc] om. P   11 primo] add. modo P   13 sicut] ut P ‖ libro] om. G   14 subiectum] subiecta Pp   15 substantialis] substantiali GPp   16 per se principium] principium per se G   17 sicut] ut P ‖ dicitur] add. in Pp : dicit in G ‖ huius] om. G ‖ et tandem] om. P ‖ ut] om. p ‖ dicit] add. sed del. aristoteles C   18–19 ex ... substantia] est p   19 sed] add. sed del. materia et forma C   21 materia et forma] forma et materia p   22 diceretur] dicitur p

1 Cf. Aristoteles, *Physica*, V, 6, 230a30–b3   5 Cf. Iohannes Buridanus, *Quaestiones super libros Physicorum*, II, q. 4 (ed. Streijger, Bakker, 265–266)   10 Cf. Aristoteles, *Metaphysica*, V, 4, 1014b16–1015a19   13 Cf. Iohannes Buridanus, *Quaestiones super libros Physicorum*, II, q. 4 (ed. Streijger, Bakker, 267)   15–16 Cf. Aristoteles, *Metaphysica*, V, 4, 1015a15–16   17 Aristoteles, *Physica*, II, 1, 192b20–23; cf. *AA*, 2: 50   18 Cf. Aristoteles, *Metaphysica*, V, 4, 1015a11–13

Sed de motibus et mutationibus oportet videre quomodo et quare dicuntur | naturales et innaturales. Et apparet mihi quod generatio substantialis non solum potest dici naturalis, sed natura, quia ipsa est forma substantialis, quae vere est natura. Et hoc expressit Aristoteles in secundo *huius* et in quinto *Metaphysicae*. Sed etiam corruptio substantialis est natura, quia ipsa est forma substantialis secundum dicta prius. Sed tamen quodam modo communiter formae et dispositiones aliquibus subiectis inhaerentes dicuntur eis naturales, si sint eis convenientes ad salutem et perfectionem eorum, et dicuntur eis innaturales, si sint eis disconvenientes tamquam disponentes ad corruptionem vel diminutionem eorum. Et secundum hoc motus et mutationes tendentes terminative ad aliquas formas vel dispositiones dicuntur subiectis suis naturales, si illae formae vel dispositiones ad quas tendunt sint illis subiectis convenientes, quando inhaerent eis; et si fuerint eis disconvenientes, tunc illae mutationes vel illi motus etiam dicerentur illis subiectis innaturales. Et ita etiam e converso mutationes abiectivae sive corruptivae dispositionum convenientium subiectis suis | dicuntur innaturales illis subiectis, et si sint remotivae dispositionum disconvenientium, dicuntur tunc naturales subiectis suis. Hoc oportet supponere, quia sic utimur illis nominibus.

Et tunc | faciliter apparent conclusiones, si hoc modo vocemus motus aut mutationes naturales.

Prima est quod omnis generatio substantialis est mutatio naturalis suo subiecto, scilicet materiae, quia omnis forma substantialis est conveniens ipsi materiae tamquam eius perfectio; ideo omnis mutatio tendens in formam substantialem est naturalis ipsi materiae sibi subiectae; sed omnis generatio substantialis est tendens in formam substantialem; igitur etc.

1-2 dicuntur] dicantur GPp   3 naturalis] substantialis G   4 expressit] expresse dicit P ‖ et²] *add.* etiam P   6 substantialis] *add. sed del.* quae vere est natura C ‖ tamen] *om.* P   7 communiter] communi Gp : commune P ‖ dispositiones] dispositioni P ‖ subiectis] *add. in marg.* substantiis C   8 salutem] falsum P ‖ eorum] earum C   11 tendentes] cedentes P   12 subiectis suis naturales] naturales subiectis suis Pp : naturales suis subiectis G   13 convenientes] advenientes P ‖ inhaerent] inerunt p ‖ si] *om.* P   14 illae ... motus] ille motus vel mutationes G ‖ dicerentur] dicentur Pp   15 subiectis] *add.* etiam P ‖ sive] seu Gp   17 illis subiectis] *inv.* P   17-18 dicuntur tunc] *inv.* GPp   18 subiectis suis] *inv.* P   19 nominibus] *add.* etc. G   22 prima] *add.* conclusio G ‖ est mutatio] mutationis P   22-23 suo subiecto] *inv.* GPp   23 quia] quod P

4-5 Cf. Aristoteles, *Metaphysica*, V, 4, 1015a15-16; cf. Aristoteles, *Physica*, II, 1, 193a30-31, b6-7; cf. *AA*, 2: 55

Secunda conclusio est quod omnis corruptio substantialis est innaturalis sive praeter naturam suo subiecto, scilicet materiae, quia est abiectio sive corruptio formae convenientis materiae, cum omnis forma substantialis sit perfectio materiae et sibi conveniat.

Sed tunc aliae mutationes, scilicet accidentales, solent dici naturales vel innaturales dupliciter, quia cum attribuantur compositis naturalibus ex materia et forma substantialibus, possibile est quod sint convenientes illis subiectis ratione suarum formarum; et etiam possibile est aliquando quod non, sed disconvenientes; et etiam possibile est aliquando quod sint convenientes illis subiectis ratione materiae, licet sint disconvenientes ratione formarum. Et apparet mihi, cum forma sit natura multo principalior quam materia, quod omnis mutatio vel dispositio conveniens substantiae ratione formae debet dici simpliciter sibi conveniens et sibi naturalis, et si sit sibi disconveniens ratione formae, debet dici simpliciter sibi disconveniens et innaturalis et tamquam violenta, quantumcumque sit sibi conveniens ratione materiae.

Et tunc isto modo capiendo 'mutationes naturales et violentas' ponitur tertia conclusio quod omnis motus vel mutatio, immo etiam omnis | dispositio inhaerens substantiae compositae ex materia et forma est sibi conveniens ratione materiae. Et sic est naturalis ratione materiae, quia materia omnino nullam formam vel dispositionem corporalem sibi determinat, sed est naturaliter in po|tentia ad omnes; et ita nulla est sibi disconveniens ratione materiae sive innaturalis. Sed non sequitur 'hoc est illi naturale ratione materiae, igitur hoc est illi naturale', quia dictum fuit quod non dicitur simpliciter naturale, nisi sit naturale ratione formae.

Quarta conclusio est quod substantiis naturalibus sunt motus multi innaturales et violenti alii a motibus localibus, quia sicut terrae vel aquae vel aliis gravibus motus sursum esset disconveniens et per consequens innaturalis et violentus, ita pari ratione calefactio esset terrae vel aquae disconveniens et per consequens innaturalis et violenta. Unde etiam, sicut terra quae move-

---

1 innaturalis] *corr. ex* naturales C   2 suo subiecto] *inv.* GPp   3 convenientis materiae] *corr. ex* convenientissime C : convenientis ipsi materiae P   4 conveniat] conveniens GPp   6 compositis] *add.* et P   7 sint] sunt GPp   8 subiectis] substantiis p ‖ et] *om.* P   9 et … aliquando] etiam aliquando possibile est P : et aliquando etiam possibile est Gp ‖ sint] sunt GPp   10 subiectis] substantiis p   11 cum] quod p   12 quod] quia p ‖ substantiae] subiecto P   14 dici simpliciter] *inv.* p   17–18 ponitur tertia conclusio] tertia conclusio ponitur Pp   18 immo] *om.* G   20 est naturalis] est sibi conveniens C : nulla est innaturalis G   22 naturaliter] natura p ‖ ita] ista G : in p   25 sit] sibi G   26 substantiis naturalibus] (subiectis *del.*) substantiae naturalis G   26–27 innaturales] naturales G   27 quia] nam p ‖ vel aliis] et aeris C : et aeri p : *om.* P   29 esset … aquae] terrae vel aquae esset P

tur sursum resistit moventi et habet inclinationem ad oppositum, ita aqua resistit calefacienti et habet inclinationem ad refrigerationem; ideo refrigeraret se remoto impediente.

Sed tamen sciendum est quod non ita consuevimus vocare calefactionem aquae vel terrae violentam sicut motum sursum, propter hoc quod magis et manifestius apparet resistentia terrae vel aquae contra motum sursum et inclinatio | ad deorsum quam resistentia contra calefactionem et quam inclinatio ad frigiditatem.

Et adhuc iterum est alia causa, scilicet quia, licet calefactio sit violenta terrae vel aquae, tamen respective ad aliud dicetur naturalis, scilicet respective ad aliam naturam generabilem ex aqua vel terra, videlicet respective ad naturam aeris vel ignis, quia naturaliter disponit materiam ad receptionem illarum naturarum. Et propter illum modum naturalitatis non ita dicimus calefactionem terrae vel aquae esse violentam et innaturalem, sicut dicimus motum sursum. Motus enim localis, quantum est de sua essentia, non disponit ad generationem vel corruptionem alicuius naturae, | sed per accidens, inquantum per ipsum applicantur activa passivis. Unde videmus ingenerabilia et incorruptibilia moveri localiter, scilicet corpora caelestia, quae tamen nec calefactibilia sunt nec frigefactibilia.

Et ita videtur mihi quod aegrotationes et senectutes et diminutiones membrorum ex senectute et tandem mors sunt mutationes multum disconvenientes et innaturales ipsis animatis et tamquam eis violentae. Non enim eveniunt ex intentione naturae quae est anima, sed potius proveniunt ex debilitate naturae quae est anima propter ineptitudinem corporis vel concursus agentium extraneorum virtutes animae debilitantium. Sed tamen consuevimus mortem ex senectute vocare naturalem in respectu mortis ex occisione, non quia sit conveniens et naturalis animali simpliciter, sed quia est minus innaturalis et minus disconveniens. Unde Aristoteles istam mortem ex senectute vocat | dulcem, sicut dicit Commentator, non quia sit dulcis, sed quia est minus tristis et minus disconveniens.

---

2 refrigerationem] frigerationem p ‖ ideo] ita quod P   3 impediente] impedimento P   4 est] *om.* G   5 aquae vel terrae] terrae vel aquae p ‖ propter] prout *sed add. in marg.* propter C   6 et] *om.* C ‖ apparet] *add.* nobis GPp ‖ contra] quae C   9 adhuc] ad hoc GP   10 dicetur] diceretur GPp   11 generabilem] generalem C   12 naturaliter] natura p   14 vel] aut P   16 ad generationem] *rep.* G ‖ naturae] *add.* per se G   17 per] ad p ‖ ipsum] ipsam G   20 et¹] *om.* P ‖ ita] *add.* etiam GPp   22 et²] *om.* p   23–24 sed ... anima] *om. (hom.)* C   24 vel] *add.* propter GPp   24–25 concursus] cursus p   25 extraneorum] extremorum P ‖ virtutes] virtute C ‖ animae debilitantium] naturae dubitantium p   27 animali] aliter p

29 Cf. Averroes, *In Physicam*, V, comm. 58, f. 243A

Sed adhuc, ut notat Aristoteles, augmentationes viventium et nutritiones dicuntur illis viventibus innaturales et violentae multotiens, videlicet si fiant nimis velociter et excessive propter nimiam abundantiam nutrimenti. Tunc enim illud nutrimentum non potest perfecte digeri et generatur inde caro cruda et disposita ad infirmitates et inepta ad virtutes et operationes animae; propter quod talis nutritio vel augmentatio dicitur disconveniens et innaturalis et violenta.

Nunc igitur breviter expediendo de contrarietate penes naturale et violentum videtur mihi quod, sicut isti termini 'pater' et 'filius' vel isti termini 'dominus' et 'servus' non opponuntur simpliciter, sed relative ad idem (quoniam idem potest esse simul dominus et servus respectu diversorum, sed non respectu eiusdem et secundum idem), ita isti termini 'naturale' et 'violentum' opponuntur re|lative ad idem, quia si sumantur correspondenter ad invicem, numquam possunt simul verificari de eodem respectu eiusdem et secundum idem. Et hoc est verum, sive isti termini applicentur ad istos terminos 'motus' aut 'moveri', 'alteratio' aut 'alterari' etc. sive ad istos terminos | 'quies' aut 'quiescere'.

Tunc respondetur ad rationes.

⟨1⟩ Ad primam dicendum est quod est dare mortem naturalem et corruptionem naturalem secundum impropriam locutionem, scilicet naturalem, id est minus innaturalem. Et etiam corruptio aquae simpliciter dicitur innaturalis aquae, quia est abiectio naturae aquae; tamen potest dici naturalis respectu ignis vel aeris generandi ex aqua, eo quod ad corruptionem aquae consequitur generatio naturae aeris aut ignis.

⟨2⟩ Alia ratio concessa est, scilicet quod omnis generatio substantialis est naturalis materiae. Et tamen hoc non obstante generationes aliquando dicuntur innaturales improprie, scilicet quia sunt minus naturales et minus cum circumstantiis convenientibus.

---

1 adhuc] ad hoc p   2 viventibus] *in marg.* C ‖ videlicet] scilicet P ‖ fiant] fiat p   3 nimis] minus Cp   4 potest] *add.* bene GPp   5 inepta ad virtutes] ad virtutes ineptas CG ‖ et³] *add.* ad G   6 talis nutritio] *inv.* G ‖ vel ... disconveniens] dicitur disconveniens et similiter augmentatio P ‖ et] *om.* G   11 servus] *add.* pater et filius Pp   13 ad idem] *om.* P   14 possunt] possent G   18 respondetur ad rationes] ergo ad rationes dicendum est GPp   19 dicendum] dictum GPp   20–21 secundum ... innaturalem] et corruptionem innaturalem et secundum impropriam locutionem scilicet naturae est respectu alterius scilicet magis innaturalis vel minus naturalis P   21 innaturalem] naturalem C ‖ etiam] *praem.* iterum P : *add.* iterum p : iterum G   23 eo] ex eo GPp   26 est] et P   27 naturales] ABLMTU : innaturales CGHPp

---

1 Cf. Aristoteles, *Physica*, V, 6, 230b1–2

⟨3–4⟩ Aliae duae rationes possunt concedi, scilicet quod calefactio aquae est naturalis, scilicet non ipsi aquae, sed respective loquendo ad generationem alterius naturae.

Et sic finitur quaestio. | 102va G

---

2 scilicet] *om.* GPp   4 et ... quaestio] *om.* GPp

⟨V. 7⟩
⟨Utrum secundum substantiam sit motus⟩

Quaeritur septimo utrum secundum substantiam est motus.

Arguitur quod sic quia: secundum substantiam est proprie et simpliciter generatio et corruptio; et tamen illae sunt motus, prout capi potest ab Aristotele tertio *huius* et in *Postpraedicamentis*.

Oppositum arguitur auctoritate Aristotelis in isto quinto dicentis 'secundum substantiam autem non est motus propter nullum entium substantiae esse contrarium'.

Statim propter auctoritatem immediate dictam Aristotelis dubitatur utrum substantiae sit aliquid contrarium et utrum ista sit bona consequentia 'nihil est ipsi *b* contrarium, igitur secundum *b* non est motus'. Tertio dubitatur de principali quaesito.

114ᵛᵃ P   Quantum | ad primam respondeo primo de contrarietate terminorum significativorum. Et sit prima conclusio quod nulli termini de praedicamento substantiae sunt ad invicem contrarii, licet sint disparati. Et ideo, quia plus spectat ad alium locum determinare de hoc, ideo breviter pertranseo supponendo quod nullus terminus qui vere et proprie pertineat ad praedicamentum substantiae est connotativus nisi forte quantum ad significationes grammaticales, ita quod nullus terminus de praedicamento substantiae connotat seu appellat aliud ab eo pro quo supponit. Unde isti termini sunt relativi et non substantiales, scilicet 'causa' et 'causatum', 'principium' et 'principiatum', 'elementum' et 'elementatum', 'simplex' et 'compositum', 'natura'

---

3 quaeritur] postea tot dictis etiam de contrarietatibus motuum et quietum revertitur ad principium huius quinti quaeritur igitur G : postea dictis tot de contrarietatibus motuum et quietum revertor ad principium huius quinti libri quaerendo p   5 sunt] sint G   6 et] *add.* etiam G ‖ postpraedicamentis] praedicamentis Gp   10 auctoritatem immediate dictam] immediate dictam auctoritatem GPp   11 et] secundo *add.* P : secundo p   12 ipsi] *om.* GP ‖ tertio] *praem.* et P   13 principali] *om.* G   14 primam] primum GPp   15 sit] sic est GPp   16 sint] *praem.* bene G : *add.* bene Pp   17 plus spectat] *inv.* GPp ‖ determinare de hoc] de hoc determinare GPp   20 grammaticales] graduales P   21 seu] sive GPp ‖ eo] *in marg.* C   22–23 principiatum] principatum p

6 Cf. Aristoteles, *Physica*, III, 1, 201a9–15; cf. Aristoteles, *Praedicamenta*, 14, 15a13–14; *AA*, 31: 40   7–9 Aristoteles, *Physica*, V, 2, 225b10–11; cf. *AA*, 2: 154

et 'naturale', immo etiam isti termini 'materia' et 'forma', prout sunt species huius termini 'causa'. Ideo etiam 'actus' et 'potentia' ponuntur termini relativi nono *Metaphysicae*. Et sic etiam 'materiale' et 'formale', 'formatum' et 'privatum', 'actuale' et 'potentiale' non sunt termini vere et proprie de praedicamento substantiae. Et si hoc sit suppositum, debet cum hoc supponi quod termini proprie contrarii non possunt supponere simul pro eodem, sed possunt successive, ut ante dictum fuit.

Tunc igitur arguo sic: omnes duo termini de praedicamento substantiae positi simpliciter, scilicet sine connotationibus, | in propositionibus, sicut dicendo '*b* est *a*', vel supponunt pro eodem simul, posito quod uterque pro aliquo supponat, vel numquam possunt simul vel successive suppo|nere pro eodem; tales autem non sunt contrarii, ut dicebat secunda suppositio; igitur nulli termini de praedicamento substantiae sunt ad invicem contrarii.

Maior probatur per primam suppositionem; nam si iste terminus *b* non est connotativus dispositionis alterius ab eo pro quo supponit, necesse est quod, pro quocumque supponit, semper pro illo supponeret illo durante; ideo numquam terminus sibi oppositus potest supponere pro illo. Et causa est, quia praedicatum substantiale de subiecto suo significat quod hoc est hoc ipsum et non significat quod hoc est tale aut tantum aut taliter se habens; modo omne ens de mundo semper erit hoc quod ipsum est, quamdiu durabit, et non erit aliud, quamvis bene posset esse non tale aut non tantum aut non taliter se habens.

De contrarietate autem reali, quae non est terminorum significativorum, potest etiam poni secunda conclusio quod nulla substantia per se subsistens est alteri contraria loquendo proprie, quia contraria debent esse innata inesse eidem subiecto successive et non simul, ut alias dictum est; et sub-

127rb C

90rb P

2–3 relativi] relative G   3 nono] primo p ‖ etiam] *add*. isti termini GPp ‖ materiale] naturale C : materiatum P ‖ formale] *add*. et p   5 et] *add*. sic G ‖ hoc¹] *add*. non CGp ‖ cum] tamen CGp (*sed corr. sup. lin.* C)   7 ante dictum fuit] dictum est ante P   8 igitur] ego P   9 positi] positivi P ‖ scilicet] et p ‖ connotationibus] TUp : contractionibus (*corr. ex* connotatione C) CGHL : contradictionibus BMP : *spat. vac.* A ‖ propositionibus] propositione GPp   11 possunt] sive *add*. GP ‖ vel²] sive GPp   12 dicebat] dicit p   13 ad] *om*. Pp   14 b] *corr. sup. lin. ex* a C   15 dispositionis alterius] *corr. in* disponens alterum P   16 supponeret] supponet GPp   17 potest] posset GPp ‖ et] *om*. P   19 hoc¹] *om*. P   20–22 modo ... habens] *add*. etc. P : etc. G   20 erit] manebit p   21 erit] *om*. P ‖ bene posset] b possit p   24 etiam] bene P : *om*. p   25 innata] ignota C

3 Cf. Iohannes Buridanus, *Quaestiones super libros Metaphysicorum*, IX, q. 6 (ed. Parisiis 1518, f. 58vb–59rb)   7 Cf. sup., V, q. 4; cf. Iohannes Buridanus, *Quaestiones super libros Physicorum*, III, q. 3 (ed. Streijger, Bakker, 26)   26 Cf. Iohannes Buridanus, *Quaestiones super libros Physicorum*, III, q. 3 (ed. Streijger, Bakker, 27)

stantia per se subsistens nulli potest inhaerere. Et ita etiam manifestum est eadem ratione quod materia prima nulli est contraria.

Tertia conclusio est quod nulla forma substantialis est alteri contraria proprie loquendo, quia contraria debent ab invicem | maxime distare, ut habetur decimo *Metaphysicae*; formae autem substantiales non maxime a se distant distantia contrarietatis. Distantia enim localis non facit quod substantiae sunt ad invicem contrariae; non enim essent homines ad invicem contrarii, si unus esset in uno polo et alter in alio. Nec est inter formas | substantiales distantia gradualis, quia suppono quod non suscipiunt magis et minus; et ideo formae substantiales elementorum quae maxime viderentur ad invicem contrariae non distant secundum transmutationem earum ad invicem, immo immediate se habent circa materiam transmutationis subiectam. Unde si generatio vel corruptio substantialis sit temporalis et continua, hoc non est nisi secundum continuitatem extensionis subiecti.

Quarta conclusio est ista quod improprie secundum similitudinem vel etiam secundum modum attributivum formae substantiales aut etiam substantiae per se subsistentes bene dicuntur ad invicem contrariae. Dico enim 'secundum similitudinem', quia formae substantiales participant aliquas condiciones verorum contrariorum, licet non omnes; possunt enim eidem subiecto inesse successive, sed non simul, scilicet eidem materiae. Sed etiam per modum attributivum substantiae dicuntur contrariae, quia habent vel determinant sibi qualitates contrarias aut loca contraria aut motus contrarios aut transmutationes contrarias.

Ad secundam dubitationem principalem apparet mihi dicendum quod ipsa non est bona consequentia, scilicet 'nihil est ipsi *b* contrarium, igitur secundum *b* non est motus', quia quantitati nihil est contrarium proprie

---

1 potest] *praem.* subiecto GP : *add.* subiecto p ‖ et ita etiam] ita P   1–2 manifestum ... ratione] eadem ratione manifestum est GPp   4 proprie loquendo] *om.* G ‖ quia] quod C ‖ debent ... maxime] maxime ab invicem debent p ‖ ab] ad CG   6 enim] autem p   7 sunt ... contrariae] sint contrariae invicem p ‖ ad¹] *om.* P   8 alio] *add.* polo G   10 et] *om.* Pp 10–11 viderentur ... contrariae] videntur ad invicem contrariae esse P : videntur distare ad invicem sive contrariae esse p   11 invicem] *add.* esse G ‖ non] ideo G ‖ transmutationem] terminationem p   12 transmutationis] transmutantem G : transmutationi Pp   13 substantialis] *om.* P   15 est ista] est Gp : *om.* P ‖ improprie] *add.* scilicet GPp   18 substantiales] *add.* non P   19 non] *om.* P ‖ enim] *om.* P   21 per] secundum GPp   21–22 habent ... sibi] determinant sibi vel habent p   22 loca] loco C ‖ motus] *add. sup. lin.* alias locus C   23 aut transmutationes contrarias] etc. *sed add. in marg.* (*partim reciso*) aut loca contraria (?) aut trans†...† contrarias C : etc. p : *om.* P   24 mihi] *add.* esse P   25 ipsa] illa GPp ‖ scilicet] *om.* Pp

---

5 Cf. Aristoteles, *Metaphysica*, X, 4, 1055a5–33; cf. *AA*, 1: 243

loquendo, licet secundum quantitatem sit motus; et dispositioni | secundum quam ultima sphaera movetur nihil est contrarium. Immo apparet mihi quod non minus formae substantiales sunt ad invicem contrariae quam parva quantitas et magna.

Sed tunc statim est dubium quid Aristoteles intendebat, cum dixit 'secundum substantiam non est motus propter nihil esse contrarium substantiae'. Et ad hoc respondebitur, quando responsum erit ad tertiam dubitationem principalem.

De tertia dubitatione dictum fuit in prima quaestione huius quinti libri. Nam capiendo 'motum' communiter, prout definitur in tertio libro, generatio substantialis, quae est secundum substantiam, est motus, cum ipsa aliquando sit temporalis et continua ratione continuae extensionis subiecti. Et ibidem dictum fuit quod isto motu non mo|vetur substantia per se subsistens, sed prima materia, cum illud quod movetur debeat esse ens, quando movetur, et manere idem ante et post.

Sed sicut mihi videtur, Aristoteles in isto quinto, quando dicit non esse motum secundum substantiam et etiam dicit generationem substantialem non esse motum, locutus est secundum communem intentionem et locutionem vulgarem. Vulgus non percipiens materiam primam, sed substantiam compositam per se subsistentem nullam mutationem attribuit materiae primae, sed omnes mutationes | attribuit substantiis per se subsistentibus. Modo ita est quod secundum mutationem substantialem nulla substantia per se subsistens dicitur moveri, sed dicitur generari vel corrumpi, sicut in praecedentibus dictum fuit; ideo vulgares dicunt nihil moveri secundum mutationem substantialem. Propter quod consequenter non dicunt mutationem substantialem esse motum, sed esse generationem vel corruptionem. Et hoc secundum modum loquendi istorum dicit Aristoteles. Et bene

---

1 dispositioni] dispositionem p   4 parva ... magna] magna quantitas et parva P   5 est dubium] dubitandum est G ‖ dixit] dicit p   6 nihil ... substantiae] nullum entium substantiae esse contrarium P   7 quando] quod C   9 tertia] *add.* igitur G : *add.* autem p ‖ dubitatione] *add.* principali P   10 libro] huius p : *om.* G   14 prima materia] *inv.* G ‖ quando] *corr. sup. lin. ex* cum quo C   16 aristoteles] *om.* C ‖ quinto] libro p ‖ quando dicit] dicit p : dicens GP ‖ esse] est G   17 et] *om.* P ‖ dicit] dicens GPp   18–19 et locutionem] *om.* P   19 vulgus] *add.* enim GPp   20 mutationem attribuit] *inv.* p   20–21 materiae primae] *inv.* Pp   23 dicitur²] dici p : *om.* G ‖ vel] aut GPp   24 dicunt nihil] *inv.* GPp   25 propter quod] et P   25–26 non ... substantialem] mutationem substantialem non dicunt GPp   27 istorum] eorum G ‖ dicit] ponit (*add.* igitur G) GPp ‖ bene] vere GPp

5–6 Aristoteles, *Physica*, V, 2, 225b10–11; cf. *AA*, 2: 154   9 Cf. sup., V, q. 1, concl. 1   13 Cf. sup. V, q. 1

dicit ad illum sensum quod nullus est motus secundum substantiam quo aliqua substantia per se subsistens in actu moveatur; et ita nulla generatio vel corruptio substantialis est motus quo substantia per se subsistens in actu moveatur.

    Nunc ergo de ratione Aristotelis de qua dubitabatur ego consimiliter dicerem quod secundum vulgarem notitiam et locutionem nullus potest exprimere et notificare quod aliquid moveatur nisi exprimendo praedicata inesse eidem subiecto et pro eodem successive non possibilia inesse simul eidem subiecto et pro eodem (et capio 'inesse' | pro praedicari vere et affirmative). Et ista praedicata vocat Aristoteles in hoc libro contraria. Modo certum est quod in praedicamento substantiae non est dare terminos sic contrarios seu repugnantes, scilicet quod loquendo de terminis supponentibus pro substantiis per se subsistentibus in actu plures termini non possibiles verificari simul de eodem subiecto et pro eadem substantia actuali possint successive verificari de eodem subiecto et pro eodem. Ideo bene sequitur quod in praedicamento substantiae non invenitur contrarietas requisita ad hoc quod debeamus dicere et exprimere praedicto modo quia secundum substantiam sit motus, sed sic in praedicamentis qualitatis, quantitatis et ubi bene inveniuntur termini contrarii. Et hoc intendebat Aristoteles in isto quinto libro.

Et sic est finis quaestionis. |

---

1 sensum] *add.* et verum est G   2–4 et ... moveatur] *om. (hom.)* p   5 dubitabatur] dubitatur Gp   8–9 non ... eodem] et pro eodem non possibilia inesse simul eidem subiecto p   8 inesse simul] *inv.* G   9 praedicari] praedicare P || et³] *om.* p   10 et] etiam C || vocat ... libro] in hoc loco vocat aristoteles GPp   11 seu] sive P   12 scilicet] *om.* P   12–13 substantiis] subiectis G   13 per ... actu] in actu per se subsistentibus P   14 possint] posset P   15 verificari ... subiecto] de eodem subiecto verificari P   16 requisita] *om.* G   17 quia] quod GPp   18 qualitatis quantitatis] *inv.* Gp   19 in ... libro] *om.* P   20 et ... quaestionis] *om.* Pp

⟨V. 8⟩

⟨Utrum motus sit motus vel etiam generationis generatio⟩

Quaeritur octavo utrum motus sit motus vel etiam generationis generatio.

Et cum ego quaero utrum motus sit motus, ego volo quod iste terminus 'motus' a parte subiecti positus sit genitivi casus et a parte praedicati positus sit nominativi casus. Et Aristoteles determinat quod non est per se motus motus nec generationis generatio tali modo quod motus sit ad motum vel generatio ad generationem tamquam ad per se terminum ad quem, et etiam quod motus non est per se subiectum motus nec generatio generationis; et ita nec tamquam termini nec tamquam subiecti est motus motus vel generationis generatio. Quaeritur igitur utrum hoc sit verum.

⟨1⟩ Arguitur primo quod motus est per se ad motum tamquam ad suum terminum quia: de motu locali dictum fuit in tertio libro quod eius termini intrinseci non sunt nisi partes eius prima et ultima; et quaelibet istarum partium est motus; igitur motus est per se terminus ad quem est | motus localis. 115rb P

⟨2⟩ Similiter arguitur de alteratione quia: calefactio est per se ad caliditatem quae acquiritur, tamquam ad terminum ad quem; et ista caliditas quae acquiritur est ista calefactio; igitur calefactio est per se motus ad calefactionem.

⟨3⟩ Deinde etiam arguitur quod generationis sit generatio quia: eius quod generatur est generatio; sed genera|tio generatur. Probatio quia: generatio 90vb p
est, cum ante non esset, et omne tale, scilicet quod est, cum ante non esset, generatur. Vel saltem aliquando generabatur; et si generatio generabatur,

---

4 quaeritur] *add.* consequenter G ‖ sit] est G   5 ego¹] eo C ‖ sit] est G   6 et] *add.* quod iste terminus motus GPp   8 vel] *corr. sup. lin. in* et C   9 ad per se] per se ad C   9–10 etiam quod] *inv.* P   13 arguitur] *praem.* et G ‖ suum] *add. sed del.* subiectum C   14 termini] *sup. lin.* C   20 igitur] *add.* illa G   22 etiam] *om.* P   23 probatio] probatur P

7 Cf. Aristoteles, *Physica*, V, 2, 225b10–226a16   14 Cf. Iohannes Buridanus, *Quaestiones super libros Physicorum*, III, q. 8 (ed. Streijger, Bakker, 87)

sequitur quod aliquando fuit verum dicere quod ipsa generatur et tunc erat verum dicere quod generationis est generatio.

Oppositum dicit Aristoteles sic: 'neque agentis neque patientis neque omnis quod movetur aut moventis' (supple: est motus) 'quia non est motus motus nec generationis generatio nec omnino mutationis mutatio'. Et subdit quod dupliciter potest imaginari motus esse motum: uno modo sicut subiecti, quemadmodum diceremus hominis esse motum quo ipse movetur, alio modo sicut termini, videlicet quod, sicut homo movetur de sanitate in aegritudinem, ita aliquid mutaretur de una mutatione in aliam. Et utroque modo dicit Aristoteles hoc esse impossibile.

In primis ego credo quod forte ex vitio translatoris textus Aristotelis nunc allegatus est falsus in eius principio, quia certum est quod patientis et eius quod movetur est motus tamquam subiecti, sed loco huius litterae 'neque agentis neque patientis neque eius quod movetur aut moventis' debebat poni ista littera quod neque actionis neque passionis neque motus aut mutationis etc., aut etiam ista littera, quod sicut dictum fuit | quod secundum substantiam non | est motus, ita etiam neque secundum actionem neque secundum passionem neque secundum motum vel mutationem est motus.

De hac igitur quaestione pono primam conclusionem manifestam, scilicet quod saepe aliquis movetur aliquo motu ex intentione finali quod alio motu mutatur, nec curaret moveri illo primo motu, nisi postea alio moveretur. Verbi gratia, tu intras in navem vel ascendis in currum, ut postea cum

---

1 fuit verum] *inv.* P   1–2 ipsa ... quod] *om. (hom.)* p   1 erat] erit C   2 generationis] *corr. ex* generatio C   3 neque²] nec P ‖ omnis] omne *vel* esse C   4 supple] semper P   5 nec¹] neque G ‖ nec generationis generatio] *in marg.* C ‖ nec²] neque Gp ‖ omnino] omnis C   6 potest] contingit GPp ‖ motum] motus P   7 esse] *om.* P ‖ ipse] *om.* p   9 mutaretur] moveretur G ‖ aliam] *add.* mutationem GPp ‖ et utroque modo] utroque modo enim p   11 ego] igitur C ‖ translatoris] translatorum P ‖ aristotelis] aristoteles p   13 neque] nec p   14 debebat] debeat (*sed add. in marg.* debebat C) CG   15 neque²] *corr. sup. lin. ex* vel C ‖ neque³] nec p ‖ aut] neque p   16 aut] vel GPp ‖ etiam] *om.* p   18 neque] nec p : *om.* P ‖ est motus] motus ergo etc. G : *om.* P   19 igitur] *om.* GP ‖ primam] primo p ‖ manifestam] mathematicam Cp : metaphysicam G   19–20 scilicet quod saepe] quod saepe scilicet P : quod saepe G   20 saepe aliquis] aliquid G ‖ ex] *om.* G ‖ intentione] intensione p   21 mutatur] movetur G : moveatur Pp ‖ primo] *in marg.* C ‖ nisi] *add.* ut GPp   22 intras] *corr. ex* intrans C ‖ ascendis] ascendas G ‖ postea] post p

3–5 Aristoteles, *Physica*, V, 2, 225b13–16   5–10 Cf. Aristoteles, *Physica*, V, 2, 225b16–33
14 Aristoteles, *Physica*, V, 2, 225b13–14

navi vel curru movearis; et tu vadis ad ignem propter te calefieri. Hirundines naturaliter quaerunt aerem calidum vel temperatum propter calefieri vel calorem naturalem earum confortari.

Secunda conclusio est quod verus terminus intrinsecus motus localis sive a parte ante sive a parte post est motus. Et hoc dictum fuit in tertio libro.

Tertia conclusio est quod quantum ad motum localem generatio generatur et corruptio corrumpitur et etiam generatio corrumpitur et corruptio generatur, quia secundum dicta in tertio libro motus localis continue generatur et corrumpitur, | ita quod eius esse consistit in continue fieri et corrumpi; et eius generatio vel corruptio non est nisi ille motus; ideo etc.

115va P

Quarta conclusio est quod ista propositio non est per se vera 'motus movetur', quia ipsa non est necessaria praedicatio, quia si homo movetur localiter, tamen motus suus non movetur cum eo, sed continue desinit esse motus prior et incipit esse posterior. Verbi gratia, si lapis moveretur in spatio cuius partes sunt *a* et *b, c, d*, motus qui est in spatio *a* non transit cum lapide ad spatium *b*, sed quando est motus in spatio *b*, iam corruptus est motus qui erat in spatio *a* et sic deinceps. Et sic manifestum est quod motus illius lapidis non movetur cum illo lapide sicut cum eo accidentia eius permanentis naturae moventur, ut caliditas etc. Et certum est secundum dicta prius quod non est necessarium, si *b* alteratur vel augetur, quod eius alteratio vel augmentatio moveatur.

Tamen concedo quod possibile est hanc esse veram per accidens 'motus movetur', quia si lapis movetur localiter, omne accidens naturae permanentis sibi inhaerens et permanens movetur cum lapide motu quo ille lapis movetur; sed si ille lapis calefit continue, dum movetur localiter, calefactio ipsius est | accidens sibi inhaerens et permanens, quia est caliditas, quae non

91ra p

---

1 vel] *add.* cum P ‖ curru movearis] curro moveatur G ‖ te] *om.* P ‖ calefieri] *add.* vel P   4 quod] *add. sup. lin.* unus C ‖ localis] *om.* P   5 tertio] secundo P ‖ libro] huius p   6 tertia] *add.* etiam Gp   7 et²] *om.* p ‖ et³] *add.* etiam G   8 continue] *rep. in marg.* C   10 eius] *om.* P ‖ ideo] igitur GPp   12 praedicatio] probatio P : probatur p ‖ movetur²] moveretur G   14 et] *corr. sup. lin. ex* est C ‖ moveretur] movetur p   15 sunt] sint P ‖ et] *om.* GPp   16 in spatio] *corr. in marg. ex* ad spatium C   17 et sic²] ideo GPp ‖ illius] ille p   18 illo] alio p   18–19 cum² ... moventur] (cum eo *sup. lin.*) accidentia eius permanentis naturae moventur (*in marg.*) C : moventur cum eo accidentia eius permanentis naturae Pp : accidentia eius permanentis naturae G   19 caliditas] *add.* vel albedo GPp ‖ est] *add.* quod P   22 possibile ... veram] haec est bene vera P   24 permanens] remanens GPp ‖ cum] *add.* illo G ‖ lapide] *om.* p   26 permanens] *add. in marg.* immanens alias C : remanens GPp

5 Cf. Iohannes Buridanus, *Quaestiones super libros Physicorum*, III, q. 8 (ed. Streijger, Bakker, 87)   8 Cf. Iohannes Buridanus, *Quaestiones super libros Physicorum*, III, q. 6 (ed. Streijger, Bakker, 62–63, 72)

corrumpitur; igitur calefactio, quae est motus, movetur. Et sic ista est vera; sed ipsa non est necessaria simpliciter, immo nec ex condicione quod uterque terminorum pro aliquo supponat.

Et ad illum sensum illius quartae conclusionis intendit Aristoteles quod nullius motus est motus per se tamquam subiecti, id est nulla propositio est per se vera et necessaria, in qua hoc praedicatum 'movetur' affirmatur de hoc subiecto 'motus', | ex condicione etiam suppositionis terminorum.

Quinta conclusio est quod etiam ista propositio non est per se vera neque necessaria 'in eo quod aliquo motu movetur sequitur post immediate alius motus totalis'. Ista conclusio est manifesta in perpetuis motibus, ut in motibus caelorum, quia secundum Aristotelem ponentem mundum aeternum nullus motus caeli est motus totalis, nisi sit infinitus categorematice loquendo, et | tunc nullus motus sequitur talem motum. Dico enim quod ibi nullus est motus totalis, quia motum totalem voco qui non est pars alterius motus; modo omnis motus caeli finitus esset pars motus maioris, si vellemus uti maiori tempore tamquam praesente. Sed etiam de motibus istorum inferiorum, licet contingat quod ad motum localem meum, si vado ad ignem, consequitur immediate alter motus in me, scilicet calefactio, tamen hoc non sequitur de necessitate, quia possibile est quod ego illo motu | moverem me ad illum locum et non invenirem ibi ignem. Ita similiter aliquid potest calefieri quod non oportet immediate consequi alium motum. Et ad istum sensum intendit Aristoteles quod nullius motus est motus tamquam termini ad quem.

Sed tunc est dicendum de generatione. Et est sexta conclusio quod nulla generatio est subiectum generationis, immo universalius nulla mutatio est subiectum mutationis, scilicet de cuius potentia educitur ista mutatio, sicut forma educitur de potentia materiae vel subiecti sui. Primo hoc apparet de caelo. Credo enim quod omnis mutationis in caelo substantia caeli est subiectum et non aliud; modo substantia caeli non est mutatio, cum sit aeternae permanentiae. Et ego credo quod hoc nomen 'mutatio' non sup-

---

1 calefactio] *add.* est P   4 et] *om.* G ‖ illum] *om.* GPp   5 id est nulla] et illa P   6 in] cum G ‖ hoc] *corr. sup. lin. ex* homo C   7 ex condicione etiam] etiam ex condicione GPp   8 etiam] *om.* P ‖ vera] *sup. lin.* C   9 aliquo motu movetur] aliqua motu moventur sed P ‖ post immediate] *inv.* GPp   10 alius] illius P ‖ manifesta] manifestissima P   12 caeli] aeternus P   13 sequitur] sequeretur G : sequetur P   13–14 ibi nullus est] nullus est ibi GPp   14 totalem] *add.* ego G   14–15 alterius motus] *inv.* P   16 tempore tamquam praesente] tempori tamquam praesenti G : tempore quam praesente P   18 consequitur] *add.* enim C : consequatur Gp   19 sequitur] consequitur Gp   20 ita] *corr. ex* item C : et P   21 consequi] sequi p ‖ ad] *om.* P   24 et] *in marg.* C   25 universalius nulla mutatio] nullius mutati P   26 ista] prima P ‖ mutatio] potentia G   27 sui] *corr. sup. lin. ex* mei C

QUAESTIO 8   73

ponit nisi pro forma quae alicui subiecto acquiritur vel abicitur (dico de mutatione naturali). Deinde in istis inferioribus generationes substantiales habent subiectum materiam primam; quamvis enim qualitates disponant ad receptionem formae in materia, tamen non credo quod recipiant eam,
5 sed materia. Et ipsa materia non est mutatio, sicut nec substantia caeli pari ratione.

De mutationibus autem accidentalibus, ut si ego curro vel calefio, adhuc ego credo quod, licet secundum communem locutionem attribuatur toti composito propter ignorantiam materiae, tamen sola materia habet se in
10 ratione recipiendi. Nam sicut debet videri in secundo *De generatione*, si ex aqua fiat aer aut ignis, oportet eam prius calefieri; et ista caliditas, licet recipiatur in materia cum forma aquae, tamen non recipitur in forma aquae nec inhaeret ei, quia remanet, postquam forma aquae corrumpitur, ut suppono, nec recipitur in forma ignis aut aeris, quia antequam illae sint, caliditas illa
15 recipitur.

Et ita credo de motu locali et de omnibus aliis accidentibus materialibus. Propter quod dicit Commentator in *De substantia orbis* quod actui repugnat recipere.

De hoc autem quod tenemus de intellectu humano vel angelico, quia | 128va C
20 recipiunt mutationes, non est contra nos, quia intellectus vel angelus non est mutatio saltem naturalis. Bene enim est creatio instantanea, quando creatur, sed de huiusmodi creationibus non loquimur hic.

Septima conclusio ponitur quod necesse est naturaliter ad aliquam alterationem sequi generationem substantialem. | Suppono enim quod aqua in   91rb p
25 tantum potest calefieri quod oportet eam corrumpi et generari aliud. Et ideo naturaliter necessarium est ad tantam calefactionem aquae sequi generationem substantialem posita constantia terminorum, scilicet quod sit tanta calefactio aquae. Sic enim solet concedi quod generatio substantialis est finis et terminus extrinsecus alterationis. Et ita mutatio est naturaliter | ad   103vb G

---

1 nisi] *om.* P   3 habent] habet P ‖ materiam primam] *inv.* Gp   4 materia] materiam P   5 ipsa] tamen P ‖ sicut] *corr. in marg. ex* igitur C   8 secundum] *om.* P   9 habet se] *inv.* GPp   10 secundo] libro GPp   11 fiat] fiet P ‖ licet] *add.* primo P   12 tamen non recipitur] non recipitur tamen (*sup. lin.*) G   14 aut] vel Gp ‖ illae sint] illae sunt p : ibi sit G : illa fuit P ‖ illa] *om.* p   16 de²] *om.* P ‖ omnibus aliis] *inv.* p   17 dicit] dixit GP   19 intellectu] motu p ‖ quia] *rep.* C   20 contra nos] *corr. in* econtra non P   22 sed] et P ‖ huiusmodi] huius P   24 sequi] *corr. in* sequitur P   25 oportet] oporteret P : apparet p ‖ corrumpi] *corr. in* corrumpere P ‖ generari] *corr. in* corrumpere P ‖ aliud] aliquod P   26 aquae] iam P   27 substantialem] *add.* aquae C

10 Cf. Iohannes Buridanus, *Quaestiones super libros De generatione et corruptione*, II, q. 7 (ed. Streijger, Bakker, Thijssen, 224–228)   17 Cf. Averroes, *De substantia orbis*, cap. 1, f. 3K

116ra P aliam mutationem, sed tamen hoc non est necessarium secundum totalem speciem calefactionis, scilicet de omni calefactione, nec secundum aliquam aliam totam | speciem mutationis. Et ideo dicit Aristoteles notanter quod non est possibile aliquid mutari de una mutatione in aliam speciem mutationis nisi secundum accidens. Ipse igitur vocat secundum accidens aliquid attribui alicui speciei, si non conveniat ei universaliter, iuxta illud in primo *Posteriorum* quod per se supponit de omni. Et sic patet intentio Aristotelis in ista quaestione.

Et rationes solventur in sequenti quaestione etc.

---

1 aliam mutationem] *inv.* p ‖ totalem] totam GPp   3 et] *sup. lin.* C ‖ dicit] dixit GP ‖ notanter] notabiliter p   4 mutatione] calefactione p   5 nisi] nec C   6 ei] illi P   9 etc.] *om.* GP

---

3 Cf. Aristoteles, *Physica*, V, 2, 225b23   6–7 Cf. Aristoteles, *Analytica posteriora*, I, 4, 73b25–26; cf. *AA*, 35: 42

⟨V. 9⟩

⟨Utrum generatio generetur⟩

Consequenter quaeritur nono utrum generatio generatur.

Et loquor hic praecise de generatione rei naturae permanentis, quia in alia quaestione dictum est de generatione puri successivi, ut de generatione motus localis.

⟨1⟩ Arguitur primo quod generatio generatur quia: hoc nomen 'generatio' supponit pro forma quae acquiritur vel quae prius non est et posterius est. Tunc igitur arguitur sic: forma quae acquiritur vel quae prius non est et posterius est, generatur (hoc fuit prius dictum); sed ista est generatio, quia dictum est quod pro ista supponit hoc nomen 'generatio'; igitur generatio generatur.

⟨2⟩ Item creatio creatur; igitur generatio generatur pari ratione. Antecedens patet, quia creatio angeli vel animae humanae non est aliud quam ille angelus vel illa anima humana, ut dictum est alias et magis dicetur in sexto, quando quaeretur de mutationibus indivisibilibus; sed ille angelus vel ista anima humana est, quae creatur; igitur creatio creatur.

⟨3⟩ Item in alteratione quae est de frigidissimo ad calidissimum generatur summa caliditas et quaelibet pars eius; et tamen generatio illius caliditatis esset ista caliditas vel pars eius, quia esset caliditas; igitur generatio illius caliditatis generaretur. Et sic argueretur de omni alia generatione caliditatis.

⟨4⟩ Item omne quod est, cum prius non esset, generatur vel aliquando generabatur; | sed generatio caliditatis est, cum ante non esset; igitur etc.   128vb C

---

3 consequenter quaeritur nono] quaeritur nono P : quaeritur consequenter nono propter illa quae fiebant in principio quaestionis dictae fiet nona quaestio G : sed antequam solvantur rationes quae fiebant in principio dictae quaestionis fiat nona quaestio p   4 loquor hic praecise] hic loquor praecise G : loquor praecise hic P   5 puri successivi] *corr. in* pure successiva P ‖ ut] et G   7 arguitur ... generatio²] et apparet mihi quod generatio et illud quod generatur P   8 vel] et G   10 posterius] post p ‖ generatur] *add.* et P ‖ prius] *om.* p   15 ut] sicut Gp ‖ dicetur] dice p   17 humana] *om.* GPp   18 est] esset GPp   18–19 generatur] generaretur GPp   20 esset²] *add.* illa P   24 sed] et P

4–5 Cf. sup., V, q. 8   10 Cf. sup., V, q. 1   15 Cf. inf., VI, q. 5

Oppositum arguitur quia:

⟨1⟩ Nihil dicitur moveri aut mutari aut etiam generari vel corrumpi nisi quia est subiectum vel terminus motus aut mutationis aut generationis aut corruptionis referendo singula singulis; sed Aristoteles ponit quod generatio nec est subiectum nec terminus generationis (dicit enim quod generationis non est generatio nec tamquam subiecti nec tamquam termini).

⟨2⟩ Item generatio est in illo tempore in quo res generatur; et illa res quae generatur non est in isto tempore; igitur res ista quae generatur non est generatio. Vel arguitur sic: nullum quod generatur est in isto tempore in quo generatur; et isto tempore generatio est; igitur generatio non generatur.

Prima conclusio quod omnis generatio instantanea generatur et omnis factio vel creatio instantanea fit et creatur, vel e converso, quod generatur vel creatur vel fit instantanee, est generatio, | creatio vel factio; et loquor de eo quod fit secundum | se totum, ita quod est, cum ante nihil eius | esset. Conclusio ista apparebit, quando in sexto libro quaeretur de mutationibus instantaneis; dicetur enim ibi quod non differt mutatio a mutato esse nec factio a facto esse.

Secunda conclusio est de generationibus temporalibus, quod omnis generatio caliditatis generatur, quia si tu des instantiam (ponamus quod ista generatio caliditatis de qua tu das instantiam sit generatio caliditatis *a*), constat, sicut prius arguebatur, quod ista generatio est caliditas; et non potest dici quod sit caliditas, nisi dicatur quod sit caliditas *a* vel pars eius (vel verius loquendo, quae erit pars eius, sicut alibi dictum est, sed de hac cavillatione non est vis in proposito); sed in isto tempore in quo praecise et adaequate est ista generatio caliditatis, ista caliditas *a* et quaelibet pars eius generatur; igitur illo tempore generatio caliditatis *a* generatur.

---

2 nihil] vel P ‖ aut¹] vel P   3 vel] aut P ‖ aut¹] vel P ‖ aut²] vel P ‖ aut³] vel GPp   6 nec¹] neque p   7 illa res] *inv.* GPp   11 conclusio] *add.* est Gp ‖ generatur] *om.* p   11–12 factio vel creatio] creatio vel factio Pp   12 et] vel GPp ‖ vel²] et GPp ‖ converso] *add.* omne GPp   13 instantanee] *add.* et tunc G   14 ante nihil eius] nihil eius ante P : ante eius esse nihil C   15 conclusio ista] *inv.* P ‖ libro] huius p : *om.* P   16 quod] *add.* in eis GPp   17 esse] *add.* etc. G : etc. p   18 de generationibus temporalibus] *om.* P   19 tu] *om.* P   19–20 ponamus ... instantiam] *om.* (*hom.*) P   20 tu] *om.* Gp   21 sicut] ut P   22 vel²] et p   23 quae] quod C ‖ sicut] ut P   24 in²] *om.* GPp

5–6 Cf. Aristoteles, *Physica*, V, 2, 225b15   16 Cf. inf., VI, q. 5   21 Cf. sup., V, q. 4   23 Cf. Iohannes Buridanus, *Quaestiones super libros Physicorum*, III, q. 9 (ed. Streijger, Bakker, 94)

Tertia conclusio est quod nulla generatio caliditatis est ista caliditas cuius praecise ista est generatio. Nam si caliditas quae generatur vocetur *a* et signetur tempus in quo praecise est eius generatio, constat quod in isto tempore non est *a*; et tamen in isto tempore est eius generatio; igitur ista generatio non est *a*. Quod autem in isto tempore non sit *a* apparet, quia sic dicebatur prius et dicit Aristoteles quod illud quod generatur non est; nam si esset, esset genitum et non amplius generaretur.

Quarta conclusio ponitur ab aliquibus quod omnis caliditatis quae generatur sua generatio est vel erit pars eius, quia si caliditas *a* generatur, sua generatio est caliditas; et non potest dici quod sit alia caliditas quam *a* vel pars eius; et tamen non est *a*, ut dictum est; igitur est pars ipsius *a* | vel erit pars eius. 129ra C

Et hoc erit rationabile secundum dicta prius. Dictum enim fuit quod generatio temporalis et continua est motus, prout motus definitur in tertio libro. Et tamen in tertio libro dictum est quod omnis motus est actus imperfectus. Propter quod oportet concedere quod omnis generatio caliditatis est actus imperfectus. Et hoc videtur esse verum, quia ipsa non est ipse actus totalis qui illa generatione generatur, sed est actus partialis qui erit pars illius actus qui generatur. Quando enim erit completa generatio, tunc erit actus completus, sed non erit amplius generatio. Unde generatio caliditatis bene erit, quando ipsa erit completa, sed ipsa non erit amplius generatio, immo erit pars caliditatis genitae et manentis in quiete. Unde corollarie concludetur quod ista est bona consequentia 'generatio caliditatis est, igitur ipsa non est completa'; et e converso etiam sequitur 'generatio caliditatis est completa, igitur ipsa non est generatio caliditatis'.

Et hoc debet intelligi sane et etiam dicta similia, scilicet si isto solo tempore utamur pro praesente in quo toto tempore est verum dicere quod ista

---

1 ista] ipsa G   1–2 cuius praecise ista] cuius ipsa praecise Pp : cum ipsa praecise G   4 generatio²] *add.* eius P   5 sic] *om.* P   6 et] *add.* etiam G : ut P   7 esset] *om.* CP ‖ et] *om.* C : per consequens *add.* G   8 caliditatis] *corr. in marg. ex* generatio C : caliditas p   10 sit] aliqua *add.* p   12 eius] ipsius p   13 erit] est G : videtur P   14 libro] huius p   15 et ... libro] *om. (hom.)* P   16 est] sit P   17 quia] quod C ‖ ipse] ille GPp   18 est actus] *om.* p   20 erit¹] erat p   20–21 unde ... generatio] *om. (hom.)* P   20 bene] *corr. sup. lin. ex* secundum C   21 ipsa²] illa p ‖ erit³] est G   22 et] vel p ‖ concludetur] concluderetur GPp   23 ista] haec Gp ‖ caliditatis] *om.* p   24 etiam] et p   26 et¹] *om.* P   27 utamur] utatur p ‖ praesente] *add.* et P : praesenti Gp ‖ tempore] *om.* Pp ‖ est verum] *inv.* P

6 Cf. Iohannes Buridanus, *Quaestiones super libros Physicorum*, III, q. 2, concl. 4 (ed. Streijger, Bakker, 102); Aristoteles, *Physica*, V, 1 225a27   13 Cf. sup., V, q. 1   15 Cf. Iohannes Buridanus, *Quaestiones super libros Physicorum*, III, q. 10, concl. 4 (ed. Streijger, Bakker, 102)

generatio est completa. Unde si tamquam praesente uteremur tempore | composito ex tempore in quo est generatio et tempore sequente in quo est res illa generatione genita, tunc posset concedi quod generatio est et quod ipsa est completa, et hoc prius et illud | posterius. Et prius determinatum fuit de huiusmodi usu temporis tamquam praesentis. Ad quam determinationem debent referri omnia quae posterius dicentur.

Quinta conclusio consequenter ab illis ponitur quod nullius caliditatis totalis genitae et manentis in quiete pars quae ultimo generabatur fuit generatio, sed quaelibet pars eius praeter ultimam fuit generatio. Haec conclusio probatur ponendo quod ista caliditas totalis quae est genita et manens in quiete vocetur a. Tunc igitur manifestum est quod, quidquid erat de ipso a, antequam esset completa generatio ipsius, fuit generatio, et quidquid etiam non fuit, antequam esset completa generatio, illud non fuit genera|tio, quia non fuit generatio nisi antequam esset generatio completa; sed ipsius a quaelibet pars praeter ultimo genitam fuit, antequam esset generatio completa ipsius a, et non fuit ultima pars, antequam esset completa; igitur etc. Et hoc dicerent esse verum, sive ultimam partem vocemus ultimam medietatem vel ultimam centesimam.

Sexta conclusio sequitur secundum casum praedictum quod in infinitum parva pars caliditatis a est quae non fuit generatio, et in infinitum magna pars caliditatis a est quae fuit generatio, quia omnis ultima pars est quae non fuit generatio, et nulla alia quam ultima est quae non fuit generatio; sed in infinitum parva est ultima, quia quacumque parte data tamquam ultima, | scilicet ultima decima vel ultima centesima, adhuc est minor ultima, scilicet ultima millesima, et sic in infinitum. Et sic patet iam quod nulla est minima ultima. Et ultra, si imaginemur caliditatem a dividi in duas partes,

---

2 est²] *add.* illa P   3 posset] potest P ‖ est] esset p   5 huiusmodi] huius P ‖ tamquam praesentis] pro praesente P   6 debent referri] *inv.* P : debeant referri p ‖ dicentur] dicuntur GPp   7 ab illis ponitur] ponitur ab illis GPp   7–8 nullius … genitae] nullo modo caliditas totalis genita P   10 ponendo] posito p ‖ genita] *add.* erit p   11 erat] erit C   12 esset] erat p ‖ completa] *om.* P ‖ et] *add.* quod P   13 fuit¹ … generatio¹] *om.* C   14 quia … generatio¹] *om.* (*hom.*) p   15 praeter] *add.* ultimam p ‖ ultimo] ultimam P   15–16 completa ipsius a] ipsius a completa GP   17 hoc dicerent] *inv.* G ‖ hoc … verum] haec dicentur esse vera P   18 centesimam] *add.* etc. Gp   19 sequitur] sequeretur P   20 parva pars] *inv.* P ‖ quae] quando P   22 generatio¹] generata (*add. in marg.* alias generatio C) CG ‖ est] *corr. in marg. ex* et C ‖ fuit²] fuerit G   23 quacumque] quaecumque P   23 data tamquam ultima] tamquam ultima data P : data ultima G   24 ultima²] *om.* P   25 in] *rep.* C ‖ iam] *om.* GPp

4 Cf. Iohannes Buridanus, *Quaestiones super libros Physicorum*, III, q. 6 (ed. Streijger, Bakker, 66–69).

QUAESTIO 9   79

quarum una sit ultima et alia sit continens totum quod erat ante illam ultimam, tunc quanto ultima est minor, tanto alia est maior. Ideo si in infinitum
parva sit ultima, sequitur quod in infinitum magna erit alia, ita quod sicut
omni ultima data est dare minorem ultimam, ita omni data quae non est
ultima est dare maiorem quae etiam non est ultima; ideo nulla est maxima
quae non sit ultima. Cum igitur nulla ultima fuerit generatio, omnis autem
praeter ultimam fuerit generatio, sequitur propositum.

   Sed si illae conclusiones sint verae, tunc sequitur dubitatio valde difficilis.
Ad quam exprimendam ego pono casum quod *b* calefiat continue de summa
frigiditate usque ad summam caliditatem. Et pono ad brevius | loquendum   116vb P
quod ille terminus 'calefactio' non supponat nisi pro caliditate vel generatione caliditatis et non pro aggregato ex caliditate quae acquiritur et frigiditate quae abicitur (hoc possum ponere, quia nomina sunt ad placitum).
Et tunc est dubitatio utrum est aliqua maxima calefactio ipsius *b*, et hoc
est dictu utrum sit aliqua maxima generatio caliditatis in ipso *b*. Et ego non
facio hic comparationem de calefactione ipsius *b* ad calefactionem alicuius
alterius; sed cum sint plures calefactiones ipsius *b* eo quod quaelibet pars
calefactionis est calefactio, ego comparo istas calefactiones ipsius *b* ad invi-
cem | quaerendo utrum inter eas est aliqua maxima.   104va G

   Et apparet mihi quod tenendo istam quartam conclusionem prius positam et alias quae sequebantur, sequuntur contradictoria. Primo enim sequitur quod nulla est maxima calefactio ipsius *b*, quia omnis calefactio est caliditas; ideo maxima calefactio esset caliditas; et non esset summa caliditas
secundum dicta prius, sed esset pars; et non esset maxima calefactio nisi
esset maxima pars illius summae caliditatis (nam maior pars esset maior
calefactio); igitur cum non sit dare maximam partem illius summae caliditatis, sequitur quod nec est dare maximam caliditatem.

   Sed oppositum etiam sequitur, quod ista est maxima calefactio qua nulla
est maior; sed inter calefactiones ipsius *b* nulla est maior calefactio quam illa
qua *b* alteratur et calefit de frigidissimo ad calidissimum, vel etiam quam illa
quae est totalis generatio summae caliditatis; igitur ista est maxima.

1–2 illam ultimam] ultimam illam et P   2 tunc quanto] *inv.* p ‖ est¹] erit GPp ‖ est²] erit
GPp ‖ in] *om.* CP   3 erit] sit G ‖ quod²] *om.* p   5 maiorem] minorem P   8 sint] sunt
GPp ‖ tunc] *add.* certe p ‖ sequitur] *add.* certe P   11 nisi] *om.* P ‖ vel] *corr. sup. lin. ex*
et C   12 aggregato] congregato GPp ‖ ex] *add. sed del.* generatione C   13 quia] quod P
15 dictu] dictum P   17 cum sint] tamen sunt P ‖ b] *add.* ex GPp   18 calefactio] *add.* et
G ‖ comparo] compono C   21 alias] alia P ‖ sequuntur] sequerentur GP   21–22 primo
enim sequitur] sequeretur enim G   22 calefactio¹] *om.* G   24 esset²] est G ‖ calefactio]
caliditas p   25–27 nam … caliditatis] *om.* (*hom.*) p   28 quod] quia p   29 illa] *add. sed del.*
quam b C

129va C   Item ponamus quod *b* per hanc totam diem calefit | et immediate ante hanc diem erat summe frigidum et immediate post hanc diem erit summe calidum. Tunc igitur manifestum est quod est una calefactio continua durans per istam diem praecise qua *b* calefit. Et nulla est calefactio ipsius *b* quae plus duret; et tamen non est maior nisi plus duret; igitur ista calefactione durante per istam totam diem nulla est maior; igitur ipsa est maxima. Immo etiam omnis alia calefactio ipsius *b* minus durat; ideo est minor. Et ideo ista est maxima et qua nulla est maior et qua omnis alia est minor.

92ra p   Statim apparet mihi quod | istae rationes ex utraque parte concludunt condicionaliter, scilicet quod, si ista, quae secundum aliquos ponebatur, quarta conclusio et conclusiones sequentes concedantur, sequitur quod est dare calefactionem maximam et non est dare maximam calefactionem. Ideo sequitur quod ista quarta conclusio non est vera. Propter quod etiam sequentes conclusiones non debent concedi tamquam probatae, quia non

117ra P   concludebantur nisi in virtute | illius quartae.

Ideo pono istam conclusionem tamquam quartam quod, si *a* calefiat de summa frigiditate ad summam caliditatem, est dare maximam calefactionem et totalem, scilicet ita quod ipsa non est pars maioris calefactionis. Et hoc probant sufficienter rationes quae prius fiebant.

Quinta conclusio sequitur, scilicet quod ista maxima calefactio in tempore praecise in quo ipsa est non est caliditas, quia nec summa caliditas, ut dicebat tertia conclusio, nec est pars nec erit pars summae caliditatis; et tamen manifeste omnes concederent quod ipsa non est caliditas, nisi ipsa sit summa caliditas vel nisi ipsa sit aliqua caliditas quae est vel erit pars summae caliditatis; igitur ipsa non est caliditas. Quod autem non est caliditas quae est vel erit pars summae caliditatis probatur quia: ipsa non esset maxima calefactio, cum nulla sit maxima pars caliditatis, sicut prius arguebatur.

104vb G   Sexta conclusio est quod ista maxima calefactio | erit summa caliditas, ita scilicet quod in tempore immediate sequente tempus in quo praecise

---

2 summe frigidum] summae frigiditatis p ‖ post] ante P ‖ summe²] *in marg.* C   2–3 summe calidum] calidissimum GPp   4 est] *om.* p   5 et] *om.* P   6 istam] *om.* GPp   8 et¹] *om.* P   10 quod] quia G   12 calefactionem maximam] *inv.* GPp   15 in] *om.* P   17 frigiditate] caliditate G   18 et²] *om.* P   19 probant] probabant Pp ‖ prius fiebant] praefiebant P   20 sequitur] *om.* p ‖ scilicet] *om.* P   21 praecise] praeciso p   22 dicebat] dicit p ‖ pars¹ ... pars²] nec erit pars G ‖ caliditatis] *add.* pars p   24 nisi] *om.* P ‖ est] *add.* pars P   25–26 igitur ... caliditatis] *in marg. (partim reciso)* C   25 autem] *add.* ipsa p   26 pars summae caliditatis] summae caliditatis pars P   27 maxima pars] *inv.* P ‖ prius] post C   28 est] *om.* P ‖ caliditas] *add. sed del.* scilicet C

ipsa est calefactio, ipsa erit summa caliditas. Hoc probatur quia: hoc nomen 'maxima calefactio ipsius *b*' supponit pro aliquo; aliter non esset vera quarta conclusio, scilicet quod est dare maximam calefactionem ipsius *b*. Et tamen non supponit pro alio quam pro caliditate et non pro alia caliditate quam pro maxima, quia vel pro maxima caliditate vel pro parte eius; et dictum est etiam alias quod non supponit pro parte eius; igitur supponit pro maxima caliditate. Et ista maxima caliditas non est, sed erit. Praedicatum supponens pro ea, si non sit ampliativum suppositionis ad futura, non potest vere praedicari de aliquo subiecto mediante hoc verbo 'est', sed bene praedicatur mediante hoc verbo 'erit'. Igitur in tempore praecise in quo est summa calefactio non est verum dicere quod ipsa est summa caliditas, sed quod ipsa erit summa caliditas. Et ita consimiliter in tempore sequente in quo est summa caliditas non est verum dicere quod ipsa | est calefactio, sed quod ipsa fuit calefactio.

Septima conclusio ponitur, scilicet quod in tempore praecise in quo est summa calefactio, ipsa summa calefactio non est, quia si ipsa esset, ipsa esset caliditas; et tamen ipsa non est caliditas, quia nec summa nec partialis, ut dictum est; igitur etc.

Et causa praedictorum est, quia sicut hoc praedicatum 'generandum' determinat ad supponendum non pro eo quod est, sed pro eo quod erit, ita hoc nomen 'generatio', quia connotat quod illud pro quo supponit vel | aliquid eius sit generandum; et nullum ens est, quamdiu ipsum vel aliquid eius est generandum. Et ita, sicut res est generanda, quando ipsa non est, sic ipsa est generatio, quando ipsa non est. Ideo non sequitur 'generatio est generatio, igitur generatio est', sicut non sequitur 'generandum est generandum, igitur generandum est'. Et de corruptione simili modo et proportionali est intelligendum et dicendum, sed tamen e converso. Nam si summa caliditas totaliter corrumpatur et sit eius totalis corruptio per istam diem praecise, tunc in ista die est ipsa totalis et maxima corruptio summae caliditatis; et non est summa caliditas in ista die; ideo ista corruptio non est summa cali-

---

1 calefactio] caliditas G ‖ summa] *in marg.* C : summe G ‖ quia] quod G   2 supponit] supponat G ‖ aliquo] aliqua P   3 calefactionem] AMU (*corr. in marg. ex* caliditatem U) : caliditatem BCGHLPTp   4 pro²] *om.* P   5 et] ut G   6 etiam alias] contra alias P : contra alios p   7 erit] *add.* igitur Pp   8 suppositionis] *om.* P   9 praedicatur] probatur C   12 et] *om.* P   13 ipsa²] *om.* P   15 ponitur scilicet] sequitur scilicet Gp : *om.* P   16 ipsa¹] illa p   17 et] *om.* P   18 dictum est] *inv.* p   20 ita] *add.* et p : *add.* etiam P   23 non] *rep.* G   24 est¹] *om.* P   26 simili ... proportionali] similiter P ‖ proportionali] proportionabili p   27 intelligendum et dicendum] dicendum et intelligendum P ‖ tamen] *om.* G ‖ nam] *om.* P   28 totalis corruptio] *inv.* Pp ‖ istam] istum p   29 ipsa] illa Pp : *om.* G ‖ et¹] ita totalis est G   30–82.1 in ... caliditas] *om.* (*hom.*) p

ditas. Nec est pars eius, immo nihil est, si hac sola die utamur pro praesente, ita quod aliquid est corruptio, quando ista corruptio nihil est, sicut aliquid est corruptum, quando illud corruptum nihil est. Sed verum est quod ista corruptio fuit summa caliditas. Sicut hoc nomen 'corruptum' de|terminat ad supponendum pro eo quod fuit et non pro eo quod est, ita hoc nomen 'corruptio', quia connotat quod aliquid eius pro quo supponit sit corruptum. Non enim esset adhuc corruptio, si res esset tota integra, sicut ante erat.

Octava conclusio est moderativa illius quartae conclusionis quae reprobata fuit. Et est conclusio talis: in tempore in quo praecise est generatio totalis alicuius caliditatis, quae vocetur b, omnis | pars illius generationis praeter ultimam est caliditas et generatio caliditatis, quia si illud tempus sit haec dies et tu vis dare instantiam de aliqua parte, sit ista pars a. Tunc a erit generatio alicuius partis ipsius b et non totius b. Et ista pars ipsius b erit genita prius quam b; ideo in aliqua parte huius diei erit genita (aliter enim non esset genita prius quam b). Sed statim, quod ipsa est genita, ipsa est et est caliditas quae ante erat calefactio. Igitur a in hac die est generatio caliditatis et posterius est ista caliditas. Et ita etiam totalis generatio summae caliditatis esset summa caliditas, si tamquam praesente uteremur tempore composito ex tempore in quo praecise est generatio et ex aliquo tempore sequente quantumcumque parvo. Esset enim prius generatio et posterius genita in illo tempore. Et secundum istud moderamen illius quartae conclusionis improbatae debent etiam moderari et intelligi conclusiones quae positae | fuerunt. |

Nunc restat solvere rationes quae fiebant in principio quaestionis huius et quaestionis praecedentis.

Et primo respondeo ad illas quae fiebant in ista quaestione. Et ego concedo rationes quae fiebant pro prima parte. Omnis enim generatio generatur et omne quod generatur est generatio; et quando illud quod generatur et

---

1 hac sola] hoc solo P   4 sicut] *add.* enim Pp   5 ad] an p   7 si] sed C   7–8 ante erat] *inv.* GPp   9 est] *add.* quae est P ‖ quae] *add.* prius P   10 et ... talis] quod P ‖ conclusio] *om.* Gp   10–11 generatio totalis] *inv.* GPp   11 b] minor P   13 vis dare] dicis dari p   14 et²] quia P   16 quam b] *om.* P ‖ quod] quando P   18 et²] *om.* P   19 summa caliditas] *inv.* p   19–20 tempore composito] *inv.* p   22 tempore] *add.* praesente GPp   23–24 conclusiones ... fuerunt] *in marg. inf.* C   24 fuerunt] *add.* consequentes GP : sunt consequentes p   25 nunc] nec p ‖ restat] *add.* enim G : *add.* nisi Pp ‖ quaestionis huius] *inv.* GP   25–26 huius et quaestionis] *om.* (*hom.*) p   27 illas] rationes GPp ‖ fiebant] *add. sed del.* quod C : fiebat G   28 fiebant] fiunt P ‖ fiebant pro prima] fiunt in una p

quod est generatio erit genitum, tunc non amplius generabitur nec erit generatio. Pro eodem enim supponunt generatio et generari; quod non erat ita de motu et moveri, sicut alias dicebatur.

Tunc ad rationes in oppositum.

Ad primam ego dico quod illud quod generatur non est subiectum generationis, sed est ipsamet generatio, ut dictum est. Sed de termino ad quem ipsius generationis imaginatur dupliciter. Uno modo quod res totalis quae aliqua generatione generatur dicatur terminus ad quem generationis illius. Et tunc in illo tempore in quo praecise est ista generatio non est terminus eius, sed erit in tempore immediate sequente. Et isto modo intendit Aristoteles quod generatio non est ad generationem tamquam ad terminum ad quem, ad talem sensum quod, quando ille terminus est, ipse non est generatio. Sed sic bene concederem quod generatio est ad generationem tamquam ad terminum ad quem, quia de isto termino, quando ipse est, verum est dicere quod ille est generatio. Alio modo imaginatur quod ultima pars generationis sit terminus eius. Et tunc bene concederetur quod cuiuslibet generationis terminus est generatio; nam quaelibet pars generationis est generatio.

Ad aliam concedo quod ista res quae generatur non est, sed erit. Sed non sequitur 'igitur ipsa non est generatio', immo ipsa est generatio, quando ipsa non est. Et videtur mihi secundum logicam quod, licet ista concedatur 'generatio generatur', tamen ista potest negari 'generatio est illud quod generatur', sicut mortuum est mortuum et tamen non oportet concedere quod mortuum est illud quod est mortuum (nam animal est mortuum; ideo si mortuum esset illud quod est mortuum, mortuum esset animal, quod est falsum). Unde, cum dico 'mortuum est mortuum', | utrumque supponit pro praeterito et pro eodem. Et cum dico 'mortuum est illud quod est mortuum', ista dictio 'illud' non est ampliativa ad supponendum pro praeteritis et est praedicatum respectu huius verbi praesentis temporis 'est', quod etiam non ampliat ad praeteritum vel futurum; et etiam per istam orationem sequentem 'quod est mortuum' virtute illius dictionis 'mortuum' non ampliatur ad prae|terita, | nisi ista dictio 'quod', et non dictio 'illud'. Ideo ista dictio 'illud' non supponit nisi pro praesentibus et sic est propositio falsa, quia mortuum

105rb G

92va P
117vb p

---

5 ego] *om.* P   6 ipsamet] met P   7 imaginatur] imaginamur p   8 generationis illius] *inv.* G   9 non] *in marg.* C   10 et] *om.* P   12 quod] quia Gp   14 ipse] *om.* p   15 ille] ipse GPp ‖ imaginatur] imaginamur p   16 concederetur] conceditur p   20 immo] ipsa G   23 non] *om.* G   26 utrumque] *add.* mortuum GPp   30 etiam] *om.* GPp   32 non] *add.* illa GPp

non est aliquid quod sit praesens. Unde etiam apparet quod ista est falsa 'mortuum est aliquid' et 'illud est mortuum'. Et hoc dico, si non ponamus resurrectionem, sicut de brutis loqueremur; bene enim, qui est vivus, est mortuus, si surrexit. Et haec sint dicta solum gratia solacii.

Ad rationes autem quae fiebant in praecedente quaestione: | potest solvere faciliter omnis intelligens praedeterminata et ducere eas ad sensus suos secundum quos essent concedendae etc.

---

1 est falsa] *rep.* C   2 illud est] *in marg.* C ‖ mortuum²] *add. sed del.* est illud C ‖ si] *sup. lin.* C   3 bene ... est²] est qui est vivus et qui fuit P ‖ vivus] *corr. ex* unus C   4 surrexit] resurrexit p ‖ et] *om.* p   5 ad] *del.* G : et p ‖ autem] *om.* p ‖ praecedente] praecedenti G   6 omnis] quilibet P ‖ ducere] *corr. ex* dicere *et rescr. in marg.* C ‖ suos] *om.* P   7 quos] quod CP ‖ etc.] et sic patet quaestio G : *om.* Pp

⟨V. 10⟩

⟨Utrum ad unitatem motus requiratur quod mobile sit idem, quod forma vel dispositio secundum quam est motus sit eadem et quod sit tempus idem, et utrum etiam haec sufficiant ad hoc quod sit motus unus⟩

Decimo et ultimo quaerendum est de unitate motus, videlicet utrum ad unitatem motus requiritur quod mobile sit idem, quod forma vel dispositio secundum quam est motus sit eadem et quod sit tempus idem, et utrum etiam haec sufficiant ad hoc quod sit motus unus.

⟨1⟩ Arguitur primo quod non requiritur identitas temporis quia: sicut est de entitate rei, ita est de unitate, eo quod ens et unum convertuntur ad invicem, ut patet quarto *Metaphysicae* (quodcumque enim esset ens, ipsum esset unum et e converso); sed non requiritur ad entitatem motus mei entitas temporis; igitur nec ad unitatem unitas. Minor apparet, quia tempus est extrinsecum motui meo, cum tempus sit primus motus; et tamen unumquodque esset ens circumscripto quolibet alio sibi extrinseco. Et etiam non est dubium quod saltem per potentiam divinam posset esse motus meus et ita unus sicut nunc est, licet nullus esset motus caeli, sed quod omne caelum quiesceret; et sic non esset tempus nec unitas temporis, cum tempus sit motus caeli.

⟨2⟩ Item posito quod *b* in hac die calefiat in mane et in vespere et pauset in meridie et in mane acquiratur unus gradus caliditatis in ipso *b* et in vespere alius, constat quod in calefaciendo est tempus interruptum quiete

---

7 decimo ... est] decimo quaeritur consequenter G : deinde decimo et ultimo quaerendum est p ‖ decimo ... videlicet] quaeritur decimo P   8 idem] *add.* vel p   9 tempus idem] *inv.* p ‖ utrum] *corr. sup. lin. ex* quod C   10 etiam] *om.* Pp ‖ sufficiant] sufficiunt G ‖ sit motus] *inv.* p   11 arguitur] *praem.* et p ‖ primo] *om.* G   12 entitate] identitate p ‖ rei] *sup. lin.* C ‖ est] et GPp   12–13 ad invicem] *om.* G   13 quodcumque] postquam G ‖ esset] essent p   14–15 mei entitas] identitas p   15 unitatem unitas] unitatem motus unitas temporis p   16 tamen] cum C   17 ens] *om.* p ‖ et] *om.* P   18 quod] quin P ‖ posset] possit GP ‖ meus] magnus P   19 omne] omnino p

---

13 Aristoteles, *Metaphysica*, IV, 2, 1003b22–23; cf. *AA*, 1: 90

media et tamen mane et vespere est idem motus calefactionis sive eadem et una calefactio. Probatio quia: non erat aliud calefactio quam caliditas quae acquiritur; et tamen caliditas quae mane acquiritur et quae vespere acquiritur, fiunt una totalis caliditas; igitur similiter istae calefactiones fiunt una totalis calefactio.

⟨3⟩ Deinde etiam arguo quod non requiritur eadem forma secundum quam est motus ad hoc quod motus sit unus quia: non est eadem forma ad quam est motus calefactionis et ad | quam est motus frigefactionis, immo sunt formae contrariae; et tamen calefactio et frigefactio eiusdem subiecti sibi invicem succedentes sunt unus et idem motus. Probatio quia: illa sunt unum, quae sunt ad invicem continua. Hoc patet quinto *Metaphysicae*; et etiam in illo quinto vult Aristoteles et dicit quod omnis motus unus est continuus, et | quod etiam, si est continuus, est unus. Sed ego ostendo quod calefactio et frigefactio sunt motus ad invicem continui quia: continua sunt, quae copulantur ad terminum communem vel quorum ultima sunt unum, ita scilicet quod idem est terminus principium unius et finis alterius (hoc apparet in isto quinto et in *Praedicamentis*); sed certum est quod eadem caliditas est terminus ad quem finitur calefactio et terminus a quo incipit succedens frigefactio, sicut idem est locus ad quem finitur motus sursum sagittae et a quo iterum incipit motus eius deorsum; igitur etc.

⟨4⟩ Deinde arguitur etiam quod non requiritur unitas subiecti ad hoc quod motus sit unus quia: sicut immediate dictum est, motus est unus, si est continuus; et tamen bene est continuus, | li|cet non maneat idem subiectum, ut si canis de cacumine turris Beatae Mariae caderet deorsum et in medio motus moriretur, iste descensus propter hoc non discontinuaretur et tamen non maneret subiectum idem, quia prius esset canis et posterius non canis, sed cadaver.

⟨5⟩ Item reducendo ad aliam quaestionem arguitur quod haec non sufficiunt ad hoc quod motus sit unus quia: Aristoteles non concederet quod motus contrarii sint unus motus et tamen possibile est quod sit idem subiec-

---

2 probatio] probatur p   4 fiunt¹] fuit CP   7 sit] *add.* idem sive G   9 et¹] *om.* P   10 succedentes] succedentis Cp ‖ quia] quod C   11 continua] *add.* et p   13 et] ad P   14 et] vel P   15 vel] et p   16 terminus] *add. sup. lin.* et G ‖ alterius] *om.* P   17 apparet] patet p ‖ quinto] libro p   18 ad quem] *rep.* G ‖ terminus²] *om.* GPp   19 motus] *rep.* p : locus C   21 arguitur etiam] *inv.* GPp   23 continuus²] unus *sed add. in marg.* alias continuus C : unus *sed add. sup. lin.* continuus G : unus Pp   25 tamen] *seq. spat.* C   28 reducendo] respondendo P   29 quia] et P   30 et] *om.* P

---

11 Cf. Aristoteles, *Metaphysica*, V, 6, 1015b36–1016a1   12 Cf. Aristoteles, *Physica*, V, 4, 227b3–229a6   17 Cf. Aristoteles, *Physica*, V, 3, 227a11–13; cf. *AA*, 2: 158; cf. Aristoteles, *Praedicamenta*, 6, 5a1–14

QUAESTIO 10   87

tum motuum contrariorum, ut eadem sagitta ascensus et descensus, et idem spatium per quod sunt illi motus, et idem tempus, quia in octavo arguetur quod non est necesse inter motus contrarios esse quietem mediam; igitur etc.

5   Oppositum determinat Aristoteles.

In argumentis factis tanguntur difficultates plures: prima est utrum necesse est inter motus contrarios esse quietem, sed hoc tractabitur in octavo libro. Secunda est utrum motus contrarii sunt ad invicem continui, et maxime, si non sit quies intermedia, et eodem modo dubitaretur utrum albedo et
10 nigredo essent ad invicem continuae. Tertia dubitatio est quid est subiectum motus, sive alterationis sive localis vel augmentationis et diminutionis. Quarta est quaestio principalis.

De prima dubitatione nihil ad praesens. Sed secunda est mihi bene difficilis. Si enim unus baculus continuus sit secundum unam eius totam medieta-
15 tem albissimus et secundum aliam totam nigerrimus, apparet quod albedo ista et nigredo ista non sunt ad invicem continuae, quia earum extrema non sunt unum (nam extremum albedinis non videtur esse nisi albedo nec extremum nigredinis nisi nigredo); sed impossibile est summam albedinem et summam nigredinem esse aliquid unum, quia non est unum simpliciter
20 loquendo, nisi sit unum in numero; et non est unum in numero, nisi sit unum   105vb G
in specie, ut dicitur quinto *Metaphysicae* et in | isto quinto; sed extrema albedinis et nigredinis non sunt unum in specie; ideo non sunt unum.

Sed oppositum videtur, quia si diversae formae substantiales sunt ad invicem continuae, | ita potuerint esse albedo et nigredo; sed diversae for-   118rb P
25 mae substantiales bene sunt ad invicem continuae. Hoc declaro quia: si *a* et *b* sunt composita substantialia ex materia et forma, magis debet esse eorum denominatio simpliciter a formis quam a materiis, ita quod si mate-

---

2 arguetur] argueretur P   3–4 igitur etc.] *add.* etc. C : *om.* G   7 sed] *add.* de p   8 sunt] sint p   11 motus] *rep.* G ‖ et] aut GPp   13 secunda] *add.* dubitatio GPp   13–14 bene difficilis] *inv.* p   14 sit] *om.* P ‖ unam eius totam] unam totam eius p : totam eius unam P   15–16 albedo ista] illa albedo Pp   16 nigredo ista] illa nigredo GPp ‖ earum] eorum p : eadem P   19 unum²] *add.* simul C   21 ut] et P ‖ sed] scilicet p   23 sunt] *add. sed del.* ad invicem C   24 esse] *om.* p   25 bene sunt] *inv.* G   26–27 esse eorum denominatio] eorum denominatio esse GP : earum denominatio esse p   27–88.1 materiae eorum] *inv.* G : earum materiae p

2 Cf. inf., VIII, q. 8   5 Cf. Aristoteles, *Physica*, V, 4, 227b20–33   7 Cf. inf., VIII, q. 8   21 Cf. Aristoteles, *Metaphysica*, V, 6, 1016b36; cf. Aristoteles, *Physica*, V, 4, 228b1–2

riae eorum sunt continuae, ista debent dici discontinua et non continua, si formae non sunt continuae, sed discontinuae. Forma enim est principalior quam materia; ideo magis ab ea debet esse denominatio simpliciter quam a materia. Si igitur *a* et *b* simpliciter loquendo dicantur continua, oportet formas eorum substantiales esse continuas. Sed *a* et *b* dicuntur simpliciter continua, licet habeant diversas formas substantiales. Ostendo de ramo cuius una pars est viridis et viva et alia | semper est sicca et mortua; et tamen ille ramus est unus et continuus et indiget sectione vel fractione ad hoc quod illae partes ab invicem separentur, et non potest aliter moveri una pars sine alia. Ideo sic est illius rami motus, scilicet unus; et tamen quinto *Metaphysicae* describitur continuum quod illud est continuum cuius motus est unus. Formae tamen substantiales istarum partium sunt plures diversae, quia unius partis forma est anima et alterius non. Et ita etiam pirus inseritur in pomo et fiunt pirus et pomus una arbor continua.

Et certe apparet quod satis est probabile sustinere quod duae formae substantiales sunt ad invicem continuae et etiam summa albedo et summa nigredo. Ego enim ponerem quod uno motu moveretur materia et forma et omnia | accidentia in eis inhaerentia et non materia uno motu et forma alio. Et ita etiam dicerem quod una et eadem extensione, quae est magnitudo, sunt extensae materia et forma et alia accidentia. Et cum non sit continuitas extensionis nisi ratione magnitudinis, ego dicerem quod est eadem continuitas partium materiae et partium formae et aliorum accidentium; et ista non est nisi continuitas partium magnitudinis; ideo quaecumque partes materiae et quaecumque partes formae vel accidentia sunt simul cum partibus magnitudinis ad invicem continuis, ista sunt ad invicem continua continuatione illius magnitudinis, sicut sunt extensa eius extensione.

Et quando dicitur 'continua sunt quorum extrema sunt unum', ego dico quod hoc debet intelligi de extremis magnitudinum, ita quod magnitudines, quibus per se convenit continuitas, sunt continuae, quarum extrema

---

1 sunt] sint p   3 debet] debeat P   4 si igitur] *inv.* GPp ‖ dicantur] dicuntur GPp   5 eorum] earum G   7 et viva] *om.* C ‖ semper] pars GPp   9 ab] ad C ‖ separentur] separarentur P   10 pars] *om.* G ‖ scilicet] *om.* GPp ‖ et] *om.* P ‖ tamen] *add.* in P   11 quod ... continuum²] *om.* (*hom.*) p   12 plures] *om.* GPp   14 pirus et pomus] pomus et pirus P   15 apparet] *add.* mihi GPp ‖ satis] *om.* GPp   16 sunt] sint GPp ‖ etiam] *om.* P   17 moveretur] movetur Pp : moverentur G   18 in] *om.* GP   19 est] *add. sed del.* magis C   24 partes] *om.* Gp   26 continuatione] continuitate P   27 extrema] ultima Gp

10–11 Cf. Aristoteles, *Metaphysica*, V, 6, 1016a5

QUAESTIO 10   89

sunt unum; et alia a magnitudinibus sunt continua extensione, quia suarum
magnitudinum extrema sunt unum. Et si aliquis vult aliter dicere, tunc apparet mihi quod dicta positio est probabilis.

   Nec sequitur, | si tales formae diversae sunt ad invicem continuae, quod   106ra G
5 sint aliquid unum, quia licet ad continuitatem sequatur unitas simpliciter in
his quae dicuntur per se continua, sicut sunt partes magnitudinis vel partes
motus localis aut temporis, tamen hoc non sequitur | de his quae per acci-   118va P
dens dicuntur continua. Non enim sequitur, si partes magnitudinis sunt una
magnitudo, quod formae eis coniunctae sunt una forma.

10   Sed iterum est bene difficile unde attendatur continuitas motuum. Et
apparet mihi quod non ex tempore nisi arguitive, si tempus sit illis motibus
extrinsecum, ut si tempus ponatur esse motus caeli, non apparet quod propter continuitatem motus caeli cursus equi sit continuus et calefactio aquae
continua intrinsece, quoniam si per potentiam divinam cessaret motus caeli
15 manentibus cursu equi et calefactione aquae, non minus cursus equi esset
unus et continuus et non minus calefactio aquae esset una et continua.

   Videtur igitur mihi quod generationi aquae *a* fieret continua generatio
aquae *b*, licet die Lunae esset generatio aquae *a* et die Mercurii generatio
aquae *b* | et die Martis intermedia nulla esset aquae generatio, quoniam   131ra C
20 aquae generatae generatione *a* aqua generata generatione *b* potest fieri continua, si simul ponantur; et tamen aqua *a* fuit eius generatio et aqua *b* etiam
fuit generatio ipsius; igitur etc.

   Similiter etiam ita est de continuitate caliditatis secundum intensionem.
Si enim imaginamur summam caliditatem existentem in subiecto *a* habere
25 decem gradus successive generatos in isto subiecto et sine temporis interruptione, illi fiunt invicem continui intensive. Et si cum interruptione temporis generarentur, ut quinque die Lunae vel die Martis et quinque die Mercurii, credo quod non minus omnes illi gradus se haberent continue secundum intensionem quam si non fuisset interruptio temporis in ipsorum gene-

---

1 et alia] alia autem P   1–2 et ... unum] *om.* (*hom.*) p   1 quia] *add. sup. lin.* seu qua C
2 et] *om.* P ‖ si] *sup. lin.* C ‖ tunc] *om.* P   3 positio] propositio P   4 sequitur] *add.* quod p
5 sint] sit G ‖ aliquid] aliquod Pp ‖ sequatur] sequitur p   7 de his quae] quod P   9 eis]
eius CG ‖ sunt] sint GPp   10 iterum] ratione G   15 cursus] *corr. ex* cursu C   17 gene-
rationi] generatio P   18 die¹] *corr. ex* de C ‖ mercurii] mercuri C   19 et] *add. sed del.* de
C ‖ aquae²] *sup. lin.* C   20 generata] *rep.* G   21 et¹] *om.* P ‖ a] *add.* prius p ‖ etiam] post
p : *om.* P   22 generatio ipsius] *inv.* GPp   23 ita] *om.* P ‖ intensionem] intentionem CG
24 imaginamur] imaginaremur P ‖ imaginamur ... existentem] imaginetur summa caliditas
existens p ‖ habere] haberet P   25 generatos] generationis p ‖ sine] sive p   26 invicem]
praem. ad P ‖ intensive] intensione G   27 generarentur] generantur p ‖ et] *add.* alii GPp
29 intensionem] intentionem G ‖ temporis] *om.* p

ratione. Non enim aliter se habebunt die Iovis illi gradus ad invicem quam si sine interruptione temporis fuissent generati, sicut esset de aqua *a* et aqua *b* immediate vel interrupte generatis post invicem. Et ita, si illius caliditatis summae generarentur quinque gradus die Lunae et quinque die Mercurii et nihil die Martis, generationi quinque graduum continuabitur continuitate intensionis generatio aliorum quinque graduum.

Tunc igitur quaeritur utrum calefactio qua acquisiti sunt quinque primi gradus et calefactio qua acquisiti fuerunt alii quinque gradus fiunt ad invicem | continuae, et utrum fuerint una calefactio.

Ego dico quod illae calefactiones non sunt invicem continuae, quia non sunt calefactiones; tamen ea quae fuerunt illae calefactiones sunt ad invicem continua continuitate intensionis, sicut esset de aquis quae interrupte generabantur.

Sed iterum dubitatur posito quod quinque gradus caliditatis generati die Lunae sint caliditas *a* et quinque gradus generati | die Mercurii sint caliditas *b*, quae modo sunt una totalis caliditas, utrum generatio | quinque primorum graduum et generatio aliorum quinque graduum fuerint ad invicem continuae et una generatio.

Respondeo quod illae generationes non sunt ad invicem continuae, quia non sunt generationes, sed ea quae fuerunt illae generationes sunt ad invicem continua, posito quod isto solo tempore utamur tamquam praesente in quo illi gradus et illae caliditates sunt generatae. Sed si hoc totali anno uteremur tamquam praesente, videtur mihi quod esset verum dicere quod illae calefactiones sunt ad invicem continuae, quia sunt calefactiones, licet una prius et alia posterius, et illae calefactiones sunt caliditates et illae caliditates sunt ad invicem continuae.

Sed tunc est finalis dubitatio utrum sic utendo totali anno tamquam praesente sit concedendum quod illae sunt calefactiones continuae sive generationes continuae. Non enim facio differentiam ad praesens inter calefactio-

---

1 quam] quod C   2 et] *add.* de P   3 interrupte] *corr. ex* interruptione C : sine interruptione p ‖ generatis] generati G : generantis p ‖ et] *om.* P ‖ illius caliditatis] *inv.* p : caliditas illius P   5 generationi] generatione P ‖ continuabitur] *om.* P   7 sunt] fuerunt GPp   8 fiunt] *add. in marg.* seu sunt C : fuerint GPp   9 utrum] *add. in marg.* alias fiunt C ‖ fuerint] fuerit Pp   10 quod] *add.* si GPp ‖ sunt] *add.* ad P ‖ quia] quod p   11 fuerunt] fuerint G ‖ illae] illic P ‖ calefactiones²] *add.* nunc p   12 continua] continuae G ‖ intensionis] intentionis G ‖ esset] *om.* C ‖ interrupte] *add.* si C   14 sed] *add.* tunc Gp : et tunc P ‖ die] de C   15 sint caliditas a] caliditas a sint P : sint caliditas G ‖ generati] generandi C : caliditatis generati in G   16 quae modo] quomodo C ‖ quinque primorum] *inv.* G : priorum quinque P   17 fuerint] fuerunt P ‖ ad] *om.* Gp   21 solo] *corr. in marg. ex* subiecto C   22 illae caliditates] illa caliditas p   28 calefactiones] *add. in marg.* alias caliditates C   29 differentiam ad praesens] ad praesens differentiam GPp

nem et generationem caliditatis, licet esset differentia si per 'calefactionem' intelligeremus compositum ex generatione caliditatis et corruptione frigiditatis.

Et videtur mihi probabiliter dicendum quod illae calefactiones sunt ad invicem continuae, sed non sunt calefactiones continuae, sicut aliquis | clericus est bonus, qui non est clericus bonus. Hoc enim nomen 'calefactio' connotat successionem; ideo non est calefactio continua, nisi sit continue successio. Et ita etiam intendit Aristoteles quod non sit unus motus, nisi tempus sit unum, ita quod posito cursu naturali quod semper continue sit tempus, plures motus non sunt unus motus, si sit tempus medium in quo non sit aliqua successio huius motus ad illum vel partis ad partem eius aut illius. Et ita etiam vult Aristoteles quod illi motus bene sunt unum, sed non sunt unus motus, quia requiritur ad unitatem motus continuitas motus.

Sed tunc de motibus quos solemus vocare contrarios, utrum sunt contrarii, respondeo quod illi motus non sunt ad invicem proprie contrarii, sicut alias dicebatur, sed termini significativi sunt contrarii, ut isti termini 'calefieri', 'frigefieri', 'calefactio', 'frigefactio', 'generatio' et 'corruptio', 'motus sursum' et 'motus deorsum' etc. Ideo non est mihi inconveniens quod continuentur ad invicem vel magis uniantur quam unitate continuitatis. Sic enim generatio et corruptio substantialiter uniuntur quod generatio huius ignis erit corruptio huius ignis. Et in calefactione et in frigefactione generatio caliditatis erit corruptio caliditatis, sed corruptio frigiditatis non erit generatio frigiditatis, quia corruptum non revertitur idem numero. Sed tamen, si frigefactio consequitur in eodem subiecto calefactionem sine quiete media, apparet mihi quod corruptio prior frigiditatis et generatio posterior frigiditatis continuarentur vel magis unirentur quam unitate continuitatis, immo si non | fiat calefactio usque ad summam caliditatem, immo quod aliquis | gradus frigiditatis remaneat, tunc frigiditas quae prius est corruptio et frigiditas quae posterius est generatio uniebantur successive cum illo | gradu frigiditatis remanente in constituendo frigiditates perfectas unam prius et aliam posterius.

131rb C

119ra P
106va G

93va p

4 dicendum] respondendum GPp   5 sunt] *om.* G   6 qui ... bonus²] *om.* (*hom.*) C ∥ clericus bonus] *inv.* P   7 continue] continua P   8 etiam] *om.* GPp   10 motus²] *add.* continuus GPp   11 partis ad] *om.* CG ∥ eius] huius GPp ∥ aut] ad G   14 sunt] *add.* invicem GPp   15 ad] *om.* P   17 et] *om.* GPp   18 et] *om.* Gp ∥ etc.] *om.* P   18–19 continuentur] continnentur p   19 quam] ABHPTUp (*add.* pro P) : *om.* CGLM ∥ continuitatis] continuationis p   21 in²] *om.* Gp   22 erit¹] est p ∥ caliditatis] frigiditatis p   23 idem] *add.* in P   24 consequitur] consequeretur GPp   26 continuarentur] continuerentur P   30 remanente] *in marg.* C

8 Cf. Aristoteles, *Physica*, V, 4, 228b1–7   16 Cf. sup., V, q. 4

De motibus autem localibus manifestum est quod non possunt continuari, si interrumpuntur quiete, quia in quiete iam est corruptus primus motus et nondum succedit sibi alius; ideo nec est sibi continuus nec amplius sibi continuabitur. Sed si non esset interruptio quietis, adhuc determinat Aristoteles in octavo *huius* quod motus locales contrarii non continuarentur ad invicem nec possent esse unus motus. Et nec mihi apparet quod ipse hoc probet fortiter, et maxime cum ipse hoc arguat ex contrarietate locorum; et tamen est idem locus ad quem finitur motus sursum et a quo incipit motus deorsum; ideo hoc non videtur prohibere, sed magis arguere continuitatem.

De alia autem dubitatione, scilicet quid sit subiectum motus, dictum fuit alias quod materia prima in habentibus eam et in caelestibus substantia orbis.

De quaestione autem principali concessum est quod tempus non de necessitate requiritur ad aliorum motuum unitatem, sed stante cursu naturali potest argui quod non sit motus continuus, si tempore intermedio intersit quies.

De subiecto autem motus manifestum est quod argumenta de cane et ramo non concludunt, quia materia manet eadem, quae est subiectum, et quia in eis magnitudo est continua.

De motibus autem contrariis, an sint realiter contrarii vel nomina eorum contraria, dictum est alias.

131[va] C   Et ego in ista quaestione | non signavi vel numeravi conclusiones, quia sunt extraneae et parum discussae, sed praedicta dixi, ut aliis daretur materia studendi circa praedicta et fortius discutiendi. Et Aristoteles omnino in octavo *huius* nititur probare quod motus reflexus non possit esse unus nec continuus propter hoc quod motus ante reflexionem et motus post reflexio-

---

2 est corruptus] est interruptus *sed add. in marg.* alias corruptus C : *inv.* GPp   3 nondum] numquam C ‖ est] esset P   4 sed] *om.* P ‖ non] *om.* G ‖ quietis] quiete CG : quieti P ‖ adhuc] et hoc P   5 continuarentur] continuerentur P   6 possent] posset G ‖ nec mihi apparet] non apparet mihi GPp ‖ ipse] *om.* p   6–7 hoc probet] *inv.* p : probat hoc GP   7 fortiter] *add. in marg.* alias formaliter C ‖ et[1]] *om.* p ‖ et maxime] *om.* P ‖ ipse] primo p   8 tamen] *add.* non C ‖ finitur] *add. in marg.* seu sequitur C   10 quid] quod P   11 quod] *add.* est p ‖ in[2]] *om.* P ‖ caelestibus] *add.* substantialibus p ‖ substantia] substantiae P   14 unitatem] *add. in marg.* alias continuitatem C   15 sit motus continuus] sint (sit G) motus continui GPp   17 quod] quia G   18 quia] quod C ‖ et] *om.* C   20 autem] etiam G   22 numeravi] notavi *sed add. sup. lin.* seu numeravi C   23–24 daretur materia studendi] materia studendi daretur p   25 quod] *add. sup. lin.* arguit G ‖ possit] potest P ‖ nec] neque GPp   26 propter hoc] *om.* G ‖ ante] aliquando C

---

5 Cf. Aristoteles, *Physica*, VIII, 8, 261b29–262a6   21 Cf. sup., V, q. 4   25 Cf. Aristoteles, *Physica*, VIII, 8, 261b29–262a6

nem sunt contrarii et contraria non possunt ad invicem continuari nec esse unum. Et hoc non apparet mihi esse demonstratio. Dicat igitur de praedictis quilibet sicut voluerit, quia nihil determino.

Et haec sint dicta de quaestionibus quinti libri *Physicorum*.

5　Expliciunt quaestiones quinti libri *Physicorum* a magistro Iohanne Buridano editae, cuius anima requiescat in pace. Amen.

---

4 et ... physicorum] et sic est finis illius quinti G : et sic est finis quinti libri p : et sic est finis quinti P　　5–6 expliciunt ... amen] expliciunt quaestiones quinti libri physicorum incipiunt supra sextum G : *om.* Pp　　5 iohanne] *add. sed del.* editae C ‖ buridano] *scripsimus* : buridani C

⟨Tabula quaestionum sexti libri *Physicorum*⟩

106ᵛᵇ G
131ᵛᵇ C
119ʳᵇ P

| Tabula quaestionum sexti libri *Physicorum*.

⟨1⟩ Prima quaestio est utrum puncta sunt sibi invicem proxima. Quod, si puncta essent res indivisibiles, | essent proxima et non proxima (et sic de instantibus). 5

⟨2⟩ Secunda quaestio est utrum linea componatur ex punctis. Quod quantum ad hoc similiter se habent magnitudo, motus et tempus. Quod, si essent res indivisibiles, linea componeretur et non componeretur ex eis.

⟨3⟩ Tertia utrum in eodem corpore longitudo est res distincta a latitudine et profunditate. Quomodo differunt in homine, in plantis, in caelo et in aliis 10 sursum et deorsum, ante, retro, dextrum et sinistrum. Quare dicimus omne corpus habere vel esse tres dimensiones et quare una determinate dicitur longitudo, alia latitudo etc.

⟨4⟩ Quarta utrum puncta sint res indivisibiles in linea. Quod sunt in linea puncta, sed non res indivisibiles. Quod punctum est res divisibilis, et sic de 15 instanti. Quod omne punctum est linea et pars lineae. Quare igitur punctum

93ᵛᵇ p

dicitur indivisibile. Quod linea componitur ex punctis. Quod aliquo pun|cto est dare in infinitum minus punctum et forte etiam in infinitum maius. Quomodo partes continui copulantur ad terminum communem. An sphaera planum tangat. Quomodo exponuntur definitiones et circuli et sphaerae et 20 multorum aliorum, in quibus ponuntur haec nomina 'punctum', 'instans' etc. De 'incipit' et 'desinit'.

⟨5⟩ Quinta utrum sit aliqua transmutatio instantanea. Quod non est possibile naturaliter lumen instantanee fieri vel visionem etc. Quomodo exponitur 'fieri' et 'creari' etc. 25

⟨6⟩ Sexta utrum instans transmutationis debeat attribui posteriori passioni. Quod loquendo proprie non est verum me esse nunc vel caelum nunc moveri.

---

2 tabula] sequitur *praem*. P ‖ sexti libri] huius sexti G : sexti p   3 quaestio] *om*. p ‖ sunt] sint G ‖ sibi] *rep*. G ‖ proxima] *add*. in linea Pp   6 quaestio est] *om*. Gp ‖ componatur] componitur GPp   7 similiter se habent] se habent similiter GPp   8 ex eis] *om*. C   11 et¹] *om*. Pp ‖ ante] *add*. et G ‖ et²] *om*. Pp   11–12 omne corpus habere] habere esse corpus C   13 longitudo] *add*. et G   14 sint] sunt GPp   15 divisibilis] divisibiles p : indivisibilis CG   18 forte] *om*. P   19 terminum] *corr. ex* tantum C   19–20 sphaera planum tangat] sphaera tangat planum Pp : partes sphaerae tangant planum G   20 et¹] *om*. GPp   21 multorum aliorum] multa alia GPp ‖ instans] *om*. p   22 et] *add*. de P   24 instantanee fieri] *inv*. GPp   25 creari] creare C ‖ etc.] *om*. p   28 moveri] *add*. etc. G

⟨7⟩ Septima quaestio est utrum omne quod mutatur est divisibile.

⟨8⟩ Octava utrum ante omne mutari est mutatum esse et ante omne mutatum esse est mutari. Quomodo in omni continuo est vel non est dare primum.

⟨9⟩ Nona utrum in tempore finito potest transiri magnitudo infinita et in infinito finita. Quod omni tardo est tardius et omni veloci velocius. Quod non a puncto velocissime moto denominatur simpliciter velocitas motus.

⟨10⟩ Decima utrum possibile est aliquid moveri. Quod | motum super spatium quiescens numquam est praecise super sibi aequale, immo super maius, et quod augmentatur continue de pedali usque ad tripedale numquam est praecise bipedale, sed semper, dum augmentatur, est maius aut minus aut minus et maius | prius et posterius. Quod motus localis non ex eo est velocior vel tardior quod maius vel minus spatium pertransit. De mutatione secundum contradictionem.

107ra G

132ra C

---

1 quaestio est] *om.* GPp   2 ante¹] *om.* P   5 transiri] transire G   9 quiescens] *om.* P ‖ aequale] aequali P   10 augmentatur] augetur GPp ‖ ad] *om.* Pp   12 aut minus] *om.* (*hom.*) G ‖ prius] post C   13 maius] magis p ‖ spatium pertransit] *inv.* P   14 contradictionem] *add.* et sic finis est P : *add.* et sic patet tabula etc. et sic finitur tabula quaestionum huius sexti G : *add.* etc. finis tabulae sexti physicorum incipiunt quaestiones super sexto libro physicorum p

⟨VI. 1⟩

⟨Utrum puncta sint sibi invicem proxima in linea⟩

Primo quaeritur utrum puncta sunt sibi invicem proxima in linea.

Arguitur quod sic quia: |

⟨1⟩ Ubique in linea est punctum; igitur puncta sunt in linea proxima ad invicem. Consequentia probatur quia: ex opposito consequentis infertur oppositum antecedentis. Nam si nulla puncta sint sibi invicem proxima et tamen puncto extremo est linea proxima, tunc in ista linea non est punctum, ubi ipsa est proxima illi puncto extremo; ideo non esset ubique punctum in linea. Sed antecedens probatur quia: linea ubique sui est divisibilis (non enim est ratio quare alicubi magis quam alibi, ideo vel nullibi vel ubique); et tamen linea nullibi est divisibilis nisi secundum punctum; igitur ubique sui est punctum. Et hoc iterum confirmatur quia: linea ubique sui praeterquam in puncto extremo habet partes ad invicem continuas et per consequens copulatas ad terminum communem, quod est punctum; ideo ubique sui habet punctum.

⟨2⟩ Iterum si sphaericum poneretur super planum, numquam tangeret nisi secundum punctum. Et tamen ponendo quod illud sphaericum moveatur continue super illud planum, tanget ipsum continue secundum unam totalem lineam sine aliqua interruptione. Igitur continue etiam sine interruptione sunt puncta in illa linea; quod non posset esse, nisi essent sibi invicem proxima. Et confirmatur ista ratio sic quia: si sphaera sit super planum in quiete, ipsa non | tanget illud planum nisi solum secundum punctum,

---

4 primo quaeritur] circa sextum librum quaeritur consequenter P : incipiunt consequenter quaestiones ab initio huius sexti quaeritur primo G : incipiunt quaestiones super sexto libro physicorum quaeritur primo circa sextum physicorum p ‖ sunt] sint Gp   6 ubique in] ubicumque est P ‖ punctum] punctus G   6–7 proxima ad invicem] ad invicem proxima P   7 probatur] patet GPp   8 sint] sunt GPp ‖ sibi] om. C : ad P   9 extremo] add. sed del. est C ‖ ista] om. P   10 ubique] ubicumque P   11 ubique] ubicumque P   13 igitur] ideo G ‖ ubique] ubicumque P   14 ubique] ubicumque P   16 quod] qui G   18 tangeret] add. ipsum GPp   19 ponendo] posito p ‖ illud] om. p   20 planum] corr. in marg ex spatium C   21 totalem] totam GPp ‖ etiam] et GPp   21–22 interruptione] add. aliqua P   22 illa] om. GPp ‖ esse] rep. G   23 et] om. p ‖ confirmatur] sup. lin. C   24 tanget] tangit P

QUAESTIO 1   97

quod vocetur *b*. Et tunc, si incipiat moveri, ipsa prius transit aliquid immediatum illi puncto *b* quam aliquid remotum; et quidquid ipsa pertransit,
ipsa tangit; igitur quando ipsa primo movetur, ipsa tangit aliquid immediatum puncto *b*. Et tamen numquam tangit nisi secundum punctum. Igitur est
5 punctum immediatum puncto *b*.

⟨3⟩ Item Aristoteles in isto sexto probat quod indivisibile secundum
quantitatem, cuiusmodi est punctum, non potest moveri per se, licet conce-
dat quod possit | moveri per accidens, per illud medium quia: omne quod   107rb G
movetur, et hoc localiter, prius pertransit spatium sibi aequale vel minus
10 quam spatium maius. Et apparet quod illud principium ita sit verum de eo
quod movetur localiter per accidens sicut de eo quod movetur per se, sed
Aristoteles concedit huiusmodi indivisibile, scilicet punctum, moveri per
accidens. Igitur arguemus sicut ipse arguit, scilicet sic: omne quod movetur
prius transit sibi aequale | vel minus quam maius; sed punctum movetur,   132rb C
15 scilicet ad motum corporis, ut Aristoteles concedit; igitur punctum prius
pertransit sibi aequale vel minus quam maius. Sed non transit minus, quia
indivisibili nihil est minus. Igitur pertransit aequale prius quam maius. Et
sic oportet illud, scilicet sibi aequale, esse sibi immediatum | et proximum; 119vb P
et tamen illud sibi aequale non potest esse nisi punctum indivisibile; igitur
20 etc.

⟨4⟩ Item sicut nunc se habent in tempore, ita puncta in linea; sed ipsa
nunc in tempore sunt sibi invicem immediata; igitur etc. Maior conceditur
ab Aristotele et aliis. Et minor probatur quia: dicit Aristoteles in octavo *huius*
quod nihil est accipere de tempore nisi nunc, eo quod omne quod est prius
25 ipso nunc praesente est praeteritum et omne eo posterius est futurum; sed
semper continue in tempore est nunc praesens; igitur ipsa nunc in tempore
se habent continue et sine interruptione.

---

1 quod] qui G ‖ et] *om*. P   2 illi] *rep*. G : ipsi p ‖ aliquid] aliquod G   3 aliquid] aliquod
G   4 b] *sup. lin*. C   6 aristoteles] arguitur C   8 per¹] secundum P ‖ illud medium]
istum modum P ‖ quia] quod G   9 pertransit] transit P   10 spatium] *om*. GPp   11 loca-
liter] *add*. et p   12 aristoteles] *add*. intendit seu P ‖ indivisibile] divisibile C   14 transit]
pertransit G   15 corporis] *add*. ergo P   16 pertransit] transit (*add*. sic G) GPp   17 aequale
prius] prius aequale (*sup. lin*.) P   18 scilicet] *in marg*. C : *om*. GPp ‖ et] *add*. aeque P
21 habent] habet p ‖ puncta] punctum p   23 et¹] in p ‖ et²] *om*. GPp ‖ in octavo] *rep*.
G   23–24 in ... quod²] *om*. P   24 nisi] praeter Gp   25 praesente] *add*. hoc G ‖ et omne
eo] omne quod est p   26 semper] *om*. P

6 Cf. Aristoteles, *Physica*, VI, 10, 241a6–14   12 Cf. Aristoteles, *Physica*, VI, 10, 240b8–9; cf. *AA*,
2: 176   13–17 Cf. Aristoteles, *Physica*, VI, 10, 241a6–12   15 Cf. Aristoteles, *Physica*, VI, 10,
240b9–10   23 Cf. Aristoteles, *Physica*, VI, 1, 231b18–20   23–25 Cf. Aristoteles, *Physica*, VIII,
1, 251b19–25

Oppositum dicit Aristoteles in isto sexto et in primo *De generatione*.

Notandum est quod multi imaginantur quod termini lineae sunt puncta, quae quidem puncta sunt res indivisibiles, scilicet nullam habentes latitudinem neque extensionem, et quod etiam inter partes lineae ad invicem continuas sunt puncta quae sunt res indivisibiles. Et puto quod Aristoteles non credit sic in linea esse puncta quae sint res indivisibiles.

Ideo ponendae sunt nunc conclusiones.

Prima conclusio est quod, si essent puncta res indivisibiles in linea, sicut illi imaginantur, impossibile esset puncta ad invicem esse proxima in linea. Quod sic probatur quia: vel ista essent omnino simul situaliter, scilicet tali modo quod dato primo puncto alicuius lineae et postea acceptis duobus punctis in medio illius lineae ad invicem proximis, neutrum illorum esset propinquius vel remotius ad illud punctum primum quam reliquum, vel ista puncta sic invicem proxima et immediata essent extra invicem situaliter; sed utrumque horum est impossibile; igitur etc. Maior manifesta est, quia aliter non potest imaginari quod sint invicem proxima. Minor probatur: primo quidem impossibile est quod sint simul omnino et indistincta secundum situm. Nam frustra essent; nam mille sic existentia non plus facerent de extensione quam unum solum, et si non facerent plus de extensione, tunc ad omnia salvanda sufficeret unum ita sicut mille. Sed etiam probatur quod non sunt extra invicem situaliter, si sint invicem proxima quia: tunc unum punctum | tangeret alterum. Et tunc quaereretur quia: vel hoc totum tangeret illud totum vel pars partem vel | pars totum? Sed non potest dici quod pars partem vel pars totum, quia neutrum habet partem, cum ponatur esse indivisibile. Nec potest dici quod totum tangat totum, quia reverteretur quod essent indistincta secundum situm, sicut si unum cor-

---

1 dicit] determinat GPp ‖ primo] principio P   2 notandum est] notandum P : nota G
3 scilicet] *om.* GPp   5 quod] quam P   6 credit ... linea] credidit sic in linea p : credidit in linea sic P : sic credidit in linea G ‖ esse] *sup. lin.* C ‖ sint] sunt GP   7 ideo] *om.* G ‖ ponendae sunt nunc] nunc ponendae sunt G : ponendae sunt modo P   8 conclusio] *om.* P ‖ essent puncta] *inv.* GPp ‖ res] *rep.* G   10 ista essent] hoc esset G ‖ scilicet] *add.* in p
12 neutrum] nullum Gp   13 propinquius] proximius GPp   15 impossibile] *om.* C   16 proxima] *add.* et immediata P   18 nam¹] quia GPp   19 facerent plus] *inv.* GPp   20 sufficeret unum ita] ita sufficeret unum GP : sufficeret unum p   21 sunt] sint p   22 alterum] reliquum p ‖ quaereretur] quaeretur Pp   23 illud] *sup. lin.* C   24 partem²] *sup. lin.* C   26 essent] remanerent p

---

1 Cf. Aristoteles, *Physica*, VI, 1, 231a29–b7; cf. *AA*, 2: 170; cf. Aristoteles, *De generatione et corruptione*, I, 2, 317a2–3

QUAESTIO 1

pus secundum se totum tangeret alterum et secundum se totum, necesse esset ista esse simul secundum penetrationem et indistincta secundum situm. |

Et confirmatur quia: si sint puncta tria consequenter et immediate ad invicem se habentia, quae sint *a*, *b*, *c* (et sit *b* punctum medium), vel igitur *a* et *c* tangunt | *b* secundum diversa latera ipsius *b* vel omnino secundum idem. Non potest dici quod secundum diversa latera, quia tunc illud punctum *b* esset divisibile, ex quo haberet diversa latera. Si vero tangunt ipsum omnino secundum idem, sequitur quod etiam attingunt ad invicem; quod non potest esse, nisi sit super istud punctum secundum eundem situm. Sequitur etiam quod nulla potest assignari ratio quare punctum *a* respectu puncti *b* sit magis ad dextrum vel ad sinistrum quam punctum *c*, vel magis superius vel inferius, vel magis ante quam retro; ideo non potest dici an ex illis tribus punctis sit linea recta vel angularis vel circularis.

Item si duo puncta sibi invicem proxima in linea non constituerent aliquam extensionem linearem, essent frustra, ut dicebatur. Et si constituerent extensionem linearem, sequerentur inconvenientia plura.

Primo sequeretur quod diameter quadrati esset aequalis costae illius quadrati; quod est contra geometriam. Consequentia probatur quia: pono quattuor puncta se tangentia in modum quadrati; et sint illa puncta *a*, *b*, *c*, *d*, ita quod una costa illius quadrati sit *ab*, alia est *bc*, tertia est *cd*, quarta est *da*. Tunc igitur diameter est *ac*. Et tunc ego quaero utrum *a* et *c* tangunt se vel est aliquid intermedium. Si tangunt se, tunc sequitur, cum ista sunt indivisibilia sicut *a* et *b*, quod non constituunt maiorem lineam quam *a* et *b*; et sic diameter esset aequalis costae. Si vero dicatur quod inter *a* et *c* est aliquid medium, hoc non potest minus esse quam punctum; et sic diameter erit linea trium punctorum et latus duorum; ideo diameter erit commensurabilis costae, cuius oppositum declaratum est in geometria.

---

1 et] etiam GPp   2 indistincta] indistantiam G   4 et¹] *add.* hoc GPp ‖ immediate] immediata P   6 et] *om.* P ‖ b²] *om.* GPp   9 idem] *add.* sui GPp ‖ quod etiam] *inv.* p ‖ ad] *add.* se GPp   10 situm] *add.* et p   11 etiam] igitur C   12 puncti] *om.* p ‖ dextrum] dextram Pp ‖ sinistrum] sinistram Pp ‖ quam punctum] *om.* C   13 vel¹] aut GP ‖ dici] *in marg.* C   14 tribus punctis] *inv.* G ‖ angularis vel circularis] circularis vel angularis GPp ‖ vel circularis] *in marg.* C   17 plura] puta p   18 sequeretur] sequitur Gp ‖ quod] *add.* ipsa P   20 in modum] ad modum G : invicem p   21 sit] est Gp : *om.* P ‖ ab] *add. sed del.* c C : *add.* et p ‖ est²] *om.* GP ‖ cd] *add.* et Gp   22 tunc²] *add.* igitur p ‖ quaero] quaeram P   23 aliquid] aliquod G ‖ ista sunt] ita sint Gp   25 esset] est GPp   26 minus esse] *inv.* GPp ‖ sic] c G   28 declaratum] demonstratum GPp

Secundo sequeretur quod punctum, quod ponitur esse indivisibile, esset divisibile; quod implicat contradictionem. Consequentia probatur quia: super idem spatium potest aliquid moveri velocius et aliquid tardius aut in duplo aut in triplo aut in qua proportione volueris. Et ponamus gratia exempli quod *a* moveatur dupliciter velocius quam *b* et utrumque super spatium quinque punctorum et incipiunt simul moveri. Tunc igitur in quo tempore *a* pertransit spatium suum, quod est quinque punctorum, *b* solum pertransit dimidium neque plus neque minus. Et non est dare medium quinque punctorum nisi duo puncta cum dimidio. Et ita unum punctum habet duas medietates et sic est divisibile.

Multa alia inconvenientia sequerentur, quae esset longum et superfluum enumerare et quorum aliqua dicentur post. | Et etiam sequeretur quod linea esset composita ex punctis, sed de hoc dicetur magis post.

Secunda conclusio est quod, si puncta | essent in linea res indivisibiles, ipsa essent ad invicem proxima. Hoc | probatur per rationes quae fiebant in principio quaestionis. Unde si esset dare puncta sic indivisibilia, ita esset dare lineas longas indivisibiles secundum latitudinem et profunditatem. Et certum est | quod talem lineam describeret sphaera mota super planum. Et ista sphaera sic mota tangeret omnia puncta illius lineae et continue tangeret vel puncta vel lineam. Si continue tangat puncta, oporteret ista se habere ad invicem continue. Et si continue tangeret lineam et non puncta, tunc esset linea sine punctis secundum quam interrumpetur tactus punctorum; quod est impossibile.

Item immediate post primum punctum illius lineae sphaera adhuc tangeret planum vel secundum punctum, et haberetur propositum, vel non secundum punctum, sed secundum lineam, et tunc immediate post illud primum punctum esset linea sine puncto. Et omnino, si aliquando tangeret lineam et non punctum, propter continuitatem motus oporteret conce-

---

1 sequeretur] sequitur Gp ‖ esse indivisibile] *om.* GP   2 divisibile] indivisibile P ‖ implicat] *corr. in* non plicat P   3 idem] illud C ‖ aliquid²] aliquod G   6 incipiunt] incipiant GP ‖ moveri] movere G   7 spatium] *add. sed del.* neque plus neque minus C   9 habet] habent G   10 sic] *om.* GPp ‖ divisibile] *corr. ex* indivisibile C   11 alia] autem Gp ‖ longum et superfluum] longa et superflua P   12 post] primo C ‖ et²] *om.* G ‖ sequeretur] sequitur Gp ‖ linea] *add.* b p   13 sed] et p ‖ de] *om.* C ‖ magis post] *inv.* P   14 est] *om.* G   18 et] *add.* sic G   20 tangat] tangeret GPp   21 et¹] *om.* GPp ‖ tangeret] tangerent P   22 interrumpetur] interrumperetur GPp   25 et] *add.* tunc GPp ‖ vel²] et P   28–101.1 concedere pari ratione] pari ratione concedere GPp

12 Cf. inf., VI, q. 2   13 Cf. inf., VI, q. 2

dere pari ratione quod, quamdiu ipsa moveretur sic, ipsa tangeret lineam et non tangeret aliquod punctum; quod est absurdum, quia pertransiret omnia puncta illius lineae et non nisi tangendo ea.

Tertia conclusio quod nulla sunt puncta in linea quae sint res indivisibiles. Hoc probatur quia: huius propositionis contradictoria est impossibilis, cum ad eam sequeretur utraque pars contradictionis, ut apparuit per duas conclusiones praecedentes; igitur haec conclusio est vera.

Quarta conclusio sequitur quod etiam in tempore non sunt instantia quae sint indivisibilis durationis, nec etiam in motu momenta quae sint indivisibilia, quia similiter oporteret dicere de punctis in linea, de instantibus in tempore et de momentis in motu, sicut etiam postea magis videbitur.

Et quia etiam oportet similiter dicere de punctis ad lineam, de lineis ad superficies et de superficiebus ad corpus, ideo concedendum est quinto quod in corpore nulla est superficies indivisibilis secundum profunditatem et etiam nulla est in superficie linea indivisibilis secundum latitudinem et profunditatem.

Et inde sequitur sexto quod, si est aliqua superficies, ipsa est corpus, quia ipsa est divisibilis non solum secundum longitudinem et secundum latitudinem, sed etiam secundum profunditatem; et omne tale est corpus. Et etiam pari ratione, si est aliqua linea, ipsa est superficies; et si est aliquod punctum, ipsum est linea. Et sic tandem sequitur quod, si est aliquod punctum, omne punctum est linea et superficies et corpus.

Et apparet quod omnes rationes quae fiebant in principio quaestionis verum concludebant, si in linea sunt puncta quae sint res indivisibiles etc. |

108ra G
120va P

---

1 ipsa¹] ipsum P ‖ moveretur] movetur GPp   2 tangeret aliquod] *om.* GPp   3 ea] *corr. ex* eam C   4 conclusio] *add.* sequitur Gp ‖ sint] sunt Pp   5 hoc] quod P ‖ impossibilis] falsa GPp   6 sequeretur] sequatur GPp   9 sint¹] sunt P ‖ nec etiam] ut P ‖ sint²] sunt P   10 oporteret] oportet P   12 etiam oportet] *inv.* P ‖ dicere] *om.* P   13 et] *om.* P ‖ concedendum] concludendum GPp ‖ quinto] pro quinta conclusione G   15 etiam] *om.* P ‖ latitudinem] lati^tem G   17 inde] exinde G ‖ sexto] sexta P   18 solum secundum longitudinem] secundum longitudinem solum Pp   18–19 longitudinem ... latitudinem] longitudinem Pp : latitudinem G   19 sed] *add. sed del.* secundum C ‖ etiam²] *om.* GPp   21 quod] *om.* P   22 et²] *corr. sup. lin. ex* est C   23 et] *add.* sic p ‖ verum] *corr. sup. lin. ex* non C   24 sunt] sint Pp ‖ sint] sunt GP ‖ etc.] et sic est finis quaestionis G : sequitur quaestio secunda p

---

11 Cf. inf., VI, q. 2

⟨VI. 2⟩

⟨Utrum linea componatur ex punctis⟩

Quaeritur secundo utrum linea componitur ex punctis.

⟨1⟩ Arguitur quod sic per Aristotelem primo *Posteriorum* dicentem quod substantia lineae | ex punctis est.

⟨2⟩ Item septimo *Metaphysicae* dicitur quod partes definitionis sunt partes rei; puncta autem ponuntur in definitione lineae, saltem in definitione lineae finitae (nam linea solet definiri quod ipsa est longitudo sine latitudine cuius extremitates sunt duo puncta); igitur puncta sunt partes lineae.

⟨3⟩ Item illud est de essentia continui, quo remoto ipsum non esset amplius continuum; sed cum linea sit continua, remoto puncto continuante non esset amplius continua; igitur etc.

⟨4⟩ Iterum numquam linea posset tangere aliam lineam; quod est falsum. Consequentia patet, quia quod non convenit alicui nec secundum se totum nec secundum aliquam sui partem, non convenit sibi; sed tangere lineam nec conveniret lineae secundum se totam nec secundum aliquam partem, quia non convenit sibi nisi secundum punctum, quod non esset aliqua pars lineae; igitur etc.

⟨5⟩ Iterum in linea non sunt ad invicem proxima nisi partes lineae; et tamen argueba|tur in alia quaestione quod in linea sunt puncta sibi invicem proxima; igitur illa sunt partes lineae (ita quod ista ratio reducit ad praecedentem quaestionem).

---

3 quaeritur secundo] haec est secunda quaestio scilicet G   4 arguitur] *praem.* et G   5 ex punctis est] est ex punctis GP   7–8 saltem ... lineae] *in marg.* C   8–9 linea ... latitudine] linea est *in marg.* G   8 ipsa] *om.* P   9 lineae] *in marg.* C   10 esset] est p   13–14 numquam ... non] quod (*sup. lin.*) numquam G   14 quia] *om.* P   15 sui partem] *inv.* GPp   16 nec[1]] *corr. sup. lin. ex* non C ‖ totam] totum CP   17 quod] aliter C ‖ esset] est Pp   19 proxima] *add. in marg.* alias continua C   21 illa ... lineae] M : illae sunt partes lineae C : ita partes lineae LPp : ita sunt (*sup. lin.*) partes lineae G : sunt partes lineae B : illae partes lineae A : illae partes lineae sunt ex punctis HT : ista pars lineae est ex punctis U ‖ reducit] reducitur G   21–22 praecedentem quaestionem] *inv.* GP

---

4 Cf. Aristoteles, *Analytica posteriora*, I, 4, 73a34–37; cf. *AA*, 35: 38   6 Cf. Aristoteles, *Metaphysica*, VII, 10, 1034b21–22   20 Cf. sup., VI, q. 1

QUAESTIO 2   103

Oppositum determinat Aristoteles in sexto *huius*.

Prima conclusio est quod, si puncta essent in linea res indivisibiles, non essent infinita puncta in linea finita, ut in linea pedali. Ista conclusio probatur ex dictis in alia quaestione quia: oporteret ista puncta esse extra invicem situaliter; aliter frustra ponerentur, ut dictum fuit. Et oporteret etiam ista puncta esse ad invicem proxima, ut dicebat secunda conclusio prioris quaestionis. Et si hoc est ita, tunc duo puncta sibi invicem proxima reddent aliquam extensionem linearem; aliter non essent extra invicem situaliter. Et hoc patet, si sumantur tria puncta in directum ordinata, quae sunt a, b, c. Tunc igitur, si c est aeque propinquum ipsi a sicut b, necesse est quod b et c sint simul secundum situm; quod supponebatur esse falsum. Et si c sit remotius ab a quam b vel quod non sit aeque propinquum, tunc c distabit ab a; et non est distantia sine extensione. Hoc igitur supposito, scilicet quod duo puncta reddunt aliquantam extensionem, tunc alia duo reddunt tantam, et sic ultra de singulis. Ideo si essent infinita puncta, tunc essent infinitae extensiones non participantes, quarum quaelibet esset tanta, quanta erat prima data, scilicet constituta ex a et b. Sed regula est quod quacumque certa dimensione data quantumcumque parva, infinitae, quarum quaelibet esset tanta, redderent infinitam extensionem. | Ideo linea esset infinita et   120vb P
non finita, in qua sic essent infinita puncta.

Item aliqua parte data in finito illud finitum consumeretur tandem per multiplicem ablationem tantae partis; ideo prima parte data nullum finitum continet infinitas partes non communicantes, | quarum quaelibet sit tanta.   133rb C
Igitur nulla linea | finita contineret infinitos binarios punctorum. Si autem   108rb G
binarii sunt finiti, oportet eorum unitates esse finitas, quia solum duplas.

Secunda conclusio est quod, si puncta essent res indivisibiles, nulla linea finita componeretur ex punctis, quia non ex punctis infinitis (per praeceden-

---

1 huius] *om.* G   3 finita] *om.* C   5 fuit] fuerit G   7 hoc est] sit hoc p ‖ sibi] *om.* p
7–8 reddent aliquam] reddunt aliquantam GPp   8 linearem] linearum P ‖ et] etiam p
9 sunt] sint Gp   10 propinquum] proximum P   10–11 b et c] c et b GPp   13 scilicet] *om.*
P   14 tunc alia] cum talia p   15 ideo] *om.* G ‖ si] *corr. sup. lin. ex* non C ‖ tunc] *om.* P
17–18 quacumque ... parva] quaecumque certae dimensiones datae quantumcumque sunt parvae C   19 esset²] *in marg.* C   20 sic] *om.* p   21 item] *add.* sic p ‖ finitum] infinitum P
22 multiplicem] multitudinem CP (*sed corr.* C)   23 continet] contineret GPp ‖ sit] esset GPp   24 igitur] ideo GPp   25 finiti] infiniti p ‖ eorum] earum P   27 infinitis] *add.* ut patet G : infini p

1 Cf. Aristoteles, *Physica*, VI, 1, 231a24–25; cf. *AA*, 2: 166   4 Cf. sup., VI, q. 1   6–7 Cf. sup., VI, q. 1, concl. 2

tem conclusionem) nec ex finitis. Quod probatur quia: sequerentur inconvenientia dicta in alia quaestione, scilicet quod quadrati quattuor punctorum diameter esset aequalis vel commensurabilis costae. Sequeretur etiam quod linea quinque punctorum esset divisibilis in duas medietates, et sic medium punctum esset divisibile, sicut arguebatur de motibus quorum unus esset altero velocior in duplo. Sed adhuc alio modo sequeretur quod punctum esset divisibile, quia contingeret esse lineam rectam ex tribus punctis et contingeret esse lineam ex tribus punctis quae non esset recta, sed esset portio quaedam lineae circularis, quasi arcus. Postea suppono quod, si linea curva rectificaretur vel recta incurvaretur sine additione vel remotione alicuius particulae, extrema lineae rectae magis distarent ab invicem quam extrema lineae curvae. Propter quod est verum quod arcus est longior chorda; unde si arcus incurvetur et tendatur chorda, attingit ad utrumque extremorum, et si rectificetur, tunc eadem chorda non attingeret ad utrumque extremorum. Tunc igitur arguitur sic: si linea *abc* sit recta et linea alia ex tribus indivisibilibus, quae sunt *d, e, f*, sit curva tamquam portio quaedam lineae circularis, necesse est quod *a* et *c* plus distent ab invicem quam *d* et *f*; sed *a* et *c* non distant nisi per unum punctum, quod est *b*; igitur *d* et *f* minus distant quam per punctum. Quod non potest concedi, nisi sit in linea dare | minus quam punctum; et ita punctum esset divisibile in minus.

Et omnino perirent conclusiones et suppositiones geometriae; non enim contingeret omnem lineam per aequalia dividere, ut si esset punctorum imparium. Et omnis linea circularis esset composita ex lineis rectis, quia quaecumque duo puncta sibi invicem immediata constituerent lineam rectam. Et dato triangulo aequilatero trium punctorum non posset dari angulus acutior, quia in nullo angulo duo puncta immediata puncto angulari possent reddere minorem extensionem quam esset extensio resultans ex alterutro illorum et puncto angulari etc.

---

1 nec] non etiam G ‖ ex] *add.* punctis G   2 dicta] *om.* GP ‖ in] ex G   3 aequalis vel] *om.* G ‖ sequeretur] sequitur Gp   3–4 quod linea] *om.* G   6 velocior in duplo] in duplo velocior P ‖ sequeretur] *add.* scilicet G   7 divisibile] indivisibile Gp ‖ contingeret] contingit P   10 additione vel remotione] remotione vel additione G   12 est verum] *inv.* P   13 incurvetur] incurvaretur G ‖ attingit] attinget p ‖ utrumque] utraque p ‖ et²] *add.* haec G   14 attingeret] attinget GPp   15 igitur] *om.* G   16 quae sunt] *om.* G   17 distent] distant G ‖ quam] quod G ‖ non] omnino P   18 d] a C ‖ minus distant] magis distant (distat G) GPp   21 geometriae] geometricae G   22 contingeret] continget G   24–25 lineam rectam] *inv.* GPp   26 possent] possunt G   28 illorum] punctorum P

---

2 Cf. sup., VI, q. 1

QUAESTIO 2   105

   Item ex velocitate | et tarditate motus arguitur quod omnes motus essent   121ʳᵃ P
aeque veloces; quod est falsum. Consequentia patet, quia data linea trium
punctorum *a*, *b*, *c*—et sit *o* mobile quod quiescebat super *a*—tunc signato
ultimo instanti in quo erat super *a*, quod vocetur *d*, manifestum est quod in
5 illo instanti *d* nondum movetur, quia ita se habet sicut ante. Deinde ego | 133ᵛᵃ C
signo aliud instans in quo illud mobile *o* est primo in *b*, et sit illud instans *e*.
Quaero igitur utrum istud instans *d* et instans *e* sunt invicem immediata vel
non. Si tu dicas quod non sunt immediata, sed inter ea est instans vel tempus
medium, | tunc in isto medio mobile *o* nec est in *a* nec in *b*, sed in interme-   108ᵛᵃ G
10 dio; et hoc est contra suppositum, quia ponebatur quod nihil esset medium
inter *a* et *b*, sed quod essent puncta sibi invicem proxima. Si vero dicas quod
d et *e* sunt ad invicem immediata, tunc mobile *o* movetur de *a* in *b* per solum
instans et de *b* in *c* per solum instans et sic consequenter. Et non potest velocius moveri, nisi moveatur de *a* in *b* per minus quam per instans; quod est
15 impossibile nisi instans poneretur divisibile, quod est contra suppositum.
Nec potest tardius moveri de *a* in *b* vel de *b* in *c* quam per unum instans,
quia si moveretur tardius, scilicet per plura instantia, tunc in instanti medio
nec esset in *a* nec esset in *b*, sicut prius dicebatur. Ideo necesse est omnia
quae moventur aeque velociter moveri.
20   Item iam supponimus et post probabitur quod eadem est ratio de magnitudine, motu et tempore, quantum ad hoc quod, si linea est composita ex
punctis, tempus est compositum ex instantibus; et si puncta sunt ad invicem
proxima in linea, ita et instantia in tempore; et si non sunt infinita puncta
in linea finita, ita nec sunt infinita instantia in tempore finito. Capiamus
25 igitur in sphaera lineam circularem constitutam ex punctis immediate se
habentibus ad punctum quod est polus; illa esset minima linea circularis.
Et capiamus lineam circularem in aequinoctiali; ista esset maxima linea circularis. Et si utraque linea esset constituta ex punctis finitis proxime se ad
invicem habentibus, tamen ista maxima esset ex valde pluribus quam ista

---

1 quod] quia G   3 punctorum] *add.* scilicet G ‖ o] a p ‖ quiescebat] quiescat G   4 ultimo] *om.* P   5 movetur] *add.* in illo p ‖ ego] *praem.* ergo GP : ergo p   6 o] a p   7 istud] *om.* GPp ‖ sunt] *add.* ad G   8 sunt] *add.* ad invicem G   9 o] a p ‖ nec²] *add.* est G   10 et hoc] quod P ‖ ponebatur] ponebamus GPp ‖ medium] intermedium P   11 sibi] *om.* GPp ‖ vero] *add.* tu GPp   12 d] instans d GPp ‖ e] instans e GPp ‖ ad] *om.* P ‖ o] a p : quo G   13 non] *add.* praeter C   14 nisi] non C : si P ‖ per¹] *om.* GPp   17 si] *om.* P   18 esset²] *om.* GPp ‖ sicut] ut P ‖ est] esset GPp   20 iam supponimus] iam supposuimus p : prius supposuimus G   20–21 magnitudine] magno G   22 ad] *om.* Pp   24 ita nec] *inv.* P ‖ infinita] *corr. ex* finita C   26 esset] est P ‖ linea circularis] *inv.* P   28 utraque ... constituta] *corr. in* utramque lineam esse constitutam P   28–29 se ad invicem] ad invicem se GPp   29 maxima] proxima P

minima; ideo ponamus quod ista minima sit sex punctorum et ista maxima sit mille punctorum. Constat autem quod per motum continuum eodem et aequali tempore perficitur circulatio illius maximi circuli et illius minimi. Haec omnia apparent manifeste concedenda secundum positionem adversarii. Sed ostenditur quod ad hoc sequitur manifestum impossibile, scilicet vel punctum vel instans esse divisibile, cum tamen ab adversario | ponantur indivisibilia. Nam si dicatur quod iste circulus mille punctorum transitur in tempore mille instantium, tunc in tempore decem instantium tantum transiretur praecise centesima pars illius circuli magni; et in eodem tempore etiam transiretur praecise centesima pars illius circuli parvi, quia dictum est quod continue et proportionaliter moventur, ita quod simul perficiunt | suas circulationes; sed non potest dari centesima pars illius circuli sex punctorum, nisi quodlibet illorum punctorum multipliciter dividatur.

Deinde e converso, si dicatur quod ille parvus circulus pertransitur | in tempore sex instantium, tunc etiam eodem tempore transitur maior circulus. Et quia motus est continuus et regularis, ideo centesima pars illius magni circuli transiretur praecise in centesima parte illius temporis sex instantium; et non potest dari centesima pars illius temporis, nisi ista sex instantia multipliciter dividantur. Si vero diceretur quod illi circuli transeuntur in tempore medio, scilicet in tempore vicesimo vel tricesimo vel centesimo instantium, sequeretur quod oporteret dividere et instantia et puncta, ut faciliter possunt videre considerantes.

Et sic clare demonstratum est quod impossibile est lineam finitam esse compositam ex punctis finitis ad invicem proximis, | immo etiam nec ex infinitis ad invicem proximis. Ideo si fuerit sufficienter ostensum quod oporteret puncta esse invicem proxima, si essent res indivisibiles, sequitur quod praedicta secunda conclusio esset vera, scilicet quod nulla linea componeretur ex punctis.

---

1 ista²] *om.* P   3 minimi] *add.* et p   5 manifestum] manifeste P   6 tamen] *om.* P   7 transitur] transiret G   8 tantum] *om.* GPp   9 transiretur] transitur P ǁ magni] *om.* GPp   9–10 tempore etiam] *inv.* Gp : tempore P   10 praecise centesima pars] centesima praecise P ǁ circuli parvi] *inv.* GPp   11 proportionaliter] proportionabiliter p ǁ suas] *add. sed del.* operationes C   12 dari] dare P ǁ pars] *om.* G   14 e ... dicatur] si dicatur e converso G ǁ pertransitur] transitur GPp   15 etiam] *add.* in G   16 continuus] continue p   17 transiretur] transitur GPp   18 potest] posset GP   19 dividantur] dividerentur GPp   21 sequeretur] sequitur p ǁ quod] *add. sed del.* oportet C ǁ et¹] *om.* GP   23 clare] tale C   25 fuerit sufficienter ostensum] sufficit ostensum est P ǁ oporteret] oportet p   26 essent] esset G   27 esset] est GPp ǁ vera] necessaria P

Tertia conclusio ponitur de eo quod nunc supponebatur, videlicet quod, si linea esset composita ex indivisibilibus, oporteret tempus esse compositum ex indivisibilibus et motum; et si linea non est composita ex indivisibilibus, sed ex semper divisibilibus, ita oportet esse de tempore et de motu. Et hanc conclusionem Aristoteles evidenter demonstrat quia: si mobile movetur continue per aliquod spatium quod pertransit in aliquo tempore, necesse est, si illud tempus sit divisibile, quod in parte eius minus de illo spatio pertranseatur quam in toto; ideo sequitur quod illud spatium est divisibile. Et si illud spatium est divisibile, necesse est quod pars eius in minori tempore transeatur quam totum; ideo sequitur quod illud tempus est divisibile.

Similiter arguitur quod, si pars spatii est indivisibilis, necesse est quod pars temporis correspondens sit indivisibilis et e converso quia: si o mobile pertransit aliquod totum spatium, oportet quod | pertranseat quamlibet partem illius spatii. Igitur si a est pars indivisibilis illius spatii, quaero utrum a pertransitur in tempore indivisibili vel divisibili. Si indivisibili, habetur propositum. Si vero dicas quod in tempore divisibili, tunc in parte eius minus transitur quam in toto; igitur a, quod ponebatur indivisibile, erat divisibile in minus.

Et consimiliter, si o mobile in pertranseundo aliquod spatium movetur in aliquo toto tempore, tunc movetur in qualibet parte illius temporis. Si igitur b est pars indivisibilis illius | temporis, oportet quod moveatur in b et pertranseat aliquid de illo spatio, scilicet divisibile vel indivisibile. Si indivisibile, habetur propositum, scilicet quod indivisibili temporis correspondet indivisibile spatii. Si vero dicatur quod transit spatium divisibile, tunc transit partem eius prius quam totum; ideo in minori tempore quam sit b; igitur b, quod ponebatur indivisibile, est divisibile in minus.

Et Aristoteles in textu probat praedicta multis rationibus bonis, quae illic debent requiri. Ideo sufficiant nunc quae dicta sunt.

Quarta conclusio est quod, si puncta essent res indivisibiles in linea, linea componeretur ex punctis, quia dictum est quod essent sibi invicem proxima et quod essent extra invicem; et tunc duo redderent aliquantam extensio-

---

1 conclusio] *add.* est vel G ‖ ponitur] sequitur P ‖ videlicet] *add.* de eo G : scilicet P ‖ quod²] *om.* P   2 esset] est GPp ‖ oporteret] oportet GPp   3 et²] *om.* p   4 ex semper] *inv.* C   7 sit] est GPp ‖ parte eius] *inv.* P   10 transeatur] pertranseatur P   12 o] a p   13 aliquod] ad C ‖ totum] *om.* P   15 si] *add. sup. lin.* in G   16 in¹] *om.* P ‖ parte eius] *inv.* P   17 transitur] pertransitur G ‖ in] *add.* illo G   18 in] et p   19 o] *corr. sup. lin. in* instans C : a p   20 toto] *om.* p   22 scilicet] *add.* vel P   24 spatium] *in marg.* C   27 probat] probavit GPp   28 requiri] inquiri G   29 est quod] *om.* P

5 Cf. Aristoteles, *Physica*, VI, 2, 233a13–17   27 Cf. Aristoteles, *Physica*, VI, 1–2, 231b18–233b32

nem et tria maiorem et sic deinceps; et huiusmodi extensio esset linea ex huiusmodi punctis composita.

Et iterum, si probatum fuerit aliis rationibus quod impossibile est in linea sic esse puncta indivisibilia, tunc erunt verae et quarta conclusio et secunda, quia ad impossibile sequitur quodlibet. Deinde ex hac quarta conclusione et secunda sequuntur istae conclusiones quae positae fuerunt in praecedenti quaestione, scilicet tertia et omnes sequentes.

Ad rationes respondendum est.

⟨1⟩ Ad primam dico quod Aristoteles dicendo quod substantia li|neae ex punctis est etc. loquebatur exemplariter; et exemplorum non quaeritur verificatio, ut dicitur primo *Priorum*.

⟨2⟩ De hoc autem quod dicitur septimo *Metaphysicae*, quod sicut ratio sive definitio se habet ad rem, ita pars rationis ad partem rei, dico quod hoc | dictum fuit non determinando veritatem, sed arguendo disputative ad quaestionem. Et de hoc debet videri in isto loco.

⟨3⟩ Ad tertiam dico quod nullum punctum indivisibile potest removeri, quia nullum est.

⟨4⟩ Ad quartam dico quod tota linea tangit totam lineam et totum corpus totum aliud corpus capiendo 'totum' categorematice, sed non capiendo syncategorematice. Et de hoc magis dicetur post.

⟨5⟩ Et similiter ultima ratio bene conceditur, scilicet quod puncta, si essent | res indivisibiles, essent partes lineae; sed non sunt etc.

---

1 huiusmodi] huius P   2 huiusmodi] huius P   4 et¹] *om.* G   6 praecedenti] praecedente Pp   8 ad ... est] tunc igitur respondendum est ad rationes Gp : tunc igitur ad rationes dicendum est P   9 dico] dicitur Gp ‖ quod¹] ad C ‖ dicendo] *corr. ex* dicendum C ‖ quod²] *in marg.* C : *om.* GPp ‖ lineae] linea G   10 est etc.] *sup. lin.* C : est GPp ‖ quaeritur] requiritur Gp   12 de hoc autem] *corr. in marg. ex* ad secundam C : de hoc p   14 veritatem] *in marg.* C   16 tertiam] aliam GPp   18 quartam] aliam GPp ‖ tota] *corr. sup. lin. ex* tanta C   19 sed] et GP ‖ capiendo²] *om.* P   20 et] sed P   22 res] *add. sed del.* divisibiles C ‖ etc.] *add.* et sic est finis G : et sic dictum est ad quaestionem etc. P

6–7 Cf. sup., VI, q. 1   11 Iohannes Buridanus, *Quaestiones super libros Analyticorum priorum*, I, q. 26 (München, Bayerische Staatsbibliothek, Clm 6962, f. 26ᵛᵃ)   15 Cf. Iohannes Buridanus, *Quaestiones super libros Metaphysicorum*, VII, q. 10–11 (ed. Parisiis 1518, f. 47ʳᵃ–48ʳᵃ)   20 Cf. inf., VI, q. 4

⟨VI. 3⟩

⟨Utrum in eodem corpore longitudo sit res distincta a latitudine et profunditate⟩

Antequam ultra procedamus de punctis, expedit quaerere de differentia trium dimensionum, et erit tertia quaestio utrum in eodem corpore longitudo sit res distincta a latitudine et profunditate.

Arguitur quod sic quia:

⟨1⟩ Communiter ponitur quod corpus est tres dimensiones: longitudo, latitudo et profunditas; quae non essent tres, si non essent distinctae ab invicem.

⟨2⟩ Item aliter superficies, linea et corpus non essent tres species distinctae magnitudinis, quia non ex alio videntur distingui nisi quia linea dicitur secundum longitudinem, | superficies secundum latitudinem et corpus secundum profunditatem.   134rb C

⟨3⟩ Item oportet saltem concedere quod distinguuntur secundum rationem. Et si ita est, sequitur quod distinguuntur secundum rem; aliter enim ista distinctio secundum rationem esset ficta (ratio enim ficta non habet correspondentiam in re).

⟨4⟩ Item sex differentiae locorum, scilicet sursum, deorsum, ante, retro, dextrum et sinistrum, sunt distinctae in mundo naturaliter, non solum secundum positionem ad nos, ut dicit Aristoteles quarto *huius*; et non sumitur earum distinctio nisi ex distinctione huiusmodi trium dimensionum; igitur etc.

4–5 antequam ... dimensionum] sed antequam ulterius procedamus antea expedit quaerere tertio de differentia trium dimensionum *in marg.* G : *om.* P   4 procedamus] *add.* amplius p ‖ quaerere] *add.* tertio p   5 et ... quaestio] quaeritur tertio P : incipit quaestio tertia scilicet G : videlicet p ‖ in eodem] *rep.* G   5–6 longitudo ... latitudine] latitudo est res distincta a longitudine G   6 sit] est p   7 arguitur] *praem.* et G   8 dimensiones] *add.* scilicet P   9 tres] *om.* p   11 aliter] *om.* p ‖ superficies ... corpus] linea superficies et (*om.* p) corpus Gp : corpus linea superficies P   12 alio] alia G   13 longitudinem] *add.* vel p ‖ et] *om.* P   16 sequitur] sequeretur C   17 distinctio] definitio C ‖ ficta non habet] est ficta si non habeat GPp   19 locorum] loci P ‖ sursum deorsum] seorsum sursum G ‖ ante] *add.* et p   20 et] *om.* GP ‖ mundo] modo P ‖ naturaliter] numeraliter G ‖ solum] *in marg.* C   21 positionem] cognitionem P   22 earum distinctio] *inv.* P : eorum distinctio p ‖ huiusmodi] huius P

21 Cf. Aristoteles, *Physica*, IV, 1, 208b14–19

⟨5⟩ Item mathematici dicunt lineam esse longitudinem sine latitudine; quod non esset verum, nisi longitudo esset distincta a latitudine.

⟨6⟩ Et etiam arguetur post quod superficies est distincta a corpore; ad quod sequitur propositum.

Oppositum arguitur quia:

⟨1⟩ Non plus distincta est longitudo a latitudine vel profunditate quam linea a superficie vel a corpore; et tamen dictum est in aliis duabus quaestionibus quod punctum non est distinctum a linea nec linea a superficie nec superficies a corpore, immo si punctum est, ipsum est linea, superficies et corpus; igitur etc.

⟨2⟩ Item in corpore sphaerico vel cubico tu non posses signare longitudinem magis ex uno latere quam ex alio; ideo ex omni latere est longitudo (et sic de latitudine et profunditate). Propter quod apparet quod non distinguuntur.

Notandum est quod longitudo mea non solum est ante, immo etiam retro et in dextro et in sinistro et in medio corporis mei. Et similiter latitudo mea non solum est ante, sed etiam retro et sursum et deorsum, in dextro et in sinistro. Hoc est satis manifestum.

Tunc igitur ponendae sunt conclusiones.

Prima est quod nullius corporis longitudo est distincta ab eius latitudine et profunditate, quia longitudo mea occupat totum locum meum: et in dextro et in sinistro et ante et retro et sursum usque ad deorsum; ideo longitudo mea est tota dimensio mea. | Et etiam ita est de mea latitudine et de mea profunditate. Et hoc apparet | magis in cubicis et in sphaericis inanimatis, quia non est ratio quare tu possis magis ex una parte vel ex uno latere signa|re longitudinem aut latitudinem quam ex alia vel ex alio; ideo si secundum ali-

---

2 quod] et p ‖ esset¹] est P ‖ esset²] est res P   3 arguetur] argueretur p ‖ est] sit GPp
3–4 ad quod sequitur] ex quo sequeretur p   5 oppositum arguitur] *spat. vac. decem litt.* P
6 vel] *add.* a Gp : et P   7 a²] *om.* GPp   9 est¹] *sup. lin.* C   10 igitur] *om.* P   11 posses] potes p   12 magis ... latere¹] ex uno latere magis GPp ‖ ex³] in P   15 notandum est] nota G ‖ etiam] *om.* P   16 in²] *om.* G   17 sed] immo p ‖ et¹] *add.* etiam G ‖ deorsum] *add.* et GPp   18 sinistro] *add.* et P   20 prima] *add.* conclusio P ‖ eius latitudine] *inv.* P   21 et¹] aut Pp ‖ mea] *om.* P ‖ meum] *om.* P   21–22 dextro] retro p   22 et³] *om.* p ‖ et⁴] *add.* de GPp ‖ deorsum] *add.* et P   23 etiam ita] *inv.* P ‖ est²] *om.* P ‖ de mea²] *om.* P   24 in²] *om.* GPp   25 tu possis magis] tu posses magis p : plus posset P ‖ una ... latere] uno latere vel ex una parte P   26 ex¹] *add.* una p

1 Cf. Euclides, *Elementa*, I, definitio 2 (ed. Busard, 31)   7–8 Cf. sup., VI, q. 1

quam diametrum est longitudo, ita etiam secundum quamlibet (et sic de latitudine). Item, sicut arguebatur, hoc debet concedi, si appareat quod non sit linea distincta a superficie nec a corpore.

Secunda conclusio est quod in animalibus perfectis, ut in hominibus, differunt ab invicem non solum secundum rationem, sed realiter sursum, deorsum, dextrum, sinistrum, ante et retro, quoniam ista sunt sex medietates hominis habentes ad invicem diversas | virtutes naturales et diversas figuras et organizationes. Diviso enim homine in duas medietates, quarum una esset ad caput et alia esset ad pedes, illa quae esset ad caput dicitur sursum et altera deorsum. Ipso autem diviso aliter in duas medietates, quarum una haberet unum bracchium et unam tibiam et altera alterum bracchium et alteram tibiam, una medietas esset dextra et alia sinistra. Sed ipso diviso quod una medietas haberet ventrem et alia dorsum, una esset ante et alia retro. Et unaquaeque istarum sex medietatum est distincta a qualibet reliquarum. Verum est tamen quod medietas sursum et medietas deorsum simul sunt idem quod medietas dextra et medietas sinistra simul, quia partes sunt idem quod suum totum.

Tertia conclusio quod in plantis differt realiter ex natura sua sursum et deorsum, ut si planta dividatur in duas medietates, quarum una continet radices et alia ramos; illae enim habent diversas virtutes naturales et diversas figuras. Sed in eis non differunt dextrum et sinistrum, ante et retro, nisi secundum rationem, scilicet secundum habitudinem ad nos vel ad caelum, ita quod dicimus illam partem dextram quae est ad dextram nostram vel ad orientem; unde si vertamur vel si planta vertatur, dicemus sinistrum quod ante dicebamus dextrum. Verum est tamen quod aliquae parvae plantae,

134va C

---

2 latitudine] *add.* et profunditate P ∥ item] etiam P ∥ arguebatur] arguitur p   3 superficie ... corpore] corpore vel superficie P   5 sursum] *add.* et p : *add.* aut P   6 dextrum] *add.* et p ∥ et] *om.* P ∥ quoniam] quia G ∥ ista] istae P   7 ad] ab p   8 enim ... medietates] in duas medietates homine P   9 esset¹] est P ∥ alia] altera GPp ∥ esset²] *om.* GPp ∥ esset³] est GPp   10 altera] *add.* dicitur P ∥ autem diviso] diviso sic G ∥ aliter] *om.* p   11 altera] *add.* haberet P : alia G   12 tibiam] *add.* et sic P ∥ alia] altera GP   13 medietas] pars P ∥ ventrem] *add.* sursum G ∥ esset] est P   14 alia] altera Pp ∥ sex medietatum] *inv.* P ∥ qualibet] *add.* ipsarum P   16 simul¹] *om.* p ∥ simul¹ ... dextra] *in marg.* C ∥ quod ... simul²] *om.* P ∥ et] *corr. sup. lin. ex* quod C   18 conclusio] *add.* est GPp ∥ plantis] *add.* etiam GP ∥ differt] differunt GPp   20 et alia] altera P ∥ virtutes] *in marg.* C   21 eis] his P ∥ et¹] vel Pp ∥ et²] vel Pp   22 scilicet secundum] *inv.* p   23 dicimus illam partem] dicamus illam partem Gp : illam partem dicamus P ∥ quae ... dextram²] *om.* (*hom.*) P ∥ ad¹] *add.* partem G ∥ dextram nostram] *corr. ex* dextrum nostrum C : *inv.* G   24 orientem] *rep.* C ∥ vertamur] vertamus nos G ∥ si²] *om.* P ∥ dicemus] dicimus P   25 parvae plantae] paucae plantae p : plantae paucae P : plantae G

ut dicitur de mandragora, gerunt figuras hominum; ideo in eis ex naturis earum possent determinate et distincte signari dextrum et sinistrum, ante et retro.

Quarta conclusio est quod in caelo differunt istae sex partes, scilicet sursum, deorsum etc. Sed utrum differunt ex natura caeli et secundum diversas naturales potentias aut solum secundum rationem vel | habitudinem ad nos aut ad nostram habitationem, oportet videri in secundo *Caeli*, ubi specialiter de hoc determinat Aristoteles.

Quinta conclusio quod in isto mundo inferiori quantum ad loca naturalia gravium et levium differunt sursum et deorsum realiter et secundum diversas potentias naturales per quas gravia naturaliter moventur deorsum et levia sursum, ut dictum est in quarto libro. Sic autem in locis naturalibus non est differentia inter dextrum et sinistrum, ante et retro, nisi secundum rationem, scilicet vel secundum respectum ad nos vel secundum respectum ad caelum.

Sexta conclusio est quod in nullo corpore | inanimato differunt praedicta nisi respective, ut si una pars lapidis dicatur sursum et alia deorsum; vertatur lapis: tunc, quae erat sursum, erit deorsum et e converso. Sed forte possent excipi aliqua pauca quorum | diversa latera sunt diversarum et dissimilium naturarum, quas a diversis lateribus caeli receperant, ut patet in magnete, cuius unum latus manifeste correspondet uni polo et alterum alteri.

Sed tunc istis dictis restat dubitatio quare dicimus omne corpus habere vel esse tres dimensiones et quare una illarum determinate dicitur longitudo et alia latitudo et tertia profunditas vel spissitudo, ut apparet de panno.

---

1 dicitur] *sup. lin.* C : *om.* P ‖ gerunt] gerit p ‖ figuras hominum] figuras hominis G : figuram hominis Pp   2 determinate] determinari P ‖ signari] figurari P   4–5 sursum] *add. et* Gp   5 differunt] differant P   5–6 diversas naturales] *inv.* P   6 vel] *add.* secundum P   7 nostram habitationem] rectam habitudinem P ‖ oportet] debet GPp   8 de hoc determinat] determinat hoc P   9 conclusio] *add.* est Gp   11 per] propter Gp ‖ naturaliter] *om.* G ‖ moventur] movent P   12 sic] sicut p ‖ naturalibus] *add.* gravium et levium P   14 scilicet vel secundum] vel G   17 dicatur] dicitur G ‖ et] *om.* P   18 tunc] *add.* illa P ‖ possent] posset G   19 aliqua pauca quorum] AAuBEErFJHaKLMOOxPPbRSUVWXYZp : aliqua quorum Br : pauca quorum DHLaT : aliqui lapides vel plantae quorum C : aliqua planta cuius GIQ ‖ dissimilium] *add.* lata G   20 caeli] *om.* C ‖ receperant] receperunt Gp : recipiunt P ‖ patet] *om.* P   22 tunc] *om.* P   24 tertia] alia P ‖ panno] pomo p

---

7 Cf. Iohannes Buridanus, *Quaestiones super libros De caelo et mundo*, II, q. 5 (ed. Moody, 144–148); cf. Aristoteles, *De caelo et mundo*, II, 2, 284b6–286a2   12 Cf. Iohannes Buridanus, *Quaestiones super libros Physicorum*, IV, q. 2 (ed. Streijger, Bakker, 213–214)

QUAESTIO 3   113

Respondetur ad primam quia ille numerus trium dimensionum attenditur secundum numerum diametrorum signabilium in corpore intersecantium | se ad angulos rectos. Data enim una diametro alicuius corporis pos-   96ʳᵃ p
sunt dari aliae duae et non plures intersecantes primam datam et se invicem
5   ad angulos rectos. Et secundum processum unius diametri dimensio illius
corporis vocatur longitudo illius corporis et secundum processum alterius
diametri eadem dimensio vocatur latitudo illius corporis et secundum processum tertiae diametri vocatur profunditas.

Tunc ad aliam dubitationem dicendum est quod, si istae tres diametri non
10 fuerint aequales, nos solemus vocare longiorem longitudinem et mediam
latitudinem et breviorem profunditatem; ideo longitudo hominis vocatur
secundum processum de sursum ad deorsum, scilicet de capite ad pedes, et
latitudo eius est de dextro ad sinistrum et profunditas de ante ad retro. Sed
in casu in quo illae tres diametri essent ad invicem aequales, ut in corpore
15 cubico vel | sphaerico, nos ad placitum, quamcumque diametrum volumus   122ᵛᵃ P
primo signare, secundum istam vocamus dimensionem corporis longitudinem et secundum istam quam secundo signamus vocamus latitudinem et
secundum tertiam profunditatem.

Sed tunc iterum dubitatur quare oportet istas tres diametros assignare
20 secundum sectionem earum ad angulos rectos et quid prodest illa assignatio diametrorum vel dimensionum.

Respondetur quod hoc oportet facere ad mensurandum corpora. Non
enim possumus corpus mensurare per alterum corpus penetrando, quia non
est possibilis penetratio corporum, sed exterius mensuram applicando cor-
25 pori mensuramus unamquamque istarum trium diametrorum per modum
mensurae linearum; et tunc mensuras illarum diametrorum ducimus in invicem et concludimus tantam esse totalem dimensionem corporis. Verbi gratia sit una diameter quattuor pedum, alia trium et alia duorum: tunc ducimus tria in quattuor et resultant duodecim, deinde ducimus duo in duode-

---

1 ad primam] *om.* P ‖ quia] quod GPp   3 enim] *om.* Gp   4 primam ... invicem] se invicem et primam datam P   5 illius] *corr. ex* unius C   6 vocatur] vocetur p   7 vocatur] vocetur p ‖ illius] *om.* p   8 tertiae] tertii C : alterius p ‖ vocatur] vocetur p   9 tunc] *praem.* et GPp ‖ est] *om.* p   10 fuerint] *add.* invicem Gp ‖ aequales] *add.* invicem P ‖ solemus] consuevimus GPp ‖ longiorem longitudinem] *inv.* G ‖ et] *om.* P   11 et] *om.* P   12 ad deorsum] *om.* p   13 est] *om.* P ‖ de¹] *sup. lin.* C : a p ‖ ad²] et Pp   14 illae] illi p   15 nos] *in marg.* C ‖ quamcumque] quemcumque p   16 primo signare] *inv.* P   19 quare] quia G ‖ tres] *om.* GPp ‖ assignare] signare P   20 earum] eorum p   20–21 assignatio] signatio p   21 vel dimensionum] *om.* P   23 possumus] *add.* unum GPp ‖ alterum] aliud G   26 linearum] linealis P ‖ mensuras] mensurarum P ‖ in] *om.* Pp   27 tantam] terminatam *sed add. in marg.* tantam C : totam p : tantum P   27–28 gratia] *add.* si a P   28 pedum] *add.* et p ‖ et] *om.* P   29 in¹] ad P ‖ duodecim] undecim p

135ʳᵃ C cim et | resultant viginti quattuor; et sequitur quod totalis dimensio corporis est viginti quattuor pedum cubicorum. Et ex mensuris aliarum diametrorum quam intersecantium se ad angulos rectos ductis in se invicem non sic praecise resultaret dimensio totalis corporis. Et ob hoc signandae sunt in corpore tales tres diametri et non plures. Et ob hoc etiam corpus dicitur tres dimensiones distinctae secundum rationem et non plures.

109ᵛᵇ G Et ob hoc etiam | ponuntur tres species magnitudinis et non plures, scilicet linea, superficies et corpus. Secundum enim quod corpus est mensurabile secundum unam diametrum, quaecumque illa fuerit, absque hoc quod mensuretur secundum alias diametros, corpus illud dicitur linea. Et ita similiter, si corpus ponatur esse mensurabile secundum unam diametrum ipsius nihil curando de aliis suis diametris, illud ut sic dicitur linea. Unde ulna, prout dicitur ulna, dicitur linea; non enim est cura quantae sit latitudinis vel grossitiei, sed solum quantum sit longa. Sed secundum quod corpus est mensurabile secundum duas diametros non curando de tertia et ducendo illas mensuras illarum diametrorum invicem, corpus dicitur superficies. Si enim una diameter fuerit quattuor pedum et alia trium, sciemus superficialem aream esse duodecim pedum quadratorum. Ideo etiam, si fuerit superficies figura rectilinea quae sic debeat mensurari, oportet, si non sit quadrangulus rectorum angulorum, quod primitus reducatur ad quadrangulum angulorum rectorum. Sed ultimo, secundum quod dimensio est mensurabilis secundum tres diametros intersecantes et ducendo istas mensuras

122ᵛᵇ P invicem, illa dimensio dicitur corpus. Et ita illa tria nomina | 'linea', 'superficies' et 'corpus', quamvis pro eodem supponunt, sunt diversarum rationum et species diversae.

1–2 et² ... quattuor] *om. (hom.)* P   1 totalis] talis G ‖ corporis] *om.* p   2 mensuris] *add.* duarum C   3 quam] *in marg.* C : *add.* non P : *om.* Gp ‖ se¹] *add.* invicem P ‖ ductis] ductos G ‖ in se] in Gp : *om.* P   4 dimensio totalis corporis] dimensio corporis totalis P : totalis dimensio G ‖ signandae sunt] sunt sic signandae P   5 tales tres diametri] tres tales diametri G : tres diametri tales p : tres diametri P ‖ et²] *om.* p ‖ dicitur] *add.* esse P   7 ponuntur] *om.* P   8 et] *om.* P ‖ secundum enim quod] secundum quod enim P : si enim C ‖ est] *om.* P   9 illa] illarum P   10 mensuretur] mensuraretur P ‖ linea] *om.* P   11 ita similiter] *inv.* P ‖ corpus] *add.* illud P ‖ mensurabile] mensura p   12 illud] *om.* P   13 dicitur linea] *om.* G ‖ cura] *corr. ex* curia C : curandum p   14 grossitiei] superficiei P ‖ sed²] et p   16 illas] HMTU : tres ABCGLp : *om.* P ‖ diametrorum] *add.* in G   17 trium] *corr. ex* tria C   18 superficialem aream] *inv.* GPp ‖ ideo] *add.* etc. p ‖ etiam] etc. P   19 superficies] *add.* et GPp ‖ figura] finita P ‖ debeat] debebat G   20–21 quadrangulum] quadrangulus p   21 angulorum rectorum] *inv.* GPp ‖ ultimo] ulterius P   22 diametros] dimensiones P ‖ et] *add.* sic P : etc. Gp ‖ mensuras] *add.* in G : *add.* ad p   23 illa¹] talis p   23–24 ita ... corpus] illa tria nomina linea superficies et corpus ita p : ita illa tria nomina linea superficies corpus P   23 nomina] *corr. ex* pronomina C   24 supponunt] supponant GP (*add.* tamen P) : supponerent p   25 species diversae] *inv.* GPp

Et per ista | dicta manifestum est quomodo debeat responderi ad rationes quae fiebant in principio quaestionis. De omnibus enim dictum est aut dicetur in alia quaestione etc.   96ʳᵇ p

---

1 debeat] debet G   2 enim] *om.* P   3 etc.] *om.* GP

⟨VI. 4⟩

⟨Utrum puncta sint res indivisibiles in linea⟩

Quaeritur quarto utrum puncta sint res indivisibiles in linea.

Arguitur quod sic quia:
⟨1⟩ Si punctum est, ipsum est res indivisibilis in linea; sed punctum est; igitur etc. Maior manifesta est per definitionem dicentem quid nominis puncti, scilicet 'punctum est cuius pars non est, habens positionem in magnitudine'; ideo si punctum est, ipsum est non habens partem et sic est indivisibile. Et hoc etiam vult Aristoteles quinto *Metaphysicae* dicens quod omne indivisibile secundum quantitatem habens positionem dicitur punctum. Igitur si punctum est, ipsum est indivisibile.

Sed multis rationibus probatur quod punctum est: primo quia hoc nomen 'punctum' ponitur in definitione circuli et sphaerae; et tamen nomen pro nullo supponens non debet poni in | definitione nominis pro vero ente supponentis.

Et maxime quia oportet hoc nomen 'punctum' esse positivum et non privativum, quia aliter non poneretur in definitionibus dictorum nominum positivorum, quia esset definitio per minus notiora; et si sit nomen positivum, tunc debet supponere pro aliquo ente.

Iterum si illud nomen 'punctum' pro nullo supponeret, ipsum esset nomen fictum, quo non deberent uti scientiae demonstrativae et certissimae, sicut eo utuntur geometrae.

Iterum omnes partes continui copulantur | ad terminum communem; et ille non esset terminus communis, si non esset aliquid; et tamen non ad alium terminum communem copulantur partes lineae quam ad punctum, et partes temporis ad instans; ideo puncta et instantia sunt aliqua entia.

---

3 quaeritur] *add.* quaestio ista G ∥ sint] sunt Gp   5 punctum²] ipsum P   6 manifesta est] nota P   7 scilicet punctum] punctus Pp   8 magnitudine] longitudine G ∥ partem] *corr. in marg. ex* quantitatem C   9 et] *om.* P ∥ etiam] *om.* P ∥ aristoteles] *add.* in Pp   10 omne] omnino Gp   11 indivisibile] divisibile G   12 quia] quod C   13–14 nomen ... non] nullum pro nullo supponens p   14 vero] *corr. sup. lin. in* uno C   16 et²] *om.* P   18 esset] est P ∥ minus notiora] ignotiora CGPp (*sed corr.* C) ∥ et] *om.* G   19 tunc] *om.* P   20 ipsum] *om.* P   21 fictum] finitum C ∥ quo] quod P   21–22 certissimae sicut] certae sed G   22 geometrae] geometricae scientiae G : geometriae p : geomet- P   23 omnes] omnis GP ∥ partes continui] *inv.* GPp ∥ et] sed P   24 communis] *in marg.* C   25 alium] illum C

---

9 Cf. Aristoteles, *Metaphysica*, V, 6, 1016b25–26

QUAESTIO 4   117

Et confirmatur quia: continuorum ultima sunt unum, ut habetur quinto *huius*; et si sunt unum, sunt ens vel entia, quoniam ens et unum convertuntur, ut patet in quarto *Metaphysicae*. Cum igitur non sit aliud ultimum lineae quam punctum, sequitur quod punctum est.

5   ⟨2⟩ Iterum super aliquid cadit divisio lineae; et tamen non cadit nisi super punctum indivisibile, quoniam si divido lignum, quidquid est in eo divisibile, cedit una pars ex uno latere et alia ex alio, et securis dividens cadit in intermedio istarum partium; sed istarum partium continuarum nihil est medium nisi indivisibile; igitur super indivisibile cadit divisio continui.

10   ⟨3⟩ Iterum sphaera posita super planum tangeret ipsum secundum aliquid, et non nisi secundum punctum indivisibile.

⟨4⟩ Iterum cum linea sit terminata, aliquis est terminus eius. Et hoc non est nisi punctum indivisibile, quia si divisibile esset terminus lineae, illud divisibile non posset esse nisi linea, quae iterum indigeret habere terminum,
15   et sic in infinitum terminus haberet terminum, quod videtur inconveniens.

⟨5⟩ Iterum si non esset punctum indivisibile, non apparet quomodo possent exponi multae auctoritates | positae in geometria et alibi. Unde geome-   123ra P
trae ponunt: de puncto ad punctum contingit rectam lineam ducere. Iterum Aristoteles dicit quod infinita sunt puncta in linea, quod substantia lineae
20   ex punctis est, quod punctum habet positionem in continuo, quod punctum est prius linea et linea prior superficie et superficies prior corpore. Et Commentator quinto *Metaphysicae* ponit differentiam inter punctum et instans dicens quod punctum est actu in linea et instans est in tempore in potentia. Et quaereretur etiam quomodo exponeretur definitio puncti.

---

1 habetur] *add.* in GPp   2 ens et unum] unum et ens P   3 in] *om.* P ‖ aliud] aliquod G
5 aliquid] aliquod P   6 quidquid ... eo] quid in eo est G   7 cedit] cadit C ‖ uno] una
G   8 in intermedio] intermedia P ‖ partium²] *add.* invicem GPp   10–11 aliquid] aliquod
P   11 punctum indivisibile] indivisibile scilicet punctum P   12 aliquis] aliquid GPp ‖ hoc]
om. P   13 esset] est P   16 indivisibile] *om.* P   17 unde] *sup. lin.* C : *om.* p : videlicet P
17–18 geometrae ponunt] geometer ponit (*add.* quod Pp) GPp   18 ducere] *corr. in marg. ex*
dicere C ‖ iterum] et P   20 ex punctis est] est (*sup. lin.*) ex punctis P : ex punctis C ‖ punctum¹] punctus G ‖ continuo] *add.* et P   21 et¹] *add.* quod P ‖ prior superficie] superficie
est prior P ‖ prior²] *om.* GPp   22 metaphysicae] huius GPp   22–23 instans dicens] lineam
P   23 est¹] *add.* in P ‖ est in tempore] in tempore est P : in tempore G   24 quaereretur]
quaeretur Pp ‖ quomodo] *add. sed del.* etiam C

1–2 Cf. Aristoteles, *Physica*, V, 3, 227a11–12; cf. *AA*, 2: 158   3 Cf. Aristoteles, *Metaphysica*, IV, 2, 1003b22–23; cf. *AA*, 1: 90   17–18 Cf. Euclides, *Elementa*, I, petitio 1 (ed. Busard, 33)   19 Cf. Aristoteles, *Physica*, III, 7, 207b16–17; cf. *AA*, 2: 108; cf. Aristoteles, *Analytica posteriora*, I, 4, 73a34–37; cf. *AA*, 35: 38; cf. Aristoteles, *Metaphysica*, V, 6, 1016b25–26; Aristoteles, *Topica*, VI, 4, 141b5–6, 19–22   21–22 Cf. Averroes, *In Physicam*, IV, comm. 121, f. 196D–E; comm. 105, f. 184M

⟨6⟩ Iterum dictum fuit prius, et hoc determinat Aristoteles in isto sexto, quod eiusdem rationis sunt magnitudo, motus et tempus quantum ad componi vel non componi ex indivisibilibus, | ita quod omnino, si sunt puncta indivisibilia in linea, oportet esse instantia indivisibilia in tempore et e converso, et si non, non; sed arguitur quod est dare instantia sive nunc in tempore; et sic erunt puncta in linea.

Et arguetur ut prius. | Nam in octavo *huius* dicit Aristoteles quod non est accipere de tempore nisi nunc; ideo nihil esset tempus, si non essent nunc in tempore. Et in eodem octavo dicit quod instans attribuitur posteriori passioni. Et Aristoteles et alii concedunt aliquas mutationes instantaneas. Et in septimo *Ethicorum* dicit quod visio et delectatio fiunt in instanti et non in tempore. Et haec non haberent veritatem, nisi esset dare instantia in tempore etiam distincta a tempore.

⟨7⟩ Iterum etiam dicit Aristoteles expresse in sexto *huius* quod idem est nunc quod est principium futuri et finis praeteriti et quod necesse est ipsum esse indivisibile. Ideo concludit tandem dicens: 'quod igitur aliquid sit in tempore indivisibile, quod dicimus esse ipsum nunc, manifestum est ex his quae dicta sunt'.

⟨8⟩ Iterum postea demonstrat Aristoteles et concludit quod, in | quo primo aliquid mutatum, necesse est esse indivisibile; ideo statim concludit manifestum esse quia et quod corruptum est et quod factum est, in atomo hoc quidem factum est, hoc autem corruptum est.

⟨9⟩ Iterum aliter non apparet quomodo bene exponerentur ista verba 'incipit' et 'desinit'.

⟨10⟩ Iterum regula concessa ponitur quod impossibile est contradictoria esse simul vera. Et oportet per 'simul' intelligere vel idem tempus divisibile

---

1 aristoteles] *om.* G   2 magnitudo] *add. et* P   3 vel] *add. ad* P ‖ vel non componi] *om. (hom.)* G ‖ si] *corr. ex* sit C ‖ sunt] sint GPp   5 et] *om.* G ‖ sed] *add.* tunc GPp   7 octavo] *corr. sup. lin. ex* sexto C   8 de tempore] *om.* p ‖ esset] esse P ‖ essent] essent GPp   9 octavo] *corr. sup. lin. ex* sexto C   10 in] *om.* P   11 et²] *om.* Gp   12 haec non haberent] hoc non haberet GP ‖ esset] essent p   14 dicit aristoteles expresse] aristoteles expresse determinat G : expresse determinat aristoteles Pp ‖ sexto huius] isto sexto GPp   16 concludit tandem] *inv.* GPp ‖ aliquid sit] *inv.* GP : sit aliquod p   17 indivisibile] indivisibili G   19 et concludit] *om.* p   20 primo aliquid] *inv.* P ‖ mutatum] *add.* est GPp ‖ ideo] *add.* etiam GPp   21 esse] est G ‖ et¹] *om.* P   22 quidem] idem CPp ‖ est¹] *om.* G   23 bene] *om.* P   26 esse simul] *inv.* GP

1 Cf. sup., VI, q. 2; cf. Aristoteles, *Physica*, VI, 1–2, 231b18–233b32   7 Cf. Aristoteles, *Physica*, VIII, 1, 251b24–25   9 Cf. Aristoteles, *Physica*, VIII, 8, 263b9–15   11 Cf. Aristoteles, *Ethica Nicomachea*, X, 3, 1174a13–b14   14 Aristoteles, *Physica*, VI, 3, 234a5–6, 20–21   16–18 Aristoteles, *Physica*, VI, 3, 234a22–24   19–22 Cf. Aristoteles, *Physica*, VI, 5, 235b32–236a7

QUAESTIO 4   119

vel idem instans indivisibile. Si instans indivisibile, habetur propositum. Si tempus divisibile, regula est falsa, quia quantumcumque parvum tempus sumatur, tamen in isto possunt esse vera ambo contradictoria, scilicet unum in una parte et alterum in alia.

⟨11⟩ Iterum nos concederemus sic se habere superficies ad corpora et lineas ad superficies sicut puncta ad lineas, ita quod si non sit dare puncta indivisibilia in lineis, nec etiam erit dare lineas indivisibiles secundum latitudinem in superficiebus nec superficies indivisibiles secundum profunditatem | in corporibus. Ideo si haec sunt, oportet esse puncta indivisibi-   123rb P
lia. Sed haec sunt, quia mathematici describunt lineam quod est longitudo sine latitudine et profunditate, superficies longitudo cum latitudine et sine profunditate. Ideo etiam determinat Aristoteles in quinto *Metaphysicae* et primo *Caeli* quod corpus est tripliciter divisibile, superficies autem dupliciter solum, linea autem unice. Nec aliter posset bene dici quomodo istae essent tres diversae species magnitudinis.

⟨12⟩ Iterum etiam quod oportet superficiem esse distinctam a corpore et indivisibilem secundum profunditatem, manifestum est per hoc quod Aristoteles negat locum esse corpus et dicit ipsum esse superficiem; igitur ista superficies non est corpus.

⟨13⟩ Iterum corpora plana tangunt se secundum aliquid, et non secundum aliquam profunditatem ipsorum, quia esset penetratio; igitur superficies secundum quas se tangunt non habent profunditatem.

⟨14⟩ Item ego corporali oculo video corpus opacum, quod non est diaphanum sive transparens; ideo non video ipsum secundum aliquam profunditatem ipsius; et sic sequitur idem quod prius.

Oppositum | tamen dictum est prius in duabus primis quaestionibus huius   135vb C
sexti libri.

---

1 habetur] habeo GPp   6 ad¹] et P ∥ ita] et P   7 nec etiam] non GPp   11 profunditate] *om.* GPp   12 quinto] libro p ∥ et] *add.* in P   13 autem] *om.* p   14 solum] *add. sup. lin.* et C ∥ autem unice] unice Pp : in unitate G   16 oportet] oporteat Gp   17 profunditatem] *add.* et G   21 quia] *add. sed del.* ipsa C   22 quas] quam p ∥ se tangunt] *inv.* GPp   23 corporali oculo] *inv.* Gp   25 quod] ut P   26 est] *add.* ut P   27 libri] *om.* G

10 Cf. Euclides, *Elementa*, I, definitiones 2 et 5 (ed. Busard, 31)   12–13 Cf. Aristoteles, *Metaphysica*, V, 6, 1016b26–28; cf. Aristoteles, *De caelo et mundo*, I, 1, 268a7–8   17–18 Cf. Aristoteles, *Physica*, IV, 1, 209a6

Pono conclusiones.

Prima est quod necesse est esse in corporibus superficies, lineas et puncta, quia corpora sunt terminata et non infinita; et non sunt terminata sine terminis; ideo necesse est esse terminos corporum. Sed quaecumque res sunt illi termini corporum, nos vocamus ipsos esse superficies (et hoc est licitum, quia nomina significant ad placitum); ideo necesse est esse superficies in cor|poribus. Et illae etiam sunt terminatae et non infinitae; et terminos earum vocamus lineas; igitur necesse est esse lineas. Et illae iterum sunt terminatae; et terminos earum vocamus puncta; igitur necesse est concedere puncta in magnitudinibus. Pari ratione declaratur quod est dare instantia in tempore, quia partes temporis, ut dies et horae, sunt terminatae et non sine terminis; ideo oportet concedere terminos istarum; | sed istos terminos vocamus nunc vel instantia; igitur etc.

Secunda conclusio est quod non sunt in linea vel in magnitudine puncta quae sunt res indivisibiles. Hoc fuit probatum prius, quia ad esse puncta indivisibilia sequebantur contradictoria, scilicet esse sibi invicem proxima et non esse sibi invicem proxima, et etiam lineam esse compositam ex illis punctis et non esse compositam ex eis.

Sed adhuc ista conclusio confirmatur aliis rationibus. Primo de punctis continuantibus quia: vel actu sunt in linea vel in potentia solum; neutro modo; igitur etc. Maior patet sufficienti divisione. Minor probatur: primo non posset dici quod in potentia tantum, quia oporteret assignare quomodo reducerentur ad actum; et hoc non posset assignari, nisi diceretur quod per divisionem. Sed hoc dici | non potest, quia per divisionem vel divideretur vel corrumperetur; non enim potest dici quod maneret in una partium lineae, quia nulla est ratio quare magis deberet manere in una parte quam in alia. Vel igitur corrumpitur, et sic non reducitur ad actum, vel aliquid eius manet in una parte illius lineae et aliquid in alia, et sic dividitur, quod est con-

---

2 est¹] ponitur ab aliquibus p ‖ esse in corporibus] in corporibus esse Pp   3 infinita] *corr. ex* finita C   4 esse] *om.* P ‖ sunt] sint GPp   5 nos] non G ‖ ipsos] ipsas C ‖ esse] *sup. lin.* C : *om.* Pp   6 ideo] ergo GPp   8 earum] eorum Cp ‖ sunt] sint G   8–9 terminatae] terminata C   10 declaratur] dicitur Gp   12 istarum] illorum Pp   13 vel] et G   15 sunt] sint GPp ‖ fuit] fuerit G   17 non ... et²] *om. (hom.)* P   18 ex eis] *om.* P   20 quia] *add.* etiam C ‖ actu sunt] essent actu (actum p) GPp ‖ solum] *add.* sed P   21 patet] apparet ex P   22 posset] potest Gp ‖ assignare] signare G   23 hoc non posset] non posset hoc GP : non potest hoc p   24 sed] et p   24–25 divideretur vel corrumperetur] *sc. punctum continuans* : dividerentur vel corrumperentur Pp   25 maneret] manerent Pp   26 deberet] deberent Pp ‖ in²] *om.* P   27 corrumpitur] corrumpuntur Pp ‖ reducitur] reducuntur Pp ‖ aliquid eius] aliquod ipsorum P : aliquid p

---

15 Cf. sup., VI, q. 1, concl. 1–3

QUAESTIO 4 121

tra positum ab adversario. Et iterum, si oportet ad continuandum lineam punctum ponere continuans, necesse est illud esse actu, cum linea sit actu continua. Sed tunc ego arguo quod non sit punctum in linea continuans actu quia: ex quo ad continuitatem lineae requiritur punctum continuans,
5 necesse est, ubicumque sui linea est continua, ibi esse punctum continuans; sed constat quod linea ubique sui et sine interruptione est continua; igitur ubique sui continue et sine interruptione essent puncta, quod prius probatum est esse impossibile.

Deinde etiam specialiter arguitur de puncto terminante quia: si sit punc-
10 tum indivisibile terminans lineam et distinctum a linea, tunc Deus potest ipsum separare a linea vel annihilare servata linea absque hoc quod aliud generetur vel corrumpatur. | Ponamus igitur quod hoc fiat. Quaero utrum   136ra C
linea erit terminata vel non. Si tu dicis quod non, tunc erit infinita, quod est falsum, quia non erit maior quam ante. Si tu dicis: 'remanebit terminata',
15 tunc vel hoc erit per punctum indivisibile vel hoc erit per aliquid divisibile, scilicet per partem primam aut ultimam, vel hoc erit per se ipsam. Si dicatur primo modo, sequitur quod erant puncta indivisibilia sibi invicem proxima in linea, scilicet punctum ablatum et punctum quod restat terminans. Si vero dicatur quod ista linea esset terminata per se ipsam vel per partem aliquam
20 sui divisibilem, sequitur quod ita poteramus dicere a principio; ideo omnino frustra et superflue ponebamus illud punctum distinctum a linea.

Iterum arguitur de punctis continuantibus et terminantibus simul quia: quaecumque in magnitudine, cum sint plura actu existentia extra invicem et ordinata secundum situm, sic se habent quod in eis est assignare pri-
25 mum, oportet etiam quod in eis sit secundum; hoc patet per inductionem. Si enim est dare primam medietatem proportionalem, erit dare secundam; | 110vb G
et si est dare primam centesimam vel primam millesimam in linea, erit dare secundam, et sic de aliis. Modo si in linea sunt puncta indivisibilia, ipsa sic

---

1 positum] positionem C : *om.* G ‖ si] sic G   3 ego] ergo p ‖ in linea continuans] continuans in linea in GPp   4 punctum] punctus G   5 necesse ... continuans] *om.* (*hom.*) P ‖ ubicumque] ubique C ‖ sui] *add. sed del.* quod sine interruptione C : *rep.* G ‖ linea] *in marg.* C   5–6 ibi ... igitur] *in marg. inf.* C   6 sui] *add.* continue GPp   8 esse] *om.* p   9 etiam] *om.* G ‖ specialiter arguitur] *inv.* G ‖ si] *om.* p ‖ si sit] sicut *et add. in marg.* alias sit P   10 lineam et] in linea etiam G   10–11 potest ipsum] *om.* P   11 vel] et G ‖ servata] salvata GPp   13 tu dicis] dicis G : dices p : dicas P   14 tu] *om.* p ‖ dicis] *add.* quod ipsa GPp   15 hoc erit[2]] *om.* Pp ‖ aliquid] aliquod Gp   16 partem primam] partem suam primam P : partem suam primam aut secundam G : suam primam partem divisibilem aut secundam p ‖ aut] ad C ‖ vel] et p ‖ se] semet P   17 erant puncta] *inv.* P   20 sui] suam GPp   21 a linea] ab illa P   23 plura] *add.* in p   24 est] sit G   25 oportet] apparet P ‖ per] *rep. sup. lin.* C   28 sic[1]] *add. sed del.* invicem C   28–122.1 sic sunt] *inv.* P : si sunt p

97ra P sunt extra invicem et ordinata secundum situm, et esset dare primum; | ideo etiam esset dare secundum, et ita se haberent consequenter in linea, cuius oppositum demonstravit Aristoteles.

Iterum si esset punctum indivisibile, ego quaererem utrum illud esset substantia vel accidens; et si esset substantia, utrum esset materia vel forma vel compositum. Si igitur diceretur quod esset materia prima, sequitur hoc | inconveniens quod materia prima esset corruptibilis et generabilis; quod ostensum est esse falsum in primo *huius*. Et consequentia probatur quia: est dare magnam materiam et divisibilem, quae divideretur super punctum, ut imaginamur de linea, quando imaginamur in ea puncta indivisibilia. Dividatur igitur materia ista divisibilis in *a* et *b* super signum *c*, quod esset materia indivisibilis. Ego quaero utrum illud punctum *c* corrumpitur vel remanet. Si corrumpitur, habeo propositum, scilicet quod materia prima corrumpitur. Si manet, tunc vel manet totum in *a* vel totum in *b* vel aliquid eius in *a* et aliquid eius in *b*. Si dicas hoc ultimo modo, tunc divisum est illud punctum; quod est contra positum. Si vero dicas quod manet totum in *a*, hoc est ficticium, quia nulla est ratio quare magis manet in *a* quam in *b* vel e converso; ideo vel in neutro vel in utroque aliquid eius.

Si vero dicatur quod punctum est substantia composita ex materia et forma, tunc sequitur quod est divisibile, quia omne compositum habet partes. Et cum hoc, si compositum est indivisibile quantitative, oportet quod eius materia sit indivisibilis; et revertitur istud | quod statim dicebatur et etiam dicetur de prima materia.

Si vero dicatur quod punctum nec est materia nec substantia composita, sed est quaedam forma inhaerens materiae, sive sit substantialis sive accidentalis, tunc oportet quod illi puncto correspondeat materia indivisibilis subiecta sibi. Nam, quaecumque rationes viderentur arguere quod in magni-

---

1 ideo] *om.* C   2 etiam ... secundum] *in marg.* C ‖ esset] oportet p   3 demonstravit] demonstratum est et demonstrat P ‖ aristoteles] *corr. sup. lin. ex* in linea C   4 illud] *om.* G   5 et] sed G : *om.* P ‖ esset²] *om.* G ‖ vel²] *om.* Gp   6 quod esset] *om.* C ‖ sequitur] sequeretur GP   7 corruptibilis et generabilis] generabilis et corruptibilis G   9 divideretur super punctum] super punctum divideretur p ‖ ut] sicut GPp   10 in ea] *om.* G   11 materia ista] *inv.* p ‖ super signum] scilicet per medium G ‖ esset] ponitur esse GPp   14 aliquid] aliquod G ‖ et] vel CGP (*sed corr. sup. lin.* P)   15 aliquid] aliquod G   16 totum] *om.* P   17 est] esset p ‖ manet] maneat Pp   18 utroque] *add.* est G ‖ aliquid] aliquod G   19 composita] *add.* sequitur P   22–23 et² ... materia] *om.* p   23 prima materia] *inv.* P   24 nec²] *add.* est p   25 sit] *om.* GPp

---

3 Cf. Aristoteles, *Physica*, VI, 1, 231a21–b10   8 Cf. Aristoteles, *Physica*, I, 9, 192a25–34; cf. Iohannes Buridanus, *Quaestiones super libros Physicorum*, I, q. 19 (ed. Streijger, Bakker, 196–200)

tudine oporteat ponere terminos indivisibiles, illae similiter arguerent de materia subiecta. Sicut enim magnitudo est terminata, ita etiam materia ei subiecta; et sicut magnitudo est divisibilis, ita et materia; et sicut dividens cadit inter partes magnitudinis et quod una cadit ad unam partem et alia ad aliam, propter quod divisio videtur cadere super indivisibile quod imaginatur inter partes invicem continuas, ita cadit inter partes materiae etc. Et omnino, sicut punctum non est expansum per ipsam magnitudinem, ita nec esset expansum per materiam subiectam illi magnitudini; igitur puncto indivisibili corresponderet materia indivisibilis subiecta ei. Et tunc reverteretur quod ista materia subiecta puncto continuanti corrumperetur, quando linea divideretur, quia non potest dici quod remaneret in una parte et non in alia, quia ficticium esset hoc dicere, nec remaneret in | utraque parte, quia 111ra G divideretur; igitur etc.

Et ex istis duabus conclusionibus sequitur pro tertia conclusione quod puncta et instantia sunt res divisibiles, quia sunt, et non sunt indivisibiles, igitur sunt divisibiles. Et ita etiam sequitur quod lineae et superficies etiam sunt divisibiles secundum latitudinem et profunditatem. Et tandem sequitur quod superficies est corpus, quia omne divisibile secundum longitudinem, latitudinem et profunditatem est corpus. Et linea etiam | est superficies 124ra P et punctum est linea. Ideo etiam sequitur quod omne punctum est corpus et omne instans est tempus.

Quarta conclusio est quod omne punctum est pars lineae ita quod non est aliqua totalis linea (et voco totalem lineam, quae non est pars alterius lineae), et sic etiam linea est pars superficiei et non totalis superficies, et superficies est pars corporis et non totale corpus (et voco, sicut prius, illud totale corpus, quod non est pars alterius corporis). Conclusio igitur probatur quia: ex eo dicitur superficies, quia est terminus corporis, et linea, quia est terminus superficiei, et punctum, quia est terminus li|neae. Unde si dicamus 97rb p esse punctum in medio lineae, quod non est terminus illius lineae, tamen ex eo dicitur punctum, quia est terminus linearum quae sunt partes illius

---

2–3 sicut ... subiecta] *om.* (*hom.*) P   3 ita] sic GPp   4 cadit²] cedit GP   7 omnino] ideo P   7–8 ipsam ... per] *om.* (*hom.*) C   7 magnitudinem] longitudinem G   8 subiectam illi magnitudini] illi magnitudini subiectam p   9 corresponderet] correspondet G   11 divideretur] diceretur C ‖ in²] *om.* G   12 ficticium esset] *inv.* P   14 et] *om.* GPp ‖ istis] dictis GPp ‖ conclusionibus] *om.* G ‖ pro tertia conclusione] tertia P   16 etiam²] *om.* GPp   18–19 longitudinem ... profunditatem] latitudinem et profunditatem et etiam longitudinem G : latitudinem et profunditatem p   21 est] *om.* P   22 est¹] *om.* P   23 totalem] *rep.* G   25 totale] *corr. ex* totalis C ‖ voco] *add.* illud G   26 alterius corporis] illius corporis continua p ‖ igitur] *om.* p   27 quia¹] quod C   29 esse punctum] *inv.* P   30 punctum] punctus P

lineae; est enim finis unius partis et principium alterius. Supponimus igitur quod omne punctum est terminus lineae et omnis linea est terminus superficiei et omnis superficies est terminus corporis; et non est terminus extrinsecus et separatus, quia corpus esset terminatum, licet nihil aliud esset extra ipsum. Supponimus etiam quod terminus lineae *b* non est ista linea *b*, immo lineae *b* sunt diversi termini, unus ex uno latere et alter ex alio (et sic de aliis lineis | et suis terminis). Tunc igitur sequitur conclusio proposita, quia omne punctum est linea quae est terminus intrinsecus lineae; et non est ista linea cuius est terminus, ut dictum est; igitur est linea quae est pars illius lineae cuius est terminus. Et ita consequenter dicitur de linea respectu superficiei et de superficie respectu corporis.

Quinta conclusio sequitur manifeste quod linea componitur ex punctis et dividitur in puncta, scilicet quae ante divisionem erant puncta, licet non sunt puncta post divisionem, quia sunt totales lineae. Et ita superficies componitur ex lineis et corpus ex superficiebus, et sic tandem corpus ex punctis, quia totum componitur ex suis partibus.

Sexta conclusio est quod cuiuslibet lineae terminus est prima pars eius vel ultima pars, immo eius termini sunt prima pars et ultima pars eius. Hoc probatur quia: cum in quinto *Metaphysicae* positae sunt multae acceptiones huius nominis 'terminus', tamen prior et principalior acceptio est in continuis, quae descripta est per tres condiciones: prima est quod omnis terminus est rei cuius est terminus ultimum; secunda est quod omnis terminus est extra quod nihil est accipere primi, id est ipsius terminati cuius terminum volumus assignare; tertia est quod terminus est infra quod omnia sunt primi, id est ipsius terminati. Ita loquitur Aristoteles quinto *Metaphysicae*.

Quantum ad primam condicionem, per 'ultimum' Aristoteles intendit utrumque conum rei mensurabilis; in quacumque enim re mensurabili est accipere partes extremas, quarum quaelibet vocari potest prima, si ab ea incipiamus | numerare partes illius rei. Et ita quaelibet potest dici ultima, si ab alio cono incipiamus | numerare partes illius rei.

---

2 est²] *om.* P   6 alio] altero G   8 quia] quod C   10 dicitur] dicetur p   13 puncta¹] punctis P   14 sunt¹] sint GPp   17 sexta] septima P   18 eius¹] eiusdem P ‖ sunt] est P ‖ pars²] *om.* Pp ‖ et] vel G   19 sunt] sint GP   20 tamen prior] *inv.* p   22 terminus¹] *corr. sup. lin. in* eius C   23 quod] *corr. in* quem P ‖ id est] *om.* P   24 est²] *om.* p ‖ quod²] *corr. in* quem P ‖ quod omnia] omnia quae G   25 id est] scilicet p   26 aristoteles] *sup. lin.* C : *om.* Gp ‖ aristoteles intendit] *om.* P   28 partes extremas] *inv.* p : partes extrema G ‖ vocari potest] *inv.* GP   29–30 et ... rei] *om. (hom.)* C   30 partes] partem p

---

19–25 Cf. Aristoteles, *Metaphysica*, V, 17, 1022a3–13

QUAESTIO 4   125

   Quantum vero ad secundam condicionem, cum dico 'extra quod nihil est ipsius terminati', ego intelligo quod nihil ipsius rei terminatae est ultra suum terminum.
   Et quantum ad tertiam condicionem ego intelligo quod tota res terminata
5 et quaelibet pars eius est infra terminum suum inclusive, ita quod quaelibet pars eius est vel ille terminus vel citra.
   Modo constat manifeste quod primae parti et ultimae parti continui finiti, in quotascumque partes imaginetur dividi, conveniunt illae tres condiciones et nulli alteri; ideo illae sunt termini.
10 Septima conclusio est quod nullius continui aliqua tota pars est terminus eius (et capio hoc nomen 'totum' syncategorematice). Ista conclusio patet, quia nulla tota pars est prima vel ultima. Unde da oppositum, scilicet quod alicuius continui aliqua tota pars est prima pars eius vel ultima; sequitur quod quaelibet pars illius partis erit prima vel ultima et quod erit terminus
15 illius continui; et hoc est falsum, quia si ista pars quae ponitur prima dividatur in *a* et in *b*, constat quod *a* erit ante *b*, ideo *b* non erit prima pars.
   Tunc igitur est dubitatio quare punctum dicitur communiter ab omnibus esse indivisibile.
   Respondeo quod hoc non dicitur quia sit ita vel quia sit verum de virtute
20 sermonis, sed uno modo hoc dicitur secundum | imaginationem mathemati-   136vb C
corum, qui imaginantur ac si esset | punctum indivisibile, non quia debeant   97va P
credere quod ita sit, sed quia in mensurando revertuntur eaedem condiciones, sicut si ita esset; si enim esset punctum indivisibile terminans lineam, constat quod infra ipsum exclusive esset tota illa linea, et consimiliter ipsa
25 tota est infra ultimam partem suam inclusive.
   Alio modo punctum dicitur indivisibile, quia dicitur punctum secundum quod est terminus alicuius lineae, ut si per ulnam volumus mensurare pannum, nos ponemus primam partem ulnae supra primam partem panni, ita

---

2 ipsius¹] illius p   2–3 suum terminum] *inv.* GPp   5 pars eius] *inv.* Gp   6 eius] *sup. lin.* C ‖ citra] *add.* alias intra C   7 parti²] *om.* G ‖ finiti] finitae G   8 quotascumque] quascumque G ‖ imaginetur] imaginentur G   9 illae] illi (*add.* non P) GP   10 septima] alia P   10–13 aliqua ... ultima] terminus (*in marg.*) est aliqua tota pars eius sicut prima pars eius et ultima quia (*sup. lin.*) G   11 totum] tota Pp   13 continui] termini C ‖ est] sit Pp ‖ eius] *om.* P   14 vel] et G ‖ quod²] *om.* P   16 in²] *om.* P   17 dubitatio] *add.* quomodo seu P ‖ punctum] punctus P   18 esse indivisibile] *inv.* P   19 respondeo] respondetur p ‖ sit verum] *inv.* G   20 imaginationem] modum G   21 qui imaginantur] *om.* p ‖ indivisibile] *in marg.* C   21–22 debeant credere] debent credere P : debeat credi G   22 quia] *om.* P   22–23 condiciones] *add. in marg.* conclusiones alias C : conclusiones GP   24 illa linea] *inv.* GPp ‖ consimiliter] quod similiter P   25 suam] *om.* P   27 volumus] velimus G   28 primam partem²] *inv.* G

quod neutra a parte ante excedit reliquam, et videbimus quantum se extendit ulna super pannum secundum panni longitudinem; et hoc erit ulna panni. Consequenter immediate post istam ulnam panni nos iterum ponemus ulnam, quae est mensura, et erunt duae ulnae panni, et sic deinceps. Et sciemus quod pannus est longitudinis viginti quattuor ulnarum. Consimiliter imaginando nos ponemus primum punctum ulnae secundum imaginationem supra primum punctum panni et videbimus quantum se extendit ulna super pannum, et sic consequenter. Et revertitur idem quod prius; ideo licet uti illa imaginatione.

Alio modo punctum dicitur indivisibile, quia dicitur punctum secundum quod est terminus alicuius lineae; | omnis autem terminus lineae dicitur indivisibilis non simpliciter loquendo de virtute sermonis, sed indivisibilis, quia non divisibilis in partes quarum quaelibet pars sit terminus illius lineae.

Adhuc quarto modo dicitur punctum indivisibile ea ratione qua dicitur prima pars vel ultima pars lineae, quia non dicitur prima vel ultima pars nisi prout discernitur sive numeratur contra alias partes tamquam una; et non dicitur una nisi secundum quandam rationem indivisionis. Propter hoc enim dicitur quinto et decimo *Metaphysicae* quod omne unum inquantum unum est indivisibile; quod non est verum de virtute sermonis, sed ad illum sensum qui de|claratus fuit in tertio libro.

Adhuc propter quartum modum notandum est quod in infinitum parvum est punctum vel instans, quia in infinitum est parvus terminus sive prima aut ultima pars continui. Verbi gratia, si lineae *b* prima pars eius dicatur una tertia, ita dicitur eius pars prima una decima, quae est minor quam una tertia; et iterum prima eius pars dicitur una centesima, quae iterum est minor, vel una millesima, quae est adhuc multum minor, et sic in infinitum. Ideo quantumcumque parva parte data adhuc minor est prima pars.

---

1 a parte ante] *corr. in marg. in* partium C ‖ reliquam] aliquam G ‖ videbimus] videmus p   3 consequenter] *add.* et P   5–6 consimiliter] *add.* autem GPp   6 ponemus] *corr. ex* ponimus C ‖ primum punctum] *inv.* GPp   7 supra] secundum P ‖ videbimus] videbitur G : videmus p   8 et²] *om.* Pp   10 modo] *om.* P ‖ quia dicitur] quam dicit P   13 in] secundum G   14 dicitur punctum] *inv.* P   15 vel ultima pars¹] *rep.* p ‖ pars³] *add. sed del.* lineae C : *add.* lineae P   16 discernitur] distinguitur p ‖ numeratur] numerat P   18 decimo] *corr. sup. lin. ex* nono C : 19 P   19 indivisibile] divisibile P ‖ sed] *om.* p   20 fuit] fuerit G ‖ libro] huius p   21 notandum est] nota G   22 est parvus] parvum est GP : est p   23 dicatur] dicitur P   24 pars prima] *inv.* GPp   25 eius] *corr. in marg. ex* est C ‖ dicitur] *corr. ex* dividitur C   26 est adhuc] *inv.* GPp ‖ multum] multo p   27 quantumcumque] quacumque G ‖ prima] parva P

---

18 Cf. Aristoteles, *Metaphysica*, V, 6, 1016b23–24; cf. Aristoteles, *Metaphysica*, X, 1, 1053b7–8
20 Cf. Iohannes Buridanus, *Quaestiones super libros Physicorum*, III, q. 17 (ed. Streijger, Bakker, 161–162)

QUAESTIO 4   127

　　　Ideo potest inferri octava conclusio, scilicet quod cuiuslibet continui finiti
in infinitum parvus est terminus eius; ideo in omni linea | vel magnitudine in   137ra C
infinitum parvum est punctum et in omni tempore in infinitum parvum est
momentum. Sed tamen non sequitur e converso, scilicet quod punctum sit
5　in infinitum parvum, immo punctum potest dici decima pars alicuius continui, quae non est in infinitum parva, sicut etiam non sequitur 'omnis homo
est animal, igitur animal est omnis homo'. Et pro tanto non valet consequentia et conversio, quia primo isti termini 'punctum' et 'animal' stabant confuse
et postea stabant determinate.
10　　Et potest etiam corollarie inferri quod unum punctum est altero puncto
maius vel in duplo vel in triplo vel in centuplo aut in quacumque proportione volueris. Nam eiusdem lineae prima tertia est dupla ad primam sextam
et prima centesima est decupla ad primam millesimam; et tamen quaelibet
istarum partium potest dici terminus illius lineae et per consequens punc-
15　tum.
　　　Et iterum etiam apparet de terminis continuorum quod de ratione huius
nominis 'terminus' est quod vere affirmetur de hoc subiecto 'parvum' cum
ista determinatione syncategorematica 'in infinitum', ita quod haec sit vera
'in quolibet continuo in infinitum parvus est terminus eius'. Et consequen-
20　ter etiam de ratione horum | nominum 'punctum' et 'instans' est quod   97vb p
de huiusmodi subiecto vere dicantur quod in omni magnitudine in infinitum parvum est punctum et in omni tempore in infinitum parvum est
instans. Modo | ita est quod aliquando parvum ratione parvitatis voca-   124vb P
mus indivisibile secundum impropriam locutionem, quia non est divisi-
25　bile in partes sensibiles vel in partes magnas et notabiles; ideo secundum
huiusmodi locutionem diceremus quod punctum et instans est indivisibile,
scilicet quod verum est dicere quod in infinitum parvum est punctum vel
instans.

　　　Tunc ergo faciliter possunt solvi rationes quae in principio quaestionis fie-
30　bant.

---

1 ideo] ratio p ‖ scilicet] *om.* P ‖ finiti] *corr. in marg. ex* sunt C   2 parvus] parvum Pp ‖
eius] *om.* G   3 in²] *om.* P   5 immo] *corr. sup. lin. ex* quia C ‖ decima] duodecima p
8 conversio] *add. in marg.* seu e converso C : e converso p   9 stabant] stabat G   10 etiam]
om. G   11 vel¹] *om.* P ‖ quacumque] qua CPp (*sed corr.* C)   12 volueris] voluerimus G
14 istarum] harum GPp   17 affirmetur] affirmatur Pp   19 parvus] parvum GP   20 et] *om.*
P   21 de] *om.* p ‖ huiusmodi subiecto vere] huius vere subiecto P ‖ dicantur] *add.* ita GPp
26 huiusmodi] huius P ‖ indivisibile] *corr. ex* divisibile C   27 quod¹] quia GPp ‖ in] *om.*
C ‖ vel] et G   29 faciliter possunt solvi] possunt solvi faciliter Pp

⟨1⟩ Concedo enim quod punctum est, sed nego quod est indivisibile, nisi ad sensus praedeterminatos, ad quos debet exponi descriptio puncti et etiam auctoritates omnium dicentium puncta vel instantia esse indivisibilia.

De hoc autem quod dicitur, quod in definitione circuli vel sphaerae ponatur punctum, dicetur post quomodo haec debeant concedi.

Conceditur etiam quod hoc nomen 'punctum' pro aliquo supponit, quia pro corpore quod est prima vel ultima pars alicuius corporis maioris.

Quando autem dicitur quod partes continui copulantur ad aliquem terminum communem, concedo ad istum sensum quod termini partium ad invicem continuarum sunt unum continuum, sicut dicit alia ratio.

Ideo de ista ratione quae dicit quod continuorum ultima sive termini sunt unum, dico quod hoc sit verum secundum propriam locutionem. Quorum|cumque enim ad invicem continuorum ultimae partes versus invicem, quae sunt termini eorum, sunt unum continuum. Verbi gratia, si linea *a* et linea *b* sunt ad invicem continuae | et utraque imaginetur dividi in decem decimas, tunc ultima decima ipsius *a* versus *b* et ultima decima ipsius *b* versus *a* sunt una linea continua, cuius una pars est terminus lineae *a* et alia pars est terminus lineae *b*. Sic igitur ad illum sensum continua copulantur ad terminum communem quod termini eorum sunt unum continuum quod communicat de utroque istorum ad invicem continuorum.

⟨2⟩ Quando autem dicitur quod super aliquid cadit divisio lineae, concedo quod cadit super istam lineam totam capiendo 'totam' categorematice; cadit enim super lineam istam, quae est quoddam totum habens partes. Sed dicitur cadere super punctum, quia super nullam totam lineam vel super nullam totam partem lineae cadit capiendo 'totum' syncategorematice. Et sic etiam dicitur cadere super indivisibile, quia non sic cadit super

---

1 est²] sit GPp   2 quos] *add.* sensus GPp   2–3 et etiam] et G : etiam P   4 autem] *om.* G ‖ autem quod] aliquid p   4–5 ponatur] ponitur GPp   5 haec debeant] hoc debeat p ‖ concedi] *add. in marg.* alias intelligi C : intelligi GPp   6 quia] *add.* supponit P   7 maioris] magnitudinis p   8 aliquem] *om.* GPp   10 dicit] *om.* P   11 ista] illa alia Gp : alia P   12 unum] *add.* ego GPp ‖ dico] credo P ‖ hoc] *om.* P ‖ sit] est GPp ‖ secundum] secundam p ‖ locutionem] acceptionem G   13 ad invicem] *om.* P   14 eorum] HTp : earum ABCGLPU (*sed corr.* C?) : harum M   15 utraque] utrumque GPp ‖ imaginetur] imaginatur GP   17 ipsius b] *corr. ex* versus b C ‖ sunt] et p   18 ad illum sensum] *in marg.* C   20 istorum] illo p   22 quod] *om.* P   23 quod] quia G ‖ istam] *om.* p ‖ lineam totam] *inv.* GPp   24 lineam istam] illam lineam GPp ‖ quoddam] quodam P   25 nullam] *om.* P   26 capiendo] *rep.* G ‖ totum] totam GPp   27 etiam] *om.* P ‖ non] *om.* P

---

5 Cf. inf., resp. ad 5

aliquod divisibile quod cadat super quamlibet partem illius, et quia etiam cadit super in infinitum parvam partem. Et nihil aliud debemus intelligere per hoc quod dicimus divisionem lineae fieri secundum punctum vel super punctum. Securis enim cadit super lignum, sed quia non potest esse penetratio corporum, una pars illius ligni cedit ex uno latere per motum localem et alia ex alio.

⟨3⟩ De sphaera posita super planum dicitur quod tota | sphaera tangit totum planum sumendo 'totum' categorematice, sed nec tota sphaera nec aliqua pars tota sphaerae tangit planum sumendo 'totum' syncategorematice, immo nulla tota pars sphaerae tangit planum capiendo 'totum' syncategorematice nisi ultima versus illud planum. Et istas intentiones volumus assignare, cum dicimus quod tangit secundum punctum. Et cum dicimus quod non tangit secundum lineam vel superficiem vel corpus seu profunditatem, volumus intelligere quod non tangit secundum aliquam totam lineam vel totam superficiem vel totum corpus capiendo 'totum' syncategorematice. Sed si sphaera moveatur, tunc tangit planum secundum lineam totam, quia secundum quamlibet partem illius plani tangit planum sumendo | istas partes ex divisione illius plani secundum unam diametrum solum, scilicet secundum illam secundum quam dicitur moveri.

⟨4⟩ De terminis lineae dictum est satis, et quod non est inconveniens in infinitum esse termini terminum propter infinitas esse partes continui.

⟨5⟩ Ad aliam rationem quae quaerit de expositione multarum auctoritatum dico quod sic de omni puncto ad omne punctum contingit rectam lineam ducere, quia inter quaecumque duo corpora ab invicem distantia est dimensio recta corporea.

Conceditur etiam quod infinita sunt puncta in linea, quia infinitae partes quarum quaelibet habet partem primam et partem ultimam, et quod sub-

---

1 aliquod] aliquid P ‖ quod cadat] quia cadit p   2 in infinitum] infinitum p : infinitam P   3 fieri] *sup. lin.* C   4 punctum] *add. sed del.* vel quod C ‖ enim] *sup. lin.* C   5 corporum] *add.* illa p   6 alio] alia C   7 sphaera¹] *add.* autem P   8 sumendo] capiendo P   8–10 sed ... syncategorematice] *om. (hom.)* G   9 pars tota] *inv.* Pp   10–11 immo ... syncategorematice] *om. (hom.)* P   10 tota] *om.* Gp ‖ capiendo] sumendo G ‖ totum] *corr. ex* solum C : *om.* p   11 ultima] *add.* pars G   12 assignare] signare GP : significare p ‖ secundum] per P   12–13 cum dicimus] *om.* P   13 tangit secundum lineam] secundum lineam tangit p : tangit secundam lineam P ‖ vel¹] *add.* secundum p ‖ seu] sive P   15 vel¹] *add.* aliquam P ‖ capiendo] sumendo p   16 secundum] in G   17 quamlibet] qualibet p   19 scilicet] id est p   20 terminis] termino GPp ‖ et] *om.* P   21 esse¹] *corr. ex* termini C ‖ termini] *in marg.* C ‖ termini terminum] *inv.* G ‖ esse²] *sup. lin.* C   22 aliam] illam GP   22–23 auctoritatum] *corr. in marg. ex* augmentationum C   23 sic] *add.* dicitur P   24 ab] ad P   25 recta corporea] *inv.* Gp : recta P   27 partem¹] *om.* p ‖ partem²] *om.* P

stantia lineae ex punctis est, quia linea componitur ex punctis, sed non ex punctis quae sunt res indivisibiles. Et punctum habet positionem in continuo, quia est pars continui.

De hoc autem quod punctum est prius linea etc., potest dici quod hoc dixit Aristoteles secundum opinionem Platonis ponentis puncta indivisibilia et non | secundum suam propriam determinationem. Vel ipse sic dicebat ad illum sensum | quod secundum rationem prius est hoc nomen 'terminus' vel 'punctum' quam hoc nomen 'linea finita'; ideo in descriptione lineae finitae ponitur hoc nomen 'punctum'.

Dictum autem Commentatoris debet glossari quod per 'esse in actu' intendit permanentiam et per 'esse in potentia' successionem sine permanentia partium simul.

De definitione puncti dictum est quomodo et ad quos sensus punctum dici possit indivisibile. Et ad istos sensus dicimus quod ipsius non est pars; aliter esset falsa descriptio. Vera enim descriptio puncti est quod punctum est terminus lineae vel extremitas lineae. Et iterum terminus vel extremitas lineae est prima vel ultima pars lineae.

De hoc autem quod omissum fuit prius, scilicet quomodo exponuntur definitiones circuli et sphaerae, scilicet 'in cuius medio est punctum a quo omnes lineae ductae ad circumferentiam sunt aequales', dicendum est faciliter secundum imaginationem ficticiam punctorum et linearum. Sed secundum veritatem in circulo vel in sphaera est pars media, quae vocatur centrum, et pars extrema undiquaque, quae vocatur circumferentia. Et omnium semidiametrorum vel sphaerae vel circuli illa pars media dicitur terminus. Et illa pars media non est simpliciter indivisibilis, sed dicitur indivisibilis, quia non est divisibilis | in plures partes quarum quaelibet sit terminus omnium semidiametrorum illius circuli vel sphaerae, et quia etiam in infinitum parva est talis pars media sive talis terminus. Et dicitur punctum, quia

---

1 ex punctis est] ex punctis est (*sup. lin.*) C : est ex punctis P ∥ quia] quod p   1–2 sed ... punctis] *in marg.* C   2 sunt] sint Gp   4 de] *om.* P   5 dixit] dicit p ∥ secundum] per P   6 suam] *sup. lin.* C : *om.* P ∥ propriam determinationem] *inv.* P ∥ dicebat] dicit p   7 quod] quia GPp   10 dictum] *corr. in marg. ex* deinde C ∥ autem commentatoris] *inv.* P   11–12 sine permanentia] permanentiam CP : non permanentiam p   14 possit] posset G : poterit p   15 punctum] punctus p   16 iterum] idem Gp   16–17 vel extremitas lineae] *om.* p   17 vel ultima pars] *add. in marg.* alias ultimae partes C : pars vel ultima p   18 de ... quod] et de hoc aliquid p ∥ omissum] dimissum G ∥ exponuntur] exponantur GPp   19 in] de P ∥ a] *corr. ex* .a. C   20 ad ... aequales] etc. P   22 in[2]] *om.* GPp ∥ pars] prima C   23 undiquaque] undique G   24 vel[1] ... circuli] circuli vel sphaerae GPp   27 semidiametrorum] *corr. ex* subdiametrorum C   28 parva] *praem.* pars p : *add.* pars GP ∥ talis pars] *inv.* P

19–20 Cf. Euclides, *Elementa*, I, definitio 15 (ed. Busard, 31–32)

QUAESTIO 4 131

est terminus lineae vel linearum semidiametralium. Unde dicimus terram esse centrum naturale totalis sphaerae mundi; vel in infinitum parva pars terrae media per aequidistantiam a mundi circumferentia dicitur centrum mundi.

⟨6⟩ Deinde ad rationes quae arguunt de instantibus: conceditur eadem esse ratio in proposito de punctis et de instantibus. Cum igitur dicit Aristoteles quod de tempore non est accipere nisi nunc, ipse intendebat loqui de nunc indivisibili sub condicione, scilicet si esset dare nunc indivisibile. Et sic vult dicere quod nihil in tempore est secundum se totum simul nisi nunc, si ponatur nunc indivisibile; et cum non ponitur, tunc simpliciter verum est quod nihil est accipere de tempore (supple: quod sit totum simul). Et hoc est, quia tempus est pure successivum.

De hoc autem quod instans attribuitur posteriori passioni dicetur post. Et in alia etiam quaestione dicetur de mutationibus indivisibilibus. Et ibi etiam dicetur de illuminatione et visione et huiusmodi.

⟨7⟩ De hoc quod dicitur idem esse nunc principium futuri et finem praeteriti, ego dico quod, si per 'praeteritum' et 'futurum' intelligamus duo diversa tempora ad invicem continua, tunc omnino nihil erit | praesens, sci- 98ʳᵇ p
licet neque tempus neque instans, nisi concedamus praesens esse praeteritum vel futurum vel compositum ex praeterito | et futuro; quod non esset 137ᵛᵇ C
propria locutio. Et ideo potest dici quod Aristoteles ponit istas conclusiones sub condicione et non categorice, scilicet quod idem est nunc in praeterito et futuro et quod illud est indivisibile, et in quo primo aliquid mutatum est, necesse est esse indivisibile. Haec enim vera essent sub condicione, scilicet si esset dare indivisibilia in tempore. | Vel potest dici sicut de punctis 112ʳᵇ G
in linea, scilicet quod temporum ad invicem continuorum extrema sive termini sunt unum tempus; oportet enim ultima continuorum esse unum. Et illud vocatur instans et dicitur indivisibile, quia non est divisibile in partes

---

2 sphaerae] *om.* P   3 media] *add.* quia P   5 deinde] *add.* potest quis faciliter respondere P   6 in ... punctis] de punctis in proposito P   8 si] *add. sed del.* nunc C   9 vult] *add.* aristoteles p   10 ponitur] ponatur GPp ‖ est] *om.* P   11 sit] fit p   12 successivum] *add.* et p   13 de] ad P ‖ et] *om.* P   14 ibi etiam] *inv.* P   15 illuminatione] luminatione P ‖ huiusmodi] huius P   16 hoc] *add.* autem GPp   17 et] *om.* P   19 concedamus] concedam P   20 esset] est p   21 et] *om.* P ‖ ponit] intelligebat G : intelligat p : intendebat P   23 indivisibile] divisibile p ‖ et³] *add.* quod GPp   24 indivisibile] *corr. ex* divisibile C ‖ vera essent] *inv.* G   25 esset] essent GP   26 scilicet] *om.* P ‖ temporum] *add. sup. lin.* alias punctorum C

---

13 Cf. inf., VI, q. 6   14 Cf. inf., VI, q. 5

quarum quaelibet sit ultima pars istorum temporum, vel quia in infinitum parvum tempus est ultima pars ipsorum temporum. Et aliter non est ponendum nunc indivisibile, nisi sicut de puncto dictum fuit.

⟨8⟩ Sic etiam bene dicebat Aristoteles quod illud quod mutatum est, mutatum est primo instanti et indivisibili, quia accepto toto tempore mutationis in illo non est mutatum illa totali mutatione, sed sic mutatum est in tempore immediate sequente, sed non primo nisi in parte prima illius temporis, quae iam est terminus eius. Et sic vocatur instans et dicitur indivisibile, quia non divisibile in plures partes quarum quaelibet sit prima. Unde aliquid bene mutatum est illa | mutatione in aliquo toto tempore, sed non primo in aliquo toto tempore sumendo 'totum' syncategorematice. Et apparet quod in infinitum parvum tempus est prima pars illius temporis. Et sic omnino est, sicut erat de linea. Et ita etiam est de factum esse et de corruptum esse.

⟨9⟩ De expositione autem horum verborum 'incipit' et 'desinit' ego dico quod aliquando idem intelligimus per 'rem incipere esse' et per 'rem fieri' vel etiam 'incipere esse album' et 'fieri album', et sic suo modo de 'desinere' et de 'corrumpi'. Ideo non esset inconveniens exponere 'incipit' et 'desinit', sicut exponeremus 'fieri' et 'corrumpi', sive dicamus 'fieri' aut 'corrumpi' instantanee sive temporaliter. Si autem aliquis vult aliter exponere 'incipit' et 'desinit', ego dicam quod *b* incipit esse, quia in aliquo tempore est et immediate ante illud tempus non erat; et etiam *b* incipit non esse, quia aliquo tempore non est et immediate ante illud tempus erat, et desinit esse, quia aliquo tempore est et immediate post illud tempus non erit etc.

⟨10⟩ Ad aliam dico quod regula sic intelligitur quod impossibile est, in quo toto tempore vera est una contradictoriarum, aliam esse veram in aliquo illius temporis.

---

1 ultima pars] *add. in marg.* alias ultimae partes C : ultimae partes GPp   2 pars] *om.* GPp ‖ ipsorum] illorum GPp   3 nisi] *om.* p ‖ fuit] fuerit prius G : est prius p   4 sic] sicut p ‖ etiam bene] enim vere P ‖ dicebat] dicit p   5 mutatum est] est P : *om.* p ‖ primo *add.* in GPp ‖ et] in *add.* GPp   7 sequente] sequenti p ‖ primo] prius G   10–11 sed ... tempore] *om. (hom.)* C   11–12 apparet] oportet P   13 de³] *om.* P   15 verborum] *corr. ex* terminorum C   16 aliquando] aliquod scilicet (*sup. lin.*) G ‖ intelligimus] intendimus p ‖ esse] *om.* G   17 et¹] vel P ‖ de] *sup. lin.* C   18 de] *om.* p ‖ corrumpi] *add.* et P   19 exponeremus] exponeretur G ‖ et] aut G ‖ dicamus] dicimus G   20 vult] voluit P ‖ exponere] *in marg.* C   21 in] *om.* GPp   22 b] *om.* GPp   26 vera est una] verum est unam P ‖ vera ... veram] verum est unum contradictoriorum aliud est verum p

QUAESTIO 4 133

⟨11⟩ Quare autem et quomodo debeat linea dici longitudo sine latitudine, patet ex alia quaestione, scilicet quia in mensurando modo lineari non attendimus nisi ad unam diametrum etc. Et tali etiam modo dicimus lineam esse divisibilem unice solum etc.

⟨12⟩ De hoc autem quod Aristoteles negat | locum esse corpus, dictum fuit in quarto libro. 138ra C

⟨13⟩ De tactu planorum dico quod tangunt se invicem secundum se tota, scilicet totas profunditates, capiendo 'totum' categorematice. Sed capiendo 'totum' syncategorematice nec tangunt se secundum se tota nec secundum aliquam partem totam nisi capiendo partem ex divisione secundum duas diametros; sic enim quaelibet pars tangit. Sed capiendo partes ex divisione secundum tertiam diametrum, solum una pars tangit, scilicet ultima versus illud quod tangitur; ideo dicitur tangere secundum superficiem.

⟨14⟩ Ad ultimam dicendum est eodem modo, scilicet quod ego video totum lapidem capiendo 'totum' categorematice, sed non syncategorematice. | Immo etiam quamlibet partem parietis ego video loquendo solum de partibus divisis secundum duas diametros; sed dividendo secundum tertiam diametrum ego non video quamlibet partem, sed solum ultimam versus me. Vel etiam forte | quod nullum corpus est omnino sic opacum quod nullius sit transparentiae; unde folium auri aliquando fit ita tenue quod claritas solis apparet per ipsum. 112va G

98va p

---

1 autem et] aut P   2 quia] quod G   4 unice] uni^te (*seq. spat. vac.*) C : secundum (*sup. lin.*) unitatem (*corr. ex* unitate) G ‖ etc.] *sup. lin.* C : *om.* P   5 de hoc autem] ad hoc autem p : ideo de hoc P   5–6 de ... libro] *om.* G   5 locum] *om.* P ‖ corpus] *corr. ex* tempus C   8 scilicet] et GPp   10 partem totam] *inv.* GPp ‖ partem²] partes GP   11 partes] *corr. ex* partem C   12 solum] sola P   13 tangere] *add. sed del.* versus C   16 etiam] *corr. sup. lin. ex* igitur C ‖ ego] *om.* P   17 divisis] diversis P   19 forte] *om.* P ‖ omnino sic opacum] omnino sic (*corr. ex* sicut) opacum C : sic opacum omnino P   20 aliquando fit] *inv.* p   21 ipsum] *add.* etc. G : *add.* et sic dictum est P

---

2 Cf. sup., VI, q. 3   6 Cf. Iohannes Buridanus, *Quaestiones super libros Physicorum*, IV, q. 2 (ed. Streijger, Bakker, 211–221)

⟨VI. 5⟩

⟨Utrum sit aliqua transmutatio instantanea⟩

Quia mentio facta est de transmutatione instantanea, ideo quinto quaeritur utrum sit aliqua transmutatio instantanea.

Arguitur quod non quia:

125ᵛᵇ P ⟨1⟩ In quarto *huius* dicit Aristoteles | sic: 'manifestum est quod omnis mutatio et omnis motus in tempore est'. Et super hoc dicit Commentator quod transmutationes quae sunt in non tempore, sunt fines transmutationum, non transmutationes, nisi aequivoce, et non per se nec verae. Ideo tandem concludit Aristoteles dicens: 'igitur omnis transmutatio est in tempore'.

⟨2⟩ Item sexto *huius* videtur Aristoteles hoc expresse determinare. Ideo concludit quod omne quod mutatur, prius mutatum est, et omne etiam quod mutatum est, prius mutabatur. Et dicit hoc habere veritatem universaliter tam in continuis quam in non continuis et tam in contrariis quam in contradictione. Ideo etiam concludit quod omne quod factum est, fiebat prius, et omne quod fit, factum est prius; et sic de corruptione.

⟨1⟩ Oppositum dicit Aristoteles secundo *De anima* de illuminatione et decimo *Ethicorum* de visione et de delectatione. Propter quod concludit ibidem quod delectatio non est motus, eo quod omnis motus fit in tempore, et non delectatio, sed in instanti.

⟨2⟩ Item mutatio secundum quam dicimus animam intellectivam fieri, non est divisibilis nec temporalis, quia ipsa anima est indivisibilis (ideo non potest pars post partem successive acquiri); igitur est instantanea.

---

3 quia ... quaeritur] adest quaestio quinta et est (*add. in marg.* quia mentio facta est de transmutatione instantanea igitur quaeritur) G : quaeritur quinto P ‖ quinto quaeritur] *inv.* p 7 in tempore est] est in tempore P 8 sunt²] *om.* p 9 nisi] *om.* p 10 igitur] quod p 12 item] *add.* in p ‖ determinare] determinatione C 15 et] *om.* p ‖ in⁴] *add.* non P 16 omne quod] *om. (hom.)* G 16–17 factum ... quod] *om.* P 16 prius] *om.* p 19 de²] *sup. lin.* C : *om.* P 21 in] *om.* C 23 indivisibilis] *corr. ex* divisibilis C 24 instantanea] *corr. ex* instantia CP

6–7 Aristoteles, *Physica*, IV, 14, 223a14–15 7–9 Averroes, *In Physicam*, IV, comm. 129, f. 201E 12–17 Cf. Aristoteles, *Physica*, VI, 6, 236b19–237b22 18–19 Cf. Aristoteles, *De anima*, II, 7, 418b23–26; cf. *AA*, 6: 70; cf. Aristoteles, *Ethica Nicomachea*, X, 3, 1174a13–b14

QUAESTIO 5   135

Prima conclusio est quod omnis mutatio et etiam omnis res est in tempore divisibili, quia vel in tempore divisibili vel in instanti indivisibili; sed nulla res est in instanti indivisibili, quia dictum est quod nulla sunt instantia indivisibilia sicut nec puncta.

Secunda conclusio quod multa sunt quae ante non erant, et tamen numquam fiebant factione divisibili et numquam generabantur generatione divisibili. Hoc enim est verum et tenendum, quia et animae humanae intellectivae et angeli sunt et aliquando non erant, et tamen animae nostrae vel angeli non fiunt factione vel creatione divisibili, quia ego suppono animam nostram et angelum esse indivisibiles; et | tamen factio aut generatio vel creatio angeli est ipse angelus; igitur est indivisibilis. Unde certum est quod, si nihil est nisi Deus, tamen posset Deus creare unum angelum nihil plus creando. Et ita nihil esset in creatione illius angeli nisi Deus et ille angelus; igitur ista creatio esset indivisibilis. Et omnino, si aliquid indivisibile habeat esse post non esse, eius generatio vel factio non erit divisibilis, quia tale non potest fieri pars post partem. 138rb C

Tertia conclusio est quod multae possunt esse mutationes instantaneae, quia illae vocantur instantaneae quae sunt indivisibiles, ita quod non dividuntur in partem priorem et partem posteriorem correspondentes divisioni temporis; sed multae tales possunt esse, sicut dictum est de creatione vel factione angeli | aut cuiuscumque alterius indivisibilis. 112vb G

Iterum non solum | indivisibilium potest esse generatio instantanea, immo etiam divisibilium, quia quaecumque habent esse post non esse secundum se tota simul, ita quod non prius secundum unam partem quam secundum aliam, licet sint divisibilia, illa dicuntur fieri instantanee, et ita eorum dicitur esse instantanea mutatio; sed multa divisibilia possunt sic fieri. Unde sic secundum Aristotelem fieret lumen intensum et ad longam distantiam multiplicatum, si simul sine successione praesentaretur lucidum diaphano. Tunc enim prius non fieret lumen remissum quam intensum nec 126ra P

---

1 conclusio] *corr. sup. lin. ex* igitur C ‖ et etiam] immo etiam G : immo et p : et P   2 quia] *add. sed del.* in C ‖ indivisibili] *add.* ideo p   4 nec] neque GPp   5 conclusio] *add.* est GPp   7 quia] *corr. ex* quod C   7–8 intellectivae] *om.* P   8 nostrae] *add.* intellectivae P ‖ vel] et G   10 nostram] meam p ‖ esse] *sup. lin.* C : *om.* Pp   10–11 aut ... creatio] aut (vel p) creatio aut generatio Gp   11 ipse] ipsemet P ‖ est³] *om.* P   12 est] esset GPp ‖ posset deus] *inv.* GPp   13 ille] ipse G   14 aliquid] aliquod Gp   15 tale] talis P   19 partem posteriorem] partes posteriores G : posteriorem P   20 sicut] ut P   24 tota] totas G   26 instantanea mutatio] *inv.* GPp   27 secundum] per P   29 prius non fieret] non fieret prius Gp : non fieret post P ‖ remissum quam intensum] *corr. ex* intensum quam remissum C

3 Cf. sup., VI, q. 4

98ᵛᵇ p   prius prope quam remote, sed simul ad totam distantiam ad quam tale lucidum po|sset tale diaphanum illuminare. Et quamvis talis praesentatio sine motu successivo non sit possibilis per naturam, tamen est possibilis simpliciter, scilicet per potentiam divinam; ideo sic potest esse huiusmodi generatio instantanea. Ita etiam intendit Aristoteles de visione vel de generatione speciei coloris in oculo, scilicet quod fieret tota simul, non pars post partem, si simul sine successione auferretur palpebra.

Sed notandum quod hoc non est possibile naturaliter, scilicet quod lumen vel visio vel species coloris in oculo fiant sic secundum se tota simul de novo, quia si modo est hic aer tenebrosus et debeat illuminari, ipse est tenebrosus vel ex defectu lucidi vel ex prohibente, scilicet quia fenestra est clausa. Si sit hoc ex defectu lucidi, ut de nocte ex defectu solis, oportet quod illud lucidum adveniat; quod non erit sine motu locali per quem continue magis ac magis approximabitur; et ita continue fiet lumen magis ac magis intensum et ad maiorem distantiam; ideo non totum simul. Si vero fuerit prohibens, ut fenestra clausa, oportet istam aperire per motum localem successive. Et prius erit minus aperta et post magis; et quanto erit minus aperta, tanto erit lumen remissius; igitur non fit totum simul, sed prius remisse et post magis intense. Et in infinitum a parte ante est parum intensum, propter hoc quod in infinitum est parva apertura; nulla enim potest signari apertura, quin ante esset minor. Et ita est de visione propter praesentationem visibilis vel | aperturam palpebrae. Sed Aristoteles posuit illuminationem vel visionem fieri in instanti volens per hoc dicere quod hoc non repugnat ratione luminis vel visionis, licet hoc repugnat ratione praesentationis obiecti vel remotionis prohibentis. |

---

2 talis] *om.* G   3 motu] *corr. ex* non C ‖ possibilis²] possibile P   4 huiusmodi] huius P   4–5 generatio instantanea] instantanea mutatio et G   6 coloris] colorum Pp ‖ in] *om.* C ‖ tota] totus P   7 successione] successive C ‖ auferretur] auferetur C   8 notandum] *add.* est Pp : nota G ‖ hoc] *om.* P   9 species] *corr. ex* plures C ‖ coloris] colorum Pp ‖ fiant ... tota] fiat sic secundum se totam p : iam sic secundum se tota fiat G   10 modo est hic] est modo hic p : est hoc modo C : est modo lucidus P ‖ debeat illuminari] debitae luminari P   11 ex²] *om.* P ‖ scilicet] HT : vel ABCGLPUp : *om.* M ‖ clausa] *add.* et P   11–12 sit hoc] *inv.* GPp   12 de] in G   13 ac] et P   14 fiet] fiat G ‖ ac] et P   16 ut] de G ‖ successive] *om.* G   17 prius erit] tunc erit prius P ‖ aperta¹] apta C ‖ aperta²] apta C   18 fit] *om.* P   20 signari] assignari P   20–21 ante esset] adhuc sit P   21 est] esset p   22 posuit] posuerit G   23 ratione] rationi P   24 licet] sed P ‖ repugnat] repugnet p ‖ ratione] rationi P ‖ remotionis] removens C

QUAESTIO 5   137

   Item mutationes de uno contradictorio in alterum contradictorium diceremus esse instantaneas pro tanto, quia contradictoriis nihil est medium.
Verbi gratia, si duae contradictoriae debeant esse verae una post aliam,
prima erit vera in aliquo toto tempore; et sic in illo toto tempore erit rema-
5 nentia in termino a quo et non mutatio. Deinde secunda erit vera in aliquo
toto tempore; ideo tunc non | erit mutatio, sed iam mutatum est extreme.   113ra G
Etiam inter ista duo tempora non est aliquod tempus medium. Ideo mutatio talis ea ratione qua diceretur de contradictorio in contradictorium non
esset per aliquod totum tempus; ideo diceretur instantanea.
10   Sed tunc dubitatur quomodo dicit Aristoteles quod omne quod mutatur
mutabatur prius et quod hoc est universaliter verum tam in contrariis quam
in contradictoriis.
   Respondeo quod non erat intentio sua loqui de contradictione simpliciter
et proprie, sed improprie et secundum quid, prout diceremus post gene-
15 rationem totum *b* esse et ante generationem nihil ipsius *b* esse. Haec non
contradicunt, sed est dare medium, scilicet non totum *b* esse, sed esse aliquam partem eius. Unde si nihil sit de caliditate in calefactibili *a* et fiat in
eo temporaliter et successive aliqua caliditas, quae vocetur *c*, tunc manifestum est quod bene est medium inter hoc quod *a* nihil habebat de caliditate
20 *c* et quod habebat totam caliditatem *c*. Nam in tempore medio aliquid habebat de ea, sed non totam. Sed omnino nullum est medium inter tempus in
quo *a* non est calidum et tempus in quo *a* est calidum; ideo non esset mutatio temporalis, prout attenderetur penes contradictionem simpliciter. Et hoc
notavit Aristoteles in isto sexto. Zeno arguebat enim quod non sit mutatio
25 in contradictione, quia quod mutatur, dum mutatur, non est in aliquo ter-

---

1 mutationes] de mutatione P   2 instantaneas] instantias C ‖ pro tanto] propter tantum p
: *om*. G ‖ contradictoriis] *praem*. in p : contrariis G   3–4 duae ... vera] duo (*om*. P) contradictoria debent esse vera (*add*. oportet P) unum post aliud primum erit verum Pp   4 vera]
add. quae C ‖ toto²] *om*. p   5 secunda erit vera] secundum erit verum Pp ‖ aliquo] alio
Pp   6 tunc] *om*. G ‖ non] *rep*. G ‖ extreme] extremorum p   7 etiam] et P : autem G : aut
p ‖ aliquod] aliud Pp   8 diceretur] *add. in marg*. duceretur C ‖ contradictorio] contrario
G ‖ contradictorium] contrarium G   9 aliquod] aliud P   11 mutabatur prius] *inv*. P ‖
quod] ideo P   12 contradictoriis] contradictione GPp   13 contradictione] contradictorio
p ‖ simpliciter] simplici P   14 proprie] propria C ‖ et secundum quid] secundum quidem
P ‖ diceremus] dicemus Pp   15 esse¹] *corr. sup. lin.ex* est c C ‖ esse²] *corr. sup. lin. ex* est
c C ‖ haec] *add*. enim GPp   16 esse¹] *corr. sup. lin. ex* est c C   17 si] *om*. G ‖ fiat] fiet
P   18 tunc] *sup. lin*. C : *om*. GPp   19 bene est medium] *corr. ex* b est medium C ‖ habebat]
habeat Pp   20 habebat] habebit P : habeat p   20–21 habebat] habebit P : habet p   22 cali-
dum¹] calidissimum C ‖ a²] *om*. GPp   23 et] *om*. P   24 zeno] ibi G ‖ arguebat enim] *inv*.
GPp   25 contradictione] *corr. in marg. ex* divisione C

minorum mutationis; igitur si aliquid mutatur de non albo ad album, ipsum nec est album nec non album. Et Aristoteles respondet dicens quod non est idem non esse in hoc et non esse in hoc totum; album enim dicitur aut non album, non quod totum sit huiusmodi, sed quod plures aut magis propriae par|tes. Et tunc concludit dicens: 'erit quidem enim ex necessitate in altero oppositorum, in neutro autem semper totum'.

Sed adhuc ultimo restat dubitatio, cum nos concessimus mutationes indivisibiles, quomodo negat eas Aristoteles dicens quod omne quod mutatur mutabatur | prius etc.

Dico quod Aristoteles intendit quod non proprie debeat vocari mutatio, nisi sit differens a termino tali modo quia aliter et aliter vel saltem non similiter se habeat res, antequam sit mutatio et quando est mutatio et quando perfecta est mutatio. Sic autem non est, quando aliquid fit indivisibiliter | vel totum simul. Verbi gratia, si generatur caliditas, non est eadem res quae est generatio caliditatis tempore quo generatur, et quae est totalis caliditas, postquam perfecta est calefactio. Et sic intendit Aristoteles quod est vera mutatio ad caliditatem. Sed si fiat angelus, non est alia res factio angeli quam ille angelus; ideo Aristoteles intendit quod non sit haec mutatio proprie dicta, quia scilicet non distinguitur a mutato esse, nisi quod ista nomina distinguuntur secundum rationem. Prout enim intelligimus quod angelus non est et post erit, dicimus ipsum esse generandum vel creandum; et prout intelligimus quod ipse est et prius non fuit, dicimus ipsum esse genitum vel creatum; et prout intelligimus ipsum prius non esse et posterius esse, dicimus ipsum fieri vel creari. Et non est differentia in re quae dicitur facta vel fieri, sed solum in locutione et intentione secundum respectum ad praesens, praeteritum vel futurum. Vult igitur dicere Aristoteles quod omnis mutatio proprie dicta secundum modum praedictum est temporalis et divisibilis | in partem priorem et partem posteriorem correspondentes divisioni tem-

---

1 mutationis] contradictionis G ‖ aliquid] aliquod P ‖ album] non album G   2 respondet] responderet P   3 totum] toto G ‖ aut] ad p ‖ non³] *rep. sup. lin.* C   4 huiusmodi] huius p ‖ quod²] quo GPp ‖ aut] autem P   6 autem] enim G ‖ semper] super P   7 adhuc ultimo] *om.* P ‖ cum] quod P ‖ nos] non C ‖ concessimus] concesserimus GP   8 quod¹] *om.* P   9 etc.] etiam C : *om.* P   10 debeat vocari] *inv.* Pp : debet vocari G   11 differens] indifferens G ‖ termino] terminis GPp   13 aliquid] aliquod P   16 quod] *add.* non P   17 fiat] fiet P ‖ non] numquam GPp ‖ est] *om.* P ‖ factio] actio G   18 ille] *om.* P   19 quia scilicet] *inv.* P   20 rationem] rem non p   20–22 quod ... intelligimus] *in marg. sup. (partim reciso)* C   21 esse] est G   23 creatum] *corr. ex* citatum C ‖ ipsum] *om.* P   24 in re] inter rem p   25 praesens] *add.* ad G   26 vel] et G   27 praedictum] proprie dictum p   28 partem¹] *corr. sup. lin. ex* tempore C ‖ partem²] *in marg.* C : *om.* P

2–5 Aristoteles, *Physica*, VI, 9, 240a23–26   5–6 Aristoteles, *Physica*, VI, 9, 240a27–29

poris. Unde de eo quod tali mutatione proprie dicta generatur vel corrumpitur verum est quod in aliquo toto tempore aliquid eius generatur, etiam capiendo 'totum' syncategorematice. Sed de alia mutatione, quam vocamus instantaneam, non est verum quod in aliquo toto tempore dicatur generari,
5 sed in tempore non divisibili in partes in quarum qualibet dicatur generari. Et si exponimus 'creari' per hoc quod est praesentialiter prius non esse et posterius esse, tamen in infinitum parvo tempore possumus uti pro praesente in huiusmodi expositione; et ob hoc dicimus illud fieri in instanti.

Ex his igitur dictis apparet satis quomodo sit respondendum ad rationes
10 quae fiebant in principio quaestionis. Solutae enim sunt ex dictis etc.

---

2 etiam] et G   3 totum] *in marg.* C   4 quod] quando p ‖ generari] generare P   5 qualibet] HTp *et fort.* U : quaelibet BCGLMP : *deest* A   6 si] sic P ‖ exponimus] exponamus fieri p ‖ praesentialiter] principaliter p   7 in] *om.* C   8 huiusmodi] huius P ‖ ob] *om.* p   9 ex] et G ‖ his igitur] *om.* p ‖ quomodo sit] quid sit dicendum et quomodo P   10 etc.] *om.* p

⟨VI. 6⟩

⟨Utrum instans transmutationis debeat attribui posteriori passioni⟩

In octavo libro dicit Aristoteles quod instans transmutationis debet attribui posteriori passioni; et hoc videtur esse intelligendum de transmutatione instantanea. Quamvis igitur de hoc quaerere pertinet ad octavum librum, tamen, quia loqui incepimus de instantibus et mutationibus instantaneis, ideo continuando sermonem nostrum quaeremus modo de hoc et erit sexta quaestio utrum instans transmutationis debeat attribui posteriori passioni, id est termino | ad quem, verbi gratia sic quod in instanti generationis ipsius b sit verum quod b est et in instanti corruptionis eius sit verum quod b non est.

⟨1⟩ Arguitur quod non debeat attribui posteriori passioni, quia dicitur primo *Peri hermeneias* quod sic non est.

⟨2⟩ Et hoc etiam dicit Aristoteles expresse in quinto *huius*. Unde, quia illud quod movetur est et illud quod fit non est, ideo concludit Aristoteles | quod impossibile est generationem esse motum; et tamen esse est posterior passio, id est terminus ad quem factionis.

⟨3⟩ Et ad idem valet auctoritas Aristotelis primo *De generatione* quod habitibus existentibus in materia cessat motus.

⟨1⟩ Sed arguitur quod debeat attribui posteriori passioni per Aristotelem in octavo *huius*, ut videtur.

---

4 in ... aristoteles] in octavo huius dicit aristoteles p : aristoteles dicit in octavo huius G 4–9 in ... quaestio] quaeritur sexto P 4 debet] debeat p 6 pertinet] *add.* et directe p : pertineret in octavo libro vel G 8 ideo] nos Gp ∥ nostrum] *om.* Gp 8–9 sexta quaestio] *inv.* p 11 et] *om.* P ∥ eius] post C ∥ b³] *om.* P 15–16 expresse ... aristoteles] *om.* (*hom.*) p 16 movetur] *corr. in marg. ex* non est C ∥ et] *in marg.* C 18 factionis] actionis ergo etc. Gp : perfectionis etc. P 21 debeat] debet G ∥ aristotelem] *add.* expresse GPp

5 Cf. Aristoteles, *Physica*, VIII, 8, 263b9–15   15 Cf. Aristoteles, *Physica*, V, 1, 225a20–30
19 Aristoteles, *De generatione et corruptione*, I, 7, 324b16–17; cf. *AA*, 4: 16   21–22 Cf. Aristoteles, *Physica*, VIII, 8, 263b9–15

QUAESTIO 6   141

⟨2⟩ Deinde arguitur quod debeat attribui utrique passioni vel neutri quia: si sit mutatio instan|tanea, tempus in quo est prior passio et tempus in quo est posterior passio sunt ad invicem continua; et sic instans terminans utrumque est idem et indifferenter in utroque; igitur qua ratione debet attribui priori tempori et passioni mensuratae per ipsum, eadem ratione debet attribui posteriori, et e converso. Igitur vel debet attribui utrique vel neutri.

⟨3⟩ Et adhuc arguitur quod neutri debeat attribui quia: sicut esse in tempore est mensurari tempore, ut dicitur quarto *huius*, ita esse in instanti est mensurari instanti; sed neutra passio vel neuter terminus est mensurabilis instanti, cum omnino sit temporalis durationis.

99rb p

Videtur mihi quod illud dictum Aristotelis in octavo *huius*, videlicet quod instans est semper posterioris passionis, excaecavit multos, quia non perceperant intentionem Aristotelis. Et crediderunt quod Aristoteles concederet instantia indivisibilia et quod instans transmutationis deberet attribui posteriori passioni et non priori; ideo dixerunt quod | est dare primum instans in quo res naturae permanentis est, sed non est dare ultimum instans in quo ipsa est. Et iam tenuerunt multi hoc tamquam principium, cum tamen sit simpliciter falsum.

113va G

Dico igitur quod intentio Aristotelis ibi fuit non dicere quod essent instantia indivisibilia et transmutationes indivisibiles, scilicet differentes a suis terminis, quia hoc esset contradicere determinationi suae in isto sexto, sed fuit intentio sua negare huiusmodi instantia indivisibilia et transmutationes indivisibiles. Quod haec non essent Aristoteles voluit inferre per duas conclusiones, quarum Aristoteles unam volebat probare in octavo *huius* et aliam probavit in isto sexto.

Ideo pro positione nostra ponamus istas conclusiones.

---

2 si] *om.* P   4–5 attribui] *add. in marg.* posteriori et e converso C   5 priori tempori] *inv.* p : posteriori tempori P ‖ et passioni] pauciori G ‖ mensuratae] mensurato G   6 posteriori] *add.* igitur C : *corr. in* priori P   7 adhuc] ad hoc P ‖ debeat] debet G   9 mensurari] *add.* in CG ‖ mensurabilis] *add.* in CGp   10 cum] *corr. ex* quo C ‖ omnino] *om.* GPp ‖ durationis] *add.* ergo etc. GPp   11 videlicet] scilicet GPp ‖ quod²] *om.* p   12 excaecavit] excaecaverit G   12–13 perceperant] perceperunt GPp   14 transmutationis] terminationis p   17 tenuerunt multi] *inv.* GPp   20 transmutationes] mutationes GPp   20–21 a suis terminis] *om.* GPp   23 indivisibiles] *add.* et GPp ‖ essent aristoteles] esset intentio aristotelis p   24 quarum Aristoteles] *corr. sup. lin. ex* et alii C : quarum GPp ‖ volebat] volebant C ‖ octavo huius] isto octavo CGP (*sed corr. sup. lin.* C) : illo octavo p   25 probavit] probaverat GPp   26 ponamus] *add.* contra P : ponas C

8 Aristoteles, *Physica*, IV, 12, 221b15–16   11 Cf. Aristoteles, *Physica*, VIII, 8, 263b9–15

Prima est quod, si esset dare instantia indivisibilia et transmutationes instantaneas differentes a terminis suis, oportet instans transmutationis | attribuere posteriori passioni, ita quod anima humana esset in isto instanti in quo ipsa generatur. Ponamus enim quod a generetur instantanee, quia est res indivisibilis vel quia generatur tota simul. Tunc igitur constat quod a in quodam tempore toto non est et in alio toto tempore est. Et istorum temporum est idem instans terminus, quod instans est indivisibile simpliciter secundum adversarium; et in isto instanti dicimus a generari. Vel igitur a est perfecte generatum in illo instanti vel nihil eius est in isto instanti vel aliquid eius est, sed tamen non totum; hoc enim patet sufficienti divisione. Non potest dici ultimum membrum, quia supponebamus oppositum, scilicet quod a sit indivisibile vel quod fiat totum simul et non pars | una prius quam alia. Si vero dicatur primum membrum, scilicet quod in illo instanti a perfecte est, habetur propositum. Si autem dicatur quod in illo instanti nihil ipsius a est, sequitur quod nullo modo aliter se habet a in isto instanti nec aliquid eius quam ante se haberet; ideo non magis generatur quam ante generaretur, quod est contra positum. Et iterum, si nihil eius est in illo instanti et in tempore immediate sequente est, oportet generationem esse mediam, si debeat esse distincta ab utroque terminorum; et sic erit dare medium inter illud instans et tempus sequens, cuius illud instans est terminus; et hoc est impossibile. Hanc igitur conclusionem intendebat Aristoteles in octavo *huius*, cum dixit instans esse posterioris passionis.

Secunda autem conclusio est quam supponebat Aristoteles in octavo *huius* tamquam demonstratam in sexto *huius*, scilicet quod, si est dare sic instantia indivisibilia et mutationes instantaneas differentes a terminis transmutationum, instans transmutationis esset attribuendum priori passioni, ita quod anima humana vel b non esset in isto instanti in quo ipsa generatur, quia sicut prius dicebatur, vel esset totaliter in isto instanti vel nihil

---

1 prima] *add.* conclusio GP   2 oportet] oporteret GP || transmutationis] mutationis G   3 passioni] *om.* P   4 generetur] generatur G   5 tunc] *om.* p   6 quodam] quolibet C || in²] *om.* P || toto tempore] *inv.* GP   9 a] *om.* P || generatum] *om.* GPp || eius est] *inv.* P   10 enim] *om.* GPp || sufficienti] a sufficiente p   12 fiat] fit G || non pars una] pars una non (*sup. lin.*) P   16 eius] ipsius GPp   17 nihil] idem P   21 intendebat] intendit p   22 dixit] dicit p   23 autem] *om.* GPp || est] *om.* C   24 demonstratam] declaratam GPp || sexto huius] isto sexto GPp || est] esset GPp   26 transmutationum] *om.* GPp   26–27 priori passioni] *inv.* G   27 ipsa] ipse P : *om.* p   28 isto] in *add.* G

22 Cf. Aristoteles, *Physica*, VIII, 8, 263b9–15

QUAESTIO 6   143

eius esset in isto instanti vel pars, sed non totum. Non potest dici tertio
modo, sicut ante dicebatur. Si vero di|ceretur quod nihil eius esset in isto   99va P
instanti, habetur propositum. Et si dicatur quod in isto instanti *b* est secundum se totum, sequuntur inconvenientia. Primo enim sequitur quod ista
5 generatio non differt a termino, quod est esse perfectum illius *b*; quod est
contra positionem adversarii. Secundo sequitur quod in instanti illo non
generatur, sed esset perfecte generatum, quia omnino se ita haberet sicut in
tempore sequente. Et sic non magis generatur in isto instanti quam in tempore sequente; et tamen in tempore sequente non ponitur generari, sed esse
10 genitum; igitur etc. Et omnino, sicut vult | Aristoteles in sexto *huius*, quod   113vb G
mutatur, dum mutatur, non est in illo in quod mutatur; frustra enim mutaretur in illud, si iam esset perfecte in illo. Ideo bene dicebat Aristoteles in
quinto *huius* quod verum est dicere quod non | est de eo quod fit.   127rb P

Tertia conclusio sequitur, quam intendebat Aristoteles sequi ex duabus
15 praecedentibus, scilicet quod impossibile est esse in tempore instantia indivisibilia, et impossibile est esse transmutationes indivisibiles seu instantaneas differentes a suis terminis, quoniam illud est impossibile ad quod
sequuntur duo contradictoria esse simul vera; sed hoc sequitur ad positionem huiusmodi instantium et transmutationum indivisibilium, quia sequi-
20 tur quod in isto instanti *b* esset et *b* non esset.

Iterum ponere huiusmodi instantia vel transmutationes indivisibiles est
ponere medium inter immediata; quod implicat contradictionem. Consequentia patet, quia hoc est ponere medium instans inter tempora ad invicem continua; et tamen immediata sunt ad invicem quae invicem sunt con-
25 tinua.

1–2 dici tertio modo] tertio modo dici (*in marg.*) G : dici ultimum P   2 diceretur] dicatur
GPp ‖ esset] est GPp   3 habetur] haberetur P   6 sequitur] sequeretur p ‖ in] *sup. lin.* C ‖
instanti illo] illo instanti illud GPp   7 generatur] generaretur GPp ‖ omnino] non P ‖ ita
haberet] ita se haberet p : se haberet ita GP   8 sequente] sequenti Gp ‖ generatur] generaretur GP   9 sequente¹] sequenti p ‖ sequente²] sequenti Pp   11 in¹] *om.* p   12 illud]
add. in quod mutatum est P ‖ iam] illa G ‖ perfecte] perfectum P ‖ dicebat] *add.* sed del.
in C : dicit p   13 quinto] *corr. ex* isto C ‖ quod¹] hoc G ‖ fit] *add.* etc. G   14 sequi] *om.* P
15 quod] *om.* p   16 transmutationes] *add. sed del.* scilicet C ‖ indivisibiles seu] *in marg.* C
: divisibiles sive P   16–17 instantaneas] instantias C   17 suis terminis] *inv.* GPp   18 duo]
om. GPp   18–19 ad positionem] ex positione G ‖ positionem huiusmodi] huius positionem
P   20 b²] *om.* GPp   21 huiusmodi] huius P ‖ indivisibiles] *om.* GPp   24 tamen] *add.* si
P ‖ invicem sunt] *inv.* p

10 Cf. Aristoteles, *Physica*, VI, 4, 234b10–16   13 Aristoteles, *Physica*, V, 1, 225a27

Etiam in contradictoriis nihil est medium; et tamen sic ponentes ponunt medium contradictionis, scilicet inter *b* non esse et *b* esse, generationem quae nec est *b* non esse nec est *b* esse, cum ponatur differre a termino suo.

Sed quia concessa fuerint puncta in lineis et instantia in temporibus quae non erant res indivisibiles, | sed erant primae et ultimae partes illarum linearum vel temporis, ideo ego pono quartam conclusionem, scilicet quod est dare instans in quo *b* primo est et aliud instans in quo *b* ultimo est (posito quod *b* indivisibiliter fiat et indivisibiliter corrumpatur), quia si *b* duraret praecise per istam totam diem, constat quod instantia terminantia istam diem sunt prima pars eius et ultima et prima centesima. Et *b* primo est in ista centesima prima, quia erat in ista centesima, et non erat, antequam inciperet esse ista centesima; et sic etiam *b* ultimo est in ista ultima centesima. Sed verum est quod in nulla tota parte huius diei *b* est primo vel ultimo capiendo 'totum' syncategorematice. Ideo sic in instanti dicimus *b* primo esse et etiam *b* ultimo esse in instanti. Et ita etiam, antequam esset *b*, fuit instans pro quo erat ultimo verum quod *b* non esset; et etiam post esse ipsius *b* erit instans pro quo erit primo verum quod *b* non est. Ideo uniformiter ego concederem tam de esse rei quam de non esse rei ita esse primum instans sicut ultimum, et ultimum sicut primum.

Et propter ultimam rationem quae fiebat in arguendo ad quaestionem ego dicerem quod non est verum secundum propriam locutionem 'ego sum in instanti' vel 'ego sum in nunc', si idem intelligimus per 'nunc' et per 'instans praesens'. De quo enim verificatur 'esse in aliquo toto tempore', non proprie verificatur de isto 'esse in instanti'. Sed si de aliquo proprie debeat verificari hoc praedicatum 'esse in instanti', oportet de ipso verificari copulative 'esse in tempore et non esse in aliquo toto tempore'. Quia igitur ego sum in aliquo toto tempore, ideo ego | non sum in instanti. Sed quia ego primo sum in aliquo tempore et non sum primo in aliquo toto tempore, ideo proprie verum est quod ego primo sum in instanti. Unde propter istam negationem cadentem super hoc quod dico 'toto tempore' vel 'in toto | tem-

---

1 etiam in contradictoriis] et etiam (*om.* P) contradictionis GPp ∥ et] *om.* P   3 non ... est²] nec esse b nec P   4 fuerint] fuerunt GPp   6 temporis] *praem. in marg.* temporum seu C   8 b indivisibiliter fiat] fiet indivisibiliter P ∥ b²] *sup. lin.* C : *om.* P ∥ duraret] duret Gp : durat P   9 terminantia] *corr. in marg. ex* terminata P : terminata ad p ∥ istam²] illum C   10 prima pars] *inv.* P ∥ et²] ut p   11 centesima prima] *inv.* GPp   12 et sic etiam] sic P   12–13 ultimo ... b] *om.* (*hom.*) p   12 ista ultima] *inv.* P   13 in ... b] b in nulla tota parte huius diei P   14 et] *om.* G   15 ultimo esse] *inv.* Pp   16 quod] et G ∥ esset] est GPp ∥ et] *om.* P   22 vel] sive p ∥ idem] enim C : non G   26 esse¹] est P   29 ideo] ego P ∥ proprie] *add.* loquendo P ∥ est] *om.* G ∥ propter] per P

pore' capiendo 'to|tum' syncategorematice, Aristoteles concessit in tertio *De*   99vb p
anima istos terminos 'punctum' et 'instans' et huiusmodi esse terminos privativos. Sed tamen ad sensum minus proprium ego concederem me esse in instanti et in multis instantibus, quia coexisto illis partibus temporum quae
5   dicuntur instantia ea ratione qua sunt termini aliquorum temporum.

Et tunc ex dictis apparet quomodo rationes procedunt quae fiebant etc.

---

2 et¹] *om.* G ‖ huiusmodi] huius P   4 coexisto] *add.* in p   6 procedunt quae fiebant] quae fiebant procedunt GPp ‖ etc.] et finis est P : sequitur alia quaestio p

---

1–2 Cf. Aristoteles, *De anima*, III, 6, 430b20–21

⟨VI. 7⟩

⟨Utrum omne quod mutatur sit divisibile⟩

Quaeritur septimo utrum omne quod mutatur est divisibile.

Arguitur quod non quia:
 ⟨1⟩ Fieri est mutari (generatio enim et corruptio sunt mutationes, ut habetur in quinto *huius*); sed multa indivisibilia fiunt, ut animae humanae, et etiam puncta fierent et corrumperentur, si essent puncta indivisibilia (si enim linea dividitur, punctum continuans corrumpitur et fiunt in utraque parte lineae puncta terminantia, quia non praeerant, nisi dicamus in linea continua | esse puncta sibi invicem proxima, quod iam improbatum est); igitur etc.
 ⟨2⟩ Sed nobis localiter motis moventur omnia simul quae in nobis sunt, cum tamen in nobis sint aliqua indivisibilia, ut intellectus et forte conceptus simplices in eo existentes et puncta.
 ⟨3⟩ Item adhuc intellectus noster, qui est indivisibilis, mutatur et movetur ab intelligibili, ut patet in tertio *De anima*, et etiam aliquando mutatur de una opinione in aliam.
 ⟨4⟩ Et in octavo *huius* dicit Aristoteles quod phantasia et opinio sunt motus; et habens in se motum movetur; igitur intellectus noster accipiens aliquam opinionem movetur.
 ⟨5⟩ Item nos tenemus ex fide angelum per se moveri localiter; qui tamen est indivisibilis.

Oppositum determinat Aristoteles in illo sexto in duobus locis.

---

3 quaeritur septimo] septima quaestio est G ‖ omne] *om.* P   4 arguitur] *praem.* et G   5 mutari] *add.* et P ‖ et] *corr. sup. lin. ex* est C   6 in] *om.* G   7 et¹] *om.* P   8 dividitur] dividatur G ‖ et] *om.* P   9 quia] quae p ‖ praeerant] poterant G ‖ nisi dicamus] *om.* G   10 continua] *om.* P ‖ iam improbatum] *ante* improbatum (probatum G) GPp   13 cum] *om.* P ‖ sint] sunt Pp   14 eo] nobis G   15–16 movetur] *add.* et mutatur P   16 in] *om.* P   18 huius] *om.* p   19 habens ... movetur] habent in se motum G   21 se] *add.* posse GPp ‖ moveri] movere P   22 indivisibilis] divisibilis p   23 determinat] dicit p

6 Cf. Aristoteles, *Physica*, V, 1, 225a12–20   10 Cf. sup., VI, q. 1   16 Cf. Aristoteles, *De anima*, III, 4, 429a10–28   18 Cf. Aristoteles, *Physica*, VIII, 3, 254a29–30   23 Cf. Aristoteles, *Physica*, VI, 4, 234b10–20

QUAESTIO 7   147

Notandum est quod duplex possumus imaginari indivisibile: quaedam enim imaginantur indivisibilia non habentia positionem, id est ordinem situs in continuo, alia vero habentia. Non habentia ponuntur, sicut Deus et intelligentiae vel angeli et animae hominum intellectivae. Anima enim intellectiva, licet inhaereat corpori humano, tamen non est ei coextensa nec habet determinate situm in una parte corporis ita quod non in alia. Et ita Deus, licet aliquo modo concederetur adesse toti mundo, tamen non est ei coextensus nec ita est determinate in una parte mundi, quin ita sit in alia. Et hoc non est habere ordinem situs in continuo. Sed habentia positionem in continuo imaginantur puncta indivisibilia, | quia si essent, licet non haberent partem extra partem, tamen unumquodque punctorum sic esset in aliqua parte lineae quod non in alia situaliter remota. Et sic etiam ista puncta se haberent ad invicem quod signato puncto extremo lineae, quaecumque alia duo vel plura puncta possent signari in ista linea, illa non essent aeque proxima puncto extremo signato, sed semper unum propinquius et alterum remotius secundum ordinem situs. Et hoc vocamus punctum habere positionem in continuo.   127vb P

Et credo | quod Aristoteles, quando negavit indivisibile per se moveri, intendebat de illis indivisibilibus positionem in continuo habentibus, cuiusmodi aliqui imaginantur puncta esse. Et ideo de huiusmodi indivisibilibus ego pono conclusiones cum Aristotele.   114rb G

Prima conclusio est universalior, quod nullum indivisibile, sive habens positionem in continuo sive non, potest generari aut corrumpi mutatione proprie dicta, scilicet quae sit distincta a termino suo. Hoc apparuit satis prius. Tamen indivisibilia, ut angelus et anima intellectiva, possunt fieri et creari indivisibiliter, prout ex fide tenemus.

Secunda conclusio est quod nullum indivisibile etiam, sive habens positionem in continuo sive non, potest augeri | vel diminui, quia necesse est,   140ra C

---

1 notandum est] notandum Pp : nota G ∥ duplex] dupliciter P ∥ quaedam] quidam P   2 positionem] add. in continuo G ∥ id est] secundum *sed add. sup. lin.* id est C : scilicet Pp   3 habentia¹] *om.* p ∥ et] *om.* G   4 vel] et p ∥ anima] omnia C   5 inhaereat] *corr. ex* inhaereant C ∥ tamen non] *inv.* p   6 et] *om.* P   7 concederetur] concedere P ∥ coextensus] coextensis p   9 situs] *om.* CP   10 quia] quae p   11 esset] esse P   12 et] *om.* P   14 signari] significare P ∥ ista linea] *inv.* P ∥ illa] ita C ∥ proxima] add. puncta p   15 signato] *om.* p   18 negavit] negat P   19 intendebat] intendit p   19–20 cuiusmodi] cuius p : terminos P   20 esse] *om.* P ∥ huiusmodi] huius P   21 ego pono] ponam P   22 conclusio] *om.* Gp   23 in continuo] *om.* GPp   25 possunt] possent P   26 prout] *rep.* C   27 etiam] *om.* G ∥ sive] *om.* P   28 in continuo] *om.* GPp ∥ augeri] augmentari Gp

24–25 Cf. sup., VI, q. 5

quod augmentatur vel diminuitur, esse prius minus et post maius vel e converso; et impossibile est indivisibile esse maius | sive ante sive post, quia sequeretur quod esset divisibile. Verum est tamen quod anima intellectiva potest fieri in corpore maiori et minori prius et posterius, sed non ob hoc augetur, quia non coextenditur illi corpori.

Tertia conclusio est quod, si esset punctum indivisibile, impossibile esset ipsum vel substantiam indivisibilem sibi subiectam alterari, scilicet alteratione proprie dicta et per se, scilicet successiva et temporali ex parte qualitatis secundum quam esset alteratio vel etiam ex parte alterabilis. Primo quidem ex parte alterabilis non esset sic successio quod pars una prius alteratur quam alia, quia ponitur indivisibile et non habens partes. Secundo etiam nec ex parte qualitatis, quia oporteret esse resistentia alteranti; et non posset esse in puncto resistentia; igitur etc. Probo igitur quod in puncto non esset resistentia quia: si esset, esset aliquanta; et in quolibet alio puncto esset tanta; igitur quotquot sunt puncta in corpore, totiens in illo corpore esset tanta resistentia, quanta erat in illo puncto. Sed infinita essent puncta in illo corpore vel etiam in linea. Igitur in illo corpore esset infinities tanta resistentia, quanta erat in illo puncto. Et per consequens esset infinita resistentia, quae a nullo agente posset superari. Et per consequens corpus istud non posset alterari; quod est falsum.

Item si punctum posset alterari, verbi gratia calefieri, tunc ipso calefacto esset in isto puncto aliquanta caliditas, quae | esset virtus activa, scilicet calefactiva. Et sic etiam in quolibet aliorum punctorum esset tanta; ideo illius corporis esset virtus calefactiva infinita, quae per consequens calefaceret infinita velocitate; quod est impossibile.

Item cum secundum Aristotelem in maiori corpore sit maior virtus et corpus sit in infinitum maius puncto, oporteret in corpore esse infinitam virtutem, si in puncto esset aliqua virtus. Et hoc est impossibile; igitur impos-

---

3 sequeretur] sequitur Pp   4 non ob hoc] ob hoc non p   5 augetur] augeretur G ‖ coextenditur] extenditur P   8 dicta ... se] et per se dicta GPp ‖ scilicet] puta Pp : *om.* G   9 esset] oportet p   10 sic] *om.* G ‖ quod] quia G   10–11 alteratur] alteretur p : alteraretur P   12 resistentia] resistentiam GPp ‖ et] *add.* quod P   13 posset] possit P   13–14 igitur ... resistentia] *in marg.* C   14 esset³] *om.* Pp ‖ quolibet] *corr. sup. lin. ex* aliquo C   15 in¹] *add.* aliquo G   17 esset] essent P   18 erat] erant P   19 a] *om.* P ‖ superari] separari CP   20 est] *add.* manifeste GPp   21 verbi gratia] ut G ‖ ipso calefacto] *inv.* P   22 quae ... activa] *om.* G   23 aliorum] alio P   24 infinita] *om.* P   27 sit in infinitum] in infinitum sit G   27–28 oporteret ... virtutem] oportet quod in corpore sit infinita virtus p   28 esset] est p

26 Cf. Aristoteles, *Physica*, VIII, 10, 266b8

sibile esset quod in puncto esset aliqua virtus. Et per consequens punctum, si esset indivisibile, non posset pati nec etiam posset agere.

Concedendum est tamen quod, si esset sic punctum indivisibile, ipsum posset pati | et alterari et qualitas in eo recepta posset agere, quia quaecumque materia prima in istis generabilibus est in potentia ad contrarias qualitates; ideo materia ista subiecta puncto posset recipere caliditatem post frigiditatem et e converso. Et hoc esset pati et alterari.

Et sic tandem sequitur quod non sunt sic talia puncta indivisibilia, quia ad hoc sequerentur contradictoria, scilicet posse pati et non posse pati, habere resistentiam et non habere resistentiam.

Deinde de motu locali ponitur quarta conclusio principalis, scilicet quod punctum indivisibile, si esset, non posset moveri per se localiter, quamvis forte posset moveri per accidens ad motum corporis in quo esset. Et hoc probat Aristoteles multipliciter. Primo quia: quod per se movetur localiter occupat, antequam | moveatur, locum sibi aequalem; ideo punctum occuparet locum indivisibilem. Deinde quod per se movetur localiter, cum incipit moveri, prius pertransit aequale sibi vel minus quam maius; punctum autem non pertransit minus ipso, cum sit indivisibile; igitur pertransit aequale sibi, scilicet aliquid indivisibile, prius quam pertranseat maius. Quod non est possibile, nisi ibi sint spatia indivisibilia sibi invicem proxima, scilicet indivisibile in quo prius erat punctum et indivisibile quod prius pertransit quam plus. Et hoc est impossibile, sicut prius demonstratum fuit; igitur etc.

Item quod per se movetur localiter habet locum, ut dictum est, quem occupat, antequam moveatur. Et oportet esse alium locum, quem statim incipit intrare, quando movetur. Et oportet illum locum esse immediatum primo loco; aliter non statim inciperet in|trare eum. Sit igitur primus locus

---

1 punctum] *rep.* P   2 posset²] *om.* G   5 materia prima] *inv.* GPp ‖ generabilibus] *corr. ex* generationibus C   6 ideo] igitur G   8 sic talia puncta] talia puncta sic GPp   10 resistentiam²] *add.* etc. G : *add.* etiam p   12 moveri] movere P   13 posset] possit P ‖ moveri] *corr. in* movere P ‖ et] *om.* GPp   14 quia] *om.* Gp   15 moveatur] *add.* ad P   15–16 occuparet] *corr. in* occupat P   16 deinde] *add. in marg.* probatur idem quia C ‖ cum] *corr. sup. lin. ex* quando C : et quod G : quod Pp   17 autem] aut p   18 pertransit¹] protransit C ‖ igitur pertransit aequale] *rep.* p   19 sibi scilicet aliquid] si illud P ‖ aliquid] aliquod G ‖ prius quam] prius minus quam G ‖ pertranseat] pertransit P   20 ibi sint spatia] sint in spatio GPp   21–22 pertransit] *add.* minus Gp   26 intrare] *corr. sup. lin. ex* instare C ‖ illum] *add.* secundum GPp   27 statim] *add.* enim P

---

14 Cf. Aristoteles, *Physica*, VI, 4, 234b10–20; 10, 240b8–241a26   22 Cf. sup., VI, q. 1

a et secundus locus *b*. Tunc igitur, quando movetur illud punctum de *a* in *b*, vel est totaliter in *a* vel est totaliter in *b* vel partim in *a* et partim in *b*. Sed nullo modo potest dici posito quod illud punctum sit indivisibile. Nam tertius modus ponit ipsum habere partes et esse divisibile. Nec potest dici quod est totaliter in *a*, quia tunc nondum moveretur, sed omnino se haberet sicut ante, scilicet quando nondum movebatur. | Nec potest dici quod sit totaliter in *b*, quia tunc non amplius moveretur ad ipsum *b*, sed esset perfecte motum in ipsum. Et haec sunt contra posita, quia ponebatur quod moveretur de *a* in *b* sive ad *b*.

Item quod per se movetur localiter transit aliquando locum sibi aequalem. Et sic punctum aliquando transiret locum indivisibilem. Vel igitur transiret ipsum in nunc sive in instanti, vel in tempore. Non in instanti, quia ostensum est in isto sexto quod non contingit moveri in nunc. Si vero transeat in tempore—et omne tempus est divisibile in minus, et in minori transit minus—, sequitur quod in isto minori transit minus quam indivisibile; quod est inconveniens.

Verum est tamen quod Aristoteles concedit quod illud indivisibile moveretur per accidens, si esset. Et ego etiam concedo quod moveretur per se; ad impossibile enim sequitur quodlibet.

Deinde de indivisibilibus non habentibus positionem in continuo diceretur quod Deus est omnino immobilis et immutabilis quantum ad divinitatem, ut debet videri octavo *huius* et duodecimo *Metaphysicae*.

Sed ex fide credimus quod angeli possunt per se movere se localiter, scilicet de uno loco ad alium locum, non tamen sic circumscriptive | quod habeant commensurabilitatem ad illa loca vel spatia per quae vel ad quae moverentur. Rationes autem Aristotelis quae prius factae sunt ad probandum quod indivisibile non movetur localiter, erant de eo quod movetur

---

1 locus] *om.* GPp ‖ tunc igitur] tamen P ‖ movetur illud punctum] illud punctum movetur GPp   2 est²] *om.* GPp ‖ partim¹] partem P ‖ et] vel CP ‖ partim²] partem P   3 posito] *om.* P   4 ponit] *om.* P ‖ ipsum] sensum G ‖ partes] partem p   6 quando] *corr. sup. lin. ex* quod C   8 ipsum] *add.* b P : ipso G   10 locum sibi] *inv.* G   11 aliquando transiret] *inv.* P ‖ aliquando ... igitur] *om.* G   11–12 locum ... transiret] *om.* (*hom.*) Pp   12 ipsum in nunc] ipsum aliquando in nunc G : in nunc ipsum p ‖ in³] *om.* P ‖ in⁴] *om.* p   13 vero] *om.* p   15–16 quod est inconveniens] *om.* G   17–18 moveretur] movetur P   18 etiam] *add.* credo et P   18–19 ad impossibile enim] quia ad impossibile P   20 indivisibilibus] indivisibili P   21–22 divinitatem] diversitatem G   22 debet videri] videbitur P   23 movere se] moveri p   26 moverentur] moventur GPp ‖ autem] enim G   27 movetur¹] moveatur p : moveretur P

13 Cf. Aristoteles, *Physica*, VI, 3, 234a24–31   22 Cf. inf., VIII, q. 6

circumscriptive de uno loco ad alium locum; ideo supponebatur quod illud quod sic per se moveretur haberet locum sibi aequalem; quod non est verum de angelo.

De anima autem nostra, quomodo alteretur, dicetur in septimo libro. Ipsa autem movetur localiter per accidens ad motum corporis, et cum fuerit separata, poterit moveri sicut angelus. |

140va C

Nihil plus dico de istis, quia non pertinent ad nostram facultatem.

Rationes quae in principio quaestionis fuerunt adductae, procedunt secundum praedicta.

Haec de quaestione etc.

---

1 uno] *om.* GPp ‖ alium] *om.* GPp   2 sic] *om.* G ‖ moveretur] movetur GPp ‖ non est verum] est falsum P ‖ est] esset G   4 alteretur] ipsa movetur G ‖ libro] huius p   5 per accidens] in (*del.*) G   7 dico] *add.* pro nunc G ‖ pertinent] pertinet GP   10 haec de quaestione] et sic dictum est ad quaestionem P : sequitur alia quaestio p : *om.* G

4 Cf. inf., VII, q. 1

⟨VI. 8⟩

⟨Utrum ante omne mutari sit mutatum esse et ante omne mutatum esse sit mutari⟩

Quaeritur octavo utrum ante omne mutari est mutatum esse et ante omne mutatum esse est mutari.

Arguitur quod non quia:

⟨1⟩ Aliqua mutatio est perpetua, scilicet motus caeli; et ante perpetuum nihil est, quia nos loquimur ibi de 'ante' secundum tempus; igitur ante illud perpetuum mutari non est mutatum esse.

⟨2⟩ Iterum est dare mutationem instantaneam; in qua nullum mutatum esse potest praecedere.

⟨3⟩ Item sicut se habet punctum ad lineam, ita mutatum esse ad mutationem; sicut enim punctum est terminus lineae, ita mutatum esse mutationis. Sed in linea finita est | dare primum punctum et primum terminum, ante quod nihil est de linea. Igitur similiter in mutatione est dare primum terminum, qui est primum mutatum esse, ante quod nihil est de mutatione illa. Igitur in illa mutatione non ante omne mutatum esse est mutari.

⟨4⟩ Item si ante omne mutari esset mutatum esse et e converso, sequeretur quod ante omne mutari esset mutari; consequens est impossibile; igitur etc. Probo consequentiam primo per simile, quia sequitur manifeste 'ante omne a est b, et ante omne b est c, igitur ante omne a est c'; igitur similiter sequitur 'ante omne mutari est mutatum esse, et ante omne | mutatum esse est mutari, igitur ante omne mutari est mutari'. Sed tunc ego probo falsitatem consequentis, scilicet primo quia: est dare mutationem primam, scilicet primum motum, ut apparet in octavo *huius*; et ante primam mutationem nulla est mutatio. Secundo etiam quia: in motu meo, quando ambulo, est dare pri-

---

4 quaeritur] *praem.* et ecce consequenter G   9 perpetuum] *corr. in marg. ex* propositum C   11 praecedere] procedere G   13 esse] *add.* est terminus G   15 de] *add.* illa P ∥ similiter] si G   16 ante quod] antequam p ∥ mutatione] *add.* in p   18 esset] est P   19 mutari²] *add.* ergo etc. p   20 etc.] etiam G ∥ consequentiam primo] *inv.* Gp : primam consequentiam P ∥ sequitur] sequeretur P   23 igitur] ego p ∥ sed tunc ego] sed tunc P : tunc ergo p   24 scilicet primo] primo Pp : *om.* G ∥ quia] quod C

---

25 Cf. inf., VIII, q. 7

mam partem, ut saepe dictum est prius; et ante primam partem nihil est de ambulatione mea. Tertio quia: si ante omne mutari est mutari, tunc idem mutari est ante se ipsum; quod est impossibile.

⟨5⟩ Item Aristoteles non videtur hoc ponere nisi propter infinitam divisionem continui motus, et quia ante quemlibet motum est sua pars; ideo si hoc est falsum, illud non debet concedi. Sed ego ostendo quod hoc sit falsum quia: si esset hoc verum de motu, ita esset hoc verum de tempore; sed de tempore non est verum. Nam licet hora prima huius diei sit pars huius diei, tamen ipsa non est ante istam diem. Non enim dicimus, si aliquis surgit de lecto hora prima, quod ipse surgit ante diem.

Oppositum dicit | Aristoteles.

115ra G

Difficile est loqui in ista quaestione de virtute sermonis, quia difficile est scire pro quo vel pro quibus supponunt isti termini 'mutari' et 'mutatum esse'. Tamen tenendo dicta in primo libro supponimus quod 'mutari' est illud quod mutatur et 'mutatum esse' est vel fuit illud quod mutatum est. Igitur caelum est mutari sive moveri, quia caelum mutatur sive movetur; et similiter caelum etiam est mutatum esse, quia motum est motu hesterno.

Tunc igitur ponitur prima conclusio quod haec est falsa de virtute sermonis, scilicet 'ante omne mutari' etc., quia nos hic loquimur de 'ante' secundum tempus, quia sic intendit Aristoteles; modo caelum est mutari et mutatum esse; et tamen nihil est ante ipsum secundum tempus, si opinio Aristotelis sit vera; | igitur ante hoc mutari vel mutatum esse quod est caelum, non est aliquod mutari nec aliquod mutatum esse.

140vb C

Oportet igitur dicere quod Aristoteles sic non intendebat loqui de proprietate sermonis, sed intendebat bene quod ante omnem motum fuit aliquis motus et ante omnem mutationem fuit mutatio. Et etiam intendebat |

128vb P

---

1 saepe] *om.* P   5 continui] *om.* Gp ‖ et] ut G   6 est] esset G   7 hoc²] *om.* GPp   8 est] *add. sed del.* non est C ‖ prima] primae C ‖ huius diei] *om.* G ‖ huius²] illius C   9 istam] istum G ‖ non enim] ideo non G : non tamen P ‖ surgit] surgat G   10 prima] BGHMTUp : primae ACLP ‖ surgit] surgat Gp   11 dicit] determinat GPp   12 in] de p ‖ virtute] proprietate GPp   14 libro] huius p   15 esse] *om.* P ‖ vel] quod P   16 sive²] et GPp   16–17 similiter] *om.* GPp   17 hesterno] *corr. ex* externo C : aeterno p   18 igitur] *om.* P   19 scilicet ... etc.] *in marg.* C : ante omne mutari est mutatum esse *in marg.* G : *om.* Pp   21 ante] *add.* est G   23 aliquod²] *om.* G   24 oportet igitur] *inv.* G ‖ intendebat] intendit p   25–26 aliquis] *om.* GPp   26 intendebat] intendit p

11 Cf. Aristoteles, *Physica*, VI, 6, 237b3–4   14 Cf. Iohannes Buridanus, *Quaestiones super libros Physicorum*, I, q. 18 (ed. Streijger, Bakker, 174–195)

quod ante omne tempus in quo aliquid mutatur vel movetur est tempus in quo esset verum dicere quod mutatum est.

Et quantum ad tales intentiones sequitur secunda conclusio ex suppositione quod aeternaliter fuit mundus et motus, sicut posuisset Aristoteles, scilicet quod ante omnem motum fuit alter motus et post omnem motum erit alter motus; et per consequens etiam ita erit de mutatione. Hoc probatur quia: licet infinitus et aeternus fuerit motus capiendo 'infinitum' syncategorematice, tamen nullus est vel fuit vel erit infinitus capiendo 'infinitum' categorematice; ideo omnis motus qui est est finitus, et omnis qui fuit fuit finitus, et omnis qui erit erit finitus, vel saltem, si motus qui est nondum sit finitus, tamen erit finitus. Sed ante omnem motum finitum a parte ante fuit motus alter, ex quo ab aeterno ponimus fuisse motum. Igitur ante omnem motum fuit motus. Et similiter post omnem motum finitum vel finiendum erit alter motus, si perpetue erit motus.

Ulterius etiam intentio Aristotelis est quod specialiter descendendo vel individualiter ad quemcumque motum volueris, omni tempore in quo aliquid movetur est aliud tempus prius in quo movetur et in quo ipsum motum est et in quo ipsum movebatur. Et de hoc, utrum hoc sit verum, ponendae sunt conclusiones.

Et tunc est principalis dubitatio utrum ante omnem motum quo aliquid movetur est alius motus quo illud movetur. Verbi gratia *a* movetur in ista die et ipsum non movebatur nec movebitur nisi in ista die vel in aliqua parte illius diei. Hanc capio pro possibili et | pono eam in esse et nihil debet sequi impossibile. Tunc igitur utrum ante omne tempus in quo *a* movetur est aliud tempus prius in quo *a* movetur? Et etiam utrum ante omne tempus in quo *a* movetur est aliud tempus prius in quo est verum dicere quod *a* motum est? Et similiter utrum omni tempore in quo verum est dicere '*a* motum est' est aliud tempus prius in quo verum est dicere '*a* movetur'?

---

2 esset] est p   4 quod] *add.* si G ‖ fuit] fuerit p ‖ mundus et motus] motus et (sive P) mundus Pp ‖ posuisset] posuit P   6 alter] aliter p ‖ etiam ita erit] etiam erit ita G : etiam ita P : ita p   8 vel¹] *om.* p ‖ fuit vel erit] erit vel fuit G ‖ infinitus] *add.* vel erit infinitus G   9 ideo] cum p ‖ omnis²] *add.* motus G : *om.* P   11 fuit] finit p   12 motus alter] *inv.* GPp   13 similiter] consimiliter G ‖ post] ante G   14 si ... motus²] *om. (hom.)* G ‖ perpetue] perpetuo p   15 aristotelis] *corr. ex* eorum C ‖ descendendo] descendo P   16 in] *om.* p   17 est] ad P ‖ aliud tempus] *inv.* p ‖ quo¹] *add.* ipsum GPp   18 utrum ... verum] iterum p ‖ hoc²] *om.* GP   20 et] sed P : *om.* p ‖ tunc est] adhuc restat P   22 movebatur nec movebitur] movetur nec movebatur GPp   23 illius] huius GPp   24 igitur] *add.* quaeritur p   25 et] etc. P   25–26 et ... movetur] *om. (hom.)* p ‖ utrum ... est¹] *om.* P   26 prius] post p ‖ est verum] *inv.* P ‖ est³] *om.* p   27 verum est] *inv.* P ‖ motum est] movetur p ‖ est³] *om.* P

---

4 Cf. Aristoteles, *Physica*, VIII, 1, 252a3–4; cf. *AA*, 2: 201–202

QUAESTIO 8   155

Et sine dubio bene scrupulosum est in his loqui de proprietate sermonis propter hoc quod possumus uti tempore maiori | vel minori tamquam praesente, sicut alias dictum est in tertio libro, et oportet loquentes et conferentes simul concordare in eundem usum, et propter hoc quod aliquando omnem partem temporis quo utimur tamquam praesente dicimus esse praesentem et nullam | earum esse praeteritam vel futuram loquendo simpliciter, et tamen etiam loquendo respective, si utimur aliquo toto tempore tamquam praesente, tamen partem priorem dicimus esse praeteritam respectu posterioris et partem posteriorem futuram respectu prioris. Et tamen secundum istos diversos usus esset diversimode dicendum in hac quaestione.

115rb G

141ra C

Ideo ego | distinguo, sicut bene distinguit Aristoteles, quod aliquid esse in aliquo toto tempore potest intelligi dupliciter: uno modo quod sit in isto tempore primo, vel non primo, sed ratione partis. Et licet proprie loquendo debeamus exponere 'esse in aliquo tempore primo', quia coexistit illi toti tempori et non pluri, tamen in praesenti accipitur largius 'primo', scilicet quia coexistit illi toti tempori, non curando utrum coexistit maiori, ita quod sit distinctio quod *a* esse in tempore potest intelligi dupliciter: uno modo, quia est in isto toto tempore, id est coexistit illi toti tempori; alio modo, quia est in isto tempore solum ratione alicuius partis illius temporis, ita quod coexistit alicui parti illius temporis, sed non toti tempori illi. Et ego nunc excludo illud quod hoc modo dicitur ratione partis in conclusionibus post ponendis.

129ra P

Deinde iterum cum diligentia attendenda est alia distinctio, scilicet quod esse ante motum *a* vel ante tempus *a* potest intelligi dupliciter: uno modo quantum ad inceptionem, alio modo quantum ad complementum et desitionem. Si enim intelligamus de esse ante quantum ad inceptionem, sic manifestum est quod nulla pars motus *a* est ante motum *a* et nulla pars

---

1 scrupulosum est] *inv.* GPp   2 propter] prout C ‖ vel] et GPp   3 sicut] ut P ‖ est] *add.* et G ‖ libro] huius p   4 eundem usum] ostendendo sensum P   6 et] *om.* G   8 tamquam] pro P ‖ esse] *om.* GPp   10 et] *om.* P   12 ideo ego] *inv.* P ‖ distinguit] dixit vel distinxit P   13 toto] *om.* Pp ‖ tempore] *add. sed del.* primo vel non primo sed ratione partis C ‖ uno modo] scilicet P   14 tempore] *om.* P   15 illi toti] *inv.* GPp   16 tempori] tempore P ‖ accipitur] est uti p ‖ primo] *add.* modo p ‖ scilicet] *sup. lin.* C   17 illi toti] *inv.* Gp ‖ coexistit²] coexistat GPp   18 tempore] *add.* b GPp   19 toto] *om.* G ‖ tempore] *corr. ex* termino C ‖ id est] et p ‖ illi] *om.* P   20 illius temporis] *om.* Gp   21 coexistit] coexistat G ‖ tempori illi] *inv.* GPp   22 conclusionibus] quaestionibus p   24 iterum] *om.* P   25 ante¹] aut P ‖ a¹] *corr. in* aut P ‖ a²] *corr. in* aut P ‖ dupliciter] *om.* Gp   26 et] vel Pp   26–27 desitionem] *corr. in* desinitionem C? : desinitionem GPp

3 Cf. Iohannes Buridanus, *Quaestiones super libros Physicorum*, III, q. 6 (ed. Streijger, Bakker, 66–69)   12 Cf. Aristoteles, *Physica*, IV, 12, 221a18, 28–30

temporis *a* est ante tempus *a*, quia non prius incipit hora prima diei quam dies. Et isto etiam modo est dare infinitas primas partes diei, ita scilicet quod quaelibet sic est prima quod ante ipsam nulla est pars alia illius diei. Verbi gratia prima medietas diei, prima tertia, prima centesima et sic de singulis est pars prima, quia nulla pars diei incipit, antequam incipiat prima medietas diei vel prima tertia aut prima centesima etc. Si vero intelligamus de esse ante quantum ad desitionem, sic manifestum est quod nulla est prima pars motus *a* vel temporis, ut huius diei, sed ante omnem partem est alia. Nam, quacumque parte huius diei sive temporis signata, constat quod ipsa est divisibilis in partem priorem et partem posteriorem, et prius desinit prior pars eius quam ipsa.

Ex his dictis possunt statim signari conclusiones de motibus et temporibus finitis, immo de omnibus, cum dictum fuerit prius quod nullus est motus infinitus neque tempus.

Et erit tertia conclusio quod in omni motu et in omni tempore est dare primam partem, immo infinitas primas partes capiendo 'primum' quantum ad inceptionem, sed in nullo motu vel tempore est prima pars capiendo 'primum' quantum ad | desitionem. Ista conclusio iam declarata fuit.

Quarta conclusio est e converso | proportionaliter de ultima parte, scilicet quod in omni | motu et tempore est dare ultimam | partem, immo infinitas ultimas partes exponendo 'ultimum' quantum ad desitionem, sed in nullo est dare ultimam partem exponendo quantum ad inceptionem. Nulla enim pars huius diei est quae desinit, quae posterius desinat quam eius ultima medietas et quam eius ultima centesima et sic de aliis; sed si aliquando incipit ultima centesima, adhuc posterius incipit ultima millesima.

Quinta conclusio sequitur quod ante omnem motum est motus qui est pars eius exponendo 'ante' quantum ad desitionem, sed non est ita quantum ad inceptionem. Et similiter post omnem motum est motus qui est pars eius exponendo 'post' quantum ad inceptionem, sed non est ita quantum ad

---

1 prima] primae Cp   2 etiam] *om.* P ‖ diei] *om.* P   2–3 ita … diei] *om.* (*hom.*) G   3 pars alia] *inv.* Pp   5 pars prima] *inv.* p   6 diei] *om.* p ‖ vel] *add.* etiam G ‖ aut] vel Pp   7 desitionem] desinitionem GPp ‖ sic] tunc P   9 sive temporis] *in marg.* C : *om.* GPp ‖ ipsa] *om.* P   10 partem²] *om.* P   12 ex his] et ex istis G : et ex P   13 cum] tamen P ‖ fuerit] fuit P   14 neque] nec P   15 erit] sequitur G   18 desitionem] desinitionem GPp ‖ iam] *om.* P   19 proportionaliter] proportionate p   21 ultimas] *om.* p ‖ desitionem] desinitionem GPp   22 nulla] alia p ‖ enim] *corr. ex* ut C   23 desinit quae] desinat quae P : *om.* (*hom.*) Gp ‖ posterius desinat] *inv.* p ‖ quam] *corr. sup. lin. ex* quantum C   24 ultima] *sup. lin.* C ‖ et² … aliis] etc. P   27 desitionem] desinitionem GPp   28 et] *om.* P

desitionem. Causa huius est, quia sicut in motu non est dare primam partem, sic ante omnem partem est alia pars; et sicut est dare primam partem, ita non est verum quod ante omnem partem est alia pars. Et sic e converso est proportionaliter de ultima parte.

Sexta conclusio est: ante omne tempus in quo b movetur est dare tempus in quo b motum est, exponendo 'ante' quantum ad desitionem et non quantum ad inceptionem, id est ante cuiuscumque temporis desitionem in quo tempore b movetur est alterius temporis desitio in quo tempore verum esset dicere quod b motum est. Ista conclusio probatur quia: si de aliquo tempore des instantiam (sit istud tempus a, in quo toto b movetur, ante cuius desinentiam non desinit aliud tempus in quo b sit motum), ego ostendo hoc esse impossibile, quia illud tempus a est divisibile in tres partes, quarum prima et secunda desinunt, antequam desinat tempus a. Et tamen b movetur in prima parte, et in secunda etiam parte movetur; et cum hoc etiam in illa secunda parte est motum motu quo movebatur in prima parte. Igitur motum est in tempore desinente, antequam desinat tempus a; quod est contra positionem adversarii.

Septima conclusio est quod ante omne tempus in quo b motum est est dare tempus in quo movetur (et exponendo 'ante' quantum ad desinentiam), quia manifestum est per se quod nihil est motum nisi aliquo motu quo movebatur. Sed non esset ita exponendo 'ante' quantum ad inceptionem.

Et ad hoc declarandum ego pono octavam conclusionem, scilicet quod in omni tempore in quo b movetur ipsum in illo motum est, sed in aliquo tempore motum est in quo non movetur.

Prima pars conclusionis patet: si negetur haec conclusio, oportet quod adversarius det instantiam. | Et sit tempus a de quo instatur, scilicet quod in a movetur et non est motum in a. Arguo contra quia: movetur in a motu divisibili in partem priorem et partem posteriorem; et secundum utramque

---

1 desitionem] desinitionem GPp ‖ huius] illius P ‖ quia] om. GPp   2 omnem] motum P   2–3 et ... pars] om. (hom.) G   2 sicut] sic p   3 et] om. P   4 est] om. GPp ‖ proportionaliter] proportionabiliter p   5 b] in marg. C ‖ tempus²] add. prius G   6 desitionem] desinitionem GPp   7 desitionem] desinitionem GPp   8 desitio] corr. in desinitio C? : desinitio GPp ‖ esset] est Pp   9 est] om. G ‖ probatur] patet P   9–10 de ... des] des aliquo tempore de p   10–11 desinentiam] desinitionem p   11 ego] om. P   13 et] om. p   14 hoc] quo C ‖ illa] alia C   16 a] corr. ex ad C   19 quo] add. b GPp ‖ et exponendo] exponendo etiam GPp ‖ ante quantum] antequam p   20 quod] quia G   21 esset] om. p ‖ ante quantum] antequam p   23 ad hoc] adhuc P   26 pars] add. huius GPp   27 det] dat P ‖ de] in C

istarum partium movetur in *a*; et tamen, quando movetur secundum partem | posteriorem illius motus, iam motum est secundum partem priorem; igitur in *a* motum est. Et tamen motum est in *a* non illo totali motu quo praecise movetur in *a*, sed est motum aliqua parte illius motus. Et tunc patet illud quod addebatur in septima conclusione, scilicet quod exponendo 'ante' quantum ad | inceptionem non est verum quod ante omne tempus in quo *b* motum est sit tempus in quo movetur, quia idem est tempus in quo toto movetur et in quo toto motum est; ideo a principio illius temporis et non ante incipit simul moveri et motum esse.

Tunc etiam faciliter declaratur secunda pars octavae conclusionis, quia cessante motu adhuc in toto tempore sequente verum est dicere quod ipsum motum est, licet non sit primo motum illo totali motu nisi in instanti; et tamen in illo tempore post cessationem motus non movetur.

Tunc ergo respondendum est ad rationes.

⟨1⟩ Et satis dictum est de prima ratione, quia nullus motus est perpetuus, licet sit perpetuus motus.

⟨2⟩ Et similiter de mutationibus instantaneis dicitur quod de illis non erat quaestio, | quia non sunt proprie loquendo mutationes distinctae a terminis. Mutationes autem proprie dictae ad illum sensum sunt distinctae a suis terminis, quia mutatio non est terminus suus, licet ipsa erit ille terminus. Sed mutatio instantanea est terminus suus, ita quod generatio animae humanae est anima humana; et numquam est ista generatio nisi quando est anima humana.

⟨3⟩ Ad aliam dico quod, licet essent puncta indivisibilia in linea et momenta indivisibilia in motu, tamen differret momentum a mutato esse, quia momentum non connotat quod ante movebatur; ideo esset dare primum momentum in motu, sicut primum punctum in linea. Sed mutatum esse connotat quod ante fuit motum; ideo non potest supponere pro primo

---

1 tamen] cum p   1–2 partem posteriorem] *inv.* GP : partem p   2 motum est] *inv.* P   3 motum est[1]] *inv.* P ‖ tamen] cum p ‖ in[2]] *om.* p ‖ non] *add.* in P   4 parte] *add.* ipsius C ‖ tunc] hic p   5–6 ante quantum] antequam p   7 est[1]] *om.* P ‖ toto] totum GP   8 toto] totum GP   9 simul] *add.* et GPp   11 adhuc] ad hoc p : et hoc P ‖ ipsum] *corr. sup. lin. ex* tempore C   12 primo] primum P ‖ illo] ideo C   14 tunc ergo respondendum] sed tunc dicendum P   15 prima ratione] *inv.* G ‖ quia] quod G ‖ est[2]] sit G   16 sit perpetuus] *inv.* P : perpetue sit G : perpetuo sit p   18 terminis] *add.* suis P   19 mutationes ... dictae] proprie dictae mutationes P : mutationis proprie dictae C   19–20 suis terminis] *inv.* Pp   21 est] *corr. ex* erit C   22 anima[1]] generatio P   24 in linea] *om.* G   25 mutato] mutatum P   28 fuit] fuerit Gp ‖ motum] *om.* GPp ‖ non] *om.* p ‖ potest] posset Gp

momento. Sed non ponendo sic indivisibilia, sicut ego pono primam partem in motu, ita ponerem primam partem in linea, scilicet quantum ad inceptionem et non quantum ad desinentiam.

⟨4⟩ Ad aliam concessum est quod ante omne mutari est mutari quantum ad inceptionem. Nec sic est dare primum motum prioritate temporis; sed quomodo sit primus motus debet videri in octavo *huius*.

Et apparuit etiam quomodo est prima pars in ambulatione mea et quomodo non.

Nec aliquid mutari | est ante se ipsum, quia licet ante omnem motum meum sit motus meus, tamen nullus motus meus est ante omnem motum meum, sicut secundum Aristotelem ante omnem hominem fuit homo, et tamen nullus homo fuit ante omnem hominem; ideo non sequitur quod aliquis homo fuit ante se ipsum. Ille enim terminus 'mutari' in praedicato supponebat confuse tantum; ad quam suppositionem non sequitur determinata suppositio remanente signo quod confundebat.

⟨5⟩ Ad ultimam dictum est quomodo ante hanc diem est hora prima et quomodo non.

Haec de quaestione etc.

129vb P

---

1 sicut] si p   5 sic] *om.* P   6 debet videri] videbitur P ‖ huius] libro P   7 apparuit] apparet prius p   9 aliquid] aliquod Gp   12 tamen] *om.* p   14 supponebat] supponit p   16 ultimam] aliam P ‖ prima] BHMTUp : primae ACGLP   18 haec ... etc.] et sic est finis etc. G : *om.* Pp

---

6 Cf. inf., VIII, q. 7

⟨VI. 9⟩

⟨Utrum in tempore finito possit transiri magnitudo infinita et in infinito finita⟩

Quaeritur nono utrum in tempore finito potest transiri magnitudo infinita et in infinito finita.

⟨1⟩ Arguitur primo quod in tempore finito potest transiri magnitudo infinita quia: suppono quod in infinitum potest velocitari motus. | Haec enim suppositio non minus est admittenda quam illa quam ponit Aristoteles in quarto *huius*, scilicet quod in infinitum potest | medium per quod fit motus subtiliari. Et si haec suppositio non sit admittenda quantum ad potentias naturales, tamen simpliciter admittenda est, quia vera per potentiam supernaturalem. Tunc igitur ego pono casum quod *a* movetur per hanc totam diem, et quod in secunda medietate proportionali moveatur in duplo velocius quam in prima medietate, et in tertia etiam medietate proportionali moveatur in duplo velocius quam in secunda, et sic deinceps; et pono quod in prima medietate proportionali transit unam leucam. Sequitur quod in secunda medietate proportionali transit unam leucam, quia secunda medietas proportionalis est dimidia ad primam; modo si aliquod mobile in aliquo tempore transit aliquod spatium, mobile motum dupliciter velocius transit in dimidio tempore aequale spatium. Et pari ratione sequitur quod in tertia medietate proportionali transit unam leucam et sic deinceps. Igitur cum in hac die infinitae sunt partes proportionales, sequitur quod in hac die infinitas leucas pertransit et immediate post hanc diem infinitas leucas

---

4 quaeritur nono] nunc quaeritur G ‖ utrum] *rep.* G ‖ in] *rep.* P ‖ potest] possit P   5 in] *om.* P   8 est] *om.* P ‖ admittenda] amittenda p ‖ illa] ratio P   11 vera] *add.* est GPp   12 ego] *om.* P   13 proportionali] proportionabili p   14 etiam medietate] *inv.* P ‖ proportionali] proportionabili p   15 deinceps] *add.* ergo p   16 medietate] *corr. in marg. ex* parte C ‖ proportionali] proportionabili p ‖ leucam] lineam Gp ‖ quod] *add.* etiam GP : etiam p   17 secunda medietate] tertia parte C ‖ proportionali] *om.* p ‖ leucam] lineam Gp ‖ secunda²] illa P   18 proportionalis] proportionabilis p ‖ aliquod] *om.* G   20 sequitur] *rep. sed del.* C   21 proportionali] proportionabili p ‖ leucam] lineam Gp   22 sunt] sint Gp ‖ proportionales] proportionabiles p   23 leucas¹] lineas Gp ‖ hanc] istam GPp ‖ leucas²] lineas Gp

8–9 Cf. Aristoteles, *Physica*, IV, 8, 215a25–216a11

pertransivit; et non est possibile infinitas leucas pertransiri vel esse pertransitas, nisi pertranseatur vel etiam pertransitum sit spatium infinitum; igitur etc.

⟨2⟩ Deinde etiam arguitur quod possibile est spatium finitum transiri tempore infinito, et ad sensum de quo intendit Aristoteles, scilicet quod *b* infinito tempore movetur continue sine quiete interrumpente in spatio unius leucae sine reflexione quia: ponitur casus possibilis saltem supernaturaliter quod praecise *b* moveatur per medietatem illius leucae in | una die, et super secundam medietatem proportionalem illius leucae fit motus in duplo tardior quam super medietatem primam, et in tertia medietate proportionali fit etiam motus tardior in duplo quam super secundam medietatem, | et sic deinceps; et pono quod prima medietas illius leucae transitur in una die. Sequitur etiam quod secunda medietas proportionalis non transitur nisi in una die, et sic deinceps. Igitur non transiretur ista leuca vel etiam non fieret motus super illam leucam totam nisi in infinitis diebus; quod non est nisi in infinito tempore.

101va p

130ra P

Oppositum determinat Aristoteles expresse in isto sexto libro.

Primo propter rationes quae fiebant notanda sunt aliqua de velocitate et tarditate, scilicet quod de facto omni motu tardo est motus tardior. Et sic in infinitum est tardus motus. Nam, quanto in sphaera caelesti signaretur minor circulus in polo vel circa polum, tanto esset motus tardior; et tamen in infinitum est parvus circulus circa polum propter continui infinitam divisionem; igitur in infinitum est tardus motus.

Similiter | videtur mihi quod omni motu veloci est motus velocior, quia non credo quod sit ita sicut communiter multi dicunt, scilicet quod velo-

142ra C

---

1 leucas] lineas Gp   2 etiam] *om.* p   4 transiri] *add.* in P : pertransiri (*corr. ex* transiri) in G   6 interrumpente] interrumpetur P   7 leucae] lineae Gp   7–8 supernaturaliter] *corr. ex* naturaliter C   8 moveatur] moventur p ‖ illius leucae] unius leucae P : illius lineae G : unius lineae illius p   9 leucae] lineae Gp ‖ fit] sit Gp   10 medietatem primam] medietate prima P   10–11 proportionali] proportionabili p   11 fit] sit Gp   12 leucae] lineae Gp ‖ transitur] transeatur G   13 etiam quod] *inv.* GPp ‖ secunda] *corr. sup. lin. ex* alia C ‖ proportionalis] proportionabilis p ‖ nisi] *corr. sup. lin. ex* nullum C   14 die] *add. sed del.* sequitur etiam quod alia medietas proportionalis non transitur nisi in una die C ‖ igitur] si G ‖ transiretur ista leuca] transiretur illa linea p : transiret illam lineam G   14–15 fieret] finiretur p   15 leucam] lineam Gp ‖ est] esset GPp   17 libro] *om.* Gp   19 scilicet] videlicet Pp   20 tardus motus] *inv.* P : tardius motus C : tardior motus G   21 polo] *rep.* G   22 est parvus] *inv.* P   23 tardus] tardior G   24 similiter] *rep.* C   25 communiter multi] *inv.* G

---

17 Cf. Aristoteles, *Physica*, VI, 2, 233a31–b15

citas motus sphaerae debeat attendi totaliter ex velocitate motus maximi circuli vel circumferentiae maximi circuli tali modo quod aeque velociter moveatur totalis sphaera sicut maximus eius circulus vel sicut circumferentia illius maximi circuli. | Nam motus totalis sphaerae est compositus ex motibus partium eius, ut apparet in sexto *huius*, et illi motus partium non sunt ad invicem aeque veloces, sed aliqui eorum valde tardi, ut dictum est. Et non oportet, si unum corpus sit difformiter aliquale in suis partibus, quod ipsum denominetur simpliciter tale a qualitate unius partis, et specialiter si non sit inter alias partes maior. Et tamen ille circulus quem mathematici et etiam sic loquentes imaginantur esse maximum circulum vel circumferentia eius non est maior aliis partibus sphaerae, immo dicitur superficies vel linea, quam non dicemus esse maximam partem corporis; immo secundum profunditatem vel nullius magnitudinis est ille circulus quem vocant maximum, scilicet circulus aequinoctialis, vel in infinitum parvus est talis circulus. Igitur non aeque velox est motus totalis sphaerae et illius circuli.

Item ego pono quod una lancea sit in uno cono albissima et continue procedendo versus alterum conum fiat minus alba et magis nigra, donec in altero cono sit nigerrima, et alia lancea sit secundum omnes eius partes albissima. Tunc nullus diceret quod prima esset aeque alba sicut secunda; nullus enim diceret quod prima esset albissima, quia pari ratione esset nigerrima. Sicut igitur totalis lancea non dicitur | alba secundum talem gradum secundum quem pars albissima est alba, si aliae partes sint minus albae, ita pari ratione motus totalis sphaerae non debet dici velox secundum talem gradum secundum quem pars eius velocissima est velox, cum aliae partes sint minus veloces. Sed propter partes tardiores debet remitti denominatio quae esset secundum partes velociores, et propter velociores debet augeri denominatio quae esset secundum partes tardiores. Verum est tamen quod sic de illo maximo circulo consueverunt aliqui dicere non intendentes quod

---

2 maximi] maximae G ‖ aeque] tam G   3–4 circumferentia ... compositus] *in marg. sup.* C   5 sexto] octavo G   6 aliqui eorum] aliquorum G : aliquarum p   7 difformiter aliquale] *inv.* G : aequale P   9 specialiter] sphaeraliter G   10 et etiam] etiam G : *om.* P   11 eius] est P ‖ est] esse G ‖ sphaerae] semper p   12 dicemus] diceremus Pp   13 vel] *corr. ex* velut C   15 talis] alius P ‖ aeque velox est] est aeque velox G ‖ et] *add.* motus GPp   17 ego] *om.* P ‖ uno] una G   18 nigra] magna p   19 eius partes] *inv.* P   25 pars] *om.* P   29 aliqui] quidam P ‖ quod] quid P

---

5 Cf. Aristoteles, *Physica*, VI, 4, 234b21–235a10

sit verum de virtute sermonis, si bene intenderunt, sed intendentes per hoc dicere quod diversarum sphaerarum illa movetur velocius cuius maximus circulus vel circumferentia maximi circuli velocius movetur.

Secundum igitur praedicta, si ego capio in circumferentia sphaerae unam partem pedalem remotissimam a polis, ista movetur velocius quam aliqua alia pars pe|dalis quae sit minus remota ab aliquo polorum. Et etiam motus eius erit velocior quam totalis motus sphaerae, qui habet plures partes valde tardiores. Sed adhuc motu illius partis | est motus velocior, quia illa est divisibilis in unam partem superiorem et aliam inferiorem et centro propinquiorem; et pars superior velocius movetur quam centro propinquior; ideo propter tarditatem partis inferioris motus totalis partis pedalis prius dictae debet dici minus velox | quam motus suae partis superioris et sic in infinitum. Ideo sequitur quod omni motu veloci est motus velocior.

Sed tamen in hoc differt de veloci et de tardo, quia omni tardo dato est dare tardiorem in duplo et in centuplo et sic sine statu; sed non omni veloci dato est dare in duplo vel in centuplo velociorem. Et causa in hoc est, quia quanto est minor pars in centro vel polo, tanto tardius movetur; et omni parvo dato contingit in duplo vel in centuplo dare minus. Sed ex eo aliqua pars movetur velocius in sphaera, quia ipsa est remotior a polis et centro; et non omni parte remota ab eis est dare in duplo remotiorem.

Sed adhuc propter rationes quae in principio quaestionis factae fuerunt ego credo esse concedendum quod, quantumcumque aliquod mobile moveatur tarde, Deus posset ipsum movere in duplo tardius et in centuplo tardius et sic sine statu. Et similiter de veloci, quantumcumque b moveretur velociter, | Deus posset ipsum movere velocius (et movere velocius in duplo et movere velocius in centuplo et sic sine statu).

Et sic etiam ego concederem suppositionem quod signato spatio unius leucae Deus posset movere b in prima medietate illius spatii aliquanta velo-

101vb p

142rb C

116va G

130va P

---

1 bene] album G ‖ intenderunt sed] intenderent secundum P   2 velocius] velocior G   3 velocius movetur] *inv.* GPp   5 polis] polo GP   6 et] *add.* ita G : *om.* P   7 erit] *add.* velox P ‖ qui] quia P   8 adhuc motu] adhuc motus P : ad motum p   9 et²] *om.* P   14 de²] *om.* GPp ‖ omni tardo dato] *in marg.* C : omni dato tardo p : in dato tardo P : *om.* G   16 dato] data G ‖ et] *om.* P   17 polo] *add.* et G ‖ et] *om.* G   18 in¹ ... dare] dare in duplo vel in centuplo P   18–19 aliqua ... velocius] pars aliqua velocius (velox G) movetur GPp   19 polis] polo G ‖ et¹] *add.* a G   20 dare] *add.* partem GPp   22 credo] crederem P ‖ quantumcumque] quantocumque G   24 et²] *add.* sic G ‖ quantumcumque] *add.* enim Pp : quantocumque enim G ‖ moveretur] movetur Gp   25 posset] potest P ‖ ipsum] eum G ‖ et movere velocius] *om.* (*hom.*) GPp   27 etiam] *om.* P ‖ concederem] *add.* illam GPp   28 leucae] lineae G ‖ movere b] *inv.* p

citate, et etiam posset in secunda medietate proportionali movere illud *b* in duplo velocius quam movisset ipsum in prima medietate, et sic de tertia respectu secundae, et sic deinceps. Et sic etiam dicerem de tarditate. Et sicut etiam dixi de medietatibus proportionalibus spatii, ita crederem esse dicendum de medietatibus proportionalibus temporis.

Et istis praenotatis et concessis ego pono cum Aristotele quod existente semper motu aeque veloci et aeque tardo, impossibile est aliquod mobile tempore finito infinitum spatium pertransire, quia si debeat infinitum spatium pertransiri, oportet quamlibet partem pertransiri. Igitur in illo spatio ego capio partem finitam, scilicet pedalem, quae sit *a*. Illa transitur in aliqua parte temporis illius finiti, quae sit *b*. Et tunc in qualibet parte illius temporis finiti aequali ipsi *b* transitur praecise pars spatii aequalis parti *a*, ex quo motus est aeque velox. Sed in illo tempore finito non sunt infinitae partes non participantes quarum quaelibet sit aequalis | parti *b*, immo sunt finitae. Ponatur quod sunt centum. Igitur in illo toto tempore non pertranseuntur nisi centum partes pedales illius spatii; et illae non constituunt spatium infinitum. Et idem sequeretur, si ista pars spatii *a* poneretur una leuca vel centum leucae aut quantacumque, dum tamen finita.

Eodem modo ponitur secunda conclusio, scilicet quod existente semper motu aeque veloci quod impossibile est aliquod mobile tempore infinito pertransire spatium finitum, sic exponendo conclusionem quod non dicamus 'in infinito tempore' ratione alicuius partis eius, sicut diceremus aliquem ambulare in hoc anno, quia ambulat in hac die, sed ratione totius, scilicet ita quod in qualibet parte illius temporis | infiniti aliquid de isto spatio transiretur, et sic etiam exponendo quod illud mobile non transiret pluries super idem signum spatii; bene enim conceditur quod caelum infinito tempore movetur super vel circa idem spatium finitum, sed hoc est infinitis reiterationibus.

---

1 et] *om.* P ‖ proportionali] proportionabili p   4 proportionalibus] proportionabilibus p   4–5 crederem esse dicendum] dicerem p   5 proportionalibus] proportionabilibus p   8 pertransire] transire GPp   8–9 infinitum spatium] *inv.* GPp   9 partem] *add.* eius GPp ‖ spatio] *add.* infinito GPp   10 scilicet] b C   11 temporis illius] *inv.* Pp : illius (*in marg.*) temporis (*add. sed del.* illius) G   12 aequali] aequale P ‖ transitur] pertransitur P   14 quaelibet] qualibet G   15 ponatur] *add.* ergo P ‖ sunt^2] sint Gp ‖ tempore] *corr. ex* corpore C   17 sequeretur] sequitur Gp   18 leuca] linea Gp ‖ leucae] lineae Gp ‖ quantacumque] quamcumque C   19 ponitur] ponatur P ‖ quod] *sup. lin.* C : *om.* P   21 pertransire] transire G   23 ambulat] ambulabat P   25 transiretur] pertransiretur p ‖ transiret] pertransiret p   26 super] *add. in marg.* illud C ‖ enim] etiam P   26–27 infinito tempore] *inv.* Gp

QUAESTIO 9   165

Haec conclusio sic exposita probatur consimiliter prae|cedenti. Nam si   102ʳᵃ p
in qualibet parte illius temporis infiniti aliquid spatii pertransitur, sumatur
pars finita illius temporis, ut una dies, quae sit *b*. In illa die aliquid spatii illius
finiti transitur, quod sit *a*. Et in aequali tempore transitur quaelibet pars illius
5   spatii aequalis ipsi *a*. Et illae non sunt infinitae; ideo sint centum. | Et sequi-   130ᵛᵇ P
tur quod totum spatium transitur in centum diebus; et hoc non est tempus
infinitum.

Sed Aristoteles ponit tertiam conclusionem: quantumcumque motus sit
difformiter velox, tamen impossibile est quod aliquod mobile in spatio finito
10 moveatur per tempus infinitum, quia si illud spatium finitum imaginetur
dividi in decem partes, ut in decem leucas, quaelibet istarum partium transitur in tempore finito, licet alia in maiori et alia in minori propter difformitatem velocitatis; hoc suppono et hoc probabitur. Igitur totum illud spatium
transitur in decem partibus temporis, quarum quaelibet est finita; sed num-
15 quam partes finitae secundum magnitudinem et multitudinem constituunt
totum infinitum, sed finitum; igitur totum spatium transitur in tempore
finito.

Tunc Aristoteles et Commentator probant illud quod fuit suppositum, scilicet quod quaelibet pars illius spatii transitur in tempore finito quia: trans-
20 itur in minori tempore quam totum spatium; et omne tempus minus alio
tempore est finitum (non enim est dare maius infinito).

Sed non apparet quod tertia conclusio sit probata per praedictam rationem. Unde, licet sit verum quod impossibile est tempus esse infinitum
capiendo 'infinitum' categorematice, ut dicebatur in tertio libro, et sic bene
25 sequitur quod impossibile est aliquid moveri tempore infinito super spatium
finitum sive infinitum loquendo categorematice, ut prius, tamen capiendo
'infinitum' syncategorematice nihil videtur prohibere, quin per tempus infi-
nitum Deus possit movere *b* super | spatium finitum, ut unius leucae. Et   142ᵛᵇ C

---

1 si] *om.* P   2 spatii] *corr. ex* spatium C ‖ pertransitur] pertransiretur p   3 aliquid] aliqua pars GPp   4 quod] quae GPp   5 ideo] cum p ‖ sint] sunt G   6 transitur ... diebus] in centum diebus transitur P   8 conclusionem] *add.* scilicet Gp : *add.* scilicet quod P   10 si] *om.* p ‖ imaginetur] imaginatur P   11 leucas] lineas G ‖ partium] spatii P   12 finito] *corr. ex* infinito C   12–13 difformitatem] deformitatem p   13 totum] *om.* p   14 transitur] pertransitur P   19 quod] *corr. ex* quae C   22 non] *sup. lin.* C ‖ quod] *add.* haec GPp ‖ praedictam] dictam P   23 tempus esse] *inv.* P   24 dicebatur] dicitur p ‖ tertio] quarto G ‖ libro] huius p   25 super] sive per C   26 tamen] *om.* p   27–166.1 per ... quin] *om.* (*hom.*) P   28 leucae] lineae G

8 Cf. Aristoteles, *Physica*, VI, 2, 233a31–b14   18 Cf. Aristoteles, *Physica*, VI, 2, 233a31–b14; cf. Averroes, *In Physicam*, VI, comm. 20, f. 258I–259D   24 Cf. Iohannes Buridanus, *Quaestiones super libros Physicorum*, III, q. 16 (ed. Streijger, Bakker, 150)

etiam in sensu composito nihil apparet prohibere, quin possibile sit Deum movere *b* in infinito tempore super spatium finitum, scilicet unius leucae. Possibile enim est quod movebit *b* per primam medietatem spatii in uno die et per secundam medietatem proportionalem in secunda die et per tertiam in die tertia et sic deinceps, scilicet tardando motum, sicut arguebatur in principio quaestionis. Non enim apparet necessitas quare oporteret aliquando Deum a tali motu pausare et a tali retardatione.

Ideo ego credo et pono loco illius tertiae conclusionis Aristotelis quod haec est possibilis 'Deus in infinito tempore movebit *b* super spatium finitum motu recto et continuo et numquam pertransitum erit illud spatium'. Sed conclusio Aristotelis erat vera secundum potentias et cursus naturales, quia non est possibile per naturam quod fiet semper de una medietate proportionali ad aliam talis retardatio.

Deinde etiam Aristoteles ponit quartam conclusionem, videlicet quod, quantumcumque motus sit difformiter velox, impossibile est infinitum spatium pertransiri in tempore finito.

Et probatur proportionaliter sicut prius quia: si illud tempus finitum dividitur in decem | partes, in qualibet pertransitur spatium finitum et non infinitum; ideo totum spatium in illo toto tempore pertransitum erit finitum et non infinitum, quia compositum ex decem partibus quarum quaelibet est finita.

Sed prima facie videtur quod haec conclusio non sit vera propter hoc quod Deus post quamlibet partem proportionalem temporis potest velocitare motum in duplo, prout concessum fuit. | Et si ita fiat, sequitur quod dicta conclusio est falsa, sicut in principio quaestionis arguebatur.

Et iterum concessum est quod possibile est Deum infinito tempore movere *b* super spatium finitum propter hoc quod in qualibet parte proportionali potest retardare motum in duplo; igitur pari ratione possibile est

---

2–5 tempore ... motum] *in marg. inf. et add.* sicut arguebatur etiam et (?) supra G   2 leucae] lineae G   3 uno] una P   4 proportionalem] proportionabilem p ‖ secunda] secundo GP   5 die tertia] tertio die GPp ‖ tardando] tardanda G   7 tali¹] *sup. lin.* C ‖ pausare] *corr. ex* pausari C   8 credo et pono] pono et credo P   9 b] a P   10 illud spatium] *inv.* P   11 aristotelis] *om.* p   12 fiet] fiat GPp   12–13 proportionali] proportionabili p   14 aristoteles ponit] *inv.* P ‖ videlicet] scilicet P   16 pertransiri] transiri GPp   17 proportionaliter] proportionabiliter p   17–18 dividitur ... partes] in decem partes dividitur P   19 illo toto tempore] toto tempore illo P : illo tempore p ‖ erit] *corr. sup. lin. ex* est C   20 est] erit GPp   23 partem proportionalem] medietatem proportionalem (proportionabilem p) Pp   24 fiat] faciat GPp   25 est] sit GPp ‖ arguebatur] arguitur p   26 deum] *add.* in GPp   27 parte] medietate GPp   28 potest] *om.* p

---

14 Cf. Aristoteles, *Physica*, VI, 2, 233b14–15

Deum movere *b* in tempore | finito per spatium infinitum propter hoc quod in qualibet parte proportionali temporis potest velocitare motum in duplo. Rationes enim utrobique videntur proportionales. 102rb p

    Sed, ut de hoc appareat veritas, ego loco illius quartae conclusionis Aristotelis vel dirigendo eam pono duas conclusiones, scilicet quartam et quintam.

    Quarta conclusio est quod per infinitum spatium Deus potest movere *b* in tempore finito, scilicet in isto die, etiam uniformi velocitate, quia non potest per tantum spatium quin per maius. Si enim moveat per unam leucam, potuisset movisse in decuplo velocius, et sic per decem leucas. Etiam potuisset in centuplo velocius, et sic per centum leucas. Et sic in infinitum potuisset movere maiori velocitate et regulariter sine difformitate velocitatis.

    Quinta conclusio est quod impossibile est Deum per infinitum | spatium movere *b* in tempore finito. Haec enim est impossibilis 'Deus per infinitum spatium movet *b* in tempore finito'. Et hoc est, quia licet ista sit vera 'in qualibet medietate proportionali diei potest Deus movere per leucam et facere magnitudinem pedalem', tamen haec est impossibilis 'Deus in qualibet medietate proportionali diei movet per leucam vel facit magnitudinem pedalem'. Et de hoc apparuit satis veritas in ultima quaestione tertii libri. 143ra C

    Nec est simile illud quod modo dicebatur, scilicet de retardatione in duplo et de velocitatione in duplo, quia dies de facto erit cras pertransita de necessitate, si caelum ponatur moveri, sicut modo movetur (oportet enim consummatam esse solis revolutionem circa terram); ideo oportet pertransitum esse spatium infinitum etiam capiendo 'infinitum' categorematice, si sic fieret velocitatio; quod est impossibile. Unde etiam impossibile est quod post quamlibet medietatem proportionalem diei Deus velocitet in duplo etc., licet haec sit vera quod post quamlibet medietatem Deus potest velocitare in duplo. Sed si ponamus quod post cuiuslibet medietatis proportionalis spa-

---

2 parte] medietate GPp ‖ proportionali] proportionabili p   3 proportionales] probabiles p   5 dirigendo] dividendo P   6 conclusio] om. G   7 isto] ista GPp ‖ etiam] id est C   8–9 leucam] lineam G   9–10 et ... velocius] om. (hom.) C   9 leucas] lineas G ‖ etiam] et P   10 leucas] lineas G   11 et] etiam GPp   16 proportionali] proportionabili p ‖ leucam] lineam G   18 proportionali] proportionabili p ‖ leucam] lineam G   21 velocitatione] velocitate Cp ‖ cras] tota GPp   22 caelum] add. sic GPp ‖ modo] nunc GPp   23 revolutionem] revolutione P ‖ oportet] oporteret GPp   24 si] etsi G : et C   26 proportionalem] proportionabilem p   28 post] sup. lin. C ‖ proportionalis] proportionabilis p   28–168.1 spatium transitum] sc. participio dominante : corr. ex spatii transitum C : spatium pertransitum p : spatii transitum P

19 Cf. Iohannes Buridanus, *Quaestiones super libros Physicorum*, III, q. 19 (ed. Streijger, Bakker, 190–196)

tium transitum retardat in duplo, non sequitur quod umquam sit infinitum factum vel transitum, sed quod per tempus infinitum movet; quod est possibile capiendo 'infinitum' syncategorematice. Nec propter hoc erit tempus infinitum transactum capiendo 'infinitum' categorematice.

131ʳᵇ P
117ʳᵇ G

Apparet igitur de rationibus prius factis quomodo procedunt, nisi quod oportet dicere ad istam rationem Aristotelis per quam ipse volebat probare | quod impossibile sit *b* | infinito tempore moveri super spatium finitum, quomodocumque ponatur difformitas motus in velocitate et tarditate, quia super quamlibet partem illius spatii fieret motus in tempore finito, quia in minori quam super totum spatium. Dico igitur quod secundum priorem casum, scilicet quod post cuiuslibet medietatis proportionalis spatium transitum fieret retardatio in duplo, non est verum quod quaelibet pars illius spatii transiretur in tempore finito, immo in quotascumque partes illud spatium divideretur, verum est quod quaelibet praeter ultimam transiretur in tempore finito, sed ultima non. Immo in tempore infinito motus super eam fieret et numquam esset pertransita, sive illa poneretur ultima medietas vel ultima centesima et sic de aliis. Et si sit verum quod in minori tempore fieret motus super istam partem quam super totale spatium loquendo de minoritate temporis a parte ante, tamen hoc non est verum de minoritate temporis a parte post.

Haec de quaestione.

---

1 umquam] numquam P ‖ sit] *add.* in G   2–3 possibile] impossibile C   4 transactum] transitum Pp   6 ipse] *om.* GPp   7 b] *add.* in p ‖ tempore] *om.* P   8 velocitate] voluntate G   9 quia] quare C   10 super] sit p   11 proportionalis] proportionabilis p   11–12 spatium transitum] spatii transitum P : spatii pertransitum p   15 finito] *corr. ex* infinito C ‖ tempore infinito] *inv.* GP : finito tempore p   15–16 motus ... fieret] fieret motus super eam Gp   16 esset] esse P ‖ poneretur] ponatur GPp   21 haec de quaestione] etc. G : *om.* Pp

⟨VI. 10⟩

⟨Utrum possibile sit aliquid moveri⟩

Quaeritur decimo et ultimo circa istum sextum librum de opinione et rationibus Zenonis utrum possibile est aliquid moveri.

⟨1⟩ Arguitur primo quod non de motu locali recto quia: numquam | mobile in loco praecise sibi aequali movetur; et tamen semper et continue est in loco praecise sibi aequali; igitur numquam movetur. 102va p

Maiorem probo quia: si sit in aliquo loco praecise sibi aequali per aliquod totum tempus, | ipsum non movetur in tempore illo nec a loco illo nec ad locum illum, sed quiescit in eo per illud totum tempus. Si vero sit in illo loco sibi aequali in solo nunc indivisibili, sequitur etiam quod in isto loco non movetur, quia non contingit moveri in nunc indivisibili, ut probat Aristoteles in isto sexto. 143rb C

Sed minor etiam principalis rationis patet, quia semper omne corpus totale saltem praeter ultimam sphaeram necesse est habere locum proprium, quem oportet esse aequalem locato, ut dicitur in quarto *huius*.

3–4 quaeritur ... zenonis] decimo et ultimo circa istum sextum librum quaeritur de opinione et rationibus zenonis p : quaeritur decimo P : *om.* G   4 utrum possibile] *rep.* G   6–7 et¹ ... movetur] OQZ : igitur numquam movetur et tamen semper et continue est in loco praecise sibi aequali (*add.* per aliquod totum tempus BBrDErJKLaMVXY) ABBrCDEErJKLLa MOxVXYp : (igitur numquam movetur *del.*) et tamen semper et continue est in loco praecise sibi aequali (igitur numquam movetur *in marg.*) Au : igitur numquam movetur et tamen semper et continue est in loco praecise sibi aequali (*add.* per aliquod totum tempus HTUW) igitur etc. GHIPTUW : (igitur numquam movetur *del.*) et tamen semper et continue est in loco praecise sibi aequali per aliquod totum tempus igitur etc. S : igitur numquam movetur (*seq. spat. vac. duarum fere litt.*) cum semper et continue est in loco praecise sibi aequali per aliquod totum tempus F : igitur numquam movetur et tamen semper et continue et in loco praecise sibi aequali per aliquod totum tempus (*sequitur omissio longior*) R : *deest* HaPb   8 maiorem probo] maior probatur GP : antecedens probatur p ‖ sibi] *om.* P   9 totum] *corr. ex* locum C ‖ a ... nec²] *om.* (*hom.*) G   10 totum] *om.* G   11 solo nunc indivisibili] nunc indivisibili solo P : solo nunc divisibili G   12 moveri] movere G ‖ indivisibili] indivisibile G ‖ ut] *om.* p   12–13 probat aristoteles] patet per aristotelem G   14 sed] et P ‖ semper] super G   15 saltem] *in marg.* C ‖ ultimam] utramque C

12–13 Cf. Aristoteles, *Physica*, VI, 3, 234a24–31   16 Cf. Iohannes Buridanus, *Quaestiones super libros Physicorum*, IV, q. 1, concl. 5 (ed. Streijger, Bakker, 208); cf. Aristoteles, *Physica*, IV, 3, 211a2; cf. *AA*, 2: 127

Et hoc etiam confirmatur quia: sive lapis existens in aere moveatur sive quiescat, tamen necesse est quod continue aer circumstans tangat ipsum (aliter esset vacuum inter aerem et illum lapidem); et si undique tangat ipsum, tunc lapis non occupat praecise nisi locum sibi aequalem; igitur etc.

⟨2⟩ Item arguebat Zeno sic: si est motus localis rectus, oportet aliquod spatium pertransire; sed impossibile est aliquod spatium pertransiri. Probatio quia: impossibile est infinita esse pertransita successive saltem in tempore finito; et tamen in quolibet spatio infinitae sunt partes, nisi continuum sit compositum ex indivisibilibus; igitur etc. Et patet maior, | quia quotiscumque partibus extra invicem signatis vel signabilibus oportet maius tempus apponere ad transeundum plures quam pauciores; igitur ad transeundum infinitas oporteret infinitum tempus apponere.

⟨3⟩ Alia ratio Zenonis erat quod, si esset motus localis rectus, sequeretur quod equus velocissime currens | non posset attingere formicam ante ipsum tardissime ambulantem; sed consequens est manifeste falsum. Et consequentia probatur quia: antequam incipiant moveri, sit equus in signo *a* et formica ante in signo *b*. Si igitur incipiunt simul moveri, quando equus veniet ad illud signum *b*, formica, cum non quiesceret, non remanebit in signo *b*, sed erit ante, scilicet in signo *c*. Et sic iterum incipiunt simul moveri, equus de signo *b* et formica de signo *c*. Et cum equus venerit ad signum *c*, formica iam erit ante, scilicet in signo *d*, quia non quievit. Et sic in infinitum procedendo formica semper erit ante equum.

⟨4⟩ Quarta ratio Zenonis erat quia, si aliquid moveretur localiter, sequeretur quod duo tempora invicem aequalia essent unum alteri duplum; quod est impossibile. Consequentia probatur quia: si duo mobilia moverentur

---

1 existens in aere] in aere existens GPp   2 tamen] tunc P ‖ est] esse C   3 tangat] tangit GPp   4 etc.] *om.* Pp   5 est ... rectus] motus localis rectus est (*sup. lin.*) P   6 spatium¹] *om.* G ‖ pertransire] pertransiri p ‖ impossibile est] non est possibile P ‖ pertransiri] transire P   6–7 probatio] probo G   8 finito] infinito P ‖ et] *om.* P ‖ spatio] *om.* C   8–9 continuum sit compositum] compositum sit continuum P   9 et patet maior] maior patet G   9–10 quotiscumque] quotienscumque p   10 signatis] significatis C ‖ signabilibus] significabilibus C   11–12 plures ... transeundum] *om.* (*hom.*) p   12 oporteret] oportet G   13–14 sequeretur] sequitur p   15 et] *om.* GPp   16 incipiant] incipiat P   17 ante] *om.* G ‖ incipiunt simul] *inv.* Gp : incipiunt P   18 veniet] venit G : veniret Pp ‖ illud] *om.* p ‖ b] *add.* in p ‖ quiesceret] quiescit G   19 simul] *om.* P   20 de signo b] *om.* P ‖ venerit] venit p   21 quievit] pro quievit quod p   22 procedendo] recedendo p ‖ formica semper] *inv.* GPp ‖ equum] *om.* P   23 quarta] alia G : tertia P   23–24 sequeretur] sequitur Gp   25 moverentur] moventur GPp

---

5 Cf. Aristoteles, *Physica*, VI, 9, 239b11–13   13 Cf. Aristoteles, *Physica*, VI, 9, 239b14–18   23 Cf. Aristoteles, *Physica*, VI, 9, 239b33–240a1

aeque velociter per aequalia spatia, necesse est tempora in quibus pertranseunt illa spatia esse invicem aequalia; et tamen probabitur in casu possibili quod unum tempus erit alteri duplum. Et Aristoteles ponit casum in litteris; ideo ego pono casum in terminis significativis, scilicet quod sol aliquo certo tempore pertranseat circuitum terrae quiescentis. Sed ponamus quod sole aeque velociter moto, sicut nunc movetur, terra etiam aeque velociter econtra moveatur. Constat quod sol | in dimidio tempore pertransibit circuitum terrae. Ideo sic sequeretur quod dimidium tempus est aequale duplo. 143va C

⟨5⟩ Postea Zeno arguebat quod nihil movetur localiter motu circulari quia: quod sic moveretur, esset continue per totum tempus in eodem loco saltem secundum se totum; et quod continue manet in eodem loco, sicut ibi manet, sic non movetur; igitur illud totum saltem ratione totius non movetur localiter. Sed si totum non movetur ratione totius, sequitur etiam quod non movetur ratione partium, quoniam partes, quamdiu sunt continuae ad invicem in toto sine aliqua dissolutione vel plicatione earum, non moventur per se, sed solum ad motum totius. Igitur cum non sit motus totius, non erit motus partium.

⟨6⟩ Iterum arguebat Zeno quod non posset esse motus vel mutatio secundum contradictionem, et sic non posset esse generatio | vel corruptio quia: 102vb p
pono quod debeat esse mutatio de non albo ad album. Tunc quamdiu est non album, nondum | movetur de non albo ad album, sed continue stat non 131vb P
album; et quando est album, non movetur ad esse album, sed iam mutatum est in esse album. Sed constat quod omne semper est album vel non album. Igitur numquam aliquid movetur de non albo in album, nisi tunc, quando movetur, sit verum dicere quod nec est album nec non album; quod est impossibile.

Et iterum, quia in alteratione, videlicet de calido in frigidum, esset mutatio secundum contradictionem, quia de non frigido in frigidum, ideo sequitur quod non sit possibilis alteratio.

---

2 et] *om.* P   3 litteris] littera P   4 ego] *om.* P   5 pertranseat] pertransit GPp   6 velociter^2] *add. sed del.* moto sicut nunc C   6–7 econtra] contra CGPp (*sed corr.* C)   8 sic sequeretur quod] sic (*om.* p) sequitur quod Pp : *om.* G   10 quia] *om.* P   11 ibi] illud G   13 etiam quod] *inv.* GPp   14 partes quamdiu] *inv.* G   14–15 continuae ad invicem] ad invicem continuae G   15 moventur] moveretur p   16 erit] erat P   18 posset] possit GPp   19 posset] possit GP   20 pono] posito p ‖ ad] *om.* p ‖ tunc] *om.* p   20–21 tunc ... album^2] *in marg.* (*partim reciso*) C   21 continue stat] *inv.* P   23 in] ad P   24 albo] *corr. ex* album C   25 quod^1] quia p   27 in^1] de p ‖ calido in frigidum] frigido in calidum GPp   28 frigido in frigidum] calido in calidum GPp

9 Cf. Aristoteles, *Physica*, VI, 9, 240a29–32   18 Cf. Aristoteles, *Physica*, VI, 9, 240a19–22

Sed oppositum est nobis manifestum ad sensum et supponendum in scientia naturali tamquam principium.

Credo quod dominus Zeno fuit magnus clericus et quod non posuit istas rationes ad negandum motus et mutationes, sed ad demonstrandum | quasdam alias intentiones veras et necessarias. Propter quas manifestandas ego movi istam quaestionem.

⟨1⟩ Prima igitur intentio vel conclusio Zenonis est quod, si lapis vel aliquod mobile, quod vocetur b, moveatur super aliquod spatium quiescens, ipsum numquam, dum movetur, est super spatium praecise sibi aequale, sed semper super spatium maius eo. Et si esset ita, sicut imaginantur ponentes locum esse spatium separatum et quod unumquodque corpus in quiete existens occupat de totali spatio mundi partem sibi aequalem, quae est eius locus proprius, tunc nullum corpus, quando moveretur motu recto, esset in spatio praecise sibi aequali, sed semper in maiori.

Prima enim ratio bene probat quod nullum corpus existens praecise in loco sibi aequali movetur motu recto. Huius enim contradictoria est falsa, scilicet ista 'aliquod corpus praecise existens in loco sibi aequali movetur' (dico sic 'praecise' quod nihil sit eius extra illum locum), quia in hac propositione isti termini 'corpus' et 'loco sibi aequali' supponunt determinate; ideo si | esset vera, ipsa esset vera pro aliquo corpore et aliquo loco sibi aequali determinatis et determinate signabilibus. Quod est falsum; nam, quodcumque spatium sibi aequale signetur, illud mobile non est praecise in illo nisi in instanti indivisibili, quando movetur, si sit dare instantia indivisibilia. Et quia non est dare ea, ideo numquam est praecise in loco sibi aequali. Et licet esset dare ea, tamen in instanti nihil moveretur, prout Aristoteles determinaverat in isto sexto libro; ideo dum esset in loco sibi aequali praecise, non moveretur.

---

1 sed] *om.* p   3 istas] aliquas P   6 movi] moveo p ‖ quaestionem] conclusionem p   7 prima] *corr. ex* primo C ‖ intentio vel conclusio] conclusio vel intentio domini G ‖ est] *om.* p   7–8 aliquod] aliud Pp   10 semper] *corr. ex* super C : *om.* P   12 occupat] occupet p ‖ partem ... quae] spatium sibi aequale quod P   12–13 eius locus] *inv.* GPp   14 sibi] *om.* G   15 bene] eius P ‖ probat] probabat GPp   16 enim] *om.* p ‖ contradictoria] contraria G ‖ falsa] *in marg.* C : *om.* GPp   17 praecise existens] *inv.* GPp   18 dico] *add.* non p ‖ sit eius] *inv.* GPp   19 loco sibi aequali] locus sibi aequalis G ‖ supponunt determinate] *inv.* P   20 ipsa esset vera] *om. (hom.)* G   22 spatium] *add.* sic G   25 prout] ut G   25–26 determinaverat] declaravit G : declarat Pp   26 libro] *om.* Gp ‖ praecise] *om.* G

25–26 Cf. Aristoteles, *Physica*, VI, 3, 234a24–31

Et ita etiam est de aliis motibus. Si enim *b* existens pedale augmentetur continue, donec sit tripedale, illud numquam erit praecise bipedale (dico sic 'praecise', quin semper sit aut maius aut minus aut etiam maius et minus). Tempore enim diviso in duas medietates in tota prima medietate erit minus quam bipedale et in tota secunda medietate erit maius quam bipedale. Et si sumatur | participans de utraque istarum medietatum, tunc in illo tempore erit maius et minus prius et posterius. Et quia 'semper' et 'numquam' sunt distributiva temporum et non instantium indivisibilium, apparet quia numquam, dum movetur, erit praecise bipedale.

132ra P

Et ita manifestum est quod, si *a* sit bipedale et *b* pedale et quod *b* augmentetur continue, donec sit mille pedum, numquam ipsum *b* erit praecise aequale ipsi *a* nec praecise sibi duplum aut triplum aut quadruplum vel in quacumque alia proportione determinata, donec ab huiusmodi augmentatione quiescat.

Sed tu dices: si lapis pedalis moveatur super spatium centum pedum et in medio spatii signetur pars pedalis, nonne lapis transibit super istam partem?

Dico quod immo, sed numquam erit praecise super istam | partem nisi in potentia; dico enim 'in potentia', quia possibile erat quod ibi quiesceret, et tunc fuisset ibi in actu. Ita loquitur | Aristoteles in octavo *huius* dicens: 'quare rectae infra terminorum quodlibet signum potentia quidem est medium, actu autem non est, nisi dividat hanc et stans iterum incepit moveri' etc.

118ra G

103ra p

Sed tunc, quando dicebatur quod continue corpus motum est praecise in loco sibi aequali, ego nego istud.

Et quando dicebatur quod omne corpus saltem praeter ultimam sphaeram est in loco sibi proprio, ego nego, si per 'proprium' intelligamus aequale. Sed hoc est bene verum de his quae quiescunt et quorum loca quiescunt. De eo autem quod moveretur loco eius quiescente vel quod quiesceret loco eius moto dico: motu recto hoc non esset verum.

---

1 est] videtur esse p ‖ enim] *om.* p ‖ existens pedale augmentetur] augmentetur existens pedale P   3 aut³ ... minus²] *om.* (*hom.*) P ‖ et] aut C   5 bipedale¹] tripedale P   8 quia] quod GPp   10 et ita] et ita etiam Gp : ita etiam P ‖ et¹ ... bipedale] *in marg.* C ‖ quod¹] *om.* P ‖ b¹] *add.* sit G   13 huiusmodi] huius P   14 quiescat] quiescit Gp : quiescet P   15 sed] et P ‖ tu] cum G   16 lapis transibit] ille pertransibit P ‖ super] per C   17 dico] *praem.* certe domine G ‖ quod] *om.* P ‖ praecise] *rep.* G   18 ibi] ubique G ‖ quiesceret] quieverat P   19 fuisset] *add. sed del.* termini t' in actu C ‖ huius] *om.* GP   20 rectae infra] ratione p ‖ quidem] *in marg.* C   21 incepit] inceperit G : incipit p ‖ etc.] *om.* P   22 tunc] *om.* P   22–23 praecise in loco] in loco praecise GPp   24 dicebatur] dicitur GPp   25 aequale] aequalem p   26 hoc] *om.* P ‖ quae] qui G   27 moveretur] movetur G ‖ quod²] *om.* G

19–21 Aristoteles, *Physica*, VIII, 8, 262a22–25

Sed etiam quando dicitur quod, si lapis movetur in aere continue, aer circumstans undique tangit lapidem, dico quod, quamvis hoc concederetur, quia ibi aer supponit confuse tantum, tamen haec est vera, quod tunc nullus aer undique tangit ipsum omnino secundum idem sui, nisi ille aer continue cum lapide moveatur. Unde etiam bene conceditur quod lapis pedalis motus super aliquod spatium bene tangit continue per aliquod totum tempus partem spatii pedalem signatam | in spatio, sed non sic praecise, quin etiam tangat aliam.

⟨2⟩ Deinde quantum ad secundam rationem Zenonis ponenda est secunda conclusio quod cuiuslibet continui infinitae sunt partes, quia duae, tres, centum et sic sine statu, sed nullius continui signata aliqua parte eius sunt infinitae partes non participantes, quarum quaelibet sit aequalis illi signatae, quia sic est universaliter verum quod motu regulari maius tempus apponeretur ad transeundum plures partes quam | ad transeundum pauciores, et non transirentur infinitae in tempore finito. Tamen non est simpliciter verum quod oporteat maius tempus apponere ad transeundum decem partes quam ad transeundum tres partes vel quattuor, quia eodem tempore oportet transire quattuor quartas et duas medietates.

⟨3⟩ Postea quantum ad tertiam rationem Zenonis, quae erat de equo et formica, etiam ponitur tertia conclusio quod ultra omnes partes consequentes proportionales in aliquo continuo est aliquid de illo continuo; propter quod numquam pertranseundo vel resecando solum partes proportionales invicem consequentes esset possibile continuum totum esse consumptum vel pertransitum. Constat enim quod ista divisio spatii secundum ista signa a, b, c, d etc. erat secundum partes proportionales illius spatii, in cuius ultimo termino equus attingeret formicam; ideo numquam ante finem illius spatii equus attingeret formicam, sed semper formica esset ante secundum eandem proportionem in comparatione ad illud quod de spatio restat transeun-

---

1 movetur] moveretur p   2 tangit] *corr. ex* tangente C   3 quia] quod P ‖ ibi aer supponit] aer supponit ibi p   4 undique tangit] *inv.* GPp   4–5 continue cum lapide] cum lapide continue GPp   5 etiam] *om.* P ‖ conceditur] concederem G   6ᵉ super] *corr. sup. lin. ex* per C   7 pedalem] *corr. ex* possibilem C   8 tangat] tangit p   9 deinde quantum] quantum igitur P ‖ secundam] tertiam p   15 finito] *add.* sed GPp   16 decem] *add.* pedes vel P   17 partes] *om.* GPp   19 postea quantum ad] quantum igitur ad ostendendum postea P   20 etiam ponitur] *inv.* Gp : ponitur P   20–21 consequentes] consequenter P   22 pertranseundo] transeundo p   22–23 proportionales invicem] proportionabiles p   23 totum esse] *inv.* Gp   24 pertransitum] transitum p ‖ constat enim] et constat p   25 d etc.] *om.* P ‖ proportionales] proportionabiles p   26 attingeret] attenderet p   26–27 ideo ... formicam] *om.* (*hom.*) C   27 equus] *om.* p

dum, secundum quam proportionem erat ante in principio motus secundum comparationem ad illud totale spatium, in cuius termino attingunt se.

⟨4⟩ Postea quantum ad quartam rationem Zenonis ponitur quarta conclusio quod motus quem solemus vocare localem non habet velocitatem et tarditatem | ex eo quod maius spatium vel minus transitur, quia posset esse valde velox motus nihil spatii pertranseundo, scilicet si moveretur sine aliquo spatio vel spatium illud moveretur cum eo, licet bene arguitive sequatur quod illi motus sunt aeque veloces quibus aequalia spatia pertranseuntur aequali tempore, si cetera sint paria. Sed nec spatium extrinsecum nec alicuius spatii pertransitus est necessarius ad talem motum. Et de hoc dictum fuit in libris prioribus. 118rb G

⟨5⟩ Quantum vero ad quintam rationem Zenonis ponitur quinta conclusio quod nullus motus pure circularis aliis quiescentibus esset motus localis capiendo 'locum' proprie, licet posset per accidens dici motus secundum situm. Et hoc etiam dictum fuit et declaratum in tertio libro.

⟨6⟩ Ultimo quantum ad ultimam rationem Zenonis, quae erat de contradictione, ponitur sexta conclusio quod non possumus sufficienter | exponere hoc nomen 'mutatio' vel 'mutari' per terminos contradictorios, scilicet per hoc quod est aliquid prius non esse et posterius esse vel e converso, loquendo de mutatione proprie dicta, scilicet differente a termino suo, | quia si prius est angelus et posterius non est, non sequitur quod sit eius mutatio. Et ita etiam non sequeretur 'b prius non est calidum et posterius est calidum, igitur mutatur', scilicet mutatione | proprie dicta, quia possibile est saltem per potentiam divinam quod fieret simul tota caliditas qua diceretur calidum, cum ante non esset calidum. Sed oportet quod 'mutari' exponatur in rebus 103rb p

132va P

144rb C

---

2 attingunt] attingit G   3 postea] ideo pro istius ulteriori (?) declaratione opinione zenonis P   4 et] vel GPp   5 spatium vel minus] vel (et G) minus spatium GPp ‖ posset] possit P   6 pertranseundo scilicet] transeundo et p ‖ si] *om.* P   7 vel] *add.* si GPp ‖ sequatur] sequitur p   8 pertranseuntur] transeuntur Gp   9 cetera sint] *inv.* p : cetera sunt P ‖ paria] *corr. sup. lin. ex* cetera C   10 pertransitus] transitus p ‖ et] *om.* G   10–11 dictum fuit] *inv.* G   12 quantum vero] et ideo ne dicta in prioribus sub velamine transeant quantum P ‖ ponitur] sequitur GPp   13 nullus] nullius G   14 locum] *add. sup. lin.* alias motum C   15 et declaratum] ad declarandum G ‖ tertio libro] quarto libro (huius p) GPp   16–17 contradictione] contradictorio p   17 conclusio] *om.* C ‖ possumus] possimus P   17–18 exponere ... mutari] hoc nomen mutari vel mutatio exponere P   18 contradictorios] contrarios G   22 sequeretur] sequitur p ‖ prius non] *inv.* P   24 fieret] fiat G ‖ qua] *corr. ex* quae C   25 mutari] mutare P

---

11 Cf. Iohannes Buridanus, *Quaestiones super libros Physicorum*, III, q. 7 (ed. Streijger, Bakker, 73–80)   15 Cf. Iohannes Buridanus, *Quaestiones super libros Physicorum*, IV, q. 6 (ed. Streijger, Bakker, 254–255)

naturae permanentis, si sit generatio, per hoc quod est aliquid totum esse posterius et prius nihil esse ipsius et continue unam partem eius esse, aliam prius, aliam posterius. Unde quandocumque est generatio caliditatis successiva et temporalis, aliqua totalis caliditas, scilicet aliquis totus gradus, acquiritur, qui posterius est et prius nihil eius est et acquiritur continue pars post partem. Et haec non est contradictio, sed aliquid totum esse et nihil eius esse.

Et haec sint dicta de rationibus Zenonis, et per consequens finis sexti libri *Physicorum* etc. |

144va C
118va G

---

2 posterius et prius] prius et posterius G ‖ aliam] *om.* G   3 prius aliam posterius] posterius aliam prius P ‖ quandocumque] quandoque G   4 totalis] tota Gp   6 haec] sic G : hoc P ‖ contradictio] contradictorio C ‖ sed aliquid] scilicet aliquid (aliquod G) GPp   8 per consequens] sic est GPp   8–9 libri physicorum] physicorum p : *om.* P   9 etc.] *add.* expliciunt quaestiones sexti libri physicorum incipiunt consequenter supra septimum G : *om.* Pp

⟨Tabula quaestionum septimi libri *Physicorum*⟩

Tabula quaestionum septimi libri *Physicorum*.

⟨1⟩ Et est prima quaestio utrum omne quod movetur movetur ab alio vel utrum aliquid potest agere in se ipso vel pati a se ipso.

⟨2⟩ Secunda quaestio utrum demonstratio Aristotelis sit bona qua nititur in principio huius septimi demonstrare quod omne quod movetur movetur ab alio. Quomodo suppositiones habent veritatem. An sit demonstratio quia vel demonstratio propter quid.

⟨3⟩ Tertia quaestio utrum possit esse processus in infinitum in moventibus et motis.

⟨4⟩ Quarta quaestio utrum necesse est in omni motu movens esse simul cum moto.

⟨5⟩ Quinta quaestio utrum secundum qualitates de prima specie qualitatis et de quarta sit per se motus. Quomodo quattuor species qualitatis distinguuntur. Quomodo prima species qualitatis dicatur ad aliquid. Non dicitur per se motus ad illud quod provenit per modum sequelae ad alium motum.

⟨6⟩ Sexta quaestio est utrum ad hoc quod aliqua sint comparabilia requiritur et sufficit quod ipsa sint specialissime univoca. Quot et quae requiruntur ad comparandum.

⟨7⟩ Septima utrum illae duae regulae sint verae. Prima est: 'si aliqua virtus movet aliquod mobile per aliquod spatium in aliquo tempore, eadem vel aequalis virtus movebit medietatem illius mobilis per duplex spatium in aequali tempore'. Secunda est: 'si aliqua virtus movet aliquod mobile per aliquod spatium in aliquo tempore, eadem | vel aequalis virtus movebit medietatem illius mobilis per aequale spatium in medio tempore'. Quod proportio velocitatum motuum non attenditur penes proportionem resistentiarum nec penes proportionem moventium, sed penes proportionem proportionum maioris inaequalitatis moventium ad resistentias.

---

2 tabula] *praem.* sequitur P   3 et … quaestio] prima quaestio est (*om.* p) GPp   4 ipso[1]] ipsum p   5 quaestio] *om.* GPp ∥ nititur] dicitur P   6 septimi] aut P   7 habent] habeant GPp   8 demonstratio] *om.* GPp   9 quaestio] *om.* GPp ∥ possit] potest GPp   9–10 moventibus] motibus p   11 quaestio] *om.* GPp   13 quaestio] *om.* GPp   14 et] vel P   15 aliquid] *add.* et p   16 illud] *om.* P   18 quaestio est] *om.* GPp   19 quod ipsa sint] quod sint G : *om.* p   21 duae] *om.* p   24 est] *add.* utrum p   24–25 per … in] pro p   26 medio] *corr. sup. lin. ex* spatio C   27 resistentiarum] resistentialem G   28 proportionem[2]] *add. sed del.* moventium C

⟨8⟩ Octava quaestio est utrum illae regulae quas ponit Aristoteles in ultimo capitulo huius septimi *Physicorum* sunt verae. Quod illae regulae raro vel numquam veniunt in effectum. De veritate earum etc.

---

1 quaestio est] *om.* GPp   2 septimi physicorum] septimi Gp : autem P   3 etc.] *om.* p

⟨VII. 1⟩

⟨Utrum omne quod movetur moveatur ab alio⟩

| Primo quaeritur utrum omne quod movetur movetur ab alio. Vel quaestio potest formari universalius, scilicet utrum aliquid potest agere in se ipso vel pati a se ipso.

Arguitur quod sic quia:

⟨1⟩ In octavo *huius* dicit Aristoteles quod animal movet se ipsum et movetur a se ipso. Et ibidem etiam dicit quod est devenire ad primum movens se ipsum. Et si dicatur quod anima est motor et corpus est motum, hoc non valet, quia non solum corpus movetur ab anima, sed anima cum corpore; ideo anima movet se ipsam et movetur a se ipsa.

⟨2⟩ Item dicit Commentator tertio *Caeli* commento tricesimo primo quod lapis movet se inquantum est gravis, et movetur inquantum est in potentia inferius. Et ibidem etiam dicit quod forma ipsius gravis movet inquantum est forma, | et movetur inquantum est in materia. Igitur idem movet se ipsum et movetur a se ipso, licet secundum aliam et aliam rationem dicatur movere et moveri.

⟨3⟩ Item intellectus agens agit in intellectum possibilem, ut patet tertio *De anima*; et tamen est idem substantialiter intellectus agens et intellectus possibilis.

⟨4⟩ Et intellectus etiam format active propositiones et syllogismos, et non nisi in se ipso; et ita, cum sit indivisibilis, apparet quod idem et secundum idem sui agit in se ipsum et patitur a se ipso.

---

3 primo quaeritur] *inv.* G : circa septimum librum quaeritur consequenter P : quaeritur circa septimum physicorum primo p ‖ omne] *add.* illud P   4 potest formari] *inv.* Gp : formari poterit P ‖ vel] *add.* etiam GPp   5 pati] *om.* P ‖ a] in G   7 et] vel p   9 et¹] etiam P : *om.* p   10 valet] valeret G ‖ corpus] *om.* p   13 in] *om.* GPp   14 movet] movent P   15 in] *om.* CGp   18 agit in] cognoscit P ‖ in] *sup. lin.* C ‖ ut] *om.* p   19 substantialiter] *om.* G   21 etiam] *om.* G   23 a] *corr. ex* in C

7 Cf. Aristoteles, *Physica*, VIII, 2, 252b22–23; 4, 254b15–18   8 Cf. Aristoteles, *Physica*, VIII, 5, 256a4–b13   12 Averroes, *In De caelo et mundo*, III, comm. 28 (ed. Carmody, Arnzen, 556)   14 Averroes, *In De caelo et mundo*, III, comm. 28 (ed. Carmody, Arnzen, 556)   18–19 Cf. Aristoteles, *De anima*, III, 5, 430a10–27; cf. *AA*, 6: 149

⟨5⟩ Item etiam voluntas recipiens actum volendi format etiam active illum actum et per se ipsam determinat se ad illum actum. Aliter non esset magis libera in actibus suis quam sensus vel appetitus sensitivus; quod non est dicendum.

⟨6⟩ Et iterum hoc confirmatur quia: omnes ponunt quod intelligere et velle sunt actus immanentes, non autem aedificare vel calefacere. Quod non esset magis verum de uno quam de alio quantum ad manentiam illorum actuum in suis passivis, quia hoc est commune omni actui producto naturaliter, scilicet quod recipiatur in suo passivo; igitur si intellectus dicatur immanens et non calefactio, oportet quod hoc sit in comparatione ad activa sua, quia intellectio manet et recipitur in suo agente et calefactio non, sed in alio.

⟨7⟩ Et iterum intellectus et voluntas recipientes illos actus, si non agerent etiam eos, sed | obiectum, sequitur quod illud obiectum quantum ad illos actus deberet reputari nobilius quam intellectus et voluntas; quod est absurdum. Consequentia patet, quia nobilius est agere quam pati et dare quam accipere.

⟨8⟩ Item angelus movet se ipsum localiter et non alia pars aliam partem, cum sit indivisibilis; igitur etc.

⟨9⟩ Et gravitas non solum movet ipsum grave, sed cum gravi movet se ipsam.

⟨1⟩ Oppositum arguitur per definitionem potentiae activae et potentiae passivae datam quinto et nono *Metaphysicae*. Potentia enim activa definitur quod ipsa est principium transmutandi alterum aut inquantum alterum, et potentia passiva est principium transmutandi ab altero aut inquantum ab altero.

---

1 etiam] et G   2 actum[1]] *om.* G   5 quia] *om.* p   6 quod] *om.* G   7 de[2]] *om.* P ‖ manentiam] manentium P   9 suo] *add.* passo seu P ‖ intellectus] intellectio Gp : intentio P   10 in comparatione] *in marg.* C   14 etiam eos] *add. in marg.* in eos C : eos P : etiam eas p ‖ sed] *om.* G ‖ obiectum[1]] *corr. sup. lin. ex* obiciunt C ‖ sequitur] sequeretur p   15–19 et ... etc.] *in marg. inf.* G   16 absurdum] falsum P   16–17 dare quam] aliquam P   17 accipere] recipere Gp   18 item] *om.* G ‖ partem] *om.* P   20 ipsum] *om.* P ‖ grave] *corr. sup. lin. ex* ipsum C   20–21 gravi ... ipsam] gravi (*corr. ex* grave) movet se ipsum (*add. in marg.* gravitas movet se ipsam alias) C : gravi movet se ipsum P   24 aut] *del.* P   24–26 et ... altero] *om.* P   25 ab[2]] *sup. lin.* C

23 Cf. Aristoteles, *Metaphysica*, V, 12, 1019a15–20; IX, 1, 1046a9–13; cf. *AA*, I: 219–220

⟨2⟩ Item in septimo *huius* dicitur quod omne quod movetur movetur ab alio.

⟨3⟩ Et Aristoteles in octavo *huius* volens probare immobilitatem primi motoris dicit quod omnis moventis se ipsum aliud quidem movet, aliud autem movetur.

⟨4⟩ Et arguit etiam quod grave non movetur ex se quia: non potest dividi in partem per se moventem | et in aliam partem per se motam.   119ra G

⟨5⟩ Item primo *De generatione* ipse nititur probare quod simile non patitur a simili ducendo ad inconveniens quia: sequeretur quod idem pateretur a se; hoc enim ibi reputat inconveniens.

⟨6⟩ Item Commentator | expresse nono *Metaphysicae* dicit esse manifestum quod nihil idem agit in se vel patitur a se.   103vb p

Ista quaestio habet difficultates et diversas opiniones. Et primo ostendit de ea Aristoteles in illo septimo quod omne quod movetur movetur ab alio ad istum sensum | quod impossibile est aliquid moveri a se ipso et per se et primo. Sed de hoc et de ratione quam ad hoc adducit considerabitur in alia quaestione.   145ra C

Pono igitur conclusiones.

Prima est quod idem potest agere in se ipsum et movere se ipsum vel per se vel per accidens, vel mediate vel immediate. Et hoc probant inevitabiliter rationes quae adductae fuerunt in principio quaestionis.

Sed contra istam conclusionem aliqui obiciunt quia: si hoc esset verum, sequeretur quod non posset probari separatio et immobilitas primi motoris, quia posset dici quod motor caeli caelo inhaeret et movet caelum per se et ad motum caeli movetur per accidens, et sic movet se; hoc enim non est inconveniens, sicut tu dicis.

---

1 item] *rep.* G   4 omnis] primi G : omnino P : *om.* p ‖ quidem] autem G : autem primi p   5 autem] quidem C   6 et] sic p   7 in²] *om.* p ‖ aliam partem] aliam G : partem P   8 ipse] *om.* GP   9 a] *add.* sibi P   9–10 quia ... inconveniens] *rep.* C   9 sequeretur] sequitur p   10 ibi] *om.* G ‖ reputat] reputatur P   11 expresse nono metaphysicae] nono metaphysicae expresse P   13–14 ostendit de ea] de ea dicit GPp   14 movetur²] *om.* G   15 et¹] *om.* GPp ‖ et²] *om.* P   16 sed] et P ‖ ad hoc adducit] adducit ad hoc P   20 inevitabiliter] expresse Gp   22 quia] quod p   23 posset] possit p ‖ probari ... immobilitas] separatio et immobilitas probari scilicet p   24 caeli] *corr. in marg. ex* primus C ‖ caelo inhaeret] *inv.* GPp   25 movetur] *add.* et p

---

1 Aristoteles, *Physica*, VII, 1, 241b24; cf. *AA*, 2: 183   3 Aristoteles, *Physica*, VIII, 5, 257b12–13; cf. *AA*, 2: 216   6 Cf. Aristoteles, *Physica*, VIII, 4, 255a12–15   8 Cf. Aristoteles, *De generatione et corruptione*, I, 7, 323b21–22   11 Averroes, *In Metaphysicam*, IX, comm. 2, f. 227B   14 Cf. Aristoteles, *Physica*, VII, 1, 241b21–242a15   17 Cf. inf., VII, q. 2

Item sequeretur quod idem respectu eiusdem esset in actu et in potentia; quod est impossibile; igitur etc. Consequentia manifesta est, quia omne agens agit secundum quod in actu et passum patitur secundum quod in potentia, ut vult Aristoteles in octavo *huius* et in tertio. Sed impossibilitas consequentis patet, quia dicit Commentator nono *Metaphysicae* quod actus et potentia sunt opposita et non possibilia simul eidem existere. Et hoc notat ibidem Aristoteles dicens: 'est autem actus existere rem non ita sicut dicimus potentia'. Immo et in | octavo *huius* facit Aristoteles illud argumentum ad probandum quod, si idem movet se ipsum, tamen secundum aliud movet et secundum aliud movetur quia: quod movetur est in potentia et vadit ad actum, ut calefit non actu, sed potentia calidum; movens autem iam actu est, ut calidum calefaciat. Ideo concludit dicens 'quare simul idem et secundum idem calidum erit et non calidum erit', quia simul idem secundum idem et eodem modo sit movens et motum.

De prima istarum obiectionum determinabitur in octavo libro, ad quem spectat considerare de immobilitate et separatione primi motoris.

De secunda autem obiectione dicendum est quod nihil est inconveniens, loquendo adhuc de potentia prout connotat carentiam actus ad quem ipsa dicitur potentia, quod idem sit in actu aliquo per quem agat, et in potentia ad alium actum ad quem moveatur et quem recipiat. Verbi gratia dicit Commentator tertio *Caeli* quod simul idem est actu grave per gravitatem quam habet, et in potentia deorsum, et sic movet se, quia movet secundum quod est actu grave et non secundum quod est in potentia deorsum. Et ita intellectus habens species intelligibiles vel simplices conceptus in actu est in potentia ad orationes et syllogismos. Et homo habens actu appetitum ambulandi vel essendi in ecclesia est tamen non actu, sed potentia in ecclesia vel ambulans. Ideo sic idem per actum quem habet potest se | movere ad illud ad

---

1 sequeretur] sequitur p ‖ in²] *om.* G   3 quod¹] *add.* est P ‖ passum] *om.* P ‖ quod²] *add.* est P   6 existere] inexistere G   7 dicens] dicit enim p   8 potentia] potentiam P ‖ immo] *corr. ex* primo C   9 tamen] *corr. ex* tunc C   10 et¹] *add.* tamen p ‖ in] *om.* p   11 ut] *add.* quod p ‖ calidum] *del.* G ‖ autem] aut p   12 calefaciat] calefacit GPp ‖ quare] quia p ‖ simul idem] *inv.* G   13 erit¹] *om.* p ‖ erit²] *om.* Pp ‖ quia] *corr. sup. lin. ex* scilicet C ‖ quia ... et²] scilicet si idem et secundum idem et (in p) GPp   15 libro] huius p   18 carentiam] contrarii (?) P   20 recipiat] recipiet P ‖ verbi gratia] ut G   21–23 per ... grave] *om. (hom.)* p   22 potentia] potentiam C ‖ quia movet] *om.* P   24 simplices conceptus] *inv.* P ‖ actu] *add.* ille G   25 syllogismos] *add.* formandos P   26 essendi] existendi p

5 Cf. Averroes, *In Metaphysicam*, IX, comm. 11, f. 236G   7–8 Aristoteles, *Metaphysica*, IX, 6, 1048a31–32   8 Cf. Aristoteles, *Physica*, VIII, 5, 257b6–10   12–13 Aristoteles, *Physica*, VIII, 5, 257b10–11   15 Cf. inf., VIII, q. 6   21 Cf. Averroes, *In De caelo et mundo*, III, comm. 28 (ed. Carmody, Arnzen, 556)

quod est in potentia. Sic enim habens actum primum potest saepe per illum actum movere se ad actum secundum, sed non movet se ad illum actum quem iam actu habet.

Secunda conclusio est quod idem per se potest se ipsum movere vel in se ipsum agere vel a se ipso pati, etiam tamquam principale activum et tamquam principale passivum | (dico: tamquam principale activum post ipsum Deum, qui solus agit tamquam primum et simpliciter et principale agens). Haec enim conclusio patet, ut mihi videtur, de intellectu et voluntate moventibus se ad actus ratiocinandi et volendi, sicut prius arguebatur.

Tertia conclusio ponitur, quam intendebat Aristoteles, quod impossibile est sic idem movere se ipsum vel agere in se ipsum quod non concurrat ad huius actionem aliud agens vel aliud passum aut principale aut dispositivum. Et hoc patet primo, quia universaliter ad omnem operationem concurrit Deus active tamquam primum agens, qui tamen nec movetur | nec patitur. Deinde etiam in omnibus operationibus quae fiunt circa substantias materiales concurrit materia prima passive, quae est alia ab activo, quia est nullius activitatis. Similiter de passionibus quae in sensibus vel in intellectibus recipiuntur, concurrunt | active obiecta, quae illis passionibus non patiuntur. Et si angelus movet se, tamen ad hoc indiget recepisse ab alio actum intelligendi vel speciem intelligibilem. Et caelum movetur ab intelligentia secundum Aristotelem nihil passa. Et si grave movet se deorsum, tamen concurrit aliud motum, scilicet medium quod dividitur, et aliud movens in incipiendo motum, scilicet generans vel removens prohibens, sicut dicetur in octavo libro. Et universaliter, si agens non sit voluntarium et liberum, tunc impossibile est quod de novo agat vel in se vel in aliud, nisi prima aliqua mutatione alicuius alterius vel ipsius ab aliquo alio, quia si ante non agebat, hoc erat vel quia non erat sufficienter approximatum passo et

---

1–2 saepe ... se¹] se movere per illum actum saepe GPp   2 secundum] tertium p   3 actu habet] *inv.* GPp   5 vel] et GPp ‖ etiam] et p   5–6 et ... activum] *om. (hom.)* P   6 passivum] *add. sed del.* dico tamquam principale activum post ipsum deum qui solus agit tamquam principale passivum C   8 enim] *om.* G   12 huius] huiusmodi G ‖ actionem] *add. sed del.* vel passionem G   12–13 dispositivum] *corr. ex* positivum C   13 universaliter ... operationem] ad omnem operationem universaliter P   15 operationibus] actionibus GPp   17 est nullius] *inv.* GPp ‖ sensibus] sensibilibus Cp   17–18 vel in intellectibus] vel in intellectibilibus p : intellectualibus P   19 ad hoc] adhuc P   20 actum] actu C ‖ et] *add.* si P   21 si] sic P   22 concurrit] currit p ‖ aliud¹] ad Pp   23 in incipiendo] in recipiendo G : incipiendi P : in incidendo p ‖ removens] *add.* vel G   24 sicut] ut GPp ‖ libro] huius p   25 vel¹] *om.* P ‖ nisi] non P   26 prima] *add. in marg.* alias prohibita C ‖ vel] *add.* sui G   27 vel quia] *inv.* p

---

24 Cf. inf., VIII, q. 5

oportet per motum approximari, vel quia agens non erat sufficienter dispositum ad agendum aut passum ad patiendum et oportet ante disponi, vel quia erat aliquod prohibens quod oportet removeri aut aliquod huiusmodi; igitur antequam agat, oportet aliud agens concurrere vel forte etiam aliud passum. Si autem agens fuerit voluntarium et liberum, et illud sit Deus, constat quod nihil patitur. Et si voluntas humana agat in se vel etiam angelus agat in se, tamen oportet quod ante moveatur ad actum intelligendi ab obiecto vel ab alio, cum voluntas non feratur in incognitum. Et ita per talem inductionem apparet propositum.

Ergo pro primis duabus conclusionibus procedunt rationes quae in principio quaestionis fuerunt adductae ad primam partem, et pro tertia conclusione rationes et auctoritates quae ad secundam partem fuerunt adductae etc. |

---

2 ad²] *om.* P   3 aliquod huiusmodi] aliquid huius P   4 aliud¹] illud C   8 incognitum] *corr. in marg. ex* tegmentum C ‖ per] *corr. sup. lin. ex* propter C   10 ergo pro] ego de P   11 conclusione] *om.* G   12 ad] aliquod P ‖ etc.] et sic est finis etc. G : et sic dictum ad P

⟨VII. 2⟩

⟨Utrum demonstratio Aristotelis sit bona in qua nititur in principio huius septimi demonstrare quod omne quod movetur movetur ab alio⟩

5   Quaeritur secundo utrum demonstratio Aristotelis sit bona in qua nititur in principio huius septimi demonstrare quod omne quod movetur movetur ab alio.

Et antequam arguatur ad quaestionem, oportet videre istam demonstrationem. Primo igitur supponit Aristoteles quod omne quod movetur est divisibile; hoc enim demonstratum | fuit in sexto *huius*. Secundo supponit quod 145ᵛᵃ C
omne divisibile quod movetur quiesceret, si aliqua pars eius quiesceret. Et tunc videtur mihi quod ratio Aristotelis potest sustentari super hanc positionem quod non est processus in infinitum in moventibus et motis. Hoc enim supponendum est ex secundo *Metaphysicae*; et propter hoc etiam ista suppositio declaratur in secundo capitulo huius septimi libri saltem de moventibus et motis corporeis. Ergo supponendum est quod est devenire ad movens | quod movet per se et primo et ad motum quod movetur per 133ᵛᵇ P
se et primo. Et si est verum quod aliquid movetur a se ipso sic quod a nullo alio, hoc debet esse verum de primo movente et de primo moto; ideo de illis fiat ratio. Vel igitur sunt idem, scilicet movens quod movet per se et primo et motum quod movetur per se et primo, vel sunt alia ab invicem. Si sunt alia ab invicem, tunc habeo quod primum motum movetur ab alio; et sic hoc magis debet esse verum de posterioribus. Si vero dicatur quod sunt idem quod per se et primo movet se et movetur a se, Aristoteles intendit demonstrare quod hoc sit impossibile.

---

5 quaeritur secundo] *om.* G ‖ utrum demonstratio aristotelis] *rep.* G ‖ in¹] *om.* G   6 quod omne] *rep. sed del.* C   10 huius] libro GP   12 tunc] sic P ‖ aristotelis] *add.* bene P   14 supponendum est] *inv.* Gp : est suppositio P   15 declaratur] determinatur P ‖ saltem] satis P   16 ergo] *add.* ad p   17 movet] movetur p   18 si] similiter G   19 movente] *add. sup. lin.* motore C ‖ de²] *om.* P   22 hoc magis] *inv.* GPp

6–7 Cf. Aristoteles, *Physica*, VII, 1, 241b24–242a15   9–10 Cf. Aristoteles, *Physica*, VII, 1, 242a6, 14–15; VI, 4, 234b10–20; cf. sup., VI, q. 7   11 Cf. Aristoteles, *Physica*, VII, 1, 242a6–12   14 Cf. Aristoteles, *Metaphysica*, II, 2, 994a1–11; cf. *AA*, 1: 43   15 Cf. Aristoteles, *Physica*, VII, 1, 242a15–243a2; *AA*, 2: 184

Et ad hoc demonstrandum ipse supponit quod omne quod movetur est divisibile tamquam probatum prius in sexto libro. Secundo etiam ipse supponit quod omne divisibile quod movetur quiesceret, si aliqua pars eius quiesceret. Et tunc formatur ratio sic: nullum quod | quiesceret, si aliquid alterum quiesceret, movetur a se ipso per se et primo; sed omne quod movetur quiesceret, si aliquid aliud quiesceret; igitur nihil movetur a se ipso per se et primo. Maior videtur tenere per istam regulam: 'quod convenit alicui per se et primo, non removeretur ab eo, quamvis a quolibet alio removeretur'. Minor patet, quia omne quod movetur habet partem, quae est alia ab ipso (per primam suppositionem), et quiesceret, si ista pars quiesceret (per secundam suppositionem); igitur quiesceret, si aliquid aliud a se quiesceret. Et sic ab eo removeretur moveri a se ex eo quod ab alio removeretur; igitur hoc non conveniebat sibi per se et primo.

Tunc igitur arguitur quod illa ratio Aristotelis non valeat.

⟨1⟩ Primo quia: si valeret, ipsa non solum concluderet quod nihil movetur a se per se et primo, sed etiam concluderet quod nihil movetur per se primo ab alio, quia ab omni eo quod movetur removeretur moveri, si removeretur a quodam alio, scilicet a parte sua, quia quiesceret, si pars eius quiesceret; et tamen falsum est hoc, scilicet quod nihil moveatur per se et primo, quia primum mobile movetur per se et primo a primo motore.

⟨2⟩ Item ratio non valet quae procedit ex falsis suppositionibus; et ista est huiusmodi. Illa enim suppositio est falsa 'omne quod movetur est divisibile', quia bene angelus movetur, qui tamen est | indivisibilis.

⟨3⟩ Deinde etiam altera suppositio est falsa, scilicet 'omne divisibile sive habens partes quiesceret, si pars eius quiesceret'. Nam quod movetur secundum plures et principaliores partes, non | debet dici quiescere, si aliqua eius

---

2 probatum] *add.* est P ∥ ipse] *om.* P   4 aliquid] aliquod GP : *om.* p   5 et] *sup. lin.* C ∥ sed] et G   6 aliquid] aliquod GPp ∥ nihil] idem P ∥ ipso] *add.* et P   7 et] *om.* C   8 et] *sup. lin.* C   9 patet] *om.* P   11 aliquid] aliquod GPp   12 se] *add.* et P ∥ ex] *om.* p   14 valeat] valebat P   15 valeret] valet G : ipsa valet P ∥ ipsa non solum] non solum ipsa P ∥ movetur] moveretur p   16 se¹] *add.* et P ∥ sed ... primo²] HTU (*in marg.* U) : sed etiam quod nihil movetur per se *in marg.* G : *om.* (*hom.*) ABCLMPp   17 moveri] movere G ∥ removeretur²] removetur P   18 a quodam] .a. quodam C : aliquid de G ∥ scilicet] si licet P   19 scilicet] *om.* p   21 et] *om.* P   22 huiusmodi] huius igitur P ∥ suppositio] *om.* G   24 etiam] et P ∥ scilicet] *add.* quod p   25 si] *add.* aliqua P   26 et] *om.* p ∥ principaliores] principales *sed add. inf. lin.* principaliores C

1 Cf. Aristoteles, *Physica*, VI, 4, 234b10–20; cf. sup., VI, q. 7   2–3 Cf. Aristoteles, *Physica*, VII, 1, 242a6–12

QUAESTIO 2   187

pars parva quiescat. Et tamen hoc est possibile: si homo haberet digitum trabi ligatum, ita quod non posset movere ipsum, tamen posset se movere secundum totum residuum corporis; igitur non quiesceret.

⟨4⟩ Item etiam | ratio Aristotelis videtur supponere quod omnis eius quod movetur pars possit quiescere; nam si non possit, tunc ad hoc non extenderet se ratio Aristotelis. Et tamen Aristoteles de multis, scilicet corporibus caelestibus, reputat quod impossibile sit aliquas partes eorum quiescere.   134ʳᵃ P

⟨5⟩ Item potest dubitari utrum ista demonstratio, si valeat, sit a priori vel a posteriori, scilicet utrum sit demonstratio quia vel demonstratio propter quid. De hoc enim beatus Thomas et Commentator sunt ad invicem contrarii.

Oppositum arguitur auctoritate Aristotelis, qui dat nobis istam demonstrationem tamquam bonam.

Primo apparet mihi quod, sicut ista demonstratio praecise facta est, non sit bona propter hoc quod suppositiones non sunt verae, nisi modificentur. Sed forte prima suppositio est vera de his quae moventur motibus quos solemus vocare locales, tamquam se habentia circumscriptive seu commensurative ad loca vel ad spatia in quibus vel super quae aut circa quae dicuntur moveri; talia enim non sunt indivisibilia. Et sic apparet mihi quod ad talia mota est demonstratio Aristotelis restringenda. Et forte Aristoteles credidit omnia quae per se moventur esse talia; ideo posuit simpliciter istam suppositionem.

Deinde etiam apparet quod secunda suppositio non sit concedenda propter rationem quae facta fuit contra eam. Sed sic potest concedi quod omne quod movetur quiesceret, si aliqua pars eius quiesceret, quia non amplius moveretur per se et primo, ita quod negatio implicita in hoc verbo priva-

---

1 pars parva] *inv.* Gp : pars P ‖ possibile] *add.* ut GPp ‖ digitum] bracchium (*in marg.*) G   2 posset movere] possit moveri P ‖ posset²] possit P   4 etiam] *om.* p   5–6 extenderet] extendit GPp   6 ratio aristotelis] aristoteles P ‖ scilicet] *add.* de GPp   7 caelestibus] supercaelestibus P ‖ eorum] earum p   9 a] *om.* P ‖ scilicet] *corr. sup. lin. ex* quae C ‖ quia] *corr. ex* vel C ‖ demonstratio²] *om.* GPp   14 sicut ista demonstratio] ista demonstratio sicut GPp   18 ad²] *sup. lin.* C : *om.* GPp ‖ aut] *om.* P   21–22 posuit ... suppositionem] simpliciter istam suppositionem posuit G : posuit istam suppositionem p   23–24 propter rationem] ratione P   25 quiesceret¹] quiescit G ‖ quiesceret²] quiescit G

10 Cf. Thomas Aquinas, *In octo libros Physicorum expositio*, VII, lect. 1, n. 889 (6) (ed. Maggiòlo, 451); cf. Averroes, *In Physicam*, VII, comm. 2, f. 307L

tivo 'quiescere' non intelligatur cadere super hoc verbum 'moveri' simpliciter acceptum, sed super hoc totum 'moveri per se et primo'. Sic enim est vera suppositio; nullum enim habens partem moveretur per se et primo, si aliqua pars eius quiesceret, quia moveri per se et primo significat quod moveatur secundum se totum et per consequens secundum quamlibet partem eius. Et sic suppositio sic modificata sufficit | ad propositum, quia quod convenit alicui per se et primo, non debet sic removeri ab ipso, quin semper ipso durante conveniat sibi per se et primo, propter remotionem eius a quolibet alio cum ista modificatione quae post dicetur.

Deinde etiam apparet mihi quod ista suppositio alia implicita in argumento quod cuiuslibet mobilis pars potest quiescere, quamvis forte non sit vera quantum ad potentias naturales, tamen vera est per potentiam supernaturalem. Nam Deus posset quamlibet partem caeli quietare et a toto suo dividere; ideo ista suppositio simpliciter est vera. Ideo ex ea nihil debet sequi falsum. Et etiam ex suppositione | quod quiescat nihil debet sequi impossibile, et tamen sequeretur quod totum non movebatur | a se ipso per se et primo; ideo hoc debet concedi tamquam verum.

Sed ultra est fortis dubitatio, quae mota fuit, scilicet si illa ratio sic modificata valet, quare non valet ad concludendum | simpliciter quod nihil movetur per se et primo.

Ad hoc respondetur probabiliter quod etiam ista regula indiget modificatione, scilicet 'illud quod convenit alicui per se et primo, non removeretur ab eo, quin semper conveniret ei per se et primo, si removeretur a quolibet alio'. Hoc enim est verum, nisi de ratione illius sit illud aliud. Modo ita est quod de ratione eius quod est moveri per se et primo motu tali, scilicet circumscriptive seu commensurative mobilis ad spatium, ut dicebatur, est habere partes et quod quaelibet moveatur; ideo si ad huiusmodi remotionem removeatur illud, non sequitur quin illud moveretur per se et primo. Sed de ratione eius

---

1 cadere] *in marg.* C   2 totum] *om.* G   3 partem] partes p   4 moveri] movere P   6 quod] *om.* p   7–9 non ... dicetur] *in marg. inf.* G   8 eius] *om.* p   9 post] *corr. in marg. ex* prius C   10 etiam] *om.* P ‖ suppositio alia] *inv.* Gp : suppositio P   12 vera est per] est vera secundum P   13 quietare] quiescere C   14 debet] deberet P   15 sequi] *corr. ex* insequi C   18 est fortis] *inv.* GP ‖ si] quod G : *om.* p ‖ ratio sic] *in marg.* C : sic P   18–19 modificata] *add.* modicum G   19 valet¹] videlicet P ‖ quare] *add.* ipsa GPp ‖ simpliciter] *add.* scilicet P ‖ quod] quia G ‖ nihil] vel P   19–20 movetur per se] per se movetur P   21 etiam ista regula] ista regula (*corr. in marg. ex* secunda) etiam P : etiam ista secunda G ‖ indiget] indigeret P   24 enim] *om.* p ‖ illud] aliquid p ‖ quod] *om.* P ‖ de²] *om.* p   25 est] *add. in marg.* mobile C ‖ scilicet] *sup. lin.* C   26 seu] sive P ‖ partes] partem p   27 quod quaelibet moveatur] quemlibet moveat P ‖ huiusmodi] huius P ‖ removeatur] removetur Gp : removeretur P   28 sed] scilicet p ‖ de] *sup. lin.* C ‖ eius] *om.* P

quod est movere tali motu per se et primo, non est quod habeat partes nec quod pars moveat; ideo si propter removeri a parte quod moveat vel quod moveat se removetur quod illud totum moveat se, sequitur quod illud totum non movebat per se et primo. Et ita etiam, cum moveri a se per se et primo includat moveri per se et primo, si non concluditur ex parte ipsius moveri, si propter remotionem a parte removetur a toto, quod non inesset toti per se et primo, tamen hoc concluditur ratione huius quod est movere.

Et omnino, quidquid dixerim, videtur mihi quod, si numquam Aristoteles posuisset istam rationem ad istam conclusionem, non fuisset inconveniens illam dimisisse.

Tamen omnino videtur mihi clarum quod impossibile est aliquid habens partes movere se per se et primo et moveri a se per se et primo tali modo quod inde debeat negari ipsum moveri ab alio. Immo sequitur 'a divisibile movetur a se ipso per se et primo et movet se ipsum per se et primo, igitur *a* movet aliud et *a* movetur ab alio'. Nam si *a* moveret aliquid per se et primo, tunc quaelibet pars eius moveret illud; igitur illud movetur ab *a* et a parte ipsius *a*. Si igitur illud quod movetur sit idem cum *a*, sequitur quod est aliud a parte ipsius *a*; a qua tamen movetur; igitur movetur ab alio. Et si non sit idem cum *a*, a quo tamen movetur, sequitur iterum quod movetur ab alio.

Ideo omnino conclusio ista quod omne divisibile quod movetur movetur ab alio, videtur esse vera et faciliter demonstrabilis, licet non ista demonstratione quam hic nobis dedit Aristoteles.

Sed tunc de controversia Commentatoris et beati Thomae, scilicet | utrum ista demonstratio Aristotelis sit demonstratio quia vel propter quid. Dicit enim beatus Thomas quod ipsa est demonstratio propter quid, quia habere partes est causa quod motus totius dependet ex motibus partium, et hoc

134va P

---

1 movere] moveri Pp ‖ habeat] habeant P ‖ partes] partem p   2 removeri] moveri G
3 illud totum²] *in marg.* C : *om.* GPp   4 etiam cum] cum Gp : tamen P ‖ se²] *add.* et p
5 includat] includebant P ‖ concluditur] concludit p ‖ si²] scilicet C   6 removetur] removeretur p   7 huius] eius GPp   8 omnino] ideo GP   9 posuisset istam rationem] istam rationem posuisset G ‖ conclusionem] quaestionem p   10 illam] eam p   11 tamen] cum G ‖ omnino] non P ‖ impossibile] *corr. in* natura possibile P   12 partes] partem p ‖ se¹] *om.* P ‖ et² ... primo²] *om. (hom.)* P   13 debeat] debeant P ‖ a divisibile] *corr. in* aliquod visibile P   14 movetur] moventur P ‖ et³] *in marg.* C ‖ a²] *om.* C   15 a¹] *om.* P ‖ movetur] moventur P ‖ moveret] movet GPp ‖ et²] *om.* p   16 moveret] movet GPp ‖ illud¹] aliud p ‖ a¹] alio P ‖ a parte] aperte P   17 aliud] illud P   18 a qua] a quam P : quo C   19 a²] *om.* P   21–22 demonstratione] demonstrative p   22 hic nobis dedit] hic dedit nobis Gp : dedit nobis hic P   23 commentatoris ... thomae] thomae et commentatoris G   25 thomas] *om.* G   26 partes] partem p

---

25 Cf. Thomas Aquinas, *In octo libros Physicorum expositio*, VII, lect. 1, n. 889 (6) (ed. Maggiòlo, 451)

est totum non moveri per se et primo. Sed in istis dictis apparent plures defectus: primus est quod, licet totum quantitativum non posset esse sine suis partibus quantitativis, non propter hoc | oportet quod totum dependeat ex suis partibus quantitativis in aliquo genere causandi, immo | partes illae sunt posteriores toto et ratio partium posterior ratione totius, sicut dicitur septimo *Metaphysicae*. Sed etiam nec partes primi mobilis moventur perprius quam totum, immo potius e converso. Intelligentia enim existens simplex et indivisibilis | applicatur primo mobili potius ratione unitatis eius quam ratione diversitatis partium suarum. Et quamvis concederetur quod motus totius dependeret ex motibus partium, tamen Aristoteles non arguit sic: 'motus totius dependet ex motibus suarum partium, igitur totum non movetur per se et primo', quia sic inferretur quod nihil moveretur per se et primo sive a se ipso sive ab alio, quod non intendit Aristoteles. Sed Aristoteles videtur sic arguere: 'a toto removeretur moveri a se ipso, si removeretur a quolibet alio, scilicet a parte sua; igitur illud totum non moveretur a se per se et primo'. Et argumentum videtur esse a posteriori, sicut bene dicit Commentator, quia aliquid inesse alicui per se et primo est causa quod non removeretur ab eo propter remotionem ab aliquo alio, prout possumus imaginari causam et causatum.

Et per haec dicta apparent evasiones rationum quae fiebant in principio quaestionis etc.

---

2 quod] quia GP ‖ quantitativum] quantitatibus P ‖ posset] possit GP   3 quantitativis] quamvis P   4 ex] in G ‖ in] *corr. sup. lin. ex* ex C ‖ aliquo] *add. sed del.* generandi causandi C   4–5 partes illae] *inv.* P   5 sicut] ut P   8 simplex] simpliciter P ‖ et] *om.* p   10 tamen aristoteles] tuarum p   11 suarum] *om.* GPp ‖ non] *om.* P   12 inferretur] inferetur C ‖ nihil] licet p ‖ moveretur] movetur GPp   13 a ... alio] a se ipso aut sive ab alio P : ab alio sive a se ipso p ‖ quod] hoc G ‖ non] *om.* P ‖ intendit] intendebat G ‖ aristoteles] *sup. lin.* C   14 a toto] *om.* p ‖ removeretur¹] removetur P : moveretur p ‖ removeretur²] moveretur Pp   15 quolibet] quodam GPp ‖ sua] *om.* GPp ‖ moveretur] movetur GPp   15–16 a³ ... primo] per se et primo a se P   16 et²] *om.* p   20 fiebant] fiunt p   21 quaestionis etc.] quaestionis p : *om.* P

---

6 Cf. Aristoteles, *Metaphysica*, VII, 10, 1035b11–14   17 Cf. Averroes, *In Physicam*, VII, comm. 2, f. 307L

⟨VII. 3⟩

⟨Utrum possit esse processus in infinitum in moventibus et motis⟩

Quaeritur tertio utrum potest esse processus in infinitum in moventibus et motis.

Et videtur quod sic quia: aliter non fuissent perpetuae in mundo generationes et corruptiones; quod est contra determinationem Aristotelis secundo *De generatione*. Et consequentia probatur quia: vel ille equus fuit generatus ab alio equo et ille ab alio et sic in infinitum, et habetur propositum, vel fuit primus equus, et sic non fuerunt perpetuae generationes et corruptiones equorum; et sic de aliis.

Oppositum determinat hic Aristoteles et in secundo *Metaphysicae*.

Notandum est quod in secundo *Metaphysicae* demonstravit Aristoteles de statu in causis universalius quam hic. Probat enim ibi quod in omni genere causarum oportet devenire ad primam causam loquendo de causis essentialiter ordinatis, sicut bene arguebat ratio quae fiebat in principio quaestionis. Et vocantur in proposito causae essentialiter ordinatae quarum impossibile est posteriorem causare | in suo genere causandi priori non causante, sed causae accidentaliter ordinatae vocantur quarum posterior bene causat

134vb P

---

4 quaeritur tertio] tertio quaeritur tertio quaeretur G   6 et videtur] videtur p : arguitur P   7–8 quod ... probatur] *om.* p   8 et] *om.* P ‖ probatur] patet GP   9 alio¹] aliquo P   9–10 vel ... equus] *om.* G   10 fuerunt] fuerint P ‖ et corruptiones] *in marg.* C : *om.* GPp   12 hic aristoteles] *inv.* GPp ‖ in] *om.* G   13 notandum est] notandum Pp : nota G ‖ demonstravit] determinavit p : *om.* P   14 universalius] ulterius G ‖ probat] probavit GPp ‖ ibi] *om.* P   15 devenire] evenire G   16 sicut] sed P ‖ arguebat] arguit p ‖ fiebat] fit p   17 quarum] *corr. in marg. ex* quam non C   19 causae] *sup. lin.* C : *om.* GPp ‖ posterior bene causat] bene causat posterior P

7–8 Cf. Aristoteles, *De generatione et corruptione*, II, 10, 336a15–18; cf. Iohannes Buridanus, *Quaestiones super libros De generatione et corruptione*, II, q. 13 (ed. Streijger, Bakker, Thijssen, 256–259)   12 Cf. Aristoteles, *Physica*, VII, 1, 242a15–243a2; cf. *AA*, 2: 184; cf. Aristoteles, *Metaphysica*, II, 2, 994a1–11; cf. *AA*, 1: 43

priori non causante, immo forte priori corrupta, sicut si Socrates genuit Platonem, Socrate non amplius generante, immo corrupto, Plato posset generare Ciceronem.

Supponamus igitur istam determinationem factam secundo *Metaphysicae* tamquam notam vel ibi demonstratam, et videamus quod Aristoteles hic intendit intentionem specialiorem et sub illa contentam, videlicet de causis in genere causarum moventium subordinatis, et adhuc non universaliter de eis, sed restringendo ad moventia et mota corporea.

146ᵛᵃ C   Et ut videamus intentionem Aristotelis in hoc loco, | ponamus cum eo conclusionem quam intendit, scilicet quod non est possibile infinita esse moventia corporea essentialiter invicem subordinata.

Et haec prima conclusio sequitur ex dicta determinatione Aristotelis in secundo *Metaphysicae*, quia non est possibile infinitas esse causas in aliquo genere causae essentialiter subordinatas; igitur non est possibile infinita esse moventia corporea.

Secundo etiam ista conclusio patet, quia oportet congregatum ex illis moventibus infinitis esse infinitum. Et hoc probatum est esse impossibile in tertio *huius*.

Sed iterum, quod est specialiter ad propositum, Aristoteles hic nititur
120ᵛᵃ G   hoc | probare tali ratione: si essent infinita moventia corporea essentialiter subordinata, sequeretur quod esset infinitus motus in tempore finito; quod
105ʳᵃ p   probatum est esse impossibile | in sexto *huius*. Consequentia probatur quia: ex quo ista essent moventia essentialiter subordinata, nullum posteriorum posset movere, nisi priora simul moverent. Hoc supponitur ex quid nominis, sicut ante dictum est. Postea etiam supponitur quod unum istorum per aliquod spatium moveretur in tempore finito, ut in una die; ex quo sequitur quod omnia alia priora, quae ponuntur infinita, in ista die moverentur

---

1 causante] *corr. in marg. ex* agente C   2 immo corrupto] *om.* P ‖ posset] possit P   3 ciceronem] iohannem G   5 notam] motam C   5–9 hic ... videamus] *om.* P   8 restringendo] restringenda p   9 et ut] *om.* p ‖ aristotelis] *om.* P   10 scilicet] videlicet GPp   11 moventia corporea] corpora moventia p   12 prima conclusio] conclusio primo Gp   13 quia] quod p   15 esse moventia corporea] moventia corporea esse GPp   17 moventibus] *corr. ex* partibus C ‖ et] *om.* P ‖ hoc probatum est] probatum est hoc P   20 hoc] *om.* Pp   21 sequeretur] sequitur Gp   24 moverent] ABHLMTUp : movent P : moveret G : moverentur C ‖ supponitur] supponit P   25 supponitur] supponit P ‖ unum istorum] unam illarum P   26 moveretur] *praem.* movetur G : movet P   26–27 sequitur] sequetur P

18 Cf. Iohannes Buridanus, *Quaestiones super libros Physicorum*, III, q. 14 (ed. Streijger, Bakker, 128–129)   19 Cf. Aristoteles, *Physica*, VII, 1, 242b18–19   22 Cf. sup., VI, q. 9; cf. Aristoteles, *Physica*, VI, 2, 233a31–b17

simul cum illo. Postea etiam supponitur quod huiusmodi infinitorum corporum esset infinitus motus, quoniam non solum ex magnitudine temporis est motus magnus, immo etiam ex magnitudine mobilis (ideo si infinitum moveretur, motus eius esset infinitus); et tamen congregatum ex illis infinitis motibus esset infinitum; igitur infinitus esset motus. Qui tamen esset in tempore finito, scilicet in isto die. Et sic in tempore finito esset motus infinitus.

Sed dicit Aristoteles quod contra istam rationem posset aliquis cavillare dicens quod in sexto bene probatum est quod impossibile est in tempore finito esse infinitum motum, sed non erat illic probatum quod impossibile sit in tempore finito esse infinitos motus secundum multitudinem, quorum tamen quilibet esset finitus. Et nihil plus sequitur ex positione adversarii; ideo nihil impossibile sequitur contra eum. Illa enim infinita moventia non essent unum corpus nec unum mobile; ideo nec esset eorum unus motus, sed multi, quorum quilibet esset finitus.

Contra hanc cavillationem replicat Aristoteles supponens quod ista infinita moventia essent simul ad invicem tangentia se sine intermedio (et hoc ostendetur in alia quaestione), ita quod, si b moveat a et c movet b et d movet c et sic in infinitum, b est proximum ipsi a et tangens et c ipsi b et sic in infinitum. Postea supponit Aristoteles quod possibile est omnia corpora sibi invicem proxima et contigua continuari ad invicem et sic fieri | unum corpus et per consequens eorum esse unum motum, si simul moveantur. Si igitur ponatur hoc possibile in esse, nullum debet inde sequi impossibile, nisi hoc sit ex impossibili coaccepto. Et tamen ex positione infinitorum talium moventium sequeretur impossibile, scilicet unum motum infinitum esse in tempore finito; igitur ista positio adversarii est impossibilis.

135ra P

146vb C

---

1 supponitur] supponit P ‖ huiusmodi] huius P   1–2 infinitorum corporum] *inv.* p   2 ex magnitudine] extra magnitudinem P   3 ideo si] *add.* in (*sup. lin.* G) Gp : item in P   4 et tamen] cum P   4–5 et ... motus] *in marg.* (*partim reciso*) C ‖ infinitis] *om.* P   5 motibus] moventibus GP   6 scilicet] si P ‖ isto] illa GPp ‖ et] *om.* P   6–7 motus infinitus] *inv.* GPp   9 probatum est] probatur P ‖ est¹] *sup. lin.* C   11 infinitos motus] infinitum motum vel finitos motus P ‖ motus] *corr. ex* motos C   12 sequitur] *om.* P   16 cavillationem] clausulam P   17 se] *om.* P   18 moveat] movet GPp ‖ movet] *om.* G   19 in] *om.* C   20 in] *om.* C   21 continuari ad invicem] ad invicem continuari P : contiguari ad invicem Gp   23 si igitur] *inv.* P ‖ ponatur hoc] *inv.* G ‖ inde] *om.* GP   24 coaccepto] quo accepto GPp ‖ et ... positione] cum expositione p   25 sequeretur] sequitur p   26 ista positio] positio illa GPp

8 Cf. Aristoteles, *Physica*, VII, 1, 242b20–24   16 Cf. Aristoteles, *Physica*, VII, 1, 242b24–243a2   18 Cf. inf., VII, q. 4

Sed contra istam rationem Aristotelis est fortis dubitatio, quia procedit ex suppositione impossibili, scilicet quod omnia corpora invicem proxima possunt fieri continua. Hoc enim est impossibile de sphaeris caelestibus ad invicem vel etiam ad sphaeram ignis, et si hoc non sit simpliciter impossibile, quia est possibile per potentiam divinam, tamen hoc credit Aristoteles esse impossibile; ideo male usus est ista suppositione.

Ad istam dubitationem respondent Commentator et multi alii quod, licet repugnet corporibus caelestibus continuari secundum suas naturas speciales, tamen hoc non repugnat eis secundum rationes communes corporum, motuum et mobilium. Ideo cum Aristoteles hic procederet de moventibus et motis non descendendo ad speciales eorum rationes, sed sistendo in eorum rationibus communibus, licebat ei accipere tamquam possibile quod non erat repugnans | rationibus communibus motuum et moventium et corporum. Unde dicunt multi quod ex tali propositione non repugnante illis rationibus communibus cum aliquo vero coassumpto non debet sequi aliud repugnans illis rationibus communibus. Sed in proposito sequitur repugnans; repugnat enim rationibus communibus motuum et temporum quod in tempore finito sit motus infinitus. Ideo sequitur quod | acceptum ab adversario non erat possibile.

Sed mihi videtur quod ista solutio nihil valeat, quia ex eo quod est simpliciter impossibile, omnia sequuntur. Et in proposito, si ista solutio esset bona, ego arguerem sic: omne corpus quiescit; quoddam corpus movetur, scilicet corpus caeleste; igitur quod movetur quiescit. Conclusio est impossibilis et repugnans rationibus communibus motus et quietis; et tamen secunda praemissa erat vera et prima erat non repugnans rationibus communibus motuum et quietum et corporum; igitur omnino talis modus arguendi nihil valet.

---

2 suppositione] positione Gp   3 possunt] *add.* continuari et P : possent p ‖ hoc ... impossibile] haec enim est impossibilis p ‖ est] *om.* P   5 credit] credidit GP   6 ideo] ergo G ‖ suppositione] positione p   7 respondent] respondet GP   8 repugnet] repugnat P   9 tamen hoc] *inv.* G   10 motuum] *add. in marg.* motorum C : *corr. in* moventium G ‖ hic procederet] *inv.* Pp   11 non] et P ‖ descendendo] descendo p ‖ eorum] earum p   12–13 licebat ... communibus] *om. (hom.)* P   12 accipere] *rep. sed del.* C   13 et¹] *om.* GPp   14 propositione] positione p   15 aliud] aliquod GP : aliquid p   16 proposito] proponendo P   17 temporum] corporum P ‖ quod] *om.* P   21 omnia] *corr. in marg. ex* nulla C ‖ sequuntur] sequantur P   24 communibus] *add. sed del.* quibus C ‖ motus] motis P ‖ tamen] *om.* P   25 rationibus communibus] *inv.* P   26 omnino] omnis P

---

7 Cf. Thomas Aquinas, *In octo libros Physicorum expositio*, VII, lect. 2, n. 896 (6) (ed. Maggiòlo, 457)

QUAESTIO 3   195

    Videtur igitur mihi dicendum quod ratio Aristotelis pro tanto valet quod, licet suppositio non sit possibilis per potentias naturales, tamen simpliciter est possibilis, scilicet per potentiam divinam; et tamen ex simpliciter possibili numquam debet sequi impossibile. | Et tamen ex hac | suppositione cum positione adversarii sequebatur impossibile; ideo sequitur quod positio adversarii erat impossibilis.

135rb P
147ra C

    Sed quando ultra obicitur 'Aristoteles non debuisset istam suppositionem accipere tamquam possibilem, quia non credidit istam esse simpliciter possibilem nec secundum potentias naturales nec secundum potentiam supernaturalem', respondeo quod forte Aristoteles magnam partem participans nobiscum in vera fide nostra credidit multa esse impossibilia per potentias naturales quae tamen credidit esse possibilia simpliciter, scilicet per potentiam divinam et supernaturalem. Ideo in multis locis, cum loqueretur de possibilitate naturali, posuit ista impossibilia, et in aliis locis loquens de possibilitate simpliciter reputavit ista possibilia. Et hoc notavit primo *Physicorum*, ubi non voluit simpliciter dicere quod impossibile esset ex nihilo aliquid fieri, sed dicit quod omnes naturaliter vel de natura loquentes dixerunt quod impossibile est de nihilo aliquid fieri, quasi vellet dicere quod hoc est possibile supernaturaliter. Sic igitur Aristoteles credidit quod non posset caelum quietari per potentias naturales, quod non posset dividi, quod non possent orbes caelestes ad invicem continuari, quod caelum non posset moveri velocius aut tardius, quod nihil corruptibile possit esse subtilius igne, immo quod esset dare subtilissimum quo nihil posset esse subtilius, quod non posset esse penetratio dimensionum, et per consequens quod non posset esse spatium separatum non motum cum corporibus motis, non extra ea situaliter existens. Et haec omnia credidit non esse possibilia secundum

---

1 quod²] quia p   2 tamen] *om.* p   3 scilicet] quia P : *om.* p   4 numquam] nullum G   5 ideo] ergo G   7 debuisset] debuit GPp   8 credidit] tradidit P ‖ esse] *om.* P   10 forte aristoteles] *inv.* P   11–12 esse ... naturales] *in marg.* G   11 impossibilia] *corr. sup. lin. ex* possibilia C   12 scilicet] *om.* p   13 divinam et] *in marg.* C : *om.* GPp   14 posuit] simpliciter reputavit p ‖ loquens] loqui P   15 simpliciter] *add.* scilicet per potentiam divinam Gp ‖ reputavit] *corr. sup. lin. ex* reputat C ‖ et] *om.* P   16 esset] *corr. ex* essent C   17 aliquid] *om.* P ‖ dicit] dixit GPp ‖ vel de natura] *om.* G   18 de] ex GPp   19 possibile] *add.* loquendo G ‖ sic] si p   20 naturales] *rep. sed del.* C ‖ quod²] *add.* scilicet p   21 possent] posset G ‖ ad invicem continuari] ab invicem continuari C : continuari ad invicem P ‖ caelum] *om.* GPp ‖ posset] possent Gp   22 moveri velocius] *add.* quam moventur Gp : velocius moveri quam movetur P ‖ possit] posset Gp   23 posset] possit P   24 posset] possit GP ‖ penetratio dimensionum] *inv.* P   24–25 posset] possit P   25 extra] ex P   26 credidit non] *inv.* P ‖ secundum] per G

15–16 Cf. Aristoteles, *Physica*, I, 4, 187a27–29, 35–36; cf. *AA*, 2: 16

potentias naturales. Sed alibi posuit haec omnia tamquam simpliciter possibilia. Nam in septimo *huius* posuit cuiuslibet mobilis partem posse quiescere, quaecumque corpora posse invicem continuari. | Et in quarto libro posuit omne corpus in infinitum posse subtiliari et sic in infinitum idem corpus posse velocius moveri, et in primo *Caeli* spatium quiescens cum corpore moto secundum modum penetrationis, eo quod haec omnia sunt simpliciter possibilia per potentiam divinam. Et non invenitur quod umquam posuerit aliquid ad arguendum tamquam possibile propter non repugnantiam secundum rationes communes aliquas, nisi illud simpliciter esset possibile.

Et gaudeo: gavisus sum quod ista mihi apparuerunt, quorum tamen subtilioribus et sapientioribus correctionem relinquo.

Et secundum haec dicta moderentur et solvantur omnia praedicta.

Haec de quaestione. |

---

3 posse] *add.* ad G ‖ et] *om.* P ‖ libro] huius p   5 posse] *corr. in marg. ex* esse C   6 eo] et P   8 aliquid] *om.* P   9 communes] *om.* P ‖ simpliciter esset] *inv.* GPp   12 moderentur] moderantur C ‖ solvantur] solventur G   13 haec de quaestione] et sic est finis quaestionis etc. G : etc. P

---

2 Cf. Aristoteles, *Physica*, VII, 1, 242a13–15, 242b24–243a2   3 Cf. Aristoteles, *Physica*, IV, 8, 215a31–216a7   5 Cf. Aristoteles, *De caelo et mundo*, I, 5, 271b28–272a7

⟨VII. 4⟩

⟨Utrum necesse sit in omni motu movens esse simul cum moto⟩

Quaeritur quarto utrum | necesse est in omni motu movens esse simul cum moto.   135ᵛᵃ P

Arguitur quod non quia:

⟨1⟩ Color distans a visu movet visum; unde sensibile positum supra sensum non facit sensum, ut dicitur secundo *De anima*. | 147ʳᵇ C

⟨2⟩ Item Saturnus, Iupiter et sol alterant ista inferiora; nec prius alterant sphaeras caelestes medias quas tangunt, quia istae sphaerae, scilicet caelestes, non sunt alterabiles, ut patet primo *Caeli*.

⟨3⟩ Similiter narrat Albertus de quodam pisce, qui vocatur stupor a proprietate sua: qui, cum intrat rete, stupefacit et facit tremere manus piscatoris, ad quas tamen non attingit (et hoc tamen non est, quia prius stupefaciat rete quod attingit).

⟨4⟩ Et adamas vel magnes a longinquo attrahit ferrum et movet ipsum; et tamen non movet nec attrahit prius intermedium.

⟨5⟩ Et rami prius attrahunt nutrimentum a radicibus, cum non tangant eas.

⟨6⟩ Et cum grave non moveatur a se ipso, ut dicit Aristoteles in octavo *huius*, videtur quod moveatur a loco suo naturali, qui bene distat ab eo.

⟨7⟩ Et sol illuminat totum diaphanum usque ad nos; et tamen non apparet quod hoc taliter sit quod una pars, scilicet propinqua, prius illuminata illuminet aliam sibi propinquam, quia tunc ita undique deberet illuminare

---

4 utrum] *rep.* P   7 movet] dicitur movere G   7–8 sensum] *add. inf. lin.* sensationem C (*quae lectio melius convenit ad* sensum, l. 8)   8 dicitur] patet P   9 inferiora] *rep.* G   10 scilicet] *om.* p   11 patet] apparet Gp   13 rete] retia G   14 quas] quam P   14–15 et … attingit] *in marg.* (*partim reciso*) C   14 tamen²] *om.* Pp ‖ stupefaciat] stupefacit P   15 quod] quam G   16 et³] *om.* P   18 tangant] tangunt GPp   23 taliter sit] *inv.* GPp   24 illuminet] illuminat G ‖ aliam] *add.* partem p

8 Cf. Aristoteles, *De anima*, II, 7, 419a12–13, 26–30; cf. *AA*, 6: 73   11 Cf. Aristoteles, *De caelo et mundo*, I, 3, 270a12–36; cf. *AA*, 3: 15; cf. Iohannes Buridanus, *Quaestiones super libros De caelo et mundo*, I, q. 10 (ed. Moody, 44–49)   12 Cf. Albertus Magnus, *Physica*, VIII, tract. 2, cap. 6 (ed. Hossfeld, 600)   20–21 Cf. Aristoteles, *Physica*, VIII, 4, 254b33–256a3; cf. *AA*, 2: 208

partes sibi propinquas, scilicet lateraliter, sicut illuminat secundum rectum incessum a sole; quod est falsum.

⟨8⟩ Et sagitta vel telum proiectum movetur adhuc, postquam iam distat a proiciente, et non apparet quod ab alio quam a proiciente.

⟨9⟩ Et dicitur quod malignae mulieres per sortilegia alterant homines remotos ad infirmitates non praealterando medium; quod patet, quia homines intermedii non patiuntur, quamvis ita sint innati pati sicut remoti.

⟨10⟩ Et Aristoteles secundo *huius* dicit quod gubernator navis absens est causa submersionis navis; et non est causa in alio genere quam in genere causae agentis et moventis; igitur etc.

Oppositum determinat Aristoteles in isto septimo.

Notandum est quod Aristoteles hic non loquebatur de 'simul' secundum tempus, sed de ista simultate secundum tempus loquebatur in secundo *huius*, quando dicit quod causae operantes et quorum sunt causae sunt simul; quae autem dicuntur secundum potentiam, non semper simul sunt (corrumpuntur enim non simul domus et domificator). Nec intendebat Aristoteles de | 'simul' secundum locum proprie loquendo, quia talia sunt quae sunt in eodem loco primo sive proprio, ut habetur in quarto *huius*; et tamen, si tu moves lapidem, non oportet te esse in eodem loco proprio in quo est lapis. Sed Aristoteles per 'simultatem' intendit indistantiam, scilicet quod non distent ab invicem per aliquod spatium intermedium, et hoc ipse notat in textu dicens: 'dico autem simul, quia nihil ipsorum est medium'.

Notandum est etiam quod Aristoteles non intendit quod omne movens sit ita | simul cum omni eo quod ab ipso movetur, quia ignis calefacit me, licet sit aer intermedius, et corpora caelestia agunt hic inferius. Sed intendit de

---

1 lateraliter] localiter P ‖ illuminat] illuminaret GPp   2 incessum] processum P   3 vel telum proiectum] proiecta G ‖ telum] *in marg.* C : *om.* Pp ‖ adhuc] ad hoc p   4 non apparet quod] apparet quod non P   6 quod patet quia] quia quod patet p   8 navis] *in marg.* C : *om.* GPp   10 causae] *add.* efficientis p   11 determinat aristoteles] *inv.* G   12 notandum est] notandum P : nota G ‖ hic] hoc P   13 simultate] *corr. in marg. ex* similitudine C ‖ loquebatur] *rep. sed del.* C ‖ in] *om.* G   14 dicit] dixit GP ‖ operantes] apparentes p   15 quae] qui C   16 corrumpuntur] corrumpitur Pp   20 per] *sup. lin.* C   21 non] *om.* P ‖ intermedium] medium P   22 ipsorum] istorum P   23 notandum est etiam] notandum etiam p : nota etiam G : notandum P   24 omni] *om.* P   25 sit] *in marg.* C ‖ de] *om.* G

---

8 Cf. Aristoteles, *Physica*, II, 3, 195a13–14   11 Cf. Aristoteles, *Physica*, VII, 2, 243a2–245b2; cf. *AA*, 2: 185   12–16 Cf. Aristoteles, *Physica*, II, 3, 195b17–21   18 Cf. Aristoteles, *Physica*, IV, 2, 209a32–33; cf. *AA*, 2: 210; cf. Iohannes Buridanus, *Quaestiones super libros Physicorum*, IV, q. 1 (ed. Streijger, Bakker, 205)   22 Aristoteles, *Physica*, VII, 2, 243a4–5

QUAESTIO 4   199

tali movente et tali moto quod inter ea non sit aliud movens intermedium
vel etiam aliud motum intermedium, ut si baculus movet lapidem absque
hoc quod perprius et immediatius | moveat aliud corpus, necesse est quod 147va C
baculus non distet a lapide. Et illud notabile intendebat Aristoteles per istam
5 litteram: 'manifestum igitur quod moventis ultimi et moti primi nullum est
medium'.
   Tunc igitur ad sensus dictos ego dico cum Aristotele quod necesse est
omne movens esse simul cum illo quod movetur | ab ipso. Et non est facile 105vb p
hoc demonstrare, immo forte impossibile, quia debet supponi tamquam
10 principium in naturalibus. Principia tamen indemonstrabilia aliquando
quadam levi declaratione declarantur, ut exemplis, vel sensu aut experi-
mentali inductione etiam, in qua inducuntur non omnia singularia, ut dicit
Commentator in secundo *huius*; non enim aliter scimus quod omnis ignis
est calidus vel quod omnis magnes est attractivus ferri. Nec est quaerenda
15 alia ratio quam experimentum ad probandum quod ita sit, licet bene possit
quaeri propter quid ita sit et quomodo hoc fiat. Et ideo ad istam quaestionem sufficit mihi illa declaratio inductiva quam facit Aristoteles in littera,
quae etiam ibi requiratur.

   Ad rationes.
20 ⟨1⟩ Ad primam dicitur quod color movet primo corpus diaphanum sibi
immediatum et non visum ab eo remotum, quin prius aut tempore aut
natura moveat intermedium. Et sic est possibile, ut dictum fuit, quod movens moveat remotum a se.
   ⟨2⟩ Similiter dicendum est de Saturno et Iove. Non enim alterant nos,
25 quin prius alterent sphaeras caelestes intermedias, non tamen tali alteratione quali alterant nos, quia illae sphaerae non sunt receptivae talium alterationum; non enim sunt alterabiles alterationibus corruptivis. Sed quamvis
non sint calefactibiles aut frigefactibiles, tamen bene sunt illuminabiles et

---

1 inter ea] in terra p ‖ aliud] aliquid p   3 et immediatius] etiam mediatius G ‖ aliud] illud
p ‖ est] *om.* P   5 litteram] regulam G   7 dictos] praedictos GPp   8 omne movens esse]
esse omne movens p ‖ illo] eo GP   8–9 non … hoc] hoc non est facile P   9 forte impos-
sibile] *inv.* P   11 vel] aut GPp   12 inducuntur non] *inv.* GPp   13 non enim] unde non
P ‖ scimus] *add.* esse G   15 ad] *corr. ex* aliud C ‖ sit] *add.* et p ‖ bene] *om.* P ‖ possit]
posset Gp   16 et²] *om.* P   16–17 quaestionem] conclusionem GP   18 ibi] *sup. lin.* C ‖
requiratur] quaeratur p   20 movet primo] *inv.* P   22 fuit] est P   25 alterent] alterant Gp
27 corruptivis] corruptionis G ‖ sed] et p   28 sint] sunt GP ‖ bene sunt] *inv.* G

5–6 Aristoteles, *Physica*, VII, 2, 245a16–b2   13 Cf. Averroes, *In Physicam*, II, comm. 80, f. 79D receptivae influentiarum omnium astrorum. Et quamvis lumen solis sit calefactivum, prout experimur, tamen non calefacit istas sphaeras, quia non sunt calefactibiles.

⟨3⟩ Similiter dicit Albertus quod ille piscis prius alterat rete quam manum, et mediante reti vel aqua multiplicatur qualitas quaedam ad manum, quae est stupefactiva; sed non stupefacit rete, quia non est stupefactibile.

⟨4⟩ Eodem modo dicitur quod magnes alterat aerem sibi immediatum vel aquam et multiplicatur quaedam qualitas usque ad ferrum, quae propter quandam convenientiam naturalem ferri ad magnetem | est attractiva ferri ad magnetem. Et non oportet quod sit attractiva aliorum non habentium ad magnetem | talem convenientiam. Et Commentator ponit signum quod a magnete sic multiplicatur ad ferrum quaedam qualitas sive impressio per medium, quia magnes, si fricetur alio, non attrahet amplius ferrum, ut dicit, quia alia reprimunt multiplicationem illius qualitatis a magnete innatae multiplicari ad ferrum per medium.

⟨5⟩ De hoc autem quod alimentum ascendit de radicibus ad ramos et movetur sanguis ab hepate vel corde ad singula membra, certum est quod movens instrumentale | est calor et spiritus, qui expansi sunt per totum corpus, et movens et dirigens actionem caloris et spirituum est anima, quae etiam est per totum corpus; ideo non distant a moto. Non enim credendum quod caput attrahit sanguinem a corde vel hepate ratione corporeitatis et colligationis, sicut si homo trahit navem, sed anima per calorem et spiritus movet ipsum ad singula membra ipso indigentia.

⟨6⟩ De motibus gravium et levium dicetur post bene, octavo libro.

⟨7⟩ De sole autem manifestum est quod non illuminaret nos, nisi prius tempore vel natura illuminaret corpora intermedia. Unde si in intermedio

---

1 influentiarum] illuminationum p   2 tamen] tantum G   4 dicit albertus] dicitur ad experientiam alberti G   4–5 manum] manus Gp   5 reti] rete P ‖ qualitas quaedam] *inv.* GPp ‖ manum] manus G   6 stupefactibile] stupefactiva p   7–8 eodem … qualitas] *in marg. inf.* G   7 alterat] alterant G   8 vel aquam] *om.* P ‖ qualitas] *add.* quae tendit G ‖ ferrum] terram P   10 attractiva] *add.* illorum G   13 fricetur] frigetur p ‖ alio] *add.* modo p ‖ attrahet amplius] amplius attrahit GPp   13–14 ut dicit] *rep.* G : *om.* p   14 alia reprimunt] alium (aliam p) reprimit Gp ‖ multiplicationem] multitudinem p   16 de hoc autem] et de hoc p   18 spiritus] *corr. ex* species C ‖ expansi sunt] sunt expensi sunt p   19 movens] *add.* principale GPp ‖ caloris] calorum GPp   20 ideo] est p ‖ distant] distans GPp ‖ enim] *add.* est GP : est p   21 attrahit] attrahat GPp   22 trahit] trahat G ‖ anima] etiam P   24 post bene] post scilicet in GP : in p ‖ libro] huius p   25 est] *om.* P   26 tempore vel natura] natura aut tempore P ‖ in] *om.* Pp

---

4 Cf. Albertus Magnus, *Physica*, VIII, tract. 2, cap. 6 (ed. Hossfeld, 600)   11 Cf. Averroes, *In Physicam*, VII, comm. 10, f. 315E   24 Cf. inf., VIII, q. 5

QUAESTIO 4 201

poneretur obstaculum opacum, non fieret ultra illuminatio. Sed tamen, quia non solum radius in propinquo factus agit radium in remoto, sed sol cum illo radio et principalius quam ille radius facit illum radium in remoto, ideo in directum solis | fit magis illuminatio quam lateraliter, nisi ab obstaculo refractio fiat vel reflexio. Et multi etiam dicunt quod actio est facilior secundum lineam rectam quam secundum tortuosam, quia ista est brevior; ideo multiplicatur lumen ad rectitudinem, non ad latera, nisi sit reflectens vel refrangens.

106ra p

⟨8⟩ De proiectis autem fiet quaestio specialis.

⟨9⟩ De illis autem malignis mulieribus ego credo quod non sic agunt in homines remotos, nisi tetigerunt eos vel per cibos vel per potus vel per herbas aut venena aut huiusmodi. Et si fiat aliter, hoc est per daemones illis servientes, qui possunt movere se ad illos vel applicare activa (sive venena sive alia) et agere in illos.

⟨10⟩ De gubernatore absente, quomodo sit causa secundum impropriam locutionem, dictum fuit in secundo libro.

Haec de quaestione.

---

1 non] *add.* sic P   5 refractio ... reflexio] fiat refractio vel reflexio G : fieret reflexio vel refractio P : fiat repercussio vel reflectio p ‖ etiam dicunt] *corr. ex* reddunt C ‖ facilior] fortior G   7 vel] aut P   9 specialis] principalis P   10 agunt] agant Pp : agat G   11 remotos] remote P ‖ tetigerunt] tetigerint Pp : tetigerit G   12 aut¹] vel P ‖ huiusmodi] huius P ‖ fiat aliter] *inv.* GPp ‖ est] *om.* G   15 gubernatore] *add.* autem GPp   16 in secundo libro] in secundo etc. G : prius etc. p   17 haec de quaestione] et sic est finis quaestionis P : sequitur quaestio quinta p : *om.* G

9 Cf. inf., VIII, q. 12   16 Cf. Iohannes Buridanus, *Quaestiones super libros Physicorum*, II, q. 8 (ed. Streijger, Bakker, 306)

⟨VII. 5⟩

⟨Utrum secundum qualitates de prima specie qualitatis vel de quarta sit per se motus⟩

Quaeritur quinto utrum secundum qualitates de prima specie qualitatis vel de quarta sit per se motus.

Arguitur quod sic quia:

⟨1⟩ In libro *Praedicamentorum* Aristoteles enumerat calorem et frigus inter qualitates de prima specie; et tamen propriissime | et per se est alteratio secundum caliditatem et frigiditatem.

⟨2⟩ Item sanatio est quidam motus; | et tamen sanatio non est per se nisi ad sanitatem, quae est de prima specie qualitatis. Et ita etiam dicit Aristoteles saepe doctrinationem esse motum, quae etiam non est per se nisi ad qualitatem de prima specie, scilicet ad scientiam.

⟨3⟩ Item Aristoteles quinto *huius* probat quod in quantitate, qualitate et ubi est per se motus, quia in eis est contrarietas. Cum igitur ita in prima specie sicut in tertia sit contrarietas, videtur quod ita in prima specie debet esse motus per se sicut in tertia.

⟨4⟩ Item si non esset in eis motus, hoc esset pro tanto, quia sunt ad aliquid. Hoc enim medio utitur Aristoteles ad hoc probandum; sed illud medium non valet; igitur ista conclusio non debet poni. | Quod autem illud medium non valeat, patet primo, quia est falsum quod istae qualitates sint ad aliquid, quia essentiae praedicamentorum sunt impermixtae, prout allegatur ex primo *Posteriorum* et Commentatore decimo *Metaphysicae*. Et etiam,

---

4 quaeritur quinto] *om.* G ‖ utrum ... prima] *rep.* G ‖ secundum] *rep.* G ‖ qualitatis] *om.* p 5 de] *om.* P   7 aristoteles enumerat] *inv.* P : aristotelis enumeravit p   8 et¹] *om.* P ‖ et² ... est] est per se P   9 frigiditatem] *add.* ergo etc. p   10 et] *om.* P   11 et] *om.* P ‖ etiam dicit] *inv.* p : dicit G   14 quinto huius probat] probat quinto huius P ‖ quantitate] *add.* et P ‖ et] *om.* p   15 motus] *add.* scilicet Pp ‖ ita] illa p   15–16 in² ... sit] est in prima specie sicut in tertia p   16 debet] debeat Gp   18 eis] his P   19 medio] modo p ‖ hoc²] *om.* G   20 debet poni] ponit illud P   21 valeat] valet Pp ‖ patet] *corr. sup. lin. ex* poni potest C ‖ sint] sunt GPp   23 et¹] *add.* a GP ‖ et etiam] item G

7 Cf. Aristoteles, *Praedicamenta*, 8, 9a28–31   11–12 Cf. e.g. Aristoteles, *Physica*, III, 1, 201a15–19   14 Cf. Aristoteles, *Physica*, V, 1, 224a21–225b9; cf. *AA*, 2: 155   19 Cf. Aristoteles, *Physica*, VII, 3, 246b3–248a9   23 Cf. Aristoteles, *Analytica posteriora*, I, 15, 79b8–11; cf. *AA*, 35: 68; cf. Averroes, *In Metaphysicam*, X, comm. 8, f. 257G

QUAESTIO 5   203

si sanitas aut scientia est ad aliquid, non minus videtur quod caliditas vel albedo sit ad aliquid (albedo enim et caliditas vere et realiter est similitudo, quae est ad aliquid); et tamen hoc non prohibet, quin ad caliditatem sit per se motus.

5   Oppositum determinat Aristoteles in isto septimo.

Visum fuit in quinto libro quare et quomodo debemus dicere quod non sit per se motus in ad aliquid. Hoc enim est, quia propter mutationes dispositionum secundum quas est motus realiter non est necesse, sed accidit, mutari denominationes secundum terminos de ad aliquid. Et quia etiam ita
10 est de terminis pertinentibus ad primam speciem qualitatis vel ad quartam ea ratione qua pertinent ad istas species, ideo similiter dicitur quod non est per se motus secundum qualitates de prima specie vel de quarta.

Notandum est igitur quod illae quattuor species qualitatis non sic debent credi esse distinctae, quin bene supponant pro eisdem qualitatibus. Sed de
15 tertia specie ponuntur qualitates sensibiles secundum suas rationes simplices et absolutas. Et sic isti termini 'caliditas' et 'frigiditas', 'albedo' et 'nigredo', 'gravitas' et 'levitas' et huiusmodi dicuntur de tertia specie. Et secundum mutationem istarum qualitatum de contraria in contrariam oportet nomina de ista specie tertia mutari, quia significant simpliciter istas qualitates se-
20 cundum rationes earum essentiales.

Sed istae eaedem qualitates vel quaecumque aliae, secundum quod significantur | per nomina virtutum vel vitiorum, potentiarum vel impotentia-   106rb p
rum, pertinent ad primam speciem vel secundam. Unde ista nomina sunt de | prima vel de secunda specie: 'bonitas', 'malitia', 'virtus' et 'vitium', 'sani-   136va P
25 tas', 'pulchritudo', 'fortitudo', 'agilitas' et huiusmodi, et etiam nomina eis contraria; similiter | etiam 'habitus erroneus', 'ars', 'geometria' et huiusmodi;   122ra G
similiter 'temperantia', 'iustitia' etc.

---

1 videtur] *corr. ex* dicitur C   2 enim] *om.* p ‖ et¹] vel GPp ‖ realiter] *corr. in marg. ex* naturaliter C   5 isto] *add.* libro p   6 libro] huius p : *om.* P   9 de] *om.* p   11 ideo] *om.* P   12 vel] et p ‖ de²] *om.* P   13 notandum est] nota G   14 bene supponant] *inv.* p   15 sensibiles] possibiles G : distingui p ‖ secundum] in C   15–16 rationes simplices] *inv.* p   16 et²] *om.* P ‖ et³] vel G : *om.* P ‖ et⁴] *om.* P   17 huiusmodi] huius P   18 mutationem] mutationes GPp   19 specie tertia] *inv.* GPp   23 vel] *add.* ad GPp   24 prima] *add.* specie P ‖ de²] *om.* Pp ‖ secunda] *corr. ex* tertia C ‖ bonitas] *add.* vel P ‖ et] vel P   25 huiusmodi] huius P   26 etiam habitus erroneus] haec (*om.* G) scientia habitus erroneus GP : habitus erroneus scientia p ‖ ars] *add.* et p ‖ huiusmodi] huius P

---

5 Cf. Aristoteles, *Physica*, VII, 3, 245b3–248a9   6 Cf. sup., V, q. 2

Differt autem prima species a secunda, quia illae qualitates, prout significantur per nomina virtutum et vitiorum, si sint a nativitate innatae, dicuntur ut sic pertinere ad secundam speciem; sed si sint per bonas aut malas consuetudines aut consuetas operationes acquisitae, tunc ut sic dicuntur pertinere ad primam speciem.

Unde caliditas et frigiditas, quae secundum rationes suas absolutas pertinerent ad tertiam speciem qualitatis, pertinerent ad primam aut secundam secundum quod dicerentur virtutes ignis aut aquae aut aliquorum aliorum corporum.

Modo ultra certum est quod eadem vel similis caliditas et frigiditas | esset virtus et conveniens dispositio in uno corpore et esset disconveniens et malitia in alio, vel esset sanitas in homine et aegritudo in pisce, vel sanitas in corde et aegritudo in capite. Et ideo, si est mutatio secundum caliditatem vel frigiditatem vel aliquam aliam qualitatem, non oportet, sed accidit quod mutentur denominationes secundum nomina virtutum vel malitiarum. Unde aliquando et in aliquibus calefactio est sanatio, aliquando autem et in aliis est aegrotatio, et aliquando nec est aegrotatio nec sanatio.

Concludendum est igitur, cum aliquando eaedem qualitates secundum diversas rationes dicuntur de prima specie et de tertia, ut caliditas et frigiditas, secundum quas est per se motus, quod aliquando secundum qualitates de prima specie est per se motus. Sed ad sensum praedictum dicitur quod non est per se motus secundum istas de prima specie, scilicet quod non oportet mutari responsiones etc.

Ita apparet mihi de quarta specie. Nomina enim figurarum pertinentia ad quartam speciem qualitatis mutantur per solum motum localem partium alicuius corporis sine hoc quod maneat aliqua qualitas quae essentialiter sit acquisita vel etiam aliqua abiecta. Et non est de necessitate motus localis, sed accidit quod inde debeant mutari nomina figurarum. Ideo dicimus non esse motum per se secundum quartam speciem sicut nec secundum primam.

---

1 differt ... a] differunt autem prima species et p   3 sed] et p   4 operationes] opiniones Gp ‖ acquisitae] acquisita p   7 pertinerent ... secundam] *om.* P ‖ primam] *add.* speciem p   8 aut[1]] vel Gp ‖ aut[2]] vel P ‖ aliquorum] *del.* C   10 ultra] *om.* p ‖ et] vel G : aut Pp ‖ frigiditas] *add.* vel etiam (*om.* p) idem aut simile temperamentum caliditatis et frigiditatis GPp   12 alio] *add.* corpore P ‖ pisce] hepate p   13 si] *om.* p   13–14 caliditatem] *corr. ex* qualitatem C   14 vel[1]] et *sed add. sup. lin.* vel C : et P   15 mutentur] *corr. in marg. ex* mittentur C   16 aliquando[2]] *om.* P   17 et[1]] *om.* G   18 cum] *corr. ex* quod C ‖ aliquando] *om.* P   19 dicuntur] dicantur GPp ‖ de[2]] *om.* P ‖ et[2]] *om.* p   22 scilicet] *om.* p   23 mutari] mutare P ‖ etc.] *om.* p   24 enim] *om.* G   25 motum] *corr. ex* locum C   26–27 qualitas ... aliqua] *om. (hom.)* p   29 esse] est G   30 primam] secundam p

Notandum est igitur quod termini de prima vel de secunda specie qualitatis non dicuntur ad aliquid, quia sunt de praedicamento ad aliquid, immo sunt de praedicamento qualitatis, quia praedicantur de primis substantiis in quale. Sed tamen dicuntur ad aliquid, quia significant qualitates quas significant in comparatione ad operationes innatas provenire ab eis. Sic enim dicuntur virtutes vel malitiae, potentiae vel impotentiae. Dicuntur enim virtutes vel potentiae secundum quod disponunt ad bonas operationes et subiectis | suis convenientes vel etiam secundum quod sunt prohibitivae corruptionum et motuum suis subiectis disconvenientium. Et dicuntur malitiae vel impotentiae secundum quod disponunt ad pravas operationes | et subiectis suis disconvenientes.

137ra P

122rb G

Deinde iterum notandum est quod aliter solet distingui, quia secundum aliquas dispositiones dicuntur esse per se motus vel per accidens, videlicet quod secundum istas dispositiones dicuntur esse per se motus quae immediate proveniunt ab ipsis motoribus et etiam temporaliter, ita quod non proveniant ab illis per modum sequelae ad alias dispositiones ab illis motoribus prius provenientes et quod etiam non sunt innatae fieri in instanti. Si vero innatae sunt fieri in instanti, ut lumen vel species sensibilis aut visio aut intellectio etc., vel etiam si proveniunt consequenter ad alias dispositiones perprius a motoribus provenientes, dicimus secundum eas esse | motus non per se, sed per accidens.

106va p

Sed sic non est per se motus ad figuras, quae proveniunt consequenter ad motus locales | aliquarum partium corporis figurati. Sic etiam non est per se motus ad habitus morales vel intellectuales, quia proveniunt in appetitu vel in intellectu consequenter ad operationes, ut apparet in secundo *Ethicorum*. Immo etiam sic dicit Commentator quod in rarefactione non est per se

148va C

---

1 notandum est] nota G ‖ de²] *om.* GPp   2 quia] *add. in marg.* non G   3 quia praedicantur] *rep.* P ‖ primis substantiis] *inv.* GPp   4 tamen] cum P   6–7 malitiae ... vel] *in marg.* (*partim reciso*) C : *om.* (*hom.*) P   6 enim] etiam G   8 subiectis suis] *inv.* G : *in* P (*folio 136vb et folio 137ra ineunte*) *sequuntur 63 lineae e quaestione sexta transpositae, sed postea deletae*   9 suis subiectis] *inv.* GPp   10 impotentiae] *corr. in marg. ex* impossibile C ‖ disponunt] *add. in marg.* (*partim reciso*) ad pravos mo†...† C   12 notandum est] notandum Pp : nota G ‖ quia] quod P   13 dicuntur] dicantur GPp   14 dicuntur] dicantur GPp ‖ quae] quia C : qui p   15 et etiam] etiam non P   16 illis²] aliis C   17 sunt] sint Gp ‖ fieri] *in marg.* C   18 innatae sunt] sint innatae GPp ‖ sensibilis] sensibiles G ‖ aut²] vel GPp   19 vel] et p ‖ consequenter] consequentes C ‖ alias] illas G   20 provenientes] *corr. ex* provenientibus C ‖ dicimus secundum] dicit C   22 sed sic] *corr. ex* sic igitur C ‖ quae] quia GPp   23 aliquarum] *add. sup. lin.* aliarum C : aliarum GPp ‖ etiam] igitur C : et P   25 in²] *om.* GPp ‖ secundo] primo p   26 sic] sicut P

25–26 Cf. Aristoteles, *Ethica Nicomachea*, II, 1, 1103a14–b25; cf. *AA*, 12: 26   26 Cf. Averroes, *In Physicam*, IV, comm. 84, f. 171B

motus ad quantitatem, licet in ea vere generetur quantitas. Unde quia gravitas et levitas, raritas et densitas et aliae qualitates secundae proveniunt | per modum sequelae ad alterationes et actiones et passiones primarum qualitatum, ideo sic non dicitur esse per se alteratio et motus secundum istas qualitates secundas, sed solum secundum quattuor primas, scilicet calidum, frigidum, humidum et siccum. Et credo quod istas intentiones intendebat Aristoteles in illo septimo libro.

Ad rationes.

⟨1⟩ Ad primam concessum est quod eaedem qualitates significantur per terminos de tertia specie et de prima, sed secundum alias rationes, sicut et eaedem res significantur per terminos de ad aliquid et per terminos de aliis praedicamentis. Quod sufficit secundum praedicta ad hoc quod dicamus non esse motum per se secundum ad aliquid vel secundum primam speciem, licet dicamus esse motum per se secundum alia praedicamenta vel secundum aliam speciem.

⟨2⟩ Ad aliam concedo quod haec est per se vera 'sanatio est ad sanitatem', sicut ista 'calefactio est ad caliditatem'. Sed tamen mutatio omnis secundum talem qualitatem, puta caliditatem vel frigiditatem, semper est calefactio vel frigefactio, sed tamen accidit quod sit sanatio vel aegrotatio. Aliquando enim calefactio est sanatio, aliquando est aegrotatio. Et sic etiam aliquando frigefactio est sanatio, aliquando est aegrotatio, et aliquando nec est sanatio nec aegrotatio.

⟨3⟩ Ad aliam dico quod sic locutus est Aristoteles quod aliquis modus contrarietatis requiritur ad motum, et ultra bene aliud requiritur ad hoc quod dicatur per se motus, sicut alias et nunc dictum fuit.

⟨4⟩ Ad ultimam dictum fuit quod illi termini de prima specie qualitatis | non sunt de praedicamento ad aliquid, quia proprie praedicantur in quale. Tamen nec significant qualitates quas significant secundum simplices et absolutas rationes earum, sicut significant eas termini de tertia specie

---

1 generetur] generatur p   4 sic non] *inv.* G ‖ esse] *om.* G   5 secundum] per P   6 et¹] *om.* p   7 libro] *om.* GP   8 ad] *praem.* tunc igitur GPp   10 de²] *om.* P ‖ sed ... rationes] *in marg.* (*partim reciso*) C   11 et¹] etiam GPp   12 quod¹] quia G   17 mutatio omnis] *inv.* GPp   20 et sic etiam] et sic Pp : sic G   21 sanatio¹] *add.* et G ‖ est] *om.* GPp ‖ nec est] *inv.* G   21–22 sanatio nec aegrotatio] aegrotatio nec sanatio P   23 quod²] quia Gp ‖ modus] motus P   24 aliud] alius G   25 fuit] est p   26 ultimam] aliam P ‖ fuit] est Pp : *om.* G   26–27 qualitatis] *om.* P   28 tamen] cum G   29 earum] *corr. ex* aristoteles C

---

25 Cf. sup., V, q. 2

qualitatis. Modo magis debet esse denominatio per se motuum secundum rationes absolutas dispositionum secundum quas est mutatio quam secundum rationes respectivas earum.

Haec de quaestione etc.

---

2 quam] quia p   4 haec ... etc.] etc. GP : *om.* p

⟨VII. 6⟩

⟨Utrum ad hoc quod aliqua sint comparabilia requiratur et sufficiat quod ipsa sint specialissime univoca⟩

Quaeritur sexto utrum ad hoc quod aliqua sint comparabilia requiritur et sufficit quod ipsa sint specialissime univoca.

Arguitur quod non quia:

⟨1⟩ Deus est melior asino et omnis substantia melior accidente, ut dicit Commentator secundo *De anima*. Et etiam dicitur septimo *Metaphysicae* quod substantia est prior accidente ratione, notitia et tempore. Et omnis causa naturaliter est prior suo causato. Et tamen non est in praedictis univocatio.

⟨2⟩ Item omnia venalia sunt ad invicem comparabilia, ut apparet quinto *Ethicorum*; et tamen sunt valde diversarum rationum et specierum, ut equi, quadrigae, vinum etc.

⟨3⟩ Item quaecumque eadem mensura mensurantur, | ista sunt ad invicem comparabilia. Sed omnes motus, quamvis sint diversarum rationum, sunt eadem mensura mensurabilia, scilicet tempore, ut apparet quarto *huius*. Et etiam mensura est comparabilis mensurato; igitur tempus est comparabile alterationi; et tamen nec sunt eiusdem | speciei nec eiusdem generis.

⟨4⟩ Et motus solis diurnus est velocior tua ambulatione, licet motus rectus et circularis sint | diversarum rationum et specierum.

⟨5⟩ Et motus sursum motui deorsum est aeque velox, si aequali tempore pertranseuntur spatia aequalia; et illi sunt diversi specie, quia contrarii.

---

5 quaeritur] *praem. et* G ‖ aliqua sint] *inv.* P   6 ipsa] *om.* G   7 arguitur] *praem. et* G   8 melior²] nobilior Pp   10 notitia] natura p   11 naturaliter est prior] est prior naturaliter GP : est prior natura p ‖ suo causato] *inv.* G ‖ non est in] est p   13 apparet] patet p   17 sed] *praem. et* P ‖ sint] sunt p   19 et] *om.* P   22 diurnus] *om.* P ‖ tua *add. in marg.* alias mea (?) C

9 Averroes, *In De anima*, II, comm. 2 (ed. Crawford, 130) ‖ Aristoteles, *Metaphysica*, VII, 1, 1028a32–33; cf. *AA*, 1: 159   13–14 Aristoteles, *Ethica Nicomachea*, V, 8, 1133a19   18–19 Cf. Aristoteles, *Physica*, IV, 14, 222b30–223a15

⟨6⟩ Et ita essent aeque veloces alterationes de frigidissimo ad calidissimum et e converso, si fierent aequali tempore.

⟨7⟩ Et geometer sic inveniret quadratum aequalem triangulo, licet illae sint figurae diversarum specierum.

⟨8⟩ Et numeri sunt ad invicem comparabiles certissimis proportionibus, licet sint ab invicem diversarum specierum et quod dicantur aequivoce; unde dicit Aristoteles in illo septimo quod aequivoce dicitur 'multiplex' et 'duplex' et 'tantumdem et amplius', immo etiam et 'duo'.

⟨9⟩ Item univoca non sunt nisi termini vocales significativi, sed aliae res bene comparantur ad invicem, ut hoc album illi albo et Socrates Platoni secundum eorum magnitudines.

⟨10⟩ Item arguitur quod non sufficiat univocatio secundum speciem specialissimam ad comparandum quia: 'homo' univoce dicitur de Socrate et Platone, et tamen non dicimus quis eorum sit magis vel minus homo.

Oppositum determinat Aristoteles in illo septimo.

Notandum est quod anima comparat res per terminos mentales quibus intelligit unam rem in respectu alterius, et illam comparationem exprimit et designat per terminos vocales. Ideo ad comparandum requiruntur multa.

Requiritur enim anima innata comparare et intelligere res in respectu sui invicem. |

Secundo requiruntur res quas anima comparat ad invicem, ut quia canem equo comparamus secundum albedinem (quis albior?) vel secundum magnitudinem (quis maior?) vel secundum multitudinem (ut qui sunt plures, an equi vel canes?). Et sic motum motui comparamus secundum velocitatem (quis velocior?), et sic de aliis. Et non est vis in proposito utrum illae res quae comparantur sunt eaedem vel diversae cum illis dispositionibus secundum quas comparantur.

Tertio requiruntur apud animam conceptus diversi istarum rerum quae ad invicem comparantur vel etiam dispositionum secundum quas comparantur. Et debent esse conceptus istarum rerum quae comparantur absoluti

122vb G

---

3 inveniret] invenire C ‖ quadratum] quadrangulum G ‖ aequalem] *add.* in C   6 ab] ad GPp   8 et¹] *om.* P   10 illi] *corr. ex* illo C   12–13 secundum speciem specialissimam] *in marg.* C   13 quia] quod G ‖ univoce dicitur] *inv.* P   14 et] *om.* P   16 est] *om.* G   16–17 quibus intelligit] *rep.* G   17 alterius] ad alteram P   26 sunt] sint GPp   29 dispositionum] *corr. in marg. ex* dispositionem C : dispositiones G

7 Cf. Aristoteles, *Physica*, VII, 4, 248b16–20   15 Cf. Aristoteles, *Physica*, VII, 4, 248a10–249a8

vel saltem non respectivi respectu illo comparativo quo comparamus istas res, sed conceptus dispositionum secundum quas est comparatio debent esse respectivi illo respectu comparativo quo comparamus.

Et postea ultimo ad exprimendum comparationes mentales requiruntur termini vocales subordinati illis conceptibus et designantes eos. Verbi gratia *a* dicimus albius ipso *b* vel maius vel velocius. Et non oportet istos terminos 'a' et 'b' esse respectivos, sed isti termini 'albius', 'maius', 'velocius' sunt respectivi et comparativi.

Sed ulterius etiam oportet quod illae dispositiones secundum quas comparantur illae res quae comparantur significentur per aliquem terminum absolutum vel non respectivum illa comparatione, qui quidem terminus sit verificabilis de terminis supponentibus pro illis | rebus quae comparantur (aliter | non esset comparatio nisi abusiva), ut si debeamus dicere quod homo sit albior equo, oportet utrumque esse album, et si *a* est maius ipso *b* vel velocius, oportet utrumque habere magnitudinem vel velocitatem.

Tunc igitur est prima conclusio quod ad proprie dictam comparationem non requiritur quod termini supponentes pro illis rebus quae comparantur sint ad invicem eiusdem speciei specialissimae, quia equus et canis possunt vere ad invicem comparari secundum albedinem vel secundum nigredinem.

Deinde etiam notandum est quod ad hoc quod proprie fiat comparatio, | oportet illum terminum significantem dispositiones secundum quas fit comparatio recipere comparationem loquendo grammatice, ut 'album albius', 'velox velocius', 'magnum maius', 'multum plus' etc.

Ideo sequitur secunda conclusio quod non secundum omnem terminum specialissime univocum fit comparatio, quia non omnis talis terminus recipit grammatice comparationem. Unde non dicimus quod ille color sit magis albedo quam ille, nec Socrates est magis homo quam Plato, nec unus circulus magis circulus alio.

---

1 respectu] ab p ‖ illo comparativo] illius comparativi G   2 debent] dicitur C   3 illo] *in marg.* C : *om.* GPp ‖ comparativo] comparativi p   5 eos] eas C   6 ipso] *om.* G   7 isti termini] istos P ‖ maius] *add. et* G   12 verificabilis] unus *sed add. inf. lin.* verificabilis C : verus P   14 oportet] oporteret p   15 ipso] *om.* P   15–16 velocitatem] *add.* etc. Gp   17 tunc] nunc P   19–20 possunt vere] *inv.* GPp   20 comparari] comparare P ‖ vel secundum] aut secundum G : aut P ‖ nigredinem] magnitudinem GPp   21 etiam] *om.* P ‖ notandum est] notandum p : nota G ‖ fiat] fit P   22 significantem] significare P   23 recipere] *praem. et* P : reciperetur G ‖ loquendo grammatice] *inv.* P   24 velox velocius] *inv.* p ‖ velox ... etc.] multum plus velox velocior P   25 ideo] item P   28 est] *om.* GPp

QUAESTIO 6   211

Ulterius notandum est quod dupliciter fit comparatio, scilicet communiter et proprie. Communiter fit comparatio, ubicumque invenitur excedens et excessum, licet sine proportione determinata et mensura. Proprie autem fit comparatio, ubi invenitur excedens | et excessum secundum determina-   123ʳᵃ G
5 tam proportionem, ut duplam vel triplam vel sesquialteram etc. Et in proprie dicta comparatione invenitur aequalitas vel similitudo remoto excessu; in alia autem non invenitur.

Tunc igitur est tertia conclusio quod ad comparationem communiter dictam non requiritur quod terminus significans dispositiones secundum
10 quas fit comparatio sit univocus secundum speciem specialissimam, immo saepe dicitur analogice de illis de quibus dicitur. Dicimus enim Deum esse meliorem asino, sed non potest dici in quanto sit melior, nec potest aliquid capi in Deo quod sit aequalis vel similis bonitatis cum asino. Sic etiam dicimus Deum esse sapientiorem homine, sed non potest dici in
15 quanto. Et substantiam dicimus priorem vel principaliorem in essendo accidente.

Quarta conclusio est quod ad comparationem proprie dictam requiritur quod terminus significans dispositiones secundum quas fit comparatio sit univocus, ita quod univoce praedicetur de terminis supponentibus pro
20 rebus quae comparantur (dico 'univoce' non prout univoce praedicari distinguitur contra denominative praedicari, sed prout distinguitur contra aequivoce praedicari). Hanc conclusionem declarat Aristoteles exemplariter. Cum enim 'acutum' dicatur univoce de hoc cultello et de illo, nos comparamus et dicimus hunc esse illo acutiorem et etiam angulum angulo, etiam in certa
25 proportione; et aliquos dicimus esse acutos. Et sic etiam vocem voce dicimus aequaliter acutam vel in duplo vel in triplo acutiorem, quia 'acutum' dicitur de illis secundum eandem rationem. Sed non dicimus cultellum voce acutiorem vel aeque acutum, quia 'acutum' dicitur de illis aequivoce. Et ita

---

1 notandum est] nota G   2 invenitur] fit *sed add. in marg.* seu invenitur C : fit G   3 licet] sed P ∥ determinata] debita *sed add. in marg.* determinata C ∥ mensura] *add.* determinata P ∥ autem] aliquando p   5 vel¹] *om.* p ∥ sesquialteram] aequialteram CG ∥ in] *om.* P ∥ in proprie] improprie p   6 vel] et p   7 alia] alio P   10 immo] ideo C   11 esse] *om.* p   12 asino] diabolo C ∥ quanto] quantum G   13 in deo] *om.* G   14 etiam] enim P   15 dicimus] *in marg.* C : *om.* GPp ∥ vel] et GP   17 ad ... dictam] in comparatione proprie dicta G   21 praedicari] *om.* p ∥ sed] *add.* solum P ∥ distinguitur] *add.* solum Gp   23 et¹ ... comparamus] *in marg.* G ∥ de²] *sup. lin.* C : *om.* P ∥ de illo] ita p ∥ comparamus] comparationem facimus p   24 etiam²] et Pp   25 et¹] etiam P ∥ esse] *om.* p ∥ sic etiam] sic enim P ∥ voce] *om.* G   28 acutum²] acutio p ∥ et] *om.* P

---

22 Cf. Aristoteles, *Physica*, VII, 4, 248b7–10

terram non dicimus graviorem | voce, sed terram terra vel vocem voce, quia 'grave' dicebatur aequivoce de terra et voce | et dicitur univoce de hac voce et ista.

Quinta conclusio est quod in plurimis requiritur univocatio secundum speciem specialissimam et non sufficit univocatio secundum genus, quia de coloratis non comparamus quid istorum sit coloratius et in quantum, puta hoc album illo nigro. Sed de albis dicimus hoc esse illi aeque album vel albius in duplo aut triplo aut secundum aliam proportionem. Non tamen dixi quod in omnibus oporteat esse univocationem secundum speciem specialissimam, quia forte in aliquibus sufficit in genere propinquo speciebus specialissimis, ut si ille terminus 'multitudo' sit genus ad species numerorum, non oportet comparationem facere secundum terminum specialissimum. Non enim secundum binarium dicimus quod haec sunt magis duo quam ista vel haec magis tria quam ista. Sed secundum hoc genus 'multitudo' fit comparatio, quia cum haec sint multa et ista multa, dicimus haec esse plura illis aut in duplo aut in triplo etc. Et hoc est, quia istae species 'binarius', 'ternarius' vel 'duo', 'tria' non recipiunt comparationem et illud genus 'multum' vel 'multa' recipit; dicimus enim 'multum plus plurimum' et 'multa plura plurima'. Et ita etiam non secundum 'bicubitum' vel | 'tricubitum', quae sunt species | specialissimae quantitatis continuae, fit comparatio, sed secundum genus, puta magnitudinem, quia 'magnum' recipit comparationem, non autem 'bicubitum' vel 'tricubitum'.

Et per haec dicta respondetur faciliter ad rationes.

⟨1⟩ Ad primam etc. Non enim est comparatio proprie dicta, scilicet secundum certam proportionem, Dei ad asinum secundum bonitatem nec substantiae ad accidentia secundum nobilitatem vel prioritatem in essendo aut in definiendo; et sic de causa et causato.

⟨2⟩ Ad aliam dicitur quod omnia venalia secundum relationem ad humanam indigentiam comparantur ad invicem, sed non proprie, scilicet secundum certam proportionem, saltem ex natura rei, immo oportet voluntarie

---

1 terram non dicimus] non dicimus terram GPp ‖ vel] sed et p : *om.* P   3 et] *add.* de G   4 est] *om.* G   6 quid] quod Pp ‖ in quantum] in quanto Pp   7 hoc album] *om.* G ‖ albis] aliis C   8 aut¹] vel GP   9 oporteat] oportet G ‖ univocationem] univoca^{tem} C : aequivocationem G   13 sunt] sint p ‖ magis duo] *inv.* P   15 cum] *om.* G ‖ haec¹] *om.* C : hac P ‖ et] *om.* P   17 comparationem] comparationes P   18 et²] *om.* Pp   18–19 ita etiam] ita (*sup. lin.*) etiam C : *inv.* p   19 vel] *om.* P   24 ad primam etc.] *om.* GPp   25 dei] *om.* p   26 vel] *add.* secundum GPp   27 in²] *om.* p ‖ definiendo] differendo G   28 venalia] venalium G ‖ relationem] *corr. ex* rationem C

concordare in quantitate proportionis. Unde venditor saepe dicit rem suam in valore excedere pecuniam emptoris et emptor dicit contrarium et non possunt concordare; alter autem veniens qui plus indiget illa re, concordat iam cum venditore et comparat illam rem suae pecuniae vel alteri rei suae. De hoc magis debet videri in speciali in quinto *Ethicorum*.

⟨3⟩ Ad aliam dicitur quod, si mensuratio fiat secundum adaequationem mensurae ad mensurabile vel ad partes eius, tunc est comparatio proprie dicta inter mensuram et mensurabile et inter mensurabilia eadem mensura ad invicem. Sed si sit mensuratio per divisiones proportionales mensurae et mensurabilis absque hoc quod oporteat adaequare mensuram ad mensurabile vel ad partes eius, tunc non oportet quod ista sint ad invicem comparabilia proprie. Et ita dictum fuit in quarto quia omnes motus mensurantur | tempore. 138rb P

⟨4⟩ De motu | solis conceditur quod est velocior tua ambulatione, quando tu vadis ad iuvenculas, sed non potest signari in qua proportione; ideo non est comparatio proprie dicta. 149va C

⟨5⟩ Ad aliam conceditur quod motus sursum et motus deorsum existentes diversi secundum speciem comparantur secundum velocitatem, sicut homo et equus secundum albedinem, quia hoc nomen 'velox' dicitur de eis univoce, quoniam in illis motibus attenditur velocitas aequalis penes pertransiri aequalia spatia aequalibus temporibus, et non est ascendentis et descendentis spatium alterius rationis, sed forte est idem; et sic de tempore.

⟨6⟩ Ita etiam dicitur de alterationibus de quibus arguebatur. Nam in ista calefactione erat tanta caliditas generata et tanta frigiditas corrupta, quanta in alia frigefactione erat frigiditas generata et caliditas corrupta; et penes hoc attenditur velocitas in illis alterationibus; ideo de illis dicitur 'velox' univoce.

⟨8⟩ De numeris dictum fuit in positione.

⟨9⟩ Ad aliam dicitur quod, quae comparantur, vel dispositiones secundum quas comparantur non sunt univocae vel aequivocae, sed termini per quos comparatio exprimitur. De quibus satis dictum fuit.

---

1 saepe dicit] *inv.* p   2 contrarium] oppositum P   3 alter autem] aliter aut p   5 magis debet] *inv.* G ‖ in²] *om.* GPp   6 quod si mensuratio] quod si comparatio p : *om.* P   9 divisiones proportionales] *inv.* GPp   12 et] *om.* P   14–15 quando ... iuvenculas] *sup. lin.* C : *om.* GPp   15 signari] assignari p   17 conceditur] *sup. lin.* C ‖ motus²] *om.* P   18 diversi] divisim p   19–20 de eis univoce] univoce de eis P   20 quoniam] quia G   20–21 pertransiri] transiri p   23 arguebatur] arguitur p ‖ in] *om.* p   24 calefactione] *add. in marg.* alias alteratione C   26 de] in G   28–30 ad ... fuit] *om.* G   28 dicitur] conceditur Pp   30 satis dictum fuit] dictum fuit satis P

5 Cf. Iohannes Buridanus, *Quaestiones super decem libros Aristotelis ad Nicomachum*, V, q. 16 (ed. Parisiis 1489, f. 133^{rb-vb})

⟨10⟩ Ad ultimam conceditur quod cum ista univocatione bene requiritur quod ille terminus univocus recipiat comparationem secundum grammaticam.

⟨7⟩ De quadrato etiam et triangulo manifestum est quod comparantur secundum magnitudinem. De qua dictum fuit in positione. |

---

1 ultimam] aliam p   2 recipiat] recipiet P   4 etiam] autem p : *om.* P ‖ quod] *add.* non p
5 positione] *add.* etc. p : *add.* et sic est finis quaestionis G

⟨VII. 7⟩

⟨Utrum primae duae regulae quas Aristoteles ponit in ultimo capitulo septimi *Physicorum* sint verae⟩

Quaeritur septimo circa ultimum capitulum huius septimi, in quo Aristoteles ponit multas regulas de comparationibus motuum secundum habitudinem ad motores, et erit haec quaestio de primis duabus regulis, videlicet utrum duae regulae sint verae, videlicet istae: 'si aliqua virtus movet aliquod mobile per aliquod spatium in aliquo tempore, eadem vel aequalis virtus movebit medietatem illius mobilis per duplex spatium in aequali tempore'; secunda regula est: 'si aliqua virtus movet aliquod mobile per aliquod spatium in aliquo tempore, eadem vel aequalis virtus movebit medietatem illius | mobilis per aequale spatium in medio tempore'.

107ᵛᵃ p

⟨1⟩ Arguitur primo quod prima regula non valeat quia: si tu potes trahere navem per unam leucam in una hora, non sequitur quod tu possis trahere medietatem navis per duas leucas in una hora, immo forte nec festucam posses trahere per duas leucas in una hora.

⟨2⟩ Item si lapidem aliquem proicis in aliquo tempore per aliquod spatium, non oportet quod medietatem possis proicere per duplex spatium sive in aequali tempore sive in maiori vel minori, immo forte, quanto magis minorabitur lapis, tanto per minus spatium poteris ipsum proicere; longius enim proiceres fabam quam granum milii.

⟨3⟩ Similiter etiam arguitur contra | secundam regulam quia: si mulier portat aliquod onus ad forum in una hora, non sequitur quod portaret dimidium onus in dimidia hora, immo nec sine onere iret ad forum in dimidia hora.

149ᵛᵇ C

---

5 quaeritur septimo] *inv.* G   5–7 circa … videlicet] *om.* P   8 utrum] *add.* hae GPp ‖ videlicet] scilicet GPp   12 vel aequalis] totalis p   13 medio] dimidio p   14 primo] ergo Gp : *om.* P ‖ potes] posses p ‖ trahere] *add.* hanc GPp   15 quod … trahere] quod tu possis trahere hanc (navem per *del.*) *in marg.* G   19 possis] posses P   20 sive¹] *om.* p ‖ immo] *om.* G   21 minorabitur] maiorabitur p   23 etiam] *om.* Pp ‖ quia] quod P   25 onus] *add. in marg.* alias oneris P

8–13 Cf. Aristoteles, *Physica*, VII, 5, 249b30–250a3

Oppositum determinat Aristoteles in illo septimo.

138ᵛᵃ P   Aliqua | notabuntur in ista quaestione et aliqua supplebuntur in alia quaestione.

Notandum est igitur quod in proposito quaestio potest intelligi ubi mobile resistit motori et quod propter resistentiam est successio in motu, ita quod, cum fuerit maior resistentia, vel non erit motus vel erit motus tardior ceteris paribus, et si fuerit minor resistentia, erit motus velocior ceteris etiam paribus, et si fuerit nulla resistentia, non esset successio temporalis, sed mutatio instantanea.

Deinde etiam per 'dimidiationem mobilis' nos possumus intelligere dimidiationem resistentiae et per 'mobile' etiam intelligere resistentiam, ita quod sit sensus istarum regularum quod virtus movens aliquam resistentiam aliqua velocitate moveret dimidiam resistentiam duplici velocitate. Nam si hoc esset ita, sequeretur manifeste quod moveret per duplex spatium aequali tempore et per aequale spatium dimidio tempore.

Tunc igitur ego pono conclusiones.

Prima est quod ista prima regula non est universaliter vera, quia si ista esset vera, sequeretur quod etiam ista alia regula esset vera 'si aliqua virtus movet aliquod mobile per aliquod spatium in aliquo tempore, eadem vel aequalis virtus movet duplex mobile per dimidium spatium in aequali tempore'; sed ista regula est falsa; igitur similiter prima erat falsa. Quod autem haec ultima regula est falsa, manifestum est per se, quia tantum mobile

123ᵛᵇ G   vel tanta resistentia mota a tua virtute posset signari | quod tu non posses movere duplam per aliquod spatium nec in aliquo tempore. Et causa huius est, quia virtus motoris debet excedere virtutem resistentiae; et forte non excederet, si resistentia duplaretur. Verbi gratia tria movent duo, quia excedunt ea; sed duplatis duobus erunt quattuor; et tria non excedunt illa quattuor; ideo nullo modo movebunt ea.

Sed tunc ego probo consequentiam argumenti principalis, scilicet quod, si prima regula sit vera, alia etiam quae dicta fuit erit vera quia: pono quod

---

2 notabuntur] *add.* et dicentur GPp ‖ aliqua²] alia GPp   4 notandum est] nota G   5 propter] *corr. in* per C : per G   6–7 vel¹ ... resistentia] *om. (hom.)* p   7 ceteris etiam] *inv.* P   10 nos] *om.* P   14 sequeretur] sequitur Gp ‖ moveret] moverent p   16 tunc igitur] et tunc P ‖ ego] *om.* GP   17 prima²] *om.* p   18 sequeretur] sequitur p ‖ quod] *add. sed del.* quod C ‖ regula] secunda P ‖ virtus] *rep.* C   19 aliquod¹] *sup. lin.* C ‖ eadem] *in marg.* C   21 erat] erit Gp   22 est¹] sit Gp   23 posset] potest P ‖ quod] quia C   24 et] *om.* P   25 huius] *om.* P ‖ debet] dicitur C   26 gratia] *add.* quia C   27 tria] ita p   28 ea] *om.* p   29 ego] *om.* P   30 regula] *om.* G

---

1 Cf. Aristoteles, *Physica*, VII, 5, 249b30–250a4   2–3 Cf. inf., VII, q. 8

a moveat *b* per unam leucam in una hora. Et pono etiam quod *c* est duplum ipsi *b*. Tunc ego concludam quod *a* movebit *c* per dimidiam leucam in una hora, quia si non potest, tunc ego sumam aliam virtutem maiorem quae hoc potest, quae sit *d*. Tunc igitur *d* movet *c* per dimidiam leucam in una hora. Sequitur, si prima regula erat vera, quod etiam *d* movebat medietatem | ipsius *c*, quae quidem medietas est *b*, per unam leucam in una hora. Et ita sequitur quod *a* et *d* sunt virtutes omnino aequales, quae aeque velociter movent idem mobile *b*; igitur cum *d* posset movere *c*, sequitur quod *a* etiam poterat ipsum movere.

150ra C

   Secunda conclusio est quod etiam secunda regula non est omnino vera, quia si esset vera, sequeretur quod etiam ista esset vera | 'si aliqua virtus movet aliquod mobile per aliquod spatium in aliquo tempore, eadem vel aequalis virtus movebit | duplum mobile per idem spatium duplici tempore'; sed ista ultima regula est falsa, sicut ante dicebatur; igitur alia etiam regula erat falsa. Et ego probo consequentiam proportionaliter sicut prius, ponendo quod *a* movet *b* per unam leucam in una hora, et *c* sit duplum ipsi *b*. Tunc dico quod *a* movebit *c* per unam leucam in duabus horis, quia si hoc non possit, ego capiam aliam virtutem, scilicet *d*, quae hoc potest. Et tunc sequitur, si illa secunda regula erat vera, quod *d* movebit medietatem ipsius *c*, quae quidem medietas est *b*, per unam leucam in una hora. Et ita *d* et *a* erunt virtutes aequales; et *d* potest movere *c*; igitur similiter *a* potest movere *c*.

138vb P

107vb p

   Ex istis sequitur tertia conclusio quod proportio velocitatum motuum non attenditur penes proportionem resistentiarum manente eodem vel aequali motore, videlicet tali modo quod in quanto resistentia erit minor, in tanto velocitas erit maior, quia per duas conclusiones praecedentes apparet quod non sequitur, si resistentia dimidiatur, quod velocitas dupletur.

   Quarta conclusio est quod etiam ista regula non est vera 'si aliqua virtus movet aliquod mobile per aliquod spatium in aliquo tempore, dupla virtus movebit idem mobile per duplex spatium in eodem tempore', quia si ista

---

1 moveat] movet GPp   2 ego] *om.* P ‖ concludam] *sup. lin.* C ‖ a] *om.* P   3 tunc ego] *inv.* P   4 quae sit] et sit illa virtus GPp ‖ tunc] cum GPp ‖ movet] moveat GPp   5 sequitur] *add.* quod P ‖ movebat] movebit GP   6 quidem] quidam G   7 d] b C ‖ quae] quia scilicet p   8 mobile] *add.* scilicet GPp ‖ b] d p : *om.* P ‖ cum] *om.* C ‖ a] *om.* p   9 poterat] poterit G   11 sequeretur] sequitur p ‖ ista] alia P   13 duplum] duplex GPp   14 ista] *om.* p ‖ sicut] ut P   14–15 etiam regula] *inv.* GPp   15 proportionaliter] proportionabiliter p   16 ipsi] *corr. ex* ipsius C   18 possit] sit p ‖ et] *om.* P   19 si] quod p   20 d et] de P   23 conclusio] *add.* scilicet Gp   28 conclusio] *om.* p ‖ est¹] *rep.* C   29 dupla] duplex P   30 movebit] movent P

regula esset vera, sequeretur quod etiam ista regula esset vera 'si aliqua virtus movet aliquod mobile per aliquod spatium in aliquo tempore, dimidia virtus movebit idem mobile per dimidium spatium in eodem tempore'; | sed ista regula est manifeste falsa, sicut dictum fuit. Nam si movens dimidiaretur, forte non amplius excederet ipsum mobile. Sed consequentia probatur ponendo quod *a* movet *b* per unam leucam in una hora. Tunc medietas ipsius *a* vocetur *c*. Tunc igitur dico quod *c* movebit *b* per dimidiam leucam in una hora, si prima regula sit vera, quia si non potest, detur aliqua potentia quae possit hoc praecise, et illa sit *d*. Tunc *d* movet *b* per dimidiam leucam in una hora. Et tunc, si regula prima erat vera, sequitur quod dupla ipsi *d* movet *b* per unam leucam in una hora. Et sic dupla ipsius *d* est aequalis virtuti *a*; igitur *d* est aequalis medietati ipsius *a*, scilicet ipsi *c*. Et sic sequeretur, cum *d* posset movere *b*, quod etiam *c* poterat | movere *b*.

Et consimiliter posset argui vel probari quod ista regula esset falsa 'si aliqua virtus movet aliquod mobile per aliquod spatium in aliquo tempore, dupla virtus movebit idem mobile per idem spatium in dimidio tempore', sed dimitto probationem propter brevitatem.

Et tunc sequitur quinta conclusio, scilicet quod proportio velocitatum motuum non debet attendi penes proportionem moventium ad invicem stante | eadem vel aequali resistentia, quia ex praecedente conclusione manifestum est quod non sequitur, si virtus movens duplatur, quod velocitas dupletur.

Deinde etiam nos supponimus quod movens debet esse fortius quam resistentia, ita quod moventis ad mobile debet esse proportio maioris inaequalitatis.

Et tunc ponitur sexta conclusio quod proportio velocitatum motuum non debet attendi secundum proportionem excessuum quibus moventia excedunt mobilia, quia qua velocitate duo movent unum, eadem velocitate quattuor movent duo. Hoc patet per regulam Aristotelis positam in his verbis: 'si

---

1 sequeretur] sequitur Gp ‖ quod etiam] *inv.* p ‖ regula²] *om.* P   1–2 aliqua virtus] *corr. ex* aliquod virtus C : aliqua P   3 virtus movebit] *inv.* p   4 regula] *om.* P   5 forte] quod *add.* CGPp, *sed del.* C ‖ non amplius] *corr. in marg. in* minus non C   7 a] *om.* p   9 possit hoc praecise] hoc possit praecise Gp : hoc praecise possit P ‖ illa sit] *inv.* G   10 regula prima] *inv.* p : illa prima regula G ‖ sequitur] sequetur P   11 ipsius] ipsi GPp ‖ virtuti] virtutis p   12 a] *om.* p ‖ sequeretur] sequitur Gp ‖ cum] quod p   13 quod] *om.* p   14 esset] sit GPp   19 debet] debent P ‖ proportionem] proportiones C   20 quia] quod P ‖ praecedente] praecedenti G   24 moventis] movens G ‖ mobile] *add.* quod P   26 et] *om.* G   28 qua velocitate] quam velocitatem P ‖ eadem velocitate] eandem velocitatem P   29 duo ... verbis] *in marg.* (*partim reciso*) C ‖ per] *add.* illam p

29–219.3 Aristoteles, *Physica*, VII, 5, 250a25–27

vero duo et utrumque eorum aut utrumque movet tantum in tanto, et compositae potentiae compositum ex gravibus aequali movebunt longitudine et in aequali tempore', id est si *a* movet *b* et *c* movet *d* per aliquod spatium in aliquo tempore, compositum ex *a* et *c* movebit compositum ex *b* et *d* per aequale spatium in aequali tempore. Igitur si aliqua duo movent aliquod unum aliqua velocitate et alia duo aliud unum, oportet quod quattuor, quae sunt composita ex illis duobus et duobus, moveant duo, quae sunt composita ex illis uno et uno, | aequali velocitate; et tamen maior est excessus quo quattuor excedunt duo, quam excessus quo duo excedunt unum.

Septima conclusio infertur quod velocitas attendi debet penes proportionem maioris inaequalitatis moventis ad resistentiam, ita quod, quanto erit maior proportio maioris inaequalitatis moventis ad resistentiam, tanto erit motus velocior. Et ista proportio velocitatum motuum attendenda est penes proportionem proportionum moventium ad suas resistentias, | ita quod, in qua proportione proportio ipsius *a* ad *b* est maior quam proportio ipsius *c* ad *d*, in eadem proportione *a* movet ipsum *b* velocius quam *c d*. Ista conclusio manifesta est, quia aliis modis quibus aliqui imaginabantur quod deberet attendi proportio velocitatum motuum reprobatis non videtur relinqui nisi ille modus; igitur rationabile est quod debeat approbari.

Et tunc ad videndum quomodo illae duae regulae Aristotelis de quibus quaerebatur habeant veritatem, ego pono octavam conclusionem, scilicet quod illae duae regulae Aristotelis sunt verae in quibuscumque proportio motoris ad resistentiam est dupla, sed in aliis non sunt verae sicut ponuntur.

Prima pars huius conclusionis ex hoc apparet, quia si *a* est duplum ipsi *b*, sequitur quod *a* est quadruplum medietati ipsius *b*. Et ista medietas sit *c*. Tunc *a* est duplum *b* et quadruplum ipsi *c*; igitur *a* movet *c* dupliciter velocius | quam *b*. Consequentia patet, quia proportio | quadrupla est dupla ad proportionem duplam; igitur velocitas ad velocitatem debet esse dupla. Et

---

1 eorum] *add.* et C : horum Gp ‖ eorum aut utrumque] *om. (hom.)* P ‖ aut] *varia lectio pro* autem *in translatione Aristotelis; cf. Aristoteles Latinus, Physica, Tr. Vetus, VII.5, ed. Bossier, Brams, 276, 3.* ‖ movet tantum] movet tamen G : moventum (!) p   3 id est] *corr. sup. lin. ex* vel C : *om.* P ‖ a] autem P   6 duo] *add. sed del.* et C   7–8 duobus^2 ... illis] *in marg. (partim reciso)* C   9 excedunt^2] *om.* P   13 ista] ita GPp   17 quia] *add.* in p   18 videtur relinqui] BHMTU : videntur relinqui ACGLp : videretur relinqui P   20–21 et ... ego] *om.* p   21 habeant] habeat P   22 illae] *om.* P ‖ sunt verae] sint verae G : de quibus quaerebatur habeant veritatem p   25 ex] extra P ‖ apparet] patet p ‖ quia] quod G   26 b^2] a P   27 duplum] *add.* ipsi GPp   28 quadrupla] quadrupli G   29 proportionem] *corr. in marg. in* velocitatem C : velocitatem G ‖ duplam] dupli G

ego declaro assumptum quia: duplum dicitur alicui quod continet ipsum vel aequale sibi bis. Sed ita est quod proportio quadrupla continet bis duplam consequenter, quia proportio dupla est duorum ad unum et quadrupla quattuor ad unum; sed quattuor ad unum sunt duae duplae, scilicet prima duorum ad unum et secunda quattuor ad duo.

Sed secunda pars conclusionis declaratur tam ex praedictis quam exemplariter, quia si sex movent duo, proportio est tripla. Et si auferatur medietas duorum, tunc sex movent unum, et est proportio sextupla; et non movebunt dupla velocitate, quia proportio sextupla non est dupla ad triplam. Non enim continet duas triplas, sed continet solum unam triplam cum una dupla, quia sex continent bene unam triplam, quae est trium ad unum, sed ultra non continent nisi unam duplam, quae est sex ad ista tria. Dupla autem ad triplam esset proportio novem ad unum, quia contineret duas triplas, scilicet unam trium ad unum et aliam novem ad ista tria. Et sic viginti septem ad unum esset tripla ad triplam. Ideo igitur non sex, sed novem moverent unum dupliciter velocius quam tria unum.

Si igitur illae regulae Aristotelis debeant poni universaliter verae, oportet quod sic intelligantur quod, si aliquod movens movet aliquod mobile per aliquod spatium in aliquo tempore et illud mobile sic dividatur quod proportio moventis ad ipsum sit dupla proportioni in qua prius se habebat movens ad mobile, tunc movens movebit illud mobile per duplex spatium in aequali tempore et per aequale spatium in dimidio tempore.

124va G   Tunc ergo solvuntur rationes quae fiebant, quae non convenienter | arguunt.

⟨1⟩ Si enim medietur navis, non mediatur totalis resistentia; nam et aqua resistit. Et corpus trahentis etiam resistit virtuti trahenti, scilicet animae seu eius potentiae motivae.

⟨2⟩ Et ita etiam, si tu aufers medietatem lapidis, tu non aufers medietatem totalis resistentiae, quia aer resistit, quem tu non aufers. Et etiam dicetur

---

2 ita] sic P   3 consequenter] communiter G ∥ quia] quod C   5 ad²] *add.* illa Gp ∥ duo] *corr. ex* duos C   11 continent bene] *praem.* primo Gp : bene continent primo P   12 continent] continet p ∥ ista] *om.* P   12–13 triplam] tria C   13 quia contineret] quia continent C : etiam continerent P   14 aliam] illam P ∥ et²] etiam P ∥ viginti septem] dupla p   15 igitur] *om.* P ∥ sed] ad C ∥ moverent] moveret p   16 tria] si p   19 dividatur] dimidiatur (*add. sup. lin.* alias dividatur C) CG : diminuatur (*add. in marg.* alias dividatur P) Pp   20 proportioni] proportionum p ∥ ad²] *add.* illud P   23 ergo] *om.* P ∥ solvuntur] solvit ad p ∥ quae²] quia GPp   24 non] *add.* enim P ∥ et] *om.* P   25 corpus] *corr. in marg. ex* totus C ∥ seu] sive P   26 eius potentiae] *inv.* GPp   27 ita] sic P   28 et] *om.* P

post quod proiectum movetur ab impetu, qui in parvo corpore non potest esse ita fortis, quin cito corrumpatur a resistentia; ideo non potest corpus valde parvum proici longe.

⟨3⟩ Et ita virtus motiva mulieris non solum movet illud onus, sed etiam | corpus suum; ideo tu non aufers medietatem resistentiae etc.

108rb p

---

2 fortis] *add.* et sequitur P ‖ corrumpatur] corrumpitur P   4 et] *om.* P ‖ mulieris] mulierum P ‖ solum movet] *inv.* P   5 etc.] et sic est finis etc. G

1 Cf. inf., VIII, q. 12

⟨VII. 8⟩

⟨Utrum regulae Aristotelis quas ipse ponit in ultimo capitulo septimi *Physicorum* sint universaliter verae⟩

Quaeritur octavo et ultimo magis generaliter de illis regulis Aristotelis quas ipse ponit in ultimo capitulo | huius septimi *Physicorum*. Quaeritur utrum sint universaliter verae.

Et iam pro magna parte dictum est in alia quaestione quomodo ipsae debeant intelligi, sed adhuc nunc alia declarabuntur. Argutum | fuit enim prius contra primam et secundam regulam.

Et adhuc arguitur contra eas quia:

⟨1⟩ Non apparet quae sunt illae virtutes et ista mobilia de quibus istae regulae haberent veritatem. Si enim essent verae, oporteret hoc esse, ubi virtus motiva remaneret eadem et quod mobile diminueretur ad medium ipsius. Et hoc non potest esse in motibus caelorum, quia Aristoteles non diceret quod caelum posset dividi naturaliter. Et cum hoc etiam intelligentia est voluntas libera; et in talibus non valerent istae regulae, quia tales virtutes possunt movere idem mobile velociter et tarde et velocius, et tardius totum et velocius partem et e converso.

⟨2⟩ Deinde etiam in animalibus moventibus se ipsa non posset manere virtus motiva eadem, si medietas corporis auferretur. Sed etiam nec illud posset fieri in motibus gravium et levium naturalibus, in quibus forma gra-

---

5 quaeritur ... ultimo] octavo consequenter quaeritur G : quaeritur octavo p   5–6 et ... quaeritur] *om.* P   6 in] *om.* G ‖ quaeritur] *om.* Gp ‖ utrum] *add.* illae regulae P   7 universaliter verae] *inv.* P   9 alia] aliae p ‖ fuit enim] *inv.* GPp   10 et secundam regulam] regulam et secundam GPp   12 quae sunt] quae sint G : quod sint p   13 enim] non P ‖ ubi] quod p   14 remaneret] remanerent G ‖ diminueretur] *add. in marg.* alias removeretur C   15 motibus] motoribus P   16 dividi] diminui p   17 regulae] duae G   18 possunt] possent P ‖ velociter ... velocius] et tarde et velociter Pp : et tarde et velocius G   20 deinde] *om.* P ‖ in] *sup. lin.* C : *om.* p ‖ posset] potest G ‖ manere] movere p   21 sed] vel p   22 gravium ... naturalibus] naturalibus gravium et levium GPp   22–223.1 gravis] terrae ignis C

---

10 Cf. sup., VII, q. 7

vis vel ipsa gravitas movet ipsum grave; non enim posset auferri medietas mobilis, quin auferretur medietas moventis.

⟨3⟩ Sed verum est quod in sagittatione vel proiectione bene potest resecari medietas sagittae vel lapidis etiam remanente eodem proiciente vel sagittante. Sed tunc statim apparet quod in istis regulae non habent veritatem. Nam si arcus emittat sagittam ad longam distantiam, non sequitur quod emitteret medietatem ad duplam distantiam, immo lapis vel sagitta ita possent diminui quod homo vel arcus non possent eos proicere ad spatium decem pedum. Igitur non apparet ubi istae regulae habeant locum.

⟨4⟩ Item sequeretur quod virtus finita posset infinita velocitate movere et ad distantiam infinitam. Et hoc non videtur possibile nec visum est quod aliqua virtus moveret vel posset movere velocius quam ista virtus quae movet motum diurnum, quae tamen non movet infinita velocitate nec Aristoteles concederet quod posset movere infinita velocitate. Sed consequentia manifesta est, quia non ad distantiam tantam posset movere, quin posset ad maiorem in duplo movere, scilicet medietatem sui mobilis, | nec posset tanta velocitate, quin posset maiori in triplo. 124vb G

⟨5⟩ Tertia regula erat 'si aliqua virtus movet aliquod mobile per aliquod spatium in aliquo tempore, eadem virtus movebit idem mobile per dimidium spatium in dimidio tempore'. Et si ista regula esset vera, oporteret motum esse aeque velocem in principio, in medio, in fine. Et hoc est falsum primo in motibus naturalibus gravium et levium; illi enim sunt tardiores in principio, velociores in fine. Hoc est etiam falsum in motibus violentis, quia sunt velociores in principio et tardiores in fine. | Et hoc est etiam falsum in motibus animalium, quia sunt tardiores in principio et in fine, et in medio velociores. 151ra C

---

1 ipsa] *om.* P   2 auferretur] auferetur C   3 est] *om.* p   4 etiam] *om.* GPp ‖ remanente] *corr. in marg. ex* mediante C   5 tunc statim] *inv.* G   6 emittat] emittit G : emitteret P : eiecit p ‖ sequitur] sequeretur GP   8 possent¹] possunt GP ‖ diminui] *praem. in marg.* dividi seu C : dividi G ‖ possent²] possunt P : posset G   8–9 spatium] *add. in marg.* distantiam C   9 non] *om.* p   10 item sequeretur] item (idem G) sequitur Gp   11 distantiam infinitam] *inv.* GPp ‖ visum] *corr. ex* usum C   12 posset movere] *inv.* GP ‖ ista] *om.* P ‖ virtus²] nunc *add.* G   13–14 nec ... velocitate] *om. (hom.)* P   14 infinita] *rep.* G   15 ad¹] *in marg.* C ‖ distantiam tantam] *inv.* GPp   16 scilicet] *del. et add. in marg.* secundum (2^m, *i.e. 'secundum' ordinale*) alias secundum (s', *i.e. 'secundum' praepositum*) ad C ‖ sui] illius P   20 vera] *add.* sequeretur quod P   21 in principio] *om.* G ‖ medio] *add. et* GPp   23 principio] *add. sed del.* tardiores in fine C : *add. et* GPp ‖ est etiam] *inv.* GP   24 et²] *om.* p ‖ est etiam] *inv.* GP   25–26 in medio velociores] velociores in medio G

18–20 Cf. Aristoteles, *Physica*, VII, 5, 250a4–5

139vb P

⟨6⟩ Quarta regula erat | 'si aliqua virtus movet aliquod mobile per aliquod spatium in aliquo tempore, medietas virtutis movebit medietatem mobilis per aequale spatium aequali tempore'. Sed oppositum apparet de gravi; grave enim magnum descendit velocius quam medietas eius (et hoc est, quia dicitur quod virtus unita est fortior se ipsa dispersa).

⟨7⟩ Et Aristoteles expresse videtur determinare contra istam regulam in octavo *huius*. Ipse enim movet istam dubitationem: si ponamus quod primum movens se ipsum sit *ab*, ita quod *a* moveat *b* et *b* | moveatur ab *a*, posito quod resecetur medietas ipsius *a* et medietas ipsius *b*, utrum aliqua medietas ipsius *a* movebit aliquam medietatem ipsius *b*? Et arguit quod non quia: tunc sequeretur quod compositum ex *a* et *b* non esset primum movens se ipsum, immo illud remanens quod adhuc movet se ipsum; quod est contra suppositum. Et statim videtur approbare illud argumentum et determinare quod ista medietas non moveret istam medietatem, dicens quod, licet *a* et *b* essent divisibilia in potentia, tamen non essent actu divisibilia sic quod divisione facta remanerent potentiae eorum, ita scilicet quod pars moveret partem. Unde dicit sic: 'si autem dividatur, non adhuc esset habens eandem potentiam; quare nihil prohibet in divisibilibus potentia primum esse unum'. Et haec determinatio apparet expresse contra istam quartam regulam.

108va p

⟨8⟩ Iterum, si ista regula esset vera, sequeretur quod quaelibet pars grani milii cadens super terram faceret sonum. Consequens, ut dicit Aristoteles, est falsum. Consequentia probatur quia: modius granorum facit magnum sonum, igitur medietas medietatem, et sic in infinitum secundum infinitam divisionem.

⟨9⟩ Quinta regula est 'si duae virtutes moverent duo mobilia per aliquod spatium in aliquo tempore, congregatum ex illis virtutibus movebit congregatum ex mobilibus per aequale spatium aequali tempore'. Et hoc non videtur universaliter verum, quia si gravitas et levitas colligantur simul, non movebunt vel saltem una non movebit, cum tamen utraque, si sit seorsum, moveat velociter.

---

1 erat] *add.* quod P   4 est] *om.* P   6 istam] ipsam P   7–8 primum] *add.* et G : primo P   8 ab¹] a et b GP : a p ‖ moveatur] movetur G   9 resecetur] resi^ur G ‖ ipsius¹] *om.* G ‖ aliqua] *corr. in* reliqua C : reliqua P   10 ipsius¹] *om.* G   11 sequeretur] sequitur Gp   12 movet] moveret Pp : manet moveret G   16 eorum] earum p ‖ moveret] posset movere GPp   17 unde dicit] *corr. sup. lin. ex* bene autem C ‖ esset] esse Gp : omne P   18 quare] quia p ‖ unum] *corr. in marg. ex* verum C   19 istam] *om.* p   20 esset] est Gp ‖ sequeretur] sequitur Gp ‖ grani] *in marg.* C : *om.* Gp   22 est falsum] *inv.* P   23 infinitam] *om.* P   25 moverent] movent GPp   27 spatium] *add. in* GPp ‖ et hoc non] hoc enim P   28 colligantur] colligentur GP   29 tamen] *om.* p

---

1–3 Cf. Aristoteles, *Physica*, VII, 5, 250a4–7   6–7 Cf. Aristoteles, *Physica*, VIII, 5, 258a27–b4   17–18 Aristoteles, *Physica*, VIII, 5, 258b2–4   21 Cf. Aristoteles, *Physica*, VII, 5, 250a19–25   25–27 Cf. Aristoteles, *Physica*, VII, 5, 250a25–27

QUAESTIO 8   225

Oppositum apparet per Aristotelem, qui nobis ponit omnes istas regulas.

Videtur mihi primo quod illae regulae non sunt intelligendae de motoribus voluntariis et liberis, nisi posito casu quod moverent maxima velocitate qua possent movere talia mobilia, quia non oportet, si tale | movens libe-   125ra G
5   rum moveat aliquod magnum mobile, quod moveret partem eius vel minus mobile velocius, immo posset movere tardius. Sed de illis motoribus qui semper moverent maxima velocitate qua possent movere cum circumstantiis concurrentibus debet intelligi ista regula.

     Item prima regula, secunda et tertia debent intelligi ex condicione quod
10   virtus movens in utroque motu | moveat | omnino aeque fortiter, scilicet   151rb C
quod non fiat in principio motus aut in medio aut in fine velocior aut tardior   140ra P
quam erat a principio, et quod non concurrat aliqua circumstantia in medio vel in fine quae non concurreret a principio, quae facit ad velocitandum vel retardandum motum. Aliter enim regulae non haberent veritatem.
15   Et ex his videtur mihi inferendum quod illae regulae raro vel numquam inventae sunt deduci ad effectum, sicut bene arguebatur in principio quaestionis. Tamen regulae sunt condicionales et verae, quia si essent illae condiciones observatae quae in regulis sunt supplendae, ita esset sicut regulae ponunt.
20   Nec propter hoc oportet dicere quod illae regulae sunt inutiles et ficticiae, quia licet condiciones illae non adimpleantur per potentias naturales, tamen simpliciter possibile est quod adimpleantur, scilicet per potentiam divinam. Et etiam illae regulae bene sunt utiles et tendunt ad istam veritatem insinuandam quod universaliter penes proportionem maioris inaequa-
25   litatis motoris ad mobile attenditur velocitas motus et augmentatur velocitas sive in principio sive in medio sive in fine secundum quod augmentatur illa proportio, et diminuitur etiam illa velocitas secundum quod diminuitur ista proportio, intelligendo per 'motorem' congregationem ex omnibus

---

1 apparet] patet P ‖ nobis ponit] *inv.* GPp ‖ omnes] *om.* P ‖ istas] *om.* G   3 et liberis] *om.* P ‖ liberis] *corr. sup. lin. ex* liberos C   4 qua possent] quia possunt P ‖ movens] *add.* sit P   5 magnum mobile] *inv.* P   6 sed] *om.* G   7 qua possent] quia possunt P   10 omnino] *sup. lin.* C   11 aut^1] vel GPp ‖ aut^2] aūt G   12 a] in Pp   12–13 aliqua ... fine] in medio vel in (*om.* P) fine aliqua circumstantia GPp   13 a] ad P ‖ facit] faciat GP ‖ vel^2] *add.* ad G   15 et] *om.* P ‖ inferendum] referendum P   16 arguebatur] arguitur p   17 illae] *om.* p   20 oportet] oporteret P ‖ sunt] sint Gp   22 scilicet] *om.* p   23 et^1] *om.* Pp ‖ bene sunt] *inv.* G ‖ et^2] quia GPp   24 quod] et p   27 et] vel p   27–28 diminuitur] dividitur p

---

1 Cf. Aristoteles, *Physica*, VII, 5, 249b30–250a3; 250a4–7, 25–27

active facientibus ad velocitationem et intelligendo per 'mobile' congregationem ex omnibus concurrentibus facientibus ad retardationem.

108ᵛᵇ p Sic | igitur dictum sit quomodo valeant illae tres regulae. Sed etiam quarta regula intelligenda est, ubi tam movens quam mobile sunt divisibilia, et quod ipsis divisis pars remaneret ad partem in eadem proportione quantum ad virtutem movendi et resistendi vel velocitandi et retardandi in qua totum erat ad totum, et quod in hoc non obessent circumstantiae aliae.

Quinta etiam regula praecedentibus dictis debet intelligi quod illae potentiae sint eiusdem rationis ad invicem, non quod una sit gravitas et alia levitas vel una caliditas et alia frigiditas, et quod etiam mobilia sint ad invicem eiusdem rationis.

Et tunc solvuntur faciliter rationes.

⟨1⟩ Ad primam enim diceretur quod caelum posset dividi et minorari per potentiam divinam, licet non naturaliter. Et etiam dictum est quomodo regulae debeant vel non debeant intelligi de potentiis liberis.

⟨2⟩ Ad aliam concessum est quod non invenitur in actu effectus huiusmodi regularum in motibus gravium et levium vel aliarum rerum, sed inveniretur, si observarentur per potentiam divinam prius dictae condiciones. |

125ʳᵇ G

⟨3⟩ De proiectis autem dicetur in octavo quod post exitum a proiciente moventur per impetum eis impressum a proiciente. Et in valde parvo corpore ille impetus est ita parvus, licet sit | intensus, quod valde cito corrumpitur ab aere resistente; ideo non | potest proici longe.

151ᵛᵃ C
140ʳᵇ P

⟨4⟩ Ad aliam concederem quod, si istae condiciones salvarentur, quod ad infinitam distantiam et infinita velocitate virtus finita posset movere aliquod mobile capiendo 'infinitum' syncategoremance. Sed tamen nullum mobile posset infinita velocitate movere. Nam in prima propositione ille terminus 'aliquod mobile' supponit confuse. Et verum est quod non tanta velocitate posset movere aliquod mobile, quin posset movere aliud velocius. Nec ad hoc sequitur aliquod inconveniens.

---

1 velocitationem] velocitatem GPp   3 valeant] valent p ∥ tres] om. G   3–4 etiam quarta regula] quarta regula etiam G   4 intelligenda est] inv. (add. videlicet p) Gp   6 et²] vel G   7 quod in] cum p ∥ obessent] abessent Gp   8 regula] add. in Gp   9 sint] sunt G   10 sint] sunt p   13 enim] om. GP ∥ et] aut p   14 per potentiam divinam] om. G ∥ et] om. P ∥ quomodo] add. illae p   15 debeant¹] add. intelligi G ∥ vel non debeant] om. p   16–17 huiusmodi] huius p   17 et] vel GP ∥ aliarum rerum] animalium P ∥ rerum] in marg. C   17–18 inveniretur] invenitur P   20 moventur] moveretur C   23 concederem quod] concederetur P : concederetur Gp   26 movere] moveri p   27 confuse] add. tantum P   28 movere aliud] inv. GPp

---

19 Cf. inf., VIII, q. 12

QUAESTIO 8   227

⟨5⟩ Ratio quae contra tertiam regulam fiebat bene arguit quod non inveniuntur in actu effectus istarum regularum, sed invenirentur, si salvarentur quae dicta fuerunt.

⟨6⟩ Similiter ad hoc quod primo obicitur contra quartam regulam, manifestum est quod lapis movetur deorsum, et si ab eo auferretur eius medietas, non auferretur propter hoc medietas resistentiae, quia non lapis, sed medium resistebat, de quo tamen non aufers medietatem; ideo non debet manere motus aeque velox.

⟨7⟩ De ista autem determinatione Aristotelis in octavo dicetur quod in tantum posset motor diminui quod corrumperetur a continente virtus eius motiva; ideo nihil posset. Sed si utroque diviso salvaretur proportio et non esset aliunde impedimentum, effectus regulae procederet.

⟨8⟩ De granis autem milii dicendum est quod sonus non resistebat casui granorum, sed aer quem oportet dividi. Modo in arguendo tu volebas dividere proportionaliter grana et sonum, et tu debuisses divisisse resistentiam; ideo non bene concludebatur.

Et sic est finis quaestionis et per consequens totius septimi *Physicorum*. | 151vb C
                                                                                              125va G

---

2 salvarentur] servarentur p   5 et] etiam P ‖ auferretur] auferret P   7 tamen] tu Gp ‖ aufers] *corr. ex* auferes C   8 velox] velorum (?) C   9 octavo] *add.* huius GPp ‖ dicetur] dicitur GPp   10 posset] potest p   11 salvaretur] servaretur p   12 regulae] ille G ‖ procederet] procederent P   13 est] *om.* p   14 arguendo] argumento p ‖ tu volebas] ponebas P   15 proportionaliter] proportionabiliter p ‖ grana] grave scilicet P   16 concludebatur] *add.* etc. Pp   17 et[1] ... physicorum] et sic est finis septimi physicorum expliciunt quaestiones septimi libri physicorum incipiunt supra octavum consequenter eiusdem G : expliciunt quaestiones septimi libri physicorum P : et sic est finis septimi libri p ‖ finis] *add.* est C

⟨Tabula quaestionum octavi libri *Physicorum*⟩

Tabula quaestionum octavi et ultimi libri *Physicorum*.

⟨1⟩ Et est prima quaestio utrum ad scientiam naturalem pertinet considerare de primo motore. Quod ad solam metaphysicam pertinet demonstrare primam causam esse et primam materiam et primam formam et primum agens et primum finem et scire quae sit unaquaeque illarum.

⟨2⟩ Secunda est utrum Deus sic potuit facere motum de novo quod ante nullus fuisset motus neque mutatio. Quomodo Deus potest immediate creare novum effectum sine | mutatione voluntatis divinae et an potest velle oppositum eius quod ab aeterno voluit.

⟨3⟩ Tertia utrum sit aliquis motus aeternus. Quod nullus | motus potest esse infinitus, licet infinitus possit esse motus. Quod semper fuit motus, si haec dictio 'semper' non distribuat nisi pro temporibus. Quare peccamus, si non volumus aliis prodesse, et Deus non. An Deo sit nobilior status dominari multis quam nullis. An est melius esse Deum et multa alia quam esse Deum tantum.

⟨4⟩ Quarta quaestio est utrum animal movetur ex se et non grave inanimatum. De multis diversis modis movendi se.

⟨5⟩ Quinta utrum actu grave existens sursum moveatur per se post remotionem prohibentis et a quo movetur. Quod nec a generante nec a removente prohibens nec a loco nec a caelo nec a medio, sed a forma sua vel a sua gravitate. Quare motus gravis velocitatur continue. De diversis modis capiendi 'moveri per se'.

⟨6⟩ Sexta quaestio utrum primus motor est immobilis.

⟨7⟩ Septima utrum motus localis sit primus motuum. Quod ante omnem motum fuerunt generationes, corruptiones substantiales, alterationes. Si esset vera opinio Aristotelis de aeternitate mundi, quomodo est verum quod priora secundum generationem sunt posteriora secundum perfectionem et e converso. De comparatione motuum circularium ad rectos.

---

2 tabula] *praem. haec est* G : *praem. sequitur* P ‖ et ultimi libri] libri GP : *om.* p   3 et ... quaestio] prima quaestio est Pp   4 pertinet] spectat GPp   6 quae ... illarum] quae sit unaquaque illarum C : quid sit unumquodque illorum P   7 est] *om.* GPp   8 ante] antea P   13 distribuat] distribuit P   15 alia] *add.* bona GPp   17 quaestio est] *om.* GPp   18 se] *add.* etc. p   20 et] *om.* p ‖ quod] quia G   24 quaestio] *add.* est p : *om.* P   26 generationes ... alterationes] alterationes generationes et corruptiones substantiales GPp   27 est verum] *inv.* G   29 rectos] rationes C

⟨8⟩ Octava quaestio utrum necesse est in omni motu reflexo mobile quiescere in termino reflexionis. Si *a* motum reflectatur a lapide et non quiescit in termino reflexionis, utrum tetigit lapidem.

⟨9⟩ Nona utrum movens finitum potest movere per infinitum tempus. Quod non est demonstrabile quod oporteat ponere intelligentias ad movendum corpora caelestia. Quid vocatur infinitas secundum vigorem et secundum durationem; et de duplici infinitate secundum durationem etiam in movendo.

⟨10⟩ Decima utrum infinita virtus potest esse in magnitudine finita et etiam an finita potest | esse in magnitudine infinita. Quomodo virtus passiva dicitur potentior in patiendo.   125vb G

⟨11⟩ Undecima quaestio utrum primus motor, scilicet Deus, sit infiniti vigoris. Unde potentia dicatur maioris vigoris. Unde est diversitas praedicatorum Deo attributorum. | De infinitate essentiae seu perfectionis divinae.   152ra C
De libertate.

⟨12⟩ Duodecima quaestio utrum proiectum post exitum a manu proicientis moveatur ab aere vel a quo moveatur. Quare longius proicio lapidem quam plumam vel quam tantumdem de ligno. Quod movetur ab impetu sibi impresso a motore. Quare motus naturales gravium sunt velociores in fine quam in principio. An oportet ponere intelligentias ad movendum corpora caelestia. Quae res est ille impetus. Quare pila de corio longius reflectitur quam lapis velocius motus.

⟨13⟩ Tredecima et ultima huius totius libri *Physicorum* est utrum primus motor est indivisibilis et nullam habens magnitudinem. De diversis conceptibus magnitudinis.

Et sic finitur tabula. Sequitur ultimo quaerere circa octavum librum. | 140vb P

---

1 quaestio] *om.* GPp ‖ necesse] *in marg.* C   5 oporteat] oportet p   6 et] vel P   7 de ... etiam] *om.* P   9 infinita virtus] *inv.* GPp   10 etiam] *om.* P ‖ an finita] infinita Pp ‖ potest] possunt G ‖ in magnitudine] in Pp : *om.* G ‖ quomodo] quae G   12 quaestio] *om.* GPp   13 est diversitas] *inv.* G   14 deo] de G   16 duodecima quaestio] duodecima Pp : *om.* G   18 plumam vel quam] *om. (hom.)* G ‖ quam²] *om.* Pp   20 in] *om.* P   21 quare] quia p ‖ corio] area vel terra C   22 velocius] velociter C   23 et ... est] *om.* P ‖ est] *om.* p   24 et] quod p   26 et ... librum] et sic est finis tabulae et sic est finis tabulae huius octavi quaestionum sequuntur consequenter quaestiones eiusdem etc. G : et sic est finis septimi libri incipit octavus physicorum p : etc. P

⟨VIII. 1⟩

⟨Utrum ad scientiam naturalem pertineat considerare de primo motore⟩

Et erit prima quaestio ista, videlicet utrum ad scientiam naturalem pertinet considerare de primo motore.

⟨1⟩ Arguitur primo quod non quia: secundo *huius* dicitur quod physicus tenetur considerare | quaecumque mota movent, quaecumque autem movent non mota non sint physicae considerationis. Igitur primus motor, qui est immobilis, non est physicae considerationis.

⟨2⟩ Item sexto *Metaphysicae* Aristoteles ponens differentiam inter metaphysicam, mathematicam et physicam dicit: 'si vero est immobile aliquid et separabile et sempiternum, palam quia est theoricae illud noscere, non tamen physicae (nam de mobilibus quibusdam est physica) nec mathematicae, sed prioris ambarum'. Haec Aristoteles. Per 'prioris ambarum' intelligit metaphysicam.

⟨3⟩ Item de omnibus separatis substantiis et maxime de Deo pertinet ad metaphysicam, immo etiam de primis causis in omnibus generibus causarum, ut patet secundo *Metaphysicae*; primus autem motor est Deus et prima causa est substantia separata; igitur de eo pertinet ad metaphysicam, non igitur ad physicam. | Et iuxta hoc dicit Avicenna quod metaphysicus invenit primum principium in quolibet genere causarum et non physicus.

---

4 et] *praem.* quaeritur primo supra octavum librum G : *praem.* sequitur ultimo quaerere supra octavum physicorum p ‖ et … videlicet] circa octavum librum quaeritur consequenter ista quaestio P ‖ prima] *om.* p   6 primo] *om.* GPp   7–8 movent] *om.* p   8 sint] sunt GPp   9 immobilis] *in marg.* C   10 ponens] ponit P   12 quia est] *inv.* P ‖ noscere] cognoscere G   13 mobilibus] motibus p   14 prioris[1]] BLU : priorum ACGHPp : priores T : primum M ‖ ambarum[1]] amborum P ‖ aristoteles] ille G   14–15 per … metaphysicam] *scripsimus* : per priorum ambarum intelligit metaphysicam C : *deest* Ha : *om. cett.*   16 separatis substantiis] *inv.* GPp   17 etiam] *add.* et GPp ‖ primis] *corr. in marg. ex* principiis C   18 et] est P   19 eo] deo p

---

6 Cf. Aristoteles, *Physica*, II, 7, 198a27–29   10–14 Aristoteles, *Metaphysica*, VI, 1, 1026a10–13   18 Cf. Aristoteles, *Metaphysica*, II, 1, 993b23–31   20 Cf. Avicenna, *Liber de philosophia prima*, tract. 1, cap. 2 (ed. Van Riet, 13–16)

QUAESTIO 1   231

⟨4⟩ Item Commentator tertio *Metaphysicae* dicit quod non est physici, sed metaphysici, considerare primam causam formalem nec primam causam finalem; et tamen primus motor est prima causa finalis et prima causa formalis, quia est primus actus; igitur non est physici considerare ipsum. Et ob hoc etiam dicit Aristoteles in fine primi *Physicorum* quod de principio secundum speciem, scilicet primo, opus est primae philosophiae determinare; ideo concludit quod in illud tempus apponatur.

Oppositum arguitur per Aristotelem, qui de ipso determinat in isto octavo. Et Commentator tertio *Metaphysicae* dicit quod ad physicum spectat determinare de primo motore et de prima materia. Et in secundo etiam *huius* dicit quod primus motor impossibile est ut declaretur nisi per signum naturale. Et in octavo etiam *huius* dicit quod divinus nullam viam habet ad demonstrandum primum principium motus, | nisi accipiat eam pro constanti a naturali,   152rb C
et reprehendit Avicennam dicentem quod ad metaphysicam pertineat primum principium in quolibet genere causae.

Credo quod in praedictis Commentator inepte reprehendit Avicennam et quod Avicenna melius locutus est in isto proposito. Verum est quod secundum dicta in primo libro de omni ente considerat bene naturalis, quia format et considerat et demonstrat conclusiones ex terminis pro omni ente supponentibus. Verum est etiam, prout debemus supponere ex sexto *Metaphysicae*, quod ad scientiam naturalem non pertinet inquirere vel scire de aliquo ente simpliciter quidditative quid ipsum est vel quae ipsum est; solus enim

---

2 metaphysici] *corr. in marg. ex* medici C : mathematici p ‖ causam] *om*. G   3 finalis] *corr. ex* formalis C   4 est²] *om*. p   5 ob] *om*. P ‖ fine … physicorum] primo physicorum in fine p   6 scilicet primo] Z : scilicet (primo *sup. lin.*) Au : scilicet ABCEGHIJLLaOOxPQTXYp : si MUW : etc. si BrErKRSV (*sed del.* S) : *om*. DFHaPb   7 in] inter p ‖ apponatur] apponitur P   9 physicum] philosophum *sed add. in marg*. physicum C   10 materia] *corr. ex* causa C ‖ etiam huius] *inv*. G   11 est] *corr. ex* ut C   12 quod] *om*. P   13 constanti a] constantia Gp : constanti et C   14 avicennam] avicenna C ‖ quod] *sup. lin.* C ‖ metaphysicam] metaphysicum p   15 genere] *om*. P   17 proposito] *om*. P ‖ verum] *add*. autem G   19 considerat et] *om*. (*hom*.) GPp   21 pertinet] pertineret p ‖ vel] et P   22 simpliciter] *add*. et p ‖ ipsum¹ … est²] vel quae ipsum sit P

1 Cf. Averroes, *In Metaphysicam*, III, comm. 3, f. 41I–K   5 Cf. Aristoteles, *Physica*, I, 9, 192a34–36   8 Cf. Aristoteles, *Physica*, VIII, 6, 258b10–260a19; 10, 266a10–267b26   9 Cf. Averroes, *In Metaphysicam*, III, comm. 3, f. 41I–K   10 Averroes, *In Physicam*, II, comm. 22, f. 57B   12 Cf. Averroes, *In Physicam*, VIII, comm. 3, f. 340E–F   14 Cf. Averroes, *In Physicam*, VIII, comm. 3, f. 340E   18 Cf. Iohannes Buridanus, *Quaestiones super libros Physicorum*, I, q. 1, concl. 3 (ed. Streijger, Bakker, 10–11)   20–21 Cf. Aristoteles, *Metaphysica*, VI, 1, 1025b1–18

metaphysicus considerat simpliciter quidditates entium. Sed videndum est in quo Commentator et Avicenna habuerunt controversiam.

Dico igitur quod ad metaphysicam et non ad physicam | pertinet demonstrare primam causam esse et primam causam efficientem et primam finalem et primam formalem et primam materialem. Nec physica potest ascendere ad sciendum quae sit prima materia, quid sit primum agens et quis sit primus finis et quae sit prima forma, sed haec omnia habet scire metaphysicus.

Primo quidem dicit Avicenna bene quod ad metaphysicam spectat demonstrare primam causam esse et primum principium (et de hoc male eum reprehendit Commentator), quia physicus et metaphysicus considerant differenter de causis, quia de eis considerat physicus solum inquantum ex eis dependent causata in generando vel corrumpendo, in movendo vel omnino in transmutando tam active quam passive; metaphysicus autem considerat de eis secundum quod ab eis dependent causata in essendo. Unde Aristoteles non diceret quod Deus esset causa intelligentiarum in movendo vel transmutando eas, quia reputavit eas intransmutabiles, | sed tamen intelligentiae et omnia alia in esse suo dependent ex ipso Deo; de quo modo dependendi non intromittit se naturalis. Ex quibus patet quod, si possit | demonstrari primum principium esse non per moveri vel movere, non per transmutari vel transmutare, sed per esse ab aliquo alio et esse a quo aliud, huiusmodi demonstratio pertinebit non ad physicam, sed ad metaphysicam. Sic autem demonstravit Avicenna primum principium esse supponendo ex quid nominis quod per 'primum principium entium' intelligamus illud a quo alia dependent et ipsum non ab alio. Capiamus igitur aliquod ens quod

---

1 quidditates] *corr. in* quidditatem P ǀǀ sed] *add.* nunc GPp   2 avicenna] *add.* hic GPp   3–4 demonstrare] considerare G   4 primam³] *add.* causam p   6–7 quid ... forma] quae sit prima forma quid (quod Pp) sit primum agens et (ut P) quis sit primus finis GPp   7 et ... forma] *in marg.* C   9 dicit avicenna bene] bene dicit avicenna Gp : enim bene dicit avicenna P ǀǀ metaphysicam] metaphysicum Gp   10 primam ... principium] primum principium esse GPp   10–11 eum reprehendit] eum (*in marg.*) reprehendit C : *inv.* GPp   11 quia] quod P   11–12 considerant differenter] *inv.* GPp   12 eis¹] his p ǀǀ physicus] physicas C ǀǀ solum] *corr. in* solummodo P   13 dependent] dependerent P ǀǀ movendo] modo p   14–15 considerat de eis] de eis considerat GPp   15 ab] *sup. lin.* C : ex Gp : *om.* P   17 intransmutabiles] immutabiles P   18 esse suo] *inv.* G ǀǀ ex] ab p   19 dependendi] *corr. ex* intro C ǀǀ quod] quia G   20 primum principium] *inv.* G   21 vel] aut GPp ǀǀ per] *corr. ex* ab C ǀǀ alio] *om.* p   22 huiusmodi] huius P   23 sic] si CP   24 a] *corr. ex* et C   25 quo] *add.* omnia p

---

9 Cf. Avicenna, *Liber de philosophia prima*, tr. 1, cap. 2 (ed. Van Riet, 13–16)   23 Cf. Avicenna, *Liber de philosophia prima*, tract. 8, cap. 3 (ed. Van Riet, 394)

QUAESTIO 1   233

dependet ab alio in esse suo, ut lumen, quod dependet a sole. Tunc quaerimus de sole, quia si non dependet ab alio, ipsum est primum principium, et habetur intentum. Et si dependet ab alio, quaeratur de illo alio. Et sic aliquando veniam ad illud quod non dependet ab alio, et habetur propositum,
5 vel procederetur in infinitum, quod est impossibile in causis essentialiter ordinatis, ut probatum est secundo *Metaphysicae*. Et illud medium per quod hoc probatur | secundo *Metaphysicae* non est naturale, sed metaphysicum,   152ᵛᵃ C
quia non est restrictum ad moventia et ad mota, sed est universale ad causas et causata in essendo; nam in essentialiter ordinatis posterius in causando et
10 essendo non esset nec causaret, nisi esset et causaretur a priori. Et perficiatur ratio, sicut videri debet in illo secundo *Metaphysicae*. Et si Aristoteles in illo secundo *Metaphysicae* descendit in speciali ad causas moventes, hoc est quia sub universali medio per quod tenebat demonstratio contingit descendere ad species, sicut si per medium universale et per proprium probatum
15 est quod omnis triangulus habet tres angulos etc., possibile est idem praedicatum virtute illius medii inferre de speciebus triangulorum.

Item in speciali descendendo manifestum est quod physicus non potest demonstrare primam materiam esse nec scit quae sit materia prima, quia si physicus sciat quod quattuor | elementa sunt tamquam materiae mixtorum   141ʳᵇ P
20 ex quibus fiunt mixta et in quibus resolvuntur, tamen adhuc per transmutationes substantiales ad invicem elementorum ipse potest ultra scire quod est alia materia prior innata deferre transmutationes elementorum ad invicem et suscipere successive formas substantiales et accidentales illorum elementorum et consequenter mixtorum, et istam vocat primam, scilicet quae
25 possit per transmutationes substantiales inveniri, sed ipse nescit an ista sit simpliciter prima. Quidam enim posuerunt materias priores et simpliciores credentes quod omnis substantia per se subsistens praeter Deum sit composita substantialiter ex actu et potentia illi actui subiecta, quem actum

---

1 alio] *corr. in marg. ex* illo C : alia G   1–2 quaerimus] quaeremus GPp   3 dependet] dependent G ‖ quaeratur] quaeram GPp ‖ alio²] *corr. ex* loco C   4 dependet] dependebit GPp ‖ habetur propositum] habebitur intentum GPp   5 procederetur] procedetur Gp : procedet P   6 est] *add.* in p   7 probatur] probatum est GPp   8 ad²] *om.* GPp   9–10 causando et essendo] essendo et causando GPp   10 nec causaret] nec crearet G : *om.* C   12 illo] *om.* p   14 si] *om.* C ‖ per proprium] *corr. in marg. ex* propositum C : proprium Pp   15 etc.] dicitur p : *om.* P   17 item] *add.* magis GPp ‖ descendendo] dicendo (ddº) P   18 scit] scire GPp ‖ materia prima] *inv.* p   19 materiae] materia P   21 ad invicem elementorum] elementorum ad invicem GPp   22 deferre] differre Gp   23 illorum] *in marg.* C   24 et¹] *om.* p   26 simpliciter] *corr. ex* simplex C ‖ enim] tamen P

6 Cf. Aristoteles, *Metaphysica*, II, 2, 994a1–19; cf. *AA*, 1: 43   11 Cf. Iohannes Buridanus, *Quaestiones super libros Metaphysicorum*, II, q. 5 (ed. Parisiis 1518, f. 11ᵛᵇ–12ʳᵇ)

dicebant esse causam illius potentiae, sicut forma dicitur causa materiae. Et ista etiam potentia dicebatur esse causa illius actus, sicut materia dicitur causa formae, quamvis in perpetuis ista potentia non esset innata suscipere alium actum, quia ille actus non erat corruptibilis. Sic enim posuerunt multi substantiam caeli, intellectum humanum et unamquamque intelligentiam | esse compositam ex actuali et potentiali, quamvis alterius rationis a materiis et formis istorum generabilium et prioribus naturaliter et perfectioribus eis. Item etiam aliqui, sicut beatus Thomas, in omnibus praeter Deum posuit compositionem quodam modo ex esse et essentia. Et physicus non habet scire an hae positiones sint verae vel falsae; ideo non habet scire an ista materia quam per transmutationes substantiales potuit invenire sit simpliciter prima.

Similiter est de formis. Primo enim, si loquamur de inhaerentibus subiectis suis, physicus non potest arguere nisi formas quae sunt termini transmutationum substantialium et accidentalium. Et iam dictum est quod | aliqui posuerunt formas priores, scilicet istos actus caeli et intelligentiarum, vel etiam respectu essentiae. Et iterum etiam plures posuerunt in eodem subiecto plures formas substantiales ordinatas secundum ordinem praedicatorum quidditativorum, et formas generaliores, ut corporeitatis vel substantiae, non generabiles aut corruptibiles, et sic non esse terminos transmutationum. Et physicus non habet scire utrum istae | opiniones sint verae vel falsae, et sic non potest scire utrum inter formas inhaerentes quas ipse potest invenire aliqua earum sit prima vel non.

Deinde etiam, si actus per se subsistentes vocemus formas, physicus non habet invenire tales actus nisi ratione qua movent motu aeterno, sicut visus fuit arguere Aristoteles in octavo *huius*, sed non habet scire utrum sint alibi

---

1 causa] *praem.* esse P : *om.* p   2 etiam] *om.* P   3 potentia] *corr. in marg. ex* materia C ‖ esset] est p   4 quia ille] *corr. ex* quae est C ‖ corruptibilis] BrKQRSUVWZ (*corr. ex* corporalis S) : *om.* O : *deest* Ha : corporalis *cett.*   9 ex] *corr. ex* et C   10 positiones] propositiones *sed add. sup. lin.* alias positiones C ‖ sint] sunt GP ‖ vel] aut GPp ‖ ideo] *add.* etiam G   13 similiter] *add.* etiam GPp ‖ si] *sup. lin.* C   16 scilicet] *om.* G ‖ actus] *add.* substantiales GPp   18 subiecto] *add. in marg.* alias supposito C : supposito GPp   19 corporeitatis] corporeitas C   19–20 substantiae non] *corr. in marg. ex* substantialium C   20 et sic] AAu CGHILOOxPQSTZp : et ut sic ErKMR : aut sic BBrDEFJLaPbUVWXY : *deest* Ha   22 vel] aut P   25 tales actus] tales (*corr. ex* formas) actus C : *inv.* GPp ‖ movent motu aeterno] movet motus aeternos P ‖ motu aeterno] *corr. ex* motus aeternos C   26 arguere aristoteles] *inv.* G ‖ sint] sunt P

8 Cf. Thomas Aquinas, *Summa Theologiae*, I[a], q. 3, art. 4 (ed. Leonina, 4:42–43); *Summa contra gentiles*, I, cap. 22 (ed. Leonina, 13:68–69); II, cap. 52 (ed. Leonina, 13:387–388); *De ente et essentia*, cap. 5 (ed. Leonina, 43:378–379).

QUAESTIO 1   235

actus priores, sicut ideae, sicut dicit quod Plato posuit, vel etiam actus fina-
les omnium entium, quem aliqui dixerunt nihil movere, sed omnia moventia
movere gratia ipsius. | Et sic etiam physicus nihil habet scire quod sit aliqua   141ᵛᵃ P
prima causa agens vel quae sit ista. Nam dupliciter dicitur agens: quoddam
movens et transmutans effectum suum vel generans, alio modo effectum
suum non generans vel transmutans nec corrumpens vel non movens, sed
conservans ipsum, sicut multi dixerunt Deum esse causam agentem intelligentiarum et caeli et totius mundi; quem etiam multi dixerunt nihil movere
active. Physicus enim, quamvis posset scire statum in moventibus, tamen
non sciret utrum ultra est aliquid tale agens vel non. Et per consequens nihil
sciet dicere de prima causa finali, quae sit ista, quia ipsa omnino ponenda
est prima causa, si sit aliqua prima, et primum agens, si non sit adhuc super
omnia agentia alia causa superior. De quibus nihil debet scire naturalis per
scientiam naturalem. Cum autem de omnibus entibus considerent naturalis et metaphysicus, explicare perfecte quomodo differunt opus est primae
philosophiae; ideo in illud tempus apponatur. Sed de praedictis dixi tanta
propter controversiam quam in loco isto et in pluribus aliis locis in expositione huius libri movit Commentator contra Avicennam.
   Quod autem dicit Aristoteles moventia non mota non esse physicae con-
siderationis potest exponi dicendo | quod naturalis bene considerat secun-   126ᵛᵇ G
dum istam rationem secundum quam dicuntur motores, sed non secundum
eorum rationes quidditativas, sicut nec de aliquibus aliis. Sed tunc revertitur dubitatio, si de omnibus motoribus considerat naturalis secundum istas
rationes secundum quas dicuntur motores et de nullis secundum rationes
eorum simpliciter quidditativas, quare igitur dicit Aristoteles quod physica

---

1 sicut¹] ut GPp ‖ quod plato posuit] platonem posuisse P   4 quoddam] quodam P   5 et]
vel G   6 non¹ ... movens] nec movens nec transmutans nec corrumpens nec generans GPp ‖
vel non movens] *in marg.* C   8 et¹] *om.* G   ‖ nihil movere] vel moveri P   9 enim] autem
GPp ‖ posset] possit P ‖ in] *add.* causis P   10 est aliquid] est aliquod aliud G : esset dicendo
aliud P ‖ consequens] *add.* etiam GPp   11 sciet] sciret Pp ‖ omnino] non G   12 et] *add.*
primo CG (*sup. lin.* C) ‖ primum] *add. in marg.* principium C ‖ adhuc] ad hoc p   13 debet]
habet GPp ‖ scire] *add.* physicus seu P   14 considerent] considerarent C   15 differunt]
hoc sit differenter Gp : hoc sic differunt P   15–16 est primae philosophiae] primae philosophiae est P   16 dixi] dicta fuit P   17 loco isto] hoc loco GPp ‖ isto] *corr. sup. lin. ex*
in C ‖ in³] *om.* P   18 movit] movet G ‖ commentator] averrois GPp   19 autem] ibi p ‖
dicit] dixit GP   20 dicendo] *in marg.* C   21 sed] et P   22 rationes] *add.* simpliciter
GPp   22–23 revertitur] revertit p   24 nullis] *add.* et p   24–25 rationes eorum] *inv.* GPp
25 aristoteles] *add.* differenter GPp ‖ quod physica] *om.* P

---

1 Cf. Aristoteles, *Metaphysica*, I, 6, 987b7–14   19 Cf. Aristoteles, *Physica*, II, 7, 198a27–29

consideratio est de moventibus motis et non de moventibus non motis. Posset responderi quod hoc dixit, quia termini supponentes pro motoribus motis bene continentur tamquam inferiores sub primo et proprio subiecto scientiae naturalis, quod ponitur ille terminus 'ens mobile' vel huiusmodi, et sub eo non continentur termini supponentes pro motoribus immobilibus. 5

---

1 moventibus¹] *add. sed del.* non C ‖ moventibus²] motoribus p   2 posset] potest G ‖ motoribus] motibus *sed add. in marg.* motoribus seu C   3 proprio] proprie G   4 ille terminus] istud p ‖ huiusmodi] huius P ‖ et] *add.* sic GPp   5 eo] ea G ‖ immobilibus] *add.* tamen termini supponentes pro moventibus non motis bene continentur sub subiecto scientiae naturalis et hoc in obliquo etc. p : in moventibus et sic finis est quaestionis P

⟨VIII. 2⟩

⟨Utrum Deus sic potuisset facere motum de novo quod ante non fuisset motus neque mutatio⟩

Quaeritur secundo circa octavum librum utrum Deus sic potuit facere motum de novo quod ante non fuisset motus neque mutatio.

Arguitur quod sic quia: aliter non fuisset omnipotens.

Oppositum videntur intendere Aristoteles et Commentator.

Ista quaestio habet | specialem et maximam difficultatem propter Dei immutabilitatem, sed | omnino credendum est fide nostra pura et firma quod sic et quod Deus de novo creavit mundum et angelos et quod nullus erat motus ante neque mutatio neque omnino alia res praeter ipsum Deum.

153ra C
110ra p

Sed tamen Aristoteles et Commentator visi sunt habuisse opinionem contrariam. Et ad hoc fit argumentum fortissimum supponendo quod Deus est immobilis; quod probatur ex octavo *huius* et in duodecimo *Metaphysicae* | et conceditur fide quantum ad ipsam divinitatem. Tunc igitur vel ab aeterno Deus potuit creare mundum et facere illum primum motum vel non ab aeterno potuit. Si dicas quod non ab aeterno potuit, tunc oportet quod, antequam posset, ipse mutaretur, et sic ante primum motum fuit illa mutatio; quod est contra adversarium. Et hoc etiam dicere, scilicet quod non ab

141vb P

---

4 quaeritur] *add.* consequenter G ∥ circa octavum librum] *om.* GPp ∥ sic] *om.* p ∥ potuit] potest G   5 non] nullus GPp   7 videntur] *vel* videtur CP : videtur p ∥ intendere] intelligere P   8 maximam] nimiam p   9 nostra] *om.* GPp   11 neque²] nec P   13 aristoteles et commentator] commentator et aristoteles G   14 ad hoc] adhuc p : hoc G ∥ fit] fuit GPp   15 ex] in GPp ∥ duodecimo] decimo G   16 conceditur] *add.* ex GPp   17 potuit] voluit GPp ∥ motum] *in marg.* C ∥ vel] et G   18 potuit¹] voluit P ∥ potuit²] voluit P   19 posset] *add. in marg.* alias vellet P ∥ ipse] *om.* GPp   20 dicere] *corr. ex* est C ∥ scilicet] *sup. lin.* C   20–238.1 non ... hoc] hoc non ab aeterno G : non ab aeterno deus hoc Pp

7 Cf. Aristoteles, *Physica*, VIII, 1, 252a3–5; cf. Averroes, *In Physicam*, VIII, comm. 13, f. 347M–348B; comm. 15, f. 349I–350B   15–16 Cf. Aristoteles, *Physica*, VIII, 6, 258b10–260a19; cf. Aristoteles, *Metaphysica*, XII, 6, 1071b3–1072a18

aeterno hoc potuit, est error contra fidei veritatem. Si vero concedatur quod ab aeterno potuit, tunc oportet quaerere utrum etiam ab aeterno voluit vel non. Si non, etiam tunc, antequam crearet, oportuit quod vellet creare (dico 'ante' vel tempore vel natura), et tunc oportuit Deum mutari de non velle in velle, et sic iterum sequitur quod ante primum motum fuit illa mutatio voluntatis divinae. Si vero concedatur quod ab aeterno voluit et potuit, sequitur quod ab aeterno hoc fecit, quia non erat possibile quod esset impedimentum resistens divinae voluntati; et si fuisset, adhuc oportuisset ipsum removeri per ipsam mutationem, et sic adhuc primo motu fuisset mutatio prior.

Respondetur multipliciter. Primo quod possibile est Deum prius non velle et post velle sine eius mutatione, | immo etiam hoc est nobis possibile, ut si semper diligo omnes bonos, sicut debet facere bonus princeps, et odio omnes malos, si tamen prius es malus et post bonus, ego post te diligo et prius odio sine mutatione voluntatis meae. Unde sic contingit Deum peccatores odire et post eos factos bonos diligere. Sed illa solutio non facit ad propositum, quia tu ponis mutationem primam in alio; quod non ita poterat dici ante velle creare mundum.

Idcirco datur alia solutio, scilicet quod illa est duplex 'Deus ab aeterno voluit creare mundum', quia haec determinatio 'ab aeterno' potest determinare hoc verbum 'voluit' vel hoc verbum 'creare'. Si determinet hoc verbum 'voluit', tunc est vera; sed si determinet hoc verbum 'creare', tunc est falsa. Ab aeterno enim voluit creare, et non voluit creare ab aeterno, sed tunc, et sic non mutatus fuit in sua voluntate, sicut si tu vis cras ire ad forum et in illo actu volendi perseveras et vadas, non mutabatur tua voluntas.

---

1 veritatem] *add. in marg.* seu credulitatem C : credulitatem G ‖ concedatur] concedatur P   2 potuit] *add.* esse p   3 non[1]] *om.* P ‖ etiam] *om.* GPp   4 et] *om.* P   5 et] *om.* P ‖ quod] *om.* p ‖ illa] *sup. lin.* C   6 concedatur] concedas GPp   9 removeri] moveri C ‖ ipsam] illam GPp   11 primo] *om.* p : *add.* dicitur GPp ‖ non velle] nolle GPp   12 velle] *add.* aliquid GPp ‖ est nobis] *inv.* G   13 omnes] *add. in marg.* homines C : homines G   14 tamen] tu GPp   14–15 malus ... prius] bonus et post malus ego prius te diligo et post GPp   15 mutatione voluntatis meae] voluntatis meae mutatione p   17 tu] *om.* P   17–18 non ... dici] ita non poteras dicere P   19 idcirco] igitur P   21 hoc verbum[2]] *om.* P ‖ determinet] determinat Pp ‖ hoc verbum[3]] *om.* P   22 sed] *om.* P ‖ determinet] determinat Pp ‖ hoc verbum] *om.* P ‖ tunc[2]] *om.* P ‖ falsa] falsum C   23 et[1] ... tunc] *add.* non ab aeterno sed tunc C : non tamen voluit creare ab aeterno sed tunc p : non ab aeterno sed tunc G : non ab aeterno P ‖ et sic] *corr. sup. lin. ex* etiam C : *add.* tunc P : sic p   24 sua] *corr. sup. lin. ex* una C ‖ si] *om.* p ‖ cras ire] *inv.* GPp   25 volendi] *om.* P ‖ perseveras] perseveres Gp ‖ non] *add.* inde GP ‖ mutabatur] mutabitur GPp

⟨1⟩ Contra istam solutionem obicit Commentator quia: volens productionem | alicuius non postponit volitum nisi propter aliquod impedimentum seu defectum alicuius dispositionis valentis ad productionem illius voliti, vel saltem exspectat tempus. Et quocumque horum modorum hoc fuerit, adhuc ante illius voliti productionem oportet esse aliam mutationem secundum quam aufertur impedimentum vel fit dispositio quae deficiebat vel advenit tempus quod exspectabatur. Ideo sic semper ante primum motum esset alia mutatio.

⟨2⟩ Item cum tu dicas quod voluit facere tunc et non voluit facere ante, quaero quid tu vis intelligere vel significare per 'tunc' vel 'ante', utrum per hoc tu intelligas tempus vel aeternitatem vel Deum vel aliam rem. Non potest dici quod tempus, | quia non erat tempus ante factionem mundi, immo si sic Deus simpliciter de novo creavit caelum et terram et angelos, tenendum est | quod potuit eos creare sine motu, ita quod potuit caelum et terram creare, antequam moverentur; et sic non erat tempus, quod consignificatur per 'tunc', cum tempus sit motus vel non sine motu, ut dicebatur in quarto libro. Nec potest per 'tunc' et 'prius' intelligere Deum vel aeternitatem, quia non est in Deo tunc et prius, nec etiam in aeternitate, quia illa non est nisi Deus et est tota simul sine priori et posteriori. Nec potes intelligere aliam rem, quia ante mundi creationem tu non potes intelligere aliam rem nisi Deum. Ideo videtur quod illa locutio 'voluit facere tunc et non ante' sit ficta et falsa.

⟨3⟩ Item Commentator reiterat quaestionem de factura temporis vel illius tunc et videtur sequi processus in infinitum et ficta quaedam locutio, scilicet quod Deus ab aeterno voluit facere illud tunc, et non ab aeterno, sed tunc, et ita fecit tunc in tunc et ita pari ratione in infinitum.

---

1 volens] *add.* ad p   2 nisi] *add.* vel GP ‖ impedimentum] *add.* vel propter aliquam indispositionem GPp   3 seu] sive P ‖ valentis] volentis p ‖ voliti] *om.* C   4 saltem] *add.* quia GPp ‖ quocumque] quodcumque G   6 aufertur] auferetur p ‖ fit] sic p   7 sic] *add.* quod p ‖ esset] *corr. ex* esse C   9 dicas] dicis G ‖ tunc ... facere²] *in marg.* C ‖ voluit²] *om.* P   10 vel significare] *om.* p ‖ vel²] et GPp   11 tu intelligas] tu (*om.* P) intelligis GPp ‖ tempus] praesens G   11–12 potest dici] enim tu potes dicere G   12 factionem] creationem P ‖ si] *in marg.* C : *om.* P   13 sic deus] *inv.* Pp ‖ simpliciter] *om.* GPp ‖ et²] *add.* creavit G   14–15 potuit² ... antequam] nec caelum nec terra GPp   15 consignificatur] significatur GPp   17 libro] huius p   19 potes] posses p   20 potes ... rem²] ponis aliam rem esse GPp   21 ideo] ergo GPp ‖ tunc] *corr. ex* illud C   21–22 et ... et] *corr. in marg. ex* est C   23–25 item ... et] *in marg.* (*partim reciso*) C   23 reiterat] *in marg.* G : revertitur ad P   24 et²] *add.* sit p   26 ita¹] sic GPp

1 Cf. Averroes, *In Physicam*, VIII, comm. 15, f. 349M   16–17 Cf. Aristoteles, *Physica*, IV, 11, 219a1; Iohannes Buridanus, *Quaestiones super libros Physicorum*, IV, q. 12 (ed. Streijger, Bakker, 306–312)   23 Cf. Averroes, *In Physicam*, VIII, comm. 15, f. 350B

127ʳᵇ G ⟨4⟩ Item positis causis omnino | sufficientibus ad alicuius effectus productionem debet statim sequi illius productio. Sed omnium effectuum immediate a Deo producibilium ad extra causa sufficiens est actio Dei immanens, si non alia causa requiratur, et ab aeterno est actio Dei immanens, quia non est aliud quam Deus. Igitur ab aeterno debet esse effectus quem Deus potest facere sine alia causa concurrente; et sic non videtur possibile quod aliquid sic de novo fecerit quod ante nihil est nisi ipse Deus.

Ista sunt difficilia propter imaginationem, quae non potest bene capere quin ante omne factum fuerit tempus in quo ipsum non erat, sicut non potest bene capere quin ultra illum mundum, si ponatur finitus, sit aliquod spatium. Propter quod omnino videtur nobis secundum imaginationem quod ab aeterno fuit tempus et successio quaedam. Sed tamen oportet intelligere quod, sicut motus quos vocamus locales possunt esse sine spatiis extrinsecis ad quae mobilia aliter et aliter se habeant, et potest esse unus velocior et alius tardior et in certa proportione, et tamen non possemus istos motus percipere nec eorum velocitates exprimere nisi imaginando spatium ad quod ista mobilia aliter et aliter se habeant, ita etiam, quamvis Deus sine motu et sine tempore posset creare angelos plures, unum prius et alterum posterius, tamen huiusmodi prioritatem et quantitatem prioritatis non

153ᵛᵃ C bene possemus capere | vel exprimere nisi imaginando quod illis sic prius et posterius factis coexistat tempus et successio continua, per cuius imaginatam quantitatem exprimemus prioritatem et posterioritatem et quantitatem prioritatis in factione istorum. In tanta enim duratione angelus *a* fuit prior angelo *b*, quantum fuisset tempus medium inter extrema creatio-

142ʳᵇ P num eorum, si fuisset tempus. | Deus autem infinitum motum et infinitum

---

2–3 immediate a deo] a deo immediate GPp   4 causa] *praem.* etiam P : *praem.* cum p : concausa G ‖ requiratur] acquiratur P ‖ et] ideo C ‖ actio] fictio P   6 facere] agere GPp   7 est] sit p : esset P   8 propter ... quae] quae per imaginationem non possunt capi C   9 ante] autem P ‖ omne] *sup. lin.* C ‖ factum fuerit] *corr. ex* captum fuerit C ‖ sicut] sic p   10 potest bene] *inv.* P ‖ capere] capi C ‖ ponatur] ponitur P ‖ finitus] finitum G : infinitum p   10–11 aliquod] aliud GPp   11 videtur nobis] *inv.* GPp   12 tamen] tunc P   13 sicut] sint p ‖ quos] *add.* motus p   14 habeant] habent P ‖ potest] posset Gp : possunt P   15 alius] alter Pp ‖ et²] etiam GPp ‖ et³] *om.* Pp   17 ista] *om.* P ‖ habeant] haberent Pp   18 et sine] vel GPp ‖ angelos plures] *inv.* GPp ‖ et²] *om.* P   19 huiusmodi] huius P   20 possemus] possumus Gp ‖ quod] *add.* in p   21 et²] *corr. sup. lin. ex* est C ‖ continua] temporis P   21–22 cuius imaginatam] imaginationem (*add. in marg.* imaginatam) cuius C : cuius imaginationem Gp   22 exprimemus] exprimeremus GPp   23 tanta enim duratione] tanto (tantum P) enim secundum duratione GPp   24 fuisset] fuit GPp ‖ medium] intermedium GPp ‖ extrema] instantia GPp   25 autem] *corr. sup. lin. ex* esset C : ante Gp ‖ infinitum¹] *praem.* in (*sup. lin.* G) CG ‖ infinitum²] *praem.* in CG

QUAESTIO 2 241

tempus potuisset fecisse ante et posset facere a parte post; et nihil umquam potuit vel potest facere, quod ipse perfectissime non cognoscat et ita perfecte sicut si illa essent facta; ideo infinitum tempus et infinitum motum cognoscit ac si fuissent. Et ideo non est mirandum, si cognoscat perfecte
5 quantum secundum durationem angelus *a* fuit prior angelo *b*; ipse enim cognoscit quantum fuisset tempus intermedium inter creationes ipsorum. Et etiam, cum ab aeterno Deus cognoverit omnia momenta et instantia quae in infinito motu vel tempore fuissent, si infinita fuissent motus vel tempus, et cognoscit quanta inter huiusmodi instantia et momenta distantia fuisset,
10 non est mirandum, si ab aeterno voluntas eius potuit ordinare quod tunc crearetur mundus vel tunc, vel nunc talis | angelus et non prius neque posterius, ita quod nos intelligimus istas | dictiones 'tunc' vel 'nunc' supponere pro determinatis instantibus quae in infinito tempore fuissent, si infinitum tempus fuisset. Et non dico quod Deus intelligit tempus per angelum vel ange-
15 lum per tempus, immo omnia per suam essentiam simplicissimam intelligit. Et sic oportet nos loqui et circumloqui praedicta, quia sic non possumus intelligere res nisi unam per aliam vel mediante alia.

Tunc igitur solvendae sunt replicationes quae fiebant contra principalem solutionem principalis rationis.

20 ⟨1⟩ Ad primam potest dici primo de voluntate nostra quod etiam nostra voluntas ex libertate sua, praesupposita tamen praevia intellectione ad hoc requisita, licet omnes circumstantiae remanerent eaedem, potest de aliquo prosequendo vel fugiendo formare in se actum volendi prosequi vel actum volendi fugere et posset statim formare actum contrarium, scilicet volendi
25 prosequi vel volendi fugere, et potest nullum istorum actuum formare sta-

110va p
127va G

---

1 fecisse] *add.* a parte GPp ∥ posset] *corr. sup. lin. ex* post C   2 potest] tempus vel motus C : posset G ∥ perfectissime non cognoscat] perfectione (*add. in marg.* perfectissime) non cognoscat C : non cognoscat perfectissime GPp   3 facta] *add.* et P ∥ infinitum[1] ... motum] infinitum motum et infinitum tempus Pp : in infinitum motum et in infinitum tempus G   4 ac si] *corr. ex* si C ∥ perfecte] perfecta p   6 cognoscit] cognoscet p ∥ creationes] *corr. in marg. ex* generationes C ∥ ipsorum] eorum GPp   7 cognoverit] perfecte cognoverit (cognovit G) GPp   8 vel[2]] et GPp   9 huiusmodi] huius P ∥ instantia ... fuisset] momenta et instantia fuisset distantia GPp   11 vel[1]] et GPp ∥ nunc] tunc GPp ∥ talis] *add.* vel talis GPp   12 nos] *om.* GPp ∥ vel] et GPp ∥ nunc] tunc p   14 intelligit] intelligat GPp   15 omnia ... simplicissimam] per suam essentiam simplicissimam omnia P   16 sic non] *inv.* GPp ∥ possumus] possimus P   17 intelligere res] *inv.* GPp ∥ vel] et GPp   18–19 quae ... rationis] contra principalem quaestionem factae C   20 potest dici] dicitur P ∥ voluntate] voluntas p   21 libertate sua praesupposita] sua libertate supposita GPp ∥ tamen] cum p ∥ praevia] *corr. in marg. ex* prima C ∥ intellectione] intentione P   22 potest] posset Gp   23 se actum] statum P   23–24 prosequi ... volendi[1]] *om. (hom.)* C   24–25 statim ... potest] *om.* p   25 potest] posset GP   25–242.1 statim] *om.* p

tim, sed differre. Et formando actum volendi prosequi vel fugere potest illum actum formare ad statim prosequendum vel non statim prosequendum absque hoc quod indigeret aliqua mutatione praevia determinante eam ad illum vel | illum actum formandum tunc aut non formandum vel etiam ad formandum tali vel tali modo. Hoc est hic supponendum et in philosophia morali specificandum.

Cum autem in infinitum voluntas Dei sit liberior et potentior voluntate nostra, non debemus negare, quin ab aeterno Deus potuit velle producere *b* et quin etiam ab aeterno potuit nolle producere *b*. Et etiam debemus concedere quod potuit ab aeterno velle producere *b* | in tali momento et non prius neque posterius, et potuit ab aeterno velle producere in alio tempore sive priori sive posteriori. Et si voluit producere, produxit vel producet; et si noluerit, non fecit nec faciet. Et licet etiam ab aeterno voluisset me tali tempore producere, tamen ab aeterno, antequam me produceret, potuit nolle me umquam producere. Unde multa sunt producibilia quae ab aeterno voluit producere et ista produxit et producet; et multa etiam, immo infinita, sunt producibilia quae ab aeterno noluit umquam producere et ista numquam producentur. Nec ex istis sequitur aliqua mutatio in voluntate divina. Si enim Deus produxerit *b* nunc, verum est quod ab aeterno voluit *b* producturum esse nunc et aeternaliter post eodem actu volendi voluit *b* productum fuisse nunc; quibus tamen non obstantibus potuit ab aeterno velle quod numquam produceretur et sic numquam fuisset productum, et si voluisset quod | numquam fuisset productum, numquam voluisset oppositum. Unde haec est impossibilis 'Deus voluit quod numquam fuisset *b* productum et vult quod sit vel esset productum', sed tamen haec est vera 'Deus voluit quod

---

1 differre] definire *sed add. in marg.* alias differre C ‖ potest] posset GPp   2 illum actum] illum statim GP : statim illum p ‖ statim prosequendum] *inv.* GPp   2–3 non statim prosequendum] ad prosequendum non statim GPp   3 eam] *corr. sup. lin. ex* illum C   4 illum¹] *add.* actum p ‖ vel¹] *add.* ad G ‖ aut] autem Cp : et (*sup. lin.*) ante G ‖ non formandum] ad informandum C   5 vel] aut Pp ‖ est] *om.* P ‖ philosophia] physica G   8 potuit] potuerit p   9 et¹ ... b] *om. (hom.)* C ‖ potuit] potuerit Pp ‖ et²] *om.* P   10–11 b ... producere] *om. (hom.)* C   11 producere] *add.* b P ‖ tempore] momento GPp   13 noluerit] voluerit P ‖ non] nec GP ‖ faciet] *corr. ex* factum C   14 producere] *om.* P   14–15 nolle me] *inv.* G   16 et²] vel GPp   17 noluit] *corr. ex* voluit C ‖ noluit umquam] numquam voluit p   19 produxerit] produxit GPp ‖ nunc] *om.* C ‖ aeterno] *add. ante* Gp   19–20 producturum] productorum P   20 post] *add.* in C ‖ voluit] vellet Gp : volet P ‖ b] *om.* C   22–23 et² ... productum] *om. (hom.)* P   23 voluisset] *corr. in marg. ex* voluit C   24 numquam fuisset b] b numquam esset GPp   25 vult] *add.* vel volet P : voluit vel vellet Gp ‖ vel esset] vel etiam p : *om.* P ‖ tamen haec] ista GPp ‖ vera] *add.* quod P

numquam esset productum et tamen ab aeterno potuit et potest velle quod sit vel esset productum'. Unde etiam bene sequitur 'voluit hoc, igitur numquam voluit oppositum eius', sed non sequitur 'voluit hoc, igitur numquam potuit velle oppositum'.

⟨2⟩ Ad aliam replicationem dictum est iam quid possumus intelligere per 'prius' et per 'tunc', quia possumus intelligere tempora vel instantia quae potuerunt | illis coexistere.

⟨3⟩ Alia ratio, quae quaerit de factura temporis vel etiam ipsius tunc, est sicut si nos modo quaereremus utrum haec dies fuit in hac die vel in alia vel quando. Dicatur igitur quod, si haec dies dicatur esse vel fieri aliquando, hoc non est nisi quia ipsamet est illud quando—et ita, si primum instans temporis dicamus esse factum tunc, hoc non est nisi quia ipsummet fuit illud tunc—vel sicut dicit Aristoteles in quarto *huius*, haec dictio 'tunc' et haec dictio 'quando' significantes tempus connotant quod illa tempora determinantur per distantiam ad praesens. Unde si volumus dicere quando fuit primum instans temporis, dicemus forte quod per mille vel per quattuor mille annos ante istam diem vel illud nunc. Dicam igitur quod primum instans totius temporis voluit Deus ab aeterno facere | tunc, scilicet ante illud nunc per decem mille annos, et non prius neque posterius.

⟨4⟩ Ultima obiectio non valet de agentibus liberis. Quamvis enim omnia sint posita quae sufficiunt ad formandum talem actum volendi (dico: omnia praeter illum actum), tamen non oportet transire in illum actum, sed possum differre et numquam formare illum actum.

110vb p

154ra C

---

1 esset] *add.* quod p   2 vel esset] *om.* GPp ‖ bene sequitur] *add.* bene C : *inv.* p : sequitur b G   3 eius] *om.* Gp   3–4 eius ... oppositum] *om.* (*hom.*) P   3 sequitur] *add.* semper p   4 oppositum] et ex illo sequitur hanc consequentiam esse bonam deus ab aeterno voluit producere a ergo a producetur vel est productum sed non sequitur deus ab aeterno potuit non velle producere a ergo a non est productum vel a non producetur *add.* p   5 est] *om.* G ‖ iam quid] ideo quod p : quid P ‖ possumus] possimus GP ‖ per] *add.* post C   6 tunc] nunc p ‖ possumus] possimus GP   7 illis] *om.* G   8 factura] formatione *sed add. sup. lin.* factura C ‖ etiam] *om.* P   9 modo quaereremus] *inv.* Pp : quaereremus nunc G ‖ fuit] fiet G : fiat Pp   9–10 vel in alia] *in marg.* C   10 alia] *add.* die p ‖ dicatur^1] dicam GPp   10–11 aliquando] *add.* quod p   11 illud] ipsummet p   12 tunc] *rep.* G ‖ ipsummet] ipsum p   13 sicut] sic p   14 et haec dictio] *in marg.* C   15 determinantur] determinentur GP : detinentur p ‖ volumus] velimus G   16–17 mille ... mille] decem mille GP : viginti mille p   17 istam] istum GP   18 deus ab aeterno] ab aeterno deus p : ab aeterno G ‖ scilicet] vel P   19 prius neque posterius] prius nec posterius p : posterius neque prius P   20 non valet] videlicet P ‖ quamvis] quidditativus P   21 sint] sunt P ‖ posita] opposita p ‖ formandum] formam p   23 differre] *corr. in marg. ex* dicere C

---

13 Cf. Aristoteles, *Physica*, IV, 13, 222a25–29

142ᵛᵇ P   Quomodo autem Aristoteles et Commentator respondissent ad rationem in | principio quaestionis factam de omnipotentia Dei dictum fuit in primo *huius*.

Haec de quaestione.

---

2 in¹ ... factam] quae fiebat (fiebant P) in principio quaestionis GPp   4 haec de quaestione] et sic sit dictum de quaestione P : sequitur tertia quaestio p : etc. G

2–3 Cf. Iohannes Buridanus, *Quaestiones super libros Physicorum*, I, q. 15, ad 1 (ed. Streijger, Bakker, 159)

⟨VIII. 3⟩

⟨Utrum sit aliquis motus aeternus⟩

Quaeritur tertio utrum sit aliquis motus aeternus.

Arguitur quod non per rationes quas tangit Aristoteles:

⟨1⟩ Primo quia: omnis mutatio est de quodam in quoddam; et illa sunt termini eius; igitur omnis mutatio est terminata. Et nullum terminatum secundum successionem est infinitum vel perpetuum.

⟨2⟩ Item omnis mutatio est generatio vel corruptio simpliciter vel secundum quid. Et nulla generatio vel corruptio est perpetua, cum habeat terminos, scilicet esse et non esse; omnis enim generatio est transmutatio de | non esse ad esse (alia simpliciter, alia secundum quid) et omnis corruptio est de esse ad non esse. Et specialiter omnis motus est de subiecto in subiectum; et huiusmodi subiecta sunt contraria vel media, ut habetur in quinto *huius*; et omne quod est inter contraria vel media contrariorum est finitum propter hoc quod contraria sunt extrema.

⟨3⟩ Item omnis motus est terminatus, nisi sit de eodem in idem. Sed nullus debet esse de eodem in idem, quia esset frustra; nam aliquid frustra moveretur ad illud quod iam habet. Et cum hoc etiam, si esset motus de eodem in idem, sequeretur quod illud simul recederet ab aliquo et accederet ad idem; quod videtur impossibile, cum recedere sit elongari ab illo et accedere sit appropinquari ad illud.

⟨4⟩ Item in sexto *huius* ponit Aristoteles istam regulam quod illud impossibile est fieri quod impossibile est factum esse; sed impossibile est factum esse motum perpetuum; igitur impossibile est fieri motum perpetuum. Et si non potest fieri, non potest esse.

128ra G

---

3 quaeritur tertio] *om.* G ‖ utrum ... motus] *rep.* G   4 rationes] *corr. in marg. ex* regulas C   5 quodam in quoddam] quod est in quod est p ‖ quoddam] quodam CP (*sed corr.* C) ‖ illa] illi Pp   6 terminata] terminatum P   7 vel] et Pp   8 corruptio] *add.* aut GPp ‖ vel²] aut GPp   10 et] vel G ‖ omnis] omnino P : unde G   11 alia¹] aut GPp ‖ alia²] aut GPp ‖ est] *om.* GPp   13 huiusmodi] huius P ‖ subiecta] *om.* p ‖ quinto] septimo C   16–17 sed ... idem] *in marg.* C   17 aliquid frustra] *inv.* GPp   18 cum hoc] tamen P ‖ esset] *rep.* G   19 in] ad G ‖ sequeretur] sequitur G   20 idem] ipsum GPp ‖ elongari] elongare P   21 appropinquari] appropinquare P   23 fieri] scilicet G   23–24 sed ... esse] *in marg.* C

4 Cf. Aristoteles, *Physica*, VIII, 2, 252b7–28   13 Cf. sup., V, q. 3   22 Cf. Aristoteles, *Physica*, VI, 10, 241b3–8

⟨5⟩ Item nihil corruptibile et generabile est perpetuum; sed omnis motus est generabilis et corruptibilis, immo esse motus consistit in continue fieri et corrumpi, ut alias dictum est; igitur etc.

⟨6⟩ Item secundo *De anima* dicitur: 'omnium natura constantium positus est terminus | et ratio magnitudinis suae et augmenti'; ideo nihil est infinitum. Et etiam dictum fuit in tertio libro quod, sicut nulla est linea gyrativa infinita secundum longitudinem, ita nec motus nec aliquod tempus infinitum secundum durationem.

⟨7⟩ Item sequeretur quod infinita essent pertransita, scilicet infiniti dies et infiniti anni, immo etiam infinitum tempus esset pertransitum, quia totum tempus praeteritum esset pertransitum et tamen esset infinitum. Et haec videntur impossibilia.

⟨8⟩ Item sequeretur quod infinitis secundum multitudinem essent aliqua plura; quod videtur impossibile. Consequentia probatur quia: plures fuerunt dies quam anni, cum in quolibet anno | fuerint dies multi; et tamen fuerunt infiniti anni, si tempus sit perpetuum vel etiam motus.

⟨9⟩ Item sequeretur quod nunc essent actu infiniti intellectus humani, quia infiniti fuerunt | homines, si tempus et motus fuerunt perpetui, et quilibet homo habuit suum intellectum; et tamen illi intellectus non sunt corruptibiles; ideo sic nunc sunt omnes, et sic sunt infiniti.

⟨10⟩ Item Aristoteles arguit quod saltem nihil prohibet non semper fuisse motum quia: multa videmus moveri quae ante quiescebant ex se, ut hominem, quem Aristoteles vocat parvum mundum. Et si hoc est possibile in parvo mundo, nihil videtur prohibere, quin etiam ita posset esse in magno mundo, scilicet quod post ultimam quietem fiat motus.

---

1 perpetuum] aeternum GPp   2 esse] etiam P ‖ continue] continuo Pp   3 corrumpi] quin motus sit de genere successivorum *add.* p   4 dicitur] dicit G   5 suae] *sup. lin.* C : *om.* GPp   6 et] *om.* P ‖ tertio libro] secundo huius p ‖ nulla est] *inv.* P   7 motus] aliquis motus P : aliquis motus est p : est aliquis motus G ‖ nec²] vel GPp   9 sequeretur] sequetur p   11 esset¹] est GPp ‖ et¹] quod GPp ‖ tamen esset] est p   13 sequeretur] sequitur Gp   14 probatur] patet Gp : *spat. vac.* P ‖ fuerunt] fierent G : sunt p   15 fuerint] fuerunt Pp : fierent G ‖ fuerunt] fierent G   17 sequeretur] sequitur Gp ‖ actu] *om.* p   18 fuerunt²] fierent G   19 tamen] cum p   20 sic¹] *om.* GPp ‖ nunc sunt] *inv.* p   22 quiescebant] *add.* etiam GPp   23 vocat] vocavit G   24 posset] possit GPp   25 quod] *sup. lin.* C ‖ ultimam] universalem *sed del. et add. in marg.* ultimam seu C : universalem P

3 Cf. Iohannes Buridanus, *Quaestiones super libros Physicorum*, III, q. 6 (ed. Streijger, Bakker, 61–63, 71); III, q. 10 (ed. Streijger, Bakker, 102)   4 Aristoteles, *De anima*, II, 4, 416a16–17; cf. *AA*, 6: 87   6 Cf. Iohannes Buridanus, *Quaestiones super libros Physicorum*, III, q. 16, concl. ultima (ed. Streijger, Bakker, 150)   21–23 Cf. Aristoteles, *Physica*, VIII, 2, 252b17–28

QUAESTIO 3 247

Oppositum determinant Aristoteles | et Commentator. Ad quod adducunt plures rationes: 128rb G

⟨1⟩ Una ratio fuit de qua tractatum fuit in alia quaestione.

⟨2⟩ Alia ratio in vigore est propinqua illi quae ponitur in isto octavo supponendo quod, si debeat esse motus, necesse est quod motor et mobile praecedant vel tempore vel natura. Si igitur adversarius ponit primum motum de novo fuisse, antequam nullus fuit motus, ego quaeram utrum illius motus motor et mobile fuerunt aeterna vel aliquod eorum fuerit factum de novo. Si dicatur quod aliquod eorum fuit factum, oportet quod aliqua esset mutatio qua illud fiebat et istam oportet esse priorem illo motu dato primo; igitur ante motum positum ab adversario prius erat alius motus vel alia mutatio prior; quod implicat contradictionem. Si vero illius motus primi motor et mobile erant perpetua, sed hoc aliquando non movebatur nec illud movebat et post inceperunt hoc movere et illud moveri, tunc vel erat impedimentum vel dispositio requisita deficiebat vel omnino ficticium est et praeter rationem dicere quod non erat motus prius et post erat. Si vero erat impedimentum vel deficiebat dispositio requisita, tunc, antequam hoc moveret et illud moveretur, oportebat esse mutationem priorem, sicut arguebatur in alia quaestione. Et etiam, si erat motor et mobile et non erat motus, tunc erat quies et erat aliqua causa quietis, quam oportet removeri, antequam hoc moveat et illud moveatur; et non potest removeri sine mutatione; igitur oportet ante motum primum datum fuisse aliam mutationem.

⟨3⟩ Tertia ratio Aristotelis esset quod non est possibile aliqua se habere ad invicem aliter et aliter prius et posterius, ita quod de eodem esset verificatio contradictoriorum prius et posterius, sine aliqua praevia mutatione. Sed si primi motus assignemus primum motorem a et primum mobile b, necesse

---

1 determinant] determinat Pp ∥ commentator] *add.* et Gp   1–2 quod ... rationes] hoc plures rationes adducunt p : quod adducunt rationes G   3 fuit¹] est GP : *om.* p ∥ alia] praecedenti GPp   4 quae] *add.* primo GPp   4–5 supponendo] *om.* P   5–6 praecedant] praecedat G   6 vel²] *add.* saltem GPp   7 motus¹] *add.* necesse quod motor praecedebat G ∥ quaeram] quaero P ∥ illius motus] ante motum (*corr. ex* motus) G : alius motus p   8 fuerit] fuit GPp   9 factum] *add.* de novo P   10 dato] dico P   11 ab adversario] per adversarium *sed add. in marg.* ab adversario C ∥ prius] primum Gp ∥ vel] et p   14–15 impedimentum] *corr. in marg. ex* perpetuum C   15 dispositio requisita deficiebat] deficiebat dispositio requisita GPp   16 prius] *sup. lin.* C ∥ erat²] *sup. lin.* C   17 moveret] movet P   18 moveretur] movet P ∥ oportebat] oporteret G : oportet p   19 et¹] *om.* P ∥ erat¹] erant P   20 erat² ... quietis] aliqua causa quietis erat p : est aliqua causa quietis G   21 moveatur] moveat P ∥ et²] *add.* illud p   22 oportet] oportuit GPp ∥ ante] *add.* omnem p ∥ aliam] aliquam p   23 esset] est p ∥ quod] quia GPp ∥ est] esset P   24 eodem] eis p   26 primi] primus P

---

1 Cf. Aristoteles, *Physica*, VIII, 1, 251a8–b28; cf. Averroes, *In Physicam*, VIII, comm. 4–11, f. 340I–347C   3 Cf. sup., VIII, q. 2   19 Cf. sup., VIII, q. 2

143ʳᵇ P
111ʳᵇ p

est aliter et aliter se habere prius et posterius, si *a* ante non movet *b* et post | movet *b*, quia verificantur de *a* praedicata contradictoria | prius et posterius, scilicet 'movere *b*' et 'non movere *b*'. Igitur oportet esse mutationem priorem, et ita prima mutatione erat alia prior.

154ᵛᵃ C

⟨4⟩ Quarta ratio Aristotelis fuit quia: semper | fuit tempus; igitur semper fuit motus. Consequentia patet, quia tempus est motus vel non sine motu, ut dictum est in quarto *huius*. Antecedens probatur, scilicet quod semper fuit tempus. Et arguit Aristoteles sic: non est possibile esse tempus sine nunc; et de ratione ipsius nunc est quod sit principium temporis sequentis et finis praecedentis; igitur cuiuscumque praesentis temporis primum nunc est finis

128ᵛᵃ G

temporis praecedentis; | et sic ante omne tempus fuit aliud tempus; ideo semper fuit tempus.

⟨5⟩ Item necesse est omne quod de novo factum est, ipsum prius non fuisse; et tamen prius et posterius sunt tempora et partes temporis vel temporum; ideo ante omne tempus de novo factum oportet esse tempus prius in quo ipsum non erat. Ideo necesse est ante primum tempus factum de novo, si factum fuerit de novo, praecessisse aliud tempus; quod est impossibile.

⟨6⟩ Item aliae persuasiones ponuntur. Una est quod ille non esset optimus qui semper posset aliis proficere sine aliquo labore vel aliquo alio sui vel alterius detrimento et tamen aliquando non vellet proficere; sed Deus omnino et simpliciter est optimus et semper potuit mundo proficere ipsum ordinando et conservando et movendo corpora caelestia ad salutem et ordinationem istorum inferiorum; igitur Deus hoc fecit.

⟨7⟩ Item semper oportet Deum esse in statu nobilissimo; status autem dominatoris est nobilior dominari multis quam nullis; igitur rationabile est quod Deus dominetur semper plurimis, scilicet in semper regendo et conservando ipsum mundum.

⟨8⟩ Item cum multa entia mundi sunt multum nobilia et perfecta, sequitur quod melius est esse Deum et multa alia quam Deum esse solum; sed

---

1 aliter¹ ... habere] quod a ad b se habeat (habet P) aliter et aliter GPp   2 a] *add.* ut G   3 scilicet] *om.* P   6 non] *add.* est p   7 scilicet] *om.* G   10 praesentis] *sup. lin.* C : *om.* GPp ‖ primum] *sup. lin.* C   15 tempus¹] *in marg.* C : *om.* GPp ‖ tempus²] *om.* p   16 primum] omne p   18 una est quod] una est quia Gp : quia P   19 posset aliis] *inv.* P ‖ vel aliquo alio] vel alio aliquo G : quo P ‖ sui] *add. in marg.* alias suo C   20 detrimento] detrimenta P ‖ vellet] valet CP (*sed corr. in marg.* C) ‖ deus] *om.* P   21 et simpliciter] simpliciter G : *om.* P ‖ mundo] mundum G   23 hoc] semper hoc Gp : hoc semper P   26 dominetur semper] *inv.* Gp (*add.* multis et p) : dominetur P   27 ipsum] istum GPp   28 mundi ... nobilia] mundi sint multum nobilia G : in mundo sint multum nobilia p : sint multa nobilia scilicet mundi P

---

7 Cf. Aristoteles, *Physica*, IV, 11, 219a1; cf. Iohannes Buridanus, *Quaestiones super libros Physicorum*, IV, q. 12 (ed. Streijger, Bakker, 306–312)

semper, ut dicit Aristoteles in isto octavo, ponendum est in natura et apud Deum illud quod de possibilibus est melius et dignius; igitur ponendum est esse semper Deum et mundum et pertinentia ad mundi perfectionem et non est ponendum aliquando Deum esse solum.

⟨9⟩ Item omne praedicatum perfectionale et nullam connotans diminutionem in eo cui attribuitur debet semper Deo attribui, ut debet videri in duodecimo *Metaphysicae*; sed 'causare, gubernare et conservare universum' et 'ei largiri esse et bene esse' sunt talia praedicata; igitur ista sunt semper Deo attribuenda. Ideo necesse est illa semper esse a Deo.

⟨10⟩ Item cum primus motor sit omnino immutabilis nec primum mobile possit mutari nisi ab illo, rationabile est quod semper eodem modo se habeat primus motor ad illud mobile. Igitur si aliquando movet ipsum, rationabile est quod sic semper | moveat ipsum. 143va P

De ista quaestione sunt aliquae conclusiones mihi probabiles, quas concessissent Aristoteles et Commentator et quas etiam non oportet negare secundum fidem nostram.

Prima est quod nullus est vel fuit vel erit motus perpetuus seu infinitus secundum durationem et nullum est vel fuit vel erit tempus perpetuum seu infinitum, immo etiam quod impossibile est esse tempus perpetuum vel motum perpetuum. Hoc est probabile et verum, sicut in decima sexta quaestione | tertii libri dicebatur quod impossibile est esse lineam gyrativam infinitam secundum longitudinem et quod etiam impossibile est esse magnitudinem infinitam. 154vb C

Secunda conclusio est quod aeternus vel infinitus potest esse | motus, et sic de tempore, saltem a parte post. Et non curo dicere nunc a parte ante propter hoc | quod dicitur non esse potentiam ad praeteritum, propter quod posset dici quod, si non aeternaliter fuerit tempus et motus, non aeternaliter possunt fuisse motus et tempus. Haec igitur conclusio patet capiendo haec 128vb G 111va p

---

2 deum] *om.* Gp ‖ igitur] ideo P   3 esse semper] *inv.* GPp   4 solum] *corr. in marg. ex* bonum C   5 perfectionale] perfectibile C ‖ et nullam] est nomen P   6 eo] esse G   7 causare] creare Gp   8 largiri] largire GP ‖ praedicata] praedicta p   9 a] cum p   11 possit] posset GP   12 igitur] ideo G ‖ movet] moveret P   13 sic semper] *inv.* GPp   17 quod] *om.* G ‖ seu] sive GP   19 seu] sive GP   20 est probabile] *inv.* p   21 libri] huius p   21–22 esse lineam gyrativam] lineam gyrativam esse p : lineam gyrativam P   22 etiam] *om.* Pp   24 vel] sive GPp   25 dicere] *add. in marg.* alias dare C   27 fuerit] fuerunt p ‖ et motus] *om.* P   28 igitur] *add.* secunda GPp

---

1 Cf. Aristoteles, *Physica*, VIII, 6, 259a10–12   7 Cf. Iohannes Buridanus, *Quaestiones super libros Metaphysicorum*, XII, q. 4, ad 2 (ed. Parisiis 1518, f. 67ra)   20–21 Cf. Iohannes Buridanus, *Quaestiones super libros Physicorum*, III, q. 16, concl. principalis (ed. Streijger, Bakker, 150)

nomina 'aeternus' et 'infinitus' syncategorematice, quia secundum Aristotelem diceretur quod non esset tantus motus, quin erit maior, nec tantum tempus, quin erit maius. Et secundum fidei veritatem non potest esse tantum tempus, quin posset esse maius, et sic de motu. Igitur in infinitum et perpetuo possunt esse tempus et motus. Igitur infinitus potest esse motus finitus, quia non potest esse tantus motus finitus, quin possit esse maior finitus.

Tertia conclusio est quod, si haec dictio 'semper' non distribuat nisi pro temporibus et partibus temporum, ita quod aequivaleat dicere 'semper' et dicere 'in omni tempore', concedendum est quod semper fuit, est vel erit motus, quia nec potest esse nec potest fuisse vel fore tempus sine motu; igitur in omni tempore praeterito fuit motus et in omni tempore praesenti est motus et in omni tempore futuro erit motus; igitur semper etc. Ideo si per 'sempiternum esse motum' nihil aliud intelligamus quam semper esse motum, concedendum est sempiternum esse motum. Sed manifestum est quod sic loquendo de 'semper' vel de 'sempiterno' non sequitur 'sempiternus a parte ante fuit motus, igitur infinitus vel perpetuus a parte ante fuit motus', et sic etiam a parte post, quia secundum fidei veritatem sic loquendo concedendum est quod semper a parte praeteriti fuit motus, et tamen non conceditur quod infinitus vel perpetuus fuit motus.

Sed tunc remanet quaestio utrum infinitus sive aeternus fuit motus a parte ante et quod etiam infinitus erit motus a parte post vel non. Et apparet quod de hoc intendit Aristoteles in illo octavo determinare quod infinitus fuit motus et infinitus erit motus. Et rationes eius ad hoc positae sunt prius.

Et nunc est videndum quomodo ipse credidisset solvisse rationes ad oppositum:

⟨1⟩ Ad primam igitur diceret | et nos etiam diximus quod omnis mutatio est finita et quod nulla est perpetua. Sed tamen infinita et perpetua est mutatio, scilicet motus circularis, capiendo 'infinitum' syncategorematice.

---

4 posset] possit GPp   5 perpetuo] perpetue GP : perpetuum p ‖ esse¹] *add. et* Gp ‖ tempus et motus] motus etiam tempus P   6 finitus¹] *corr. ex* infinitus C ‖ motus] *om.* p   8 est] *om.* G ‖ si] *sup. lin.* C ‖ pro] *add.* praesentibus C   9 aequivaleat] aequivalet G   10 fuit] *om.* P   11 nec potest²] nec p : vel P   13 ideo] *praem. et* Gp ‖ si] *om.* P   16 de²] *om.* GP   17 a parte ante²] *om.* P   19 praeteriti] praedicati G   20 conceditur] concederetur P ‖ vel perpetuus] *om.* G   21 sed ... motus] *om. (hom.)* P   23 aristoteles] *om.* P   24 et¹] etiam GP   25 est videndum] *inv.* GPp   27 igitur] *om.* P ‖ diceret] dixerat G ‖ et] quod P   28 perpetua¹] *corr. in marg. ex* infinita C   29 infinitum] *add. et* perpetuum GPp

24 Cf. Aristoteles, *Physica*, VIII, 1, 251a8–b28

QUAESTIO 3   251

⟨2⟩ Ad aliam similiter concederetur quod nulla generatio vel corruptio est infinita. Sed etiam nec infinita est generatio loquendo de generatione vel corruptione rei quae est vel potest esse naturae permanentis. Sed bene infinita est generatio vel corruptio rei pure successivae, cuiusmodi est motus localis. De hoc autem quod dicebatur, quod omnis motus est de contrario in contrarium, dictum | fuit satis in quinto libro.   129ʳᵃ G

⟨3⟩ Ad aliam concessum est quod omnis motus est terminatus. | Et cum   155ʳᵃ C
hoc stat quod infinitus est motus. Et etiam dicendum est quod non est inconveniens unum motum continuum esse de eodem loco ad eundem locum. Nec est frustra, quia quod sic movetur non movetur finaliter propter esse in illo loco, sed vel finis est ipsummet moveri et non motum esse, vel finis est ad quem attingitur per moveri et non per motum esse vel per esse in tali loco, sicut si aliquis propter sanitatem acquirendam vel conservandam vadat a domo sua circumeundo multos campos et revertendo in domum suam sine quiete interrumpente motum, moveri est finis quem intendit vel per sic moveri adipiscitur finis quem intendit, scilicet sanitas vel conservatio sanitatis vel delectatio vel huiusmodi. Et etiam, quando dicitur quod idem simul recederet ab illo loco et accederet ad ipsum et sic simul | elongaret et   111ᵛᵇ p
appropinquaret, ego respondeo quod bene eodem tempore et per eundem motum continuum recederet et accederet, appropinquaret et elongaret, sed non simul, immo prius et posterius; nam per priorem medietatem motus et in priori medietate temporis elongaret et post appropinquaret.

⟨4⟩ Ad aliam concedo quod impossibile est factum esse motum infinitum; et ita etiam impossibile est fieri motum infinitum. Sed cum hoc stat quod infinitum motum possibile est fieri et factum esse, quia non tantum quin maiorem.

⟨5⟩ Ad aliam concedo quod nullum generabile et corruptibile est vel potest esse aeternum vel infinitum saltem naturaliter. Sed tamen bene infinitum est vel potest esse generabile vel corruptibile quantum ad res pure successivas, sicut est motus localis.

---

1 ad] *praem.* et G ‖ similiter] consimiliter G ‖ concederetur] conceditur GPp   3 vel¹] et P ‖ naturae] *add.* vel P   4 cuiusmodi] terminus p   5 autem] *om.* P ‖ dicebatur] dicebat p ‖ omnis] cuiusmodi p   6 fuit] est G ‖ libro] huius p   7 et] *om.* p   8 et] *om.* GP   9 motum] *corr. ex* motuum C   11 illo] *om.* p ‖ ipsummet] *corr. ex* ipsum C   12 ad quem attingitur] ad quem attribuitur G : attingi C   14 vadat] vadit Pp ‖ circumeundo] currendo p ‖ revertendo in] revertitur ad GPp   17 et] *om.* Pp   19 ego] *om.* G   20 accederet] *add.* et P   21 et²] *om.* Pp   23 est] *add.* solum est solum factum esse G   24 et] *om.* P   27 et] vel GPp   29 vel²] et GP   30 sicut] cuiusmodi GPp

---

6 Cf. sup., V, q. 3

⟨6⟩ De auctoritate secundi *De anima* dictum est in primo *huius*.

⟨7⟩ Ad aliam concedendum est quod capiendo 'infinitum' vel 'infinita' categorematice non est possibile pertransitum esse infinitum vel pertransita esse infinita. Sed syncategorematice loquendo diceret Aristoteles quod infiniti dies vel anni pertransiti sunt vel infinitum tempus pertransitum, licet nullum sit tempus pertransitum nisi finitum.

⟨8⟩ Ad aliam conceditur similiter quod loquendo categorematice impossibile est aliquo infinito aliquid esse maius | vel etiam aliquibus infinitis secundum multitudinem esse plura. Sed tamen syncategorematice loquendo infinito motu est motus finitus maior et infinitis diebus vel annis secundum multitudinem sunt dies vel anni secundum multitudinem plures. Et sic etiam, cum omne tempus praeteritum fuerit finitum, ego concedo quod in omni tempore in quo fuerunt dies et anni, fuerunt plures dies quam anni. Sed esset ita et non esset ita, si esset infinitum loquendo categorematice, sicut dictum fuit in tertio libro.

⟨9⟩ Ad aliam diceret Aristoteles, ut credo, quod est idem intellectus | in numero omnium hominum, sicut posuit Commentator, vel quod intellectus humani sunt corruptibiles, sicut posuit Alexander.

⟨10⟩ Ad ultimam dicit Aristoteles quod homo vel lapis non movetur post eius quietem, quin motus praecedat aut intra aut extra per quem motor applicatur mobili vel removetur impedimentum vel generatur aliquid requisitum ad movendum vel huiusmodi. Et hoc satis ostendit Aristoteles | in textu. Sed quamvis Aristoteles ita dixerit, nos fide pura et non per demonstrationem habentem ex sensibus ortum et evidentiam debemus tenere oppositum, scilicet quod nec aeternus nec infinitus fuit motus, immo tan-

---

1 secundi] secundo G ‖ huius] libro G   2 concedendum est] concederetur Gp : conceditur P   5 vel¹] et GPp ‖ vel²] et GPp ‖ pertransitum] *add.* est G   6 sit tempus] *inv.* GPp   7 similiter] simpliciter P   8 est] *om.* P ‖ etiam] *om.* GP   9 secundum multitudinem] *om.* G : *add.* aliqua GPp ‖ sed] *om.* P   9–10 loquendo] *in marg.* C   11 anni] *add.* finiti GPp   12 fuerit] fuit G   14 sed] *add.* non C ‖ et ... ita²] *rep.* P   15 tertio] secundo P ‖ libro] huius p   16 diceret] dicit G   17 posuit] ponit P ‖ commentator] *corr. in marg. ex* alexander C   18 sicut posuit alexander] *in marg.* C ‖ posuit] ponit P   19 dicit] respondet GPp   20 quin] quando G ‖ aut²] vel G   21 applicatur] *corr. in marg. ex* explicatur C : applicetur p ‖ vel¹] et G ‖ impedimentum] *corr. in marg. ex* impetus C   21–22 aliquid requisitum] aliquod requisitum Gp : aliquisitum P   22 huiusmodi] huius P   23 sed] *add.* tamen Gp   25–253.1 immo ... motus] *om.* (*hom.*) p

1 Cf. Iohannes Buridanus, *Quaestiones super libros Physicorum*, I, q. 12 (ed. Streijger, Bakker, 123)   15 Cf. Iohannes Buridanus, *Quaestiones super libros Physicorum*, III, q. 18 (ed. Streijger, Bakker, 174)   17 Cf. Averroes, *In De anima*, III, comm. 5 (ed. Crawford, 404–406)   18 Cf. Averroes, *In De anima*, III, comm. 5 (ed. Crawford, 393–394)   19 Cf. Aristoteles, *Physica*, VIII, 2, 253a7–21

tus fuit motus ante hanc diem quod ante hanc diem nullus fuit maior. Deus enim creavit noviter mundum, cum nullus ante esset vel fuisset mundus vel tempus vel motus.

Et hoc ex fide posito et credito solvendae sunt rationes ad oppositum.
5 ⟨1⟩ Ratio quae facta fuit in alia quaestione, ibidem solvebatur.
  ⟨2⟩ Sed ad primam quae hic fiebat dicendum quod factum fuit primum mobile non per motum, sed per simplicem creationem, quae non differebat ab illo mobili facto, et sic non erat proprie dicta mutatio, sicut alias dictum est. Et ante huiusmodi creationem non fuit alia mutatio. Etiam ante
10 motum quo statim illud primum mobile movebatur ipso creato, non fuit aliquis motus. Sed tunc revertitur quaestio quare non creabat illud mobile ante sicut tunc. Utrum erat impedimentum vel aliquid deficiebat etc.? Dicendum est quod in hoc nulla erat causa nisi voluntas divina, quae ab aeterno voluit creare tunc et non ante, sicut dictum est in alia | quaestione. Et etiam
15 dico quod potuisset creasse illud mobile in quiete et post movisse ipsum nec oportuisset removisse causam quietis, quia non erat causa quietis nisi voluntas divina, quam non oportebat removere, cum ipsa eadem etiam esset causa motus sequentis.

  ⟨3⟩ Ad aliam concedo quod non est possibile aliqua se habere aliter
20 et aliter sine aliqua mutatione vel aliqua novitate. Si igitur dicamus quod Deus ad primum mobile se habebat aliqualiter, quando fiebat vel quando factum erat, qualiter non se habebat ad ipsum, hoc | potest concedi. Ideo conceditur quod erat ibi mutatio vel novitas, scilicet creatio caeli et ipsum caelum, quod erat illamet creatio. Nec oportet aliud concurrere ad hoc
25 quod se habeat ad caelum, qualiter ante non se habebat. Et etiam si facto caelo Deus aliquando non movebat caelum et post movebat, concedo quod aliter et aliter se habebat ad caelum prius et posterius. Unde sequebatur verificatio contradictoriorum; quod non poterat esse sine mutatione, | sed

---

1 motus] *add.* finitus GPp ∥ quod] quia p   2 nullus ante] *inv.* GPp ∥ vel²] aut GPp   3 vel] aut Gp : et P   4 posito] *rep. sed del.* C   5 ibidem] *in marg.* C   6 dicendum] *add.* est GPp   9 huiusmodi] huius P   11 revertitur] restat G ∥ quare] quia p   14 sicut] ut P ∥ et etiam] ita P   16 quietis¹] *om.* C   17 oportebat] oportet G   18 causa] ita P   19 habere] *add.* ad invicem GPp   20 vel] *add.* sine P   22 ideo] igitur G   25 se¹] si p ∥ ad] *sup. lin.* C ∥ ante] antea p ∥ ante non] *om.* G ∥ et] *om.* p   26 non] *om.* p ∥ caelum] ipsum GPp   27 ad ... posterius] prius et posterius ad caelum P   28 contradictoriorum] *corr. in marg. ex* contradictionum C : contradictoriarum p ∥ quod] quae quodam modo C ∥ poterat] poterit G

5 Cf. sup., VIII, q. 2   8–9 Cf. Iohannes Buridanus, *Quaestiones super libros Physicorum*, I, q. 17 (ed. Streijger, Bakker, 170)   14 Cf. sup., VIII, q. 2

non oportebat quod illa mutatio esset praevia motui, immo illa mutatio secundum quam aliter se habebat erat ille motus qui ante non erat et post erat.

⟨4⟩ Ad aliam dictum est quod, si semper fuit tempus, tamen non perpetuum vel infinitum fuit tempus. Et est dicendum quod, sicut est dare punctum initiativum lineae quod non est finis sive terminus alterius lineae, ita fuit primum instans quod non fuit finis alterius temporis. Sed Commentator obicit quod non est simile de instanti et de puncto, quoniam punctum est naturae permanentis, ideo non est de eius ratione quod | succedat alteri, sed instans est naturae successivae, ideo de ratione instantis est quod succedat alteri tempori. Sed haec obiectio non valet, quia licet cursus meus sit naturae successivae, sicut tempus et momenta et instantia, tamen in eo est primum momentum quod non est finis vel terminus alterius motus. Dicendum est igitur quod secundum determinata primum instans temporis praeteriti non fuit res indivisibilis, sed fuit tempus divisibile, de cuius ratione sic erat esse successivum quod in infinitum secundum infinitam divisionem habebat partes quarum una alteri succedebat et non quod succederet priori tempori quod non erat pars eius.

⟨5⟩ Ad aliam dicitur quod capiendo 'ante' et 'post' quantum ad prioritatem et posterioritatem temporis ante et post se habent ad tempus sicut intra et extra ad locum. Sed licet haec sit vera 'extra ultimam sphaeram nihil est', non sequitur quod ibi sit locus, immo ista propositio erat negativa, quae ex eo erat vera, quia ista dictio 'extra caelum' pro nullo supponit. Et ita similiter ista negativa 'ante primum creatum non erat aliqua creatio nec tempus nec motus' est vera, non quia ante esset tempus, sed quia haec dictio 'ante primum creatum' pro nullo supponit, scilicet si 'ante' restringatur ad significandum tempus et non aliud. Et si tu dicas: 'ante primum creatum erat Deus', haec est affirmativa et vera, igitur oportet quod haec dictio 'ante primum

---

1 oportebat] oportet G ‖ mutatio¹] verificatio Gp ‖ praevia] prima p : *add.* illi GPp ‖ illa²] etiam p   2 aliter se habebat] se habebat aliter G : se habebat P ‖ ille] illemet GPp   4 est] erat G   6 lineae²] *om.* P   7 sed] *om.* P   8 quod ... simile] quia differentia est GPp ‖ de²] *om.* P   9–10 permanentis ... naturae] *om. (hom.)* p   10 instantis] eius G   10–11 succedat] *corr. ex* cedat C   11 tempori] tempore G ‖ quia] quod P   12 successivae] *add.* sed *del.* ideo de ratione instantis C ‖ et²] sicut GPp   13 quod] quia p ‖ vel] et GPp   14 secundum] *add.* prius GPp   16 sic erat] *inv.* GPp ‖ quod] *om.* p ‖ in] *om.* P   17 quod] quia GPp ‖ priori] primo illi G   18 tempori] *add.* ita p   19 dicitur] dico G   19–20 prioritatem] principitatem p   24 creatio] creatura GPp   26 restringatur] restringitur G   27 erat] est G ‖ deus] *add.* et P   28 est affirmativa et] affirmativa est p ‖ igitur oportet] *inv.* G

7–8 Cf. Averroes, *In Physicam*, IV, comm. 125, f. 198A–B; VIII, comm. 11, f. 346K–L

creatum' pro aliquo supponit, dico quod, pro quanto ista est vera, ibi capitur 'ante' secundum alium modum prioritatis quam secundum prioritatem temporis, ut quia Deus erat ante secundum naturam vel secundum potentiam vel secundum dignitatem vel | secundum aeternitatem aut huiusmodi. Et si aliquis vellet dicere quod Deus secundum modum prioritatis temporis fuit ante primum creatum, diceremus quod hoc oporteret intelligere condicionaliter, scilicet: si perpetuum fuisset tempus, tunc in infinitum fuisset tempus coexistens Deo prius tempore coexistente primo creato, sicut alias dicebatur.

144va P

⟨6⟩ Ad aliam dicendum est quod homo bene peccaret, si posset aliis ita prodesse et non vellet eis prodesse; sed non est ita de Deo. Et est ratio huius, quia homo ab ipso Deo | obligatus est ad benefaciendum aliis, si ita posset commode, sicut | ante dicebatur; Deus enim dominus noster ad hoc potuit nos obligare et obligavit. Sed Deus omnino simpliciter nulli est obligatus nec obligari potest; ideo non potest malefacere, etiam si omnia annihilaret. Nullus enim potest iniustificare in se ipsum vel in rem suam, nisi hoc sit ratione obligationis ad alium, prout videri debet quinto *Ethicorum*. Igitur si homo efficeretur peior vel melior ex prodesse vel non prodesse aliis, tamen Deus ex hoc non potest fieri peior vel melior.

112rb p
129vb G

⟨7⟩ Ad aliam dico consimiliter quod in hominibus status melior et dignior est bene dominari multis quam paucis aut nullis, quia hoc est proficere multis quod est homini bonum, honorabile | et meritorium; tyrannice autem dominari nec est status bonus nec honorabilis. Sed iam dictum est quod

155vb C

---

1 aliquo] aliquibus C ‖ supponit] supponat GPp ‖ dico] *corr. ex* ita C ‖ quod] *om.* P ‖ quanto] tanto p   4 secundum dignitatem vel] *rep.* P ‖ huiusmodi] huius P   5 deus ... temporis] secundum modum prioritatis temporis deus GPp   6 hoc oporteret] hoc oportet P : oportet hoc Gp   7 scilicet] *add.* quod GPp ‖ tunc] *om.* G ‖ in] *om.* P   10 aliam] *add.* rationem Pp ‖ quod homo bene] bene quod homo GPp ‖ posset aliis ita] ita posset aliis GPp   11 et^1 ... prodesse^2] *in marg. (partim reciso)* C ‖ est ita] *inv.* GPp ‖ de] *sup. lin.* C ‖ est ratio huius] ratio huius est GPp   12 obligatus est] *inv.* G ‖ posset] possit GPp   14 obligare et] *rep.* G ‖ omnino] omnium GPp ‖ simpliciter] *add.* dominus GPp ‖ nulli] *sup. lin.* C ‖ est obligatus] *inv.* GPp   15 potest^2] posset Pp ‖ omnia annihilaret] alia omnia annihilaret deus G : deus omnia alia annihilaret p : omnia alia annihilaret P   16 se] semet G ‖ rem] *add.* pure GPp   17 obligationis] *add.* ipsius GPp ‖ debet] habet in G ‖ si] licet GPp   18 peior vel melior] melior vel peior GPp ‖ ex] est p   18–19 deus ex hoc] ex hoc deus GPp   19 peior vel melior] peior aut melior p : melior aut peior P   20 et dignior] *om.* G   21 bene] *om.* GP   22 meritorium] dignius G ‖ tyrannice] tyrannitive P   23 est^1] esset GPp ‖ sed ... quod] secundum quod dictum est sed G ‖ est^2] *om.* P

8–9 Cf. sup., VIII, q. 2   17 Cf. Iohannes Buridanus, *Quaestiones super decem libros Aristotelis ad Nicomachum*, V, q. 28 (ed. Parisiis 1489, f. 144^{ra-vb})

Deo non est status melior nec nobilior proficere multis quam nullis, ideo nec dominari multis quam paucis, immo etiam, antequam ipse crearet mundum, ipse sic omnibus dominabatur, quia omnia intelligebat et poterat creare et ad perfectionem producere et iterum annihilare et facere mille mundos. Et iste videtur esse status nobilior et potentior quam si restringeretur ad solam gubernationem et conservationem huius mundi.

⟨8⟩ Ad aliam dico quod esse Deum et multa entia non est melius quam Deus nec per consequens quam esse Deum, quia suppono quod esse Deum est Deus. Sed tunc ego declaro quod esse Deum et multa alia, scilicet corpora caelestia et haec inferiora, non est melius quam Deus. Et si haec oratio 'esse Deum et multa alia' supponat materialiter, tunc 'esse Deum' etc. est una propositio, quae non est aliquid melius quam Deus. Et si supponat significative, tunc idem valet dicere 'esse Deum et multa alia' sicut dicere 'Deus et multa alia'; sed manifestum est quod illa non est vera 'Deus et multa alia est melius quam Deus', quia oratio est incongrua, ideo nec vera nec falsa. | Et si dicatur non quod est, sed quod sunt, scilicet quod Deus et multa alia sunt melius quam Deus, adhuc propositio est falsa, quia non sunt aliquid; ideo non sunt melius. Et si dicatur 'sunt meliora', adhuc posset dici quod comparatio esset abusiva, quia Deus non est bona, sed unicum bonum. Nec est vera propositio ad istam expositionem, scilicet 'sunt meliora', quia utrumque melius, nec ad aliquem alium sensum nisi quod 'sunt meliora', id est plura bona, et tunc, si haec oratio 'sunt plura bona' capitur in argumento loco huius quod dicebatur 'est melius', manifestum | est quod non erit argumentum in aliqua bona forma. Haec sunt dicta trufatice, etiam dialectice, sicut ratio erat dialectica.

---

1 non] nec G ‖ ideo] *add.* etiam GPp   2 etiam] *add.* et GPp   4 producere] deducere GPp   5 iste] sic C ‖ esse] *om.* G ‖ potentior] perfectior G   6 solam ... conservationem] conservationem et solam gubernationem G ‖ huius mundi] istius mundi p : huiusmodi G   8 consequens] *add.* est melius GPp ‖ deum²] dei G   9 quod] quam P   10 et²] quia GPp   10–11 esse deum] *inv.* p   11 supponat] supponit Gp : supponet P ‖ etc.] *om.* P ‖ est] non est nisi GPp   12 est] *sup. lin.* C ‖ supponat] supponit P   13 dicere²] dicetur P   13–14 multa alia] mila (?) aut P   14 sed] *add.* tunc GPp ‖ est³] sunt p   15 nec¹] neque (*add.* est P) GPp ‖ nec²] neque GPp   16 non quod] *inv.* C ‖ scilicet] dico p   17 quia non sunt] quare significat P ‖ ideo] *sup. lin.* C   19 est¹] *add.* plura p   20 scilicet] *om.* GPp   21 aliquem alium sensum] aliquam aliam expositionem GPp ‖ quod] quia p   22 sunt] *om.* C ‖ capitur] capiatur GPp ‖ loco] *in marg.* C   23 est¹] esse C ‖ est²] *sup. lin.* C ‖ non] *sup. lin.* C   24 bona forma] forma saltem bona P ‖ sunt] sint G ‖ trufatice] transla^te P : trophaice p ‖ etiam] et Gp

QUAESTIO 3   257

Sed ultra dicendum est quod Deus est bonitas infinita, etiam capiendo 'infinitum' categorematice. Sed per quantamcumque additionem impossibile est sic infinito secundum magnitudinem esse maius, sic infinito secundum albedinem esse albius et sic infinito secundum bonitatem esse melius.

Et iterum bonum non dicitur univoce de Deo et de aliis, sicut nec sanum de urina et de animali. Solus enim Deus per se et simpliciter dicitur bonus. Alia omnia dicuntur bona secundum attributionem ad ipsum Deum. Unde sicut circumscripta sanitate animalis nec urina diceretur sana nec cibus diceretur sanus, ita circumscripta bonitate divina nihil dicitur bonum. Sicut igitur non bene est dictum nec vere dictum quod animal et urina sunt sanius vel saniora quam animal, ita est negandum quod Deus et alia sunt melius vel meliora quam Deus. | 156ra C

⟨9⟩ Ad aliam dico quod gubernare et conservare universum cum exclusione possibilitatis ad annihilandum et non | conservandum connotaret   112va p
diminutionem; ideo non sic debet attribui Deo. Sed sibi attribuitur posse libere conservare et non conservare, annihilare et non annihilare, infinitos mundos facere et destruere; et omnis exclusio alicuius talium connotaret diminutionem et non esset Deo attribuenda.

⟨10⟩ De ultima ratione dictum est prius quod primus motor sic summe est liber quod ab aeterno voluit creare tunc et non creare alias, et movere tunc et alias non movere. Et quidquid facere voluit, potuit facere, licet non e converso. Et quidquid etiam voluit facere, fecit vel faciet. Et multa voluit quae potuisset non voluisse. Et haec vel similia dicta fuerunt prius.

Haec de quaestione.

---

2 sed] secundum (*corr. in marg. ex* et sicut) C ǁ per] *om.* P ǁ quantamcumque] quamcumque GPp   3 est] *sup. lin.* C ǁ sic²] *corr. in* sicut C   4 sic] in *add.* P : *om.* C   5 de²] *om.* Pp   6 de²] *om.* GPp ǁ solus] solum P ǁ per ... simpliciter] simpliciter et per se GPp   7 dicuntur bona] non dicuntur bona nisi GPp ǁ secundum] per P   9 dicitur] diceretur GPp   10 bene est] *inv.* GPp   11 est negandum] *inv.* p   14 conservandum] *corr. in marg. ex* considerandum C   15 sic debet] *inv.* GPp ǁ sibi attribuitur] debet sibi attribui GPp   17 et¹] *om.* C ǁ et²] *om.* p ǁ alicuius] aliquorum G   19 est] *om.* P   19–20 sic ... liber] est voluntas sic summe libera GPp   20 non creare alias] non alias creare P : alias non creare Gp   21 tunc ... movere] movere (*in marg.*) C ǁ facere voluit] *inv.* GPp   22 etiam] *om.* p   23 potuisset] *corr. in marg. ex* potuit C ǁ vel similia] vel (et G) consimilia GPp   24 haec de quaestione] et sic finitur quaestio etc. P : et sic est finis etc. G : *om.* p

---

23 Cf. sup., VIII, q. 2

⟨VIII. 4⟩

⟨Utrum animal moveatur ex se et non grave inanimatum⟩

Quaeritur quarto utrum animal movetur ex se et non grave inanimatum.

Et arguitur primo quod animal non movetur ex se, hoc est dictu quod animal non movet se ipsum nec movetur a se ipso, quia:

⟨1⟩ Animal movetur ab ipsa anima; et anima non est ipsum animal.

⟨2⟩ Item dicit Aristoteles in illo octavo animal moveri a continente; et hoc non | est a se ipso.

⟨3⟩ Et in septimo *huius* etiam dicit omne quod movetur moveri ab alio; igitur nihil movetur a se ipso.

⟨4⟩ Item in octavo *huius* dicit quod omne quod ex se movetur est divisibile per se in partem per se moventem et in partem per se motam. Sic autem non est animal divisibile posito quod non sit in animali nisi una forma substantialis, scilicet anima, quia tunc non dividitur animal nisi | in animam et in primam materiam; et si anima moveat per se, tamen materia non movetur per se. Hoc apparet per Aristotelem in quinto *huius* duplici auctoritate. Prima est quod ens in pura potentia non movetur; et tale ens est materia prima. Secunda est quia, quod simpliciter non est hoc aliquid, nullo modo movetur; et tamen materia non est simpliciter hoc aliquid. Patet igitur quod animal non est divisibile in partem per se moventem et in partem per se motam. Et ultra, si diceretur quod animal est divisibile in partem per se moventem et partem per se motam, dicendo quod anima movet per se et

---

4 quaeritur quarto] *spat. vac. rubricatori relictum* G ‖ movetur] *add.* a se et p   5 et] *om.* GPp ‖ dictu] dictum P   7 ipsa] *om.* GPp ‖ anima²] illa GPp   10 etiam] *om.* G : *add.* ipse GPp ‖ moveri ab alio] ab alio moveri P : movetur ab alio G   12 dicit] *add.* aristoteles GPp ‖ quod¹ ... est] omne quod ex se movetur esse GPp ‖ est] *corr. ex* esse C   13 per se¹] *om.* GPp ‖ in partem²] partem Gp : *om.* P   14 animal divisibile] *corr. ex* aliquod divisibile C   15 scilicet] *corr. ex* fit C : si licet P ‖ animam] animal P   17 hoc] ergo P ‖ apparet] patet G   18–19 materia prima] *inv.* GPp   19 secunda] *add.* auctoritas p ‖ aliquid] *add.* hoc Gp ‖ nullo modo] *corr. in marg. ex* non C   20 et] *om.* P   21 in²] *om.* GPp   22–23 et ... motam] *in marg. inf.* C   22 quod] *om.* p   23 partem] *om.* P ‖ anima] *om.* P

8 Aristoteles, *Physica*, VIII, 6, 259b11   10 Aristoteles, *Physica*, VII, 1, 241b24; cf. *AA*, 2: 183   12 Aristoteles, *Physica*, VIII, 5, 257a33–24, b12–13; cf. *AA*, 2: 216   17 Cf. Aristoteles, *Physica*, V, 1, 225a20–25, b1–5

QUAESTIO 4   259

materia movetur per se, ita diceremus quod grave inanimatum in huiusmodi partes divideretur, quia dicit Commentator in quarto *huius* quod in motu ipsius gravis forma est motor et materia est mota. Igitur si ob hoc animal diceretur moveri ex se, ita oporteret dicere etiam quod grave inanimatum
5 moveretur ex se; quod negat Aristoteles.

⟨5⟩ Item ex eo grave dicitur non moveri ex se, quia indiget motore extrinseco. Sic animal indiget motore extrinseco, quia indiget moveri a sensu et appetitu, quos oportet prius moveri a sensibili et appetibili exterioribus. Igitur animal non movetur ex se.

10 Deinde arguitur quod grave inanimatum movetur ex se quia:

⟨1⟩ Secundum intentionem Aristotelis aliquid non dicitur moveri ex se, quia totum ratione totius moveat et ratione etiam totius moveatur, sed quia una pars movet aliam vel quia movetur a principio intrinseco. Modo in gravi inanimato una pars movet aliam; forma enim est motor | et materia est mota,   156rb C
15 ut dicit Commentator quarto *huius*. Et manifestum est per hoc quod ipsum movetur a principio intrinseco, quia forma vel etiam gravitas est intrinseca ipsi gravi, et quia etiam, si non moveretur a principio intrinseco, non moveretur naturaliter, sed violente. Igitur movetur ex se.

⟨2⟩ Item tertio *Caeli* dicit Commentator quod lapis movet se inquantum
20 est actu gravis, et movetur secundum quod est in potentia deorsum.

⟨3⟩ Et in quarto *Caeli* dicit quod in gravi minus distinguuntur motor et motum quam in animali. Igitur aeque vel magis lapis movetur ex se sicut animal.

Oppositum determinat Aristoteles in | illo octavo. Dicit enim animalia se-   112vb p
25 cundum naturam ipsa a se ipsis moveri. De gravibus autem et levibus inanimatis dicit: 'et namque ipsa se ipsis dicere moveri impossibile est; vitale enim hoc animatorum est proprium'.

---

1 huiusmodi] huius P   4 ex] per P ‖ etiam] *om.* GPp   6 grave dicitur] *inv.* P   7 sic] *add.* enim C ‖ sic ... extrinseco] *om.* (*hom.*) Pp ‖ extrinseco] *corr. ex* in C   9 movetur] *add.* per se sive p   11 aliquid] aliquem C : *om.* G   12 etiam] et P : *om.* G   14 inanimato] *in marg.* C : *om.* GPp   15 et] *add.* hoc GPp ‖ est] *add.* etiam GPp ‖ quod] quia p   17 quia] oportet p ‖ non¹] *om.* P   18 violente] violenter GPp   19 item] *add.* in GPp   20 est²] *om.* G   21 et¹] etiam p ‖ dicit] *add.* etiam GP   22 lapis movetur] *inv.* G ‖ sicut] quam p   24 illo octavo] octavo huius G   25 ipsis] *corr. ex* ipsos C   26 et] *om.* p ‖ ipsa] *add.* a GPp

2 Cf. Averroes, *In Physicam*, IV, comm. 71, f. 161K   15 Cf. Averroes, *In Physicam*, IV, comm. 71, f. 161K   19 Averroes, *In De caelo*, III, comm. 28 (ed. Carmody, Arnzen, 556)   21 Cf. Averroes, *In De Caelo*, IV, comm. 22 (ed. Carmody, Arnzen, 695); comm. 24 (ed. Carmody, Arnzen, 705)   24–25 Aristoteles, *Physica*, VIII, 4, 254b14–15   26–27 Cf. Aristoteles, *Physica*, VIII, 4, 255a6–7

Notandum est quod multipliciter potest intelligi quod aliquid moveatur ex se. Uno modo quia secundum se totum moveat aliquo motu | et etiam secundum se totum moveatur illo motu, ita scilicet quod nec sit aliqua pars eius quae non moveat nec sit aliqua pars eius quae non moveatur. Et isto modo manifestum est quod nec animal movetur a se nec grave nec caelum. In gravibus enim et | animalibus est pars quae nihil movet, scilicet prima materia, quae nullius est activitatis. Caelum autem, si capiatur pro orbe circumscripta intelligentia, non movet se, et si sumatur pro aggregato ex orbe et intelligentia, tunc una pars non movetur, scilicet intelligentia, alia etiam pars non movet illo motu, sed movetur tantum, scilicet orbis. Sed tamen capiendo 'moveri a se' praedicto modo conceditur quod forma ipsius gravis vel gravitas movet se; tota enim movet et tota etiam movetur. Et anima etiam mea et angelus sic movet se; nulla enim est pars quae non moveat et nulla etiam est pars quae non moveatur, cum non habeat partes.

Alio modo potest aliquid intelligi moveri a se, quia ad hoc quod moveat vel moveatur non indiget alio motore extrinseco nec alio moto extrinseco. Et isto modo caelum movetur ex se capiendo 'caelum' pro aggregato ex orbe et intelligentia. Illud enim movet ratione intelligentiae et movetur ratione orbis; et ad hoc quod sic moveat et moveatur, non oportet quod aliud movens moveat quam intelligentia prima, quae est Deus, nec quod aliud mobile moveatur. Et est intentio Aristotelis quod primum motum ex se sit illud congregatum, scilicet ex prima intelligentia, quae est Deus, et primo mobili, quod est caelum vel primum caelum. Et ego non dico quod sit proprie dicta compositio vel congregatio Dei ad caelum, sed est quidam diversus et ineffabilis modus unionis Dei ad caelum et omnia alia, scilicet per indistantiam et praesentialem assistentiam; a nulla enim re distat, nulli rei abest, sed omnibus adest sine distantia vel aliquo medio. Sed isto modo capiendo

---

1 notandum est] nota G ‖ multipliciter] *add. sup. lin.* modis G ‖ ex] a P   2 quia] quod Gp ‖ secundum ... et] *om.* G   2–3 etiam secundum] *inv.* GPp   4 moveat] moveatur G ‖ moveatur] moveat G ‖ et] *om.* P   6 et] *sup. lin.* C   6–7 prima materia] *inv.* Gp   7 caelum autem] et caelum p   8 aggregato] congregato GPp   9 intelligentia²] *add.* et GPp   10 non ... orbis] non movet illo motu scilicet orbis sed movetur tantum G : movet illo motu et alia movetur tantum sicut orbis C   11 modo] *in marg.* C   12 vel] *add.* ipsa GPp : et C ‖ tota²] totum p ‖ etiam] *om.* P   13 nulla enim] quod (*sup. lin.*) nulla P   15 aliquid intelligi] *inv.* GPp   16 vel] et GPp ‖ non] nec P ‖ motore] *om.* C ‖ moto] motore (*corr. in marg. ex* motu) C   17 aggregato] congregato GPp   17–18 orbe et intelligentia] intelligentia et orbe GPp   19 oportet] apparet G ‖ movens] mobile G   20 prima] *in marg.* C ‖ mobile] *om.* G   23 ego] *om.* P ‖ proprie] propria P   24 congregatio] aggregatio GPp ‖ diversus] indivisus G : indivisans p   25 modus] motus P ‖ dei] *om.* P ‖ et] *add.* ad p ‖ alia] *om.* G   27 capiendo] *add.* aliquid GPp

QUAESTIO 4   261

'moveri a se' nec animal movetur a se nec aliquod grave. Nam | grave inani-   156va C
matum, si moveatur violente, movetur a principio extrinseco; et si moveatur
naturaliter, indiget moto extrinseco, scilicet medio quod dividitur, et motore
extrinseco saltem in incipiendo motum post quietem, scilicet generante vel
5   removente prohibens, sicut dicetur in alia quaestione. Animal enim indiget primo generante ipsum, secundo nutrimento intrante in ipsum et moto
ab ipso animali, scilicet alterato et digesto, et sensibus moventibus phanta-
siam et appetitum, et hoc secundum cursum naturalem, quia de cursu mira-
culoso per potentiam supernaturalem nihil intendo dicere in ista quaes-
10   tione.
   Tertio modo potest intelligi quod aliquid moveatur ex se, quia componitur ex motore et moto, scilicet ex partibus quarum una moveat aliam. Et sic
dico, ut prius, quod caelum pro composito movetur ex se, et etiam animal,
quia | anima movet corpus, et etiam grave inanimatum, quia forma movet   145va P
15   materiam, immo etiam aliquando motu alterationis, ut si aqua sit calefacta,
forma aquae reducit et refrigerat materiam, sicut alias dictum est. | 130vb G
   Quarto modo, qui in proposito est ad intentionem Aristotelis, aliquid dicitur moveri ex se, quia potest moveri, cum immediate ante non moveretur,
absque hoc quod in incipiendo motum suum indigeat movente extrinseco,
20   licet ante bene indiguerit movente extrinseco.
   Et tunc Aristoteles de illo ponit | diversas conclusiones.   113ra p
   Prima est quod possibile est animal moveri ex se localiter, scilicet ambu-
lando vel volando vel natando aut huiusmodi. Constat enim quod, cum
homo dormit vel sedet, ipse quiescit quiete opposita ambulationi vel motui
25   de uno loco ad alium totaliter distinctum. Et tamen postea videmus ipsum
ambulare. Nec ad hoc requiritur motor extrinsecus, immo causa in sic incipiendo motum post talem quietem potest esse, quia fumi facientes somnum

---

1 nec²] *add.* etiam G   2 violente] violenter GPp   3 naturaliter] *add.* tunc ipsum G ‖
moto] motu C   4 in] *om.* Pp ‖ incipiendo] *corr. ex* incidendo C : excipiendo P   5 sicut]
ut P   6 intrante in ipsum] in ipsum intrante p   7 et²] a P ‖ moventibus] *om.* P : *add.*
secundum GPp   8 et hoc] et dico p : dico GP   11 moveatur] *add.* a se et p   12 scilicet ex]
et p ‖ moveat] movet GPp   13 composito] congregato etc. GPp   14 quia¹] et C ‖ et] *om.*
P   15 aliquando] *rep.* P   16 reducit et refrigerat] potest refrigerare (refrigerari P) GPp ‖
est] fuit G   17 aristotelis] philosophi p ‖ aliquid] *om.* P   19 in] *om.* p ‖ indigeat] indiget
P   20 indiguerit] indiguerunt C : indiguit p   21 illo] isto modo GPp ‖ diversas] duas GPp
22 scilicet] *om.* p   23 huiusmodi] huius P ‖ enim] *om.* p   25 ad alium] ad alium locum
P : in alterum locum Gp ‖ postea videmus] *inv.* P   26 requiritur] requireretur p ‖ causa]
etiam G

---

5 Cf. inf., VIII, q. 5   16 Cf. Iohannes Buridanus, *Quaestiones super libros Physicorum*, II, q. 5
(ed. Streijger, Bakker, 279)   21 Cf. Aristoteles, *Physica*, VIII, 4, 254b7–255a11

digeruntur per calorem intrinsecum et naturalem et expergiscitur animal; et tunc species sensibiles reservatae in phantasia vel memoria possunt movere sensum communem ad actum cognoscendi et sequitur inde actus appetendi aliqua extrinseca; et tunc ab huiusmodi sensu et appetitu movetur animal ad prosequendum quod appetit et quo percipit se indigere. Et haec omnia sic moventia animal erant intrinseca vel intra ipsum animal. Et bene concedendum est quod aliquando concurrunt moventia extrinseca, cum animal incipit se movere, ut quia calefit aut frigefit aut laeditur aut de novo aliquid movet sensum vel appetitum; sed tamen hoc non est necessarium, immo licet nihil extrinsecum sic moveret animal, tamen ipsum inciperet motum suum.

Secunda conclusio est quod isto modo grave vel leve inanimatum non movet se vel non movetur ex se; numquam enim incipit moveri, cum ante non moveretur, quin concurrat movens extrinsecum, scilicet vel generans gravitatem vel levitatem vel removens prohibens. Illa conclusio declaratur quia: si grave incipit moveri, cum ante quiesceret, ego quaero utrum, quando ante quiesceret, ipsum est actu grave | vel est solum in potentia grave et actu leve. Si dicas quod ipsum nondum est actu grave, tunc oportet quod fiat grave, antequam ipsum grave moveatur deorsum; et non potest fieri grave sine motore extrinseco corrumpente levitatem et generante gravitatem. Si vero dicatur quod, quando ante quiescebat, iam erat actu grave, tunc quaero utrum quiescebat deorsum, scilicet in suo loco naturali, et naturaliter, vel quiescebat sursum per violentiam. Si quiescebat deorsum naturaliter, tunc ipsum | manens grave non movebitur ab illo loco nisi per violentiam; et talis motus est a motore | extrinseco. Si vero dicatur quod quiescat sursum per violentiam, tunc erat aliquid prohibens descendere; et oportet illud prohibens removeri ab aliquo extrinseco motore, antequam illud grave incipiat descendere. Igitur semper, si grave incipit moveri post eius quietem, concurrit aliquis motor extrinsecus, scilicet vel generans gravitatem vel removens prohibens vel removens ipsum grave violente a suo loco naturali vel ad suum locum innaturalem.

---

1 expergiscitur] expergefit GPp   4 extrinseca] intrinseca P ‖ huiusmodi] huius P   5 ad] in P   6 animal erant] *in marg.* C ‖ vel] *add. sup. lin.* et C ‖ intra] *corr. in marg. ex* notat C   8 aut¹] vel p   10 inciperet] potest incipere GPp   13 vel] *add.* etiam GPp   14 concurrat movens] currant commovens p ‖ vel] *om.* P   15 vel¹] aut GPp ‖ illa conclusio declaratur] *in marg.* C   16 quando] *add.* sic GPp   17 quiesceret] quiescit GPp ‖ in] *om.* P   18 nondum] *in marg.* C ‖ grave] *corr. ex* leve C   19 deorsum] *om.* GPp   21 quando] *om.* P   22 scilicet] *om.* P ‖ et] vel Gp   24 manens] movens P   25 quiescat] quiescebat GPp   27 incipiat] incipit p   28 post] per C   29 scilicet] *om.* P ‖ generans] generas p   30 violente] violenter GPp ‖ suum] *om.* Gp

QUAESTIO 4   263

   Hoc igitur modo intendebat Aristoteles quod animalia moventur a se ipsis, sed non gravia vel levia inanimata. Unde sic dicit Aristoteles quod sic moveri a se ipso est per vitale principium et est animatorum proprium, immo non universaliter animatorum, sed animalium. Et hoc etiam ipse
5 declarat quia: quod movetur ex se ipso, ipsum etiam potest ex se quiescere, non solum in termino ad quem, sed etiam in termino a quo. Sic autem potest animal quiescere ex se et in termino a quo et in termino ad quem et in medio viae; grave autem quod movetur de sursum deorsum, non potest ex se quietari sursum, immo non potest quietari sursum nisi per prohibens extraneum
10 sibi. Et cum minor huius rationis sit manifesta, ut dictum est, maior declaratur, scilicet quod, si *b* quiescit deorsum et incipit moveri sursum ex se, scilicet sine praesentia motoris extrinseci, ipsum poterat ex se, scilicet per solam suam naturam, quiescere tam sursum quam deorsum. Primo quidem potest ex se, scilicet per suam naturam, quiescere sursum, quia ille locus est sibi
15 naturalis, ex quo movetur ad ipsum per suam naturam; | et unumquodque   113rb p
naturale quod est innatum quiescere, potest quiescere ex se et naturaliter in loco suo naturali. Sed etiam declaro quod possit quiescere ex se deorsum quia: quiescebat ibi de facto, antequam inciperet moveri. Aut hoc igitur erat ex se, scilicet per suam naturam, et habetur intentum, aut quiescebat ibi vio-
20 lente, scilicet per aliquod prohibens, et tunc antequam incipiat movere se sursum, indiget motore extrinseco, scilicet removente illud prohibens; igitur *b* non sic movebatur ex se quod non indiget motore extrinseco in incipiendo motum suum.
   Item, quod sic movetur ex se, potest sic movere se motibus contrariis suc-
25 cessive. Sic autem animal movet se de domo ad ecclesiam et post revertendo de ecclesia ad domum; sic autem grave inanimatum non movet se, immo deorsum solum et numquam sursum manens grave. Igitur etc. | Maior decla-   157ra C
ratur quia: dictum fuit statim quod in utroque loco vel termino *b* poterat ex

---

1 modo] *om.* Gp   2 vel levia] *in marg.* C : aut levia G : et levia Pp   3 ipso] *add.* vel G ‖ vitale] tale p   4–5 non ... quod] *om.* P   5 quod] *add.* sic Gp ‖ ipso] *om.* GPp ‖ ipsum] *corr. in* ipso P   6 termino¹] terminis G ‖ sic] *add.* etiam p : si P   7 et¹] *om.* p   8 de sursum] *om.* p   8–9 quietari] quietare se GPp   9 immo] unde P ‖ quietari] *add.* ex se p ‖ per] *om.* P   10 sibi] ergo etc. GPp ‖ cum] tamen G   12 sine ... scilicet] *in marg.* C ‖ praesentia] principio P ‖ extrinseci] extrinseco Pp ‖ solam] *om.* GPp   13 quidem] *om.* p   14 quia] sed p   16 quod est] *om.* p   17 quod] quia P   19–20 violente] violenter GPp   20 per] propter GPp   22 b non] bene C ‖ indiget] indigeret GPp   25 se] *add.* ut GPp   26 sic autem] si igitur P ‖ se] *add.* sursum G   27 etc.] *om.* P

2 Cf. Aristoteles, *Physica*, VIII, 4, 255a6–7   5–6 Cf. Aristoteles, *Physica*, VIII, 4, 255a8–9

se quiescere, et sic uterque terminus est sibi naturalis et non violentus; sed si in utroque loco tamquam in naturali posset ex se et naturaliter | quiescere, si ex se posset moveri de uno ad alterum, pari ratione poterat e converso, cum tamen huiusmodi motus | sint contrarii; igitur utroque motuum contrariorum potest per se moveri et movere quod praedicto modo dicitur moveri ex se.

Istae sunt conclusiones et earum declarationes positae hic ab Aristotele.

Sed tamen contra istas conclusiones tamquam non universaliter veras arguitur. Primo contra primam; apparet enim quod numquam animal inciperet motum sine praesentia motoris extrinseci, quia necesse est ad omnem actionem et omnem motum concurrere Deum active, qui est extrinsecus motor, quia separatus non solum a gravi vel levi, sed ab omni magnitudine et corpore.

Deinde etiam arguitur contra secundam conclusionem fortissime per plures et diversos casus possibiles. Primus est casus: si super trabem poneretur onus grave, tandem sine alio motore extrinseco frangeret trabem nimis debilem existentem et ex se removebit prohibens et cadet deorsum, cum prius quiesceret sursum.

Sed hae obiectiones faciliter solvuntur ad praesens.

Primo enim de hoc quod Deus active concurrit ad omnem motum vel actionem potest dici quod Deus non proprie dicitur motor extrinsecus, quia nulli est extrinsecus secundum situm et distantiam, quamvis improprie potest dici extrinsecus, scilicet sic quod nullius est pars et nulli inhaeret; sic enim dicitur separatus.

Ad aliam dicitur quod, si onus grave sit positum super trabem et ibi simpliciter quiescat nullo modo plicando trabem, tunc in infinitum sic quiesceret super trabem, si non concurreret aliud agens alterans trabem et sic

---

2 in²] *om.* GPp ‖ posset] possit GP : potest p ‖ ex se] esse C ‖ et] *om.* P   3 posset] possit GPp ‖ poterat] poterit GPp   4 huiusmodi] *add.* animal p : huius P ‖ sint] sunt GP ‖ utroque motuum] uterque motum P   5 quod] igitur C   7 hic] *corr. ex* hinc C   8 conclusiones] *om.* G   9–10 inciperet] incipit P   10 praesentia] principio P ‖ est] *om.* P   11 et] *add.* ad p   12 separatus] separatur p ‖ vel] *add.* a p   12–13 magnitudine et corpore] corpore et (vel G) magnitudine GPp   15 est casus] *inv.* P : casus ponitur Gp   15–16 poneretur] ponatur GPp   16 alio] aliquo P ‖ extrinseco] *add.* illud onus GPp ‖ frangeret] franget Gp : frangit P ‖ nimis] minus p   17 existentem] existentes P ‖ removebit] removebat P ‖ cadet] cadit P   19 hae ... praesens] haec obiectio et praecedens faciliter solvuntur Pp : haec obiectio faciliter solvitur G   20 active concurrit] *inv.* GPp   23 potest] posset GP : possit p ‖ quod] quia GPp   25 aliam] *add.* obiectionem GPp ‖ super] supra G   25–26 simpliciter] similiter C   26 in] *sup. lin.* C   27–265.1 alterans ... iuvans] et iuvat P   27 sic] *om.* Gp

iuvans ad frangendum. Si enim sit sufficiens virtus resistitiva trabis et prohibitiva, ne aliquo modo grave supra positum moveatur per unam horam, ita per infinitum tempus esset ad hoc sufficiens, nisi per alium motorem illa virtus corrumperetur vel diminueretur.

Sed sine dubio, si modicum addamus praedicto casui, invenimus quod illud grave sufficiet sine alio motore extrinseco ad frangendum et removendum trabem prohibentem ne illud grave cadat, quia possibile est quod illud gravemet sit alterativum trabis et putrefactivum et combustivum ipsius, et sic trabis virtute debilitata tandem grave illud franget trabem et cadet, cum ante quiesceret. Ita etiam, si sit exhalatio ignea reclusa sub vase adustibili, ut non possit ascendere, ipsa sic tandem poterit urere illud vas quod perforabitur | illud vas et ascendet ista exhalatio; et ita ista exhalatio levis removebit suum prohibens sine motore extrinseco. Et ita de facto argentum vivum | positum in vase stagneo vel plumbeo sic aget in vas quod tandem perforabit ipsum | et cadet. Et hoc modo sunt alii casus multi consimiles in quibus grave vel leve per virtutem suam et sibi intrinsecam potest | removere prohibens sine alio motore extrinseco.

Item quod est actu leve possibile est quod ex se sine motore extrinseco revertatur ad gravitatem sibi naturalem, sicut aqua calida refrigeraret se sine alio refrigerativo. Et ita ad faciendum de levi grave non oportet concurrere agens extrinsecum nec per consequens ad movendum se inferius, cum prius per levitatem quam habebat ascenderet vel quiesceret superius.

Et ita videtur quod ista secunda conclusio non sit universaliter vera. Sed potest sic modificari quod raro et in paucioribus contingit quod grave vel leve inanimatum post eius quietem incipiat movere se sine praesentia et concursu motoris extrinseci. Sed saepe et in multis animal movet se et potest

---

1 frangendum] *add.* trabem P   1–2 si ... prohibitiva] si enim sit sufficientis virtutis resistentiae trabs et prohibitivae *sed add. in marg.* aliter si enim sit sufficiens virtus resistitiva trabis et prohibitiva C   2 ne] nullo P ‖ supra] super GPp   4 vel] et p   5 addamus] superaddamus P ‖ invenimus] inveniemus Gp : inveniremus P   6 sufficiet] sufficiat P : sufficit p   6–7 removendum] removendo G   8 sit] est GPp ‖ et²] vel GPp ‖ ipsius] *om.* p   9 trabis virtute debilitata] erit virtus trabis debilita (!) et C   11 poterit] poterat p   11–12 quod perforabitur] *rep.* G   12 illud vas] *om.* P   13 suum prohibens] *inv.* P : ipsum prohibens G ‖ et] *om.* P ‖ argentum vivum] *inv.* p   14–15 perforabit ipsum] perforabitur C   16 et] *om.* G ‖ removere] removeri G : movere p   18–19 leve ... gravitatem] calidum possibile est quod ex se sine motore extrinseco revertatur ad frigiditatem C   19 se] *om.* P ‖ sine] *add.* aliquo P   20 refrigerativo] *add. sup. lin.* refrigente C : refrigerante GPp ‖ et] *om.* P   21 agens] egens p   23 et] *om.* P ‖ secunda] *om.* P   24 potest sic] *inv.* GPp   25 movere] moveri P ‖ praesentia] principio P   26 extrinseci] extrinseco P   26–266.1 se ... movere] et potest movere se GPp

movere de loco ad locum sine indigentia motoris extrinseci concurrentis ad incipiendum motum.

Sed etiam possumus aliter ponere quantum ad propositum differentiam inter gravia et levia, inanimata et animalia, scilicet: illud quod est naturaliter grave vel leve, ita quod huiusmodi dispositio sit conveniens suae naturae formali, non potest se movere de loco in quo quiescit naturaliter ad alium locum manente eadem dispositione ista naturali; sed animal existens in dispositione sibi naturali et manens sine innaturali dispositione, quiescens ex se et naturaliter in uno loco potest se movere ad alium locum et reverti ad priorem et ex se quietari, modo in primo loco, modo in alio, modo in medio. Et hoc forte voluit notare Aristoteles per istam litteram: 'et facere stare possent se ipsa. Dico autem velut si ambulandi causa inest ipsi, et non ambulandi. Quare si in ipso est sursum ferri igni manifestum quod in ipso deorsum; irrationabile enim est secundum unum motum moveri solum hic a se ipsis, si quidem se ipsa movent ipsa'. Sic igitur animalia movent se ipsa, quia in potestate naturali eorum est quiescere, ubi sunt, vel moveri ad alium locum, et moveri ad unam partem vel ad contrariam; quod non est ita de gravibus et levibus inanimatis. Et hoc est possibile in hominibus liberum arbitrium habentibus remanentibus omnibus circumstantiis eisdem; quod non dico ita esse de aliis, sed hoc est alibi considerandum. |

Rationes quae ad utramque partem fiebant in principio quaestionis non procedunt contra praedeterminata.

Haec de quaestione.

---

3 propositum] compositum P   4 inanimata et animalia] inanimata et animata p : animata et inanimata G ‖ scilicet] *add.* quod GPp   4–5 naturaliter] natura P   5 huiusmodi] huius P   6 non] nam p   7 eadem dispositione ista] illa sua dispositione GPp   8 et] *om.* P ‖ sine] *add.* aliqua GPp   9 in] *add.* illo loco vel in p   10 quietari] quietare se Pp : quietare G ‖ modo³] aut Pp : et G   12 possent] possunt G : posset p   12–13 causa ... ambulandi] U : *om.* ABCGHLMPTp   13 est sursum] *inv.* G ‖ igni] igitur *sed del. et add. in marg. (partim reciso)* ignis vel gravi†...† C ‖ manifestum] *add.* est p   14 enim] *sup. lin.* C ‖ est] *add. sup. lin.* quod C ‖ secundum] in G ‖ hic] hoc GPp   15 movent¹] *add.* in p   17 moveri] movere G ‖ contrariam] contraria G ‖ quod] et G   18 inanimatis] animatis p ‖ et²] *om.* P ‖ in hominibus] hominibus p : *om.* G   19 remanentibus] removentibus P   20 sed] *add.* de GP ‖ est alibi] *inv.* G   21 quae ... partem] autem ad utrumque partem quae p ‖ in principio quaestionis] *om.* G   22 praedeterminata] determinata etc. p   23 haec de quaestione] et sic est finis etc. G : sequitur alia quaestio p : *om.* P

11–15 Aristoteles, *Physica*, VIII, 4, 255a7–11

⟨VIII. 5⟩

⟨Utrum actu grave existens sursum moveatur per se post remotionem prohibentis et a quo moveatur⟩

Quaeritur quinto utrum actu grave existens sursum moveatur per se post remotionem prohibentis et a quo | moveatur. 146ᵛᵃ P

Videtur per quasdam auctoritates quod non moveatur per se.

⟨1⟩ Prima est quia: dicit Commentator quod actu grave existens sursum non est in potentia essentiali, sed accidentali ad esse deorsum et ad motum deorsum. Et hoc rationabiliter dictum est, quia sicut est actu sursum, ita est in potentia deorsum loquendo proprie de potentia, scilicet separata ab actu. Sed si actu grave est actu sursum, hoc est non per se nec per suam naturam, sed per accidentalem violentiam. Igitur per accidens et per violentiam est in potentia deorsum. | Sed sicut est in potentia deorsum, sic movetur deorsum, cum movetur, quia motus est actus entis in potentia secundum quod in potentia. Igitur per accidens et non per se movetur deorsum. 157ᵛᵃ C

⟨2⟩ Item si dicatur moveri per se, hoc est quia movetur per suam naturam; sed illud grave non movetur sic per suam naturam. Probatio quia: non per naturam quae est materia, quia omnino accidit ei quod movetur vel non movetur et quod moveatur sursum vel deorsum vel aliter. Nec | per naturam quae est forma, quia per illam movet; et tamen dicit Aristoteles in isto octavo quod illud quod movetur ex se non secundum idem movet et movetur, sed secundum aliam partem movet et secundum aliam partem movetur. 113ᵛᵇ p

---

5 quaeritur quinto] *spat. vac. rubricatori relictum* G ‖ moveatur] movetur G ‖ per se] *corr. in* ex se G ‖ post] per p   6 et] ut P : *om.* p   7–8 quod ... commentator] *in marg.* (*partim reciso*) C   10 et] ut P ‖ quia sicut] sicut enim GPp ‖ ita] sic Pp   12 sursum] *add.* et p ‖ est non] *inv.* GPp   13 accidentalem] actualem C ‖ per³] *om.* G   14 sicut est] si p   14–15 est ... actus] *in marg. inf.* G   15 cum] quando GPp ‖ quia] cum GPp ‖ est] sit GPp   16 et] *om.* p   17 moveri] *om.* G   18 sed] et G ‖ probatio] *om.* G   19 accidit ei] *inv.* GPp ‖ movetur] moveatur GPp   20 movetur] moveatur GPp ‖ et] *om.* P   21 isto octavo] *om.* p   22 movet et movetur] movetur et movet G   23 partem¹ ... movetur] ABLMUp : partem movet et aliam partem movetur CP : et aliam partem movetur G : et aliam partem HT

8 Cf. Averroes, *In Physicam*, VIII, comm. 32, f. 370D   21 Aristoteles, *Physica*, VIII, 5, 257a33–34, b12–13; cf. *AA*, 2: 216

⟨3⟩ Item ubi est motus cum resistentia, quod per se movetur debet per se habere resistentiam ad motorem; sed grave non habet per se resistentiam, ut vult Aristoteles in quarto *huius*.

⟨4⟩ Item quod non potest moveri nisi cum alio moto, hoc non movetur per se, sed cum alio. Sed grave non potest moveri nisi alio moto; requiritur enim quod medium moveatur et dividatur.

⟨5⟩ Item 'per se' supponit de omni, ut habetur primo *Posteriorum* a Lincolniense et aliis expositoribus; sed numquam omne grave movetur deorsum; igitur numquam est verum dicere quod grave per se movetur deorsum.

⟨6⟩ Item si moveretur per se deorsum, aut hoc esset in primo modo dicendi 'per se' aut in secundo modo. Non in primo, quia non est praedicatio quidditativa nec moveri deorsum ponitur in definitione gravis, quoniam non conveniret omni; nam multa sunt gravia quae non moventur. Nec in secundo modo, quia grave non ponitur in definitione motus.

⟨7⟩ Item quarto *Caeli* dicit Commentator quod, si grave per impedimentum sit detentum superius, forma eius post depositionem impedimenti movet ipsum | per accidens.

⟨8⟩ Et etiam dicit in tertio *Caeli* quod grave movetur ad motum medii, sicut homo existens in navi ad motum navis. Et hoc non est moveri per se, sed per accidens.

Oppositum arguitur quia:

⟨1⟩ Illud grave movetur naturaliter, igitur per suam naturam. Et natura rei est de eius substantia; est enim materia vel forma eius, | ut patet secundo *huius*. Igitur movetur per suam substantiam et essentiam, et hoc est moveri per se.

1–2 per se habere] habere per se GPp   3 huius] libro p : *add.* ergo etc. GPp   4 hoc] *om.* GPp
5 moto] motu G   7 de] *corr. sup. lin. ex* pro C   7–8 lincolniense] lincolniensi P : lincosi p
8 expositoribus] *add.* authenticis G   9 per se movetur] movetur per se GPp   10 aut hoc] adhuc p   11 in¹] *om.* G ǁ modo] *om.* GP ǁ in²] *om.* p   12 moveri] moveretur P ǁ non] numquam G   13 nam] gravi cum GPp ǁ sunt] sint p   14 modo] *add.* etiam G   15 item] *sup. lin.* C   15–16 per ... detentum] impedimento detentum sit GPp   16 depositionem] remotionem GPp   18 et] *om.* P   19 existens] *om.* P ǁ navi] nave p ǁ non est moveri] est moveri non GPp   22 movetur] moveretur P

3 Cf. Aristoteles, *Physica*, IV, 8, 215a25–216a11   7–8 Cf. Robertus Grosseteste, *Commentarius in libros Analyticorum posteriorum*, I, 4 (ed. Rossi, 112–113)   15 Cf. Averroes, *In De caelo*, IV, comm. 25 (ed. Carmody, Arnzen, 709)   18 Cf. Averroes, *In De caelo*, III, comm. 28 (ed. Carmody, Arnzen, 557)   23–24 Cf. Aristoteles, *Physica*, II, 1, 193a29–31, b3–7; 2, 194a12–13; 8, 199a30–31

⟨2⟩ Item omne per accidens debet reduci ad aliquod per se, ut vult Commentator quarto *huius*. Igitur si aliquid in tali motu movetur per accidens, oportet quod etiam aliquid movetur per se; et non apparet quid ibi magis moveatur per se quam illud grave; igitur etc.

⟨3⟩ Item de his quae sunt per accidens non intromittit se aliqua scientia, ut habetur sexto *Metaphysicae*. Et ita etiam dicit Aristoteles in quinto *huius*: 'secundum quidem accidens mutatio dimittatur; in omnibus enim est et semper et omnium' etc. Sed de motibus naturalibus gravium et levium intromittit se scientia naturalis. Igitur illi sunt per se.

⟨4⟩ Item in tertio *Caeli* dicit Commentator quod motus ipsius gravis est primus et essentialis a forma moti; modo | primum et essentiale est per se; igitur etc.

157vb C

Primo videndum est a quo grave movetur, quando naturaliter movetur deorsum remoto prohibente. Et pono ad hoc plures conclusiones ad removendum plures opiniones.

Prima est quod grave sic non movetur a suo generante, quia forte suum generans est corruptum nec est simul cum illo gravi, cum tamen movens et motum debent esse simul. Et iterum, quando primo generatur grave, ut si a frigiditate mediae regionis aeris vapor ingrossetur et fiat aqua et tunc incipiat cadere, adhuc ista non movetur deorsum loquendo proprie ab illo infrigidante. Bene enim verum est quod ab illo infrigidante erat alteratio et generatio frigiditatis et densitatis et gravitatis, sed his generatis istud infrigidans nihil amplius operatur ad illum motum deorsum, immo licet non amplius esset infrigidans aut etiam omnino si ipsum non esset, non minus illa aqua sic facta gravis descenderet deorsum; igitur non sic movetur ab illo generante. Et etiam rationabile est dicere quod ab eodem movetur in princi-

---

1 aliquod] aliquid G   3 quod etiam] *inv.* G ‖ movetur] moveatur GPp   3–4 magis moveatur] *inv.* GPp   4 illud] ipsum GPp ‖ igitur] *om.* P   5 se] si P   6 ita] ideo GPp   7 quidem] quod P : *om.* p ‖ enim] *om.* p   8 et omnium] AuEHaIp *et fort.* ErR : *om.* BBrDFJMPbSU VWXY : et omni ACGHKLLaOxTZ (*sup. lin.* La) : et in omni Q : et cum non P : *deest* O ‖ de] *om.* p   11 primus] prius P ‖ a] ex *sed del. et add. sup. lin.* a seu in C   12 etc.] *om.* P   14 ad^1] de GPp   18 debent] debeant GPp   19 regionis] regione G ‖ aqua] *corr. in marg. ex* grave C ‖ tunc] *corr. sup. lin. ex* sic C   22 istud] idem P   23 operatur] operabatur Pp : operabitur G   24 etiam] *om.* p ‖ si] se p   25 facta] *add. et* facta GPp   26 in] de GPp

1–2 Cf. Averroes, *In Physicam*, IV, comm. 43, f. 142H–I   6 Cf. Aristoteles, *Metaphysica*, VI, 2, 1026b3–4; cf. *AA*, 1: 151   7–8 Aristoteles, *Physica*, V, 1, 224b26–27   10 Averroes, *In De caelo*, III, comm. 28 (ed. Carmody, Arnzen, 555)

pio motus usque ad finem, scilicet usque ad terram; et tamen prope terram non movetur ab | illo generante, quia non est simul cum eo.

Secunda conclusio est quod grave non movetur sic a removente prohibens quod prohibebat ipsum moveri, quando violente quiescebat sursum. Hoc | patet per easdem rationes. Nam statim cum prohibens remotum est, si esset annihilatum tam prohibens quam illud quod removet ipsum, non minus grave movetur deorsum. Nec illud removens prohibens est simul cum illo gravi, quando sic movetur deorsum, cum tamen movens et motum debent esse simul.

Sed tu diceres quod illae conclusiones sunt manifeste contra Aristotelem, qui dicit sic, quod gravia | et levia non a se ipsis moventur, sed a generante et faciente grave aut leve vel ab impedientia et prohibentia solvente. Et Commentator super hoc dicit quod generans dans formam dat omnia consequentia ad formam, quorum unum est motus localis, ut dicit.

Solutio: dictum est in secundo libro quod aliquid dicitur respectu alicuius agens improprie secundum multos diversos modos attributionum. Generans igitur dicitur movere ipsum grave ad istam intentionem: non quod amplius agat aliquid in ipsum grave, quando ipsum movetur, sed egit ipsi gravi dando motum, scilicet formam vel gravitatem, a qua sic movetur etiam forte generante corrupto. Ad talem sensum dicitur moveri a removente prohibens, quia cum prohibens resisteret motori ipsius gravis et esset fortius in resistendo quam motor gravis in movendo, ideo non poterit grave moveri a suo naturali motivo, donec illud prohibens esset remotum; sed statim | movetur ab eo post remotionem prohibentis illius. Igitur proprie loquendo

---

1 prope terram] proprie terra P : propter terram p   3 quod] *add.* etiam GPp   4 moveri] movere p ‖ violente] violenter GPp   5 cum] quando Gp : quod P   6 removet] removit G   7 movetur] moveretur GPp ‖ removens prohibens] *inv.* C : movens prohibens p ‖ est simul] simul p : *om.* G   8 quando sic movetur] quando movetur sic Gp : quamvis sit P ‖ debent] debeant GPp   10 diceres] dices GPp   12 a] *praem.* aut p : amplius a (*sup. lin.*) G : aut P ‖ aut] vel G : et p ‖ vel] aut GPp   13 formam] *corr. ex* formans C   14 ad] *in marg.* C : *om.* GPp ‖ unum] unus GPp   16 solutio] *praem.* item p ‖ in] *om.* p ‖ libro] huius p   18 grave] *om.* P   19 in] ad P ‖ ipsum²] grave GPp ‖ sed] *add.* quia GPp   20 motum] mortuum p   21 generante] generanti iam G ‖ corrupto] *add.* similiter GPp ‖ moveri] *corr. ex* removeri C ‖ a] ad P   22 quia] et p ‖ prohibens] *add.* removens P   23 poterit] poterat GPp   24 a suo] *om.* G   25 prohibentis illius] *inv.* GPp

10–11 Cf. Aristoteles, *Physica*, VIII, 4, 255b35–256a2   13–15 Averroes, *In Physicam*, VIII, comm. 32, f. 370G   16 Cf. Iohannes Buridanus, *Quaestiones super libros Physicorum*, II, q. 8 (ed. Streijger, Bakker, 303)

removens prohibens non movet illud grave, sed movit illud prohibens, ad quem motum sequitur grave movere se.

Tertia conclusio est quod grave sic existens sursum non movetur a suo loco naturali, scilicet a loco deorsum, per quendam modum attractionis, sicut adamas movet et attrahit ferrum ad se. Et non debet imaginari quod unum corpus trahit ad se alterum corpus, nisi ei sit alligatum vel nisi hoc sit imprimendo in medium et usque ad illud corpus aliquam virtutem seu qualitatem per quam corpus illud moveatur, sicut diceremus de motu ferri ad magnetem. Et hoc non potest dici in proposito, quia tunc illa virtus vel impressio esset fortior prope illum locum quam remotius; ideo sequitur quod velocius movetur illud grave ad illum locum de prope quam de longe, sicut est de ferro ad magnetem; et hoc invenitur falsum.

Sed tu dices | quod ista ratio debet retorqueri in contrarium, quia manifestum est quod grave motum deorsum, quanto magis appropinquat ad locum deorsum, tanto velocius movetur; quod non apparet esse nisi quia locus maiorem virtutem habet trahendi de prope quam de longe.

Ad hoc ego dico quod grave ceteris paribus non movetur velocius deorsum, si sit prope locum deorsum ad spatium trium vel decem pedum, quam si esset longe ad spatium centum vel mille pedum. Unde si quis esset in cacumine montis vel turris Nostrae Dominae et lapis existens supra ad spatium decem pedum caderet supra eum, ita nec plus nec minus laederet ipsum, | sicut si ipse esset in fundo putei profundi et idem lapis etiam a spatio decem pedum supra caderet supra eum. Et ita patet quod non velocius moveretur ille lapis in loco sic basso quam in loco sic alto. Propter quod manifestum est quod non propter esse propinquius aut remotius ad locum deorsum grave movetur velocius vel tardius. Sed sicut dicetur post, grave propter hoc quod acquirit sibi quendam impetum, a quo cum gravitate sua movetur—et sic fit

132va G

147rb P

---

1 movit illud] movet GPp   2 sequitur] consequitur Gp ∥ movere] *add.* per C   4 deorsum] *corr. ex* naturali C ∥ modum] motum GPp   5 attrahit] trahit GPp ∥ et^2] quia GPp   6 trahit] trahat Gp ∥ ad] a P ∥ nisi^1] non p ∥ ei sit alligatum] sit (sic p) ei colligatum GPp   7 in] *om.* G ∥ seu] sive P   8 corpus illud] *inv.* GPp ∥ moveatur] movetur P   9 et] *om.* P   10 quam] *corr. ex* quem C ∥ sequitur] sequeretur GPp   11 movetur] moveretur GPp   16 virtutem habet] *inv.* GPp ∥ trahendi] trahendae P   17 ego] *om.* P   18 vel] aut GPp   19 quis] aliquid P   20 montis vel] *om.* GPp ∥ nostrae dominae] beatae mariae GPp ∥ existens ... spatium] super (supra p) existens a spatio GPp   21 supra] super GPp ∥ ipsum] eum GPp   23 supra^1] *om.* Gp ∥ supra^2] super GPp ∥ moveretur] movetur P   24 in^1] *add.* illo p   25 esse] eius P ∥ grave] *add. sup. lin.* non G   26 vel] aut GP ∥ propter hoc] in eo GPp ∥ quod] *add.* movetur P   27 movetur] moveretur C

26 Cf. inf., VIII, q. 12

motus velocior quam quando a gravitate tantum movetur, et quanto efficitur motus velocior, tanto | impetus fit vigorosior—, ideo continue, quanto plus descendit grave, tanto velocius movetur, scilicet quanto in continue descendendo distat plus a principio unde inceperat descendere, sive hoc sit in loco bassiori sive in altiori.

Et ita pari ratione etiam ponitur quarta conclusio, scilicet quod grave sic existens sursum non movetur a caelo vel a loco sursum propellente ipsum deorsum, quia tunc descenderet | velocius ceteris paribus, quando esset magis sursum, quam quando esset magis deorsum, quia virtus moventis debet esse fortior prope ipsum quam longe; agens enim influit fortius prope se quam longe ceteris paribus.

Quinta conclusio est quod grave sic existens sursum non movetur a medio, quia medium resistit; modo, si ego ambulo, ille non movet me qui resistit mihi et retardat me a motu meo. Et iterum grave potius movet medium dividendo ipsum. Et non apparet etiam quomodo medium moveret lapidem descendentem, quia non apparet quod hoc esset trahendo ad se nec pellendo nec apparet aliquis alius modus rationabilis quo medium posset dici movere illum lapidem. Nec proficit contra istam conclusionem auctoritas Commentatoris tertio *Caeli* dicentis quod grave movetur ad motum medii, sicut homo existens in navi movetur ad motum navis. Haec enim similitudo debet | intelligi quantum ad hoc quod homo non potest sic moveri tali motu vehitionis, nisi navis vel aliud vehens moveatur; et ita grave non potest sic naturaliter descendere, nisi medium moveatur et dividatur. Sed in hoc est dissimilitudo, quia navis mota portat secum hominem et medium motum non portat secum grave dividens ipsum; nec homo motus in navi dividit navem, sicut grave motum in medio dividit | medium.

Ultima conclusio est quod grave sic movetur deorsum a sua gravitate immediate et leve sursum a sua levitate, quia praedictis conclusionibus negativis concessis non apparet aliud restare a quo debeamus dicere quod

---

2 tanto] *add.* etiam GPp ‖ fit] *add.* ibi p   3–4 descendendo] *corr. ex* descendo C   4 plus] prius p : *om.* G   4–5 loco bassiori] *inv.* GPp   6 ita] *om.* GPp   7 ipsum] quantum P   8 velocius ceteris paribus] ceteris paribus velocius P   10 influit fortius] *inv.* GPp   11 se] sequitur C : *om.* P   14 mihi] *add.* sed C ‖ movet] *om.* P   17 nec apparet] *inv.* P ‖ alius modus rationabilis] alius rationabilis modus Gp : rationabilis motus alius P   18 movere] moveri P ‖ istam conclusionem] *corr. in marg. ex* hoc C   19 commentatoris] *corr. sup. lin. ex* aristotelis C   21 debet] *add.* sic G   22 vehitionis] *add.* vectionis P ‖ ita] *om.* P   23 et] *om.* P   24 quia] *corr. ex* quod C   25 dividens] *corr. sup. lin. ex* movens C

19 Cf. Averroes, *In De caelo*, III, comm. 28 (ed. Carmody, Arnzen, 557)

grave vel leve movetur active et proprie. Si enim aliquis diceret quod movetur a sua forma substantiali, apparet quod non vel tamen magis apparet moveri sic a sua gravitate vel levitate. Unde in sacramento altaris non movet aliqua forma substantialis in hostia, quae ante esset in ea; et tamen, quia manet gravitas, caderet deorsum sicut ante. Et forte quod vapor elevatus ab aqua est adhuc substantialiter aqua; et tamen, quia factus est levis, movetur sursum et non movetur ad locum naturalem aquae; ideo sic non movetur per formam substantialem aquae, sed per levitatem. Tamen quid de hoc sit dicendum, recurrendum est ad quintam quaestionem secundi libri.

Nunc est dicendum directe de eo quod quaerebatur. De quo notandum est quod multipliciter utimur hac dictione 'per se'. Uno modo dicimus aliquid alicui convenire per se, quia convenit sibi per suam naturam vel per dispositionem suae naturae convenientem. Et hoc est convenire sibi naturaliter, sicut nos diceremus aquam esse per se et naturaliter frigidam et gravem, sed eam diceremus calidam aut levem non per se nec naturaliter, nisi hoc sit naturalitate materiae. Et isto modo diceremus grave moveri per se deorsum, quia per suam naturam et quia etiam ille motus et locus qui per illum motum acquiritur est conveniens suae formae, quae est natura eius. Et ipsum | etiam diceremus movere per se, quia per suam formam vel per gravitatem suae formae convenientem, si ita sit quod gravitas illa sit dispositio conveniens formae substantiali ipsius; sed si non, tunc non diceretur movere per se, immo nec moveret, sed solum gravitas sua, sicut si dicamus quod vapor factus levis sit substantialiter aqua et moveatur sursum, aqua illa non movet, quia nec | eius materia movet nec eius forma, immo potius | resisteret, sed levitas sibi impressa movet. Et hoc plus dictum est in quinta quaestione secundi libri.

---

1 movetur] moveatur GPp   2 vel tamen] cum G   4 substantialis in hostia] in hostia substantialis GP ‖ ante] *corr. ex* non C   5 manet] inest G : met P ‖ quod] quia Pp   6 factus] facto P   7 movetur¹] *om.* GPp   8 per²] *om.* p ‖ de] *corr. sup. lin. ex* ad C ‖ hoc] *add.* ultra GPp   9 quintam] *om.* P ‖ quaestionem] conclusionem C   10 quod] de quo GPp   10–11 notandum est] nota G   12 alicui convenire] alicui convenire (*corr. in marg. ex* quaerere) C : *inv.* GPp ‖ per³] *om.* Pp   13 suae naturae] *inv.* GPp ‖ hoc] *om.* P ‖ est] *sup. lin.* C   16 hoc sit] *om.* P ‖ et] *om.* P   17 naturam] HT : materiam ABCGLMPp (*add. in marg.* aut naturam C) : formam U   19 diceremus] *corr. ex* debemus C ‖ movere per se] moveri per se *sed add. sup. lin.* alias movere se per se C : moveri per se P   20 illa] *om.* p   22 moveret] movet p   23 sit] *add.* adhuc GPp ‖ et moveatur] etiam moveat p   25 movet] moveret C

9 Cf. Iohannes Buridanus, *Quaestiones super libros Physicorum*, II, q. 5, arg. 3 et ad 3 (ed. Streijger, Bakker, 272, 281)   25–26 Cf. Iohannes Buridanus, *Quaestiones super libros Physicorum*, II, q. 5, arg. 3 et ad 3 (ed. Streijger, Bakker, 272, 281)

274　　　　　　　　　　　　　　　　　　　　　　　　　　　　　LIBER VIII

  Secundo modo 'per se' significat idem quod 'solitarie'. Et sic diceretur quod nihil movet vel agit per se nisi Deus, quia impossibile est aliquod agens aliud a Deo agere Deo non coagente. Sed tamen, quia Deus sic est agens universale, nos in dicendo 'per se et solitarie' de aliquo agente particulari
147vb P intelligimus, si non concurrat aliquid aliud agens particulare | (et omne aliud   5
agens a Deo voco agens particulare). Et secundum istam locutionem posset dici quod grave movet se per se, quia licet in incipiendo motum concurrat bene movens extrinsecum, tamen post non oportet quod sit concurrens agens extrinsecum. Et sic solum grave movet: non sic solum, quin gravitas moveat, quae tamen est alia ab ipso gravi, sed sic solum, quia non concurrit   10
movens extrinsecum. Sed non per se, id est solitarie, movetur, quia indiget quod etiam aliud agens extrinsecum moveatur, scilicet medium quod resistit et dividitur; unde videtur esse intentio Aristotelis et Commentatoris in quarto *huius* quod, nisi medium resisteret, non esset motus, sed mutatio instantanea. Sic autem animal posset moveri a se ipso, quia ex se ipso   15
habet resistentiam moventi. Verum est quod de facto semper animal movetur per medium quod dividitur, nisi illud medium moveatur cum eo, quia cum non posset esse vacuum naturaliter, animal habet corpus undique sibi contiguum, quod oportet moto animali dividi, si non moveatur cum animali; aliter esset penetratio corporum. Sed tamen sic est differentia quantum ad   20
hoc inter animal et grave inanimatum, quia grave inanimatum non habet ex se resistentiam, prout videntur velle Aristoteles et Commentator quarto *huius* (ideo si medium extrinsecum non resisteret, non esset motus neque successio), sed animal ex corpore suo habet resistentiam animae moventi (ideo esset motus et successio temporalis, quamvis medium extrinsecum   25
nullius esset resistentiae). Et videtur mihi quod istam differentiam Aristoteles voluit nobis notare in ista ultima ratione quam posuit ad probandum

---

2 deus] *om.* p   2–3 agens ... deo[1]] aliud agens GP : agens p   5 aliquid] *om.* GPp   5–6 aliud agens] *inv.* GPp   6 posset] potest P   7 incipiendo] movendo P   8–9 sit concurrens agens] concurrat movens GPp   10 est] *om.* P ‖ sed] licet G   11 id est] scilicet p ‖ quia] quod p   12 agens] *om.* GPp   12–13 quod[2] ... dividitur] quod dividitur et quod resistit GP : quia dividitur quod resistit p   13 esse intentio aristotelis] intentio aristotelis esse G   15 moveri] *add.* per se GPp   16 moventi] movendi sed p   18 posset ... naturaliter] possit naturaliter esse vacuum GPp ‖ animal] *add.* semper GPp ‖ corpus undique] *inv.* GPp   20 aliter] aut P   22 ex] in G ‖ videntur] videtur p ‖ velle] dicere P   26–27 aristoteles voluit nobis] voluit nobis aristoteles GPp   27 ista] *om.* G ‖ posuit] ponit P

13–14 Cf. Aristoteles, *Physica*, IV, 8, 215a25–216a11   22 Cf. Aristoteles, *Physica*, IV, 8, 215a25–216a11

quod grave non movetur ex se, sed animal bene, scilicet quod, si debeat esse motus cum resistentia, necesse est, si aliquid moveatur ex se, scilicet sine indigentia motoris extrinseci et moti extrinseci, quod ipsum sit divisibile in partem per se moventem et partem per se motam intelligendo per 'partem per se motam' | illam quae | ex se habet resistentiam motori. Sic enim bene divisibile est animal, sed non grave inanimatum.

Adhuc aliter logice potest intelligi quod grave movetur per se ad illum sensum quod haec propositio est per se vera 'grave movetur' vel 'movetur a se'. Et tunc manifeste dicendum est quod grave non movetur per se, quia haec est omnino contingens 'grave movetur'. Sed tamen ista conceditur, quod grave existens sursum et non prohibitum movetur deorsum, quia saltem ex suppositione constantiae terminorum haec est per se vera et necessaria 'grave existens sursum et non prohibitum movetur deorsum'.

Et per prius dicta manifestum est quomodo rationes quae | fiebant in principio quaestionis debeant procedere.

⟨1⟩ Commentator enim per 'potentiam ad esse deorsum' non intendit nisi esse sursum. Et sic bene verum est quod actu grave, pro quanto movetur sursum vel est sursum, hoc non est per suam naturam, sed contra naturam suam. Et ideo, pro quanto est deorsum vel recedit a sursum descendendo, hoc est per suam naturam. Unde, cum illud quod movetur sit partim in termino a quo et partim in termino ad quem, illud quod grave habet de termino a quo est sibi innaturale; ideo recedit ab eo, et est ille recessus naturalis sibi. Et si aliquid habuit de termino ad quem finali, hoc est sibi naturale. Et Commentator vocat hoc naturale | essentiale.

⟨2⟩ Secunda ratio bene probat quod haec non est per se vera 'grave movetur', sed tamen grave per suam materiam movetur, quia ista est principium illius motus passivum.

⟨3⟩ Tertia ratio arguit quod non movetur per se, id est solitarie, quin requiratur etiam aliud resistens quod movetur.

⟨4⟩ Et ad idem etiam procedit quarta ratio.

---

1 grave] *add.* inanimatum GPp ‖ bene] unde P ‖ quod²] quia GPp   2 moveatur] movetur P   5 habet] habebat Pp   7 aliter] autem P ‖ intelligi] intelligendi P   8 quod] quia P ‖ movetur²] *add.* per se et p   9 manifeste] *om.* p ‖ est¹] esset p   9–10 est omnino] *inv.* p   15 debeant procedere] debent procedere p : procedunt G   17 sic] *om.* GPp   18–19 naturam suam] *om.* GPp   19 pro] quod C   20 cum] quod p   22 naturalis sibi] *inv.* GPp   23 aliquid habuit] aliquid habuerit Pp : habuerit aliquid G   25–27 secunda ... passivum] *om.* G   26 materiam] *add. in marg.* seu naturam C : naturam P   28 id est] scilicet GP   29 quod movetur] *om.* G

⟨5⟩ Quinta ratio arguit quod haec non est per se universaliter vera 'grave movetur'.

⟨6⟩ Ad sextam dico quod in descriptione perfecta huius termini 'moveri naturaliter deorsum' poneretur ille terminus 'grave' vel alius supponens pro gravi.

⟨7⟩ Ad auctoritatem Commentatoris conceditur quod haec est bene per accidens 'grave movetur a sua forma', quia si esset deorsum, non moveretur ab ea.

⟨8⟩ Sed de illa similitudine de homine moto in navi dictum est prius.

Deinde ad rationes in oppositum.

⟨1, 2, 4⟩ Prima, secunda et quarta bene probant quod grave sic movetur per se, quia per suam naturam.

⟨3⟩ Et tertia bene arguit quod ista non est scibilis 'grave movetur', quia est vera per accidens et contingens; sed ista bene est scibilis 'grave existens sursum et non prohibitum movetur deorsum'.

Haec de quaestione.

---

1 se] *add.* et GPp   3 dico] potest dici GPp   4 naturaliter deorsum] *inv.* P ‖ poneretur ... vel] non ponitur ille terminus grave sed C   6 auctoritatem commentatoris] commentatorem p   7 accidens] *add.* vera p ‖ moveretur] movetur P   8 ea] eo G   10 in] ad Gp   11 bene probant] bene arguunt Pp : arguunt bene G   12 per¹] ex G   15 deorsum] *add.* etc. G   16 haec de quaestione] etc. GP : *om.* p

⟨VIII. 6⟩

⟨Utrum primus motor sit immobilis⟩

Quaeritur sexto utrum primus motor est immobilis. | 133ᵛᵃ G

Arguitur quod non quia:

⟨1⟩ Sicut est in minori mundo, ita est et in maiori; sed in minori mundo, scilicet in homine, primus motor, scilicet anima, movendo corpus movetur cum eo; igitur similiter in maiori mundo primus motor, qui est totaliter primus, movetur.

⟨2⟩ Item primus motor movet per intellectum et voluntatem, quae moventur ab intelligibili et appetibili, ut habetur tertio *De anima*; igitur etc.

⟨3⟩ Item si primus | motor est intrinsecus mobili, ipse movetur ad motum 159ʳᵃ C eius; sed ipse est sibi intrinsecus. Probatio quia: aliter primum mobile non movetur naturaliter, sed violente; naturale enim debet esse a principio intrinseco, cum natura sit principium intrinsecum, ut habetur in secundo *huius*, et violentum debet esse a principio extrinseco, ut habetur tertio *Ethicorum*.

⟨4⟩ Item primus motor est multo fortior aliis, | immo omnipotens; sed 148ʳᵇ P multa alia possunt movere se ipsa; igitur et ipse potest movere se ipsum.

Oppositum determinat Aristoteles in octavo *huius* et etiam duodecimo *Metaphysicae*.

---

3 quaeritur sexto] sexto quaeritur consequenter G : quaeritur consequenter sexto p ‖ est] sit GPp   5 est²] *om.* GPp ‖ et] etiam p   7 similiter] *om.* p ‖ primus motor] *in marg.* C   7–8 totaliter primus] *add.* motor p : primus taliter P   8 movetur] *corr. sup. lin. ex* motor C : *add.* etc. p   9 motor] *sup. lin.* C ‖ intellectum] intentionem *sed add. in marg.* intellectum C   9–10 moventur] movetur Gp   10 igitur etc.] *om.* G   11 si ... est] primus motor si (*sup. lin.*) esset P ‖ ipse] tempore P ‖ movetur] moveretur G   12 est] *add.* ibi C ‖ probatio] probo G   13 movetur] moveretur GPp ‖ violente] violenter GPp   15 et] *om.* p ‖ habetur] patet p   17 fortior] potentior GPp   18 et] *om.* P   19 octavo huius] isto octavo GPp ‖ etiam] in GPp ‖ duodecimo] decimo G : secundo P

10 Cf. Aristoteles, *De anima*, III, 4, 429a10–430a9   14–15 Cf. Aristoteles, *Physica*, II, 1, 192b20–23; cf. *AA*, 2: 50   15–16 Cf. Aristoteles, *Ethica Nicomachea*, III, 1, 1110b1–3   19–20 Cf. Aristoteles, *Physica*, VIII, 6, 258b10–260a19; cf. Aristoteles, *Metaphysica*, XII, 6–7, 1071b3–1073a13

Non intendo loqui de Deo ea ratione qua factus est homo. Primus enim motor est Deus. Sed ego dico quod primus motor quantum ad essentiam secundum quam est primus motor, scilicet quantum ad deitatem, est immobilis et omnino immutabilis. Istam conclusionem nisus est Aristoteles probare multis viis, quas nunc congregare intendo simul, sive sint demonstrabiles sive sint probabiles.

Prima via est quod non est necesse omne movens moveri ad hoc quod moveat. Nam si ignis calefacit, non oportet quod calefiat, et color movet visum absque hoc quod moveatur, et magnes quiescens trahit ferrum, et si sol quiesceret, adhuc calefaceret ista inferiora. Sed in quolibet genere primum debet esse simplicissimum et maxime absolutum ab omni dispositione illi contingente et non necessaria. Igitur primus motor debet movere sine moveri.

Secunda via est quod oportet esse statum in moventibus, ita quod sit devenire ad primum (hoc suppono ex secundo *Metaphysicae*). Et illud non movetur ab alio, quia iam non esset primum movens, sed magis illud aliud. Igitur vel non movetur, et sic habetur propositum, vel movetur a se ipso. Et tunc, si movetur a se ipso, tunc quaeremus utrum secundum idem movet se et movetur a se, vel secundum unam partem movet et secundum aliam partem movetur.

Non | potest dici quod secundum idem movet et movetur, quia semper tale indiget superiore movente. Quod sic declarari potest: duplex est agens vel movens, unum univocum, aliud aequivocum. Univocum vocatur quod habet dispositionem similem et eiusdem speciei dispositioni quam agit, ut si actu calidum agit calidum vel homo hominem. Aequivocum vero vocatur quod non habet formaliter dispositionem eiusdem speciei cum ea quam agit, ut si lumen generat calorem et corpus caeleste ranas et muscas ex | putrefactione. Modo constat quod agens univocum non agit in se, cum iam

---

1 non] *praem. et* P ‖ intendo] intendendo G   2 primus motor] *corr. in marg. ex* deus C
4 omnino] *sup. lin.* C ‖ istam] *praem. et* P ‖ nisus] visus *sed add. in marg.* alias nisus C
5 congregare intendo] *inv.* GPp ‖ simul] *sup. lin.* C   5–6 demonstrabiles] demonstrativae GPp   6 sint] *om.* GPp   7 prima via est] *in marg.* C ‖ quod¹] quia GPp   8 calefacit] *add.* te GPp   9 trahit] attrahit GPp   12 illi] *add.* generi GPp   13 sine] non G : et non p
14 quod¹] quia GP : *om.* p   15 suppono] supponitur GPp ‖ ex] (ex demonstratis *in marg.*) in G   16 alio] *corr. in marg. ex* illo C   17 movetur¹] *corr. ex* notatur C   18 tunc²] nos Gp : nunc P ‖ movet] moveret C   20 partem] *om.* GPp   21–22 semper tale] *inv.* P   22 declarari potest] declaratur GPp   25 agit calidum] agat (agit P) caliditatem GPp   25–26 vocatur] dicatur P   26 ea] illa GPp

---

15 Cf. Aristoteles, *Metaphysica*, II, 2, 994a1–11; cf. *AA*, 1: 43

habeat dispositionem similem ei quam est innatum agere. Agens autem aequivocum est duplex: unum agit in virtute propria tamquam primum et principale agens, ita quod ad istam actionem non concurrit aliud agens; sed agens secundarium et instrumentale est ad cuius actionem oportet concurrere aliud agens, scilicet prius et principalius. Modo possibile est quod agens secundarium et instrumentale est minoris gradus vel perfectionis quam illud quod ipsum agit, ut quia | sperma inanimatum generat aliquando hominem vel asinum habentem multum meliorem complexionem quam fuit sperma; sed agens primum et principale non potest esse minoris gradus et perfectionis quam illud quod ipsum agit, ut quia agens non potest dare passo plus quam habet, nisi hoc sit in virtute agentis principalioris | et plus perfectionis habentis. Igitur primum agens vel continet effectum suum in actu simili, et sic est univocum et non agit in se, vel continet ipsum in actu excellentiori et meliori, et tunc non indiget nec esset sibi perfectio recipere actionem illam gradus inferioris. Igitur primum movens, si moveat se, non secundum idem movet et movetur, agit et patitur.

159rb C

148va P

Si vero dicatur quod una pars movet et alia movetur, quaero de ista parte quae movet utrum movetur vel non. Si non movetur, habeo propositum, quia illa esset simpliciter primum movens. Si vero dicatur quod ista pars movens movetur, tunc movetur a se vel ab alia parte quam movet. Si a se, quaeritur ut prius, et procederetur in infinitum; quod dictum est esse inconveniens. Si ab alia parte, tunc nihil est primum movens, quia nec aliqua istarum partium, cum quaelibet moveatur ab alio, scilicet a reliqua parte, nec totum, quia non secundum se ipsum ponitur movere, sed ratione partium, quarum utraque ponitur movere reliquam.

Ad hoc responderet cavillator quod una pars moveret per se aliam et movetur ab alia per accidens, et sic ista quae per se movet aliam dicitur per se movens primum et simpliciter.

---

1 autem] *om.* P   2 unum] *add.* enim GPp ‖ in] *om.* GPp   3 sed] sicut Gp   4 agens] *om.* GPp ‖ est] *om.* GPp   5 prius et principalius] principalius et prius (primo p) GPp   6 et] non P   8 multum meliorem] multo nobiliorem Pp ‖ fuit] sit GPp   9 sed] *add.* aliud P ‖ et²] vel GPp   10 passo] posse P   11 habet] habeat GP ‖ agentis] *add.* et P ‖ et] aut p ‖ perfectionis] *om.* GPp   13 est] esset GPp ‖ ipsum] oppositum P   14 meliori] nobiliori GPp   17 movet] *add.* aliam p ‖ quaero] quaeram Gp : quaeratur P   18 movetur²] *om.* P : *add.* tunc GPp   19 primum movens] *om.* p ‖ dicatur quod] *om.* GPp   20 ab] *om.* P ‖ quaeritur] quaeretur Gp   21 procederetur] proceditur P ‖ dictum] *in marg.* C   22 est] *in marg.* C ‖ istarum] *om.* P   24–25 sed ... movere] *om.* (*hom.*) P   26 responderet] respondetur G ‖ moveret] movet GPp   27–28 per³ ... simpliciter] simpliciter (*add.* et P) primum movens GPp

Contra hoc replicatur, sicut dicebatur prius, quia primo in quolibet genere nihil debet convenire accidentaliter quod pertineat ad illud genus.

Tertia via est quia invenitur aliquid quod movet et movetur et aliquid quod movetur et non movet; igitur debet inveniri primum quod movet et non movetur. Consequentia ex hoc declaratur quia: cum aliqua duo inveniuntur coniungi simul et illud eorum quod minus videtur esse separabile ab alio inveniatur separatum, rationabile est quod illud quod magis separabile videtur inveniatur separatum. | Sed minus videtur quod motum sit separabile a movente quam e converso. Et magis videtur quod movens sit separabile propter hoc quod movens est prius naturaliter et perfectius moto; modo magis videtur quod prius posset absolvi a posteriori quam e converso. Igitur si invenitur motum non movens et etiam motum quod non potest movere et mutatum quod non potest mutare et passum quod non potest agere, cuiusmodi est materia prima, sequitur quod debet inveniri movens immobile, agens impassibile et omnino mutans immutabile; et hoc est primus motor.

Quarta via est quod movens primum debet movere primum motum vel agere; et primus motus debet esse perpetuus et regularis, cum perpetuum | sit prius non perpetuo et regulare etiam irregulari; igitur primus motor debet movere motum perpetuum et regularem. Sed talem motum non movet | motor mutabilis. Cum enim mutetur, aliter se habet vel secundum se vel ad primum mobile; et ex eo quod aliter se habet, debet aliter movere et non similiter, ideo non regulariter.

Quinta via est quod primus motor est indivisibilis et nullam habens magnitudinem, prout nititur Aristoteles | demonstrare in isto octavo; sed in sexto credidit Aristoteles demonstrasse quod indivisibile non movetur. Sed de hoc dictum fuit in sexto libro.

Item ex duodecimo *Metaphysicae* sumuntur aliae rationes. Una est quod omne quod movetur caret aliqua perfectione quam innatum est habere vel

---

1 sicut] ut P   3 invenitur aliquid] *inv.* GPp ‖ aliquid²] *om.* C   6 illud] *corr. in marg. ex* unum C ‖ videtur] videretur GP   7 separatum] *corr. in marg. ex* separabile C ‖ quod¹] *rep. sed del.* C   7–8 separabile videtur] *inv.* GPp   8 quod] *sup. lin.* C   10 movens ... naturaliter] prius est movens natura P   11 posset] possit GP   12 etiam motum] motum et quod P   18 motus] motor p   19 etiam] *om.* GPp   21 mutabilis] irregularis p ‖ enim] *corr. sup. lin. ex non* C ‖ mutetur] naturae P   22 primum] ipsum GPp   23 non regulariter] *corr. ex est* irregularis C   24 quod] quia Pp   27 libro] huius p   28 quod] quia Pp   29 innatum est] *inv.* Pp

---

25 Cf. Aristoteles, *Physica*, VIII, 10, 266a10–267b26   27 Cf. sup., VI, q. 7

habet aliquam quam potest non habere. Sed hoc impossibile est dici de Deo, qui vere est primus motor; necesse est enim ipsum semper esse summe perfectum. Igitur etc.

Item ostensum est in duodecimo *Metaphysicae* quod Deus est simpliciter actus purus ad nullam dispositionem existens in potentia. Tale autem non potest moveri, cum motus sit actus entis in potentia secundum quod in potentia.

Item illud est ponendum quod est dignius et ad quod omnia consonant. Sed dignius est quod primus motor sit immobilis quam mobilis, quia sic potest salvari quod numquam aliquo indigeat et numquam aliqua perfectione careat, sed quod semper sit simpliciter perfectus. Huic etiam omnia apparentia consonant. Sic enim est perpetuum et movet mobile perpetuum perpetuo motu et regulari, qualem videmus esse motum diurnum. Caelum autem sic perpetuo motum defert astra, quae sic mota se habent ad nos et ad ista inferiora aliter et aliter continue; propter quod diversos motus et mutationes efficiunt in istis inferioribus et generationes et corruptiones infinito tempore.

De rationibus autem quae in principio quaestionis adducebantur ad oppositum apparet ex aliis dictis quomodo sit dicendum.

⟨1⟩ Prius enim dictum est de differentia inter mundum minorem et maiorem vel inter motores eorum. | 134rb G

⟨2⟩ Dictum est etiam pluries quod, licet intellectus noster moveatur ab intelligibili, tamen non est ita de intellectu Dei, qui per suam essentiam sine aliquo addito intelligit omnia.

---

1 sed hoc] sed P : *om.* G ‖ deo] eo P   2 vere] tamen G ‖ motor] *add.* veraciter et vere G ‖ est^2 ... semper] est enim semper ipsum P : enim est semper ipsum Gp   4 ostensum est] *inv.* p   5 purus ad nullam] primus et non ad C ‖ autem] enim p   6 motus] motor p   10 aliquo ... numquam^2] *om. (hom.)* P   11 etiam] enim CG   13 motu et regulari] et regulari motu GPp ‖ esse] *sup. lin.* C   13–14 caelum autem] scilicet caelum aut P   14 perpetuo] perpetue G ‖ motum] motu P ‖ defert] differt CP *(sed corr.* C*)* : dicitur cum G   15 et aliter] *om.* p ‖ quod] quos C ‖ et^2] *add.* diversas GPp   19 aliis] illis p : *non legitur parte marginis perdita* G   20 de] *sup. lin.* C   20–21 minorem et maiorem] maiorem et minorem p   22 est] *om.* p   24 omnia] *om.* G

4 Cf. Aristoteles, *Metaphysica*, XII, 6, 1071b19–20   20 Cf. sup., VIII, q. 3, arg. 10 et ad 10
22 Cf. Iohannes Buridanus, *Quaestiones super libros Metaphysicorum*, XII, q. 13, concl. 7 (ed. Parisiis 1518, f. 75vb)

⟨3⟩ Dictum est etiam prius quomodo primus motor possit dici intrinsecus et extrinsecus primo mobili et omnibus aliis.

⟨4⟩ Dictum etiam est in primo libro quod potentia non est ad impossibile nec ad possibile aliter quam sit possibile etc.

---

1 est etiam] *inv.* P : etiam p : est enim C   **2** et¹] vel GPp ‖ et omnibus aliis] *in marg.* C   **3** etiam est] *inv.* GPp ‖ libro] huius p   **4** etc.] *om.* p

---

1 Cf. sup., VIII, q. 4   **3** Cf. Iohannes Buridanus, *Quaestiones super libros Physicorum*, I, q. 15, ad 1 (ed. Streijger, Bakker, 159)

⟨VIII. 7⟩

⟨Utrum motus localis sit primus motuum⟩

Quaeritur septimo utrum motus localis sit primus motuum.

Arguitur quod non quia:

⟨1⟩ Animal prius generatur et multis alterationibus alteratur et augmentatur quam possit ambulare.

⟨2⟩ Et etiam, si grave moveatur localiter, hoc est per naturam vel per violentiam. Sed motus eius naturalis non potest dici primus, quia sicut dicitur in isto octavo, necesse est ante esse generationem gravitatis vel remotionem prohibentis. Nec potest esse primus violentus, quia dicit Aristoteles quarto *huius* quod violentus est extra naturam; et qui est extra naturam posterior est eo qui est secundum naturam, sicut dicit. Et sic patet quod nec in animalibus nec in | gravibus et levibus motus localis est primus. 159vb C

⟨3⟩ Et confirmatur quia: sicut se habent ad invicem | qualitates quae sunt 149ra P principia motuum, ita et illi motus se habent ad invicem; sed qualitates quae sunt principia activa alterationum, scilicet caliditas et frigiditas, sunt primae qualitates et priores naturaliter qualitatibus quae sunt principia motuum localium, scilicet gravitate et levitate; igitur etc.

⟨4⟩ Iterum sicut terminus ad terminum, | ita motus ad motum, cum 115va p motus sit de essentia termini ad quem, ut communiter dicitur; sed terminus generationis substantialis est substantia et termini aliorum motuum sunt accidentia; et substantia est prior accidente, ut dicitur septimo *Metaphysicae*; igitur generatio est prior aliis motibus.

⟨5⟩ Item perfectius est prius, ut vult Aristoteles; sed generatio, quae est substantia, est perfectior aliis motibus, quae sunt accidentia; igitur etc.

---

3 quaeritur septimo] *spat. vac. rubricatori relictum* G   4 arguitur] *praem. et* G   5–6 et augmentatur] *rep.* G   6 quam possit] antequam posset P   7 et] *om.* P ‖ per²] *om.* G   8 dici] esse GPp   9 isto octavo] octavo huius p ‖ vel] *add.* ante C   10 potest ... violentus] violentus potest esse primus GPp ‖ aristoteles] *add.* in GPp   11 violentus] violentum P   12 eo ... dicit] ut dicit eo qui est secundum naturam Gp : eo qui est secundum naturam P   15 ad invicem] *om.* P   16 frigiditas] *add.* etc. GPp   21 termini] terminus GPp   22 est prior] *inv.* P   24 sed generatio] et generatio Gp : in generatione P   25 motibus] *om.* C

9 Cf. Aristoteles, *Physica*, VIII, 4, 255b35–256a2   10–12 Aristoteles, *Physica*, IV, 8, 215a1–3   22–23 Aristoteles, *Metaphysica*, VII, 1, 1028a32–33; cf. *AA*, 1: 159

Oppositum determinat Aristoteles.

Ego intendo loqui in ista quaestione, ac si mundus fuisset aeternus, sicut visus est Aristoteles opinari, et quod omnia semper processerunt secundum cursum naturalem sine miraculo. Credo enim quod Deus ante omnem motum localem sine motu locali potuisset aliud creasse vel generasse et ipsum augmentavisse vel diversis alterationibus alterasse. In potestate enim Dei est et a Deo libere totus ordo universi.

Sub dicta igitur condicione ego dico primo quod non omnis motus localis est prior alteratione vel generatione aut corruptione.

Secunda conclusio est indefinita vel particularis, scilicet quod motus localis vel aliquis motus localis est primus motuum.

Prima conclusio patet, | quia certum est quod ambulationes vel volationes et alios motus locales necessario processerunt generationes substantiales illorum animalium et alterationes multae et augmentationes eorum. Non enim statim homo, postquam est genitus, potest ambulare; nec gravia et levia moventur naturaliter, donec ante per alterationes generatae fuerint eorum gravitates et levitates.

Secunda conclusio probatur ab Aristotele primo de prioritate temporis quia: perpetuum prius est non perpetuo; perpetuus autem est motus localis, scilicet caeli, et impossibile est esse perpetuum alium motum (dico naturaliter); igitur etc.

Sed tu dices quod ista non est bona ratio, quia si capiatur 'perpetuum' categorematice, dictum est prius quod nec aliquis motus est perpetuus nec aliquod tempus est perpetuum nec potest esse. Sed capiendo 'perpetuum' syncategorematice, tunc non solum perpetuus est motus localis,

---

2 in] de P ∥ ista] hac GPp ∥ mundus fuisset aeternus] aeternus fuisset mundus (motus p) GPp   3 omnia semper] *inv.* GPp   3–4 processerunt ... naturalem] praecesserint cursu naturali P   5 localem] *add. et* GPp ∥ aliud] aliquid Pp   5–6 et ipsum] et (*corr. in marg. ex* vel) ipsum C : *inv.* P   6 augmentavisse] *corr. in* augmentasse G ∥ vel] et Pp : *om.* G   7 totus] *add.* mundus et p ∥ universi] *add.* est p   8 condicione] *add.* et suppositione p ∥ ego] *om.* P ∥ localis] *add. sed del.* vel aliquis motus localis est primus motuum prima conclusio patet C   9 aut] vel P   10 indefinita] *corr. ex* quod C   13 locales] *om.* p : *add.* animales GPp ∥ processerunt] praecesserunt Pp ∥ substantiales] *om.* GPp   15 enim] *om.* p ∥ statim homo postquam] homo postquam statim C ∥ est] *add.* natus vel GPp   16 fuerint] fuerunt p   19 prius est] *inv.* P   20 esse perpetuum] *inv.* Pp : perpetuum est G   22 capiatur] capio GP : *om.* p   23 est perpetuus] *inv.* p   24 est] *om.* GPp ∥ sed capiendo] et si capiamus GPp   25 perpetuus est] perpetue (perpetuo p) fuit GPp

---

1 Cf. Aristoteles, *Physica*, VIII, 7, 260a20–261a28; cf. *AA*, 2: 219   18 Cf. Aristoteles, *Physica*, VIII, 7, 260b29–30   23 Cf. sup., VIII, q. 3, concl. 1

immo etiam perpetuo fuerunt generationes et corruptiones et alterationes, ut habetur secundo *De generatione*.

Solutio: non solum dico quod perpetuo fuerit motus localis, sed quod perpetuus fuit motus localis, quia non tantus fuit vel erit motus secundum durationem, quin aliquis unus et continuus fuerit et erit maior. Sed quamvis perpetuo fuerunt et erunt generationes et corruptiones, tamen nec perpetua fuit generatio nec perpetua fuit corruptio vel alteratio vel augmentatio vel diminutio, | sed fuit tanta quod nulla fuit maior secundum durationem. 149rb P

Sed adhuc videtur secundum dicta quod nullus est vel fuit motus primus secundum tempus, quia licet perpetuus fuerit motus, tamen nullus motus fuit primus, quia nullus est primus ante quem fuit alius; sed ante omnem motum fuit alius motus, ex quo perpetuo ponitur esse motus et quod tamen nullus ponitur esse motus perpetuus. | 160ra C

Ad hoc, ut videtur mihi, respondisset Aristoteles vel debuisset respondisse tenendo suam opinionem de aeternitate mundi quod nullus motus fuit sic primus, quin ante ipsum fuisset alius motus localis, immo etiam quin ante ipsum fuissent generationes, corruptiones et alterationes. Sed solum fuit talis modus prioritatis motus localis ad alios motus secundum quem est verum dicere syncategorematice loquendo quod perpetuo fuit motus localis, et non est verum dicere quod perpetuus fuerit alius a motu locali. Vel etiam potest assignari talis modus prioritatis secundum tempus, quia omni alterationi quae fuit, motus localis fuit coexistens sibi toti, qui etiam quantum ad aliquam partem sui praecessit eam; sed bene fuit motus localis, quod nulla alteratio fuit sibi coexistens toti | nec etiam aliqua fuit quae coexisteret fini 115vb p
eius et praecederet eius initium.

---

1 perpetuo] perpetue GP   2 habetur] *add.* in G : patet p   3 solutio] dicendum p ‖ perpetuo] perpetue GP   4 fuit^1] fuerit p   5 fuerit] fuit G   6 perpetuo] perpetue P ‖ fuerunt] fuerint G ‖ et corruptiones] corruptiones et alterationes GPp   7 generatio ... fuit^2] *om.* (*hom.*) p ‖ vel^2] aut G   8 vel] aut Pp ‖ sed] *add.* aliqua GPp ‖ fuit^2] *om.* p ‖ maior] tanta G   10 fuerit] fuit p   11 primus^1] perpetuus C ‖ quem] *add. in marg.* non C   11–12 sed ... alius] *om.* (*hom.*) C   12 perpetuo] perpetue P ‖ et quod tamen] *om.* p   13 motus] *om.* GPp   14 videtur mihi] *inv.* GPp   16 fuisset] fuissent (*add* sed *del.* generationes et corruptiones) C   17 fuissent] fuisset G ‖ generationes] *add.* et GPp   18 modus] motus Pp   19 perpetuo] perpetuus GPp   20 fuerit] fuerit motus P : fuit motus Gp ‖ motu] *om.* GPp   21 modus] motus P   22 fuit] *add.* aliquis GPp ‖ quantum] *corr. ex* totum C : *om.* P   23 quod] quia Cp   24 coexistens toti] *inv.* GPp ‖ etiam aliqua] *inv.* GPp

2 Cf. Aristoteles, *De generatione et corruptione*, II, 10, 336b25–26; cf. *AA*, 4: 44; cf. Iohannes Buridanus, *Quaestiones super libros De generatione et corruptione*, II, q. 13 (ed. Streijger, Bakker, Thijssen, 256–259)

Item dicta secunda conclusio probatur quantum ad istam prioritatem secundum quam prius dicitur a quo non convertitur subsistendi consequentia quia: omne quod est generabile vel corruptibile vel alterabile est mobile localiter, sed non omne mobile localiter est generabile vel corruptibile vel alterabile.

Et secundum hoc etiam potest dici quod motus localis est prior aliis via communitatis, scilicet quod ille terminus 'mobile localiter' est communior istis terminis 'generabile', 'corruptibile' et 'alterabile'. Praedicatur enim universaliter de illis et non e converso.

Item etiam dicta conclusio probatur | quantum ad prioritatem via perfectionis; ostenditur enim quod motus localis est perfectior et dignior. Et videtur mihi quod non oportet istam conclusionem intelligere de intrinseca perfectione, si motus localis compararetur ad generationem substantialem, quia verisimile est quod omnis substantia est omni accidente nobilior et dignior; et tamen generatio substantialis est substantia et omnis motus localis est accidens. Sed quadam denominatione extrinseca a motore vel a mobili motus localis est nobilior et perfectior.

Hoc declaratur primo quia: motus localis, scilicet caeli, est appropriate et immediate a motore perfectiori et nobiliori, scilicet ab intelligentia vel a Deo.

Secundo etiam quia: corpus caeleste, quod est subiectum motus localis, est multo nobilius quam prima materia, quae subicitur generationibus et corruptionibus et alterationibus. Dictum est enim alias quod compositum substantiale respectu alterationum | et qualitatum secundum quas est alteratio non se habet in ratione recipientis nisi ratione materiae, licet toti composito attribuamus huiusmodi alterationes et qualitates propter ignorantiam materiae et maiorem notitiam compositi.

Tertio etiam est perfectior ratione diuturnitatis, quia omni alio motu est diuturnior, licet nullus ponatur esse perpetuus.

Quarto etiam quantum ad animalia in quibus inveniuntur omnia genera motuum, motus localis, scilicet ambulatio, volatio et huiusmodi, requirit

---

2 non] *om.* p   4 mobile] quod movetur GPp   6 secundum] sic P   7 quod] quia GPp
8 corruptibile ... enim] et corruptibile alterabile enim praedicatur P   10 dicta] *praem.*
secunda P : *add.* secunda Gp   11 enim] *om.* P ‖ est] sit GPp   13 compararetur] comparetur
p   14 est²] sit GPp ‖ omni] *om.* p   17 est] dicitur GPp   18 appropriate] compropriate C
19 a²] *om.* P   21–22 localis] localiter G   23 et¹] *om.* GP   26 attribuamus] attribuantur a
nobis p ‖ huiusmodi] huius P   27 materiae] *om.* C   28 diuturnitatis] durationis p ‖ alio]
rep. G   30 omnia] *om.* P   31 huiusmodi] huius P

23 Cf. sup., V, q. 8, 73$^{7-15}$; cf. Iohannes Buridanus, *Quaestiones super libros De generatione et corruptione*, II, q. 7 (ed. Streijger, Bakker, Thijssen, 226^{24}–227^{4})

QUAESTIO 7 287

maiorem perfectionem animalis quam alii motus requirant. Nam diminutio et corruptio insunt animalibus ex defectu virtutis et ex impotentia. Animal autem, quando generatur, non est perfectum, immo vel non est vel est imperfectissimum, et statim, quando genitum est, ipsum alteratur, nutritur et aug-
5 mentatur, sed indiget quod longo tempore alteretur et perficiatur secundum quantitatem et qualitatem corporis et membrorum, antequam ambulet vel volet. | Et ex hoc Aristoteles facit talem rationem: illud est prius via perfec- 160rb C
tionis quod est posterius via generationis, cum generatio sit processus de non esse ad esse et ad complementum; sed in animalibus motus localis est
10 posterior aliis via generationis; igitur etc. Et per 'viam generationis' debemus intelligere totalem processum ad perfectum et complementum, et e converso per 'viam corruptionis' intelligere | totalem processum ad defec- 135ra G
tum.

Et sic cessat ista instantia qua diceretur quod diminutio, senectus et mors
15 sunt posteriores via generationis, quia non sunt in via generationis et perfectionis, sed in via corruptionis et defectus. Et etiam, si instetur contra istam regulam Aristotelis, quia anima est prior via generationis ambulatione et tamen est perfectior quam ambulatio, dicendum est quod in hac regula non debet comparari forma ad formam vel etiam dispositio ad dispositionem,
20 sed totum aggregatum ex his quae prius erant. Sic enim congregatum ex ambulatione et requisitis ad ambulationem est perfectius tempore ambulationis quam congregatum ex generatione et alteratione et aliis ante tempus ambulationis.

Post istam comparationem motus localis ad alios motus debemus etiam
25 comparare motum localem | circularem ad alios motus locales. Ponit Aristo- 116ra p
teles istam conclusionem quod motus circularis localis est primus motuum.

---

1 requirant] requirunt P   3 est³] *om.* Gp   4–5 alteratur ... augmentatur] augmentatur alteratur et diminuitur C   5 alteretur et] *om.* GPp   6 et¹] *om.* P   7 volet] valet P   8 posterius] *corr. in marg. ex* prius C ‖ sit] est p   8–9 de non esse] *in marg.* C : *om.* GPp   9 ad²] *sup. lin.* C ‖ complementum] *corr. ex* completum C ‖ in] *add.* alterationi G ‖ est] *sup. lin.* C
10 etc.] *om.* P   11 ad perfectum] ad perfectionem p : ad †...† (*non legitur parte marginis perdita*) G : *om.* P   12 corruptionis] *add.* debemus Pp : corruptio†...† (*ultima pars vocis vocesque proximae non leguntur parte marginis perdita*) G   12–13 defectum] effectum p   14 quod] *add.* illa P ‖ senectus] *corr. ex* motus C ‖ mors] motus Gp   15 generationis¹] *add. in marg.* alias perfectionis C ‖ sunt²] sint C   15–16 perfectionis] profectus G : perfectio P   16 et etiam si] si etiam Pp : sed etiam G   17 et] *om.* P   18 hac regula] hoc regulatur p   19 forma] *in marg.* C   20 aggregatum] congregatum P   21 ambulationem] *add.* non Gp ‖ perfectius] perfectionis P   22 et¹] vel GPp   24 alios] istos C   25 alios] istos C ‖ ponit] *praem. et* GP : et posuit p   26 localis] *om.* GPp

7 Cf. Aristoteles, *Physica*, VIII, 7, 261a13–15   25–26 Aristoteles, *Physica*, VIII, 9, 265a13

Et probatur sicut probabatur praecedens conclusio; est enim prior recto secundum tempus, quia perpetuus est motus circularis et non perpetuus est motus rectus; igitur etc.

 Probat igitur Aristoteles quod non contingit esse perpetuum motum rectum quia: non est dare spatium rectum infinitum, ut dicebatur in tertio libro; et super spatium finitum non potest aliquid moveri continue | in tempore infinito, sicut probatum est in sexto. Non enim intendo loqui in ista quaestione de possibilitate secundum potentiam divinam, sed solum secundum potentias naturales. Dico igitur quod super spatium finitum non contingit moveri aliquid tempore infinito, nisi fiat reiteratio motus super idem spatium et super easdem partes spatii super quas iam mobile movebatur ante. Sed in spatio recto non potest fieri huiusmodi reiteratio nisi per reflexionem. Modo dicit Aristoteles quod motus ante reflexionem et motus post reflexionem non sunt unus motus, quia sunt contrarii et quia necesse est mobile quiescere in termino reflexionis. Et de eorum contrarietate dictum est in quinto libro et de quiete in termino reflexionis dicetur in alia quaestione.

 Quod autem contingat perpetuum esse motum localem circularem declaratur per hoc quod motus circularis est de eodem signo ad idem signum continue sine aliqua reflexione; et sic iterum potest moveri de illo signo, sicut ante. Et ita in infinito tempore potest esse motus continuus per infinitas reiterationes, cum non oporteat ibi esse reflexionem neque contrarietatem.

 Deinde vult Aristoteles ex hoc inferre quod perpetuus est motus circularis, quia de possibilibus ponendum est in natura illud quod est dignius; sed dignius est perpetuum esse secundum identitatem numeralem quam secundum identitatem specificam, ubi est hoc possibile; | igitur ponendum est quod perpetuus est motus circularis localis.

---

1 conclusio] *corr. in marg. ex* ratio C ‖ est] *sup. lin.* C ‖ recto] non p 3 etc.] *om.* P 4 contingit] contingat GPp ‖ esse perpetuum] *inv.* GPp 5 libro] huius p 6 et¹] *corr. sup. lin. ex* quia C ‖ continue] *corr. in marg. ex* recte C ‖ in] *om.* GPp 8 possibilitate] *corr. in marg. ex* potestate C 10 aliquid] *add.* continue GPp ‖ idem] illud p 11 movebatur ante] *inv.* GPp 12 huiusmodi] huius P 13–14 reflexionem] *om.* GPp 14 mobile] *in marg.* C : *om.* GPp 16 libro] huius p ‖ quaestione] *om.* P 17 circularem] *om.* GPp 18 signum] *add.* praecise p 19–20 sicut ante] *corr. in marg. ex* quiete C 20–21 infinitas reiterationes] istas reflexiones C 21 neque] nec p 23 ponendum est] *inv.* P 24 numeralem] naturalem GPp 25 ubi] ibi G : verbi gratia p ‖ est hoc] *inv.* GPp 26 circularis localis] *inv.* GP

1 Cf. Aristoteles, *Physica*, VIII, 9, 265a24–27 4 Cf. Aristoteles, *Physica*, VIII, 9, 265a17–18 5 Cf. Iohannes Buridanus, *Quaestiones super libros Physicorum*, III, q. 8 (ed. Streijger, Bakker, 88) 7 Cf. sup., VI, q. 9, concl. 2–3 13 Cf. Aristoteles, *Physica*, VIII, 8, 261b27–262b9 16 Cf. sup., V, q. 4, in fine; cf. inf., VIII, q. 8 17–21 Cf. Aristoteles, *Physica*, VIII, 8, 264b9–19; cf. *AA*, 2: 222

QUAESTIO 7   289

Item in linea recta sunt distincta ab invicem principium, medium et finis; | 135rb G
ideo est assignare ubi motus debeat incipere et ubi debeat cessare. In linea
autem circulari vel non est principium aut finis, aut ubique indifferenter est
principium, medium et finis; non enim est ratio quare unum signum magis
5   debet dici principium vel finis quam alterum. Si igitur nullum signum debeat
dici principium vel finis, tunc non est assignare ubi motus debeat incipere
vel ubi debeat finire; ideo rationabile est quod nec incipiat nec desinat. Et si
ubique indifferenter sit principium, medium et finis, sequitur quod semper
est in principio (ideo numquam desinit) et semper est in fine (ideo num-
10 quam incipit) et semper est in medio (ideo numquam incipit nec desinit).

Deinde etiam motus circularis est prior motu recto via perfectionis et
dignitatis, quia est perfectior primo secundum durationem, quia diuturnior;
secundo ratione mobilis et moventis, sicut dicebatur, quia caelum movetur
et Deus vel intelligentia movet; tertio ratione figurae circularis et rectilineae,
15 quia circularis est perfectior, sicut declaratur in primo *Caeli* et in pluribus
aliis locis; quarto, quia perpetuum perfectius est non perpetuo ceteris paribus, et motus circulares sunt perpetuorum mobilium et moventium et recti
non.

Deinde etiam est prior ratione | simplicitatis. Sic enim regularis est prior   150ra P
20 irregulari. Et motus circularis est regularis; non est enim velocior vel tardior
prius et posterius. Omnis autem motus rectus invenitur velocior aut tardior
prius et posterius, prout alias dictum est; motus enim violenti sunt tardiores
in | fine et motus naturales gravium et levium tardiores in principio et motus   116rb p
animalium velociores in medio.

25 Et iterum motus circularis est simplicioris motoris, quia intelligentiae,
et simplicioris mobilis, quia caeli, quod non est compositum ex materia et
forma substantialibus.

---

1 sunt distincta] *inv.* p   2 debeat cessare] debet cessari P   3 aut^2] vel G   4–5 magis debet] debeat magis GPp   5 vel ... alterum] quam alterum vel etiam finis P   6 vel] et G   7 vel] nec GPp ‖ debeat] debet P ‖ desinat] designat C : desineat G   8 sit] fuit P   9–10 fine ... in] *om. (hom.) sed add. in marg.* fine ideo numquam incipit C   10 medio] *del.* C ‖ numquam] *add. sed del.* semper C ‖ nec] *corr. in marg. ex* et C   11 etiam] *add.* arguitur quod Gp ‖ motu] *om.* G   13 secundo] *add.* etiam p ‖ sicut] *om.* P   14 Deus] *add.* etiam C   15 sicut declaratur] ut declaratur Gp : ut dicebatur P   19 sic] sicut G ‖ prior^2] prius G : primus P   20 est enim] *inv.* GPp ‖ vel] et G   21 aut] et GPp   23 tardiores in principio] in principio sunt tardiores G   24 medio] *corr. ex* principio C   25 et] est C ‖ motoris] *add.* seu moventis C : *add.* vel simplicium motorum p ‖ quia] *add. in marg. partim reciso* †...†ligentiae indivisibiles et simpliciores (?) mobiles C ‖ intelligentiae] *add.* indivisibilis GPp

---

1 Cf. Aristoteles, *Physica*, VIII, 9, 265a27–b8   15–16 Cf. Aristoteles, *De caelo et mundo*, I, 2, 269a20–21   22 Cf. sup., VII, q. 8

Item simpliciter primus motus debet dici qui est a primo motore et primi mobilis; et ille est motus diurnus, qui ab ipso Deo est et ipsius caeli.

Item ille est prior qui est mensura aliorum; et ille est motus circularis, qui est tempus, ut habitum est in quarto libro.

Rationes quae in principio quaestionis factae fuerunt, non concludunt contra dicta. Non enim est contra dicta, si in elementis generationes et corruptiones et alterationes sunt priores eorum motibus localibus.

135[va] G   Haec de quaestione etc. |

---

1 simpliciter] similiter GP ǁ qui] quia p   1–2 primi mobilis] primo mobili G   2 ab ... est[2]] est ab ipso deo GPp ǁ ipsius caeli] ipso caelo G   4 libro] huius GPp   6 dicta[1]] praedeterminata GP : praedicta p ǁ enim est] *inv.* p ǁ si] scilicet p ǁ et] *om.* GPp   7 eorum motibus] *inv.* Gp : motibus aliorum P   8 haec ... etc.] et sic est finis istius etc. G : et sic finis est P : etc. p

---

4 Cf. Iohannes Buridanus, *Quaestiones super libros Physicorum*, IV, q. 12, concl. 3 (ed. Streijger, Bakker, 309–310)

⟨VIII. 8⟩

⟨Utrum necesse sit in omni motu reflexo mobile quiescere in termino reflexionis⟩

Quaeritur octavo utrum necesse est in omni motu reflexo mobile quiescere in termino reflexionis.

Arguitur quod non quia:

⟨1⟩ Si mola gravissima caderet de alto deorsum et contra eam proiceretur faba sursum, tangens molam reflectetur deorsum. Et si quiesceret in termino reflexionis, oporteret illam molam quiescere in tempore quietis fabae vel fabam penetrare molam; sed impossibilis est penetratio et inconveniens | est quod ista faba quietaret molam; igitur faba ista non quiesceret in termino reflexionis.

160ᵛᵇ C

⟨2⟩ Item pila proiecta supra terram reflectitur supra. Et si quievit, quaero a quo movetur reflexa sursum. Constat quod non movetur a terra, quia hoc esset tractu vel pulsu; quod est impossibile, quia terra ponitur quiescere; et trahens aut pellens movetur cum pulso vel tracto seu attracto. Nec sic moveretur ab aere continente, quia sic non moventur proiecta, ut dicetur post. Nec moveretur ab impetu impresso sibi a proiciente, sicut post dicetur quod proiecta moventur, quia si sit talis impetus, tamen ille cessat quiescente eo quod movebatur. Igitur si ibi quiesceret, sequeretur quod post istam quietem moveretur et a nullo moveretur.

---

4 quaeritur octavo] *spat. vac. rubricatori relictum* G   6 arguitur] *praem.* et G   8 sursum] *add.* faba Gp ‖ reflectetur] reflecteretur GP   9 oporteret] oportet GP   10 inconveniens] absurdum GPp   11 faba ista] *inv.* G ‖ quiesceret] quietaret GPp (*corr. ex* quiesceret P) 13 supra¹] contra GPp   14 reflexa] reflectens *sed add. in marg.* alias reflexa C : reflectans P : reflectens p ‖ movetur²] moveretur p   15 tractu] tactu G ‖ quia] et P ‖ et] *corr. sup. lin. in* nec C   16 cum ... attracto] omnino moto pulso vel tracto p ‖ pulso ... attracto] *corr. ex* pulsu et tractu C : pulsu vel tractu G : tractu P   16–17 moveretur] movetur G   17 aere] *corr. in marg. ex* alio C ‖ moventur] moveretur Pp   18 moveretur] movetur p ‖ sibi] *om.* Gp ‖ proiciente] *corr. in marg. ex* principio C ‖ sicut post dicetur] ut dicetur post p   19 ille] *om.* P ‖ eo] eius P   20 sequeretur] sequitur p   21 moveretur²] movetur P

17 Cf. inf., VIII, q. 12   18 Cf. inf., VIII, q. 12

⟨3⟩ Item si sagitta emissa superius vel lapis proiectus superius quiesceret ibi, quid esset detinens superius eam tempore quietis? Constat quod nec prior motus prohiberet eam cadere, quia non esset, | nec impetus, quia cessavit cum cessatione motus; nec aliud ibi concurreret quod sufficeret ad detinendum lapidem illum sursum in quiete.

⟨4⟩ Item Deus saltem potest sine tempore medio movere reflectendo. Hoc enim non est potentia maior quam ipsum annihilare.

⟨5⟩ Item experientiae sunt manifestae quod navi tarde mota ad septentrionem et homine in ea continue ambulante ad meridiem, ita quod homo velocius moveatur respectu navis quam navis respectu fluvii, constat quod homo continue movebitur in appropinquando meridiem. Continue enim erit propinquior et propinquior meridiei sive puncto in terra signato versus austrum et quiescenti. Et tunc ponamus quod vento fortificato navis continue velocitetur, donec moveatur velocius in respectu fluvii vel riparum quiescentium quam homo respectu navis. Et tunc homo continue movebitur in appropinquando ad septentrionem. Et sic erit motus eius reflexus, quia prius ad meridiem et posterius | ad septentrionem, et non erit tempus intermedium, sed solum instans, quia ante illud tempus homo movebitur velocius quam navis et post tardius.

⟨6⟩ Similiter est de lancea pendente ad trabem, si musca ascendat per istam lanceam et rumpatur chorda ad quam pendebat lancea. Et tunc cadat lancea cum musca deorsum. | Tunc motus muscae erit reflexus de sursum ad deorsum; non tamen erit quies media.

1–2 quiesceret] quiescere G   2 detinens superius] detinens superius (*in marg.* C) : ibi detinens P : detinens Gp   5 detinendum] retinendum P   6 deus saltem] *inv.* GPp ‖ medio] intermedio GPp   7 enim non est] non est enim P ‖ potentia maior] potentiae maioris GP : potentiae minoris p ‖ ipsum] *add. est* p   8 manifestae] notae P ‖ quod] quia GPp ‖ navi] J : si navi AAuBCDEErFGHHaIKLaOxPPbQRTUWXZp : si navis LS (*corr. in* si navi L) : si in navi BrV : tarde navis mota M : *desunt* OY   9 in ea] *om.* P ‖ ambulante] movente P   10 moveatur] *om.* P ‖ quam navis] quamvis CG (*sed corr.* C)   11 appropinquando] *add.* ad GPp ‖ meridiem] *add. sed del.* non C ‖ enim] *sup. lin.* C   12 et] ac P ‖ meridiei] meridie G ‖ in terra signato] signato in terra G   13 tunc] *om.* P ‖ fortificato] fortissimo P   13–14 continue] *om.* P   14 velocitetur] velocitatur p ‖ moveatur] moveat p ‖ riparum] rivorum p   15 homo[1]] *add.* in G : in Pp   15–16 movebitur] movetur G   17 meridiem] *add.* et posterius ad meridiem p ‖ et[1]] *om.* P   18 tempus] instans GPp   19 et] *om.* P   20 de ... si] si lancea pendente ad trabem GPp ‖ ascendat] ascendit P : descendat p   21–22 et[2] ... lancea] *om.* (*hom.*) P   21 cadat] *corr. ex* cadit C   22 tunc] *om.* GP   23 deorsum] medium C ‖ non] *in marg.* C ‖ non tamen] et non GPp

QUAESTIO 8   293

Oppositum videtur determinare Aristoteles.

Videtur mihi quod ista conclusio sit concedenda quod super eandem lineam rectam cuius coni sunt *b* et *c*, possibile est *a* moveri de *b* versus *c* et reflecti ad *b* sine aliqua quiete intermedia, sicut rationes prius arguebant et sicut
5 aliquis ascendens per chordam ligatam ad trabem statim sine medio caderet, si chorda rumperetur. Et si pedi muris alligata sit chordula et ambulet mus ante te, tu potes per chordulam retrahere murem retro; et non erit quies media, quia continue ambulabat usque ad tempus in quo tu retrahebas et per totum tempus in quo tu retrahebas retrocedebat. Et apparet mihi quod
10 rationes prius factae hoc bene probabant.

Sed forte potest poni conclusio cum Aristotele quod, si *a* moveatur naturaliter ad aliquem terminum ex intentione essendi in illo termino et non impediatur et postea etiam | reflectatur naturaliter ab illo termino, necesse   161ʳᵃ C
est *a* in illo termino quiescere, | quia frustra natura produceret *a* ad illum   150ᵛᵃ P
15 terminum ex intentione essendi in eo, si nullo tempore maneret in ipso; et tamen natura in opere suo numquam frustratur ab intento nisi ab impedimento concurrente; igitur etc. Et istam rationem tangit Aristoteles in littera. Et penitus inconveniens esse videtur, si factum necesse est mox corrumpi et nullo tempore permanere.

20 Item Commentator arguit quod quinto *huius* dictum est quod motus non est per se ad motum. Igitur si motum priorem sequitur immediate alter motus oppositus, hoc non est per se naturaliter, sed per accidens.

Item Aristoteles facit talem rationem: sequitur quod mobile moveretur ab isto termino in quo numquam fuit; quod videtur impossibile. Consequentia
25 patet, quia si *a* moveatur de *b* ad *c* et reflectatur de *c* ad *b*, tunc post reflexio-

---

2 videtur] omnino (modo P) apparet GPp ‖ conclusio] *corr. ex* quaestio C ‖ sit] est GPp
3 versus] vel P   4 intermedia] *corr. ex* media C   5 statim] *om.* G   6 alligata] ligata GPp   7 potes] posses p   8 media] intermedia GPp   9 retrocedebat] retro tendebat P
10 bene probabant] probant P   11 sed] si P ‖ moveatur] movetur p   14 produceret] procederet p ‖ a²] AuLaZ (*sup. lin.* La) : motum (*sup. lin.*) Br : *om. cett.* (*desunt* OY)   16 tamen natura] cum naturaliter p ‖ opere] *corr. ex* tempore C   17 etc.] *om.* P ‖ tangit] tetigit GPp ‖ in] *add.* illa GPp ‖ littera] *add.* nam p   18 videtur] videbitur GP ‖ corrumpi] corrumpitur P   20 quod¹] quia in GP : in p   21 sequitur] sequeretur P   22 motus] *add.* substantialiter GPp ‖ oppositus] (oppositus seu *in marg.*) appositus C : appositus Gp ‖ se] *add.* et GPp
23 sequitur] sequeretur P   25 moveatur] moveretur G : movetur Pp ‖ post] *om.* P

---

1 Cf. Aristoteles, *Physica*, VIII, 8, 262b22–263a3   20 Cf. Averroes, *In Physicam*, VIII, comm. 71, f. 415K   23 Cf. Aristoteles, *Physica*, VIII, 8, 262b22–263a3

nem movetur ab ipso *c* ad *b*; et tamen numquam fuit in *c*, si ibi non quievit, quia si fuit in *c*, hoc non fuit nisi in solo instanti indivisibili, et hoc non est aliquando | esse in *c*.

Aristoteles videtur respondere quod in praedicto casu numquam fuisset in *c* in actu, sed fuisset in *c* in potentia, quia poterat ibi manere; et fuisset in *c* in actu, si remansisset. Et ego dicerem quod numquam fuit in *c* praecise et adaequate, sed semper in loco maiori, sicut alias dicebatur. Bene tamen fuit in *c* partialiter. Non igitur movetur ab ipso *c* tamquam a termino in quo fuit praecise et adaequate, sed tamquam a termino in quo fuit partialiter. Numquam enim totum *a* fuit in *c*, sed in infinitum magna pars ipsius *a* fuit in *c*.

Sed tu dices: ponamus quod spatium *bc* tangit lapidem secundum terminum *c*; et tunc *a* moveatur de termino *b* ad terminum *c*, donec reflectatur a lapide propter impossibilitatem penetrationis corporum et fiat reflexio sine quiete media. Utrum igitur *a* tetigit lapidem vel non? Si tu dicas quod non, quomodo igitur lapis reflectebat ipsum, non potest dici, et etiam quia verum est dicere in tempore reflexionis quod omne spatium transivit, antequam reflecteretur, quod transivisset, si iuxta lapidem quievisset tangendo ipsum (de nullo enim potest dari instantia); et tamen non est possibile quod omne illud spatium transiverit, nisi ad lapidem pervenerit, etiam tangendo ipsum. Si vero tu dicas quod tetigit illum lapidem, sequitur quod tangendo erat praecise in loco sibi aequali; quod negabatur. Et etiam impossibile est quod tetigerit, quia hoc non fuisset nisi in instanti indivisibili; et hoc numquam | est tangere, si nullum sit instans indivisibile.

Dico quod non apparet mihi possibile respondere | ad istam rationem nisi supponendo expositionem huius orationis 'corpora tangere se'. Et quaecum-

---

1 in] *corr. in marg. ex* ad C ‖ c²] *corr. in marg. ex* b C ‖ si] sed P ‖ quievit] *add.* et G   2 c] se P ‖ nisi] *om.* P ‖ in²] *om.* p   4 fuisset] *corr. ex* fuerunt C   5 fuisset¹ ... potentia] fuit in c in potentia Pp : in potentia fuit in c G ‖ manere] remanere GPp ‖ fuisset²] *corr. in marg. ex* posset C   8 c¹] *add.* sed G ‖ in²] a p   9 fuit praecise] *inv.* G   10 ipsius] illius p   12 ponamus] *add.* casum GPp ‖ tangit] tangat GPp   13 b] a G   14 impossibilitatem penetrationis corporum] penetrationis corporum impossibilitatem p   15 a tetigit] attingit P   16 dici] *praem.* bene Pp : *add.* bene G ‖ et] *om.* P   17 transivit] pertransivit p   18 reflecteretur] reflectetur G   19 dari] dici C   20 transiverit] transivit G   21 tangendo] tangendum p   22 etiam] *om.* p   23 tetigerit] tetigit G   24 tangere] tangibile Gp ‖ si] sed P ‖ sit] *in marg.* C ‖ indivisibile] tangibile p   25 respondere] *add. sed del.* quaecumque expositio detur facile C   26 expositionem] expositione p ‖ huius orationis] *in marg.* C

7 Cf. sup., VI, q. 10

QUAESTIO 8   295

que expositio detur, facile erit respondere. Si enim dicas corpora tangere se, quia non est spatium intermedium, manifestum est quod in omni tempore erat spatium intermedium inter *a* et lapidem. Sit enim tempus in quo praecise *a* movetur ad lapidem de *b* una hora, et per totam sequentem horam | 161rb C
5 revertitur. Constat quod in hora tota illa et in qualibet parte ipsius fuit spatium medium inter *a* et lapidem, quoniam quamcumque parvam partem illius horae tu signaveris, verbi gratia ultimam centesimam, tamen in illa centesima fuit spatium intermedium, quia in prima medietate illius centesimae fuit spatium intermedium, immo in infinitum magna parte illius
10 centesimae fuit spatium intermedium. Igitur numquam fuisset ista propositio vera | 'inter *a* et lapidem non est spatium intermedium'. Ideo secundum 136rb G
istam expositionem *a* numquam tangebat lapidem et numquam erat haec propositio vera '*a* tangit lapidem'.

Sed tamen ego dico quod nullum spatium fuit intermedium in ista tota
15 hora inter *a* et *b*, scilicet in qualibet parte illius horae, quia quantumcumque parvum spatium signetur tangens lapidem, fuit dare aliquam partem horae in qua illud spatium non erat medium, immo non erat medium nisi sola centesima vel millesima pars illius spatii. Ideo si sic exponas 'tangere', ego dicam quod in omni ultima parte illius horae *a* tangebat lapidem, licet
20 in nulla tota parte.

Si vero tu exponas 'corpora tangere se' per hoc quod est sibi invicem esse immediata, dicam, sicut prius, quod numquam fuerunt sic immediata, quin erat spatium intermedium, licet nullum spatium fuisset semper intermedium.

25 Item aliqui exponunt 'unum corpus tangere reliquum' in casu quod unum movetur ad reliquum per hoc quod est moveri usque ad ipsum et non posse ultra moveri propter resistentiam illius ex impossibilitate penetrationis cor-

---

1 erit] est G ‖ enim] vero C   2 quia non] *inv.* P ‖ intermedium] *add.* tunc Gp   4 movetur] *rep.* p ‖ ad ... b] de b usque ad lapidem in (*om.* p) GPp ‖ sequentem] revertentem *sed add. inf. lin.* sequentem C : revertentem GP : *om.* p   5 hora tota illa] tota illa hora GPp   6 quoniam] quomodo P ‖ quamcumque] quantamcumque GP   7 ultimam centesimam] ultimam millesimam C : ultima centesima G ‖ tamen] et P : cum p   8 centesima] millesima C   8–9 quia ... intermedium] *om.* (*hom.*) P ‖ centesimae] millesimae C   9–10 immo ... intermedium] immo in infinitum magna p†...† fuit spatium interm†...† *in marg.* (*partim reciso*) C   9 magna] *add.* in p   10 fuisset] fuit P   12 haec] ista p   14 tamen] cum p ‖ ego] *om.* P   14–15 in ... b] AC : inter a et b in ista tota hora *cett.* (*desunt* OQ) : *exspectes* 'in ista tota hora inter a et lapidem'   15 scilicet] si licet P   17 qua] quo p ‖ immo ... medium²] *in marg.* C   18 sola] sexta vel p   19 ultima] *om.* G   21 hoc] *om.* P ‖ sibi invicem esse] esse sibi invicem GPp   22 quod] quia P ‖ fuerunt] fuerint G   23 erat] esset GPp   25 exponunt] ponunt P   26 movetur] corpus moveatur G ‖ ipsum] illum p   27 moveri] *om.* G

porum. Et tunc dicerem, ut prius, quod in omni ultima parte illius horae a tangebat lapidem et in nulla tota.

Et si dentur aliae expositiones, dicas secundum exigentiam illarum.

Et solvas rationes quae in principio quaestionis fiebant et omnes alias secundum praedeterminata.

Haec de quaestione etc.

---

1 et] *om.* P ‖ ut] sicut P   3 aliae] illae P ‖ dicas] *om.* P   4 et¹] *om.* P   6 haec ... etc.] et sic est finis quaestionis etc. G : et sic finitur P : *om.* p

⟨VIII. 9⟩

⟨Utrum movens finitum possit movere per infinitum tempus⟩

Quaeritur nono utrum movens finitum potest movere per infinitum tempus.

Et arguitur quod sic quia:

⟨1⟩ Corpora caelestia sunt finita et non infinita et habent virtutes | finitas et non infinitas, cum dictum sit in octavo *huius* quod impossibile est virtutem infinitam esse in magnitudine; et tamen corpora caelestia infinito tempore movent ista inferiora; igitur etc.   151ʳᵃ P

⟨2⟩ Item primus motor movet per infinitum tempus secundum Aristotelem; et tamen ipse est finitus. Probatio quia: vel ipse est finitus vel infinitus; sed non est infinitus, quia primo *huius* dicitur quod infiniti ratio quantitati congruit et non substantiae nec qualitati nisi secundum accidens, si simul aliquae quantitates sint qualitates et substantiae, et tamen primus motor est substantia sine quantitate et indivisibilis, impartibilis et nullam habens magnitudinem, prout concluditur in fine huius octavi.

⟨3⟩ Item motor lunae saltem est finitus. Probatio primo quia: movet | mobile finitum velocitate finita. Secundo quia: est minoris virtutis quam motor solis vel quam est primus motor; et quod est minus alio, est finitum. Et tamen motor lunae movet orbem lunae tempore infinito.   136ᵛᵃ G

⟨4⟩ Item virtus cursiva Socratis est finita. Pono igitur casum quod Deus conservet eam tempore infinito absque eius augmentatione vel diminutione vel fatigatione. Tunc ipsa semper erit finita. | Et tamen per eam Socrates sic conservatus | posset currere infinito tempore, quia qua ratione per unam   117ʳᵃ p   161ᵛᵃ C

---

4 quaeritur nono] *spat. vac. rubricatori relictum* G   6 et] *om.* GPp   8 dictum sit] dicit sic G   9 infinitam esse] *inv.* P ‖ et tamen] finita cum p   10 igitur etc.] *om.* Pp   12 ipse¹] *corr. ex* est C   14 nec] neque GP ‖ si] fieri p   15 sint] sunt P : sicut p ‖ et¹] vel GPp ‖ tamen] cum p   16 et¹] quia GPp ‖ et²] *om.* G   18 probatio] probo G   19 mobile] *om.* G ‖ finitum] *add.* et GPp   20 est¹] *om.* GPp   21 orbem ... infinito] per infinitum tempus orbem lunae igitur P ‖ tempore infinito] *inv.* Gp   24 eam] *corr. ex* eam unam C ‖ socrates] *add.* etiam GP

8 Aristoteles, *Physica*, VIII, 10, 266b25–26   11–12 Cf. Aristoteles, *Physica*, VIII, 10, 267b24–25; *Metaphysica*, XII, 7, 1073a3   13 Aristoteles, *Physica*, I, 2, 185b2–3; cf. *AA*, 2: 9   17 Cf. Aristoteles, *Physica*, VIII, 10, 267b18–26; cf. *AA*, 2: 225

horam, eadem ratione per infinitum tempus, ex quo virtus non fatigaretur nec diminueretur.

Oppositum determinat Aristoteles in illo octavo concludens sic: 'quod quidem igitur non contingit finitum movere in infinito tempore manifestum est'.

Aristoteles ponit illam conclusionem quod impossibile est movens finitum movere per infinitum tempus. Quam intendit probare sic: suppositio illius est quod, si movens est finitum, oportet mobile esse finitum, quia virtus moventis debet excedere virtutem mobilis, et non excederet, si mobile esset infinitum. Tunc igitur ponamus secundum adversarium quod a movens finitum moveat b mobile finitum per tempus c, quod est infinitum. Tunc iterum ponamus quod medietas ipsius a moveat medietatem ipsius b. Sequitur quod movebit eam in minori tempore quam esset tempus in quo a movebat b, quia movebit aeque velociter. Et tamen dictum est in sexto libro quod pars in minori tempore movetur quam totum, scilicet in pertranseundo aliquod signum; medietas enim navis minus tempus apponit ad pertranseundum pontem quam tota navis. Ex his sequitur quod illud tempus in quo medietas | moventis movet medietatem mobilis, erit finitum, quia erit minus quam tempus c; et tamen omne tempus minus alio oportet esse finitum. Et pari ratione alia medietas ipsius a movebit aliam medietatem ipsius b in alio tempore finito. Igitur totum a movebit totum b in tempore composito ex duobus temporibus finitis. Et tale compositum ex finitis secundum magnitudinem et multitudinem oportet esse finitum. Igitur a movet b in tempore finito et non in tempore infinito; quod est contra positionem adversarii.

Ista ratio Aristotelis est difficillima ad sustinendum. Primo enim ipsa supponit falsum, scilicet quod motor et mobile dividantur. Dicemus enim quod

---

1 ratione] *om.* GPp ‖ ex] *sup. lin.* C   1–2 fatigaretur nec diminueretur] fatigatur nec diminuitur p   3 determinat] intendit Pp   4 movere ... tempore] in (*om.* P) infinito tempore movere GPp   7 probare sic] *inv.* P : probare G   7–8 suppositio ... quod] supponendo quod Gp : supponimus P   11 b mobile] *inv.* P   12 moveat] movet P   13–14 movebat] movebit P   16 signum] *corr. sup. lin. ex* spatium C   16–17 pertranseundum] pertranseundo P   17 pontem] *corr. in marg. ex* partem C   20 et] *om.* G   21 alio] alia G ‖ in²] ut P   23 et multitudinem] *om.* G   26 ratio aristotelis est] est ratio aristotelis quae est GPp ‖ ipsa] *om.* P   27 dividantur] dividentur p

3–5 Aristoteles, *Physica*, VIII, 10, 266a23–24   7 Cf. Aristoteles, *Physica*, VIII, 10, 266a12–23   14 Cf. sup., VI, q. 2, 107$^{9–10}$, 107$^{24–25}$; q. 9, 165^{20}

mobile est orbis lunae et motor intelligentia sibi appropriata; et orbis lunae non potest dividi naturaliter nec intelligentia aliquo modo.

Secundo, si ratio haberet efficaciam, sequitur quod nullus motor moveret per infinitum tempus; quod est contra Aristotelem in illo octavo dicentem: 'primum autem movens perpetuum movet motum in infinito tempore'. Consequentia patet, quia a quocumque | motore sive finito sive infinito mobile moveatur, pars in minori tempore movetur pertranseundo aliquod signum quam totum; et ultra tunc perficiatur ratio sicut prius.   136vb G

Tertio responderem illi rationi Aristotelis, quia licet virtus finita vel infinita non possit movere per infinitum tempus in pertranseundo semel aliquod signum, tamen non probat quin infinities reiterando possit movere tempore infinito, sicut diceremus de motore lunae, licet tamen sit finitus.

Quarto quia sufficit ad movendum perpetuo tempore virtus quantumcumque parva, dum tamen ipsa sit intransmutabilis, quia talis, qua ratione potest movere per unam horam, eadem ratione potest per omne tempus.

Item illa ratio arguit quod omne movens per tempus infinitum | esset infinitum. Quod est falsum, quia omnes intelligentiae caelestes movent corpora caelestia per infinitum tempus; et tamen non omnes sunt infinitae virtutis, cum quaedam sunt minoris virtutis et | aliae maioris.   161vb C

117rb p

Item Aristoteles non potest intendere de finitate et infinitate virtutis secundum durationem, quia ipse dicit quod virtus infinita non potest esse in magnitudine finita; quod est manifeste falsum de infinitate durationis, cum omnes virtutes corporum caelestium sint in magnitudinibus sitae et sint infinitae durationis. Et si intendat de finitate seu infinitate virtutis secundum vigorem, sua conclusio est manifeste falsa, quia | omnes motores   151va P

---

1 motor] *add.* est GP   3 sequitur] sequeretur Pp   6 quocumque] quicumque G   7 movetur] *add.* in GPp ‖ signum] spatium p   8 ultra tunc] *inv.* GPp   9 responderem] responderet P ‖ rationi] *corr. ex* nomini aristotelis C ‖ quia] quod p ‖ vel] *add.* etiam GPp
10 possit] posset G ‖ semel] simul G   10–11 aliquod] aliud C   11 signum] spatium *sed add. sup. lin.* signum C ‖ possit] posset GP   12 tamen] *om.* GPp ‖ sit] *add. sup. lin.* alias poneretur C ‖ sit finitus] finitus poneretur (ponetur) GPp   14 dum] dummodo P ‖ tamen ipsa] tamen (*corr. sup. lin. ex* cum) ipsa C : *inv.* P ‖ intransmutabilis] transmutabilis p ‖ quia] sic quia *in marg.* C   15 horam] *add.* et p ‖ potest²] *om.* Pp   16 arguit] argueret (*add.* aliter P) GPp   18 et] *om.* P   19 sunt] sint GPp ‖ aliae] quaedam P ‖ maioris] maiores ut quilibet intelligenti satis constat p   20 et] vel Gp   21 durationem] diuturnitatem *sed add. in marg.* alias durationem C   22 in magnitudine finita] infinita magis quam est C : finita Pp   23–25 virtutes ... omnes] *om.* (*hom.*) p   24 sint] *add. sed del.* in C ‖ seu] vel GP

---

5 Aristoteles, *Physica*, VIII, 10, 267b24–25   21 Aristoteles, *Physica*, VIII, 10, 266b25–26; cf. *AA*, 2: 227

caelestes praeter Deum sunt finiti secundum vigorem, cum tamen moveant per infinitum tempus.

Ad primam dubitationem solvit Aegidius subtiliter quod, licet intelligentiae sint indivisibiles, tamen una dicitur bene maioris potentiae quam alia secundum denominationem ab opere suo. Quae enim potest movere maius mobile ceteris paribus dicitur bene maioris potentiae quam alia secundum denominationem; et quae etiam potest movere velocius dicitur maioris potentiae. Igitur accepto orbe lunae et motore eius Deus potest facere orbem in subduplo minorem et potest creare alium motorem aeque velociter moventem alium orbem, sicut motor lunae movet orbem lunae; et sic ille ad illum erit tamquam dimidius. Et sic de tali modo divisibilitatis potest intelligi suppositio Aristotelis.

Sed Commentator etiam dicit aliam solutionem sufficientem dicens quod illum processum ponit Aristoteles finaliter ad concludendum quod primus motor sit indivisibilis et non extensus extensione magnitudinis. Igitur Aristoteles non supponit simpliciter quod movens sit divisibile, sed supponit quod esset divisibile, si esset in magnitudine extensus, sicut poneret adversarius; esset enim | divisibilis sic quod haberet partem extra partem. Ideo non concluditur hic nisi quod impossibile est virtutem finitam extensam in magnitudine movere per tempus infinitum. Et hoc sufficit ad concludendum intentum sic: si primus motor esset in magnitudine extensus, sicut ponit adversarius, vel ipse esset finitus, et tunc non moveret per tempus infinitum, sicut probat ista ratio, vel esset infinitus, et tunc vel esset in magnitudine finita vel infinita. Non infinita, quia non est dare eam, nec finita, sicut dicetur post. Igitur non esset in magnitudine; quod finaliter volumus probare.

---

1 finiti secundum vigorem] finitae virtutis secundum vigorem p   3–4 intelligentiae sint indivisibiles] intelligentia sit indivisibilis GPp   4 dicitur bene] *inv.* GPp   6 bene] *om.* GPp   6–7 quam ... denominationem] *om.* GPp   7 velocius] *add.* ceteris paribus GPp   8 orbe ... motore] motore lunae et orbe GPp   10 alium] illum GPp ‖ lunae^2] *om.* P   13 dicit] dat GPp ‖ solutionem] *corr. ex* suppositionem C ‖ sufficientem] sufficienter p   15 igitur] ideo GPp   16 simpliciter] similiter C   17 extensus] AAuCDEErGHHaIJKLLaMOxPRSTUVWXYp : extensum BFPb : extensa Br : *desunt* OQZ   18 divisibilis] AAuBBrCDEErFGHHaIJKLaMOxPPbSTUVWXYp : divisibile LR : *desunt* OQZ ‖ sic] *corr. ex* sicut C   21 sic] *om.* P   22 moveret] movere P   22–23 infinitum] *corr. ex* finitum C   23 in] *om.* G   24 infinita^2] in finita P ‖ finita^2] infinita CP   25 esset] est P ‖ volumus] velimus G

3 Cf. Aegidius Romanus, *Commentaria in octo libros Physicorum*, VIII, lect. 27 (ed. Venetiis 1502, f. 219ra)   13 Cf. Averroes, *In Physicam*, VIII, comm. 78, f. 424K   25 Cf. Inf., VIII, q. 10

Ad secundam dubitationem respondet beatus Thomas quod Aristoteles non vult hic probare quod nulla virtus finita potest movere per tempus infinitum, sed vult probare quod nulla virtus finita possit movere per tempus infinitum tamquam prima causa infinitatis motus, quia per hoc intendit concludere infinitatem primi motoris. Tunc igitur notat beatus Thomas quod tripliciter potest imaginari motus infinitus: uno modo ex infinitate spatii, alio modo ex infinitis reiterationibus in eodem spatio finito, tertio modo ex infinitate mobilis. | Modo infinitas motus quae esset ex infinitate mobilis, si esset, esset magis per se et intrinsece conveniens motui quam infinitas ex spatio vel reiteratione. Et prima causa infinitatis motus | debet comparari ad infinitatem motus magis per se et primam. Ideo talis debet iudicari primus motor, qualis esset, si moveret mobile infinitum.

Sed ista dicta beati Thomae non apparent mihi valere, quia absurdum est quod illa debeat dici prima et per se infinitas motus, quae est impossibilis. Et absurdum est etiam quod prima causa infinitatis motus debeat comparari ad infinitatem motus impossibilem. Et tamen infinitas ex infinitate mobilis est impossibilis, quia dictum est in tertio libro quod impossibile est esse magnitudinem infinitam. Et etiam, si ista esset, non esset possibile eam moveri simul totam, prout declaratum est in primo *Caeli*. Et iterum ista dicta beati Thomae | non sunt ad intentionem Aristotelis, quia secundum illum ista ratio non concluderet nisi de motore totaliter primo; et intentio Aristotelis est quod concludit de omnibus motoribus corporum caelestium. Unde cum in duodecimo *Metaphysicae* resumpsisset recapitulando processum quem fecit in illo octavo ad concludendum motorem immobilem, perpetuum et separatum a magnitudine et infinitum per hoc quod movet per tempus infinitum, ipse statim quaesivit utrum ponendum est unicam esse talem substantiam vel motorem vel plures et determinavit quod plures secundum | pluralitatem motuum supercaelestium.

---

2 potest] possit GPp   3–4 sed ... infinitum] *in marg. inf.* C : *om.* (*hom.*) P   4 infinitatis] *corr. ex* infinita C ‖ quia] et p ‖ hoc] *add. sed del.* quod C   7 alio] secundo p ‖ infinitis] infinitatis (infini^tis) P   8 quae esset] quiescet P   10 vel] *add.* ex GPp   11 et] in p ‖ primam] *add. in marg.* primum C   12 mobile] *add.* in P   14 prima] primo p   15 prima] ipsa p   16 et] *om.* P   18 et] *om.* P   19 ista] iam G   21 ratio] *om.* G   23 recapitulando] reca^do P : recapiendo p ‖ processum] *rep.* G   24 et] *om.* GPp   26 est] *om.* G   27 vel¹] sive talem GPp   28 supercaelestium] caelestium GPp

1 Thomas Aquinas, *In octo libros Physicorum expositio*, VIII, lect. 21, 1145 (5) (ed. Maggiòlo, 612)   17 Cf. Aristoteles, *Physica*, III, 5, 204a8–206a8; cf. Iohannes Buridanus, *Quaestiones super libros Physicorum*, III, q. 15 (ed. Streijger, Bakker, 133–141)   19 Cf. Aristoteles, *De caelo et mundo*, I, 5, 271b1–273a6   23–28 Cf. Aristoteles, *Metaphysica*, XII, 8, 1073a14–b3

Aegidius, sicut mihi videtur, solvit probabilius istam secundam dubitationem, quod motor caeli movet ipsum caelum infinitis reiterationibus et sic infinito tempore; ideo comparatur ad caelum tamquam infinities acceptum, cuius partes imaginandae sunt caelum ut semel vel bis vel decies acceptum. Sic enim pars in minori tempore transit signum quam totum et minor pars in minori tempore quam maior. Verbi gratia caelum transit signum orientis in minori tempore semel revolutum quam bis et ter revolutum quam decies. Quilibet igitur orbis caelestis, prout ad ipsum comparatur intelligentia, est tamquam infinitum mobile; et non est ibi medietas, immo quantocumque dato est maius.

Ad tertiam dubitationem conceditur quod non nisi infinities reiterando potest infinitari motus; sed ex huiusmodi infinita reiteratione sequitur infinitas motoris, sicut dicebatur in solutione praecedentis dubitationis et etiam dicetur post.

Ad quartam dubitationem evacuandam expedit prius solvere quintam et sextam. Unde statim ad quintam dicendum est quod ratio Aristotelis probat de omni motore immobili movente per infinitum tempus, quia ipse est infinitus illa infinitate de qua hic intenditur et quae post declarabitur. Et ideo nec illo modo aliquis motorum | caelestium est minoris aut maioris virtutis quam alius, sed quilibet infinitus.

Sed propter sextam dubitationem est notandum quod dupliciter imaginatur infinitas virtutis: uno modo secundum vigorem, alio modo secundum durationem. Infinitas virtutis secundum vigorem vocatur secundum quam motor posset omni velocitate data vel dabili movere velocius et secundum quam etiam posset omni mobili dato vel dabili movere maius; magnitudo enim vigoris attenditur ex velocitate | motus vel ex magnitudine mobilis arguitive. Et sic possumus arguere quod motor diurnus est maioris vigoris quam alii motores caelestes quia: movet maius mobile, puta totum caelum,

---

1 aegidius] *add.* autem GPp ∥ solvit probabilius] *inv.* GPp   2–3 infinitis ... tempore] infinito tempore et sic infinitis reiterationibus *et add. in marg.* seu infinito tempore C   2 sic] *add.* in P   4 ut] vel C   7 revolutum²] *add.* et G : bis revolutam p   8 orbis caelestis] *inv.* p   9 quantocumque] *add.* tempore p   12 huiusmodi] huius P   13 motoris] motus *sed add. in marg.* motoris C   15 evacuandam] evacuandum p   17 immobili] in mobile G ∥ quia] quod GPp ∥ ipse] ille p   18 de] *om.* C ∥ intenditur] intendit P ∥ post declarabitur] prius declarabatur p ∥ et²] *om.* GPp   21 est notandum] *inv.* Pp : sciendum est G   22 virtutis] motus p   24 omni] *in marg.* C : *praem.* etiam p ∥ data] *om.* P ∥ vel] *add.* etiam GP   24–25 velocius ... movere] *in marg. inf.* C   25 mobili] motu G ∥ maius] magis G   27 motor] motus *sed add. sup. lin.* motor C : motus Pp ∥ est] sit GPp ∥ vigoris] *corr. ex* virtutis CG

---

1 Cf. Aegidius Romanus, *Commentaria in octo libros Physicorum*, VIII, lect. 27 (ed. Venetiis 1502, f. 219ra)

et valde velocius. Ideo sic esset concedendum quod alii motores non sunt infiniti secundum vigorem, licet moveant per infinitum tempus. Propter quod, cum dictum sit quod ratio Aristotelis sit communis omnibus motoribus caelestibus, sequitur quod ipsa non debet intelligi de infinitate vigoris.

Verum est quod cavillator posset dicere quod ex parvitate mobilium et ex parva velocitate | motuum tu non potes arguere parvitatem virtutis propter hoc quod illae intelligentiae movent per voluntatem liberam; ideo non oportet quod moveant quantumcumque possunt, sed quantumcumque volunt.

Sed de hoc credo quod, cum nos ex fide ponamus Deum infiniti vigoris, non posset bene fieri demonstratio quod praeter ipsum Deum debeant poni alii motores caelestes. Non solum enim Deus posset movere omnes caelos huius mundi, immo etiam creare centum mundos | alios et movere caelos eorum. Sed Aristoteles visus est hoc non credere, immo credidit quod una intelligentia propter eius simplicitatem non moveret nisi unum motum et quod quaelibet moveret quantumcumque posset velociter, quia quamvis moveant per voluntatem, tamen Aristoteles credidit quod non possunt velle movere velocius vel tardius quam modo volunt et ab aeterno voluerunt. Et sic praedicta essent dicta consequenter ad opinionem Aristotelis.

Infinitas autem virtutis secundum durationem vocatur secundum quam motor potest movere suum mobile per infinitum tempus. Et isto modo apparet quod omnis motor caelestis est infinitus, cum moveat per infinitum tempus.

Sed contra hoc obiciebatur quia: de ista infinitate virtutis loquebatur Aristoteles cui repugnat esse in magnitudine, ut apparebit post, quia propter infinitatem virtutis primi motoris ipse concludit ipsum non posse esse in magnitudine. Sed infinitati secundum durationem non repugnat esse in magnitu-

---

1 et ... ideo] *in marg.* C ‖ sic] sicut P ‖ esset] est GPp   2 infinitum tempus] *inv.* GPp   6 posset] potest GPp   7 ex] *om.* GPp ‖ tu] *om.* G ‖ potes] posses p   8 movent] moverent GPp   9 quantumcumque¹] quantum (quanto G) fortius GPp ‖ quantumcumque²] quantum GPp   11 sed] et GPp ‖ hoc] *add.* ego GPp ‖ cum] *om.* P ‖ deum] *add.* esse GPp ‖ infiniti] infinitae P   12 posset] potest p ‖ demonstratio] *add.* ad probandum GPp ‖ praeter] *corr. in marg. ex* propter C   12–13 debeant poni alii] oporteat (oportet P) ponere alios GPp   14 huius mundi] caelestes C   14–15 huius ... caelos] *om.* (*hom.*) P   14 centum] mille Gp ‖ movere] *add.* omnes Gp   17 quaelibet] quilibet P   18 voluntatem] velocitatem p ‖ credidit] credit P   19 vel] aut GPp ‖ volunt] voluerunt p ‖ et¹] vel G ‖ voluerunt] moverunt Gp   20 praedicta] *om.* G ‖ consequenter] *om.* G   26–28 ut ... magnitudine] *om.* (*hom.*) P   28 infinitati] *corr. ex* infiniti C : infinitas p

---

26 Cf. inf. VIII, q. 10

dine; virtus enim solis est in magnitudine et est tamen infinita secundum durationem.

Item valde planum est et notum, si primus motor movet per infinitum tempus, quod ipse est infinitus secundum durationem. Ideo Aristoteles in vanum | laboravit, si non voluit probare aliam infinitatem primi motoris quam secundum durationem, immo ponendo principium erravit probando illud quod est clarum per illud quod est valde obscurum.

Propter istas rationes notandum est quod infinitas durationis est uno modo in essendo. Et hoc contingit omnibus perpetuis, sive sint corpora sive sint separata a magnitudine; ideo de tali infinitate non intendit hic Aristoteles. Alio modo dicitur infinitas durationis in movendo active, quae attenditur penes movere per infinitum tempus. Sed adhuc huiusmodi infinitas debet imaginari duplex: una vocatur actualis, alia potentialis. Actualis dicitur, quando motor semper habet simul et in actu omnem dispositionem secundum quam movet per infinitum tempus, sed potentialis | vocatur, quando movens non habet semper simul et in actu huiusmodi dispositionem, scilicet omnem secundum | quam movet per infinitum tempus. Dico igitur quod virtus sic actualis infinitatis et virtus potentialis infinitatis in hoc conveniunt, quia utraque movet per infinitum tempus, sed differunt, quia motor actualis infinitatis est intransmutabilis, cum habeat semper et simul omne quod in eo requiritur ad semper movendum; ideo non indiget quod umquam mutetur. Sed motor potentialis infinitatis est transmutabilis, quia cum non habeat simul et in actu omnem dispositionem secundum quam movet per infinitum tempus, indiget, si debeat movere per infinitum tempus, quod huiusmodi dispositionem recipiat et sic quod transmutetur. Deus igitur, qui est intransmutabilis, et alii motores caelestes, si sint intransmutabiles, essent infiniti actuali infinitate durationis, quia quilibet eorum per dispositionem quam simul et actu habet compararetur ad infinitum motum et ad mobile ut infinities sumptum, ut ante dicebatur. Sed sol et astra non

---

1 virtus ... magnitudine] *om. (hom.)* P ǁ est tamen] *inv.* G   4 aristoteles] *add.* valde GPp   5 si] sed p   6 principium] *add.* primum p   8 rationes notandum est] dubitationes notandum est Pp : dubitationes nota G   9 contingit] convenit p ǁ sint] sunt P   10 sint] *om.* GPp   11 dicitur] *om.* p   12 huiusmodi] huius P   14 habet] *corr. sup. lin. ex* sunt C ǁ et] *om.* p   16 movens] motor *sed add. sup. lin.* movens C ǁ non habet semper] per infinitum tempus non habet GPp ǁ huiusmodi] huius P   16–17 dispositionem scilicet omnem] omnem dispositionem scilicet GPp   17 secundum] *sup. lin.* C   18 infinitatis¹] *corr. ex* infinitis C   19 conveniunt quia] conveniens quod P   20 cum] *corr. ex* quia C ǁ et] *sup. lin.* C : *om.* G   21 ideo] *in marg.* C : *om.* GPp   22 potentialis] *add.* virtutis p ǁ quia] *om.* GPp   25 huiusmodi] huius P   27 essent] tunc P   28 et] *add.* in P   29 et ad] *in marg.* C : *om.* GPp ǁ ut¹] *om.* Gp ǁ ut²] sicut Pp ǁ ante] enim p

sunt sic infiniti actuali infinitate, sed potentiali in movendo, quia non semper moverent, nisi moverentur motu, quem non habent totum simul et in actu. Et ego sic intelligo quod sol non semper moveret, si non moveretur, quia illud quod esset sub se calefaceret ad extremum suae possibilitatis et tunc non amplius calefaceret | ipsum, quia non amplius esset calefactibile. Et sic, si totum caelum numquam moveretur, quamlibet plagam terrae alteraret ad summum secundum sui exigentiam et tunc non amplius ageret, nisi forte hoc esset secundum modum alibi dictum, scilicet quod sol in calefaciendo converteret totam aquam quae esset sub se in | aerem vel ignem et in parte opposita terrae totus aer propter frigiditatem converteretur in aquam et tunc, cum illic esset maximus aquae cumulus, illa aqua per suam gravitatem moveretur ad locum decliviorem ad istam partem sub sole et ita semper veniret aqua ad solem. Sed adhuc apparet quod propter hoc sol non deberet proprie dici infinitus actuali infinitate durationis in movendo, quia vel indigeret moveri ad hoc quod semper ageret vel indigeret motore extrinseco applicante sibi passum.

Sic igitur solutae sunt obiectiones quae fiebant. Aristoteles enim volebat hic loqui de actuali infinitate durationis in movendo. Et illi bene repugnat esse in magnitudine, quia sic infinitum debet esse immobile et intransmutabile; et omne existens in magnitudine est mobile ad motum illius magnitudinis. Nec etiam erat manifestum quod aliquod movens per tempus infinitum esset illa actuali infinitate infinitum; ideo non in vanum laboravit Aristoteles | in declarando huiusmodi infinitatem primi motoris. Nec fuit intentio Aristotelis concludere quod omnis motor per infinitum tempus esset sic infinitus, sed quod omnis motor intransmutabilis movens per infinitum tempus esset sic infinitus. Et hoc sufficiebat de primo motore ad concludendum

---

1 infiniti] infinita P ‖ movendo] motu P   2 moverent] moveret p   3 ego sic intelligo] sic intelligendo p ‖ sic] simul G   5 tunc] *in marg.* C ‖ calefaceret] calefacerent P ‖ quia] *add.* tunc P ‖ amplius esset] *inv.* Gp   6 totum] *om.* G ‖ caelum] simul P ‖ plagam] *corr. in marg. ex* partem C   7 sui exigentiam] *inv.* Pp   8 forte] *om.* G   9 esset] est P ‖ aerem] aere G ‖ ignem] *praem.* in p : igne G   10 opposita] apposita P   11 tunc] tamen p ‖ maximus] maximae Pp   13 veniret] uniret P   14 proprie dici] *inv.* GPp ‖ infinitus] *corr. ex* infinitas C   15 moveri] movere C   16 passum] passivum P   17–18 volebat hic] *inv.* p   18 de] *add.* illa GPp   19 debet] deberet C   20 illius] ipsius G   21 etiam] *add.* aliquod P ‖ movens] *corr. in marg. ex* motum C : *praem.* mobile P   23 huiusmodi] huius P ‖ primi] *om.* G   24 motor] *add.* movens GPp ‖ infinitum tempus] *inv.* P   24–25 infinitus] infinitum P   25–26 sed ... infinitus] *om.* (*hom.*) p   25 infinitum tempus] *inv.* P   26 infinitus] infinitum P ‖ de ... concludendum] ad concludendum de primo motore GPp

8 Cf. Iohannes Buridanus, *Quaestiones super De generatione et corruptione*, II, q. 14, concl. 2 (ed. Streijger, Bakker, Thijssen, 262)

162vb C huiusmodi infinitatem, | cum fuerit probatum quod ipse movet per infinitum tempus et quod ipse est immutabilis.

Tunc respondendum est ad quartam dubitationem quod ad talem infinitatem virtutis moventis sufficit quod sit intransmutabilis et semper applicata suo mobili sine indigentia alterius motoris applicantis. Et huiusmodi sunt motores caelestes secundum intentionem Aristotelis et non alii motores, scilicet in magnitudine existentes.

Et per haec dicta omnes rationes quae in principio quaestionis fiebant apparent solutae.

⟨2⟩ Aristoteles in primo *huius* loquebatur de finitate vel infinitate extensionis. Sic enim non est substantia vel qualitas infinita, nisi sit magnitudo vel in magnitudine extensa.

⟨4⟩ Et est concedendum quod virtus cursiva Socratis esset sic infinita, si praedictae condiciones sibi convenirent; sed non sibi conveniunt. Nec Aristoteles credidit quod Deus potuisset eam sic conservare sine diminutione et fatigatione. Et tamen istam quaestionem non intendimus hic sic tractare ad simpliciter asserendum aliquid, sed ad declarandum quae fuerit hic intentio Aristotelis et quomodo haberet aliquam probabilitatem. Et etiam si Deus sic vellet conservare istam virtutem cursivam Socratis, quae per suam naturam est transmutabilis et fatigabilis, non propter hoc esset infinitas attribuenda illi virtuti, sed ipsi Deo.

Haec de quaestione.

---

1 huiusmodi] huius P   3 tunc] *add.* igitur GPp   4 et] *corr. sup. lin. ex* sic quod fit C   4–5 applicata] applicato p   5 huiusmodi] huius P   8 haec dicta] dicta ista p   10 aristoteles] *add.* enim GPp ‖ primo] principio p   11–13 nisi ... infinita] AuBZ : *om. (hom.) cett. (deest* O)   15 conservare] conservasse GPp ‖ et] vel P   16 sic] *om.* GPp   17 aliquid] *om.* P ‖ fuerit] fuit p   18 probabilitatem] probationem p   18–19 sic vellet] *inv.* GPp   21 ipsi] *om.* GPp   22 haec de quaestione] etc. GP : *om.* p

⟨VIII. 10⟩

⟨Utrum virtus infinita possit esse in magnitudine finita⟩

Quaeritur decimo utrum virtus infinita possit esse in magnitudine | finita.   152vb P

Arguitur quod sic quia:

⟨1⟩ Virtus solis est in magnitudine finita; et tamen est infinita saltem secundum durationem in essendo et in movendo sive in agendo, cum per infinitum tempus agat in ista inferiora.

⟨2⟩ Item caelum habet infinitam operationem saltem passive; igitur habet infinitam virtutem passivam. Et hoc est rationabile, quia cum omni virtuti activae debet correspondere passiva, videtur quod activae infinitae debet correspondere virtus infinita | passiva; et tamen virtus activa in cae-   118rb p
lum, scilicet movens ipsum, est infinita, cum moveat per infinitum tempus; igitur etc.

Oppositum determinat Aristoteles in octavo *huius* et in duodecimo *Metaphysicae*. Et Commentator dicit quod omni formae in corpore est potentia finita, sive sit activa sive sit passiva, cum sit divisibilis divisione corporis; et omne corpus est finitum et omne divisibile secundum divisionem alicuius finiti proportionaliter est finitum.

Credo quod Aristoteles intendebat hic loqui de potentiis activis et non passi- vis; ideo primo de activis dicemus. Sed quia Commentator fecit mentionem | 138rb G
de passivis, ideo consequenter dicemus de eis.

---

4 quaeritur decimo] *spat. vac. rubricatori relictum* G ‖ possit] potest GPp   **5–6** arguitur ... finita] *om. (hom.)* P   **7** sive] etiam G   **11** debet] debeat Pp ‖ quod] *add.* virtuti p   **12** debet] debeat P ‖ virtus¹] *om.* GPp ‖ infinita passiva] *inv.* P   **14** igitur etc.] *om.* P   **16** in corpore] *corr. in marg.* in incorporeae C   **17** sit¹] *om.* G ‖ sit²] *om.* GPp   **18** finitum] infinitum p   **19** proportionaliter] proportionabiliter p   **20** intendebat hic] *inv.* GPp ‖ non] *add.* de Gp   **22** consequenter ... eis] *corr. in marg. ex* consequenter videtur de ea C

15–16 Cf. Aristoteles, *Physica*, VIII, 10, 266a24–b6; *Metaphysica*, XII, 7, 1073a5–11   **16** Averroes, *In Physicam*, VIII, comm. 79, f. 426M

Aristoteles ponit istam conclusionem quod impossibile est in magnitudine finita esse potentiam infinitam, scilicet extensam extensione illius magnitudinis.

Secundo ponit istam conclusionem quod impossibile est potentiam finitam esse in magnitudine infinita.

Et ad probandum primam conclusionem ipse primo praesupponit quod potentia maior moveret idem mobile in tempore minori, scilicet in pertranseundo aliquod signum, quam potentia minor. Et hoc est, quia moveret ipsum velocius; et ideo non aequali tempore | moveret mobile potentia finita et potentia infinita. Primo igitur supponit quod infinita moveret in minori tempore quam aliqua finita. Secundo supponit quod omne quod movetur movetur in tempore, et ita nihil potest moveri in instanti. Tunc arguitur: si in magnitudine finita esset virtus infinita, sequeretur quod virtus finita et virtus infinita aeque velociter moverent idem mobile; consequens est contra primam suppositionem.

Et consequentia probatur quia: sumatur mobile quod potentia finita potest movere aliquo tempore. Potentia autem infinita etiam potest ipsum movere; quod enim potentia minor potest movere, illud potentia maior potest movere. Et ista potentia infinita movebit illud mobile in aliquo tempore: non in instanti (per secundam suppositionem), sed tamen in minori quam ista potentia finita. Tamen erit certa proportio huius temporis ad illud tempus et gratia exempli sit primum tempus ad secundum centuplum. Tunc igitur, quia maior virtus movet in minori tempore, ponamus quod ista virtus finita centupletur. Et sic ipsa movebit in subcentuplo tempore. Et hoc est tempus in quo infinita movebat; et tamen ista virtus finita centuplata adhuc est finita; igitur finita et infinita aequali tempore et aeque velociter movebunt.

---

1 ponit] ergo *praem.* Gp, *add.* P   4 secundo] et secundo etiam GPp   5 in magnitudine infinita] in infinita magnitudine G : in infinitam magnitudine P : infinitam magnitudine p   6 praesupponit] supponit GPp   7 tempore minori] *inv.* GPp   9 moveret] *add.* idem GPp   12 potest moveri] *corr. in marg. ex* movetur C ‖ arguitur] *add.* sic GP : *add.* quod sic p   13 virtus[1]] magnitudo G ‖ sequeretur] sequitur GPp   13–14 finita[2] ... infinita] infinita et virtus finita Pp   17 movere] *add.* in GPp ‖ autem] *om.* GPp ‖ ipsum] *sup. lin.* C   18 quod enim] quia quod p ‖ illud] *in marg.* C ‖ potentia[2]] potest P   19 ista] ita G   19–20 tempore] *add.* et G   21 ista] *om.* G   21–22 ad illud tempus] *in marg.* C : ad aliud tempus P   22 gratia exempli] *corr. ex* verbi gratia C   23 movet] *in marg.* C   24 sic] si p ‖ movebit] movebitur C ‖ subcentuplo] *sc. in centuplo minori* : centuplo C   25 tempus] *om.* P   26 velociter] veloci p   26–27 movebunt] movebuntur P

---

1 Cf. Aristoteles, *Physica*, VIII, 10, 266a24–25   4 Cf. Aristoteles, *Physica*, VIII, 10, 266b6–7
6 Cf. Aristoteles, *Physica*, VIII, 10, 266a26–b6

Vel arguitur sic: sequeretur quod ista virtus infinita moveret in instanti; quod est contra secundam suppositionem. Consequentia patet, | quia ex quo virtus maior movet velocius secundum istam proportionem secundum quam est maior, et virtus infinita esset in infinitum et sine proportione maior quam finita, sequitur quod moveret in infinitum et sine proportione velocius quam finita; quod non esset, nisi moveret in instanti (si enim moveret in tempore, esset proportio temporis ad tempus et per consequens velocitatis ad velocitatem).

153ra P

Sed contra istum processum Aristotelis sunt plures dubitationes.

Prima est quia: ratio videtur supponere falsum, scilicet quod potentia finita posset movere illud mobile quod potentia infinita movet. Dicet enim adversarius quod primus motor, qui est infinitus, movet primum mobile et illud nulla potentia finita posset movere.

Secunda dubitatio est contra primam rationem quia: | ipsa capit quod virtus activa finita potest augeri quantumcumque placet, ut decuplando vel centuplando. | Et hoc adversarius diceret esse falsum, quia virtus intelligentiae vel totius caeli non potest sic augeri ultra nec multiplicari, licet sit finita.

118va p

138va G

Tertio beatus Thomas sic dubitabat contra secundam rationem quia: quod debetur alicui per se, non aufertur ab illo propter quodlibet aliud positum; sed per se debetur motui quod sit in tempore et non in instanti; igitur non esset motus in instanti vel in non tempore, licet esset virtus infinita sive in magnitudine sive extra.

Quarto Commentator in duodecimo *Metaphysicae* sic dubitat: idem est iudicium in proposito, sive potentia movens infinita sit in magnitudine sive non; utrobique enim maior potentia movet velocius. Ideo vel ratio non valet vel ipsa probat quod nulla est virtus infinita sive in magnitudine sive separata; quod est contra Aristotelem, qui primum motorem propter eius infinitatem ponit separatum a magnitudine. |

163rb C

---

1 sequeretur] sequitur Gp   2 consequentia] *corr. ex* conclusio C   7 temporis] temporum G   10 est quia] *sup. lin.* C   11 posset] possit Pp ‖ dicet] diceret Gp : d. P   12 movet] moveret C   14 est] sit P ‖ primam] secundam p   15 activa] *sup. lin.* C : *om.* GPp ‖ potest] possit GPp ‖ vel] et G   16–17 et ... caeli] *om.* G   17 potest] posset P ‖ sic augeri] *inv.* G ‖ nec] vel GPp ‖ sit] ponatur GPp   18 beatus] sanctus P ‖ dubitabat] dubitat GPp   19 aufertur] auferetur G : auferretur Pp ‖ ab] *add.* aliquo C ‖ illo] eo GPp   21 motus] *in marg.* C ‖ vel] sive GPp ‖ esset²] *om.* p   22 sive] *add.* intra sive P   23 quarto] *om.* P ‖ duodecimo] secundo P ‖ sic] *om.* P ‖ dubitat] dubitavit G   25 movet] movit G   26 vel ipsa] quia etiam *sed add. sup. lin.* vel ipsa C : vel GPp ‖ quod] *add.* etiam Gp ‖ est] erit P   27 propter] semper P   28 separatum] separatam P

---

18 Cf. Thomas Aquinas, *In octo libros Physicorum expositio*, VIII, lect. 21, 1147 (7) (ed. Maggiòlo, 613)   23 Cf. Averroes, *In Metaphysicam*, XII, comm. 41, f. 324E

Item quinto dubitatur quia: ad magnitudinem virtutis duo pertinent, scilicet diuturnitas motus et velocitas motus; maior enim potest velocius et potest diuturnius movere. Ideo si esset infinita sive in magnitudine sive extra, sequeretur etiam infinita velocitas et infinita diuturnitas.

Item sexto dubitatur quia: manifestum est quod Aristoteles hic intendit de finitate vel infinitate secundum vigorem, quia de magnitudine vigoris et non de magnitudine durationis habet ista suppositio suam veritatem, quia maior virtus movet velocius. Et prius in alia quaestione intendebat de infinitate secundum durationem et non secundum vigorem, sicut ibi dicebatur. Et per consequens syllogismus quem post facit Aristoteles, nihil valet, quia committitur fallacia aequivocationis. Arguit enim sic: nulla potentia infinita est in magnitudine, ut hic probatur; potentia primi motoris est infinita, ut post probabitur, quia movet per tempus infinitum; igitur non est in magnitudine. | Si igitur exprimas glossas, apparebit quod nullus erit syllogismus, scilicet sic: nulla potentia infinita secundum vigorem est in magnitudine; potentia primi motoris est infinita secundum durationem; igitur etc.

Ad primam dubitationem dicendum est breviter quod non supponebamus quod potentia finita posset movere omne mobile quod infinita posset movere, sed e converso, scilicet quod omne mobile quod potentia finita posset movere, hoc infinita posset movere.

Ad secundam dubitationem dicendum est quod, licet potentiae corporum caelestium vel intelligentiarum non possint augeri vel duplari naturaliter, tamen omni potentia finita posset Deus facere maiorem, in quacumque

---

1 item] *om.* P   1–2 scilicet] si P   2 diuturnitas] diurnitas p ‖ maior] a P : motor p ‖ enim] *add.* et GP   3 diuturnius] *corr. ex* diurnius C ‖ ideo] *corr. sup. lin. ex* idem C   4 sequeretur] sequitur Gp ‖ etiam] *sup. lin.* C : *om.* P ‖ et] vel p ‖ infinita[1] ... diuturnitas] infinitas velocitatis et infinitas diuturnitatis G   5 item] *om.* P ‖ aristoteles hic] *inv.* Gp : licet aristoteles P   7 ista suppositio suam] suppositio ista suam Pp : suppositio sua G   8 maior] a P : alia p ‖ prius] diutius G : post p   8–9 infinitate] finitate P   9 vigorem] *add.* quia G ‖ sicut] ut P ‖ dicebatur] dictum est p   10 post facit] prius fecit Gp : primo fecit P ‖ nihil] non p   11 committitur fallacia] committit fallaciam GPp   12 magnitudine] *add.* finita Gp ‖ ut hic] ut hoc P : et hoc Gp ‖ est infinita] *om.* P   13 post probabitur] *inv.* G: prius probabatur C ‖ movet] movetur p   14 si] sic G ‖ igitur] *add. in marg. (partim reciso) ex* praemissis (?) appa†...† C ‖ exprimas] exprimes p   16 secundum durationem] *sup. lin.* C ‖ etc.] *add. in marg.* igitur non est in magnitudine C : *om.* P   17 dicendum est] dicitur P ‖ breviter] *om.* G   18 infinita posset] infinita potest G : potest infinita P   19–20 scilicet ... movere] *om.* p   19 potentia] *in marg.* C : *om.* GP   20 hoc] *om.* GP   21 dubitationem dicendum est] dicitur P   22 possint] possit P ‖ vel duplari] aut duplari P : vel duplicari p : *om.* G   23 posset] potest P

---

8 Cf. sup., VIII, q. 9   11 Cf. Aristoteles, *Physica*, VIII, 10, 267b19–25; cf. inf., VIII, q. 13   13 Cf. inf., VIII, q. 11

proportione sibi placeret; dico 'maiorem' secundum denominationem ab opere. Et tunc procederet ratio.

Ad tertiam dubitationem dicitur quod numquam ex suppositione possibili sequitur quod motus fieret in instanti, sed ex suppositione impossibili hoc bene sequeretur, quia ad impossibile sequitur quodlibet.

Ad quartam dicit beatus Thomas quod non est simile de virtute extensa in magnitudine | et de virtute separata, quia separata est intellectualis et voluntatis liberae; ideo non oportet quod, si talis potentia sit infinita, quod motus sit infinitae velocitatis. Sed hoc sequeretur de virtute extensa infinita, quia ista non est intellectualis nec libera, sed movet quantum potest fortius secundum exigentiam circumstantiarum. Sed forte quod ista solutio non fuisset secundum intentionem Aristotelis, quia propter immutabilitatem istarum substantiarum separatarum videtur credidisse quod non possunt velle movere velocius quam movent de facto. Sed tamen | verba praedicta beati Thomae non sunt reprobanda, licet non fuerunt de intentione Aristotelis. Et si nos velimus explanare sententiam Aristotelis dicendo consequenter ad suam opinionem, nos diceremus quod Aristoteles hic intendebat probare quod nulla virtus infinita actuali infinitate est in magnitudine finita, sive sit infinita secundum vigorem sive secundum durationem in movendo. Et ideo, quia dictum est quod infinita actuali infinitate durationis in movendo debet esse intransmutabilis, manifestum est quod non debet esse in magnitudine. Ideo non restabat nisi etiam probare quod infinita secundum vigorem non est in magnitudine. Et forte Aristoteles concessisset quod ratio universaliter probat quod nulla sit infinita secundum vigorem, sed ad propositum | sufficiebat sibi concludere de virtutibus in magnitudine existentibus.

Ad quintam dubitationem dicitur quod non secundum eandem rationem dicitur magnitudo infinita secundum vigorem et secundum durationem.

138ᵛᵇ G

118ᵛᵇ p

163ᵛᵃ C

---

1 sibi placeret] *inv.* p : sibi placeret (*in marg.*) C : sibi placet P   3 dubitationem] *om.* P ‖ dicitur] diceretur Gp   4 sequitur] sequeretur G   5 sequeretur] sequitur GP ‖ ad impossibile] ex impossibili G   6 thomas] *sup. lin.* C   7 de] *om.* P   8 quod¹] *om.* GPp   9 sequeretur] sequitur p ‖ infinita] finita p   10 nec] vel P ‖ potest fortius] *inv.* G   11–12 non fuisset] *om.* P   12 quia] *corr. in* qui G : qui P : quoniam p   13 possunt] posset G : possent p   14 movent de facto] de facto movent (movet G) GPp   15 non¹] *om.* P ‖ fuerunt] fuerint GP : sunt p   16 velimus] volumus P ‖ sententiam] intentionem GPp   17 diceremus] dicemus G : notandum est *add.* P ‖ intendebat] intendit P   19 et] *om.* P   20 quia] ut P ‖ infinita] infinito P ‖ movendo] incipiendo p   22 restabat] restabit C ‖ infinita] infinitas p   23 est] *add.* virtus (?) C : esset Gp : essent P ‖ universaliter] *om.* p   24 nulla sit infinita] *add. in marg.* nullum sit infinitum C : sit infinita P   26 dubitationem] *om.* P   27 magnitudo infinita] magnitudo Gp : magnitudine P

---

6 Cf. Thomas Aquinas, *In octo libros Physicorum expositio*, VIII, lect. 21, 1150 (10) (ed. Maggiòlo, 614)   20 Cf. sup., VIII, q. 9

Ideo nihil est inconveniens aliquam potentiam esse alia maiorem vigore et minorem duratione vel e converso. Nec est inconveniens eandem esse infinitam duratione et finitam vigore.

Ad ultimam dictum est quod hic Aristoteles universaliter intendebat de omni modo actualis infinitatis, scilicet sive secundum vigorem | sive secundum durationem in movendo. Sed quia propter intransmutabilitatem potentiae actu infinitae secundum durationem apparebat quod ipsa non esset in magnitudine, ideo descendebat ad probandum hoc de infinitate secundum vigorem. Et tunc valet syllogismus Aristotelis, qui fiet sic: nulla potentia infinita actuali infinitate sive secundum vigorem sive secundum durationem est in magnitudine, ut dictum est; sed quilibet motor caelestis et primus motor est sic infinitus, ut dicebatur prius, cum moveat per infinitum tempus; igitur etc.

Dicto igitur de virtutibus activis expedio me breviter de passivis. Et dico quod virtus passiva tanto dicitur potentior in patiendo, quanto potest pati a debiliori activo; ideo si ab in infinitum debili activo potest materia prima pati, ipsa est infinitae passivitatis. Nec contra hoc valet ratio Commentatoris, scilicet quod materia est divisibilis divisione magnitudinis finitae, quia licet ipsa materia fiat minor secundum extensionem, tamen non fit inde minus passibilis.

Tunc venio ad probandum secundam conclusionem principalem Aristotelis, | scilicet quod impossibile est in magnitudine infinita esse finitam virtutem. Et hoc statim manifestum est, quia impossibile est esse magnitudinem infinitam.

Sed intentio Aristotelis est quod, licet concederetur magnitudo infinita, tamen non posset sustineri quod in ea esset virtus finita tali modo quod ista virtus esset extensa per istam totam magnitudinem.

---

1 nihil] *corr. sup. lin. ex* vel C ‖ alia] *corr. ex* aliam C   2–3 eandem ... finitam] eadem esse infinita duratione finita P   4 hic aristoteles] *inv.* P ‖ universaliter intendebat] intendit universaliter Gp : intendit P   5 scilicet] *om.* P   6 sed] *om.* p ‖ propter] per G   9 et] *om.* p ‖ tunc valet] *inv.* G ‖ qui] *om.* p ‖ fiet] fiebat P : fiat p ‖ sic] *sup. lin.* C   9–10 infinita] finita P   11 dictum] declaratum GPp   11–12 et ... est] est primus motor et C   13 etc.] *add. in marg. (partim reciso)* in magnitudine ut dictum est †...† primus motor †...† quilibet motor caele†...† est sic infinitus †...† ut dicebatur etc. C   14 igitur] autem p   15 quanto] quam P   16 in] *sup. lin.* C : *om.* GPp ‖ infinitum] infinito p ‖ activo²] active p   17 passivitatis] passibilitatis p ‖ valet] *add.* illa P   19 materia] inde GPp ‖ extensionem] intentionem G ‖ fit inde] *inv.* GPp   22–23 finitam virtutem] *inv.* GPp   23 et hoc statim] hoc P ‖ manifestum est] manifeste patet G ‖ quia] quod C   25 quod licet] si P ‖ magnitudo infinita] *inv.* Gp : infinita multitudo P   26 posset] potest p ‖ ea] eo P

---

12 Cf. sup., VIII, q. 9

Ista conclusio apparet faciliter, quia sicut ista magnitudo esset infinita ad quam non esset possibile attingere per quantamcumque multiplicationem alicuius finitae datae, ita potentia esset infinita ad quam non attingeretur per quantamcumque multiplicationem alicuius partis eius finitae datae; sed aliqua parte finita potentiae existentis in infinita magnitudine data numquam per eius multiplicationem attingeretur ad potentiam corporis infiniti; igitur ista est infinita et non finita.

Minor patet ponendo quod corpus infinitum sit *ab*, cuius aliqua pars finita sit *bc*. Ista pars habet aliquam virtutem finitam quae est pars virtutis magnitudinis *ab* infinitae. Sit ergo *de* virtus magnitudinis *ab* et *fg* sit virtus partis *bc*. Quantumcumque igitur | multiplicabitur *bc*, tantum multiplicabitur *fg*. Et non attingetur ad virtutem *de*, nisi attingatur ad magnitudinem *ab*. Sed per quantamcumque multiplicationem magnitudinis *bc* numquam attingetur ad magnitudinem *ab*. Igitur similiter per quantamcumque multiplicationem virtutis *fg* numquam attingetur ad virtutem *de*; igitur illa est infinita.

Item quia in maiori corpore est maior virtus proportionaliter, sicut se habet magnitudo *ab* ad partem eius *bc*, ita se habet virtus *de* ad partem eius *fg*; sed magnitudo *ab* in infinitum | et sine proportione excedit magnitudinem *bc*; igitur similiter virtus *de* in infinitum et sine proportione excedit virtutem *fg*; quod non | est, nisi esset infinita.

Et ex dictis patet satis quomodo rationes procedunt.

Haec de quaestione etc.

---

1 apparet] patet GPp   2 quam] quem C ‖ per] ad P ‖ multiplicationem] multitudinem p   3 alicuius] *add. sed del.* eius partis C ‖ finitae] *add.* magnitudinis GPp   3–4 finitae ... finitae] *in marg.* (*partim reciso*) C   4 quantamcumque] quantumcumque P : quamcumque Gp   5 potentiae] *om.* P ‖ infinita magnitudine] *inv.* GPp   7 est] esset G   8 minor patet ponendo] sed ponendum P ‖ infinitum] finitum Gp   9 virtutem] partem G ‖ virtutis] *in marg.* C   10 ergo] *in marg.* C ‖ de] d est G ‖ sit²] *in marg.* C   11 multiplicabitur] multiplicatur Pp   11–12 multiplicabitur] multiplicatur P   12 attingetur] attingitur Pp   13 quantamcumque] quantumcumque P : quamcumque G ‖ multiplicationem] multitudinem p ‖ magnitudinis] *in marg.* C   14 attingetur] attingeretur C ‖ quantamcumque] quantumcumque P : quamcumque G   15 virtutem] *add. in marg.* seu magnitudinem C ‖ illa] *corr. sup. lin. ex* a C   17 proportionaliter] proportionabiliter p   18 virtus] *add.* eius C   19 in] *sup. lin.* C   20 bc ... excedit] *om.* G   21 quod non est] quod non esset Pp : *om.* G   22 et] *om.* P ‖ patet] apparet GPp ‖ procedunt] procedant GP   23 haec ... etc.] et sic est finis decimae quaestionis sequitur quaestio undecima p : etc. GP

⟨VIII. 11⟩

⟨Utrum primus motor, scilicet Deus, sit infiniti vigoris⟩

Quaeritur undecimo utrum primus motor, scilicet Deus, sit infiniti vigoris.

Arguitur quod sic quia:

⟨1⟩ Aristoteles hic et in duodecimo *Metaphysicae* probat primum motorem esse infinitum tali infinitate cui repugnat esse in magnitudine; et talis non est infinitas durationis, cum sol sit sic infinitus; igitur etc.

⟨2⟩ Item omnes concedunt Deum esse infinitae durationis; et idem est eius duratio et eius vigor; igitur etc. Et fit syllogismus expositorius sic: duratio Dei est infinita; et vigor Dei est ista duratio Dei; igitur vigor Dei est infinitus. Vel arguitur sic: haec duratio Dei est infinita; haec duratio Dei est vigor Dei; igitur etc.

⟨3⟩ Item finitum dicitur quod habet finem; et vigor Dei non habet finem nec aliquam aliam causam, quia est idem quod ipse Deus; igitur vigor Dei non est finitus; igitur est infinitus. Et confirmatur quia: ille vigor Dei non est sic finitus, quia est indivisibilis; et indivisibile non est finitum, ut dicitur primo *huius*.

⟨4⟩ Item per rationem Thomae quia: primus motor, qui est Deus, est prima causa infinitatis motus; et talis debet comparari ad infinitatem motus quae | est magis per se et prima. Et cum tripliciter posset imaginari motus infinitus, scilicet ex infinitate spatii et ex infinitis reiterationibus in spatio

---

4 quaeritur undecimo] *spat. vac. rubricatori relictum* G ‖ infiniti] infinitae Pp   8 talis] illa GPp   9 sit sic] *inv.* p ‖ etc.] *om.* P   11 etc.] *om.* P ‖ fit] sit talis P ‖ fit ... sic] sic ... fit p   12–13 et ... infinita] *om.* (*hom.*) p   13–14 vel ... etc.] *om.* P   13 arguitur] *om.* G ‖ haec] et p   15 quod] quia Gp   16 aliquam aliam] aliquam aliam (*in marg.*) C : *inv.* p   17 infinitus] *add.* igitur etc. C : infinitum P ‖ quia] quod p   18 finitum] infinitum G ‖ dicitur] arguitur G   19 huius] *add.* igitur etc. p   20 quia] *om.* P   21 infinitatem] finitatem P   22 est] esset GPp ‖ et²] *om.* p ‖ cum] tamen GP ‖ tripliciter] ibi P ‖ posset] possit Gp : potest P   23 scilicet] *add.* si P ‖ et] *om.* GPp ‖ in] *add.* eodem GPp

7 Aristoteles, *Physica*, VIII, 10, 266a24–b6; Aristoteles, *Metaphysica*, XII, 7, 1073a5–11   19 Cf. Aristoteles, *Physica*, I, 2, 185b18–19   20 Thomas Aquinas, *In octo libros Physicorum expositio*, VIII, lect. 21, 1145 (5) (ed. Maggiòlo, 612)

finito et ex infinitate mobilis—primae duae infinitates sunt magis accidentales vel extrinsecae, tertia autem esset magis per se et magis intrinseca et prima—, igitur talem debemus dicere Deum esse, qualis esset, si moveret mobile infinitum; sed constat quod ipse esset infinitus secundum vigorem; igitur dicendum est quod ipse est infinitus secundum vigorem.

⟨5⟩ Item per rationem Aegidii quia: infinitas secundum durationem non est infinitas nisi per modum extensivum cum tempore, si non sit alius modus infinitatis; sed infinitas secundum vigorem est magis per modum intensivum. Et isto modo intensivo est potentia Dei infinita secundum vigorem in movendo, cum Deus per istud quod actu et simul habet de virtute non dependente ab alio moveat per infinitum tempus. Igitur ipse est infinitus in vigore.

⟨6⟩ Item theologi arguunt sic: agens reducens effectum de maiori distantia ad actum est maioris virtutis etiam secundum vigorem; igitur reducens de infinita distantia est infiniti vigoris. Sed Deus reducit de infinita distantia, quia ex nihilo creat aliquid; et infinita est distantia non entis ad ens. Igitur etc.

Oppositum arguitur quia:

⟨1⟩ Magnitudo potentiae non potest argui nisi ex magnitudine operationis; sed nulla apparet operatio infinita nisi secundum durationem (nullus enim motus | apparet esse infiniti mobilis | vel infinitae velocitatis); igitur non potest bene argui quod aliquis motor sit infinitus nisi secundum durationem.

⟨2⟩ Item secundo *huius* dicit Aristoteles quod infinitum habet rationem partis et imperfecti; et nihil tale competit Deo.

⟨3⟩ Item Deus est finis omnium; igitur non est infinitus. Consequentia patet, quia unum oppositorum non denominat reliquum | sive in abstracto sive in concreto (nec enim habitus est privatus nec habitus est privatio, nec

154ra P
119rb p

164ra C

---

1 et] *om.* p ‖ primae duae] *om.* p   2 vel] et p ‖ esset magis] *inv.* P : esse magis G ‖ intrinseca] *add.* per se prima (*sed del.* prima) C   3 deum esse] *inv.* Pp : esse deus G   5 ipse] *om.* p   7 sit] *sup. lin.* C ‖ modus] motus Pp   8 per modum] *om.* G   9 et] *om.* P ‖ secundum vigorem] *om.* GPp   11 dependente] descendente p   13 item] *add.* aliqui GPp   14 est] *add.* maius sive p   15 infiniti] infinitae P   16 non ... ens] entis ad non ens GPp   17 etc.] *om.* P   19 nisi] *om.* p   22 motor] motus *sed add. sup. lin.* motor C   24 secundo] tertio GPp   25 partis et] partis vel p : *om.* P   27 denominat] determinat *sed add. inf. lin.* denominat C   28 sive] suo p

---

6 Cf. Aegidius Romanus, *Commentaria in octo libros Physicorum*, VIII, lect. 27 (ed. Venetiis 1502, f. 219rb–220va)   24 Aristoteles, *Physica*, III, 6, 207a26–28; cf. *AA*, 2: 109

albedo est nigra nec albedo est nigredo, nec visus est caecus nec visus est caecitas); igitur si fingamus nomen oppositum fini, quod sit 'infinis', sequitur quod finis non sit infinis nec infinitus.

⟨4⟩ Item Commentator octavo *huius* dicit quod dupliciter potest imaginari potentia infinita motiva: uno modo quia actio eius numquam cessat; alio modo quia omni velocitate finita potest movere velocius. Et hoc ultimo modo dicit esse impossibile, nisi motus fieret in instanti.

Notandum est quod hoc nomen 'vigor' spectat ad potentiam activam in comparatione ad magnitudinem passi vel ad modum actionis. Potentia enim quae posset movere maius mobile ceteris paribus diceretur maioris vigoris vel etiam quae posset movere velocius ceteris paribus. Et si esset potentia non libera vel etiam libera quae moveret quantum posset velocius, tunc ista esset maioris vigoris quae moveret ceteris paribus maius mobile vel velocius. Sed hoc nomen 'duratio' dicitur in comparatione | ad tempus. Et haec saepe dissonant in nobis. Saepius enim currentes velocius citius fatigati sunt.

Notandum est etiam quod praedicata Deo attributa non supponunt pro alio et alio nec significant aliud et aliud in ipso Deo, sed tamen differunt bene secundum rationem, prout videri debet in duodecimo *Metaphysicae*. Idcirco uni praedicato potest addi una determinatio quae non potest addi alteri, ut quia Deus scivit multa quae numquam voluit. Non enim vult mortem peccatoris, sed bene scit eam. Deus enim ab aeterno est cognoscens me, sed non ab aeterno est creans me. Et ita, si dicamus quod Deus est duratio infinita, non sequitur quod debeamus dicere quod Deus sit vigor infinitus, licet sit idem vigor Dei et duratio Dei.

---

1 est⁴] *om.* Pp   2 si] *in marg.* C : *om.* GPp ‖ fingamus] signamus P ‖ nomen] *add.* privative GPp ‖ infinis] finis P   3 sit] est GPp   4 huius] physicorum P   5 infinita motiva] motiva infiniti Gp ‖ uno] primo G   6 movere velocius] *inv.* p : moveri velocius G   7 modo dicit] dicitur P ‖ nisi] si p ‖ instanti] continuo p   8 notandum est] notandum P : nota G   10 posset] possit P ‖ maius] magis P   12 libera¹] libere p ‖ etiam] *add.* potentia GPp ‖ quae] quia P   14 hoc nomen] *om.* P   15 haec] hoc p ‖ dissonant] *add.* etiam p ‖ saepius] saepe GPp ‖ currentes] concurrentes G   17 notandum ... quod] nota quod G : nota P ‖ quod] *add. sed del.* potentia deo attributa non C   19 videri debet] *inv.* GPp   20 uni praedicato] *inv.* P ‖ una] aliqua GPp ‖ non] numquam C   21 alteri] altero P ‖ quia] quod GP   21–22 quia ... enim] *om.* p   21 vult] *om.* P   21–22 mortem] *sup. lin.* C   22 scit] sit G ‖ deus ... aeterno] deus ab aeterno GP (*rep.* P)   23 et] *om.* P ‖ si dicamus] *sup. lin.* C   24 dicere] *om.* P

4 Averroes, *In Physicam*, VIII, comm. 79, f. 427B–C   19 Cf. Iohannes Buridanus, *Quaestiones super libros Metaphysicorum*, XII, q. 4, ad 2 et 4 (ed. Parisiis 1518, f. 67ra)

QUAESTIO 11   317

Et ex his etiam apparet quod nihil valet tale argumentum 'Deus est vigor, et est infinitus, igitur est vigor infinitus', sicut non valet 'Socrates est bonus, et Socrates est clericus, igitur Socrates est bonus clericus'. Sed bene valet illud argumentum 'duratio Dei est infinita, et ista duratio Dei est vigor Dei, igitur
5   vigor Dei est infinitus', sicut bene sequitur 'iste est clericus, et est bonus, igitur bonus est clericus', sed non sequitur ultra 'igitur est bonus clericus'. Ita etiam non sequebatur 'vigor | Dei est infinitus, igitur est vigor infinitus'.   154ʳᵇ P

Quamvis igitur omnes concederent quod Deus est duratio infinita, tamen multi dubitarent utrum ipse sit essentia infinita, perfectio infinita vel etiam
10 vigor infinitus.

Videamus igitur primo de infinitate perfectionis seu essentiae divinae et postea de infinitate potentiae. Dicitur autem finitas aut infinitas essentiae vel perfectionis essentialis, prout hoc nomen 'infinitum' esset determinatio apposita praedicato quidditativo vel praedicato perfectionali non respectivo
15 ad operationem vel ad tempus aut ad aliud extrinsecum finitum vel infinitum. Si igitur de finitate vel infinitate essentiali debeamus | dicere, oportet   164ʳᵇ C
distinguere hoc nomen 'infinitum' vel hoc nomen 'finitum'.

Uno modo 'finitas' capitur pro determinatione ad alteram partem contradictionis. Et bene Aristoteles sic aliquando vocavit materiam primam
20 infinitam, quia nullam formam vel dispositionem sibi determinat. Sic enim vocavit contingens ad utrumlibet infinitum. | Et illo modo Deus est summe 119ᵛᵃ p
finitus in essendo, quia necessarius et nullo modo possibilis non esse, immo sic nihil aliud est finitum in essendo, quia omne aliud potest non esse.

Secundo modo finitas dicitur propriissime secundum usum vocabuli,
25 prout invenitur in mensuris et in mensurabilibus, ita quod dicitur finitum quod per aliquod minus sui generis multotiens replicatum potest mensurari vel etiam excedi. Et huic finito duplex opponitur infinitum, unum negative, aliud privative. Negative dicitur infinitum quod sic non est finitum nec ali-

---

1 tale] *om.* p   2 est²] *om.* P   3 socrates¹] *om.* GPp ‖ socrates²] *om.* GPp   4 dei²] *om.* P ‖ vigor dei] *inv.* P   5–6 clericus ... clericus¹] bonus et est clericus igitur clericus est bonus GPp   6 ita] *praem.* et Gp   9 perfectio] perfecte p ‖ vel] et p ‖ etiam] *om.* G   11 perfectionis seu essentiae] essentiae seu perfectionis GPp   12 aut] vel GPp ‖ essentiae] *om.* P   13 determinatio] *add.* infinita p   14 quidditativo] quidditative G ‖ praedicato perfectionali] *inv.* p   15 ad³] *om.* P   16 finitate vel infinitate] infinitate vel finitate GP   17 hoc nomen²] etiam GPp   18 modo] *praem.* enim Pp : *add.* enim G ‖ capitur] accipitur GPp   19 et ... sic] unde sic aristoteles GPp   20 formam] *om.* G ‖ vel] sive P ‖ enim] etiam Pp   21 vocavit] vocat P ‖ et] *om.* P   23 finitum] infinitum G   25 in²] *om.* GPp ‖ quod] *add.* illud Gp   26 per aliquod] secundum aliud P ‖ minus] *in marg.* C   27 excedi] extendi G   28 quod] quia GP

quid suae speciei est natum sic esse finitum, sicut vox dicitur invisibilis, ut habetur in tertio *huius*. Manifestum est quod Deus sic est infinitus. Non enim est aliqua parte sui vel aliquo alio mensurabilis nec potest esse mensura alicuius alterius per | adaequationem illius ad illud. Caret enim magnitudine et divisibilitate, quas habere debent ea quae sunt de generibus mensurarum et mensurabilium. Sed praedicto modo capiendo 'finitum' opponitur privative infinitum, quia est de genere mensurabili vel secundum magnitudinem vel secundum multitudinem, sed non est mensurabile, quia non habet terminum; et res non est mensurata, donec venitur ad terminum eius ultra quem nihil est illius. Et constat quod Deus sic nec est finitus nec infinitus, cum omnino secundum essentiam careat magnitudine et multitudine et divisibilitate.

Sed tertio modo dicitur finitum vel infinitum transsumptive ad similitudinem finiti et infiniti praedicto modo acceptorum. Infiniti enim secundum magnitudinem, si esset, essent quaedam proprietates: una est quod magnitudine infinita, si esset, nulla | posset esse maior; secunda quod ipsa esset omni finita maior; tertia quod nulla magnitudo minor quantumcumque multiplicata posset ad istam infinitam attingere. Finiti autem proprie dicti secundum magnitudinem sunt proprietates oppositae; omni enim magnitudine finita potest esse maior et omnem magnitudinem finitam attingeret, immo excederet, omnis minor aliquotiens multiplicata. Igitur ad similitudinem huius finitatis et infinitatis aliquid dicitur esse infinitum secundum perfectionem, quia est omni alio perfectius et nullum minus perfectum quantumcumque multiplicatum posset attingere ad eius perfectionem. Et isto modo manifestum est quod Deus est infinitus; est omni enim alio perfectior tali modo quod, si esset ex infinitis hominibus aggregatio, adhuc esset perfectior illo aggregato. Immo etiam dicitur quod talis est ordo in perfectionibus specificis substantiarum quod ista de inferiori specie quantumcum-

---

1 finitum] infinitum GP ‖ invisibilis] *corr. ex* immensibilis C : indivisibilis P   2 in] *om.* P ‖ huius] *add. et* Gp : de anima et P ‖ infinitus] finitus P   3 parte sui] *inv.* P   4 illius] ipsius GP   5 debent] dicunt P   7 infinitum] infinito P   10 constat] restat P ‖ sic nec] *inv.* G ‖ est²] *om.* P   13 finitum vel infinitum] infinitum vel finitum P   14 et] *corr. sup. lin. ex* vel C : vel p   15 esset] essent G   15–16 magnitudine] si magnitudo P   16 esset²] est Pp : *om.* G   18 multiplicata] multiplicatam P ‖ posset] possit GP   20 magnitudinem finitam] *inv.* G : magnitudinem P   22 esse] *om.* GPp   23 quia] *corr. sup. lin. ex* quod C ‖ et] quia C   24 posset] possit P : potest p ‖ et] *om.* P   25 est¹] *om.* G ‖ omni enim] *inv.* GPp   26 quod] quia G ‖ ex] *in marg.* C   27 illo aggregato] illa aggregatione GPp ‖ dicitur] dicetur p   28 specificis] specifice P ‖ ista] illud P

2 Cf. Aristoteles, *Physica*, III, 4, 204a2–4

que multiplicata non attingerent ad gradum perfectionis essentialis unius suppositi de superiori specie. Unus enim homo diceretur perfectior perfectione essentiali quam mille equi et unus mus | quam infiniti lapides. Sed de homine vel equo, quomodo sit finitus vel infinitus secundum perfectionem, dicendum est quod secundum similitudinem ad magnitudinem finitam omne ens aliud a Deo potest dici finitum secundum perfectionem, quia sicut omnis magnitudo dicitur finita qua alia est maior, ita omne illud dicitur finitum secundum perfectionem quo aliud est perfectius; sed omni alio a Deo est aliud perfectius, scilicet Deus; igitur etc. Tamen secundum alium modum similitudinis ad infinitatem magnitudinis homo diceretur infinitus respectu equi. Magnitudo enim dicitur infinita, si aliqua minor quantumcumque multiplicata non posset eam attingere vel etiam excellere. Sic etiam perfectio essentialis hominis est infinita | respectu equi, quia perfectio equi quantumcumque multiplicata non attingeret ad gradum perfectionis hominis, sicut dicebatur. Et ita | dicebatur in septimo *huius* quod aliqua non sunt ad invicem comparabilia secundum illud quod non invenitur in eis eiusdem speciei, prout illic dictum fuit. Sic igitur homo diceretur perfectionis finitae respectu superiorum et infinitae respectu inferiorum, et sic de equo et aliis speciebus in ordine essentiali entium. Et ex hoc concluditur quod Deus est valde infinities et inenarrabiliter secundum perfectionem infinitus. Sic enim planta infinita est respectu lapidis et mus respectu plantae et equus respectu muris et homo respectu equi et angelus respectu hominis. Et adhuc credo | quod super omnes creaturas quae sunt Deus infinitas alias posset creare diversarum specierum et quarum quaelibet esset in infinitum perfectior sua inferiori; et tamen Deus esset perfectior in infinitum. Et hoc est infinities et inenarrabiliter esse infinitum secundum perfectionem et essentiam.

---

1 attingerent] attingeret C   4 vel equo] et equo P : *om.* G   6 ens] *add.* et P   7 qua] quia p ‖ alia est] *inv.* GPp ‖ illud] ens P   8 aliud est] *inv.* GPp   9 etc.] *om.* P   11 dicitur] diceretur GPp   12 posset] *add.* etiam C ‖ etiam²] enim C   13 essentialis] *in marg.* C   14–15 hominis] humanae GPp   15 sicut] ut P ‖ ita] *add.* bene GPp ‖ non] *del.* C   16 ad invicem comparabilia] comparabilia ad invicem G   17 illic] alias p ‖ sic] si G   18 superiorum] superioris G ‖ inferiorum] inferioris G ‖ et³] *add.* de p   19 essentiali entium] entium essentialium C : essendi entium P   20 infinities] infinitus G ‖ et] *sup. lin.* C ‖ inenarrabiliter] inenerrabiliter C : innarrabiliter G : ineffabiliter p ‖ secundum perfectionem infinitus] infinitus secundum perfectionem GPp   21 et¹] *corr. sup. lin. ex* unus C   23 posset] possit G : potest p   24 in] *om.* P   24–25 perfectior ... infinitum] *in marg. (partim reciso)* C   25 sua] suo P ‖ inferiori] inferiore p ‖ et¹] *om.* P ‖ tamen] *add.* omni GP : *add.* omnium p ‖ in] *om.* P ‖ est] *add.* in C   26 et¹] *sup. lin.* C ‖ inenarrabiliter] inenerrabiliter C : innarrabiliter G

---

15 Cf. sup., VII, q. 6, concl. 5   17 Cf. sup., VII, q. 6, concl. 4

Item etiam, quia finitum dicitur a fine, aliquid posset dici finitum, quia habet finem gratia cuius, et infinitum, quia non habet. Et ita solemus dicere Deum esse infinitum; non enim habet finem gratia cuius sicut nec aliquam aliam causam, sed est finis omnium aliorum.

Adhuc alio modo dicitur infinitum secundum durationem in essendo. Et sic omne perpetuum dicitur infinitum. Sed licet multa essent perpetua secundum opinionem Aristotelis, tamen Deus omnibus aliis est infinitior et per consequens infinitissimus, quia est aliis causa infinitatis; et propter quod unumquodque tale, et illud magis. Sic enim arguit Aristoteles secundo *Metaphysicae* quod prima principia entium oportet esse verissima et maxime entia.

Nunc dicendum est de infinitate potentiae, quae attenditur in ordine ad operationem. Cuius una dicitur secundum durationem in movendo et alia secundum vigorem, prout ante dictum est. Et iam dictum fuit quod sic Deus est infinitus secundum durationem in movendo etiam actuali infinitate. Et ita etiam diceret Aristoteles de omnibus entibus quae sunt intelligentiae moventes corpora caelestia. Sed de infinitate secundum vigorem credo quod Aristoteles dixisset sicut Commentator, scilicet quod nulla est potentia infinita secundum vigorem, quia nullus apparet nobis effectus ex quo per rationem ortum habentem ex sensatis posset evidenter concludi quod esset aliqua talis potentia; non enim apparet nobis maius mobile quam | caelum nec maior velocitas quam motus diurnus. Nec Aristoteles credidit quod Deus potest facere vel movere maius mobile vel maiori velocitate. Et ad hoc probandum arguisset per immutabilitatem voluntatis divinae. Sed de hoc dictum fuit satis in principio huius octavi.

Aliqui autem volunt arguere contra Aristotelem per libertatem voluntatis. Certum enim est quod voluntas Dei est summe libera; et non esset libera,

---

2 cuius] *add.* est Gp : *add.* est actum P ‖ et[1]] *om.* P ‖ habet[2]] *add.* finem p ‖ et[2]] *om.* Pp   2–3 solemus ... infinitum] solus deus dicetur (diceretur p) infinitus GPp   3 sicut] sic GPp ‖ nec] *om.* P   4 aliam] *om.* P   5 dicitur] *add.* esse G   6 et] *om.* P ‖ licet multa essent] habet multa esse ut p   9 secundo] in tertio P   10 quod] *om.* C   12 attenditur] intenditur P   13 una] *om.* P ‖ durationem] dominationem *sed add. in marg.* durationem C   14 quod sic] sicut P   16–17 entibus ... moventes] intelligentiis moventibus GPp   17 caelestia] *add. in marg.* (*partim reciso*) etiam diceret aristoteles de †...† intelligentiis mo†...†tes et ex†...† C   18 scilicet] *om.* P ‖ est] esset p   20 concludi] convinci GPp   22 diurnus] diurni Gp ‖ credidit] putavit GPp   23 potest] possit P : posset Gp   24 hoc] *om.* p ‖ sed] sicut G ‖ de] *sup. lin.* C : *om.* GPp   26 autem] aliter p

9–10 Cf. Aristoteles, *Metaphysica*, II, 1, 993b28–31   13–14 Cf. sup., VIII, q. 9   14–15 Cf. sup., VIII, q. 9   25 Cf. sup., VIII, q. 2

QUAESTIO 11   321

si non posset in actus oppositos, ut si non posset | aliquando movere, aliquando non movere, aliquando movere velocius, aliquando tardius.   140rb G

Sed ad hoc responderet Aristoteles quod, sicut voluntas nostra non dicitur libera ex eo quod potest peccare et velle peccare, sed ex eo quia potest bene agere et sui gratia, sic Aristoteles diceret quod simpliciter et summe liberum dicitur, non quia potest in opposita, sed quia est et agit sui ipsius gratia. Sic enim loquitur Aristoteles de libertate in prooemio | *Metaphysicae* volens probare metaphysicam esse scientiam summe liberam. Dicit enim: 'sed ut dicitur homo liber, quia suimet et non alterius gratia est, sic et haec sola libera est scientiarum; sola enim haec suimet causa est'. Certum enim est quod sic Deus solus est liber et sola voluntas Dei libera, et esset, ut dicit Aristoteles, licet | non posset tardius movere vel velocius suum primum mobile.   155ra P   120ra p

Et Aristoteles solvisset rationes factas in principio quaestionis.

⟨1⟩ De prima enim dictum fuit satis, scilicet quod actuali infinitati durationis in movendo repugnat esse in magnitudine.

⟨2⟩ Ad secundam dixisset Aristoteles quod, si Socrates est bonus secundum mores et sit debilis quantum ad scientiam vel quantum ad artem domificatoriam, verum est dicere quod ille clericus est bonus et quod ille domificator est bonus. Tamen non est verum dicere quod ille sit bonus clericus vel quod sit bonus domificator, quia hoc nomen 'bonum' solitarie praedicatum de nomine supponente pro homine significat quod sit bonus secundum mores, quia illa est ratio principalis bonitatis in homine secundum communem usum vocabuli, licet forte non sit ita secundum proprietatem rei, quia dictum est in moralibus quod in virtutibus moralibus non consistit humana felicitas; sed quando hoc nomen 'bonus' praedicatur cum additione de nomine supponente pro homine, non significat quod sit bonus secun-

---

1 si¹] sed G   2 aliquando movere] *om.* p   3 responderet] respondet GP ‖ quod] quia P
4 quia] quod P   5 et¹] ex Gp ‖ sic aristoteles] *inv.* p ‖ aristoteles diceret] *inv.* G   6 opposita] oppositum P   7 enim] *om.* P   9 enim] *om.* P ‖ dicitur] dicimus GPp ‖ liber] *om.* p ‖ quia] est qui P : qui Gp   10 enim] *om.* p ‖ causa] *corr. sup. lin. ex* gratia C   10–11 certum enim] et certum GPp   11 solus est liber] est liber solus G ‖ voluntas dei] *inv.* p ‖ et esset] esset et est P : esset p   12 dicit] diceret Gp ‖ posset] possit P ‖ primum] *om.* P   14 aristoteles] *add.* etiam GPp   15 fuit] est P ‖ infinitati] infinitate CG   16 repugnat] *add. in marg.* in movendo C   18 sit debilis] sic de singulis P   20 est bonus] *om.* P ‖ tamen] *praem.* et p ‖ dicere] *om.* P ‖ sit] est Gp : *om.* P   21 quod sit] *om.* GPp   23 ratio principalis] *inv.* GPp   27 nomine supponente] subiecto supponente Gp : supponente subiecto P

9–10 Aristoteles, *Metaphysica*, I, 2, 982b25–28   15 Cf. sup., VIII, q. 10   25 Cf. Aristoteles, *Magna moralia*, I, 3, 1184b7–17; *Ethica Nicomachea*, I, 5, 1095b31–1096a2

dum mores, sed significat bonitatem dispositionis significatae per additum, ut bonitatem clericaturae vel artis domificatoris. Ita, sicut mihi videtur, principalis ratio infinitatis in Deo est infinitas secundum perfectionem essentialem. Ideo omnis propositio in qua praedicatur hoc nomen 'infinitum' solitarie sumptum de nomine supponente pro Deo, significat quod sic sit infinitus et est concedenda, sed non ita esse oportet, si sumatur cum additione. Istae igitur sunt concedendae 'Deus est infinitus', 'duratio Dei est infinita', 'vigor Dei est infinitus', sed Aristoteles non concederet quod Deus esset vigor infinitus, immo quod est vigor finitus, quamvis sit duratio infinita et perfectio infinita. Et nego istam formam arguendi 'Deus est infinitae durationis, et ista duratio est vigor, igitur | est infiniti vigoris', sicut ille syllogismus negaretur 'Socrates est bonus homo, et ille homo est clericus, igitur est bonus clericus'. Sed in aliis syllogismis expositoriis qui | fiebant conclusio conceditur, scilicet quod vigor Dei est infinitus, sed non est vigor infinitus.

⟨3⟩ Tertia ratio procedit via sua secundum praedicta.

⟨4⟩ De ratione Thomae dictum fuit prius quod absurdum est dicere | quod prima causa infinitatis motus debeat comparari ad istam infinitatem motus quae non est possibilis.

⟨5⟩ Ratio Aegidii non arguit nisi de infinitate actuali secundum durationem in movendo.

⟨6⟩ Ultima ratio capit unum falsum, scilicet quod sit infinita distantia entis ad non ens, immo nulla est distantia entis ad non ens. Et si aliqua esset, tamen illa non esset nisi ex parte entis; ideo non esset infinita, nisi illud ens esset infinitum.

Tamen non obstante tali opinione Aristotelis et Commentatoris ego pura fide credo quod Deus est infiniti vigoris et quod omni mobili dato posset movere et creare maius mobile in duplo et centuplo et in quacumque proportione posses dicere, et sic de velocitate. Sed hoc nescirem demonstrare ex principiis evidentiam habentibus ex sensatis.

Et ad rationes in oppositum respondeo.

⟨1⟩ Ad primam dico quod, licet non appareant nobis ad sensum tales operationes, tamen ex Sacra Scriptura habemus quod Deus creavit mundum etc.

⟨2⟩ Ad secundam dico quod in tertio *huius* loquebatur Aristoteles de infinito secundum divisionem vel appositionem magnitudinis.

⟨3⟩ Ad aliam dico quod fini gratia cuius omnia alia sunt non repugnat infinitas secundum perfectionem, vigorem et durationem. Unde conceditur quod, sicut Deus est finis, sic non est carentia finis.

⟨4⟩ Auctoritas Commentatoris neganda est | etc. 120rb p

---

1 posses] possis G ‖ nescirem] *add.* probare G   3–4 et ... non] *om.* P   3 rationes] rationem p   6 secundam] aliam Pp ‖ in ... aristoteles] aristoteles in tertio huius loquebatur P   7 appositionem] oppositionem P ‖ magnitudinis] *add. in marg.* magnitudinum C : magnitudinum GP   8 fini] *corr. ex* sui C ‖ omnia] *in marg.* C : *om.* GPp   9 unde conceditur] bene tamen conceditur (concedo G) GPp   11 etc.] sequitur duodecima quaestio p

---

5 Cf. *Gn.* 1, 1

⟨VIII. 12⟩

⟨Utrum proiectum post exitum a manu proicientis moveatur ab aere vel a quo moveatur⟩

Quaeritur duodecimo utrum proiectum post exitum a manu proicientis moveatur ab aere vel a quo moveatur.

Et arguitur quod non moveatur ab aere quia:
⟨1⟩ Aer magis videtur resistere, cum oporteat ipsum dividi.
⟨2⟩ Et iterum, si dicas quod proiciens in principio movebat proiectum et aerem propinquum cum eo et quod ille aer motus movet ultra proiectum ad tantam distantiam, revertitur dubitatio a quo ille aer movetur, postquam proiciens desinit movere. Tanta enim est de hoc difficultas sicut de lapide proiecto.

Oppositum determinat Aristoteles in octavo *huius* sic: 'amplius nunc quidem proiecta moventur proiectivo non tangente aut propter antiperistasim, sicut quidam dicunt, aut ex eo quod pellit pulsus aer velociori motu quam latio pulsi secundum quam fertur in proprium locum'. Et idem ipse determinat in septimo *huius* et in illo octavo et in tertio *Caeli*.

Ista quaestio iudicio meo est valde difficilis, quia Aristoteles, prout mihi videtur, non determinavit eam bene.

Aristoteles igitur tangit duas opiniones. Prima est quam vocat 'per antiperistasim', quod proiectum | exit velociter a loco in quo erat et natura non | permittens vacuum mittit velociter aerem | post ad replendum, qui sic velo-

155va P
140vb G
165rb C

---

4 quaeritur duodecimo] *spat. vac. rubricatori relictum* G ‖ post] per P   5 moveatur[1]] *add. sed del.* vel C   6 et] *om.* GPp ‖ non moveatur] *om.* P   7 magis videtur] *inv.* P   9 ille aer] ille aer (*corr. sup. lin. ex* erat) C : *inv.* P   10 tantam] *add. in marg.* certam C ‖ revertitur] reverteretur Gp : revereretur P   11 enim est] *om.* P   13 determinat] dicit GPp ‖ sic] *sup. lin.* C ‖ nunc] *om.* G   14 aut] autem P   15 pellit] repellit p ‖ velociori] velociore GPp ‖ quam] quem C   16 pulsi] pulsus C ‖ quam] quem C   18 prout] ut P   19 bene] *om.* p   20 igitur] enim p   21 a] de P ‖ et] quia G : *om.* P   22 mittit] immittit G : mittet P ‖ replendum] *add.* vacuum P ‖ qui] quia P

13–16 Aristoteles, *Physica*, IV, 8, 215a14–17   17 Cf. Aristoteles, *Physica*, VII, 2, 243a20–b2; VIII, 10, 266b25–267a20; Aristoteles, *De caelo et mundo*, III, 2, 301b22–29   20 Cf. Aristoteles, *Physica*, VIII, 10, 267a16

citer motus ac attingens ad proiectum pellit ipsum ultra et sic continue usque ad certam distantiam.

Sed hanc opinionem Aristoteles non approbat, sed reprobat dicens in octavo *huius*: 'antiperistasis simul omnia moveri facit et movere'. Quod sic videtur intelligendum, quod si non ponatur alius modus quam dicta antiperistasis, oportet post ipsum proiectum sequi omnia corpora et tandem caelum. Sicut enim proiectum recedit a loco in quo erat, et oportet corpus posterius sequi; et ita illud corpus sequens recedit a loco in quo erat; et sic oportet iterum aliud corpus sequi, et sic semper.

Sed statim posset dici ad hoc, sicut dicitur de processu ad ante. In quarto enim libro arguebatur quod non possit esse motus rectus sine vacuo, nisi omne corpus ad ante moveretur, cum non possit esse penetratio corporum. Ad hoc autem solvebatur quod fit condensatio quaedam corporum anteriorum; propter quod non oportet omnia ad ante cedere. Et ita diceremus hic quod fit quaedam rarefactio corporum posteriorum; ideo non oportet omnia ad retro sequi.

Sed non obstante tali solutione mihi videtur quod ille modus nihil valebat propter multas experientias.

Prima est de trocho et mola fabri, quae longo tempore moventur et non exeunt a loco suo; ideo non oportet sequi aerem ad replendum locum. A quo igitur moventur huiusmodi trochus et mola non potest dici secundum modum praedictum.

Secunda experientia est: si lancea proiceretur habens conum posteriorem ita acutum sicut priorem, non minus moveretur quam si haberet conum posteriorem non acutum; et tamen aer sequens non ita posset pellere ita acutum, quia faciliter aer ab illo cono divideretur.

---

1 ac] et GPp ‖ ad] *om.* p   3 opinionem] conclusionem GPp   3–4 dicens ... huius] in octavo huius dicens P   4 antiperistasis] antiperistasim Gp ‖ moveri] *in marg.* C   5 videtur] *add.* esse GPp ‖ ponatur] ponanatur G   6 et] etiam G   7 recedit] procedit P   9 aliud] illud P ‖ et] etiam p   10 sed] *corr. sup. lin. ex* et C ‖ ad²] ab Gp   11 possit] posset Pp ‖ nisi] non P   12 ad] ab Gp ‖ possit] posset P   13 quod] quia GPp ‖ quaedam] *sup. lin.* C   13–14 anteriorum] interiorum P   14 ad] ab Gp ‖ hic] *om.* G   15 quod] quia GPp ‖ non] *om.* p   17 mihi videtur] *inv.* GPp ‖ modus] *praem.* ponendi p : *add.* ponendi GP ‖ valebat] valeat G   19 et²] etiam P   20 exeunt] *corr. in* exivit P ‖ suo] *sup. lin.* C : *om.* GPp   21 igitur ... non] a quo moventur huiusmodi trochus et mola igitur non C : a quo igitur moventur huius trochus et mola P   22 modum praedictum] illum modum GPp   24 si] *add.* non GPp   25 ita posset] *inv.* P ‖ ita²] *om.* GPp   26 aer ... cono] ab acutie GPp

4 Aristoteles, *Physica*, VIII, 10, 267a18–19   10–11 Cf. Iohannes Buridanus, *Quaestiones super libros Physicorum*, IV, q. 7, arg. 1–2 et ad 1–2 (ed. Streijger, Bakker, 258–259, 265)

Tertia experientia est quia: navis in fluvio etiam contra fluxum fluvii velociter tracta non potest diu pausari, sed longo tempore movetur cessante trahente; et tamen homo existens sursum in navi non sentit aerem a retro pellentem ipsum, sed solum sentit ipsum aerem ab ante resistentem. Et iterum, si dicta navis sit onerata | feno vel lignis et homo sit retro contiguus oneri, si aer esset tanti impetus quod posset istam navem sic fortiter pellere, ille homo valde violenter comprimeretur inter illud onus et aerem sequentem; quod experimur falsum. Vel saltem, si navis esset onerata feno vel straminibus, ille aer sequens et pellens plicaret festucas | quae essent in parte posteriori; quod totum est falsum.

Alia opinio, quam videtur Aristoteles approbare, est quod proiciens cum proiecto movet aerem proximum illi proiecto et ille aer velociter motus habet virtutem movendi illud proiectum, non sic intelligendo quod idem aer moveatur de loco proiectionis usque ad locum | ad quem cessat proiectum, sed quod aer proicienti coniunctus | movetur a proiciente et ille aer motus movet alium sibi proximum et ille alium usque ad certam distantiam. Primus igitur aer movet proiectum in secundum aerem et secundus in tertium et sic deinceps. Ideo dicit Aristoteles quod non est unum movens, sed multa habita ad invicem sunt. Ideo dicit etiam quod non est unus motus continuus, sed consequenter entium aut tangentium.

Sed sine dubio iste modus et ista opinio videntur esse aeque impossibiles sicut opinio et modus praecedentis opinionis. Nam per istum modum non potest dici a quo trochus vel mola fabri vertitur remota manu, quoniam si linteamine abstringeres aerem propinquum molae undique, non propter hoc mola cessaret ab illo motu, sed longo tempore moveretur; igitur ab illo aere non moveretur.

---

1 fluvio] flumine P   2 movetur] movere GP   3 homo] nauta GPp ‖ in navi] *om.* GPp   4 ipsum²] *om.* GPp ‖ ab] ad C   6 fortiter] faciliter P   7 violenter] *corr. in marg. ex* velociter C   8 experimur] experitur GPp   10 totum] tamen P   11 quam ... est] quam aristoteles videtur probare est C : est quam videtur aristoteles approbare P ‖ cum] *corr. ex* quod C   13 virtutem] velocitatem P ‖ illud] *om.* P   14 ad quem] *corr. in marg. ex* in quo C   15 proicienti coniunctus] *inv.* GPp ‖ a] illo G ‖ aer²] *sup. lin.* C : *om.* GPp   16 alium¹] *add.* motum G   17 secundus] stans p   18 multa] *in marg.* C : *om.* GP   19 habita] *om.* p ‖ dicit etiam] *inv.* GPp ‖ est] *corr. sup. lin. ex* sunt C ‖ unus] *om.* GPp ‖ continuus] contiguus P   21 iste ... opinio] ista opinio et ille modus GPp ‖ esse] mihi GPp   21–22 impossibiles] impossibilis p   22 modus] *add.* ponendi P ‖ opinionis] conclusionis C   23 potest] posset Gp ‖ vertitur] *add. in marg.* moventur C   24 si] *add. sup. lin.* sit C ‖ linteamine] linteamen C ‖ abstringeres] attingeres P : abstergeres p ‖ propinquum] *add. in marg.* proximum C ‖ undique] *om.* P   26 moveretur] movetur p

11 Cf. Aristoteles, *Physica*, VIII, 10, 267a2–15   18 Aristoteles, *Physica*, VIII, 10, 267a15   19 Cf. Aristoteles, *Physica*, VIII, 10, 267a13–14

QUAESTIO 12   327

Item navis velociter tracta movetur longo tempore cessantibus trahentibus. Et aer circumstans non movet eam, quia si esset linteamine cooperta et auferretur linteamen cum aere qui circumstabat, non propter hoc cessaret navis a suo motu. Et etiam, si navis esset onerata feno vel straminibus et moveretur ab aere circumstante, tunc ille aer plicaret festucas priores ad ante. Et contrarium apparet, immo plicantur ad retro propter aerem circumstantem et resistentem.

Item aer quantumcumque velociter motus est faciliter divisibilis. Quomodo igitur sustineret lapidem ponderis centum librarum proiectum in funda sive in machina? Hoc non apparet.

Item aeque velociter vel velocius per manum tuam posses movere aerem proximum, si nihil teneres in manu, sicut si tu teneres lapidem in manu quem tu vis proicere. Si igitur ille aer ex velocitate motus sui sit tanti impetus quod posset illum lapidem movere velociter, videtur quod, si ego versus te impellerem aerem aeque velociter, ille aer deberet te valde impetuose vel sensibiliter pellere; et hoc non percipimus.

Item sequeretur quod tu proiceres longius plumam quam lapidem et minus grave quam magis grave magnitudinibus et figuris paribus; et hoc experitur esse falsum. Consequentia manifesta est, quia facilius aer motus sustineret et portaret vel moveret plumam quam lapidem et levius quam gravius.

Item reverteretur quaestio a quo ille aer moveretur, | postquam proiciens cessaret. Et ad hoc respondet Commentator quod ille aer movetur a sua levitate, quae aere moto est innata retinere vim motivam. Unde sic sonus per motum aeris multiplicatur temporaliter ad longam distantiam. Imaginandum enim est sicut de aqua: si quis enim in aqua stagni quiescente proiciat lapidem, aqua in quam cadit lapis movet undique aliam aquam sibi pro-

156ra P

---

1 movetur] moveretur G   3 circumstabat] circumstat p   5 et] non p ∥ priores ad] exteriores ad (ab Gp) GPp   6–7 circumstantem et] *in marg.* C : circumstantem GPp   8 quantumcumque] quantocumque G   9 sustineret] sustinet G ∥ lapidem ponderis] pondus G ∥ centum] mille GPp   10 funda] fundo GP ∥ hoc] *sup. lin.* C : *om.* GPp   11 velocius] *add.* tu GPp   12 proximum] velocius *sed del.* G ∥ tu] *om.* GP   13 quem] quam G ∥ motus sui] *inv.* p   14 quod posset] quod (non G) possit GPp ∥ ego] eius P   15 impellerem] pellerem P ∥ valde impetuose vel] impetuose et valde (velle P) GPp   16 pellere] impellere GPp ∥ percipimus] perciperemus p   17 sequeretur] sequitur Pp   20 et¹] vel p   22 moveretur] movetur p ∥ proiciens] *corr. in marg. ex* movens C   23 cessaret] cessat movere GPp   24 sonus] scilicet P   25 multiplicatur temporaliter] *inv.* p : temporaliter P   26 stagni] statim C ∥ quiescente proiciat] quiescentis proiciat p : quiescenti proieceret P   27 quam] qua G

---

23 Averroes, *In De caelo et mundo*, III, comm. 28 (ed. Carmody, Arnzen, 553)

pinquam et ista aliam, ita quod videmus fieri inundationes circulares seu tortuosas successive pervenire usque ad ripas. | Sic igitur et in aere fiunt inundationes, et tanto velocius, quanto aer subtilior est et facilius mobilis.

Sed contra hoc obicitur quia: levitas non est innata movere nisi sursum; et proiectio potest esse ad omnem partem sive sursum sive deorsum | sive undique ad latus.

Item levitas vel est eadem quam habebat aer ante proiectionem et quae remanebit sibi post, vel est alia res sive alia dispositio impressa aeri moto a proiciente, quam Commentator voluit denominare | levitatem. Si sit levitas quae ante erat et quae remanebit post, tunc ita aer ante tempus proiectionis habebat istam virtutem motivam sicut in tempore proiectionis; igitur ita debebat movere ante sicut post, quia in naturalibus activum approximatum passo debet agere et agit. Si vero alia res vel alia dispositio imprimatur aeri a proiciente quae sit motiva aeris, ita possumus et debemus dicere quod lapidi vel proiecto imprimitur talis res quae est virtus motiva illius proiecti. Et hoc apparet melius quam recurrere ad hoc quod aer moveat illud proiectum; magis enim apparet resistere.

Ideo videtur mihi dicendum quod motor movendo mobile imprimit sibi quendam impetum vel quandam vim motivam illius mobilis ad istam partem ad quam motor movebat ipsum sive sursum sive deorsum sive lateraliter vel circulariter. Et quanto motor illud mobile velocius movet, tanto imprimit fortiorem impetum. Et ab illo impetu movetur lapis, postquam proiciens cessat movere. Sed per aerem resistentem et per gravitatem lapidis inclinantem ad contrarium eius ad quod impetus est innatus movere ille impetus continue remittitur; ideo continue fit ille motus tardior. Et ita tandem diminuitur vel corrumpitur ille impetus quod gravitas lapidis obtinet super eum et movet lapidem deorsum ad locum naturalem.

---

1 aliam] *add.* et G ‖ fieri] *sup. lin.* C ‖ inundationes] in unda communes p   1–2 seu tortuosas] *om.* GPp ‖ seu tortuosas successive] *in marg.* C   2 pervenire] *om.* GPp ‖ et] *om.* P ‖ fiunt] *add.* huiusmodi G : *add.* huius P : sunt huiusmodi p   3 subtilior] facilior G ‖ mobilis] *add.* est G   4 innata] innatum P ‖ movere] *corr. ex* hoc C ‖ movere nisi] *inv.* G ‖ nisi] *sup. lin.* C   7 item] *add.* illa GPp ‖ est] *add.* illa GPp ‖ et] *om.* P ‖ quae] qua p   8 post] *corr. ex* proiciente C   8–9 a proiciente] *om.* P   9 quam] *add.* dispositionem GPp ‖ commentator voluit] *inv.* GP ‖ denominare] nominare GPp ‖ sit] non sit nisi GPp   12 activum] agens P : actuum p   14–15 lapidi vel] *add.* alteri Gp : lapide vel aere P   15 illius] talis G ‖ et] *om.* P   18 dicendum] *praem.* esse G : *om.* P ‖ mobile] *add. sed del. in marg* quod motor C   18–19 imprimit ... motivam] *in marg.* C   20 ipsum] ipsam G   21 vel] sive GP ‖ quanto] quantum P ‖ motor ... movet] motor illud mobile velocius movet (*sup. lin.*) C : movet motor illud mobile velocius P : motor movet illud mobile velocius Gp   21–22 imprimit] imprimet p : *add.* ei GPp   23 sed] *om.* P   24 innatus] natus GPp   25 ille motus] motus illius (*om.* P) lapidis GPp ‖ ita tandem] *inv.* GPp   26 lapidis] *om.* P

QUAESTIO 12

Iste modus apparet mihi tenendus eo quod alii modi apparent mihi non veri et etiam quia huic modo omnia alia consonant apparentia. Si quis enim quaerat quare proicio lapidem longius quam plumam et ferrum vel plumbum | manui proportionatum quam tantumdem de ligno, dicam quod causa huius est, quia receptio omnium formarum vel dispositionum naturalium est in materia et ratione materiae; ideo quanto plus est de materia, tanto plus potest recipere de isto impetu intensius. Modo in denso et gravi ceteris paribus est plus de materia quam in raro et levi; ideo densum et grave plus recipit | de impetu et intensius, sicut etiam ferrum potest plus recipere de caliditate quam lignum vel aqua eiusdem quantitatis. Pluma autem ita remisse recipit talem impetum quod statim talis impetus ab aere resistente corrumpitur. Et ita etiam, si aeque velociter moveantur a proiciente lignum leve et ferrum grave eiusdem quantitatis et eiusdem figurae, ferrum longius movebitur, quia imprimitur in eo impetus intensior, qui non ita cito corrumpitur, sicut corrumperetur impetus remissior.

Et haec etiam est causa quod difficilius est quietare molam fabri | magnam et velociter motam quam parvam, scilicet quia ceteris paribus in magna plus est de impetu.

Et propter idem tu potes multo longius proicere lapidem de pondere librae vel semilibrae quam tu potes millesimam partem eius. Impetus enim in ista millesima parte est ita parvus quod statim ab aere resistente devincitur.

Ex hoc etiam apparet causa quare motus naturalis gravis deorsum continue velocitatur. Nam a principio sola gravitas movebat; ideo movebat tardius. Sed movendo imprimebat ipsi gravi impetum, qui quidem impetus iam movet cum ipsa gravitate; ideo fit motus velocior. Et quanto fit velocior, in tanto fit impetus intensior; ideo continue apparet motum fieri velociorem.

---

1 apparent mihi non] non apparent GPp   2 alia consonant apparentia] apparentia consonant GPp   3 proicio] proicis P ‖ lapidem longius] *inv.* GPp ‖ et] vel G ‖ vel] *om.* p   5 vel] et GPp   6 tanto] *add.* illud corpus GPp   7 gravi] *add.* est P   8 materia] *add.* prima GPp ‖ raro et] *om.* C ‖ et grave] *om.* C   9 de] *add.* illo GPp ‖ potest plus] *inv.* GPp   10 quam] *corr. sup. lin. ex* vel C   11 quod] et P   12 corrumpitur] *corr. ex* recipit talem impetum C ‖ et ita etiam] etiam ita P   14 quia] et C   16 etiam est] *inv.* GPp   16–17 molam ... et] magnam molam fabri GPp   17 scilicet] *om.* G   17–18 ceteris ... impetu] in magna ceteris paribus est plus de impetu Pp : in magna est plus de impetu ceteris paribus G   19 potes multo] posses p   20 librae] *om.* P ‖ potes] posses GPp   21 millesima parte] *inv.* GPp   21–22 devincitur] remittitur *sed add. in marg.* seu devincitur C   23 ex] *praem.* et GPp ‖ etiam] *om.* P   27 in] *om.* GPp ‖ apparet] oportet P

Et ille qui vult saltare, longe retrocedit ad currendum velociter, ut currendo acquirat sibi impetum deferentem ipsum in saltu ad longius spatium. Unde ille sic currens et saltans non sentit aerem moventem ipsum, sed sentit aerem ante fortiter resistentem.

Et etiam, cum non apparet ex Biblia quod sint intelligentiae quae appropriate moveant corpora caelestia, potest dici quod non apparet necessitas ponendi huiusmodi | intelligentias, quia diceretur quod Deus, quando creavit mundum, movit unumquemque orbium caelestium, sicut sibi placuit, et movendo eos impressit eis impetus moventes eos absque hoc quod amplius moveret eos in posterum nisi per modum generalis influentiae, sicut ipse concurrit coagendo ad omnia quae aguntur. Sic enim septima die requievit ab opere omni quod patrarat committendo aliis actiones et passiones ad invicem. Et illi impetus impressi corporibus caelestibus non postea remittebantur vel corrumpebantur, quia non erat inclinatio corporum caelestium ad alios motus nec erat resistentia quae erat corruptiva vel repressiva | illius impetus. Sed hoc non dico assertive, sed ut a dominis theologis petam, ut doceant me quomodo possunt haec fieri.

Sed tamen circa hanc opinionem sunt difficultates non parvae. Prima difficultas est quod secundum dicta lapis proiectus sursum movetur a principio intrinseco, scilicet ab | illo impetu sibi impresso; et hoc non videtur esse verum, quia ille motus ab omnibus conceditur esse violentus, et tamen violentum non est a principio activo intrinseco, sed extrinseco, ut habetur tertio *Ethicorum*.

Secunda difficultas est quae res sit ille impetus, utrum sit ipsemet motus vel alia res, et si sit alia res, utrum sit res pure successiva, ut motus, vel naturae permanentis. Quocumque modo dicatur, rationes apparent ad oppositum difficiles.

---

1 longe] remote G ‖ retrocedit] recedit P   2 acquirat] acquirit P ‖ in] *exstat lac. in* C
3 aerem] *add.* sic C   4 fortiter] fortiter (forte G) sibi GPp   5 apparet] appareat Gp
6 potest] posset GPp   7 huiusmodi] huius P   8 movit ... caelestium] unumquemque orbium caelestium movit p   9 eis] sibi GPp   10 in posterum] *in marg.* C : *om.* GPp ‖ nisi] *sup. lin.* G : *om.* P ‖ modum] motum GP   11 coagendo] coagens G   12 opere omni] *inv.* GPp ‖ committendo] mittendo G   15 erat²] esset GPp   16 ut¹] *om.* P ‖ dominis] divinis p ‖ ut²] quod in his (illis p) GPp   17 possunt haec] *inv.* GP   18 tamen] *om.* G
18–19 difficultas] *om.* G   19 quod] quia GPp   22 activo] active p   23 ethicorum] huius p
24 ipsemet] illemet P   25 ut] sicut GPp ‖ vel²] *add.* sit res GPp   26 quocumque modo] quomodo enim G : quodcumque enim P : quomodocumque enim p   26–27 oppositum] contrarium GPp

22–23 Aristoteles, *Ethica Nicomachea*, III, 1, 1110b1–3

Ad difficultatem primam potest dici quod grave proiectum sursum bene movetur a principio intrinseco sibi inhaerente. Et tamen dicitur sic moveri violenter ex eo quod illud principium, scilicet ille impetus, est sibi violentus et | innaturalis, quia suae naturae formali disconveniens et a principio extrinseco violenter impressus, et quod natura ipsius gravis inclinat ad motum oppositum et ad corruptionem illius impetus.

166rb C

Ad secundam dubitationem, quae est valde difficilis, videtur mihi respondendum ponendo tres conclusiones.

Prima est quod ille impetus non est ille motus localis quo proiectum movetur, quia ille impetus movet proiectum; et movens facit motum; igitur ille impetus facit illum motum; et idem non facit se ipsum; igitur etc.

Item cum omnis motus sit a motore praesente et simul existente cum eo quod movetur, si ille impetus esset motus, oporteret assignare motorem alium a quo esset ille motus et reverteretur principalis difficultas; ideo nihil proficeret ponere talem impetum.

Sed aliqui cavillant dicentes quod prior pars motus quae facit proiectionem facit aliam partem motus consequenter se habentem et illa aliam et sic usque ad cessationem talis motus.

Sed hoc non est probabile, quia faciens aliquid debet esse, quando illud fit; sed pars prior motus non est, quando posterior est, sicut alias dicebatur; igitur nec prior est, quando posterior fit. Et ista consequentia ex hoc patet, quia alias dictum est quod motum esse nihil aliud est quam ipsum fieri et ipsum corrumpi; unde motus non est, quando factus est, sed quando fit.

---

1 difficultatem primam] *inv.* GPp   2 sic moveri] movere sic GP : moveri p   3 violenter] velociter *sed add. in marg.* alias violenter P ∥ ex eo] ideo p   4 et^1] *corr. in marg. ex* sive C   6 illius] ipsius GPp   7 videtur] apparet P ∥ videtur mihi] *inv.* p : apparet mihi P : videtur G   11 idem] illud P ∥ etc.] *om.* P   12 motus] motor P ∥ sit] fit G   12–13 cum eo] ostendo G   13 motorem] motum G   14 ideo] immo G ∥ nihil] idem P   16 prior] prima P   16–17 facit proiectionem] *add. in marg.* (*partim reciso*) alias fit a †...† C   17 aliam partem] *inv.* Gp ∥ illa] ille p ∥ illa ... sic] ille aliam et sic P : ille (*sequitur signum insertionis, sed in marg. nihil scriptum*) G   18 talis] totalis GPp   19 faciens] perfectus P   20 sed] si P ∥ posterior] *add. in marg.* (*partim reciso*) pars fit probatio †...† sit res pure suc†...† prior non est quando †...† C   22 quia] quando p   23 quando^1] *add.* ipse P

20–21 Cf. Iohannes Buridanus, *Quaestiones super libros Physicorum*, III, q. 6 (ed. Streijger, Bakker, 62^{28}–63^4)   22 Cf. Iohannes Buridanus, *Quaestiones super libros Physicorum*, III, q. 6, ad 4. rationem principalem (ed. Streijger, Bakker, 72$^{9-12}$); *Quaestiones super libros De generatione et corruptione*, I, q. 7 (ed. Streijger, Bakker, Thijssen, 76)

Secunda conclusio quod ille impetus non est res pure successiva, quia talis res est motus et sibi convenit definitio motus, sicut alias dictum est; et modo dictum est quod ille impetus non est ille motus localis.

Item cum res pure successiva continue corrumpatur et fiat, ipsa indiget continue factore; et non potest assignari | factor illius impetus qui esset simul cum eo.

Tertia conclusio est quod ille impetus est res naturae permanentis distincta a motu locali quo illud proiectum movetur. Haec apparet ex praedictis duabus conclusionibus et ex praecedentibus.

Et verisimile est quod ille impetus est una qualitas | innata movere corpus cui impressa est, sicut dicitur quod qualitas impressa ferro a magnete movet ferrum ad magnetem. Et etiam verisimile est quod, sicut illa qualitas mobili cum motu imprimitur a motore, ita ipsa a resistentia vel inclinatione contraria remittitur, corrumpitur vel impeditur, sicut et motus. Et sicut lucidum generans lumen generat lumen reflexive propter obstaculum, sic et ille impetus propter obstaculum movet reflexive. Verum est tamen quod bene concurrunt cum illo impetu aliae causae ad maiorem et longiorem reflexionem. Verbi gratia pila de qua cum palma ludimus cadens ad terram altius reflectitur quam lapis, licet lapis velocius et impetuosius moveatur et cadat super terram. Et hoc est, quia multa sunt curvabilia vel inter se | compressibilia per violentiam quae velociter ex se innata sunt reverti ad suam rectitudinem vel dispositionem sibi convenientem; et sic revertendo possunt impetuose pellere et trahere aliquid sibi coniunctum, sicut apparet de arcu. Sic igitur pila proiecta ad terram duram comprimitur in se propter impetum sui motus et immediate post iterum revertitur velociter ad suam sphaericitatem elevando se sursum; ex qua elevatione acquirit sibi impetum moventem

---

1 conclusio] *add.* est GP   2 alias dictum est] dictum est alias GPp   4 indiget] indigeret P   5 factore] factione C : fortiore P ‖ potest] possit P : posset Gp ‖ assignari] assignare G ‖ illius] *rep.* G ‖ qui] quando P   8 haec] hoc GPp   8–9 praedictis] dictis P   9 duabus] datis G   11 ferro] *sup. lin.* C   13 mobili] *in marg.* C ‖ motu] *add.* sed del. locali C ‖ imprimitur] *corr. ex* imprimititur C ‖ ita] *add.* etiam P ‖ a²] *sup. lin.* C   14 contraria] *in marg.* C ‖ corrumpitur] *corr. in marg. ex* corpora C ‖ vel] et P ‖ et¹] etiam GP   15 generans lumen] *om.* GP ‖ generat] *corr. ex* generare P ‖ lumen²] lumine C : lu-em P ‖ sic] *om.* p   19 moveatur et] *om.* GPp ‖ cadat] cadet P   20 inter] intra Pp   21 per violentiam] vel violentia P ‖ velociter] violenter C ‖ innata] innatae p   23 et] vel GPp ‖ trahere aliquid sibi] tardare aliquod P ‖ arcu] *corr. in marg. ex* actu C   24 sic] si (*corr. ex* sed) C   25 iterum] *corr. in marg. ex* impedimentum C : ictum Pp : †...†um (*initio perdito*) G ‖ velociter] violenter C ‖ suam] solam P   26 acquirit] acquirat P

2 Cf. Iohannes Buridanus, *Quaestiones super libros Physicorum*, IV, q. 12, concl. 2. (ed. Streijger, Bakker, 309³⁻⁶)

eam sursum ad longam distantiam. Sic etiam chorda citharae fortiter tensa et percussa remanet diu in quadam tremulatione, ex qua notabili tempore continuatur sonus eius. Et hoc fit ita, quia ex ictu incurvatur violenter ad unam partem et ita velociter revertitur ad rectitudinem et propter impetum transit ultra rectitudinem ad partem contrariam et tunc iterum revertitur, et sic multotiens. Et ex simili causa campana, postquam pulsans cessat trahere, movetur longo tempore, modo ad unam partem, modo ad aliam, et non potest faciliter et cito quietari.

Haec sint dicta de hac quaestione. Et gauderem, si aliqui invenirent in ea viam probabiliorem etc.

---

1 sursum] *om.* Pp : *vix legitur* G ‖ longam] magnam *sed add. sup. lin.* longam C ‖ tensa] extensa G   2 et] vel P ‖ qua] *add.* aliquo GPp   3 incurvatur] *add.* velociter P   4 velociter] *corr. sup. lin. ex* violenter C ‖ et²] quae GPp   4–5 et² ... rectitudinem] *in marg.* C   6 et²] *om.* p ‖ simili] consimili GPp   7 partem] *add.* et G   9 haec] *praem.* et P ‖ de] in GPp ‖ invenirent in ea] in ea invenirent p : invenirent P   10 etc.] *add.* et sic est finis p : *om.* G

⟨VIII. 13⟩

⟨Utrum primus motor sit indivisibilis et nullam habens magnitudinem⟩

Quaeritur tredecimo et ultimo utrum primus motor est indivisibilis et nullam habens magnitudinem.

⟨1⟩ Arguitur quod habet magnitudinem quia: primus motor, qui est Deus, est sua potentia et sua duratio; sed potentia Dei est magna, immo maxima; et omne magnum habet magnitudinem. | Similiter duratio Dei est magna, immo infinita; igitur etc.

⟨2⟩ Arguitur etiam quod primus motor est divisibilis quia: primus motor excedit alios motores in potestate et in perfectione; et tamen dicitur in quarto *huius* quod omne excedens alterum dividitur in illud quod excedit vel saltem in sibi aequale et in illud in quo excedit.

⟨3⟩ Item primo motori, scilicet Deo, attribuuntur multa praedicata diversa et non synonyma; et sic ista praedicata sunt diversarum rationum. Et cum ista diversitas rationum non sit ficta, oportet quod Deo correspondeat diversitas in re; sed non potest esse in Deo | diversitas realis, nisi ipse sit divisibilis in istas res diversas; igitur etc.

⟨4⟩ Item Deus conceditur intelligere et velle et movere caelum. Et ista sunt diversa, quia de eis verificantur praedicata contradictoria, ut quia Deus intelligit bona et mala, sed non vult mala, sed etiam, quia intelligere et velle sunt actus immanentes et movere non est actus immanens. Igitur in Deo est diversitas.

Et hoc confirmatur quia: in duodecimo *Metaphysicae* Aristoteles loquens de appetitu et intelligentia Dei dicit quod ipsius appetitus principium est esse intelligentiam; sed non possunt esse principium et principiatum sine

---

4 quaeritur ... ultimo] quaeritur tertio decimo p : *spat. vac. rubricatori relictum* G ‖ est] sit P   6 habet] habeat GPp   11 potestate et in] *om.* p ‖ et²] *om.* P ‖ in³] *om.* G   14 motori] motore G   15 diversarum] diversa et non P ‖ cum] tunc P   16 non] *rep.* P ‖ ficta] *corr. in marg. ex* facta C ‖ deo] ei GPp   17 realis] talis p ‖ ipse] *om.* G   18 etc.] *om.* P   19 deus] *om.* p   20 quia²] quod GPp   21 intelligit] *add.* et Pp ‖ sed etiam quia] et etiam GPp   24 duodecimo] secundo P   25 appetitu] actu P ‖ appetitus] actus P

---

12 Aristoteles, *Physica*, IV, 8, 215b16–17; cf. *AA*, 2: 134   24 Cf. Aristoteles, *Metaphysica*, XII, 7, 1072a29–30

diversitate; igitur in Deo est diversitas. Et per consequens, ut dicebatur, Deus est divisibilis in ista diversa. Igitur etc. |

166ᵛᵇ C
121ᵛᵃ p

Oppositum concludit Aristoteles in fine huius octavi dicens: 'manifestum itaque quod indivisibile est et impartibile et nullam habens magnitudinem'.
5 Et in duodecimo *Metaphysicae* dicit ipsum esse simplicem et nullatenus esse compositum.

Notandum est quod hoc nomen 'magnitudo' proprie et primo impositum est ad significandum dimensionem seu extensionem, secundum quam aliquid habet partes situaliter extra invicem. Et sic species magnitudinis ponuntur
10 esse corpus, superficies, linea. Sed quia omnis superficies vel linea est corpus, ideo sic omnis magnitudo est corpus.

Sed communiter et transsumptive hoc nomen 'magnitudo' ampliatum est ad significandum intensionem formae, ut quod forma magis intensa diceretur maior intensive. Sic enim in scintilla ignis diceremus esse maiorem
15 caliditatem intensive quam in magno aere.

Et similiter ampliatum est illud nomen ad significandum magnitudinem successionis, ut in tempore et motu. Et huic intentioni propinqua est magnitudo durationis, prout illud dicimus esse maius secundum durationem quod maiori tempore coexistit. Et isto modo et non praecedentibus
20 dixisset Aristoteles Deum esse infinitae magnitudinis secundum durationem et in essendo et in movendo, quia in infinitum tempus fuisset.

Alio modo etiam ampliatur nomen magnitudinis ad magnitudinem potentiae, prout potentia dicitur magna non intrinseca denominatione, sed extrinseca a magnitudine operis. Ista | enim potentia vocatur maior quae

157ʳᵇ P

2 igitur etc.] *om.* GPp   4 itaque] ita G ‖ est] *om.* GP ‖ et¹] *om.* p   5 duodecimo] secundo P ‖ dicit] *add.* licet G   7 notandum est] nota G   8 seu] sive P   9 ponuntur] ponitur C : videntur P   10 superficies linea] superficies et linea Gp : et linea et superficies P ‖ sed] et GPp ‖ superficies vel linea] linea vel superficies P : linea et superficies G : linea et vel superficies p   12 hoc] illud GPp   13–14 diceretur] dicatur GPp   14 enim] *om.* p ‖ in] *om.* G ‖ diceremus] dicimus GPp   16–17 magnitudinem successionis] *inv.* p   17 intentioni] *corr. sup. lin. ex* acceptioni C : intentione P : intensioni p   18 illud dicimus] *inv.* Gp ‖ maius] magnum C   19 quod] *praem.* dicitur p : quo P ‖ praecedentibus] alio *sed add. in marg.* praecedentibus C : aliis p   20 magnitudinis] *add.* scilicet GP : *add.* si p   21 et¹] *om.* G ‖ fuisset] *add. in marg.* vel quia finito (?) infinitum tempus (*add. sed del.* quo) coexistit vel (*add. sed del.* quo) coextitisset si infinitum tempus fuisset C   22 alio ... ampliatur] aliter etiam (esse G) applicatur GPp ‖ magnitudinis] magis Gp : *om.* P   24 operis] corporis ACGHLMPTUp (*sed corr.* U, operis seu *add. in marg.* C) : eius B ‖ vocatur] *add. sup. lin.* videtur C

3–4 Aristoteles, *Physica*, VIII, 10, 267b25–26   5 Aristoteles, *Metaphysica*, XII, 7, 1073a5–7

potest in maiorem operationem, quamvis tamen potentia sit indivisibilis. Et sic dictum est Deum esse infinitae magnitudinis; est enim maximae et infinitae potentiae et secundum durationem et secundum vigorem.

Sed Aristoteles in fine huius octavi loquebatur de magnitudine proprie dicta, quae est dimensio vel extensio corporea. Sic enim dicendum est cum Aristotele quod primus motor nullam habet magnitudinem qua sit extensus et habens partem extra partem situaliter. Quod probat Aristoteles quia: si haberet | magnitudinem, vel haberet finitam vel infinitam; non infinitam, quia nulla talis est; nec finitam, quia ipse est infinitae potentiae tali infinitate cui repugnat esse in magnitudine finita, sicut ante dictum fuit; igitur etc. Et ex hoc etiam sequitur quod primus motor est impartibilis et indivisibilis indivisibilitate opposita divisibilitati in partes situaliter extra invicem existentes.

Sed etiam ex declaratione Aristotelis in duodecimo *Metaphysicae* potest ostendi quod primus motor sit omnino simplex et indivisibilis. Supponitur enim quod ille motor sit prima causa et primum ens et quod nihil aliud sit causa eius. Et ex hoc etiam sequitur quod nec est compositus, quia non esset primum ens, cum simplex prius sit composito. Et iterum sequitur quod ipse non est compositus ex partibus diversarum rationum, quia ipse non esset prima causa. Tales enim partes | sunt causae totius vel saltem una est causa alterius; et sic istae partes essent causae priores vel saltem ista quae esset causa alterius esset causa prior.

Item supponitur ex duodecimo *Metaphysicae* quod primum ens est simplex et ideo perfectissimum. Nec aliquid includere debet in sua essentia quod non sit simpliciter perfectissimum vel optimum. Nihil autem tale

---

2 enim] etiam C   3–4 durationem ... vigorem] vigorem et secundum durationem G   6 est¹] *om.* G ‖ dimensio] diminutio p ‖ vel] sive GPp ‖ enim] ergo G   7 sit] *corr. sup. lin. ex* non est C   9 non infinitam] non finitam P : *om. (hom.)* G   10 talis est] *inv.* GPp   11 sicut] ut P   11–12 igitur etc.] *om.* P   12 etiam] *om.* GP   12–13 impartibilis et indivisibilis] indivisibilis et impartibilis P   15 declaratione] determinatione GPp   17 enim] *in marg.* C ‖ motor] motus p   18 et] *om.* GPp ‖ hoc] *sup. lin.* C ‖ nec] non GPp   18–20 quia ... compositus] *om. (hom.)* p   19 ens] est P ‖ prius sit] *inv.* P   20 partibus] parte P ‖ ipse] *corr. ex* ipsa C ‖ esset] *corr. ex* essent C   21 saltem una est] una P   24–25 est ... ideo] debet simpliciter et omnino esse Gp : dicit simplex et omnino esse P   25 aliquid] aliud *sed add. in marg.* aliquid C ‖ in] de GPp   26 simpliciter] *corr. ex* simplex C ‖ vel] et GPp ‖ nihil] vel CP *(sed corr. in marg.* C*)*

8 Cf. Aristoteles, *Physica*, VIII, 10, 267b19–25   11 Cf. sup., VIII, q. 10   15 Cf. Aristoteles, *Metaphysica*, XII, 7, 1072a19–1073a13

potest esse compositum, quoniam compositum includit in sua essentia partes plures; et non est possibile quamlibet earum esse ens perfectissimum simpliciter et optimum, sed vel unam esse perfectionem alterius vel saltem totum esse melius.

Ad rationes.

⟨1⟩ Ad primam concessa est infinita | magnitudo divinae potentiae et durationis, sed non magnitudo extensionis. 121vb p

⟨2⟩ Ad aliam dico quod ista auctoritas de comparatione excedentis etc. erat intelligenda in mensuris et mensurabilibus vel in his in quibus excedens et excessum sunt invicem proportionabilia certa et determinata proportione. Sic autem non est de excessu Dei ad alia entia.

⟨3⟩ Ad aliam debet videri duodecimo *Metaphysicae* quod diversitas ex parte rei correspondens diversitati praedicatorum Deo attributorum non est in Deo, sed in nobis et in aliis mediantibus quibus nos devenimus in notitiam ipsius Dei. | Et de hoc aliqualiter dictum fuit in primo libro, ubi dictum fuit de appetitu materiae. 157va P

⟨4⟩ Ad aliam dico quod isti termini 'Deum intelligere' et 'Deum velle' supponunt pro eodem, nec de ipsis verificatur malum, immo est res optima, quia Deus. Tamen isti termini 'velle' et 'intelligere' differunt secundum rationem; ideo apponitur talis determinatio uni quae non apponitur alteri, sicut diximus prius, quia licet duratio Dei et vigor Dei sit idem, tamen dicit Aristoteles quod Deus est duratio infinita et non vigor infinitus, sed finitus.

Quando etiam dicitur quod intelligere est actus | immanens et movere est actus transiens, dico quod neutrum est actus transiens in aliud, immo utrumque est ipse Deus. Sed motus quo Deus movet bene est actus in alio. 142vb G

---

1 quoniam] quin P ‖ in] de Pp ‖ sua essentia] se G   1–2 partes plures] *inv.* GPp   2 est] *sup. lin.* C   2–3 perfectissimum simpliciter] *inv.* GPp   3 unam] unum p ‖ perfectionem] perfectiorem P   6 concessa] concessum P   8 comparatione] compositione GPp ‖ excedentis] *corr. ex* extendentis C ‖ etc.] *om.* p   9 erat intelligenda in] intelligenda erat de P ‖ in³] *om.* p   13 rei] *om.* p   14 sed] *add.* est G ‖ in³] *om.* Pp ‖ mediantibus] motibus *vel* mobilibus P ‖ in⁴] ad P   15 in ... fuit²] *om. (hom.)* C   16 appetitu] *add.* primae G   17 et] *om.* GPp   19 tamen] cum p ‖ termini ... intelligere] velle apponitur (opponitur Gp) talis determinatio intelligere et movere GPp   20 apponitur¹ ... uni] uni apponitur (opponitur G) talis determinatio GPp ‖ apponitur²] componitur *sed add. sup. lin.* apponitur C : opponitur G   21 quia] quod Gp : *om.* P ‖ sit] sint Gp : sunt P ‖ dicit] diceret GPp   22 non] *add.* est GP   24 est¹] *om.* p ‖ dico quod] dum p   25 bene est] *inv.* P

12 Cf. Iohannes Buridanus, *Quaestiones super libros Metaphysicorum*, XII, q. 4, ad 2 (ed. Parisiis 1518, f. 67ra)   15 Cf. Iohannes Buridanus, *Quaestiones super libros Physicorum*, I, q. 24 (ed. Streijger, Bakker, 236–238)   21 Cf. sup., VIII, q. 11

Intellectio autem qua Deus intelligit non est actus in alio, sed est ipse Deus. Et sic ille motus non est illa intellectio, licet movere sit intelligere.

Quando etiam dicitur quod in Deo intelligentia est causa vel principium appetitus, illud non est concedendum de proprietate sermonis. Sed ad istum sensum hoc dicitur, quia prior est ratio a qua fuit impositum hoc nomen 'intelligere' vel 'intellectus' quam ratio a qua sumitur appetitus vel appetere. Et causa est, quia in nobis prius naturaliter est actus intelligendi quam volendi; et mediante notitia horum actuum nos venimus in notitiam Dei quantum ad huiusmodi praedicata.

Et est credendum quod dicta Dei simplicitas et impartibilitas non derogat trinitati personarum. Simul enim Deus simpliciter sine compositione aliqua | est unus et trinus, qui est benedictus in saecula saeculorum. Amen.

Expliciunt quaestiones totius libri *Physicorum* de ultima lectura reverendi philosophi magistri Iohannis Buridani, cuius anima requiescat in pace. Amen.

---

1 intellectio] intelligentia P   2 intellectio] intelligentia P ‖ sit] est GPp   5 nomen] praedicatum GPp   6 intellectus] *corr. in marg. ex* appetitus C   6–7 appetitus vel appetere] appetere vel appetitus GPp ‖ appetere] *corr. ex* intelligere C   7 prius naturaliter est] prior est naturaliter GPp ‖ quam] *add.* actus Pp   8 actuum] *add.* in nobis GPp   9 huiusmodi] huius P   11–12 deus ... est¹] est deus simpliciter (simplex P) sine compositione aliqua (*add.* et Gp) GPp   12 unus et trinus] trinus et unus P   13–15 expliciunt ... amen] expliciunt quaestiones totalis libri physicorum traditae a subtili philosopho magistro iohanne buridam summo rectore parisiensi G : expliciunt quaestiones libri physicorum ab excellentissimo iohanne byridano artista editae parysius P : *om.* p

Index locorum

Aegidius Romanus
Commentaria in octo libros Physicorum
   VIII, lect. 27   300, 302, 315

Albertus Magnus
Physica
   VIII, tract. 2, cap. 6   197, 200

Aristoteles
Analytica posteriora
   I, 4   74, 102, 117
   I, 15   202
De anima
   II, 4   246
   II, 7   134, 197
   III, 4   146, 277
   III, 5   179
   III, 6   145
De caelo et mundo
   I, 1   119
   I, 2   289
   I, 3   24, 197
   I, 4   44
   I, 5   196, 301
   II, 2   112
   II, 4   27
   III, 2   324
De generatione et corruptione
   I, 2   98
   I, 4   7
   I, 7   140, 181
   II, 10   191, 285
Ethica Nicomachea
   I, 5   321
   II, 1   205
   III, 1   56, 277, 330
   V, 8   208
   X, 3   118, 134
Magna moralia
   I, 3   321
Metaphysica
   I, 2   321
   I, 6   235
   II, 1   230, 320
   II, 2   185, 191, 233, 278
   IV, 2   85, 117
   V, 4   58, 59
   V, 6   86, 87, 88, 116, 117, 119, 126
   V, 10   27, 28, 40, 42
   V, 12   180
   V, 17   124
   VI, 1   230, 231
   VI, 2   269
   VII, 1   208, 283
   VII, 10   102, 190
   IX, 1   180
   IX, 6   182
   X, 1   126
   X, 4   24, 27, 28, 29, 32, 40, 46, 51, 66
   X, 5   46
   X, 7   26
   XII, 6   237, 277, 281
   XII, 7   277, 297, 307, 314, 334, 335, 336
   XII, 8   301
Physica
   I, 2   297, 314
   I, 4   195
   I, 9   122, 231
   II, 1   58, 59, 268, 277
   II, 2   268
   II, 3   198
   II, 7   230, 235
   II, 8   268
   III, 1   6, 64, 202
   III, 4   318
   III, 5   301
   III, 6   315
   III, 7   117
   IV, 1   109, 119
   IV, 2   198
   IV, 3   169
   IV, 8   160, 196, 268, 274, 283, 324, 334
   IV, 11   239, 248
   IV, 12   141, 155
   IV, 13   243
   IV, 14   134, 208
   V, 1   6, 7, 8, 10, 11, 12, 15, 16, 18, 25, 50, 77, 140, 143, 146, 202, 258, 269

Physica (cont.)		*Auctoritates Aristotelis*	
V, 2	7, 16, 20, 25, 64, 67, 69, 70, 74, 76	1: 43	185, 191, 233, 278
		1: 90	85, 117
V, 3	86, 117	1: 151	269
V, 4	86, 87, 91	1: 159	208, 283
V, 5	16, 34, 35	1: 219	180
V, 6	46, 47, 49, 50, 58, 62	1: 220	180
VI, 1	33, 97, 98, 103, 107, 118, 122	1: 243	24, 27, 29, 32, 46, 66
		1: 244	51
VI, 2	107, 118, 161, 165, 166, 192	1: 245	24, 46
		2: 9	297
VI, 3	118, 150, 169, 172	2: 16	195
VI, 4	32, 143, 146, 149, 162, 185, 186	2: 50	58, 277
		2: 55	59
VI, 5	118	2: 108	117
VI, 6	134, 153	2: 109	315
VI, 9	138, 170, 171	2: 127	169
VI, 10	24, 97, 149, 245	2: 134	334
VII, 1	181, 185, 186, 191, 192, 193, 196, 258	2: 154	7, 25, 64, 67
		2: 155	15, 16, 202
VII, 2	198, 199, 324	2: 158	86, 117
VII, 3	16, 202, 203	2: 165	33
VII, 4	6, 209, 211	2: 166	103
VII, 5	215, 216, 218, 223, 224, 225	2: 170	98
		2: 174	32
VIII, 1	97, 118, 154, 237, 247, 250	2: 176	97
		2: 183	181, 258
VIII, 2	179, 245, 246, 252	2: 184	185, 191
VIII, 3	146	2: 185	198
VIII, 4	179, 181, 197, 259, 261, 263, 266, 270, 283	2: 201	154
		2: 202	154
VIII, 5	179, 181, 182, 224, 258, 267	2: 208	197
		2: 210	198
VIII, 6	231, 237, 249, 258, 277	2: 216	181, 258, 267
VIII, 7	284, 287	2: 219	284
VIII, 8	24, 34, 92, 118, 140, 141, 142, 173, 288, 293	2: 222	24, 288
		2: 225	297
VIII, 9	287, 288, 289	2: 227	299
VIII, 10	148, 231, 280, 297, 298, 299, 307, 308, 310, 314, 324, 325, 326, 335, 336	3: 15	197
		3: 56	27
		4: 16	140
		4: 44	285
Praedicamenta		6: 70	134
6	24, 28, 86	6: 73	197
7	15	6: 87	246
8	202	6: 149	179
14	6, 64	12: 26	205
Topica		31: 40	6, 64
VI, 4	117	35: 38	102, 117

INDEX LOCORUM

Auctoritates Aristotelis (cont.)
- 35: 42 — 74
- 35: 68 — 202

Averroes

De substantia orbis
- cap. 1 — 73

In De anima
- II, comm. 2 — 208
- III, comm. 5 — 252

In De caelo et mundo
- III, comm. 28 — 179, 182, 259, 268, 269, 272, 327
- IV, comm. 22 — 259
- IV, comm. 24 — 259
- IV, comm. 25 — 268

In Metaphysicam
- III, comm. 3 — 231
- V, comm. 28 — 16
- IX, comm. 2 — 181
- IX, comm. 11 — 182
- X, comm. 8 — 202
- XII, comm. 41 — 309

In Physicam
- I, comm. 81 — 56
- II, comm. 22 — 231
- II, comm. 80 — 199
- III, comm. 4 — 6
- IV, comm. 43 — 269
- IV, comm. 71 — 259
- IV, comm. 84 — 205
- IV, comm. 105 — 117
- IV, comm. 121 — 117
- IV, comm. 125 — 254
- IV, comm. 129 — 134
- V, comm. 54 — 46
- V, comm. 58 — 61
- VI, comm. 20 — 165
- VII, comm. 2 — 187, 190
- VII, comm. 10 — 200
- VIII, comm. 3 — 231
- VIII, comm. 4–11 — 247
- VIII, comm. 11 — 254
- VIII, comm. 13 — 237
- VIII, comm. 15 — 237, 239
- VIII, comm. 32 — 267, 270
- VIII, comm. 71 — 293
- VIII, comm. 78 — 300
- VIII, comm. 79 — 307, 316

Avicenna

Liber de philosophia prima
- tract. 1, cap. 2 — 230, 232
- tract. 8, cap. 3 — 232

Biblia Sacra

Genesis
- 1, 1 — 323

Euclides

Elementa
- I, definitio 2 — 110, 119
- I, definitio 5 — 119
- I, definitio 15 — 130
- I, petitio 1 — 117

Iohannes Buridanus

Quaestiones super decem libros Aristotelis ad Nicomachum
- V, q. 16 — 213
- V, q. 28 — 255

Quaestiones super libros Analyticorum priorum
- I, q. 26 — 108

Quaestiones super libros De caelo et mundo
- I, q. 8 — 44
- I, q. 10 — 197
- II, q. 5 — 112

Quaestiones super libros De generatione et corruptione
- I, q. 7 — 331
- II, q. 7 — 73, 286
- II, q. 13 — 191, 285
- II, q. 14 — 305

Quaestiones super libros Metaphysicorum
- II, q. 5 — 233
- VII, q. 10 — 108
- VII, q. 11 — 108
- IX, q. 6 — 65
- XII, q. 4 — 249, 316, 337
- XII, q. 13 — 281

Quaestiones super libros Physicorum
- I, q. 1 — 231
- I, q. 8 — 28
- I, q. 12 — 252
- I, q. 15 — 244, 282
- I, q. 17 — 253
- I, q. 18 — 48, 153
- I, q. 19 — 122

Quaestiones super libros Physicorum (cont.)

I, q. 23	48
I, q. 24	56, 337
II, q. 4	58
II, q. 5	57, 261, 273
II, q. 8	201, 270
III, q. 2	77
III, q. 3	30, 33, 37, 38, 65
III, q. 6	11, 13, 41, 71, 78, 155, 246, 331
III, q. 7	21, 175
III, q. 8	21, 26, 69, 71, 288
III, q. 9	76
III, q. 10	77, 246
III, q. 14	192
III, q. 15	301
III, q. 16	165, 246, 249
III, q. 17	126
III, q. 18	252
III, q. 19	167
IV, q. 1	169, 198
IV, q. 2	112, 133
IV, q. 6	175
IV, q. 7	325
IV, q. 11	13
IV, q. 12	239, 248, 290, 332
V, q. 1	43, 67, 75, 77
V, q. 2	203, 206
V, q. 3	22, 32, 245, 251
V, q. 4	65, 76, 91, 92, 288
V, q. 5	9
V, q. 8	75, 286
V, q. 10	45
VI, q. 1	102, 103, 104, 108, 110, 120, 146, 149
VI, q. 2	100, 101, 118, 298
VI, q. 3	133
VI, q. 4	108, 135
VI, q. 5	8, 11, 75, 76, 131, 147
VI, q. 6	131
VI, q. 7	185, 186, 280
VI, q. 9	192, 288, 298
VI, q. 10	294
VII, q. 1	151
VII, q. 2	181
VII, q. 4	193
VII, q. 5	8, 22, 23
VII, q. 6	319
VII, q. 7	222
VII, q. 8	216, 289
VIII, q. 2	247, 253, 255, 257, 320
VIII, q. 3	281, 284
VIII, q. 4	282
VIII, q. 5	183, 200, 261
VIII, q. 6	150, 182
VIII, q. 7	152, 159
VIII, q. 8	87, 288
VIII, q. 9	310, 311, 312, 320, 322
VIII, q. 10	300, 303, 321, 336
VIII, q. 11	310, 337
VIII, q. 12	201, 221, 226, 271, 291
VIII, q. 13	310

Robertus Grosseteste
Commentarius in libros Analyticorum posteriorum

I, 4	268

Thomas Aquinas
De ente et essentia

cap. 5	234

In octo libros Physicorum expositio

VII, lect. 1	187, 189
VII, lect. 2	194
VIII, lect. 21	301, 309, 311, 314

Summa contra gentiles

I, cap. 22	234
II, cap. 52	234

Summa Theologiae

I^a, q. 3, art. 4	234

Index codicum manu scriptorum

Augsburg
Staats- und Stadtbibliothek
   cod. 2° 342a   XIII, XIV, LVn6
   cod. 2° 342c   LV, LVn6

Basel
Universitätsbibliothek
   cod. F.V.12   LIIIn3

Berlin
Staatsbibliothek zu Berlin–Preußischer Kulturbesitz,
   cod. lat. fol. 852   XIII

Bratislava
Archív mesta Bratislavy
   cod. E.L.5   XIII

Buenos Aires
Biblioteca Nacional
   cod. 342R   XIII

Cambridge
Gonville and Caius College Library
   cod. 448 (409)   LIIIn3

Carpentras
Bibliothèque Inguimbertine
   cod. 293 (L. 289)   XIII

Cesena
Biblioteca Malatestiana
   cod. S.VIII.5   LVII

Erfurt
Universitätsbibliothek
   Dep. Erf., cod. CA F. 298   LV, LVIII
   Dep. Erf., cod. CA F. 300   XIII

Frankfurt am Main
Stadt- und Universitätsbibliothek
   cod. Praed. 52   XIII

København
Kongelige Bibliotek
   cod. Ny kgl. Samling 1801 fol.   XIII

Kraków
Biblioteka Jagiellońska
   cod. 635   LV
   cod. 659   XIII
   cod. 660   XIII
   cod. 661   XIII
   cod. 1771   XIII

Kremsmünster
Bibliothek des Benediktinerstiftes
   cod. CC 169   XIII

Lambach
Bibliothek des Benediktinerstiftes
   cod. Ccl. 175   XIII

Liège
Bibliothèque de l'Université
   cod. 114 C   XIII

München
Bayerische Staatsbibliothek
   Clm 6962   108

Oxford
Balliol College Library
   cod. 97   XIV
Bodleian Library
   cod. Canon. lat., auct. class. 278   LVn8

Paderborn
Erzbischöfliche Akademische Bibliothek
   cod. VVa 12   XIV

Paris
Bibliothèque Nationale de France
   cod. lat. 14723   XIV
   cod. lat. 16125   LVIIn15

Salzburg
Stiftsbibliothek St. Peter (Erzabtei)
 cod. b. IX.24   XIV
Universitätsbibliothek
 cod. M.II.311   XIV

Segovia
Biblioteca de la Catedral
 cod. 44   LVn8

Stralsund
Stadtarchiv der Hansestadt Stralsund
 cod. 1050   XIV

Torino
Biblioteca Nazionale Universitaria
 cod. G.IV.10   XIV

Toulouse
Archives départementales de la Haute-Garonne
 cod. 6   LV, LVII

U.S.A.
Private collection   XIV

Vaticano (Città del)
Biblioteca Apostolica Vaticana
 cod. Chigi E.VI.199   LV
 cod. Urb. lat. 1489   LVIII
 cod. Vat. lat. 2162   LVIII
 cod. Vat. lat. 2163   XIV
 cod. Vat. lat. 2164   XIV, LVn8
 cod. Vat. lat. 11.575   LVn8

Wien
Bibliothek des Dominikanerkonvents
 cod. 107/73   XIV
Österreichische Nationalbibliothek
 cod. 5112   XIV
 cod. 5186   LVIII
 cod. 5332   XIV
 cod. 5338   XIV
 cod. 5367   XIV
 cod. 5424   XIV
 cod. 5437   LVn8
 cod. 5458   XIV
 cod. 5481   XIV

Zaragoza
Biblioteca Capitular de la Seo
 cod. 15–61   XIV, LIVn6

Index nominum

All names mentioned in the book, with the exception of Aristotle and John Buridan, are included in this index. Medieval authors (before ca. 1500) are alphabetically listed according to their first names, modern authors according to their last names. Medieval authors are generally mentioned under their English names, except for lesser known authors and authors whose foreign names are currently used in English scholarly literature.

Albert of Saxony   LIII, LVIIn12, LVIIn13
Albert the Great   197, 200
Anaxagoras   CLII, CLV–CLVII, CLXII–CLXIV, CLXV
Antonius de Camareno (scribe)   LIX, LIXn21, LXII
Arnaldi, F.   XXn16
Arnzen, R.   179, 182, 259, 268, 269, 272, 327
Averroes   XXI, XXV, LII, LIIIn2, LIX, LX, LXV, LXVI, LXXI, LXXXIII, XCII, XCV, XCVIII, CV, CX, CXXII, CXXVIII–CXXX, CXXXII, CXXXIII, CXL, CLV–CLVIII, CLXIII, CLXV, CXCV, 6, 16, 46, 56, 61, 73, 117, 130, 134, 165, 179, 181, 182, 187, 189, 190, 194, 199, 200, 202, 205, 208, 231, 232, 235, 237, 239, 244, 247, 249, 252, 254, 259, 267–270, 272, 274–276, 293, 300, 307, 309, 312, 316, 320, 322, 323, 327, 328
Avicenna   LXXI, CLV, CLVII, 230–232, 235

Bakker, P.J.J.M.   XIII, XIIIn1, XIIIn2, XIVn3, XIVn4, XVIn8, XXXn21, XXXIV, XXXIVn22, XXXV, XLI, XLIII, XLIV, LII, LIIn1, LIIIn3, LIVn4, LIVn6, LVn6, LVn9, LVIn10, 11, 13, 21, 26, 28, 30, 33, 37, 38, 41, 48, 56–58, 65, 69, 71, 73, 76–78, 112, 122, 126, 133, 153, 155, 165, 167, 169, 175, 191, 192, 198, 201, 231, 239, 244, 246, 248, 249, 252, 253, 261, 270, 273, 282, 285, 286, 288, 290, 301, 305, 325, 331, 332, 337
Bartholomew of Bruges   LIIIn3
Bekker, I.   XXVII, LII, LXXV
Benedictus Hesse   LIIIn3
Berger, H.   XIIIn2
Biard, J.   XIXn15
Boethius of Dacia   LIIIn3

Bos, E.P.   CXXXVIn52
Bossier, F.   219
Brams, J.   219
Busard, H.L.L.   110, 117, 119, 130

Carmody, F.J.   179, 182, 259, 268, 269, 272, 327
Caroti, S.   LVIIn12
Celaya, J. de   LIIIn3
Celeyrette, J.   LVII, LVIIn12, LVIIn14
Collegium Conimbricense   LIIIn3
Crawford, F.S.   208, 252

Dekker, D.-J.   XVI, XVIn12
Democritus   CVII, CXXI
Du Cange, C.   XXn16
Dullaert, J.   XIV

Empedocles   CLII, CLV–CLVII, CLXII–CLXIV
Euclid   110, 117, 119, 130

Francesc Marbres (*alias* John the Canon)   LIIIn3

Galen   CXXIX
Gehrt, W.   XIVn4
Geoffrey of Aspall   LIIIn3
Georgius Tielesch de Posonio (scribe)   XIIIn2
Giles of Rome   LIIIn3, 300, 302, 315, 322
Grellard, C.   LVIIn14

Hamesse, J.   XXVII
Heraclitus   CVII, CXXI
Hossfeld, P.   197, 200
Hugolinus of Orvieto   LIII

Johannes Marsilii (?)   LIIIn3
John of Jandun   LIIIn3

Lawrence of Lindores LIII*n*3
Lecq, R. van der   XIX*n*15, XCII*n*29
Lohr, C.H.   LVIII, LVIII*n*19

Maggiòlo, M.   187, 189, 194, 301, 309, 311, 314
Maier, A.   LV*n*9, LVI*n*9, LVI*n*10, LVI*n*11, LVIII, LIX*n*20, LXVII, LXXII, CXXXIV*n*50
Mair, J.   LIII*n*3
Marsilius of Inghen   LIII
Michael, B.   LIV*n*5, LV*n*8, LVI*n*9, LVI*n*10, LVI*n*11, LVII*n*13, LVIII, LVIII*n*15, LVIII*n*18, LIX*n*20
Moody, E.A.   44, 197

Nicole Oresme   LIII, LVII*n*12

Patar, B.   LVI*n*9, LVII*n*13
Pelagius Diaconus   XX*n*16
Petagine, A.   LVII*n*12
Plato   LXXII, XC, CXLVI, CXLVII, CLXI, 130, 235

Radulphus Brito   LIII*n*3
Ribordy, O.   LVII*n*12
Richard Kilvington   LIII*n*3
Robert Grosseteste   268
Roger Bacon   LIII*n*3
Ross, W.D.   XCVI*n*33
Rossi, P.   268

Sarnowsky, J.   LVII*n*12
Schneider, J.   CXXXVI*n*52
Smiraglia, P.   XX*n*16
Soto, D. de   LIII*n*3

Streijger, M.   XIII, XIII*n*1, XIII*n*2, XIV*n*3, XIV*n*4, XVI*n*8, XXX*n*21, XXXIV, XXXIV*n*22, XXXV, XLI, XLIII, XLIV, LII*n*1, LIII*n*3, LIV*n*4, LIV*n*6, LV*n*6, LV*n*9, LVI*n*10, 11, 13, 21, 26, 28, 30, 33, 37, 38, 41, 48, 56–58, 65, 69, 71, 73, 76–78, 112, 122, 126, 133, 153, 155, 165, 167, 169, 175, 191, 192, 198, 201, 231, 239, 244, 246, 248, 249, 252, 253, 261, 270, 273, 282, 285, 286, 288, 290, 301, 305, 325, 331, 332, 337
Suarez-Nani, T.   LVII*n*12
Sylla, E.D.   LII, LII*n*1, LII*n*2, LIII, LIII*n*3

Thijssen, J.M.M.H.   XIII*n*2, XIV*n*3, XIV*n*4, XV*n*4, XV*n*5, XVI, XVI*n*12, XXIX*n*20, LIV*n*6, LV*n*6, LVI*n*10, LVI*n*12, LVII*n*12, LVII*n*13, 73, 191, 285, 286, 305, 331
Thomas Aquinas   187, 189, 194, 234, 301, 309, 311, 314, 322
Thomas Wylton   LIII*n*3

Van Riet, S.   230, 232

Walter Burley   LIII*n*3
Weijers, O.   XX*n*16, LVIII*n*19
William of Chelveston (?)   LIII*n*3
William of Clifford   LIII*n*3
William of Ockham   LIII*n*3

Yvon Courtoys (scribe)   XV*n*8

Zeno   CV, CVII, CVIII, CXXI–CXXIII, CXXIV, CL, CLXXXIX, 137, 169–172, 174–176